Charlotte Perriand et le Japon

シャルロット・ペリアンと日本

鹿島出版会

本書は、「シャルロット・ペリアンと日本」展の公式カタログとして刊行しました。
This publication is the official catalogue for the exhibition “Charlotte Perriand et le Japon”.

シャルロット・ペリアンと日本
Charlotte Perriand et le Japon

メッセージ

シャルロット・ペリアン・アーカイヴは、シャルロット・ペリアンの類まれな仕事を知っていただくこと、彼女の資料を保管すること、その二つを主な使命としています。

今回の「シャルロット・ペリアンと日本」展は、神奈川県立近代美術館 鎌倉、広島市現代美術館、目黒区美術館の三つの美術館を巡回するために構想されました。この展覧会は、私どもにとってたいへん名誉であり、かつ幸福なことであります。と申しますのも、本展はシャルロット・ペリアンが日本のデザイン史の上で果たした大きな役割を再発見していただくまたとない機会であると同時に、1940年に初めて日本を訪れた際に坂倉準三や、のちに著名なデザイナーとなる若き日の柳宗理の力添えで、シャルロットが日本とその文化に出会って自らを豊かにしていったことを明らかにする好機ともなるからです。

こうした企画を実現するためには、展覧会コミッショナーの方々の多大な熱意と調査と労力を必要としました。特に神奈川県立近代美術館の長門佐季氏、ボルドー第三大学のアンヌ・ゴッソ氏、金沢美術工芸大学の森仁史氏は、企画の段階から実現までこの企図に心からの情熱を抱いて全精力を注がれました。また上記三名をはじめとする研究会の方々は、時間をかけて日本国内を巡って、失われたと思われていた資料と作品を発掘し、また、パリのシャルロット・ペリアン・アーカイヴでは目黒区美術館の佐川夕子氏も加わって精力的に調査されました。この展覧会を受け入れてくださった鎌倉、広島、東京の美術館の責任者の方々、広島市現代美術館の角奈緒子氏を含めた研究者の皆様の熱意によって、この展覧会の開催とさらにその研究テーマを掘り下げた書籍の刊行として実現されました。ここに心より厚く感謝の意を表したいと思います。

ペルネット・ペリアン＝バルサック、ジャック・バルサック

Message

Faire connaître l'œuvre de Charlotte Perriand et conserver ses archives sont les deux principales missions des Archives Charlotte Perriand. L'exposition *Charlotte Perriand et le Japon*, conçue pour circuler dans trois grandes institutions: le musée d'art moderne de Kamakura, le musée d'art contemporain de Hiroshima et le musée d'art Meguro de Tôkyô, est un honneur et un bonheur pour nous. C'est une occasion unique de faire redécouvrir le rôle de premier plan que Charlotte Perriand a joué dans l'histoire du design au Japon. C'est également l'occasion de montrer l'enrichissement qu'a constitué pour Charlotte Perriand la rencontre du Japon et de sa culture, grâce à Junzô Sakakura et à Sôri Yanagi – Sôri, jeune assistant de Charlotte Perriand en 1940, deviendra le grand designer que l'on sait.
Il fallait beaucoup d'enthousiasme, de recherches et de travail de la part des commissaires pour mener à bien un tel projet, qui est devenu réalité sous la direction de Saki Nagato, qui y a mis tout son cœur et son énergie, entourée de Anne Gossot et de Hitoshi Mori. L'équipe a passé de nombreuses semaines à parcourir le Japon, retrouvant des documents et des pièces que l'on croyait perdues, ainsi qu'à Paris dans les archives de Charlotte Perriand, en compagnie de Yûko Sagawa. Les responsables des musées de Kamakura, Hiroshima et Tôkyô qui accueillent la manifestation, et un groupe de chercheurs, dont Naoko Sumi, ont également œuvré avec passion pour que cette exposition voie le jour, accompagnée d'un catalogue conséquent qui fait le point sur le sujet. Qu'ils en soient tous chaleureusement remerciés.

Pernette Perriand-Barsac et Jacques Barsac

展覧会

シャルロット・ペリアンと日本

Charlotte Perriand et le Japon

・神奈川県立近代美術館 鎌倉　2011年10月22日(土)→2012年1月9日(月・祝)

・広島市現代美術館　2012年1月21日(土)→3月11日(日)

・目黒区美術館　2012年4月14日(土)→6月10日(日)

主催：神奈川県立近代美術館、広島市現代美術館、目黒区美術館、読売新聞社、美術館連絡協議会
協賛：ライオン、清水建設、大日本印刷、損保ジャパン、日本テレビ放送網
後援：フランス大使館、日仏工業技術会、日仏美術学会、日本建築学会、日本建築家協会、日本インテリア学会
協力：株式会社カッシーナ・イクスシー、Cassina, Italy、エールフランス航空
助成：公益信託タカシマヤ文化基金、財団法人吉野石膏美術振興財団、公益財団法人ポーラ美術振興財団
特別協力：Archives Charlotte Perriand, Paris

・The Museum of Modern Art, Kamakura　October 22nd, 2011 - January 9th, 2012

・Hiroshima City Museum of Contemporary Art　January 21st - March 11th, 2012

・Meguro Museum of Art, Tokyo　April 14th - June 10th, 2012

Organized by
The Museum of Modern Art, Kamakura & Hayama
Hiroshima City Museum of Contemporary Art
Meguro Museum of Art, Tokyo
The Yomiuri Shimbun
The Japan Association of Art Museums

Supported by
Lion Corporation
Shimizu Corporation
Dai Nippon Printing Co., Ltd
SOMPO JAPAN INSURANCE Inc.
Nippon Television Network Corporation

Patronized by
Ambassade de France au Japon
La Société Franco-Japonaise des Techniques Industrielles
La Société Franco-Japonaise d'Art et d'Archéologie
The Japan Institute of Architects
Architectural Institute of Japan
Japan Society for Interior Studies

Collaborated with
Cassina, Italy
Cassina IXC. Ltd.
Air France

Aided by
Takashimaya Charitable Trust for Art and Culture
Yoshino Gypsum Art Foundation
POLA ART FOUNDATION

Cooperated Specially by
Archives Charlotte Perriand, Paris

謝辞
Acknowledgements

「シャルロット・ペリアンと日本」展開催にあたりご協力を賜りました関係各位、
所蔵家の方々に心からお礼申し上げます。（順不同、敬称略）

秋葉正任
荒川洋帆
荒木賢治
池上 司
今井 朋
今村芳晴
岩井一幸
岩本 武
魚里洋一
内田道子
蛯原和雄
及川隆二
太田淳子
太田泰人
大平達也
大村理恵子
岡部信幸
岡部憲明
尾崎真悟
影山千夏
加藤とし子
加藤裕一
金子賢治
唐澤昌宏
河井須也子
木田三保
北村脩一
北村紀史
木村敦子
木村幸央
国井浩嘉
黒田晃郎
河野昌弘
小林陽太郎
斉藤雅士
坂倉竹之助
鷺 珠江
佐藤恵一
佐藤登美子
佐藤玲子
清水眞砂
下村朝香
白井 進
菅澤光政
杉山享司
関 由美子
園田公博
竹口浩司
竹原あき子
竹村眞一郎
塚田協子
中川美葉
中嶋 謙
中本健吾
並木誠士
難波由美
新田秀樹
二瓶 恵
野口一雄
林 国貴
林 春一
林 遊卯
早間玲子
原田 晃
比田井一良
平井鉄寛
福嶋啓人
福島幸雄
藤井 篤
藤木忠善
藤田光一
堀田明博
松原龍一
松本哲夫
萬代恭博
溝口至亮
三留秀人
宮本奈央子
柳 宗理
柳 理子
山田浩二
山梨俊夫
吉田成志
渡辺美喜
渡辺 力
Haar, Tom
Laffanour, François
Lehmann, Barbara
Patrizio, Roberta
Quentin, Corinne

Cassina, Italy
galerie DOWNTOWN françois laffanour
外務省外交資料館
株式会社カッシーナ・イクスシー
株式会社坂倉建築研究所
株式会社龍村美術織物
河井寛次郎記念館
京都工芸繊維大学美術工芸資料館
京都国立近代美術館
京都大学工学研究科建築系図書室
光原社
SIGN
財団法人 家具の博物館
財団法人 日本民藝館
財団法人 柳工業デザイン研究会
山鬼文庫
世田谷美術館
髙島屋史料館
特例財団法人 工芸財団
独立行政法人産業技術総合研究所(AIST)
　中部センター
独立行政法人産業技術総合研究所(AIST)
　東北センター
西宮市大谷記念美術館
福岡県立美術館
宮崎木材工業株式会社
山形県立博物館
有限会社 柳ショップ
雪の里情報館
REFLEXION

目次

Contents

シャルロット・ペリアンの生涯と作品

ジャック・バルサック

このモダニズムの先駆者の生涯と作品を数ページでたどることは不可能である。この人は20世紀をほぼそのまま生き（1903-1999)、70年にわたり創作活動を続けた。さらにその活動領域は、建築、デザイン、都市計画、写真に及んでいる。ここではできるのはせいぜい、その珍しい経歴と型破りな個性の力線を素描することくらいだろう。

シャルロット・ペリアンの作品は本質的に、女性の立場と結びついている。モダニズムをつくりあげたのは主に男性たちだったが、女性たちはほとんどの男性が気にもとめないような細部まで追求することでモダニズムを充実させた。フランスの諺（ことわざ）に「悪魔は細部に宿る」とある。シャルロット・ペリアンはたえずその悪魔を追い出し、モダニズムをより人間的な、より効果的なものに変えた。ル・コルビュジエに象徴される男性的理論に、より実用的で、さほど教条主義的ではない側面を持たせることができたのは、ペリアンが男性の視点に、女性の視点というそれまで知られなかった視点を加えたからである。[註1]

1925年に装飾芸術中央連盟付属学校を卒業してほどなく、ペリアンは当時の支配的な精神と訣別する。装飾芸術の様式を捨て、自動車や飛行機のような分野に触発されて、自分の美学を編みだした。住居設備についても、テーラーシステムという労働の合理的組織化に想を得て、女性の日常生活の改善に向けて独自の方法を生みだしている。中産階級に典型的な住居では女性は廊下奥の台所に追いやられてしまうが、ペリアンは最初の「キッチン＝バー［カウンター式キッチン[註2]］」を考案した。仕切りを取り払い、空間を融合することで、住居に最大限のボリュームと光をもたらし、富を表に出すための快適さではなく、現実の必要に応える快適さをつくりあげた。1928年、24歳のシャルロット・ペリアンは、新しい住まいの芸術を推進するグループの先頭に立っていた。室内デザイナーのルネ・エルブスト、ジョ・ブルジョワ、宝飾デザイナーのジャン・フーケ、ジェラール・サンドズとともに、ペリアンは「衝撃のユニット」を立ちあげる。これは彼らのモダニズム運動のさらなる反響と拡大をねらった「戦闘」集団だった。翌年、ペリアンが設立の音頭をとったUAM（現代芸術家連盟）は、25年の間、主要なモダニズムの作家たちを結びつけることになる。そこには都市計画家、建築家、インテリア・デザイナー、彫刻家、画家、写真家、照明家、染織工芸家、宝飾デザイナー、グラフィック・デザイナー、建設技師などがいた。シャルロット・ペリアンは、運動についていくというよりもみずから先へ進んでいく「主導者」であるが、先頭に立つことを避けていた。主に男性からなるこのグループを指導しながらも[註3]、男性の手でグループが機能するようしむけているのだ。ペリアンは押しつけることなく仄めかしながら、「立場」に気を配り、男性が面子を保ったまま彼女の構想を受け入れられるようにする。自分の案を通すために、アイデアの所有権をグループ全体に譲り、グループに溶けこんで男性をうまく操縦する、それがペリアンのやり方である。

思えば、1920年代から1930年代にかけて見られるモダニズムの誕生は、フランスではつねに闘いを伴っていた。前衛は、アカデミズムと保守主義から激しい攻撃を受けていた。ル・コルビュジエにしても、1934年から1947年までの間はほとんど何も建てていない。モダニストは「玄人」の仲間内の集まりの外では、社会に必要とされない「反抗者」であった。モダニズムが徐々に認められていくのは、ようやく戦後になってからである。シャルロット・ペリアンは、専門とする分野において、この闘いの立役者として活躍した。

室内設備と家具についてル・コルビュジエ、ピエール・ジャンヌレとともに仕事を始めて以降、ペリアンは彼らの邸宅建築の仕事に目覚ましい貢献をしている（1927〜1937年）。住居の室内装飾は数カ月のうちに、見るための建築から、生活するための建築へと変化した（1928年ラ・ロッシュ邸、1928年チャーチ邸、1929年サヴォワ邸、1929年ルシュール型住宅）。建築はもはや造形的かつ概念的理想を体現するだけではなく、生活のための場になったのだ。

1929年のサロン・ドートンヌで発表された「住居ユニット型」は、ル・コルビュジエが南米滞在で留守をしているときに制作されたという点で、シャルロット・ペリアンの功績を最もあざやかに証明しているだろう。室内建築の他に、ペリアンはあらかじめガラス製や金属製のパイプ家具を考案していた。ル・コルビュジエの追求した多様な座り方についての計画にもとづきながらも、ペリアンは日常生活に必要とされる機能性をすべて斬新な美学のうちに統合し、さまざまなフォルムや素材を家具に取り入れている。皮革、毛皮、布、織物などは、ル・コルビュジエやピエール・ジャンヌレの建築には見られない官能性をもたらした。近代住居の室内設備の歴史に深く刻みこまれた、こうしたシャルロット・ペリアンの功績は、あまりにも特異なものであった。そのため逆説的にも、このアプローチを提唱して熱心に広めていたル・コルビュジエ当人が、ペリアンの功績を自身の建築に使用することはなかったのである[註4]。

戦前フランスの建築業界で活躍した女性は、シャルロット・ペリアンとアイリーン・グレイ（1878-1976, アイルランド出身）の二人だけだ。1945年まで、女性に選挙権はなかった。女性が銀行口座を開設するのに夫の同意を必要としなくなるには、1960年代の風潮を待たねばならない。フランスの女性解放運動の歴史においてもまた、シャルロット・ペリアンは前衛であった。

男女の平等はシャルロット・ペリアンにとって、ごく当たり前のことだった。ペリアンの母ヴィクトリーヌ・ペリアンは自立したすぐれた女性で、おそらくペリアンのお手本になったであろう。しかしその他にも、ペリアンが男性と平等な関係を築くうえで決定的な役割を果たした要素がある。スポーツの実践である。シャルロット・ペリアンはきわめて活発で、男性にまじって登山や洞穴探検、ハイキング、カヤックをしていた。高峰に立ち向かう困難な登山では、参加者たちの性別の区別はなくなり、みな対等になる。グループの運命は、女性に限らず一番弱いメンバーにかかっている。彼女は言う。「私は山を深く愛しています。私には山が必要だから愛しているのです。山はいつも私の心身のバロメーターでした。なぜでしょう？　何かを乗り越えることの可能性という人間に必要なものを、山が差し出してくれるからです。山に入ると、チームプレーの精神が高まります。ザイルで一体になっているとはいえ、メンバーの一人ひとりが登山ルート攻略の責任を負っているのです。山にごまかしはききません。山に打ち勝つには、忍耐力の試練が必要です。山では、予測されるリスクに立ち向かうことができます[註5]」。ペリアンは男女の平等だけでなく、仕事におけるチームプレーの精神も山から学んでいた。だからこそ、フリーランスで働くふつうの女性には捌ききれないほど多くの企画に加わり、そのいずれにも深い影響を残すことができたのだ。

ペリアンは山への愛に導かれて、ウィンタースポーツのリゾート地の建築プロジェクトをいくつも構想した。なかでも注目すべきは、サヴォワ地方にある逗留地「アルク1600」と「アルク1800」の創設で、これはペリアンの都市計画と建築の大作である（1969〜1985年）。3万床に及ぶこの大規模な制作において、山地の設備に関して半世紀にわたり考察、実践してきたことをペリアンは総括した。

スポーツを好み、自然に分け入り、女性として自分の身体に特別な感覚を持ちつづけたことが、たえず動き回っているこの作家の仕事に、他にも細やかな影を落としている。ペリアンの家具は、構造が何にも覆われていない裸の状態にある。椅子は座る人の体形にぴったり合う。テーブルに用いられる木製の上板は、官能的に互いを愛撫しあう。ペリアンはこう書いている。「木が撫であっている！　女性のお尻のように柔らかい[註6]」。プレハブ建築の山小屋（1935～1938年）は、組立・解体・移動が可能であり、それは決して静止することのない人生を映し出している。ペリアンのテーブルはスライド式、スタッキング式で、並置することもできる。ローテーブルは腰掛けにもなる。逆にスツールはどれも小さなローテーブルとして使うことができる。ダイニングテーブルは仕事机にも適している。背もたれやシェーズ・ロングは前後に動き、椅子は回転する。

シャルロット・ペリアンは自由を熱愛した。家具のいくつかを「フォルム・リーブル（自由なフォルム[註7]）」と呼んでいるほどだ。機能的な非対称のフォルムが、自由に展開する。男性の権力と圧力をあらわすシンメトリーをもとに秩序づけられた堅苦しいアカデミズムとは対照的である。ペリアンは、スペイン内戦やファシズム台頭に対してヨーロッパで繰り広げられた反ファシスト運動に参加していた。自然に感化された「フォルム・リーブル」により「空間が歌いだす」と、そこには自由への深い愛着が響きわたる。

1930年代に入ると、近代建築は場所や住民や状況とは無関係に応用される「定型」になりはじめ、「国際様式」の誕生を招いた。多様性を否定し、もっぱら機能主義的な単一モデルに奉仕するこの国際様式[註8]に、シャルロット・ペリアンは反旗を翻す。ペリアンはこうした単一の定型に還元されるモダニズムの強制から距離をとり、新しいモダニズムを思い描こうとした。それは人間から出発し、政治の現状や地理的・文化的空間を考慮した、多様性によって豊かになるモダニズムである。ペリアンは建築に「状況」にかかわる要素を再びとりいれたのだ。それは生涯を通してペリアンの行動方針となる。こうした反教条主義の姿勢により、ペリアンは70年間、たえず新境地を開きつづけ、アジアや南米、ヨーロッパでの経験をすべてみずからの糧にすることができた。

大いなる「機械化」の時代、工業製品に魅了された1920年代が終わると、1930年代を通してペリアンは自然観察を行う。これがシャルロット・ペリアンにとって、新たなフォルムや哲学が湧き出る泉となった。ペリアンは自然のあらゆる姿をたくさん写真に収めたが、アーカイヴに収められている資料が最近研究されて、写真家シャルロット・ペリアンの仕事の実体が明らかにされた[註9]。こうした「自然回帰」はペリアンだけでなく、ル・コルビュジエとピエール・ジャンヌレの作品にも重要な進化をもたらした。

自身の創作活動の要点を軽やかに表現するとき、シャルロット・ペリアンは「目を扇状に広げる」という言い回しを用いている。ペリアンにとって「扇状の目」とは、あらゆる対象に注意を払うことだ。最もつまらないものから最も目立つものまで、最も小さいものから最も大きいものまで、人工のものであろうと自然のものであろうと、あらゆるものから教訓を引き出すのだ。シャルロット・ペリアンの写真を見れば、こうしたつねに目覚めている視線を、あるいは視野の広さについて言うならば**扇状の目**を確認することができる。グラディス・ファーブルがきわめて的確に分析したように、シャルロット・ペリアンの真の革新性は「発見にある。換言すれば、それまで隠されて未開拓であったものの暴露にある。『既にそこにあった』にもかかわらず知られずにいたものを感じとり、表現する。その方法を、ペリアンは発明したのだ[註10]」。

シャルロット・ペリアンの作品は、人間に奉仕する使命に支えられている。できるだけ多くの人のためによりよい未来を目指して20世紀を築くこと、それがペリアンの創作の原動力だった。1930年代の多くの知識人や芸術家と同様、ペリアンも共産主義運動に参加している。マルクス主義革命は「地上の楽園」と人類の幸福をもたらすことができると考えたのだ。モスクワに二度ほど滞在した後（1931年と1934年）、ペリアンはソ連から距離をとるようになった。1939年8月の独ソ不可侵条約の締結に裏切りをみてからは、共産党ときっぱり手を切った。とはいえ、人類の進歩に貢献したいという思いとその社会的意義は、仕事中のペリアンの頭から離れることはない。シャルロット・ペリアンは人間味のある近代「革命」というものを信じ、その実現に向けてたえず歩みつづけた。

都市計画と、外部・内部の建築と、家具設備（戦後はデザインと呼ばれる）とは、ペリアンにとって、分離不可能なひとつの全体、有機的に連続するものであった。ペリアンはCIAM（近代建築国際会議）の一員として精力的に働き、有名な「アテネ憲章」（1933年）が擁護する諸原則の構築に貢献した。戦後の都市計画者の「バイブル」になるこの「アテネ憲章」の出版に向けて、1936年からホセ・ルイ・セルトと共同で準備している[註11]。シャルロット・ペリアンは、住居を「総合的」にとらえるアプローチを実現に移せた唯一の作家である。それは「アルク1600」と「アルク1800」における都市計画と外部・内部の建築と室内設備のコンセプトを通じて実現をみた——シャルロット・ペリアンはこのコンセプトを「小匙の都市計画」と要約している。「アルク」はフランスでは唯一、もっぱら「アテネ憲章」の原則をもとに構想された都市となった。

今日では20世紀の偉大なるデザイナーの一人として語られるシャルロット・ペリアンだが、彼女はふだんからこう宣言していた。「私は家具をけっして家具とは考えず、建築的なボリュームや、その場にちょうど必要なものと捉えています。動作や技術、空間の調和に配慮しているのです。私はデザイナーではなく建築家です」。同時代のデザイナーと異なり、ペリアンの家具は、住居を総合的にとらえるアプローチを通して生まれるものである。建築から独立した別の注文に応じて家具がつくられるわけではない。ペリアンの家具は、全体のなかの一部をなしている。だからこそ、ペリアンの家具は独特のフォルムや機能性を手に入れ、型通りのデザインを越えることができるのだ。この特異なアプローチは、マルセル・ブロイヤーやアルヴァー・アールト、イームズ、その他の「偉大な」建築家に通じるところがあるとはいえ、ペリアンはそうした同時代のデザイナーの用いる概念や製作方法を極めることができた。

20世紀の建築史は主に男性によって書かれ、解説されてきたので、おそらくシャルロット・ペリアンの女性という地位は有利に働かなかったであろう。多くの男性の歴史家にとって、男性のあずかり知らないところで1903年生まれの女性が個人的に成果をあげるなど、思いもよらないことであった。こうしてほとんどの解説者は徹底して、ペリアンをル・コルビュジエやピエール・ジャンヌレ、ジャン・プルーヴェといった男性の保護下に位置づけてきた。男性の協力なしに女性が傑作をつくることなど不可能である、と考えられていたとはいえ、記録をみると、むしろ男性のほうが彼女を必要としていたようである。この点については、特に次のことを思い出しておきたい。ル・コルビュジエは——戦前には数々の相違点があったにもかかわらず——1946年にペリアンがフランスに帰国するとすぐ、マルセイユのユニテ・ダビタシオンの室内設備の構想について助けを求めた。ピエール・ジャンヌレは、1947年にニューヨークでノール社のために家具をデザインしていたとき、ペリアンがそばにいないことを惜しんでいた。あるいはまたジャン・プルーヴェは1952年に、自分のつくった「家具に美的かつ実用的な改良を加えてほしい[註12]」とペリアンに頼んでいる。

20世紀を始めから終わりまで駆け抜けたシャルロット・ペリアンは、70年間つねに前衛の最先端でありつづけた。「わたしはいつも幸せをはぐくんできた。そんなふうにして、ここまで何とかやってきたの」。こうシャルロット・ペリアンは口にしていた。ペリアンの人生は創造のための絶え間ない闘いであったが、彼女は一歩も引かなかった。数々の苦難に直面し、生涯のうちにいくつもの失敗を経験したにもかかわらず、生涯の最後に辛酸を嘗めた多くのモダニズムの創始者たちとは対照的に、シャルロット・ペリアンはそうした辛酸やフラストレーションを味わわずに済んだ。こうした楽観主義と、ペリアンの自伝のタイトルになった「創造の人生[註13]」の幸福の原動力になったのは、女性としての立場ではないだろうか。

［註］

1 1946年5月2日にシャルロット・ペリアンに宛てた書簡で、ル・コルビュジエはこのことを示唆している。1946年、6年間に及ぶ日本およびインドシナ半島滞在ののちフランスに帰国したペリアンに対して、ル・コルビュジエはマルセイユのユニテ・ダビタシオンの住居ユニットの構想に加わるよう依頼した。そこでル・コルビュジエは、ペリアンの「現実感覚、豊かな才能、愛嬌を兼ね備えた」女性としての技量を強調している。

2 「仕事とスポーツ」企画、1927年

3 衝撃のユニット（1928年）、UAM（1929年）、CIAMの青年運動（1933年）、CIAM―フランス（1935年）、青年37（1935年）、フォルム・ユティール（1949年）

4 ル・コルビュジエとピエール・ジャンヌレのアトリエで1930年以降に企画された金属製とガラス製の家具はすべて、シャルロット・ペリアンによってデザインされた。あの有名な金属製カジエはそもそもル・コルビュジエが考案したにもかかわらず、彼の設計でカジエを備えているのは、『ラ・スメーヌ・ア・パリ』紙の経営者の事務所と1930年のアパルトマン「リヴィエ」だけに留まっている。

5 シャルロット・ペリアン「われわれの責任を意識すること」『開発と自然』3号、1966年9月

6 シャルロット・ペリアン『創造の人生』オディール・ジャコブ出版、1988年。邦訳は、北代美和子訳『シャルロット・ペリアン自伝』みすず書房、2009年

7 「六角形テーブル・モンパルナス」（1938年）、「ブーメラン型書斎机」（1938年）、食器棚と机（1939年）、「葉」机とテーブル（1953年）など。

8 ニューヨーク近代美術館の1932年の展覧会「国際様式：1922年以降の建築」は、この運動の規模を確認するとともに、運動の促進をはかった。

9 参照：ジャック・バルサック『シャルロット・ペリアンと写真、扇状の目』5コンティナン出版、ミラノ、2011年

10 『シャルロット・ペリアン』、展覧会カタログ、ポンピドゥー・センター、パリ、2005年、p. 94

11 参照：ジャック・バルサック『シャルロット・ペリアン、住まいの芸術』ノルマ出版、パリ、2005年

12 ジャン・プルーヴェのアトリエとシャルロット・ペリアンの協力の契約書（ジャン・プルーヴェによる署名、1952年3月24日付）。シャルロット・ペリアン・アーカイヴ、パリ。参照：ジャック・バルサック『シャルロット・ペリアン、住まいの芸術』ノルマ出版、パリ、2005年

13 前掲、註6

001　シャルロット・ペリアンとプレートをもつル・コルビュジエの手、サン・シュルピスの「屋根裏のバー」にて　撮影：ピエール・ジャンヌレ

Charlotte Perriand dans le *Bar sur le Toit*, Saint-Sulpice avec la main de Le Corbusier tenant une assiette. Photo Pierre Jeanneret. AChP.

本書に掲載した作品図版は
シャルロット・ペリアンと日本の関係に焦点を絞り、
5つの章に分けて配列した。

作品データは
番号、作家名・作品名、撮影者／所蔵先である。

所蔵欄のAChP. はシャルロット・ペリアン・アーカイヴの略である。
撮影者不詳の場合には、DRと表記した。

各解説は以下が担当して執筆した。
AG／アンヌ・ゴッソ
NW／和田菜穂子
SN／長門佐季
HMo／森 仁史
NS／角 奈緒子
YH／畑 由起子
HMa／松隈 洋
MT／土田眞紀
MS／白山眞理
YS／佐川夕子
JB／ジャック・バルサック

サイズと種別は巻末リストに掲載した。

第1章
日本との出会い

1927年、シャルロット・ペリアンはサロン・ドートンヌに出品した「屋根裏のバー」が認められ、24歳でル・コルビュジエのアトリエの一員となった。ペリアンの日本との出会いはこの時からすでに始まっていた。というのも、この翌年ル・コルビュジエのもとに建築家・前川國男が入所し、31年には前川と入れ違いに坂倉準三がアトリエに入ってきたのである。坂倉はペリアンに岡倉覚三［天心］著『茶の本』を贈り、ペリアンは彼らや書籍を通して日本との最初の接触をもった。ル・コルビュジエとピエール・ジャンヌレとの共同製作によってペリアンは鋼管椅子やガラスの天板をのせたテーブルを発表、「住宅のインテリア設備」の原理を実践に移そうとしていた。そんな彼女のもとに、1940年、日本への招聘に関する1通の手紙が坂倉から届く。ペリアンは不安と驚きとともに日本という国と文化をあらためて意識しはじめる。そして、ナチス・ドイツによるパリ陥落の翌日、旺盛な好奇心と向上心で胸を膨らませながら、ひとり極東の国日本に向かうため「白山丸」に乗り込んだ。

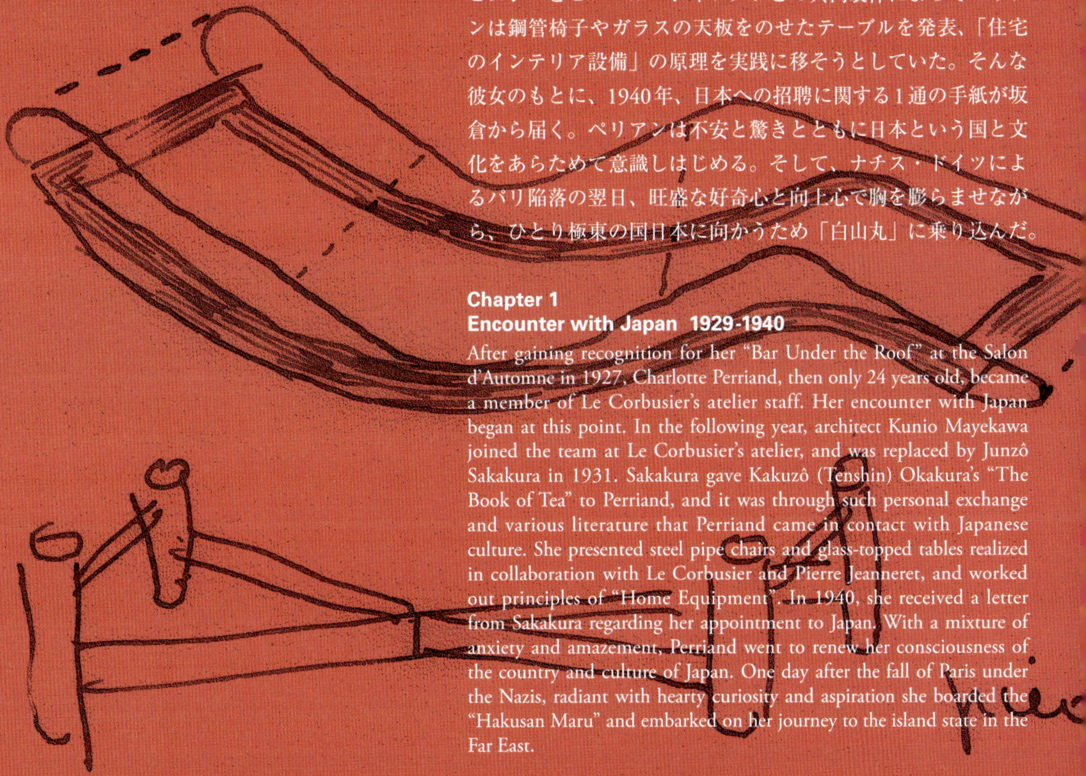

Chapter 1
Encounter with Japan 1929-1940

After gaining recognition for her "Bar Under the Roof" at the Salon d'Automne in 1927, Charlotte Perriand, then only 24 years old, became a member of Le Corbusier's atelier staff. Her encounter with Japan began at this point. In the following year, architect Kunio Mayekawa joined the team at Le Corbusier's atelier, and was replaced by Junzô Sakakura in 1931. Sakakura gave Kakuzô (Tenshin) Okakura's "The Book of Tea" to Perriand, and it was through such personal exchange and various literature that Perriand came in contact with Japanese culture. She presented steel pipe chairs and glass-topped tables realized in collaboration with Le Corbusier and Pierre Jeanneret, and worked out principles of "Home Equipment". In 1940, she received a letter from Sakakura regarding her appointment to Japan. With a mixture of anxiety and amazement, Perriand went to renew her consciousness of the country and culture of Japan. One day after the fall of Paris under the Nazis, radiant with hearty curiosity and aspiration she boarded the "Hakusan Maru" and embarked on her journey to the island state in the Far East.

1929 - 1940

来日まで、パリでの活動
Work in Paris Before Coming to Japan

002

003

サン・シュルピス広場のアトリエ

1930年代のパリは前衛芸術の中心地で、当時のフランスの植民地支配の権力の下、新しい民族誌学が生まれつつある揺籃期であった。

現代芸術は、民族学から再生の糧を得る。前衛芸術は、政治に参与しながら反体制的な態度をとり、シュルレアリストらを筆頭に、「民衆的なもの」や「プリミティヴ」を称賛した。1937年には、フランスの民俗に捧げられた国立民衆芸術・伝統博物館や世界全般の民俗をテーマにした人類博物館が創設され、時を同じくしてジョルジュ・バタイユ（Georges Bataille, 1897-1962）やミッシェル・レリス（Michel Leiris, 1901-1990）は社会学研究会を設立した。「もの（オブジェ）」にはさまざまな美点や機能がある、ということが認められる。異なった角度から眺められ、そして新たな価値が付与され、「もの」は兆候となり感情は結晶化する。こうした動きと同調しながら、衰退しつつあった農村社会が理想化されるようになり、地方を尊重する運動が活性化する。ル・コルビュジエ（Le Corbusier, 1887-1965）が1935年に「プリミティヴ・アート（原始美術）」展を自身のアトリエで企画したのと同じ頃、シャルロット・ペリアンは農民の建築や家具について学ぶ。何世紀もかけて彫琢されたフォルムと機能の効果を、ペリアンは高く評価した。名もない日常的な「もの」への情熱を共有して、ペリアンはフェルナン・レジェ（Fernand Léger, 1881-1955）と親交を深めた。彼女の創作意欲を刺激した子どもが絵を描くときの自由な創造性は、ジョアン・ミロ（Joan Miró, 1893-1983）やアレクサンダー・カルダー（Alexander Calder, 1898-1976）にも通じている。4人の友人たちは、「芸術はあらゆる人のためにある」という深い確信によって結束していた。(AG)

002 パリのサン・シュルピス広場のシャルロット・ペリアンのアトリエ「屋根裏のバー」にて、1928年／（左から）ル・コルビュジエ、パーシー・スコールフィールド、シャルロット・ペリアン、デザイナーのジョ・ブルジョワ、宝石商のジャン・フーケ　撮影：ピエール・ジャンヌレ

Bar sous le toit. Atelier de Charlotte Perriand, place Saint-Sulpice, Paris. A partir de la gauche : Le Corbusier, Percy Scholefield (à l'arrière-plan), Charlotte Perriand, le designer Djo Bourgeois, le joaillier Jean Fouquet, 1928. Photo Pierre Jeanneret. AChP.

003 サン・シュルピス広場のペリアンのアパートの食堂、パリ／［サロン・デ・ザルティスト・デコラトゥール（1928年）の再現］家具：《ターブル・エクスタンシーブル（延長テーブル）》（金属、ゴム、1927年）、《フォトゥイユ・ピヴォタン（肘掛回転椅子）》（クロムメッキ鋼管、赤革、1927年）、《タブレ・ピヴォタン》（クロムメッキ鋼管、赤革、1927年）、《ゲリドン》（ニッケルメッキ銅、ガラスタイル、1927年）　撮影：レップ

Charlotte Perriand : *Salle à manger* de l'atelier de Charlotte Perriand, place Saint-Sulpice, Paris, exposée au Salon des artistes décorateurs, 1928. *Table extensible* (1927), métal et caoutchouc noir ; *Fauteuil pivotant* (1927), tube d'acier chromé et cuir rouge ; *Tabouret pivotant* (1927), tube d'acier chromé et cuir rouge ; *Guéridon* (1927), cuivre nickelé et dalle de verre. Photo Rep/AChP.

004 シャルロット・ペリアン、パリのサン・シュルピス広場のアトリエにて、1927年

Charlotte Perriand dans son atelier de la place Saint-Sulpice, Paris, 1927. DR/AChP.

004

005

005 パリのサロン・ドートンヌに出品したペリアンの「屋根裏のバー」、1927年／家具：十字脚の《折り畳みテーブル》（木、ニッケルメッキ銅、1927年）、《バー・カウンター》（1927年）、《壁掛照明》（1927年）、《高座テーブル》（ニッケルメッキ銅、赤革、1927年）、十字脚の《低座椅子》（クロムメッキ銅、革、1927年） 撮影：レップ

Charlotte Perriand : *Bar sous le toit*, exposé au Salon d'automne, Paris, 1927. Meubles de Charlotte Perriand : *Table à jeu pliante à piètement cruciforme* (1927), bois et cuivre nickelé ; *Bar* (1927) ; au-dessus du phonographe: *Luminaires à décrochements horizontaux* (1927) ; au-dessus du phonographe : *Tabourets hauts* (1927), cuivre nickelé et cuir rouge ; *Tabourets bas à piètement cruciforme* (1927), cuivre chromé et cuir. Photo Rep/AChP.

006 ル・コルビュジエ、ピエール・ジャンヌレ、シャルロット・ペリアン共同製作《シェーズ・ロング》（鋼管とキャンバス地、1928年）に横たわるシャルロット・ペリアン、1930年頃

Charlotte Perriand sur la *Chaise longue basculante* (1928), tube d'acier et toile, de Le Corbusier, Pierre Jeanneret, Charlotte Perriand, c.1930. DR/AChP.

006

「住宅のインテリア設備」サロン・ドートンヌ、パリ　1929年
“Home Equipment” at the Salon d’automne, Paris, 1929
Le Corbusier, Pierre Jeanneret, Charlotte Perriand

ル・コルビュジエ、
ピエール・ジャンヌレとの協働

20世紀における住宅の近代化は、「標準化」と「規格化」を抜きには語れない。特に住宅の中でも、キッチン、浴室、トイレなどの水まわり空間には、合理的かつ機能的な設備デザインが求められるようになった。ペリアンはそのニーズに応えようと正面から取り組んでいる。1927年、「屋根裏のバー」がル・コルビュジエに認められ、同年彼のアトリエに入ったペリアンは、ル・コルビュジエが苦手としていたインテリア・デザインを任され、ピエール・ジャンヌレ（Pierre Jeanneret, 1896-1967）と共に3人で様々なプロジェクトを手がける。1929年のサロン・ドートンヌに出展した「住宅のインテリア設備」を見てみると、3人の協働作業の成果がみてとれる。仕切りのないオープン・スペースが特徴的、鏡面効果のある《金属製カジエ（整理棚）》によって、リビングなどの寛ぎのスペースと、キッチン、浴室などの水まわり設備が備え付けられたスペースに機能区分がされている。目を引くのが設備スペースの中央にある円筒状のシャワーブースである。その周囲は水が飛散することを想定し、床にタイルが張られている。椅子、キャビネット、ベッドなどの家具は、「住宅のインテリア設備」と名付けられ、バスタブ、ビデ、キッチン流し台、調理台などの水まわり設備と同様、空間にバランスよく配置された。つまり住居の一部としての機能を家具に求めたのである。ペリアンの「住宅設備」に対する捉え方がここに顕著に表われているといってよいだろう。仕切りのないオープンな空間に、その一つひとつは独立したオブジェのように、それぞれの存在感を放っている。（NW）

007

008

009

010

007　食堂から見たキッチン／《金属製カジエ》、円筒形の《シャワーブース》1929年　撮影：ジャン・コラス

Cuisine vue depuis l’espace *Salle à manger* : *Casiers métalliques* utilisables des deux côtés servent de passe-plat. A droite : *Cabine de douche* de forme cylindrique. Photo Jean Collas. AChP.

008　浴室から見た寝室／タオル掛け付きスライド式ベッド　撮影：ジャン・コラス

Chambre vue depuis *Salle de bain*, la structure coulissante du lit servant de porte-serviette. Photo Jean Collas. AChP.

009 シャルロット・ペリアン《ル・コルビュジエ、ピエール・ジャンヌレ、シャルロット・ペリアンの共同製作、サロン・ドートンヌの「住宅のインテリア設備」展示ブースプランためのコラージュ写真》1929年

Le Corbusier, Pierre Jeanneret, Charlotte Perriand : Stand « Equipement intérieur d'une habitation », Salon d'automne, Paris, 1929 : Projet du stand, photomontage Charlotte Perriand. AChP.

010 金属製カジエ（整理棚）のあるリビングルーム、寝室、キッチン、浴室／《フォトゥイユ・グラン・コンフォール（安楽椅子・大）》（1928年）、《フォトゥイユ・グラン・コンフォール（安楽椅子・小）》（1928年）、《フォトゥイユ・ピヴォタン》（1928年）、《シェーズ・ドシエ・バスキュラン》（1928年）、《ガラス天板テーブル》（1928年）　撮影：ジャン・コラス

Séjour-salle à manger avec *Casiers métalliques à hauteur d'homme* délimitant la *Chambre*, la *Cuisine*, la *Salle de bain*. Meubles en tube : *Fauteuil grand confort* (grand modèle, 1928), *Fauteuil grand confort* (petit modèle, 1928), *Fauteuil pivotant* (1928), *Chaise dossier basculante* (1928), Table à plateau de verre poli (1928). Photo Jean Collas. AChP.

011-1

011　シャルロット・ペリアン「木か金属か？」『The Studio（ステュディオ）』誌　第97巻433号、1929年4月、ロンドン／京都大学工学研究科建築系図書室

Couverture du numéro de la revue *The Studio* dans lequel est publié l'article de Charlotte Perriand : « Wood or Metal », vol. 97, n° 433, Londres, avril 1929. Library of Architecture, Kyoto University.

木か金属か？

1月号のジョン・グローグ氏の記事に対する、シャルロット・ペリアンの返答。
ペリアンは、新しい思想の代弁者として、アイデアを表現すべく独創的なスタイルを採択してきた。

金属は、建築におけるセメントと同様の役目をインテリアにおいて果たす。

これは革命である。

未来は材質にある。それは、**新人**によって提示される諸問題をうまく解決する。
私は、**新人**とはつまり、科学に遅れを取らないようにし、自身の時代を理解し、その時代を生きるというタイプの人だと理解している。
新人は、自分の意のままにできる飛行機、汽船、自動車を持つ。
健康のためのスポーツ。
安らぎのための住宅。

その人の家とはどうあるべきか？

まず基本は、衛生状態：水と石けん。
分類：カジエ（整理棚）のようなものによってもたらされる。
安らぎ：すばやくそして快適にくつろぐための装置によってもたらされる：ベッド、シェーズ・ロング、肘掛椅子、オフィス用の椅子、低座と高座のスツール、折りたたみ椅子。

家具（フランス語で「**ムーブル**」）：動かすことのできる、という意味のラテン語「mobilis（モビリス）」に由来する。
このカテゴリーに当てはまるのは、椅子と机のみ。
私たちは疑問を提示し、その問題を解決しなければならない。

すでに使用されている材質と使用されるべき材質。

木：
植物性の材質、その本質として朽ちる運命にあり、空気中の湿度の状態に影響を受けやすい。「セントラル・ヒーティングによって空気が乾燥し、木は反ってしまう」。戦争以来、乾燥木材はもはや存在しない。人工的な方法によって乾燥されているが、不十分である。
プライウッド。
合板。
金属製のフレームにはめ込むパネルとして、遊びを持たせて使用するならばよい。

金属：
均質の物質で、ある合金は空気中の酸に影響されやすい。その場合、酸化、クロムメッキ、デューコ等で保護する。
打ち出しの鉄板を使用したカジエ（整理棚）。
椅子には、自転車のパイプを。自転車の重さは、10-12キログラム程度。
最小限の重量、最大限の強度。
自然発生による溶接＝Δ
この新しい過程は広範囲にわたる実践の可能性を切り開く。

材質の破損を引き起こす荷重と、構造において材質にかかる荷重との割合、または安全係数は、次の数字より高くなければならない。金属の場合は6、木の場合は10。同じ荷重に耐えるためには、木の場合、金属の14倍大の断面でなければならない：

牽引
圧縮　　木は金属の14倍大
湾曲

技術的結論：
木では、**エッフェル塔**を決してつくることはできなかっただろう。
金属は木より優れている。
というのも：金属そのもののもつ耐性ゆえ。
工場での大量生産が可能となるため（労働力の軽減）。
さまざまな製造法を用いることで、新しい展望、新しいデザインを切り開くため。
毒性のある薬剤に対する保護コーティングは、維持のための費用を押さえるだけでなく、重要な**美的**価値ももつため。
金属は、建築におけるセメントと同様の役目をインテリアにおいて果たす。

それは革命である。

金属の美学：
アルミニウムの光沢；
デューコ、
パーカライジング、
クロムメッキ、
これらによって、金属の外観はバラエティー豊かなものになる。
もし私たちが金属を、椅子のレザー、机の大理石のタイル、ガラス、ゴム、セメント、植物と一緒に用いるならば、新しい美の印象をもたらし、さまざまな素晴らしいコンビネーションを得る。

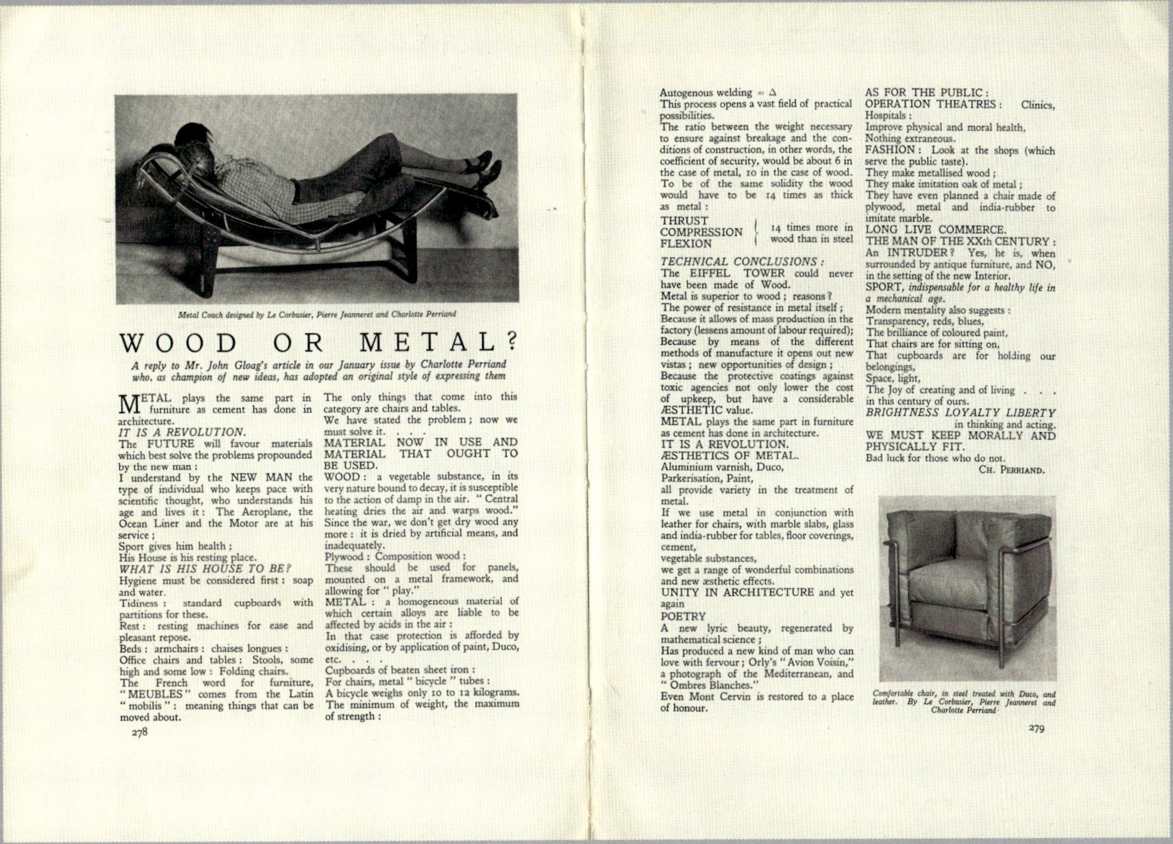

Metal Couch designed by Le Corbusier, Pierre Jeanneret and Charlotte Perriand

WOOD OR METAL?

A reply to Mr. John Gloag's article in our January issue by Charlotte Perriand who, as champion of new ideas, has adopted an original style of expressing them

METAL plays the same part in furniture as cement has done in architecture.
IT IS A REVOLUTION.
The FUTURE will favour materials which best solve the problems propounded by the new man :
I understand by the NEW MAN the type of individual who keeps pace with scientific thought, who understands his age and lives it : The Aeroplane, the Ocean Liner and the Motor are at his service ;
Sport gives him health ;
His House is his resting place.
WHAT IS HIS HOUSE TO BE?
Hygiene must be considered first : soap and water.
Tidiness : standard cupboards with partitions for these.
Rest : resting machines for ease and pleasant repose.
Beds : armchairs : chaises longues :
Office chairs and tables : Stools, some high and some low : Folding chairs.
The French word for furniture, "MEUBLES" comes from the Latin "mobilis" : meaning things that can be moved about.
The only things that come into this category are chairs and tables.
We have stated the problem ; now we must solve it. . . .
MATERIAL NOW IN USE AND MATERIAL THAT OUGHT TO BE USED.
WOOD : a vegetable substance, in its very nature bound to decay, it is susceptible to the action of damp in the air. "Central heating dries the air and warps wood." Since the war, we don't get dry wood any more : it is dried by artificial means, and inadequately.
Plywood : Composition wood :
These should be used for panels, mounted on a metal framework, and allowing for "play."
METAL : a homogeneous material of which certain alloys are liable to be affected by acids in the air :
In that case protection is afforded by oxidising, or by application of paint, Duco, etc. . . .
Cupboards of beaten sheet iron :
For chairs, metal "bicycle" tubes :
A bicycle weighs only 10 to 12 kilograms. The minimum of weight, the maximum of strength :

278

Autogenous welding = Δ
This process opens a vast field of practical possibilities.
The ratio between the weight necessary to ensure against breakage and the conditions of construction, in other words, the coefficient of security, would be about 6 in the case of metal, 10 in the case of wood. To be of the same solidity the wood would have to be 14 times as thick as metal :
THRUST
COMPRESSION } 14 times more in wood than in steel
FLEXION
TECHNICAL CONCLUSIONS :
The EIFFEL TOWER could never have been made of Wood.
Metal is superior to wood ; reasons?
The power of resistance in metal itself ;
Because it allows of mass production in the factory (lessens amount of labour required);
Because by means of the different methods of manufacture it opens out new vistas ; new opportunities of design ;
Because the protective coatings against toxic agencies not only lower the cost of upkeep, but have a considerable ÆSTHETIC value.
METAL plays the same part in furniture as cement has done in architecture.
IT IS A REVOLUTION.
ÆSTHETICS OF METAL.
Aluminium varnish, Duco,
Parkerisation, Paint,
all provide variety in the treatment of metal.
If we use metal in conjunction with leather for chairs, with marble slabs, glass and india-rubber for tables, floor coverings, cement,
vegetable substances,
we get a range of wonderful combinations and new æsthetic effects.
UNITY IN ARCHITECTURE and yet again
POETRY
A new lyric beauty, regenerated by mathematical science ;
Has produced a new kind of man who can love with fervour ; Orly's "Avion Voisin," a photograph of the Mediterranean, and "Ombres Blanches."
Even Mont Cervin is restored to a place of honour.
AS FOR THE PUBLIC :
OPERATION THEATRES : Clinics, Hospitals :
Improve physical and moral health,
Nothing extraneous.
FASHION : Look at the shops (which serve the public taste).
They make metallised wood ;
They make imitation oak of metal ;
They have even planned a chair made of plywood, metal and india-rubber to imitate marble.
LONG LIVE COMMERCE.
THE MAN OF THE XXth CENTURY :
An INTRUDER? Yes, he is, when surrounded by antique furniture, and NO, in the setting of the new Interior.
SPORT, *indispensable for a healthy life in a mechanical age.*
Modern mentality also suggests :
Transparency, reds, blues,
The brilliance of coloured paint,
That chairs are for sitting on,
That cupboards are for holding our belongings,
Space, light,
The Joy of creating and of living . . .
in this century of ours.
BRIGHTNESS LOYALTY LIBERTY
in thinking and acting.
WE MUST KEEP MORALLY AND PHYSICALLY FIT.
Bad luck for those who do not.
CH. PERRIAND.

Comfortable chair, in steel treated with Duco, and leather. By Le Corbusier, Pierre Jeanneret and Charlotte Perriand

279

011-2

建築との一体化、そしてさらに、

詩作。
新しい叙情詩は、数理的科学によって再生され、新人を生み出した。新人は、情熱をもって、オルリー、「アヴィオン・ヴォワザン」、地中海の写真、「オンブル・ブランシュ」、モン・セルヴァン［マッターホルン］でさえ、栄誉を回復する。

大衆の意見から。
手術室：クリニック、病院、
肉体的、精神的健康を改善すること。
コメントなし。

流行：お店に行けば見られる（大衆の好みを扱っている）。
メタリック塗装の木を製作した。
金属でフェイクのオークを製作する。
合板、金属、ゴム、フェイクの大理石の木製椅子をつくることすら計画していた。
永遠の商売。

招かれざる20世紀の人？
はい、アンティーク家具の場合。
いいえ、新しいインテリアの場合。

スポーツ、機械化の進んだ日常生活で必要不可欠なもの。
近代のメンタリティ。

透明、赤、青、
青みを帯びて光り輝く塗料、
私たちは座るために椅子を必要とし、
私たちはしまうためにカジエ（整理棚）を必要とする。
空間、光、
創造することと生きることの喜び……
私たちの世紀において。

思考と行動における**明晰、忠誠、自由。**

精神的にそして身体的に、適合し続けなければならない。
そうではない人は、なんと気の毒なことか。

シャルロット・ペリアン

来日前のペリアン紹介記事
Articles on Perriand Prior to her Arrival in Japan

MADAME PERRIAND

―ウ井リアム•ダブリユー•ウイルスン―

マダム・シヤルロツト・ペリアンを紹介する。――氏は世界的に有名なる建築家ル・コルビユジエ氏のアトリエに家具の設計を擔當されて、一緒に活動されて居る一人である。ル・コルビユジエ氏が建築を設計するに反し、此は家具を設計する樣に實に注目すべき活動を感じる。マダム・ペリアンの活動は素晴しい進展として、巴里に於ける先鋒建築家が、室内裝飾家の只一人の婦人設計家として認めて居る。

ル・コルビユジエ氏の建築に對して、あれほど室内まで完全なる美しさを纏めた功績は、マダム・ペリアンの立派なる才能があつてこそ諸方面から特に注目されて居ることを窺はれる。いくらベルテ・モリゾが印象派の運動家であつても、マダム・ペリアンは建築に於て近代的運動に活動されてゐる。マダム・ペリアンは漸く二十才代の若さで、一九二五年六月巴里にて開催された萬國裝飾博覽會のパヴイヨン・ド・レスプリ・ヌウヴオの室内の家具及び一九二七年に開催されし室内裝飾展覽會に出品された食堂の家具がマダム・ペリアンの作品として偉れたる才能を深く認められた。ドイツで出版された椅子の書物の中に多くの金屬椅子等の設計されたのを見る。マダム・ペリアンのスタデイオアパートメントはボナアパールテ通りにある古い家の軒並びにあつて十八九世紀の巴里の美しい調和ある街であり、マダム・ペリアンの美學上の觀察の表示である。マダム・ペリアンは古い背景に近代的裝飾を接合した事實を匿すことを試みなかつたが、然しドオーアーウインドーある建築の特徵のもとにて使用された。そしてマダム・ペリアンの裝飾計畫は全部よりなるマンサード・ルウーフを近代裝飾家の立派なる方法に依つて著しき結果を得た。

非常に注目すべき面白き對照としては、室内の意味深き近代的寢室の窓を見通した古い巴里の眺めである、先づ第一此の室内の組織は鼠色・白色・黑色とであつて、軒下の隅の勾配を利用して寢椅子を飾り氣なく簡單に配置されて、本棚、花臺、薄き一枚のグラスで天井に張られた電燈器具、そして隅の利用として模範的なる造付戸棚がある。その隅が天井と壁との釣合に勾配なりよりなる色彩の濃淡と、電燈器具が實用的に配置された。隅の中心にソーフアーに棚に戸棚、抽出し等の配置の前に敷かれた敷物と寢臺掛は、黑と白との色彩にて手織の毛織物である。此の同じアパートメントに於ける食堂は自給食堂の樣な型にするのは非常に重要なる事であつた。が然し實用向を主とすることに依つて、裝飾的、衛生的な點はないが、極端なるモダーンの最も

384

385

012-2

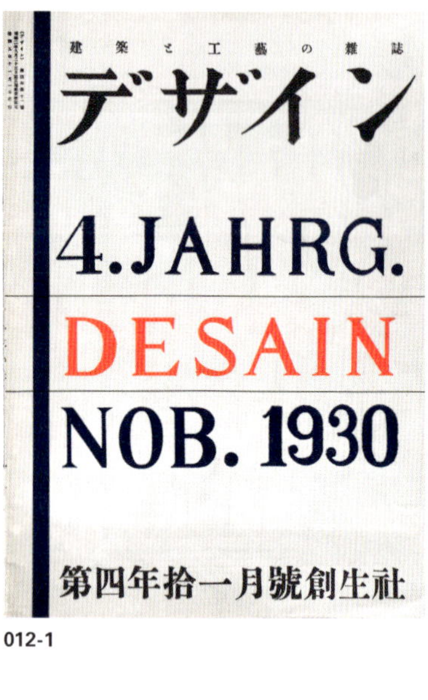

012-1

012 ウキリアム・ダブリュー・ウィルスン「MADAME PERRIAND」雑誌『デザイン』第4年11月号、1930年11月／京都大学工学研究科建築系図書室

William W. Wilson : « Madame Perriand », revue *Desain* [Design], vol. 4, n°11, novembre 1930. Library of Architecture, Kyoto University.

居室よりの見透

重要なる目標に新らしい材料の需要とで本質的アトマスフイアに於て、古い感覺を創造することは困難である。

食堂は片側をグラス張の壁と勾配の天井を設け、鏡の利用と棚の配置と短かく折疊みの出來るテーブル、柱に掛けられたマスクの型、恐らく此の食堂は總てに於て簡單なる明快さの一つとして、食堂のテーブルと椅子は金屬製でテーブル上板は黑色に、椅子は赤色の皮にて張られた。軒下の他の隅はバアーとして設備され飾り氣なく使用された。モダーンでない此の古アパートメントの外面的の一部が完成された譯です。勿論同じくバアーのテーブルと丸腰掛は磨かれた金屬製にて一方にグラス、板を張つた小さい丸いテーブルが脇にあつて後背に高く張られた鏡と酒壜が大小面白く配置されて輕く並べられたグラス・カツプの美しき列、恐らくマダム・ペリアンはフランス人個性の快樂主義者なるとを是に依つて物語るとでせう。勿論此の隅が深く奥妙に愉快なる入込んだ一隅を近代的裝飾

軒下のバアー

386

によつて斯様に得意とされた。全体として此のアパートメントの室內裝飾に依つて與へられた大体の感じは、戸棚や種々の家具の配置と材料とが斯様な小さき面積に出來るだけ利用された事で、非常に簡單なる明快さと實用的なる合理化の簡易の一つであると信じます勿論現在あつて將來への發展の一歩としてマダム・シヤルロツト・ペリアンのアパートメントの室內裝飾より建築へ、殊にル・コルブユジエ氏の作品に對して如何に物語つて居るかを窺ひ得ることが能る。若き室內裝飾家の生涯に於て豐かな創造の天地の總決算を爲し得る日のあることを、遠き將來に俟つべきと同時に、若き多くの作家の上に好研究の一つとして與へられたことを此處に感謝す。

食堂

終りに、建築家ル・コルブユジエ氏の作品として、マダム・ペリアンの作品の調和さと優れたる家具の一二を合せて御覽下さることを乞ふ。ル・コルベユジエ氏の精神に流れて居ると同じ精神にて活動されて居るマダム・ブリアンの作品として理解下さる様に………………。

居室の一隅

387

012-3

013-1

書斎
シヤルロツト・ペリアン

013-2

013 雑誌『アトリヱ』第7巻第12号、1930年12月／山鬼文庫

Revue *Atelier*, vol. 7, n°12, décembre 1930. Sanki Bunko.

前川國男と坂倉準三

Kunio Mayekawa and Junzô Sakakura

ル・コルビュジエとジャンヌレのアトリエでの出会い

セーヴル街のル・コルビュジエのアトリエで、シャルロット・ペリアンは前川國男（1928年から30年まで）と坂倉準三（1931年から39年まで）とともに長い時間を過ごしたはずだが、彼らが芸術的なやりとりを交わしたことを示す資料は、ほとんど残っていない。二人とも日本の何冊かの建築雑誌を持っていた。若き日の坂倉は幾晩もかけてペリアンの図面を書き写し、ペリアンは坂倉に、登山やスキーを手ほどきした。二人は伝統的な日本の宗教や美学、建築の話をした。1932年に坂倉が贈った岡倉覚三［天心］著の『茶の本』は、比較的理想化された日本のイメージをペリアンにもたらしたようである。

1940年に来日する以前のペリアンは、興味をもった伝統建築を除いて、日本列島の実状について何も知らなかった。ペリアンは後に「フランス民俗学の父」と呼ばれるマルセル・モースに学んだ松平斉光男爵（1897-1979）や画家岡本太郎（1911-1996）と知り合うことになるが、当時、彼女がパリで定期的に会っていたのは坂倉と文化学院の創設者西村伊作（1884-1963）の次女でのちに坂倉の妻となる西村百合（1912-2007）の二人だけであった。1936年には、パリに遊学中の百合をフェルナン・レジェのアトリエに連れて行っている。

シャルロット・ペリアンが日本で最初に紹介されたのは1930年代初めで、ル・コルビュジエのアトリエでの共同者として紹介された。(AG)

014

015

016

017

014 坂倉準三とピエール・ジャンヌレ　ル・コルビュジエとピエール・ジャンヌレのアトリエにて、セーヴル街、パリ、1933年頃

Junzô Sakakura et Pierre Jeanneret dans l'atelier de Le Corbusier et Pierre Jeanneret, rue de Sèvres, Paris, c.1933. DR/AChP.

015 アルプスに仲間とスキーにいった際の坂倉準三とシャルロット・ペリアン(左後)、1935年頃

Randonnée à ski dans les Alpes. Au milieu à gauche : Junzô Sakakura ; en haut à gauche : Charlotte Perriand, c.1935. DR/AChP.

016 前川國男とシャルロット・ペリアン　ル・コルビュジエとピエール・ジャンヌレのアトリエにて、セーヴル街、パリ、1930年頃　撮影：ノーマン・ライス

Kunio Mayekawa et Charlotte Perriand dans l'atelier de Le Corbusier et Pierre Jeanneret, rue de Sèvres, Paris, c.1930. Photo Norman Rice. AChP.

017 坂倉準三の証明写真、1935年頃

Junzô Sakakura, photo d'identité, c.1935. DR/AChP.

パリ万国博覧会 日本館　1937年

パリ万国博覧会は、1937年5月25日から11月25日まで「近代生活における芸術と技術」をテーマに開催された。坂倉準三設計の日本館は、ル・コルビュジエとピエール・ジャンヌレの先進的な建築資材を建物に活用したという点において、彼らへの敬意を表していた。

スペイン共和国館の建設理念に大いに触発された日本館は、反ファシズムへの称賛も示していた。坂倉準三が設計した1937年パリ万国博覧会の日本館を用いたコラージュ写真には、日本館の前に反ファシストや親コミュニストの友人たち、シャルロット・ペリアン、ピエール・ジャンヌレのほか、ホセ＝ルイ・セルト（José Luis Sert, 1902-1983）、ホセ・ガオス（José Gaos, 1900-1969）の姿が見られる。スペイン共和国館を設計した、カタルーニャ人の建築家であるセルトはル・コルビュジエの弟子で、パリにおける反フランコ闘争の指導者の一人であった。政治家のガオスは、反フランコ同盟の重要人物で、スペイン共和国館の総括委員長を務めた。この二人の招きに応じたパブロ・ピカソ（Pablo Picasso, 1881-1973）は、フランコ政権に反対する記念碑的作品《ゲルニカ》をスペイン共和国館に描く。

後の1941年、枢軸国の列強となった日本で開催された髙島屋での展覧会に際し、自身の作品の隣に友人ピカソの作品を展示するペリアンの行動には、こうした当時の反ファシスト的傾向を象徴する意味合いが含まれている。(AG)

018

019

018　坂倉準三設計の日本館のコラージュ写真　1936年頃／スロープの上右手：シャルロット・ペリアン、左端のスロープの途中：ホセ・ルイ・セルト（スペイン共和国館設計者）、スロープの手前：ピエール・ジャンヌレ、モチャ・セルトとル・コルビュジエの愛犬、右手の正面玄関前：ホセ・ガオス（スペイン共和国館総括委員長）

Junzô Sakakura : Projet du Pavillon du Japon pour l'Exposition Internationale des Arts et des Techniques dans la Vie Moderne, Paris, 1937, photocollage, Paris, c.1936. En haut de la passerelle, sortant du pavillon : Charlotte Perriand ; à l'extrême-gauche, sur le palier intermédiaire de la passerelle : José Luis Sert, architecte du Pavillon de l'Espagne Républicaine ; au pied de la rampe : Pierre Jeanneret, Moncha Sert et le chien de Le Corbusier ; devant l'entrée principale, à l'arrière-plan sur la droite : José Gaos, commissaire général du Pavillon de l'Espagne Républicaine. AChP.

019　ホセ・ルイ・セルト、ルイス・ラカサ設計のスペイン共和国館、1937年

José Luis Sert et Luis Lacasa, architectes : *Pavillon de l'Espagne Républicaine*, Exposition Internationale des Arts et des Techniques dans la vie moderne, Paris, 1937. Illustration reproduite dans *L'Architecture d'aujourd'hui*, 1937.

ペリアンは来日前から日本建築について、書籍などを通じて知識を得ていた。自身が編集を担当した『L'Architecture d'aujourd'hui（今日の建築）』（1935年）の特集「L'habitation familiale. Son développement économique et social（家族の住まい、その経済発展と社会）」でペリアンは、日本の雑誌『國際建築』（1934年）から日本農家の図版を転載し坂倉の解説をつけて紹介している。ここでは、日本というよりも、むしろ農村の暮らしが主題であったが、彼女が幼い頃に暮らしたサヴォワ地方での生活や生来の開放的な性格が影響しているのかもしれない。（HMo）

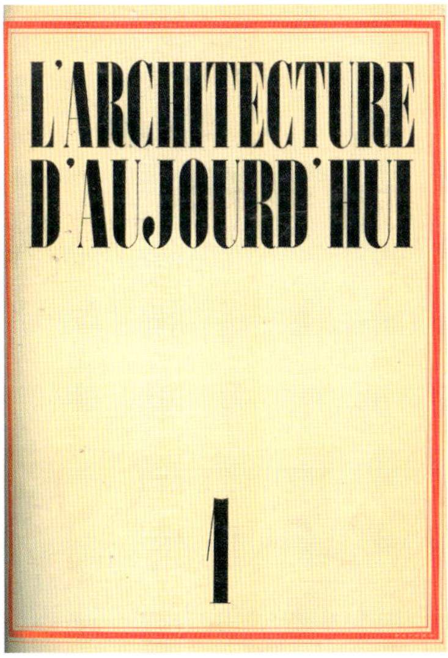

020-1

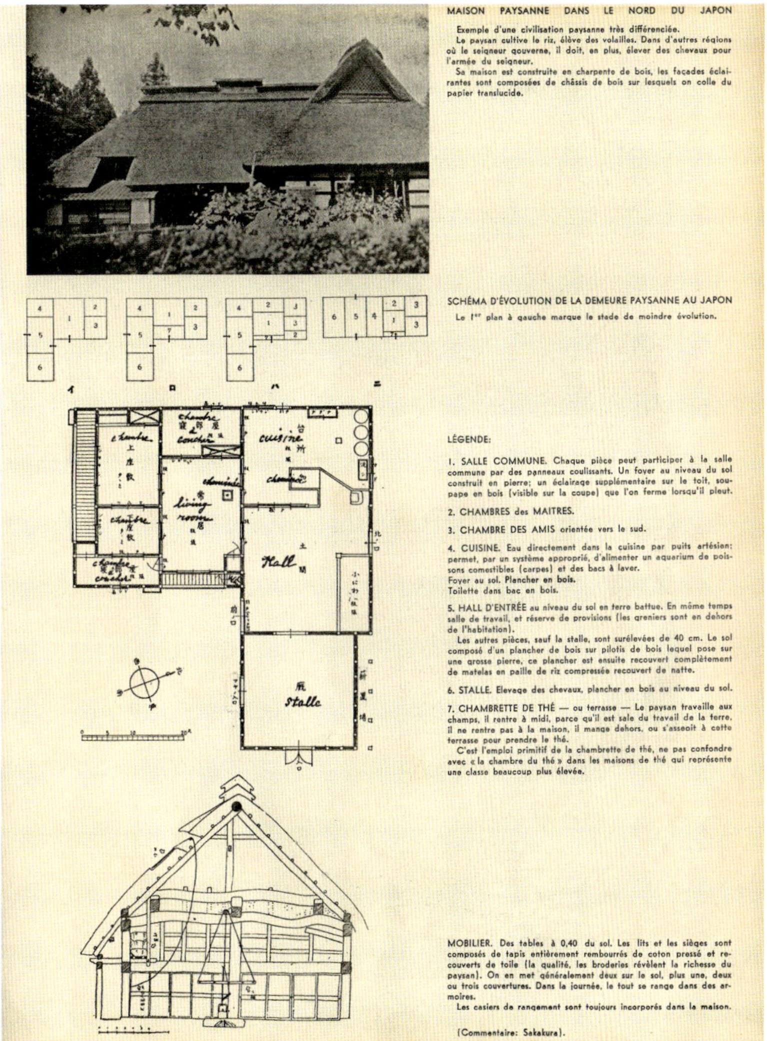

MAISON PAYSANNE DANS LE NORD DU JAPON

Exemple d'une civilisation paysanne très différenciée.

Le paysan cultive le riz, élève des volailles. Dans d'autres régions où le seigneur gouverne, il doit, en plus, élever des chevaux pour l'armée du seigneur.

Sa maison est construite en charpente de bois, les façades éclairantes sont composées de châssis de bois sur lesquels on colle du papier translucide.

SCHÉMA D'ÉVOLUTION DE LA DEMEURE PAYSANNE AU JAPON

Le 1er plan à gauche marque le stade de moindre évolution.

LÉGENDE:

1. SALLE COMMUNE. Chaque pièce peut participer à la salle commune par des panneaux coulissants. Un foyer au niveau du sol construit en pierre; un éclairage supplémentaire sur le toit, soupape en bois (visible sur la coupe) que l'on ferme lorsqu'il pleut.

2. CHAMBRES des MAITRES.

3. CHAMBRE DES AMIS orientée vers le sud.

4. CUISINE. Eau directement dans la cuisine par puits artésien; permet, par un système approprié, d'alimenter un aquarium de poissons comestibles (carpes) et des bacs à laver.
Foyer au sol. Plancher en bois.
Toilette dans bac en bois.

5. HALL D'ENTRÉE au niveau du sol en terre battue. En même temps salle de travail, et réserve de provisions (les greniers sont en dehors de l'habitation).

Les autres pièces, sauf la stalle, sont surélevées de 40 cm. Le sol composé d'un plancher de bois sur pilotis de bois lequel pose sur une grosse pierre, ce plancher est ensuite recouvert complètement de matelas en paille de riz compressée recouvert de natte.

6. STALLE. Elevage des chevaux, plancher en bois au niveau du sol.

7. CHAMBRETTE DE THÉ — ou terrasse — Le paysan travaille aux champs, il rentre à midi, parce qu'il est sale du travail de la terre, il ne rentre pas à la maison, il mange dehors, ou s'asseoit à cette terrasse pour prendre le thé.

C'est l'emploi primitif de la chambrette de thé, ne pas confondre avec « la chambre du thé » dans les maisons de thé qui représente une classe beaucoup plus élevée.

MOBILIER. Des tables à 0,40 du sol. Les lits et les sièges sont composés de tapis entièrement rembourrés de coton pressé et recouverts de toile (la qualité, les broderies révèlent la richesse du paysan). On en met généralement deux sur le sol, plus une, deux ou trois couvertures. Dans la journée, le tout se range dans des armoires.

Les casiers de rangement sont toujours incorporés dans la maison.

(Commentaire: Sakakura).

020-2

020 坂倉準三「日本の東北地方の農家」
雑誌『L'Architecture d'aujourd'hui』1935年1月、第1号／京都大学工学研究科建築系図書室

Junzô Sakakura « Maison Paysanne dans le Nord du Japon », *L'Architecture d'aujourd'hui*, n°1, janvier 1935. Library of Architecture, Kyôto University.

021 雑誌『國際建築』特輯・日本建築再検・第二輯・日本民家　第10巻第7号、1934年7月／山鬼文庫

« Révision de l'architecture japonaise ; Maison populaire japonaise », Revue *Kokusai Kenchiku* [Architecture internationale], vol. 10, n° 7, juillet 1934. Sanki Bunko.

021

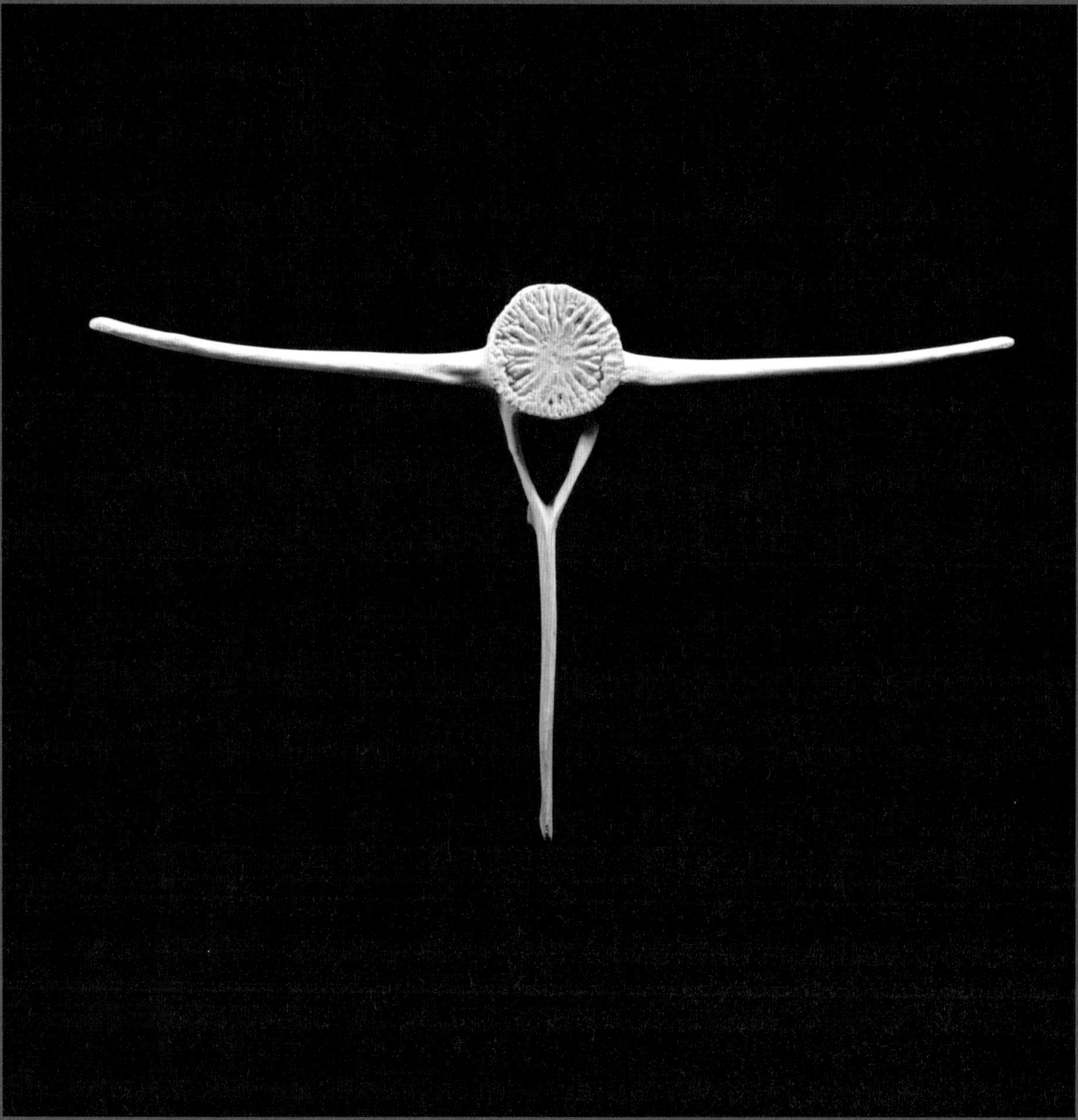

022 《魚の脊椎》 1933年
撮影：シャルロット・ペリアン

Vertèbre de poisson. 1933.
Photo Charlotte Perriand, AChP.

023 《採石場の砂岩》 1935年頃
撮影：シャルロット・ペリアン

Grès dans une carrière. c.1935.
Photo Charlotte Perriand, AChP.

024 《槐の切り株》 1933年
撮影：シャルロット・ペリアン

Bûches de robinier. 1933.
Photo Charlotte Perriand, AChP.

025 《四本の手によって掲げられた氷の塊、フォンテーヌブローの森》 1935年頃
撮影：シャルロット・ペリアン

Bloc de glace brandi par quatre mains dans la forêt de Fontainebleau. c.1935.
Photo Charlotte Perriand, AChP.

026 《圧縮された金属板Ⅲ》1935年頃
撮影：シャルロット・ペリアン、ピエール・ジャンヌレ

Tôle compressée Ⅲ. c.1935.
Photo Charlotte Perriand, Pierre Jeanneret, AChP.

027 《鉄の橋桁》1933年
撮影：シャルロット・ペリアン

Pont à poutrelles. 1933.
Photo Charlotte Perriand, AChP.

組立建築

1939年、シャルロット・ペリアンはピエール・ジャンヌレ、ジョルジュ・ブランションと会社を設立し、ジャン・プルーヴェを加えイソワールのSCAL（軽合金中央協会）の工員のための組立住宅の計画を進める。1939年11月7日の日付のあるピエール・ジャンヌレの《プレハブ建築のための「コンパス・フレーム」原理についてのスケッチ》には、人体を基本構造に取り入れたアイデアが図入りで記され、それへの返答としてジャン・プルーヴェがジャンヌレの原理にコメントしつつ具体的な構造システムを提案している資料が残っている。こうした戦時下における簡易で安価な組立建築の開発は、ヨーロッパにおいても急務であり、日本に発つ前のペリアンの重要な仕事の一つであった。来日した際、規格化された日本の建築に何よりも敏感に反応したのも、こうした背景があってのことだろう。

この組立式の軽量建築については、来日前にペリアンから坂倉に宛てた2通の手紙にも触れられている。現在、ペリアンが日本に持ってきたもとの図面はパリのアーカイヴに残っており、日本にある図面は、おそらくペリアンが持参したものをトレースしたものと思われる。坂倉はこの図面をもとにA字型柱を木造にした組立建築をつくり、戦時中は戦争組立建築として、戦後は復興組立建築として開発した。(SN)

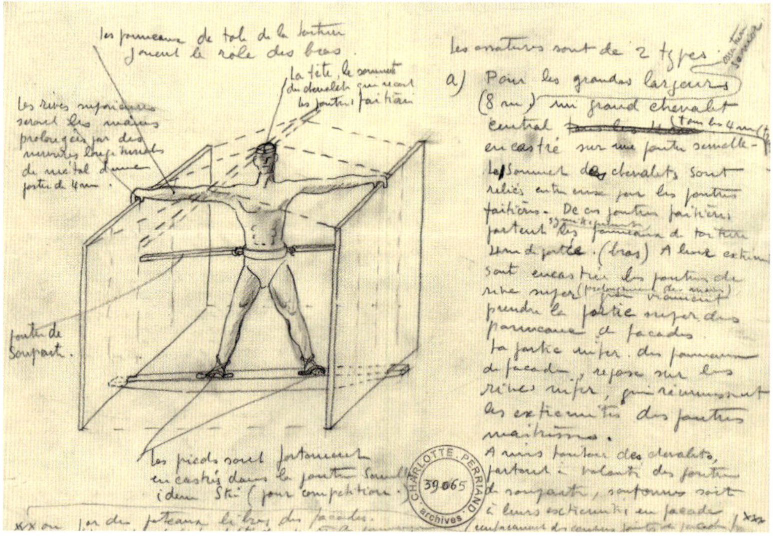

028

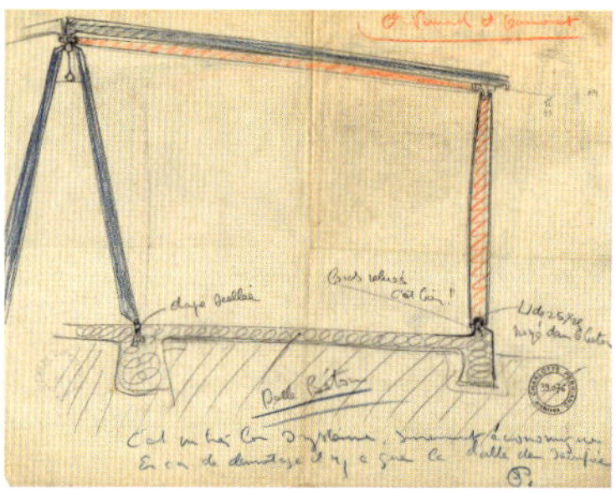

029

028 ピエール・ジャンヌレ《プレハブ建築のための「コンパス・フレーム」原理についてのスケッチ》(ジャン・プルーヴェ宛)、1939年11月7日-8日

Pierre Jeanneret : Croquis annoté proposant à Jean Prouvé le principe de l'« ossature-compas » pour des bâtiments préfabriqués, 7-8 novembre 1939. AChP.

029 ジャン・プルーヴェ《ピエール・ジャンヌレの「コンパス・フレーム」原理にコメントしたスケッチ》日付なし、1939年11月8日-22日に作成

Jean Prouvé : Croquis commentant la proposition d'« ossature-compas » de Pierre Jeanneret, non daté, réalisé 8-22 novembre 1939. AChP.

030

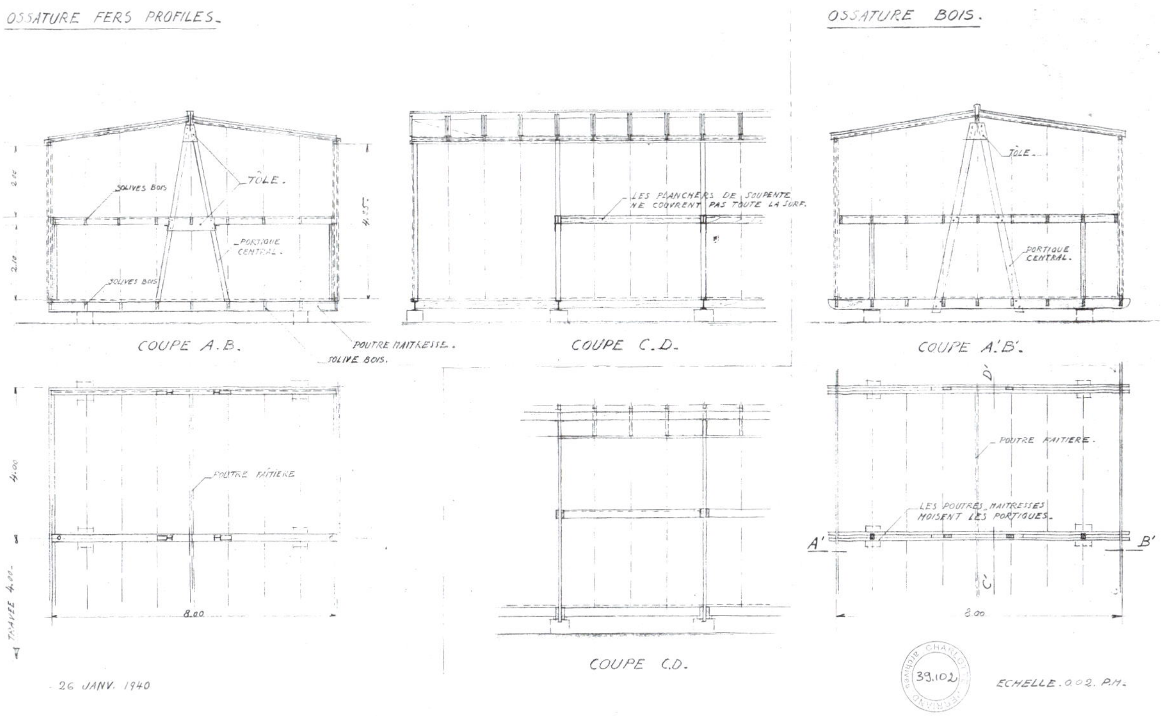

031

030 イソワールのSCALアルミニウム工場のためのプレハブ建築／設計：アトリエ・ル・コルビュジエ、ピエール・ジャンヌレ、シャルロット・ペリアン、エンジニア：アトリエ・ジャン・プルーヴェ、内装設備：シャルロット・ペリアン、建設：アトリエ・ジャン・プルーヴェ、コーディネーター：ジョルジュ・ブランション、1940年

Bâtiments préfabriqués de l'usine SCAL d'aluminium à Issoire, 1940. Architectes : Atelier Le Corbusier, Pierre Jeanneret et Charlotte Perriand ; ingénieur : Jean Prouvé ; équipement intérieur et mobilier : Charlotte Perriand ; constructeur : Ateliers Jean Prouvé ; coordinateur : Georges Blanchon. DR/AChP.

031 ピエール・ジャンヌレ、シャルロット・ペリアン《イソワールのためのプレハブ建築図面》1940年1月26日［1940年にペリアンが来日した際に持参したもの］

Pierre Jeanneret et Charlotte Perriand « Plan calque d'un bâtiment préfabriqué pour l'usine SCAL d'aluminium à Issoire, daté du 26 janvier 1940 », apporté au Japon par Charlotte Perriand en 1940. AChP.

032 戦争組立建築　巡回展示モデル　設計：坂倉準三［ペリアンが来日した際に持参したジャンヌレとペリアン設計による「コンパス・フレーム」式プレハブハウスの図面を参考に製作された戦争組立建築のプロトタイプの組立過程］、1942年／坂倉建築研究所

Junzô Sakakura, architecte : Bâtiments préfabriqués pour le front. Etapes du montage d'un prototype de maison démontable à partir du plan de préfabrication à « ossature-compas » de P. Jeanneret et Ch. Perriand, apporté au Japon par Ch. Perriand, 1942. Sakakura Associates.

032

日本への招聘
Invitation to Japan

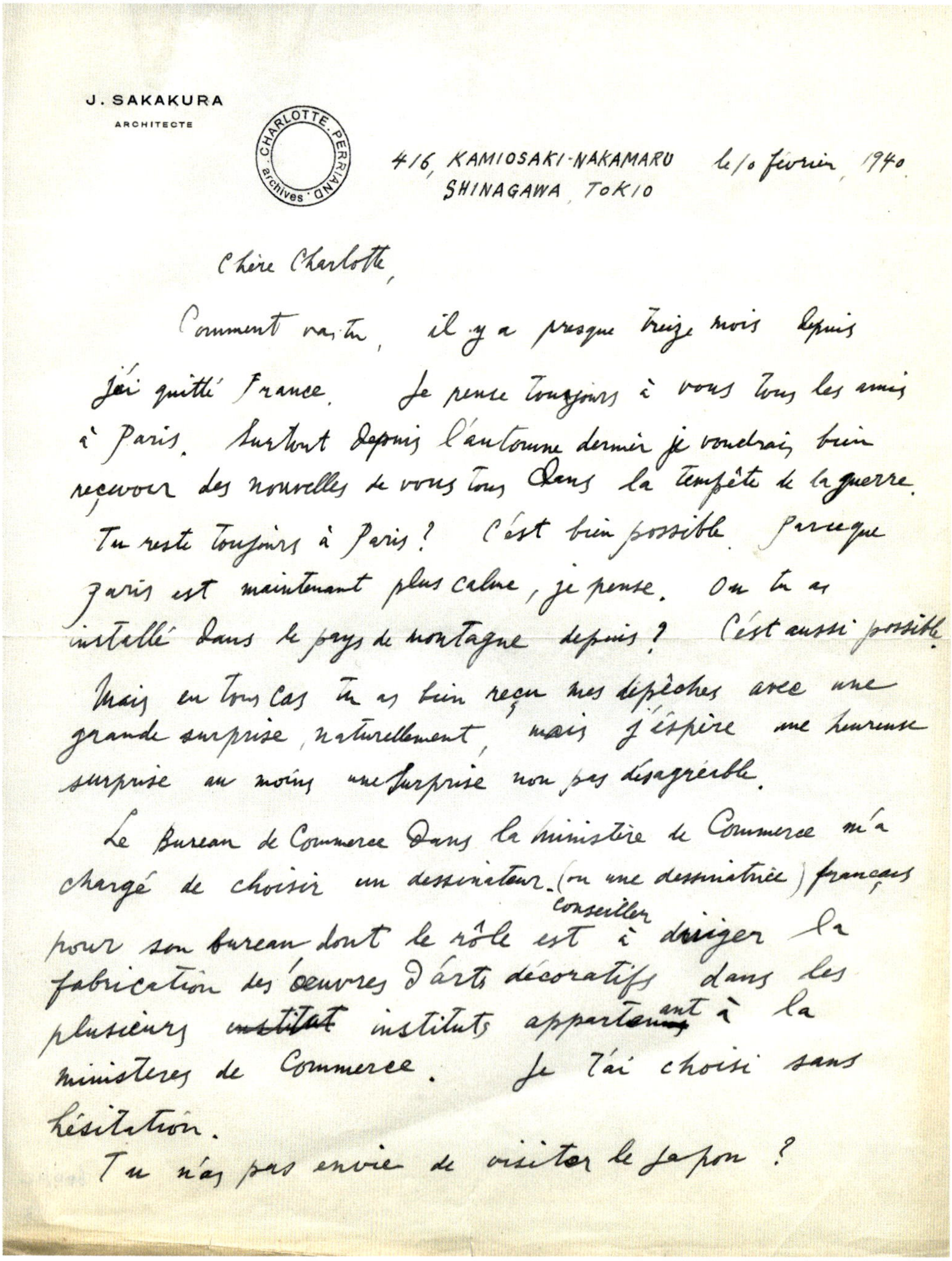

J. SAKAKURA
ARCHITECTE

CHARLOTTE PERRIAND archives

416, KAMIOSAKI-NAKAMARU le 10 février 1940.
SHINAGAWA, TOKIO

Chère Charlotte,

Comment va-tu, il y a presque treize mois depuis j'ai quitté France. Je pense toujours à vous tous les amis à Paris. Surtout depuis l'automne dernier je voudrais bien reçevoir des nouvelles de vous tous dans la tempête de la guerre. Tu reste toujours à Paris? C'est bien possible parceque Paris est maintenant plus calme, je pense. Ou tu as installé dans le pays de montagne depuis? C'est aussi possible. Mais en tous cas tu as bien reçu mes dépêches avec une grande surprise, naturellement, mais j'espère une heureuse surprise au moins une surprise non pas désagréable.

Le Bureau de Commerce dans la ministère de Commerce m'a chargé de choisir un dessinateur (ou une dessinatrice) français pour son bureau dont le rôle est à diriger (conseiller) la fabrication des oeuvres d'arts décoratifs dans les plusieurs ~~institut~~ instituts appartenant à la ministeres de Commerce. Je t'ai choisi sans hésitation.

Tu n'as pas envie de visiter le Japon ?

033 坂倉準三からシャルロット・ペリアン宛の手紙［封書］ 1940年2月10日付

Junzô Sakakura : Lettre à Charlotte Perriand, 10 février 1940. AChP.

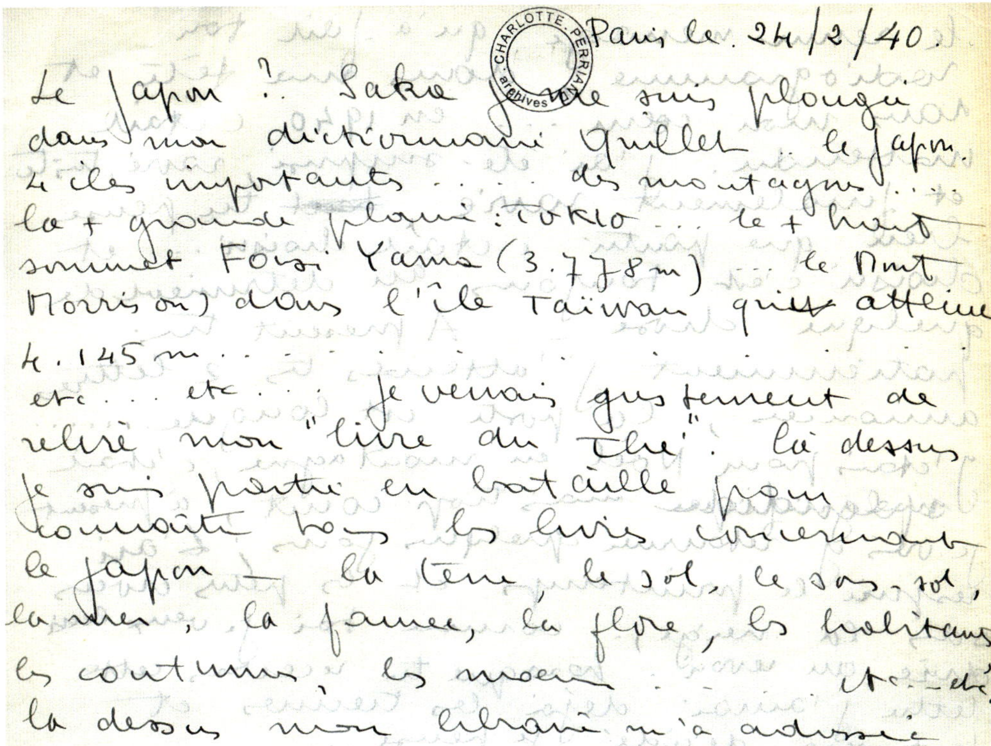

CHARLOTTE PERRIAND archives

Paris le 24/2/40.

Le Japon ?.. Saka je me suis plongée
dans mon dictionnaire Quillet. le Japon.
4 îles importantes . . . . des montagnes . . .
la + grande plaine : TOKIO . . . le + haut
sommet FOUJI YAMA (3.778 m) . . le Mont
Morrison) dans l'île Taïwan qui atteint
4.145 m . . . .
etc . . . etc . . . je venais justement de
relire mon "livre du Thé". là dessus
je suis partie en bataille pour
connaître tous les livres concernant
le Japon — la terre, le sol, le sous-sol,
la mer, la faune, la flore, les habitants
les coutumes, les moeurs . . . etc—etc.
là dessus mon libraire m'a adressée
à "Comité Franco Japonais de Tokio"
41 Avenue Hoche . . je n'y suis pas encore
allée . . . . il me manque encore une
carte du monde . . (la mienne ne dépasse pas
l'Europe .) . . et puis fait-il très chaud ?
très froid ? . . enfin je m'aperçois
qu'après tant d'années à côté de toi,
je n'ai rien appris . . . de "matériel"
Saka, je ne pensais pas avoir l'occasion
de te revoir si tôt. et surtout dans ton
pays. Tu dois quand même un peu imaginer

034 シャルロット・ペリアンから坂倉準三宛の手紙 ［封書］1940年2月24日付

Charlotte Perriand : Lettre à Junzô Sakakura, 24 février 1940. AChP.

033 坂倉準三からシャルロット・ペリアン宛の手紙［封書］ 1940年2月10日付

J. SAKAKURA　ARCHITECTE
東京都品川区上大崎中丸416

1940年2月10日

親愛なるシャルロット、

どうしている？　僕がフランスを発って13カ月ほど経った。君たちパリの友達のことをいつも考えているよ。とくに昨年の秋から、戦禍にいる皆の近況を知りたい思っている。君はパリに残っているのだろうか。それも十分ありうるだろう。今、パリは前よりも落ち着いているだろうから。それとも、その後、山間部に住んでいるのだろうか。これもありうることだと思う。ともかく、僕からの電報を受けとって驚いたことだろう。ただそれが不快な驚きではなくて、少なくとも幸せな驚きだといいけれど。

商工省貿易局に依頼されて、僕がフランス人デザイナーを選ぶことになった。役割は、商工省が管轄するいくつかの指導所で、装飾美術品の製作を指揮することだ。僕は迷うことなく君を選んだ。

君は、日本に来る気はないかい？

少なくとも1年は日本にいてほしい。母国を1年離れることが障害にならないといいけれど。もし引き受けてくれるなら、すぐに旅行費用を全額送ることにする。そしたら5月、もしくはそれ以降（君の好きなとき）に、マルセイユまで下って来て、日本の船に乗ればいい。

僕たちの大好きなジャンヌレについては、別の機会を考えている。いつになるか？　それはまだ分からないけれど、満洲国の首都、新京の都市開発の顧問として、我らがコルビュジエとジャンヌレを招く機会がつくれないか調整しているところだ。僕自身、今、新京の都市開発の指揮を任されている。この数カ月間は、日本と満洲国を行ったり来たりしてばかりだ。

君の給与について。年俸は1000フラン、これはヨーロッパ人が非常に快適に日本で生活するのに十分な額だ。それに、政府の経費で、特別に日本国内を旅行する機会もあるだろう。

それから、もちろん一緒にスキーをしよう。

君の返事を心待ちにしている。もちろん、いい返事を。

では、近いうちに日本で会おう。

大切なジャンヌレとコルビュジエ先生にくれぐれもよろしく。

心をこめて

サカ

034 シャルロット・ペリアンから坂倉準三宛の手紙 ［封書］1940年2月24日付

パリ、1940年2月24日

日本？　サカ、わたしは辞書を読みふけって、夢の旅に出た。多くの島々……、山々……、最も広い平野、東京……、最高峰の富士山（3,778m）……、台湾島の4,145mにも達するモリソン山…………など……など……。ちょうど『茶の本』を読み返したところだった。そう、日本に関する本をすべて知るために闘いに出てみたの——土地、土壌、地中、海、動物、植物、住人、習慣、風俗……など……など——。これについては、本屋がオッシュ通り41番地にある「東京日仏協会」を、わたしに教えてくれた。まだ行っていないけれど……。まだ世界地図が足りない……（わたしのものはヨーロッパより先がないの）……、それから、気候はかなり暑い？　かなり寒い？　今頃気づいたけれど、結局、何年もあなたのそばにいたのに、わたしは何も学んでいなかったみたいね……「物質的」なことは。サカ、こんなにも早く、しかもあなたの国で、再会できる機会があるなんて考えてもみなかった。

ちょっと想像してみて。あなたからの無線電報をもらったときのわたしの頭のなかを。心のなかは大変な騒ぎだった。1940年なのよ。予想もしなかった。驚いて、嬉しくて、悲しくて、でも結局は、嬉しかった。あなたはよく知っているだろうけれど、出発、それは選択を意味すると思う……、そして選ぶということには、何らかの犠牲がつきもの。今、［あなたから］くるはずの2通の手紙をじっと待っているところよ、郵便は時間がかかって……。クリスマスは山に滞在して、すばらしかった。けれど、短かすぎたので、これからまた数日戻るつもり。空気は春めいていて、小さなクロッカスは雪の下。あなたみたいに、わたしもクロッカスにお別れの挨拶をしないと。この手紙が届くころには、わたしはもうあなたの手紙を受け取っていて、そしてすべてが決まっているはず。わたしたちの大切なレジェはパリにいて、男女の群像とオウムを描いた、美しい巨大な絵を制作中。彼の人生の大作、でもそれには戦争が必要だった……。コルビュジエとジャンヌレはパリで大活躍……。みんな精一杯仕事をしている。わたしも、組立式の軽量建築に取り組んでいる……、また。これも戦争のおかげでできることになった……。ボシュ、トゥルノン、マッソンは軍服を着て、フランスのどこか、もしくは他のところにいっている。セルトはアメリカ。など……。

そしてちょうど、「あなた」と「わたし」、わたしたちは再会するかもしれない。人生って素晴らしい……今日は、あなたのおかげ、サカ。

心をこめて　　　　シャルロット

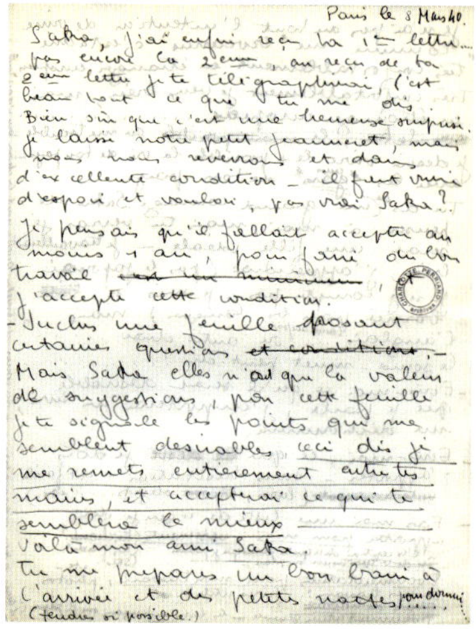

Paris le 8 Mars 40.
Saka, j'ai enfin reçu ta 1re lettre... pas encore la 2ème, au reçu de ta 2ème lettre je te télégraphierai, c'est beau tout ce que tu me dis
Bien sûr que c'est une heureuse surprise. je laisse notre petit Jeanneret, mais nous nous reverrons et dans d'excellente condition — il faut vivre d'espoir et vouloir, pas vrai Saka?
Je pensais qu'il fallait accepter au moins 1 an, pour faire du bon travail ~~est un minimum~~, j'accepte cette condition.
— Inclus une feuille posant certaines questions ~~et conditions~~. —
Mais Saka elles n'ont que la valeur de suggestions, par cette feuille je te signale les points qui me semblent desirables, ceci dit je me remets entièrement entre tes mains, et accepterai ce qui te semblera le mieux
Voilà mon ami Saka.
Tu me prépares un bon bain à l'arrivée et des petits nattes pour dormir (tendres si possible.)

035 シャルロット・ペリアンから坂倉準三宛の手紙 ［封書］ 1940年3月8日付

Charlotte Perriand : Lettre à Junzô Sakakura, 8 mars 1940. AChP.

パリ、40年3月8日

サカ、ようやく1通目の手紙を受けとったけれど……2通目はまだ。2通目が届いたら電報で知らせます。あなたの言うことはどれも素晴らしい。もちろん、うれしい驚きだった。わたしたちの大切なジャンヌレを残していくことになるけれど、また会えるだろうし、しかも最高のコンディションで。希望と志を実践に移すことが必要だわ、そう思わない、サカ？

よい仕事をするには、少なくとも1年は引き受ける必要があると思う。この条件を受け入れることにする。

——いくつか質問を記した紙を1枚同封します。ただし、サカ、この質問は提案でしかないから。この紙で、わたしが望ましく思う点をあなたに知らせておこうと思っただけ。ともかく、わたしはあなたにすべてを委ねて、あなたが最善と思うことを受け入れるつもり。

親愛なるサカ、それでは。

わたしが到着するときには、快適なお風呂と、眠るために小さなタタミ［nattes : ござ］を（できれば柔らかいものを）用意しておいて……。

わたしは、「[Crocanus]」のように暮らすつもりはまったくないの。つまり、「ヨーロッパから来た外国人として非常に快適に」暮らすつもりなどないということ。「非常に快適」というのは必要だけれど、「ヨーロッパから来た外国人」というのは……、なんだか落ち着かない。できるかぎり、あなたの国の生活をしたい。

サカ、わたしを呼ぼうと考えるなんて、とても勇気がいることだったでしょう。でも、見ていて、理想的な女子になってみせる——たくさん働いて、学ぶつもり（日本語は無理だけれど。（もう一度言うと）わたし、言語はまったくダメ……）。でも英語や……他のことを学ぶわ……たぶん手話かしら……。
——わたしが話した方がよさそうなことを、書いて。それについての本や辞書をもっていくわ。
——あなたにもっていくべきもの——遠慮なく書いてね、簡単なことだから（本、小物……など）
——自分のためにもって行くべきものを、現地で見つけられそうなものを除いて、リストにして。洋服（かなり暑い？　かなり寒い？　スキーなど）。わたしの仕事のための資料、わたしの仕事の写真？　役立つ本？　一般的な参考資料——日本についてフランス語で書かれた本？（船のなかで読書する時間があると思うから）、それから寄港するときは、何を見るべきかしら……

II
——日本の船の出発を調べてみた（日本の船に乗ります）
　5月の第1週
　6月の第1週
——5月第1週の出発にむけて準備するわ（早く連絡がとれて、この日程に問題がなければ。そうでなければ、遅くとも、6月の第1週に）
——財政状態：フランスで問題に片を付けてすべて清算したら、出発するときはほとんど無一文になってしまいそう。でもこれは問題にはならないと思う。あなたが旅行費用を送ってくれるはずだし、当然出発の日からわたしの給与は起算されるだろうから。
——同封のメモで分かると思うけれど、この日の為替相場にもとづいて給与を支払ってほしいの。通貨が変動することもあるだろうから。
——正式な招聘状も必要。それがあるとフランス出国が簡単になるから。
——この件については、もうフランスの内閣に働きかけています。

もう、3月……、クロッカスの芽が出ている……、なのにわたしはいつまでもパリにいる……、もしわたしのことを思ってくれるなら、3月24日は感謝祭よ。そのときにはわたしは雪のなかにいるはず。あなたのために小さな花々を摘んでおきます。
心をこめて
シャルロット

こちらのみんながあなたによろしくって。みんなわたしの代わりになりたがっているわ。

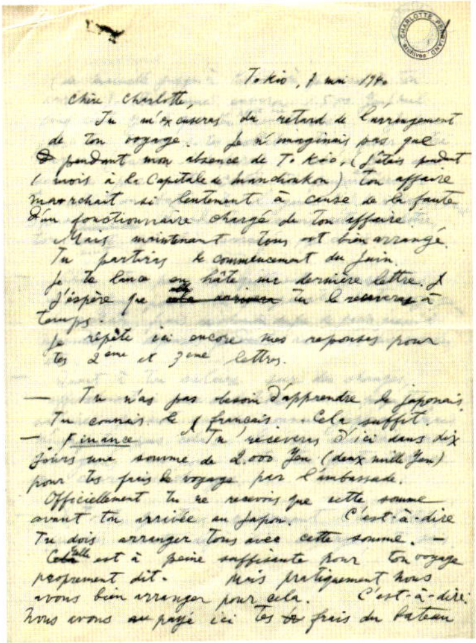
Tokio, 7 mai 1940
Chère Charlotte,
Tu m'excuseras du retard de l'arrangement de ton voyage. Je n'imaginais pas que pendant mon absence de Tokio, (j'étais pendant 1 mois à la Capitale de Manchoukuo) ton affaire marchait si lentement à cause de la faute d'un fonctionnaire chargé de ton affaire.
Mais maintenant tout est bien arrangé.
Tu partiras le commencement du Juin.
Je te lance en hâte ma dernière lettre. J'espère que ~~cela arrivera~~ tu la recevras à temps.
Je répète ici encore mes réponses pour tes 2ème et 3ème lettres.
— Tu n'as pas besoin d'apprendre le japonais. Tu connais le français. Cela suffit.
— Finance Tu recevras d'ici dans dix jours une somme de 2.000 Yen (deux mille Yen) pour tes frais de voyage par l'ambassade.
Officiellement tu ne recevras que cette somme avant ton arrivée au Japon. C'est-à-dire tu dois arranger tout avec cette somme. — ~~Cela~~ Elle est à peine suffisante pour ton voyage proprement dit. Mais pratiquement nous avons bien arrangé pour cela. C'est-à-dire: nous avons ~~au~~ payé ici tes ~~de~~ frais du bateau

036　坂倉準三からシャルロット・ペリアン宛の手紙［封書］　1940年5月7日付
Junzô Sakakura : Lettre à Charlotte Perriand, 7 mai 1940. AChP.

［1枚目］
1940年5月7日、東京
親愛なるシャルロット、

君の旅行の準備が遅れてしまって申し訳ない。僕が東京を留守にしている間に（1カ月満洲国の首都にいたんだ）、役人の不手際で君のことがこんなにのろのろ進められていないなんて想像もしていなかった。でも、もう準備万端だ。6月の初めに出発できるだろう。最後の手紙を急いで送るよ。遅れずに届くといいけれど。
　君の2通目、3通目の手紙の返事をここに繰り返しておく。

——日本語を学ぶ必要はない。君はフランス語ができる。それで十分だ。
——財政　今日から10日以内に、2000円（二千円）が、旅行費用として大使館から支払われるだろう。公式には、日本到着まではこの額しか支払われない。つまり、この額ですべて手配しないといけない。——この額は、いわゆる旅行費用にかろうじて足りるくらいだろうが、実際には、きちんと手配してある。

［2枚目］
つまり、船の運賃はこちらで支払った（マルセイユから神戸までの運賃で、到着時には僕が迎えにいく）。この費用は約1500円（千五百円）で、日本に来てから僕たちの事務所（坂倉設計事務所）のために仕事するか協力するかして返してくれればいい。有線電報を使って、今日から1週間以内に、日本郵船のパリ支店（オペラ座の近く）で船の切符を受け取ることができるようにする。君がこの手紙を受け取るころには、万事手配されているだろう。
——だから、君は心置きなく2000円を旅行準備に使っていい。買物、パリからマルセイユまでの鉄道運賃、寄港の際の出費など。
——君の給与の両替については、公式に規制があって、日本通貨で支払われる。でも心配には及ばない。必要があれば、両替での損失を避けられるよう手配しよう。
——公式の招聘についての膨大な問題は、これで片付いたね。

［3枚目］
君自身のためにもってこなければいけないものについて。
——衣類、下着、靴下、靴などは、できるだけ多く、日本ではもう買う必要がないくらいもってきた方がよいと、僕は勧める。
——もちろん、スキー道具一式ももっておいで。
——君の仕事のための参考資料もいくつか、君の作品の写真、役に立つ本など。
——もしできれば、君のつくった椅子または肘掛椅子の本物をいくつか。それから、博覧会の期間、僕たちが日本館のために使った田舎風の肘掛椅子も。
——フランス語で書かれた日本についての本はあまり必要ではない。
——寄港については、スエズ運河を渡るときにカイロを訪れることができる。もし時間が許せば（たいていあまり時間はない）、カイロの後、寄港地ごとに船を降りることができる（アデン、コロンボ、シンガポール、香港、上海）。ただ、君は日本船に乗っている日本の招聘客だということを忘れないでほしい。

［4枚目］
最後に、僕たちのために、これはもってきてほしいと思うもののリスト。費用は君が到着してから清算しよう。
以下
タンマー店
1）スキー板一式。「ハーガン」のものか、ノルウェー製のもの、あるいは白いヒッコリーなら何でもいい。長さ2m10で、金属製のエッジ付き。
2）留め具一揃い「カンダハー」アルファ・スポーツ。
3）競技用のズボン。僕用のもの、灰色の［remcord：糸の種類か］製。
4）ノルウェー製のミトン。
5）スキー用の靴下、男性用と女性用のものをいくつか。
6）＋スキー靴。

a. 男性用のハーフブーツ「タンマー・スペシャル」。
b. 女性用のハーフブーツ「タンマー・スキー」サイズは君と同じ。［足の絵／幅0.095m］
7）ティー・カップ20個　白の陶器製で統一。普段使いの食器で君の家にあるもの、モンパルナス大通りに面した、グランド・ショミエール街に近い小さな店にあるもの。
8）または、ガラス製品いくつか、テーブルウェアセット、あるいはスパイスを入れる箱、あるいはコーヒーポット、あるいは食器一揃。簡素で、普通の、理想的な形をしていて、本物の装飾芸術の一般的な例として、君が日本人に見せてよいと思うもの。できるだけたくさん。
コーヒー・ミル。

［5枚目］
9）ル・コルビュジエ氏のすべての作品例。最新の作品もふくむ。
10）グロモール：『主要構成図の選集』ヴァンサン・フレアル出版、ボザール街4番。
11）『20世紀ラルース』辞典。
12）芸術に関する定期刊行物いくつか。たとえば、『Cahiers d'art（美術手帳）』誌の最新号など。
11）都市開発と都市開発の歴史についての重要著作いくつか。
12）『ギッド・ブルー』フランス（4巻）、スペイン、ギリシア、トルコ、イタリア、三国同盟の国々［ユーゴスラビア、チェコスロバキア、ルーマニア］。
13）パリの絵はがき。できるだけたくさん。
14）『ルーヴル美術館　ギリシアの壷』「テル」出版。
15）美しい国々シリーズの『エジプト』など。

ここには制限なしに書いた。君の好きなように選んでいい。

いまは、君がやって来ることばかり考えている。僕たちは、君の到着を心待ちにしている。

パリの親愛なる友人たち皆によろしく。ル・コルビュジエ先生、ジャンヌレ、レジェ、ピカソ、ミロ、そしてボシュと彼の友だちにもくれぐれもよろしく。
　ボラックはどこにいるんだい？　いつか彼を日本に招待したい。

［6枚目］
ル・コルビュ先生とジャンヌレの正式な招待についても、ずっと考えている。かなり実現できそうだが、すぐには無理だ。我慢。皆の顔が見たい、世界の歴史のなかでも重大なときだからこそ。
　パリの皆によろしく。

　君とは、近いうちに。会話の続きはそのときにしっかりと。

サカ

追伸
近いうちにル・コルビュジエ先生とジャンヌレに手紙を書くつもりだ。
彼らの近況と最新の仕事を僕に知らせてほしい。

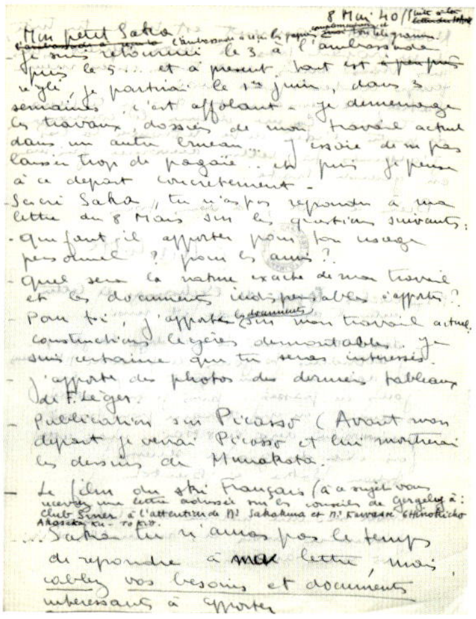
8 Mai 40
Mon petit Saka
- Je suis retournée le 3 à l'ambassade puis le 5... et à present tout est réglé, je partirai le 1er juin, dans 3 semaines, c'est affolant - je démenage les travaux, dossiers de mon travail actuel dans un autre bureau. J'essaie de ne pas laisser trop de pagaïe... et puis je pense à ce départ concrètement -
- Saka, tu n'as pas répondu à ma lettre du 8 Mars sur les questions suivantes:
- Que faut-il apporter pour ton usage personnel ? pour les amis ?
- Quel sera la nature exacte de mon travail et les documents indispensables à apporter ?
- Pour toi, j'apporte des documents sur mon travail actuel, constructions légères démontables. Je suis certaine que tu seras intéressé.
- J'apporte des photos des derniers tableaux de F. Léger.
- Publication sur Picasso (Avant mon départ je verrai Picasso et lui montrerai les dessins de Munakata.
- Le film du ski Français (à ce sujet vous recevrez une lettre adressée sur les conseils de Gergely à: Club Sumera à l'attention de M. Sakakura et M. Kawazoe 6 Hinokicho Akasaka-ku - Tokio.
... Saka tu n'auras pas le temps de répondre à ma lettre, mais cablez vos besoins et documents intéressants à apporter

037　シャルロット・ペリアンから坂倉準三宛の手紙　［封書］　1940年5月8日付
Charlotte Perriand : Lettre à Junzô Sakakura, 8 mai 1940. AChP.

40年5月8日
親愛なるサカ、

大使館は補足書類とあなたの電報を受けとりました。
――3日、それから5日に、また大使館に行ってきたの……これで、すべて片付いて、6月1日に出発する。3週間後、不安だわ。作品や今の仕事の書類を別の事務所に移動させるの……。あまりごちゃごちゃ残していかないように……これで、出発が具体的に思えてきた。
――サカ、［3月］8日のわたしの手紙に書いた質問に答えていないわ。
――あなたが個人的に使うものは、何をもっていけばいい？　友達には？
――わたしの仕事は、厳密にはどんな性格のもの？　もっていくべき必要不可欠の資料は？
――あなたには、わたしの今の仕事についての資料をもっていくつもり。組立て式の軽量建築で、あなたもきっと興味があるはず。
――F. レジェの最新の絵の写真ももっていきます。
――ピカソについての出版物（出発前にピカソに会って、棟方［志功］の絵を見せるつもり）。
――フランスのスキー映画（この件についての助言は、スメラ・クラブ東京赤坂区桧町6の坂倉氏と川添氏に宛てられた手紙が届くと思う）
……サカ、わたしの手紙に返事する時間はないと思うけれど、あなたがほしいものと、もっていくと興味をもたれる資料を電報で知らせて。

［裏面］
わたしたちの大好きなジャンヌレは寂しがっているわ、とても寂しがっている。彼は、わたしが出発するなんてありえないと思っていたみたい。わたしの親友たちはみんな、寂しがると同時に、わたしのために喜んでくれてもいる。
　サカ、あなたに東京で会えるなんて運がいいと思う。そちらであなたに会えることを考えると、出発する勇気がでてくる。大急ぎで5月末に手紙が届くのを待っています。
　あなたと、そちらのみなさんに、キス。

シャルロット

東京の住所を送ってちょうだい。到着してすぐに、こちら［フランス］の様子が知りたいの。

033 Junzô Sakakura : Lettre à Charlotte Perriand, 10 février 1940. AChP.

Le 10 février 1940

Chère Charlotte,

Comment vas-tu, il y a presque treize mois depuis j'ai quitté France. Je pense toujours à vous tous les amis à Paris. Surtout depuis l'automne dernier je voudrais bien recevoir des nouvelles de vous tous dans la tempête de la guerre.
Tu restes toujours à Paris ? C'est bien possible parce que Paris est maintenant plus calme, je pense. Ou tu es installée dans le pays de montagne depuis ? C'est aussi possible. Mais en tout cas tu as bien reçu mes dépêches avec une grande surprise, naturellement, mais j'espère une heureuse surprise, au moins une surprise non pas désagréable.
Le Bureau de Commerce dans le ministère de Commerce m'a chargé de choisir un dessinateur-conseiller (ou une dessinatrice) français pour son bureau, dont le rôle est à diriger la fabrication des œuvres d'arts décoratifs dans les plusieurs instituts appartenant au ministère du Commerce. Je t'ai choisi sans hésitation.
Tu n'as pas envie de visiter le Japon ?
[1/3...]

Saka

034 Charlotte Perriand : Lettre à Junzô Sakakura, 24 février 1940. AChP.

Paris, le 24 / 2 / 40

Le Japon ? Saka je me suis plongée dans mon dictionnaire Quillet... Le Japon, 4 îles importantes... des montagnes... la plus grande plaine : Tokio... le + haut sommet : Fouji Yama (3.778 m)... le Mont Morrison dans l'île Taïwan qui atteint 4.145 m.................. etc... etc... Je venais justement de relire mon « livre du thé ». Là-dessus je suis partie en bataille pour connaître tous les livres concernant le Japon – la terre, le sol, le sous-sol, la mer, la faune, la flore, les habitants, les coutumes, les mœurs. ... etc, etc.
Là-dessus, mon libraire m'a adressée à « Comité Franco-japonais de Tokio », 41 avenue Hoche... Je n'y suis pas encore allée. ... Il me manque encore une carte du monde... (la mienne ne dépasse pas l'Europe).... Et puis fait-il très chaud ? très froid ? enfin, je m'aperçois qu'après tant d'années auprès de toi, je n'ai rien appris de « matériel ».
Saka, je ne pensais pas avoir l'occasion de te revoir si tôt. Et surtout dans ton pays. Tu dois quand même un peu imaginer le remue-ménage qu'a fait ton radiogramme dans ma tête et dans mon cœur.
[1/2...]

Charlotte

035 Charlotte Perriand : Lettre à Junzô Sakakura, 8 mars 1940. AChP.

Paris le 8 mars 40

Saka, j'ai enfin reçu ta 1ère lettre... pas encore la 2ème ; au reçu de ta 2ème lettre je te télégraphierai. C'est beau tout ce que tu me dis. Bien sûr que c'est une fameuse surprise. Je laisse notre petit Jeanneret, mais nous nous reverrons et dans d'excellentes conditions. Il faut vivre d'espoir et vouloir, pas vrai Saka ?
Je pensais qu'il fallait accepter au moins 1 an, pour faire du bon travail c'est un minimum, et j'accepte cette condition.
—Inclus une feuille posant certaines questions et conditions.
Mais Saka elles n'ont que la valeur de suggestions, pour cette feuille je te signale les points qui me semblent désirables. Ceci dit, je me remets entièrement entre tes mains, et accepterai ce qui te semblera le mieux.
Voilà mon ami Saka.
Tu me prépares un bon bain à l'arrivée et des petites nattes ... pour dormir ... (tendres si possible.)
[1/3...]

Charlotte

036 Junzô Sakakura : Lettre à Charlotte Perriand, 7 mai 1940. AChP.

Tokio, 7 mai 1940

Chère Charlotte,

Ju m'excuseras du retard de l'arrangement de ton voyage. Je n'imaginais pas que pendant mon absence de Tokio (j'étais pendant 1 mois à la Capitale de Manchoukuo) ton affaire marchait si lentement à cause de la faute d'un fonctionnaire chargé de ton affaire.
Mais maintenant tous est bien arrangé.
Tu partiras le commencement de juin.
Je te lance en hâte ma dernière lettre. J'espère que tu la recevras à temps.
Je répète ici encore mes réponses pour tes 2ème et 3ème lettres.

—Tu n'as pas besoin d'apprendre le japonais. Tu connais le français. Cela suffit.
—Finance. Tu recevras d'ici dans dix jours une somme de 2.000 yens (deux mille yen) pour tes frais de voyage par l'ambassade.
Officiellement tu ne recevais que cette somme avant ton arrivée au Japon. C'est-à-dire tu dois arranger tous avec cette somme. Elle est à peine suffisante pour ton voyage proprement dit. Mais pratiquement nous avons bien arranger pour cela. C'est-à-dire nous avons payé ici tes frais de bateau (de Marseille jusqu'à Kobé où je serai à ton arrivée).
[1/4...]

Saka

037 Charlotte Perriand : Lettre à Junzô Sakakura, 8 mai 1940. AChP.

8 mai 40 / suite

Mon petit Saka

L'ambassade a reçu les papiers complémentaires et ton télégramme.
—Je suis retournée le 3 à l'ambassade puis le 5... et à présent, tout est réglé, je partirai le 1er juin, dans 3 semaines, c'est affolant. Je déménage les travaux, dossiers de mon travail actuel dans un autre bureau... J'essaie de ne pas laisser trop de pagaïe... et puis je pense à ce départ concrètement.
—Sacré Saka, tu n'as pas répondu à ma lettre du 8 mars sur les questions suivantes :
—Que faut-il apporter pour ton usage personnel ? pour les amis ?
—Quelle sera la nature exacte de mon travail et les documents indispensables à apporter ?
—Pour toi, j'apporte les documents sur mon travail actuel. Constructions légères démontables. Je suis certaine que tu seras intéressé.
—J'apporte des photos des derniers tableaux de F. Léger.
—Publication sur Picasso (Avant mon départ, je verrai Picasso et je lui montrerai les dessins de Munakata).
—Le film du Ski Français (à ce sujet vous recevrez une lettre adressée sur les conseils de Gergely à : Club Sumer à l'attention de Mr Sakakura et Mr Kawazoe 6 Hinokicho Akasaka-ku. Tokio)
... Saka tu n'auras pas le temps de répondre à ma lettre, mais, câblez vos besoins et documents intéressants à apporter.
[1/2...]

Charlotte

「輸出工芸指導顧問」として

1929年の世界恐慌以降、日本は国内産業生産の不振、貿易収支の慢性的な赤字に苦しんでいた。さらに農業の不作が追い討ちをかけた。日本政府、とくに商工省はこの打開のための産業合理化、国産愛好、輸出奨励を推進した。1928年仙台に設置された工芸指導所はデザイン改良を梃子として輸出拡大を目指していた。

1933年にブルーノ・タウト（Bruno Julius Florian Taut, 1880-1938） が指導所に3カ月招聘されたことがあったが、これは彼が日本インターナショナル建築会の招聘で来日し、その後33年から36年は日本に滞在していたという偶然からであり、政策として外国人デザイナーが招聘されたのは1939年にドイツ人インテリア・デザイナー、ティリー・プリル＝シュレーマン（Tilly Prill-Schloemann, 1902- ？） が最初である。これは東京高等工芸学校教授宮下孝雄の推薦によるものであったが、宮下は初め別なフランス人建築家エクスペール（Roger-Henri Expert, 1882-1955）を推薦したが、ニューヨーク万博フランス館建設のため来日が難しく、変更となった。

1913年からデザイン振興のため農商務省図案及工芸展覧会（1925年～商工展）が開催されていたが、より明確に輸出振興に向けデザイン改良を目指して1933年から輸出工芸展が創設され、これを主催するため日本輸出工芸連合会が設けられた。1939年、商工展は輸出工芸展に合流することになり、この年同会機関誌『輸出工芸』が創刊された。1938年東京美術学校油画科を卒業した柳宗理（1915-2011）は、翌39年この嘱託に採用され、40年9月から翌年6月まで同誌の編集を担当した。8号は「選択 傳統 創造」展の紹介にかなりのスペースを割いている。（HMo）

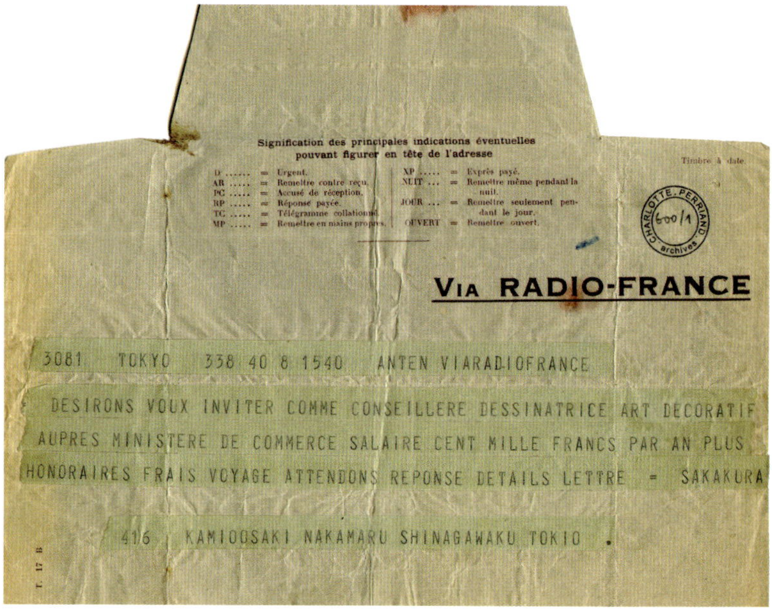
Signification des principales indications éventuelles pouvant figurer en tête de l'adresse

D ...... = Urgent.
AR ...... = Remettre contre reçu.
PC ...... = Accusé de réception.
RP ...... = Réponse payée.
TC ...... = Télégramme collationné.
MP ...... = Remettre en mains propres.
XP ...... = Exprès payé.
NUIT ... = Remettre même pendant la nuit.
JOUR ... = Remettre seulement pendant le jour.
OUVERT = Remettre ouvert.

Timbre à date

CHARLOTTE PERRIAND archives 600/1

VIA RADIO-FRANCE

3081 TOKYO 338 40 8 1540 ANTEN VIARADIOFRANCE

DESIRONS VOUX INVITER COMME CONSEILLERE DESSINATRICE ART DECORATIF
AUPRES MINISTERE DE COMMERCE SALAIRE CENT MILLE FRANCS PAR AN PLUS
HONORAIRES FRAIS VOYAGE ATTENDONS REPONSE DETAILS LETTRE = SAKAKURA

416 KAMIOOSAKI NAKAMARU SHINAGAWAKU TOKIO .

T. 17 B

038

第二課長

一五貿一部第二二三〇號
昭和十五年四月二十七日
貿易局第一部長 堀 義臣
外務省通商局長 山本熊一殿

外人「デザイナー」招聘ニ關スル件

本件ニ關シ曩ニ一五貿一第一六三七號ヲ以テ佛人 Charlotte Perriand ニ對シ內交渉ヲ相須居候處今般本人ヨリ知人宛招聘ニ應ジ度キ旨別途申出有之候ニ付テハ左記條件ニ依リ至急正式交渉ノ上取纏方御配慮相煩度此段及依頼候

記

一、每月ノ報酬トシテ日本通貨金八百圓也ヲ支給ス（右ハ規定ニ依リ本邦着任ノ翌日ヨリ支給シ解傭ノ月ハ解傭ノ日（本邦ヨリ歸國乘船ノ日）迄ヲ各其ノ月ノ日割計算ニヨリ算出ノ上支給スルコトトス）賞與ニ關シテハ規定無之支給シ得ズ
一、赴任旅費トシテ金貳千圓以內ヲ交付ス歸國旅費モ之ニ同ジ
一、契約期間ハ本邦着任ノ翌日ヨリ一九四一年三月三十一日迄トス但シ特別ノ事情アルトキハ政府ト本人トノ合意ノ上契約期間ヲ延長又ハ短縮スルコトアルベシ
一、着任ノ上ハ工藝ニ關スル講演、講習竝ニ實地指導ヲ行フモノトス
一、五月上旬頃出發ノコト

貿易局　貿易局

日本標準規格 B5 (182×257mm)

039

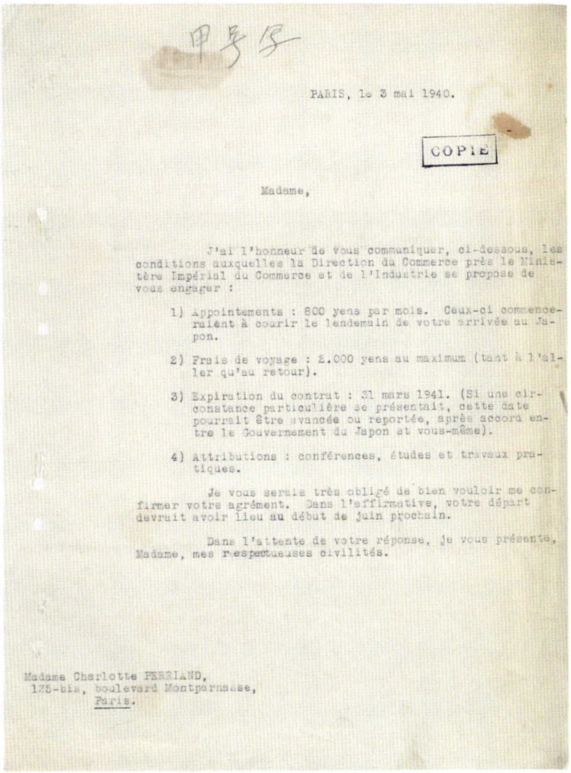
PARIS, le 3 mai 1940.

COPIE

Madame,

J'ai l'honneur de vous communiquer, ci-dessous, les conditions auxquelles la Direction du Commerce près le Ministère Impérial du Commerce et de l'Industrie se propose de vous engager :

1) Appointements : 800 yens par mois. Ceux-ci commenceraient à courir le lendemain de votre arrivée au Japon.

2) Frais de voyage : 2.000 yens au maximum (tant à l'aller qu'au retour).

3) Expiration du contrat : 31 mars 1941. (Si une circonstance particulière se présentait, cette date pourrait être avancée ou reportée, après accord entre le Gouvernement du Japon et vous-même).

4) Attributions : conférences, études et travaux pratiques.

Je vous serais très obligé de bien vouloir me confirmer votre agrément. Dans l'affirmative, votre départ devrait avoir lieu au début de juin prochain.

Dans l'attente de votre réponse, je vous présente, Madame, mes respectueuses civilités.

Madame Charlotte PERRIAND,
125-bis, boulevard Montparnasse,
Paris.

040

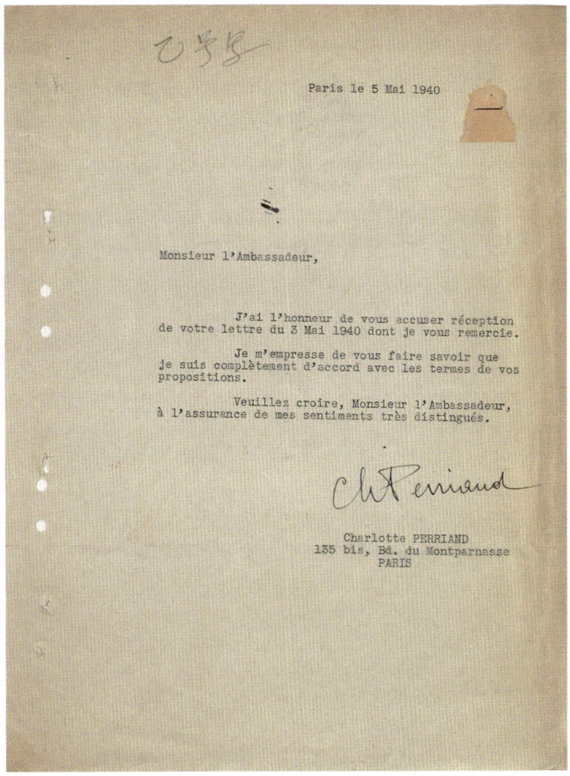
Paris le 5 Mai 1940

Monsieur l'Ambassadeur,

J'ai l'honneur de vous accuser réception de votre lettre du 3 Mai 1940 dont je vous remercie.

Je m'empresse de vous faire savoir que je suis complètement d'accord avec les termes de vos propositions.

Veuillez croire, Monsieur l'Ambassadeur, à l'assurance de mes sentiments très distingués.

Ch Perriand

Charlotte PERRIAND
135 bis, Bd. du Montparnasse
PARIS

041

038 坂倉準三からシャルロット・ペリアン宛「商工省の装飾芸術顧問デザイナーとして招聘を要請する無線電報」1940年2月8日付

Invitation par radiogramme de Junzô Sakakura à Charlotte Perriand comme « conseillère-dessinatrice en art décoratif » auprès du ministère japonais du Commerce et de l'Industrie du Japon, 8 février 1940. AChP.

039 貿易局第一部長堀義臣から外務省通商局長山本熊一宛「外人「デザイナー」招聘ニ関スル件」1940年4月27日付／外務省外交史料館

Bureau du Commerce Extérieur, ministère du Commerce et de l'Industrie : note énonçant les conditions de l'invitation de Charlotte Perriand au Japon, 27 avril 1940. The Diplomatic Record Office of the Ministry of Foreign Affairs of Japan.

040 在フランス日本大使からシャルロット・ペリアン宛「日本での契約条件承諾依頼文書」1940年5月3日付／外務省外交史料館

Lettre de demande d'agrément des conditions du contrat au Japon, adressée à Charlotte Perriand par l'ambassade du Japon en France, 3 mai 1940. The Diplomatic Record Office of the Ministry of Foreign Affairs of Japan.

041 シャルロット・ペリアンから在フランス日本大使宛「日本での契約条件承諾書」1940年5月5日付／外務省外交史料館

Charlotte Perriand : Lettre d'acceptation des conditions de contrat au Japon, adressée à l'ambassadeur du Japon en France, 5 mai 1940. The Diplomatic Record Office of the Ministry of Foreign Affairs of Japan.

巻き紙の手紙

1940年3月13日、ペリアンは日本から1通の手紙を受け取った。同年の夏、商工省と髙島屋との協力により、ペリアンを日本に迎えるのに先んじて、歓迎の意を表す言葉のしたためられた、8.3メートルもの長さのこの巻き紙による手紙には、若き画家、棟方志功（1903-1975）の肉筆による日本画が表されている。ペリアンは、その手紙の長さや墨による大胆な筆致の絵画に驚くとともに、まだ見ぬ極東の国、日本への思いを一層強くすることとなった。なお、手紙の「まさに日本のこの絵画を、我らがピカソに見せてあげなさい」という文言を受け、ペリアンは、40年5月8日付の坂倉宛の手紙の中で、出発前にピカソに会って棟方の絵を見せるつもりである旨、伝えている。(NS)

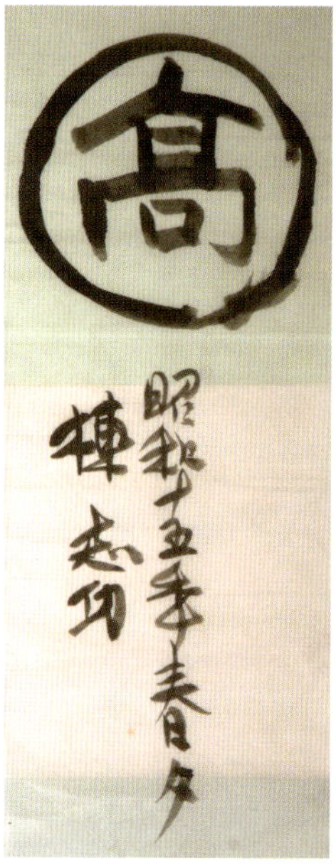

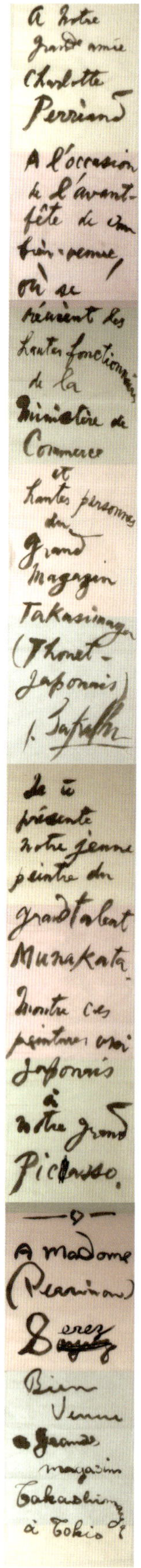

A notre grande amie Charlotte Perriand

A l'occasion de l'avant-fête de sa bienvenue, où se réunient les hautes fonctionnaires de la Ministère de Commerce et hautes personnes du grand Magazin Takasimaya (Thonet-Japonais) J. Sakakura

Je te présente notre jeune peintre du grand talent Munakata. Montre ces peintures vrai japonais à notre grand Picasso.

A Madame Perriand Soyez Bien venue au grand magasin Takashimaya à Tokio !

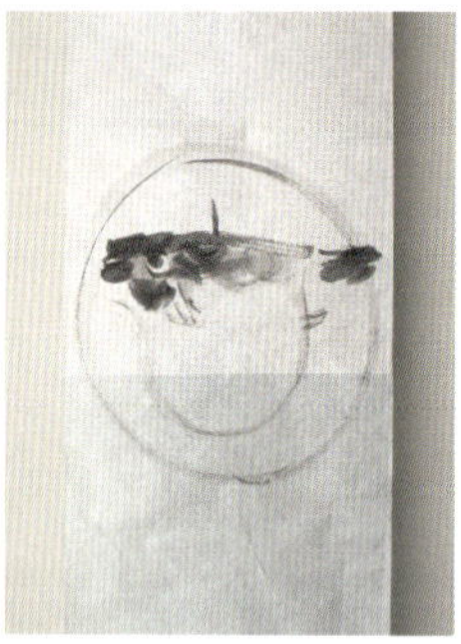

042 棟方志功の書による、シャルロット・ペリアン招聘確認の手紙、坂倉準三の文章、東京髙島屋の補遺付　1940年3月13日付（長さ8.3メートル）

Lettre de confirmation de l'invitation de Charlotte Perriand au Japon, calligraphiée par Shikô Munakata, avec un texte de Junzô Sakakura et un addendum du grand magasin Takashimaya de Tôkyô, longueur : 8.30 m, 13 mars 1940. AChP.

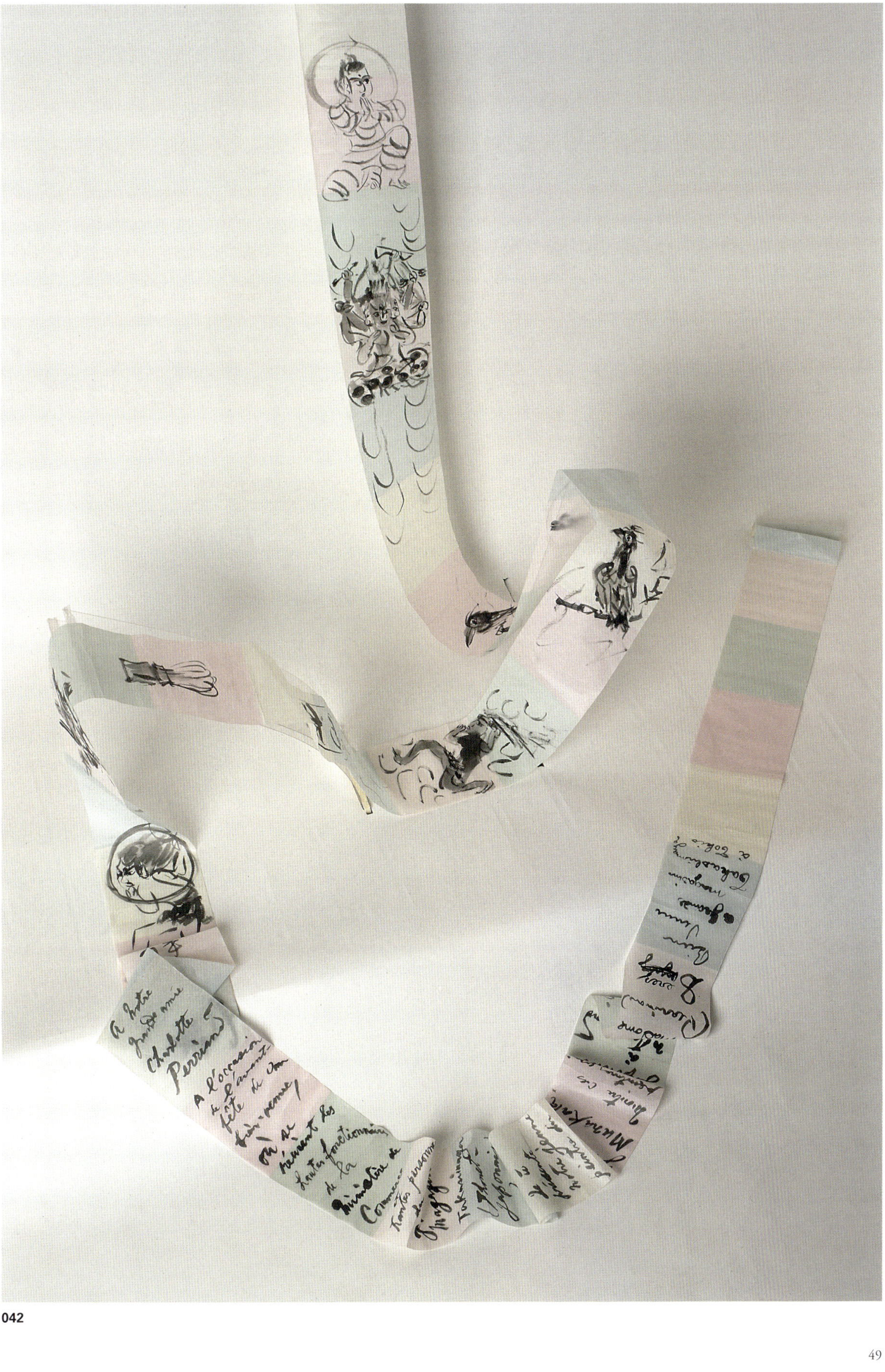

042

白山丸での出会い

空爆のマルセイユを「白山丸」が出港したのは、パリ陥落の翌日、6月15日。パリを逃れた画家の猪熊弦一郎（1902-1993）、荻須高徳（1901-1986）、岡本太郎らを含む日本人約40名の中に、「重要な出会い」とペリアンが自叙伝に記した松平斉光男爵がいた。

戦火のヨーロッパから奇跡的に帰還した「白山丸」について、翌日8月22日付の神戸新聞は、日本の祭礼研究のためにソルボンヌ大学で民俗学を研究し、パリ在住9年になる松平斉光の談話を顔写真付きで大きく紹介している。なお松平の知人、フランス人の東洋学者エミール・ガスパルドンの妻で、『仏印文化概説』（1943年刊）などベトナムに関する翻訳も多い仏文学者、村松嘉津（1906-1989）も、ペリアンや松平と同じ一等船室だった。

マルセイユから神戸までの「白山丸」の日々は、村松嘉津著『帰仏日記』（六興出版、1949年刊）に詳しく、巧みな話術で人々を魅了するペリアンが生き生きと描かれている。しかしパリ帰りの芸術家たちは二等船室のため、一等船客との日々の交流は多くなかったようだ。

松平斉光は、小学時代からの親友である渋沢敬三（1896-1963）に頼み、ペリアンを奥三河の花祭に案内するなど、幅広い人脈で日本におけるペリアンの活動に協力している。（YH）

043

044

045

043　白山丸船上の松平斉光とシャルロット・ペリアン、1940年6-8月

Sur le pont du Hakusan Maru, Narimitsu Matsudaira et Charlotte Perriand. juin-août 1940. DR/AChP.

044　松平斉光とにわとり、白山丸の船上にて、1940年6-8月　撮影：シャルロット・ペリアン

Sur le pont du Hakusan Maru, Narimitsu Matsudaira et son coq. juin-août 1940. Photo Charlotte Perriand. AChP.

045　白山丸の絵葉書／山鬼文庫

Carte postale du Hakusan Maru. Sanki Bunko.

046 マルセイユから神戸へ向かう白山丸のデッキ、1940年6-8月　撮影：シャルロット・ペリアン

Sur le pont du Hakusan Maru entre Marseille et Kôbé. juin-août 1940. Photo Charlotte Perriand. AChP.

ファシズムの台頭から敗戦へ
ペリアン来日までのフランス

加藤晴康

047 マルセイユから神戸へ向かう白山丸のデッキ、1940年6-8月　撮影：シャルロット・ペリアン

Sur le pont du Hakusan Maru entre Marseille et Kôbé, juin-août 1940. Photo Charlotte Perriand. AChP.

1940年6月15日、坂倉準三を介した日本商工省の招きに応じて、シャルロット・ペリアンは、マルセイユを出港した。前年9月1日、ナチス・ドイツのポーランド侵攻によって、第二次世界大戦が始まっていた。そしてこの年5月10日、ドイツ軍は、オランダ、ベルギーの国境を越えフランスに向かって一斉に進撃を開始、たちまち両国を席巻し、6月にはパリに接近していた。フランス政府はパリを退去して、13日パリを無防備都市と宣言、ドイツ軍の先鋒がパリに入城したのは、14日のことだった。ペリアンの出国は、まさにその翌日のことだった。汽船白山丸には、戦火を避けて帰国するフランス在住の日本人たちが乗船しており、そのなかには、岡本太郎や荻須高徳らの姿もあった。

これより前、1933年のドイツにおけるヒトラーの政権掌握以来、ヨーロッパではファシズムや極右の勢力が力を増し、活動を活発にしていた。フランスでも、1934年2月6日、ファッショ的主張をかかげる「火の十字団」や、第一次世界大戦前からの王党派的右翼団体「アクシオン・フランセーズ」、その他極右団体などが加わって、パリで反政府の街頭示威が企てられ、それは暴動へと転化した。フランス第三共和政の政治は大きく揺らいだ。おりからソ連に旅行していたペリアンは、この事件をきっかけに帰国することに決めたという。ペリアンは、ル・コルビュジエが依頼を受けたモスクワでの建築の仕事に同行して1930年にソ連を訪れ、この時は二度目の同国滞在中であった。彼女は『自伝』にこう記している。「私は帰国を決めた。自分の愛する人たちと切り離されてしまう危険は冒したくない。私に亡命者の魂はなかった」(『シャルロット・ペリアン自伝』北代美和子訳、みすず書房、p.55)と。フランスは、岐路に立たされていたのである。

あいつぐ政治的動揺と高まる不安のなか、フランスの政治がファシズムや国家主義への動きに対決し、はっきり舵を切ったのは、1936年6月の人民戦線政府成立によってであった。5月に行われた議会選挙で、その前の年からフランス社会党と共産党が共和主義政党の急進社会党と政策協定を結んで成り立たせていた人民戦線が勝利し、社会党のレオン・ブルムを首相とする内閣が誕生したのである。すでに1934年2月6日の右翼暴動の後、危機に直面した知識人たちが、反ファシズム知識人監視委員会を結成し、統一戦線形成を呼びかけていた。この委員会には、ロマン・ロランやロジェ・マルタン・デュ・ガール、それにピカソらも参加していた。極右やファシズムに対抗する労働者のデモやストライキも頻発した。こうした動きはこれまで社会党を目の前の敵として攻撃していたフランス共産党、そしてモスクワの政策にも影響を及ぼさざるをえなかった。1935年にモスクワで開かれたコミンテルンの第七回大会は、方針を大きく転換し、民主主義の防衛とそのための統一戦線を諸国共産党の第一の任務としたのであった。

レオン・ブルムの人民戦線政府は、ファシズム団体解散の措置をとるとともに、労働協約法を成立させ、週40時間制や有給休暇制度を実施し、その夏には、はじめてのヴァカンスを楽しむ人々の姿が海や山にみられるようになった。ファシズムの危機を乗り越え、新しい希望に向かう時代の幕が開かれたかにみえた。ファシズムに抗して、合理主義、国際主義を志向し、人々の参加する公共性を尊重する生活、文化の価値があらためて多くの人々をとらえた。1937年5月から開催されたパリ万国博覧会は、反ファシズムというような政治性は、直接、表立ってあらわされてはいないが、当初のテーマ「装飾」が「現代生活における芸術・技術」の名称におきかえられたことのうちにも、その基調とする方向性は示されていた。

しかし、希望の時は長くは続かなかった。フランスの人民戦線政府成立に先立って、1936年2月、スペインでも人民戦線政府が生まれていた。これに対して7月、フランコ将軍の率いる軍隊が反乱を起こし、スペイン内戦が始まっていた。ピカソが、反乱軍に加わったドイツ爆撃機の空爆によって破壊された都市の名を広く記憶にとどめることになる大作《ゲルニカ》を出品したのは、パリ万国博覧会のスペイン館であった。この内戦には、ドイツやイタリアが公然と反乱軍に援助を与え、これに対し各国から、国際的なファシズムと対決しスペイン共和政を防衛するため、アンドレ・マルローやジョージ・オーウェル、ヘミングウェイら作家たちを含め、多くが義勇軍などに参加した。しかし、フランスはイギリスとともに戦火の波及をおそれ、不干渉政策をとった。レオン・ブルム政府はピレネーの国境を閉鎖、それは共和政を支持する人々の動きを抑えると同時に、反乱軍に追われる共和派の人々や避難民の脱出を阻むことにもなった。1938年8月、フランコ将軍がスペイン国家主席に就任、内戦は反乱軍の勝利に終わった。すでに37年2月、フランスは高まる内外の緊張と困難のなか、レオン・ブルム政府は人民戦線政策の「停止」を宣言し、まもなく内閣は退陣、1938年に第二次内閣が組織されるものの、それは短命に終わった。人民戦線の勝利によって生まれたかにみえた希望は、幻滅、失望に変わっていた。1939年8月25日、ともに相いれない敵同士とみなされていたヒトラーとスターリンが独ソ不可侵条約を締結し、世界を驚かせた。ドイツ軍がポーランドに侵攻し、第二次世界大戦が始まったのはそのわずか一週間後のことであった。

ドイツ軍がパリを占領し、ペリアンがマルセイユを出港した後、6月25日に、フランスは降伏し停戦協定が調印された。フランスは南北に分割され、パリを含む北部がドイツ軍の占領下におかれることになった。南部には保養地ヴィシーに、第一次世界大戦で名をはせたペタン元帥を国家主席とする政府が成立し、停戦協定に従ってフランス国家を代表するものとされた。北アフリカをはじめインドシナなど広大な植民地も、このヴィシー政府の統治下におかれた。こうした動きのなか、フランスを脱出したド・ゴール将軍が、いちはやく6月18日、ロンドンからラジオで国民に向けて抗戦継続を呼びかけていた。やがてフランス国内でも次第にレジスタンスが始まっていく。フランスの運命が急速に転回していったこの時、ペリアンは喜望峰をまわっての船旅の途次であった。フランスは引き裂かれていた。かつて1934年2月6日の右翼暴動の時のことを、「私に亡命者の魂はなかった」と回想した彼女は、こうした事態をどのように受けとめたのであろうか。彼女が生きるのは建築の世界である。未知の土地に向かって彼女は自分を鼓舞する。

「フランス出発以来、私は一カ月間嘆き続けていた。大歓びしているべきだった。自分で望んだのであり、無理やりさせられたのではない。あのときもいまでも、私には生きるとは『前進する』ことだとわかっている。

アフリカの先端でダーバンは、私の記憶のなかに、いま離れようとしている白人支配の世界として残った。」(前掲書、p.155)

向かうのは東洋の地、日本。その日本も、中国に軍を送って戦争のさなかにあった。船旅の途中、ペリアンは日本軍支配下の上海に立ち寄っている。『自伝』におけるその記述に、特別、戦争や占領支配の影はない。ただ一見そっけない記述、「思い残すことなく、上海を離れる。腹を空かせて人力車を引くクーリーが多すぎた。見るに堪えない隷属のイメージ」(前掲書、p.160)。やがて彼女は、戦時下のインドシナでの生活を送ることになる。あとに残してきた敗北のフランス、そしてこれから出会う日本と植民地インドシナ、これらは彼女に何をもたらすのであろうか。いずれにしても、いまペリアンは、自身の運命の大きな転回の時を迎えていたのである。

上海、そして日本上陸

ペリアンを乗せた船「白山丸」は、1940年6月15日、日本へ向けてフランスのマルセイユを出港、ポルトガルのリスボンを経て、アフリカ南端の喜望峰をまわり、インドのムンバイ（ボンベイ）に立ち寄った後、8月18日に中国の上海に到着する。船上のペリアンは、その前日に届いた一通の電報に驚かされる。翌日の朝、埠頭に出迎えたのは、ル・コルビュジエのアトリエで共に学び、1930年4月に日本へ帰国した前川國男だったからだ。10年ぶりの再会となった。当時の前川は、事務所開設以来最大規模の仕事であり、すでに建設が始まっていた「華興商業銀行総合社宅」の現場打合せのために、日本から船に乗って渡ってきたところだった。来日の予定を聞いていた前川は、夕刻、揚子江にさしかかった際、前方を悠然と進む船の名を聞いて、ペリアンに宛てて、「ヨウコソ18ニチ　シャンハイ　トウチャク　タイヨウマルヨキタビイノル」と打電したのである。2日間の短い再会だったが、二人は旧交をあたため、前川はペリアンを建設現場にも案内している。こうして、フランスを発って約2カ月後の8月21日、今度は坂倉準三が出迎える中、神戸港へと到着し、はじめて日本の土地を踏むのである。(HMa)

048

049

048　日本へ向かう途中の上海でのシャルロット・ペリアンと前川國男、後方の建物は華興商業銀行総合社宅、1940年8月

Charlotte Perriand et Kunio Mayekawa en escale à Shanghai sur la route du Japon, août 1940. DR/AChP.

049　日本へ向かう途中の上海でのシャルロット・ペリアン、1940年8月　撮影：前川國男

Charlotte Perriand en escale à Shanghai sur la route du Japon, août 1940. Photo Kunio Mayekawa. AChP.

050 日本へ向かう途中の上海でのシャルロット・ペリアン、1940年8月　撮影：前川國男

Charlotte Perriand en escale à Shanghai sur la route du Japon, août 1940. Photo Kunio Mayekawa. AChP.

第2章
日本発見

商工省の招聘とはいえ、すでに経済統制され、ナショナリズムの色濃くなった1940年代の日本は、外国人であるペリアンにとって必ずしも過ごしやすい国ではなかっただろう。にもかかわらず、およそ7カ月という短い時間で「ペリアン女史 日本創作品展覧会　2601年住宅内部装備への一示唆　選擇 傳統 創造」展の開催にこぎ着けたのは、坂倉準三、松平斉光、柳宗悦、河井寛次郎、山口弘道らとの出会いがあったからこそである。柳宗理とともに日本各地をまわったペリアンは、宗理の父柳宗悦や河井寛次郎から民藝の精神を学び、また山形では工芸指導所の所員とスキーや温泉を楽しみながら、長い間暮らしの中で培われた地方の農民の手仕事の技に触れた。そして視察の中で彼女がもっとも興味を持ったのは、尺度が決められている日本建築の畳や建具、道具であった。当時、ル・コルビュジエとともに住宅の規格化を考えていたペリアンは、そうした日本の長所をモダン・デザインの方法に照らして積極的に評価し、展覧会の中で提案するが、戦前の段階では彼女の提案はすぐに実用化できる具体案というよりも、デザイン理念に基づく高い理想として受けとめられるに留まった。そして、戦局がいよいよ厳しくなる1942年12月、ペリアンは福岡を経由して空路仏領インドシナへと旅立ったのだった。

Chapter 2
Japanese Discoveries and Re-Discoveries　1940-1946

Japan in the 1940s, already under tightened economic control and the growing influence of ultranationalism, must have been an uncomfortable place to be for Perriand as a foreigner, even though she was in the country on the invitation of the Japanese Ministry of Commerce and Industry. Nonetheless, thanks to her encounters with Junzô Sakakura, Narimitsu Matsudaira, Sôetsu Yanagi, Kanjirô Kawai and Hiromichi Yamaguchi, she managed to realize the "Contribution à l'Equipement de l'Habitation. Japon 2601 – Sélection, Tradition, Création" exhibition only about seven months later. Together with Sôri Yanagi she traveled around the country, picked up the *mingei* spirit from Sôri Yanagi's father Sôetsu (Muneyoshi) and Kanjirô Kawai, and while enjoying hot springs and skiing with the *Kôgei Shidôsho* staff in Yamagata, she got in touch with the local farm people's handwork techniques developed in their everyday life over a long period of time. Among the various things Perriand observed while in Japan, she developed a particular interest in the system of fixed scales in Japanese architecture: tatami mats, fittings and tools. Having been working with Le Corbusier on the standardization of housing parts, Perriand actively evaluated such favorable characteristics of Japanese culture against the background of modern design methods, and included proposals in her exhibition. However at that stage before the war, these proposals were regarded as high design philosophical ideals rather than concrete, immediately realizable concepts. When the war situation intensified in December 1942, Perriand escaped by air via Fukuoka to French Indochina.

1940 - 1946

はじめての日本
First Visit to Japan

契約—商工省嘱託

商工省貿易局は外国人指導者の招聘に、渡航費2000円、月給850円を用意し、これは最初の1939年のティリー・プリル＝シュレーマンと同じ条件であった。この月給は大臣より高額といわれ、いかに商工省がその効果を期待していたかがうかがい知れる。ペリアンの前に招聘されたシュレーマンは仙台、静岡、名古屋、大阪などを巡回して各地で講演、指導し、輸出工芸展にデザイン作品を出品した。彼女の指摘はタウトの主張を超えるものではなかったので、日本人デザイナーにとってさほど画期的とは言えなかった。

日本でのペリアンの行動には商工省から三神知が通訳として派遣され、地方巡回に際しては自治体経済部局担当官や商工奨励館などデザイン指導機関担当者が案内し、手厚く便宜が図られた。この時期の日本の商工行政、デザイン指導はこうした中央集権的なシステムの下に実施されていた。もちろん、日本文化の海外宣伝に努める国際文化振興会もペリアンの活動には全面的に協力した。

通称「選擇 傳統 創造」展開催に際しても同様で、髙島屋から依頼され家具製作を担当した林二郎（1895-1996, 1918年美校日本画科中退、工精会員）に案内された京都の銘木店で、ペリアンは展示するテーブルの天板にヒデ、赤松を求めた。これらは林からすればあまりに高価な材料で、切るには「もったいなくて涙が出」るほどの部材だったが惜しげもなく加工され、これらの経費はすべて商工省が負担した。（HMo）

051 坂倉準三とシャルロット・ペリアン、東京の路上にて、1940年

Junzô Sakakura et Charlotte Perriand dans une rue de Tôkyô, 1940. DR/AChP.

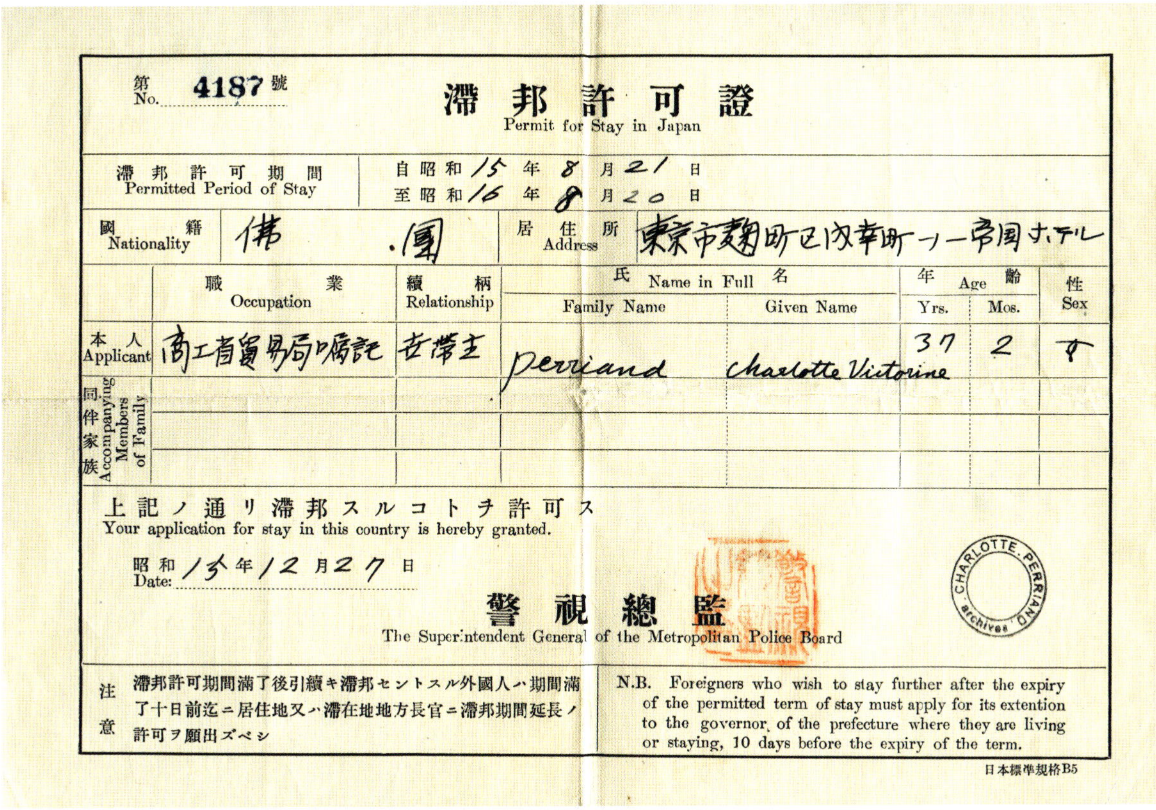
第 4187 號
No.

滞邦許可證
Permit for Stay in Japan

滞邦許可期間 Permitted Period of Stay	自昭和 15 年 8 月 21 日 至昭和 16 年 8 月 20 日
國籍 Nationality	佛國
居住所 Address	東京市麹町区内幸町一ノ一帝国ホテル

	職業 Occupation	續柄 Relationship	氏名 Name in Full: Family Name	Given Name	年齢 Age: Yrs.	Mos.	性 Sex
本人 Applicant	商工省貿易局嘱託	世帯主	Perriand	Charlotte Victorine	37	2	女
同伴家族 Accompanying Members of Family							

上記ノ通リ滞邦スルコトヲ許可ス
Your application for stay in this country is hereby granted.

昭和 15 年 12 月 27 日
Date:

警視總監
The Superintendent General of the Metropolitan Police Board

注意 滞邦許可期間満了後引續キ滞邦セントスル外國人ハ期間満了十日前迄ニ居住地又ハ滞在地地方長官ニ滞邦期間延長ノ許可ヲ願出ズベシ

N.B. Foreigners who wish to stay further after the expiry of the permitted term of stay must apply for its extention to the governor, of the prefecture where they are living or staying, 10 days before the expiry of the term.

日本標準規格B5

CHARLOTTE PERRIAND archives

052

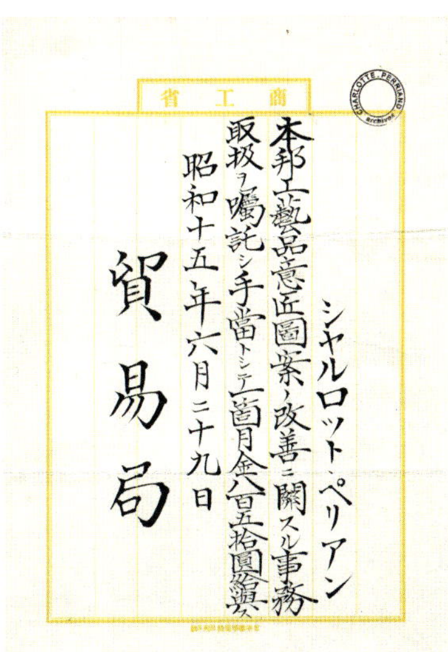
商工省

シヤルロット・ペリアン
本邦工藝品意匠圖案ノ改善ニ關スル事務取扱ヲ囑託シ手當トシテ一箇月金八百五拾圓給與ス
昭和十五年六月二十九日
貿易局

053

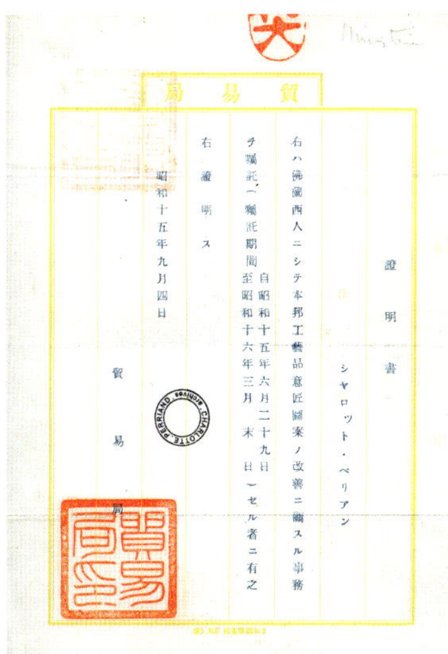
貿易局

證明書
シヤロット・ペリアン
右ハ佛蘭西人ニシテ本邦工藝品意匠圖案ノ改善ニ關スル事務ヲ囑託（囑託期間自昭和十五年六月二十九日至昭和十六年三月末日）セル者ニ有之
右證明ス
昭和十五年九月四日
貿易局

054

052 警視総監「滞邦許可証」「滞邦許可期間　自昭和15年8月21日至昭和16年8月20日 居住地：東京市麹町内幸町一ノ一帝国ホテル」 1940年12月27日付

Carte de séjour de Charlotte Perriand, Tôkyô, 27 décembre 1940. AChP.

053 貿易局「シャルロット・ペリアン　本邦工藝品意匠図案ノ改善ニ関スル事務取扱ヲ嘱託シ手当トシテ一箇月金八百五拾円給与ス」1940年6月29日付

Bureau du commerce extérieur, ministère du Commerce et de l'Industrie : acte énonçant les conditions de rémunération de Charlotte Perriand au Japon, 29 juin 1940. AChP.

054 貿易局「証明書　シャルロット・ペリアン　右ハ仏蘭西人ニシテ本邦工藝品意匠図案ノ改善ニ関スル事務ヲ嘱託（嘱託期間自昭和十五年六月二十九日至昭和十六年三月末日）セル者ニ有之右証明ス」1940年9月4日付

Bureau de commerce extrérieur, ministere du Commerce et de l'Industrie : acté énonçant la nationalité française et la mission de Charlotte Perriand comme conseillère pour œuvres d'art décoratif, 4 septembre 1940. AChP.

「第一印象」とペリアンの撮った日本

The "First Impression" and Perriand's Depictions of Japan

帝国ホテル
　東京　　　　　　　　8月22日木曜日
　　　　　　　　　　　　　神戸—東京
第一印象……

——南の島々……とてもきれい、きれいすぎるくらい……、色のない中国の後では。とても感じがいい、住民かしら……？　とても感じがいい。それから考えるのは、地震、火山のこと……。とても心地よい自然、でも、いきなり荒々しくもなる。日本人たち……、それはそうとして、とても感じがいい。ただ自然について言えることは、人間にも言えるはず（船でのの経験、2カ月の閉じこもった生活。この国のコミュニケーションを知るためのすばらしい経験。）

——日本の地に到着、ここでの私の印象……こんなことを問うなんて早すぎる。

暗闇のなかパリを離れ、暗闇のなかマルセイユを出て、サイレンの音——2カ月と6日は海の上で波と風の音……神戸は暗闇のなかサイレンの騒音……

第一印象は、何も変わらないということ、……東であろうが、……西であろうが

まずは睡眠……

そして、朝は街を散歩……色彩がとぼしい、前の中国はここよりも限りなく生気を欠いていた。それから電車、とてもかわいらしい田舎、食堂車はいつもとてつもなく満員だった。

なぜまずいコーヒーを？　日本はお茶の国なのに？

婦人服……、かなり見事。でもわたしはいいとは思わない。きつい帯が脇腹と胃を締めつけるから。

習慣の問題……でもたぶん、動物が自由に成長するためにはよくないだろう。

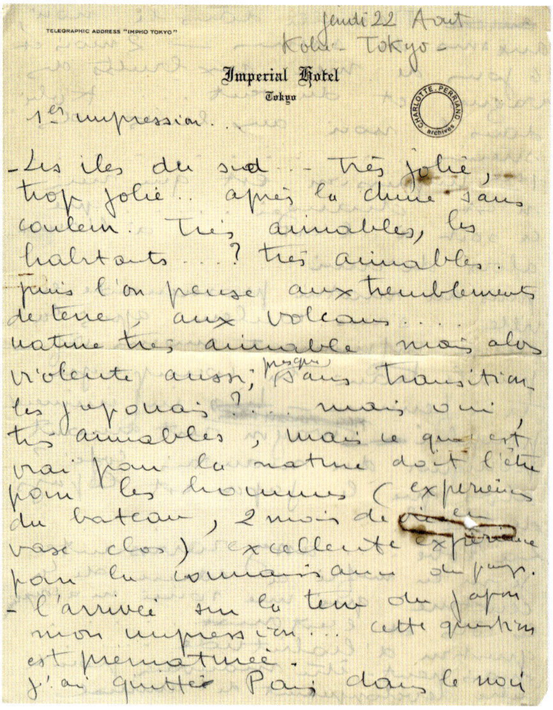

Jeudi 22 Août
Kobe - Tokyo -
TELEGRAPHIC ADDRESS "IMPHO TOKYO"
Imperial Hotel
Tokyo
CHARLOTTE PERRIAND archives
1re impression . .
- Les îles du sud . . très jolie,
trop jolie . . après la Chine sans
couleur . Très aimables, les
habitants . . ? très aimables .
puis l'on pense aux tremblements
de terre, aux volcans . . .
nature très aimable mais alors
violente aussi; presque sans transition
les japonais ? . . mais oui,
très aimables, mais ce qui est
vrai pour la nature doit l'être
pour les hommes (experience
du bateau, 2 mois de vie
vase clos) excellente experience
pour la connaissance du pays.
- l'arrivée sur la terre du Japon
mon impression . . . cette question
est prématurée .
j'ai quitté Paris dans le noir

（表）

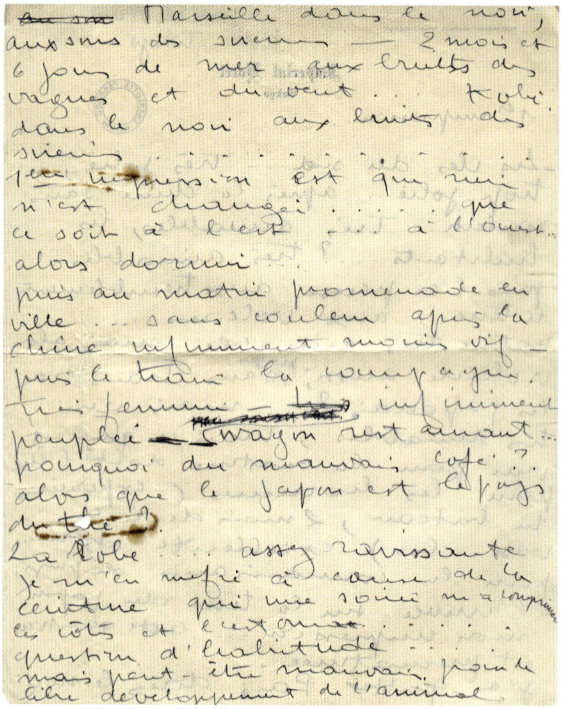

~~au son~~ Marseille dans le noir,
aux sons des sirènes — 2 mois et
6 jours de mer aux bruits des
vagues et du vent . . Kobé
dans le noir aux bruits des
sirènes . . .
1ere impression est que rien
n'est changé . . . que
ce soit à l'est . . . à l'ouest . .
alors dormir .
puis au matin promenade en
ville . . sans couleur après la
Chine infiniment moins vif —
puis le train la campagne .
très femme — infiniment
peuplée — wagon restaurant . .
pourquoi du mauvais café ? .
alors que le Japon est le pays
du thé ? .
La Robe . . assez ravissante
je m'en méfie à cause de la
ceinture qui me serre m'a comprimé
les côtes et l'estomac . . .
question d'habitude . .
mais peut-être mauvais pour le
libre developpement de l'animal

（裏）

055　シャルロット・ペリアン「日本到着時に書いたメモ「第一印象」、帝国ホテルの便箋、1940年8月22日付

Charlotte Perriand : « Première impression », note rédigée à son arrivée au Japon, papier à en-tête de l'Hôtel Impérial, Tôkyô, 22 août 1940. AChP.

056 《旅籠》 1940年
撮影：シャルロット・ペリアン

Auberge japonaise.
Photo Charlotte Perriand, 1940. AChP.

057 《庭園から見た日本家屋》
1940年　撮影：シャルロット・ペリアン

Maison vue depuis le jardin.
Photo Charlotte Perriand, 1940. AChP.

058 《伝統的日本家屋の室内》
1940年　撮影：シャルロット・ペリアン

Intérieur d'une maison traditionnelle.
Photo Charlotte Perriand, 1940. AChP.

059 《注連縄の張られた大樹》
1940年頃　撮影：シャルロット・ペリアン

Arbre sacré entouré d'un « shimenawa ».
Photo Charlotte Perriand, c.1940. AChP.

060 《旅籠》
1940年頃　撮影：シャルロット・ペリアン

Auberge japonaise.
Photo Charlotte Perriand, c.1940. AChP.

滞在中の手帳
Perriand's Notebooks of Her Time in Japan

日本民藝館とペリアン

神戸港に到着してから約2週間後の1940年9月6日、ペリアンは東京駒場の日本民藝館を訪れた。ベージュ色の手帳に7頁にわたって記述されている民藝館で受けた印象、感想から、この訪問は来日後のペリアンにとって最も実り多いものの一つであったことがうかがわれる。周知のように、日本民藝館の創設者であり、初代館長でもあった柳宗悦（1889-1961）は、来日後のペリアンに随行していた柳宗理の父である。宗教哲学者である柳宗悦が、「日本民藝美術館設立趣意書」を配布し、実質的に民芸運動を開始したのは1926年4月、精力的に日本各地を廻っての蒐集活動と『工藝の道』をはじめとする著述活動を進めながら、当初からの宿願であった美術館の設立を実現したのは1936年10月であった。ペリアンの訪問はその4年後である。

ペリアンはパリでジョルジュ＝アンリ・リヴィエール（Georges-Henri Rivière, 1897-1985）が創設に深く関わった人類博物館について柳と話し、柳も協力を約束したようである。1930年代に入り、民芸の地方的性格に着目しはじめた柳は、東北と沖縄の品々を特に高く評価し、ペリアン来訪の3カ月前に日本橋三越で大規模な「東北民芸品展覧会」を開催していた。同展では専門の職人の作に加え、農民が自給自足的に製作する生活必需品を多数紹介したが、その代表が雪国の生活に欠かせない藁製品の蓑や背当であった。後に通称「選択 傳統 創造」展にペリアンが展示したものの中でも一際目を引く《折りたたみ寝台》のクッション・カバーと《竹製シェーズ・ロング》の敷物に藁蓑細工の技術をそのまま生かしている。同展には日本民藝館の所蔵品も数点展示されており、手帳に記したとおり、来日したばかりのペリアンが「芸術」という観点から強い共感を抱き、展覧会に向けて重要な着想を得たのが日本民藝館であったと考えられる。（MT）

061　シャルロット・ペリアン「手帳」（ベージュ）　1940年9月-10月

Charlotte Perriand : Carnet de notes de travail au Japon (Carnet écru), septembre-octobre 1940. AChP.

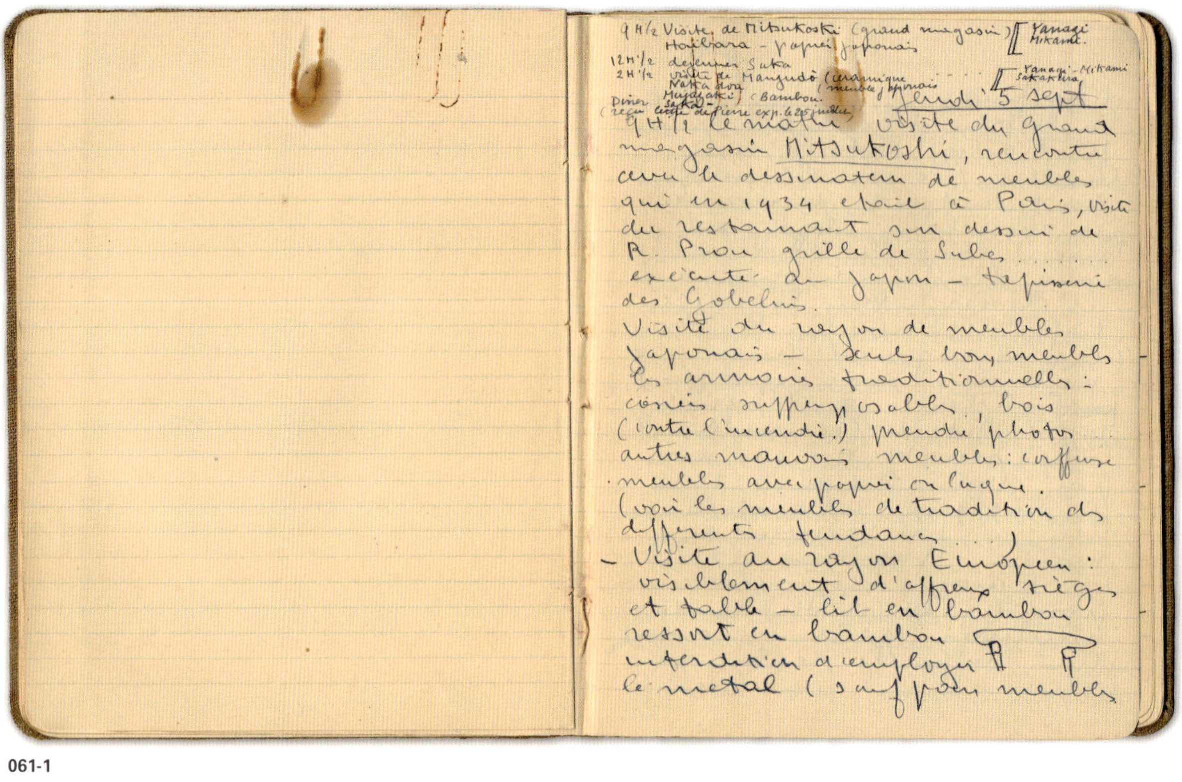

061-1

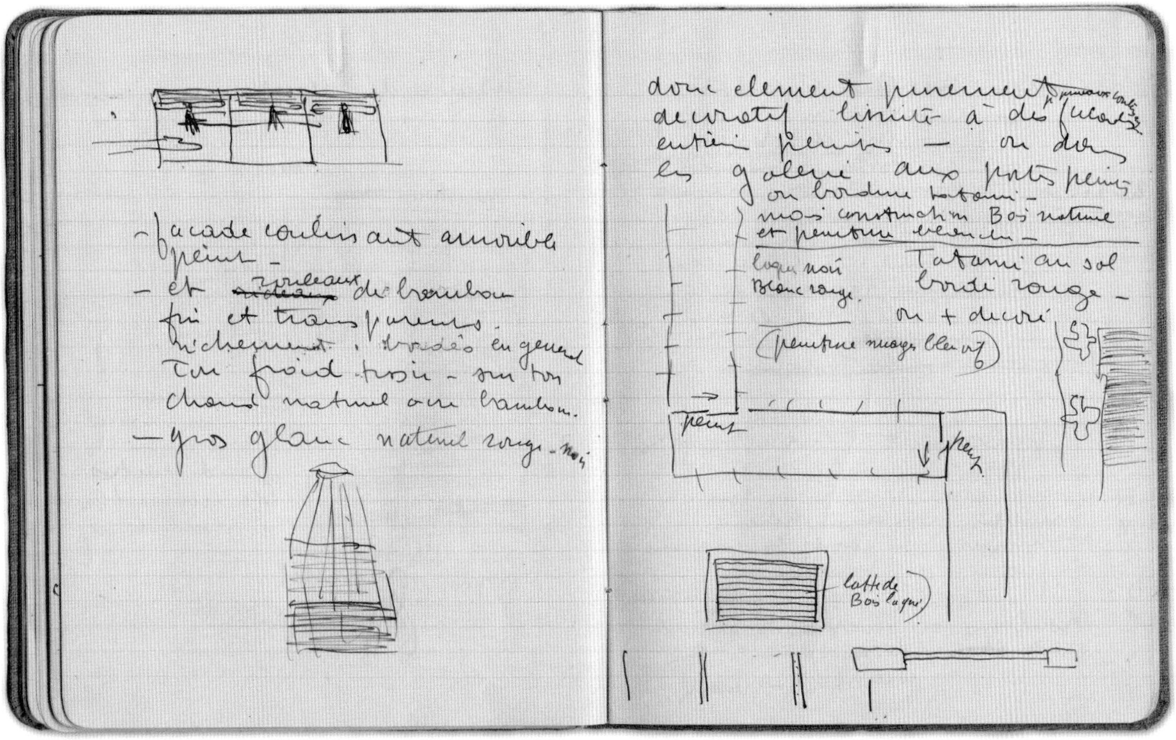

061-2

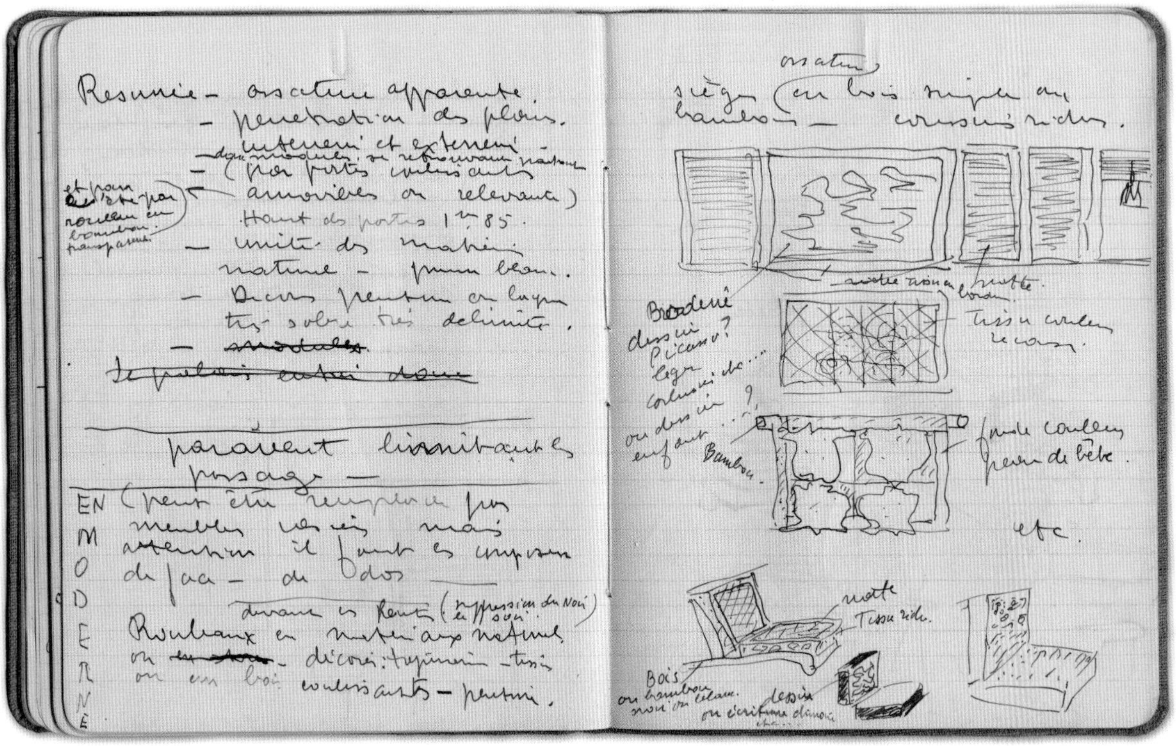

061-3

Mercredi 2.

le matin : Villa impériale de Syugatium
: après midi promenade ville
– visite de temples.

V. 1

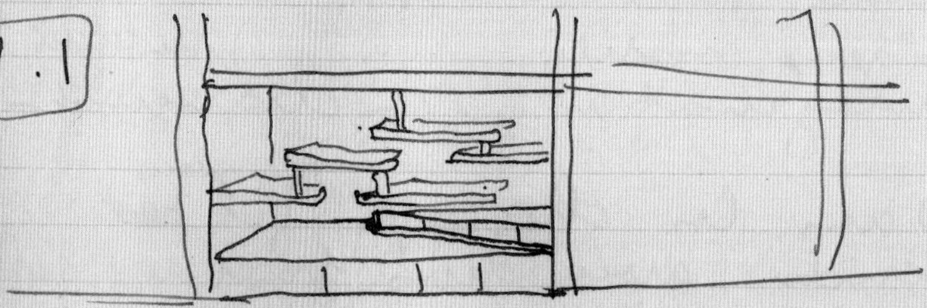

les plateaux jouent comme des nuages,
le meuble en biais coupe l'espace.

Bel situation – moins pure –
– ~~beau~~ jardin – un lac est composé
pour rappeler la mer ... la plage..
ou un coin de mer et le mont Fouji.
le jardin composé de manière
à ce que les collines à l'infini
~~fassent~~ partie intégrante du jardin...
les buissons avec différents plantes...
couleurs différents faisant jeux naturels sans
cailloux grosse importance, change le
paysage.

061-4

061-1 9月5日（木）
朝9時半、三越百貨店を訪問。1934年にパリにいた家具デザイナーに出会う。ルネ・プル［René Prou（1889-1947）］がインテリア・デザインを担当したレストランを訪問。スブ［Raymond Subes（1891-1970）、20世紀を代表する鉄職人の一人］のデザインした日本製の鉄柵、ゴブラン織のタピスリーがある。
和家具売り場を見学。唯一よい家具は伝統的な箪笥だけ。カジエ（重ね箪笥）、木（防火）。これを写真に撮ろう。他の悪い家具は、たとえば鏡台、和紙や漆を使った家具（伝統家具のさまざまな傾向を勉強する必要がある）。
—洋風家具売り場を見学。椅子とテーブルが見るからにみっともない。—竹のバネを利用した竹製ベッド。金属の使用は禁じられている（病院の家具を除いて）。

061-2, 061-3［10月1日（火）］
—色絵付き、スライド式の戸、取り外し可能。
—巻き上げ式の御簾。きめの細かい洗練された竹の編み物で、透けてみえる。一般に、竹の黄土色という自然の暖色に合わせて、寒色の布で縁どりされている。
—太い飾り房、自然色、赤、黒。
つまり、全体的にみて、純粋に装飾的な要素は、色を塗った面だけに限られている。せいぜい、通路に続く絵画で飾られた扉や、畳の色縁どりだけに留まる。なお、建築自体は基本的に自然木と白塗りで単調。床一面に広がる畳の縁どりが描く赤色の細い線が、白に映えている。
まとめ：
—目にみえる骨組み。
—取り外し可能の戸や、引き上げ式の戸、あるいは夏用の竹でできた簾により、「内」と「外」の平面が相互浸透。
—いたるところに見られるモジュール。
—扉の高さは1.85メートルに標準化されている。
—自然素材の統一。白い壁。
—装飾は漆塗り、あえて地味な調子で、使用範囲は非常に控えめ。
—室内外の眺めを区切って風景を構成する屏風。
近代建築の用語で言うと：
—風景を区切って構成する屏風の代わりに、収納棚を使える。ただし要注意：棚は正面を向けて設置する必要がある。背面でも。自然素材か装飾素材の御簾を表に吊るす。たとえば、タピスリー、布、木製でもいい。絵付きスライド式の扉。
—竹、あるいは白木の椅子。豪華なクッション。

061-4 10月2日（水）
朝：修学院離宮。
午後：町を散歩。寺を訪問。
棚はまるで雲のように自由に戯れる［ペリアンはこの「霞棚」に着想を得て、1955年展で発表する《ビブリオテック・ニュアージュ（書架［雲］）》をデザインする］。木製家具は空間を分割する。
立地がすばらしい。—桂離宮ほど純粋ではない。
—美しい庭。—海をあらわす湖の構図…… 浜…… もしくは、海の岸辺と富士山。
限りなく連なる山々が借景になるような造園。
さまざまな植物からなる藪は、色鮮やかな自然の光景をつくり、ずっしりした石と自由に戯れながら、風景を変形していく。

061-5
河井の展覧会、東京。
テーブルクロスを構想してつくらせる。
—竹製の椅子を見た。
不織布でクッションをつくる。
—Chisookaでタピスリーを見た。

10月17日（木）
どこかで祭り：
—野外で少年たちの闘い。
—太鼓。
—女性の手仕事の展示。
—片側に少女の集団、反対側に青年の集団。
—神々の手の展示。
夜：大宮に泊まる。
—1930年に建てられたホテル。豪華すぎる。よくない。小石でできた浴室、小さな橋。湯が蒸気になって小さな橋の方に出て、それから浴槽に流れる……—親密で慎ましやかな寝室。

10月18日（金）
—富士山に出発。どこかで降りる。
温泉。船。楽しい昼食。根場の村まで山に沿って（森の中を）歩く。夜はどこかで宿泊。
旅館に泊まる。暖炉のたき火、トウモロコシの丸焼き、風呂、快適な室内履き、賑やかな遊びに歓喜する……

【全文をp.285に掲載】

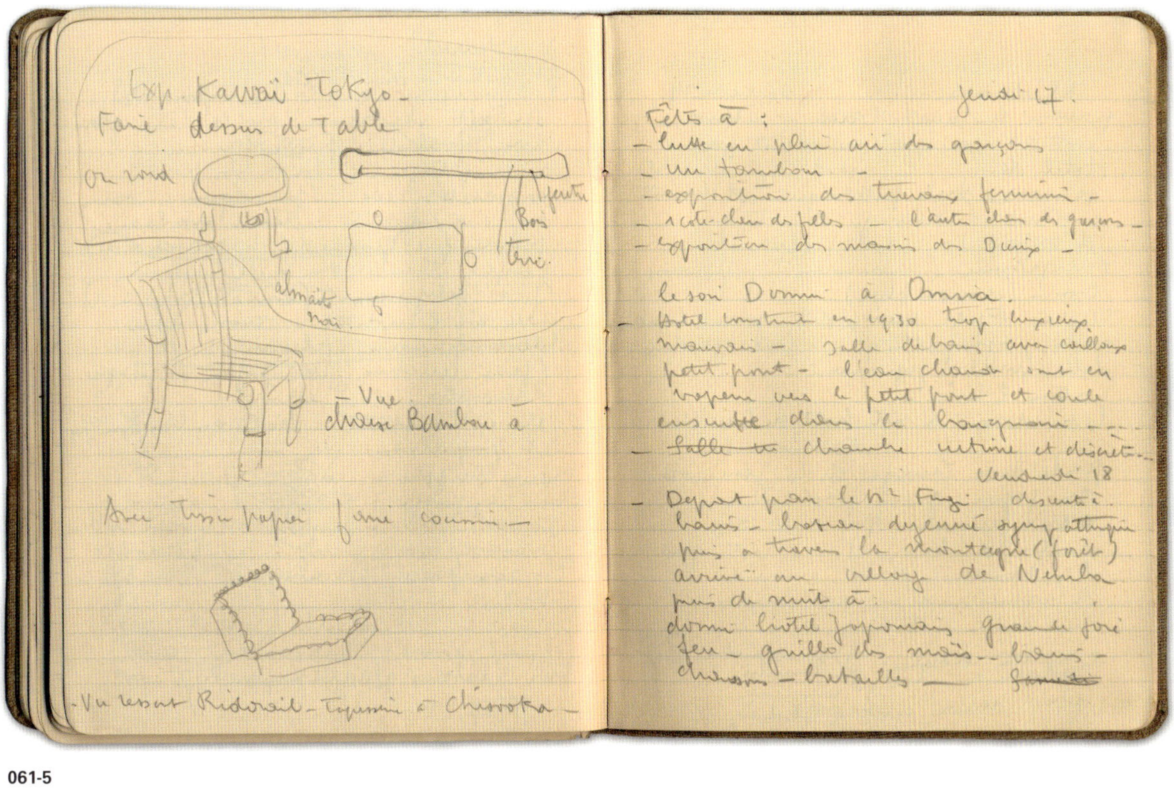

061-5

062　シャルロット・ペリアン「手帳」（赤）
1940年
Charlotte Perriand : Carnet de croquis au Japon (Carnet rouge), 1940. AChP.

062

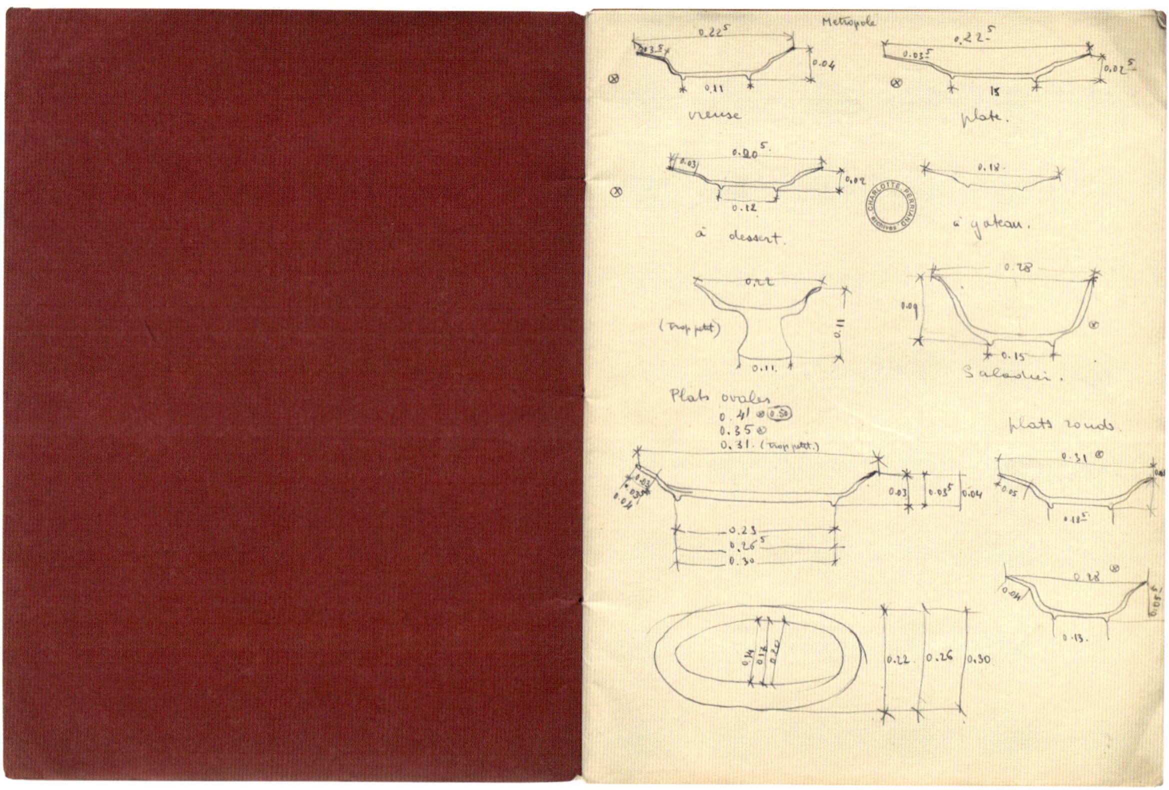

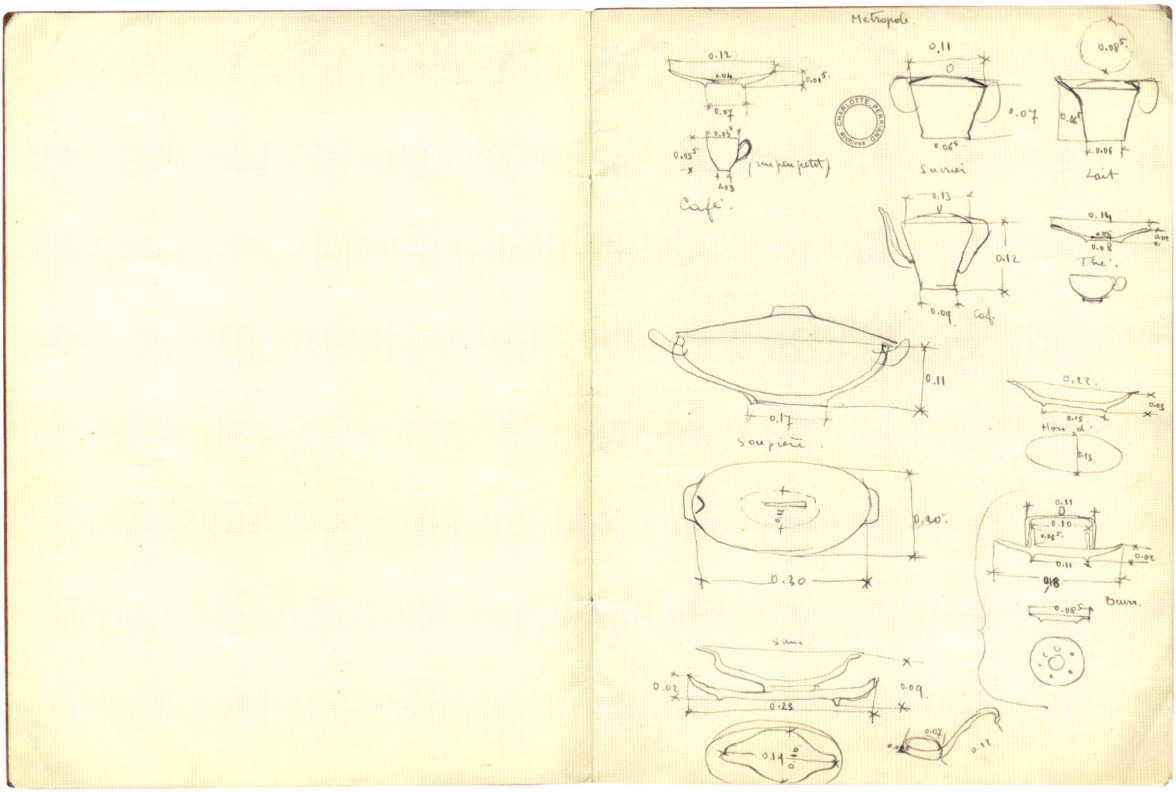
Metropole
Café
Sucrier
Lait
Thé
Soupière
Beurr.
CHARLOTTE PERRIAND archives

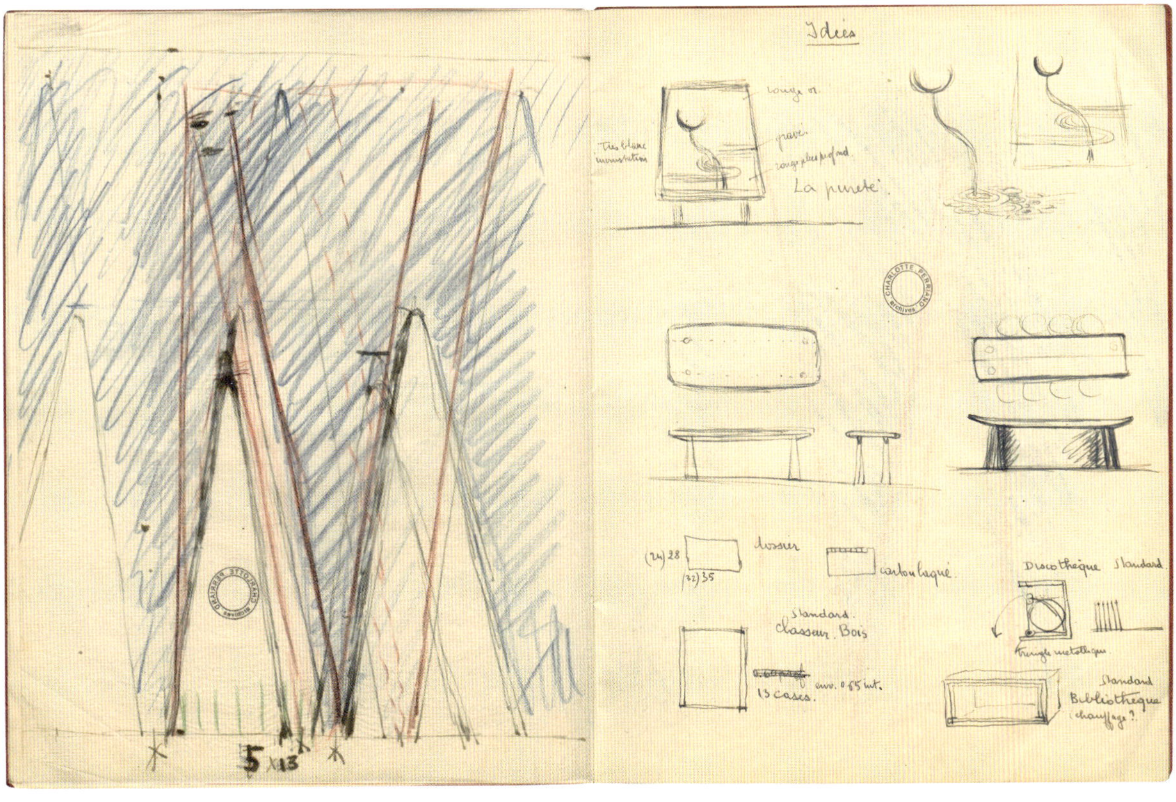
Idées
La pureté
dossier
Discothèque Standard
Standard.
Classeur Bois
13 cases
Standard
Bibliothèque
5 x 13
CHARLOTTE PERRIAND archives

京都にて
In Kyôto

河井寛次郎との出会い

ペリアン以前には、ブルーノ・タウトが日本滞在中に素材としての竹に強い関心を抱き、高崎で手がけた工芸品の中に竹製品が幾つか含まれているだけでなく、著書でも竹についてしばしば言及している。その使用法は瀟洒で洗練されているが、主として小品であった。一方「選擇 傳統 創造」展において、竹は非常に重要な素材として登場し、用いられている。このペリアンと竹との出会いに決定的な役割を果たしたのが、河井寛次郎（1890-1966）であった。

ペリアンがはじめて京都五条坂の河井邸を訪問したのは、柳宗理随行日誌などによれば1940年9月26日のことである。その後、29日の夜に再訪し、30日には河井の案内で京都市内を廻っているが、この両日に市内の竹専門店を訪れている。竹への関心はそれ以前に芽生えていたが、河井との出会いによってさらに触発されたことをうかがわせる。河井はこの当時、台湾製の竹製椅子の魅力にとりつかれており、自ら竹家具の製作に着手しているところであった。河井寛次郎記念館に残っている価格統制に関わる申請書には、日本竹製寝台製作所に発注した椅子や棚の詳細が記され、「ペリアン創案」と記載されているが、河井がほぼ同時期に自らの展覧会で発表した家具類も、1941年展に出品された椅子も、台湾の原型に即している。製作には同製作所の台湾出身の職人があたった。

ペリアンによる竹の利用はこれだけに留まらず、機械製材の竹を用い、その弾力を生かした《竹製シェーズ・ロング》をはじめ、多様な形で素材としての竹、および既成の竹製品を用いている。ただし、展覧会図録でも明言しているように、竹を最善の素材と考えていたわけではなく、戦時下の厳しい物資統制下で、新素材に対する「代用品」の一つとして位置づけていたのも確かである。（MT）

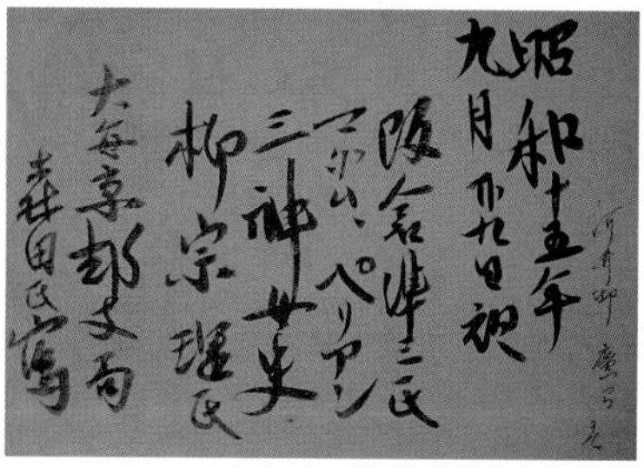

063（裏）

063

063 （左から）柳宗理、三神知、ペリアン、坂倉準三　河井寛次郎邸にて、1940年9月29日
撮影：大阪毎日京都支局森田／河井寛次郎記念館

Autour de l'âtre chez Kanjirô Kawai à Kyôto. A partir de la gauche : Sôri Yanagi, Tomo Mikami, Charlotte Perriand et Junzô Sakakura, 29 septembre 1940. Photo Morita. Kawai Kanjiro's House.

064

064 土塀のまえのシャルロット・ペリアン　京都近郊にて、1940年9月30日　撮影：坂倉準三（推定）／坂倉建築研究所

Dans les environs de Kyôto, Charlotte Perriand devant un mur de clôture en terre, 30 septembre 1940. Photo Junzô Sakakura. Sakakura Associates.

065 大原野の道標　京都近郊にて、1940年9月30日　撮影：坂倉準三（推定）／坂倉建築研究所

Pancarte indiquant la plaine de Ohara, dans les environs de Kyôto, 30 septembre 1940. Photo Junzô Sakakura. Sakakura Associates.

066 シャルロット・ペリアン　京都近郊にて、1940年9月30日　撮影：坂倉準三（推定）／坂倉建築研究所

Dans les environs de Kyôto. A droite : Charlotte Perriand, 30 septembre 1940. Photo Junzô Sakakura. Sakakura Associates.

065

066

067

068

067 シャルロット・ペリアンと河井寛次郎
京都近郊にて、1940年9月30日　撮影：坂倉準三（推定）／坂倉建築研究所

Dans les environs de Kyôto. A gauche : Charlotte Perriand et Kanjirô Kawai, 30 septembre 1940. Photo Junzô Sakakura. Sakakura Associates.

068 柳宗理、三神知と食事するシャルロット・ペリアン　料亭にて、1940年

Sôri Yanagi, Tomo Mikami et Charlotte Perriand (de dos) dans un restaurant traditionnel, 1940. DR/AChP.

069

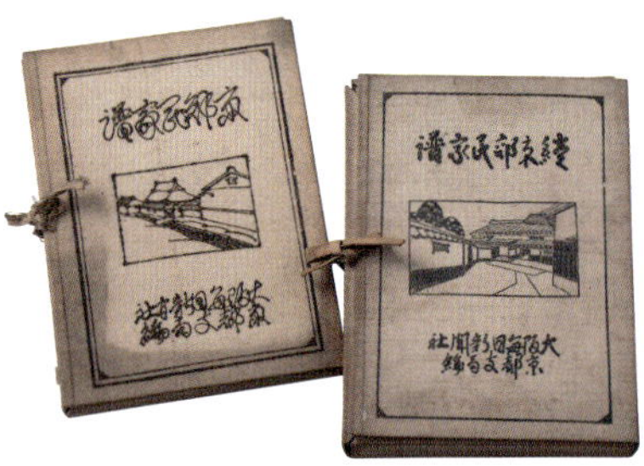

070

071, 072, 073

069 河井寛次郎写真帖 「1940年大毎京都支店」より「竹家具展」会場／河井寛次郎記念館

Vue de l'exposition des meubles en bambou de Kanjirô Kawai, 1940. Kawai Kanjiro's House.

070 岩井武俊著、河井寛次郎装丁『京郊民家譜』1931年、『続京郊民家譜』 1934年、発行：京都便利堂印刷／河井寛次郎記念館

Recueil *Kyôkô Minka Fu* [Maison privée de la ville de Kyôto], 2 volumes, texte : Taketoshi Iwai, illustration de couverture : Kanjirô Kawai, Benridô éditeur, Kyôto, 1931 et 1934. Kawai Kanjiro's House.

071 河井寛次郎『竹材新生活具展觀』展目録（1940年7月1日-6日） 製作：大八木治一／河井寛次郎記念館

Catalogue de l'exposition Kawai Kanjirô, *Chikuzai Shinseikatsugu Tenkan* [Nouveau Mobilier en Bambou pour la Vie Quotidienne] (1-6 juillet 1940). Fabrication : Harukazu Oyagi, Kyôto. Kawai Kanjiro's House.

072 河井寛次郎『竹材新生活具展観』展目録 1940年／河井寛次郎記念館

Catalogue de l'exposition Kawai Kanjirô, *Chikuzai Shinseikatsugu Tenkan* [Nouveau Mobilier en Bambou pour la Vie Quotidienne]. Kyôto, 1940. Kawai Kanjiro's House.

073 河井寛次郎『竹材生活具展觀』展目録 1940年／河井寛次郎記念館

Catalogue de l'exposition Kawai Kanjirô, *Chikuzai Shinseikatsugu Tenkan* [Mobilier en Bambou pour la Vie Quotidienne], 1940. Kawai Kanjiro's House.

074 竹善「価格等制統令施行規則第三条（第二項ニ依ル額ノ指示ニ関スル申請書」1941年3月20日／河井寛次郎記念館

Takezen : Texte de la 3ème clause réglementaire sur la mise en œuvre du contrôle des prix et valeurs. 20 mars 1941. Kawai Kanjiro's House.

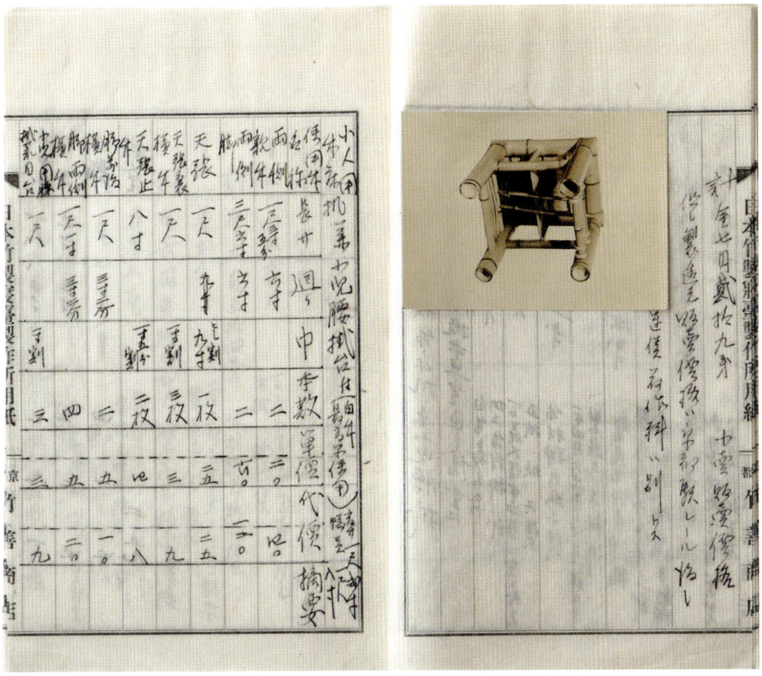
日本竹製家具製作所用紙 京 竹善商店

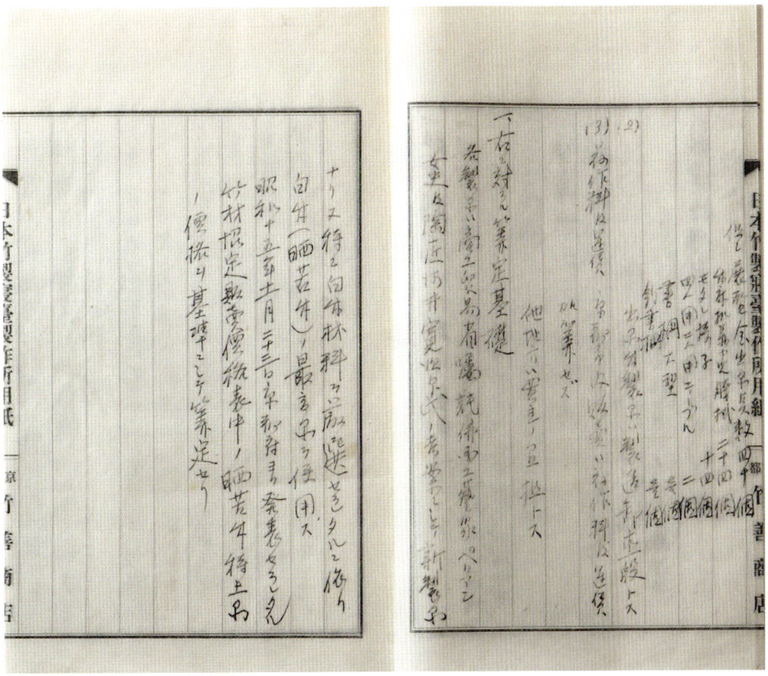
日本竹製家具製作所用紙 京 竹善商店

074

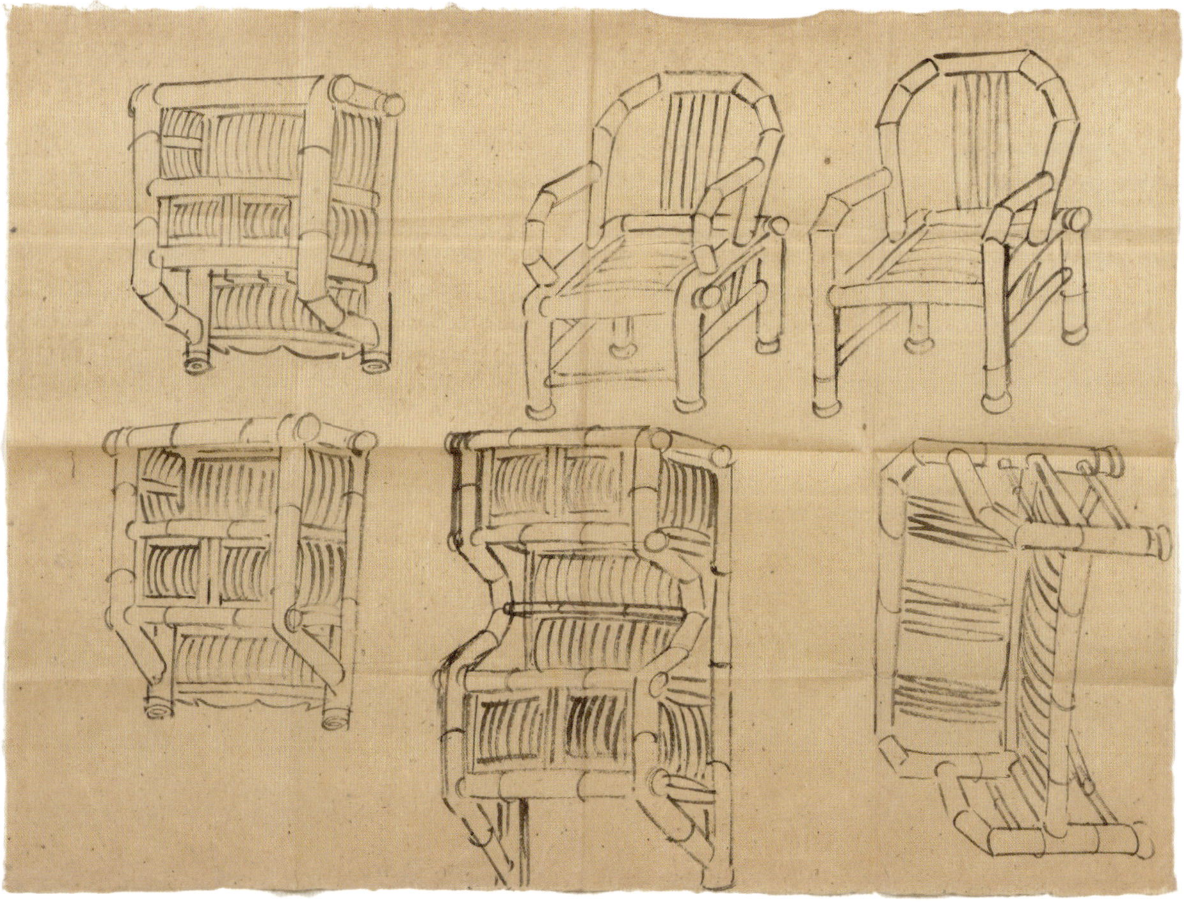

075

075 河井寛次郎《竹製家具スケッチ》1940年頃／河井寛次郎記念館

Kanjirô Kawai : *Croquis de meubles en bambou*, c.1940. Kawai Kanjiro's House.

076 台湾の椅子をもとに河井寛次郎がつくった《竹製子ども用腰掛に座るトム・ハール》1941-42年頃　撮影：フランシス・ハール

Tom, le fils de Francis Haar, assis sur sa chaise d'enfant en bambou, c.1941-1942. Modèle de chaise de Taiwan en bambou redessiné par Kanjirô Kawai, 1940. Photo Francis Haar, courtesy of Tom Haar.

076

077 台湾の竹製椅子をもとに河井寛次郎がつくった《竹製子ども用腰掛》 1940年頃／河井寛次郎記念館

Siège d'enfant en bambou, modèle de Taiwan redessiné par Kanjirô Kawai, c.1940. Kawai Kanjiro's House.

077

078 柳宗悦から河井寛次郎宛書簡［書留速達封書］ 1940年9月10日付／河井寛次郎記念館

Sôetsu Yanagi : Courrier express adressé à Kanjirô Kawai, 10 septembre 1940. Kawai Kanjiro's House.

河井寛次郎宛［書留速達封書］九月十日

其の後君の腹工合はどうかしら、充分用心してくれ玉へ、倉敷ではもう一日ゆつくりしたかつたが残念だつた、會社の人達からは大變悦んだ手紙をもらつた。濱田も出かける用意をしてゐたとかで、大に残念だつた、歸つてから、例の新體制と吾〻の將來の仕事の問題で度〻協議を重ねてゐる、去る七日に來てもらひたかつたのは、その日農林、商工、文部、指導所、振興會、東北六縣、東北興業等〻の役人全部が集るので、重要な會議だつた。凡てで五十人程出席、盛況を呈した。山口さん大に努力してくれてゐる、今夜もこゝで集る筈だ、濱田も上京する。幸ひ吾々の仕事は何も時代に迎合する立場ではなく、時代が吾々の仕事を受け容れざるを得なくなつてゐるので、大手を振つて仕事が出來る。輸出の方も、遂に吾〻の仕事の價値を、實質的に認めざる得なくなつたやうだ。今度フランスから頼んだペリアンも民藝館に一番關心したやうだ。先日來て四、五時間も熱心に見て行つた。それでいゝ時期故益〻吾〻の仕事を振興させたい。

（中略）

民藝館に於ける十月の新作展、京都側出品準備お希ひする。

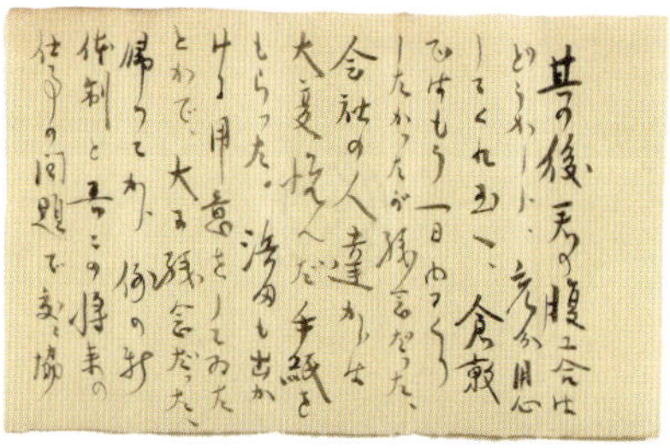

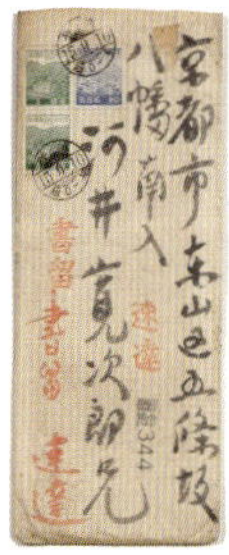

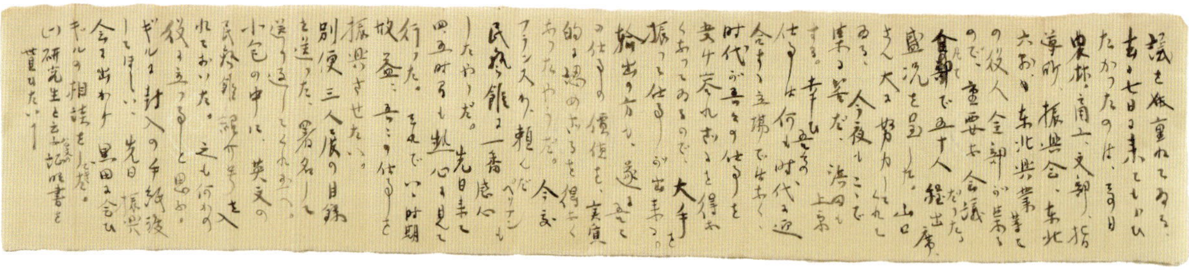

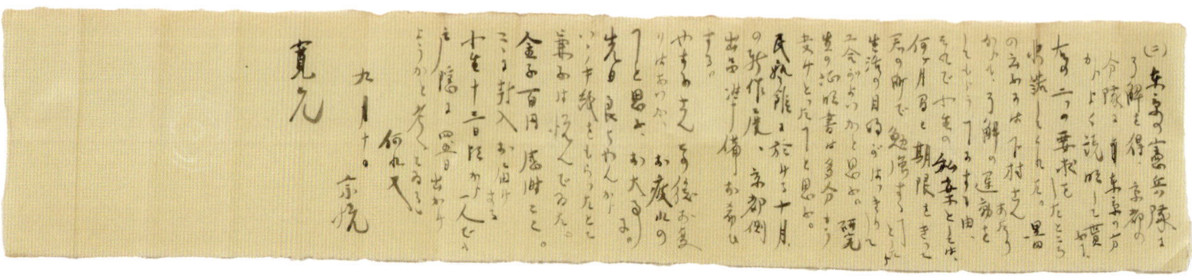

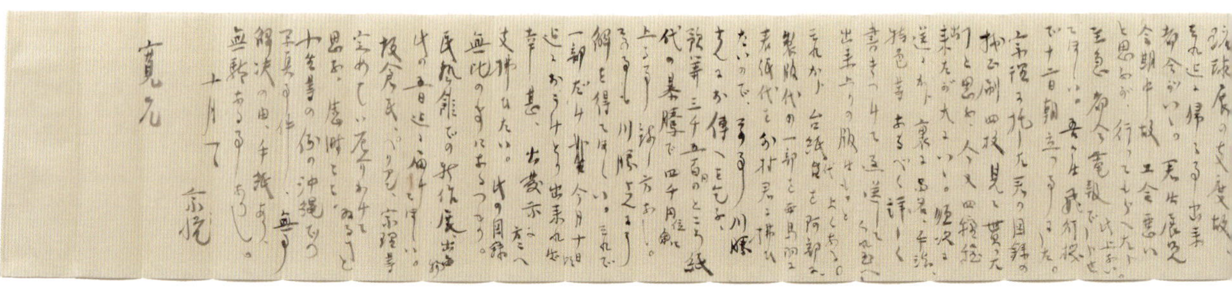

やす子さんその後お變りはないか、お疲れの〻と思ふ、お大事に。先日良ちやんからいゝ手紙をもらつたとて兼子は悦んでゐた。金子百圓感謝〻〻。こゝに封入お屆けする。

小生十三日頃から一人でも戸隱に四、五日出かけようかと考へてゐる。

何れ又

九月十日　　宗悦

寛兄

079　柳宗悦から河井寛次郎宛書簡［書留速達封書］　1940年10月1日付／河井寛次郎記念館

Sôetsu Yanagi : Courrier express adressé à Kanjirô Kawai, 1er octobre 1940. Kawai Kanjiro's House.

河井寛次郎宛［速達封書、年推定］　十月一日

一昨日總一郎さんが來られたので、幸ひ一同會合、濱、芹、式、淺、田、鈴、棟、沼と小生、都合拾人にて將來の事相談、その結果、協會發展の資金として月〻五百圓の費用を要する見込み、之を多分大原さんが負擔される事にほゞ決定、何にしても有り難い事だ、合理的にそれをどう云ふ風に使ふか是非とくと相談したい。やりたい仕事が多いので順次に一歩〻〻確實に進んでゆきたい、協會の資金を得るため「たくみ」買収の話も淺沼君から出たが、之は吉田君が歸つてから事情をよく聞いての事としたい。此の案は大原さん贊成でなく、又小生にも確かな成算はない。

（中略）

宗理に托した君の圖録の校正刷四枚見て貰つた〻と思ふ、今又四種程出來たが大いにいゝ。順次に送るから裏に品名、手法、特色等なるべく詳しく書きつけて返送してくれ玉へ　出來上りの版はもつとよくなる。それから臺紙代を阿部に、製版代の一部を西島羽に表紙代を外村君に拂ひたいので、その事川勝さんにお傳へを乞ふ、預算三千五百圓のところ紙代の暴騰で四千圓位に上る事致し方なし。その事も川勝さんに了解を得てほしい。それで一部だけ今月十日頃迄におうけとり出來れば幸甚、出發前に方〻へ支拂ひたい。此の圖録無比のものになるつもり。民藝館での新作展、出品物此の五日迄に屆けてほしい。

坂倉氏、ペリアン、宗理等定めし御厄介かけてゐる〻と思ふ、感謝〻〻、

小生等の例の沖縄での寫眞事件、無事解決の由、手紙あり、無駄なる事なりし。

十月一日　　宗悦

寛兄

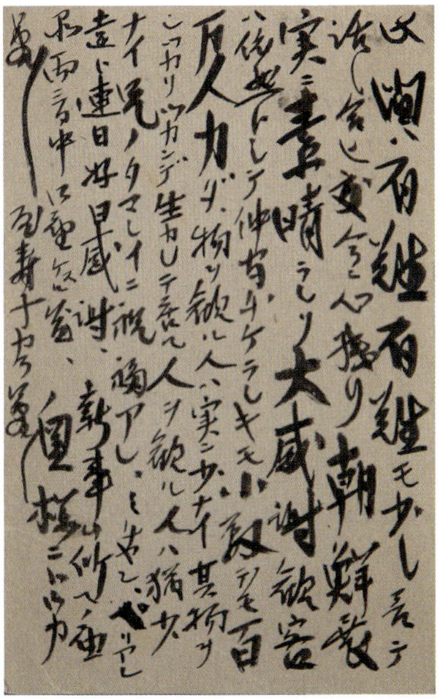

080　河井寛次郎から柳宗悦宛書簡［葉書］　1941年1月29日付／日本民藝館

Kanjirô Kawai : Carte postale à Sôetsu Yanagi, 29 janvier 1941. Nihon Mingeikan.

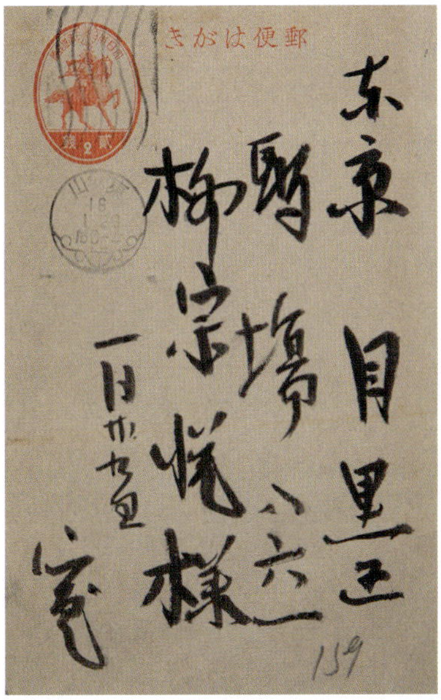

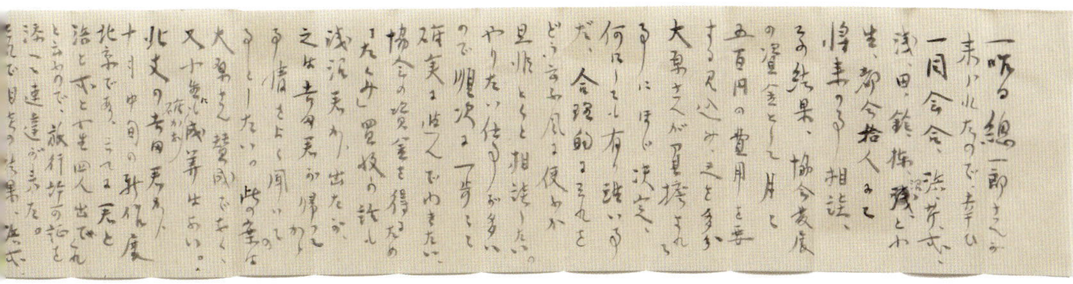

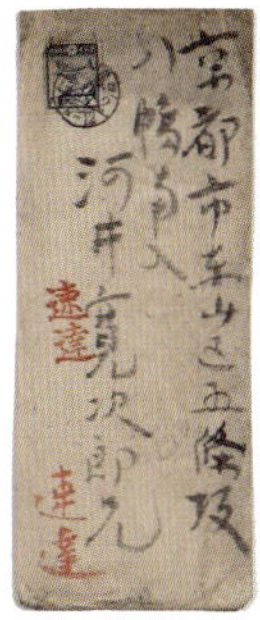

東北巡歴
Travels to Tôhoku

新庄の積雪地方農村経済調査所

ペリアンが日本民藝館を訪れた当時、柳宗悦は地方工芸の振興に向けて具体的な行動を起こしつつあった。ペリアン訪問の翌日にあたる1940年9月7日には、民藝館で地方工芸振興協議会が開催され、商工省工芸指導所や貿易局をはじめ国の機関の代表者も集まった席上で、柳は「日本民芸協会の提案」を行い、地方の手工芸の振興を訴えた。

ここに至る重要なきっかけは、豪雪地帯の農山漁村の住民の生活を雪害から救済することを目的に、1933年に山形県新庄町に設置された積雪地方農村経済調査所（略称「雪害調査所」）との出会いである。1937年に在来の手仕事を生かした農村経済の振興を企図した所長の山口弘道（1895-1978）が柳宗悦に助言を求め、両者の間に活発な協力関係が始まった。その結果、東北の各地方の手仕事の紹介と商品化が模索され、地元だけでなく、東京においても1940年6月「東北民藝品展覧会」が開催され、大々的に普及が図られた。ペリアンは民藝館で東北の手仕事を知り、柳の紹介によって東北巡歴の途上に雪害調査所を訪問した。この訪問でペリアンは藁蓑細工の作り手に敷物やクッション・カバーの製作を依頼した。ただし、詳細については指示は行わず、作り手の工夫に委ねた結果、「選擇 傳統 創造」展に出品された《折りたたみ寝台》や《竹製シェーズ・ロング》用の敷物として実現したのである。（MT）

081

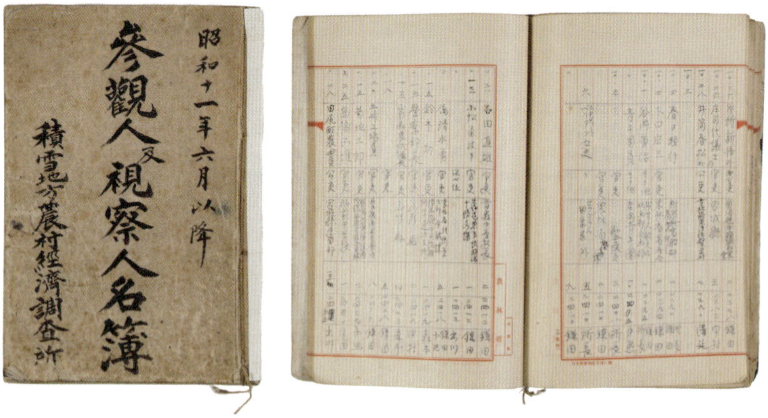

081 山形県新庄の雪害調査所を訪問した時のシャルロット・ペリアン、1940年11月／雪の里情報館

Charlotte Perriand visitant l'Institut d'Etude sur l'Economie des Villages Ruraux en Région de Neige à Shinjô, dép. de Yamagata, novembre 1940. Yukinosato Information Center.

082 積雪地方農村経済調査所 『参観人及視察人名簿』 昭和11（1936）年6月以降／雪の里情報館

Institut d'Etude sur l'Economie des Villages Ruraux en Région de Neige : Registre des visiteurs de l'Institut à Shinjô, à partir de juin 1936. Yukinosato Information Center.

083

084

085

083 積雪地方農村経済調査所施設全景 1945年以前 撮影年不詳／雪の里情報館

Vue d'ensemble des bâtiments de l'Institut d'Etude sur l'Economie des Villages Ruraux en Région de Neige à Shinjô, dép. de Yamagata, avant 1945. DR/Yukinosato Information Center.

084 積雪地方農村経済調査所、外観入口 1938年／雪の里情報館

Façade de l'Institut d'Etude sur l'Economie des Villages Ruraux en Région de Neige à Shinjô, dép. de Yamagata, 1938. DR/Yukinosato Information Center.

085 民芸資料室外観 撮影年不詳／雪の里情報館

Façade du Centre de Documentation sur les Arts et Traditions Populaires à Shinjô, dép. de Yamagata. DR/Yukinosato Information Center.

086

087

086 積雪地方農村経済調査所2階に置かれたペリアンの《三角脚低座卓》(1937年のモデル)/雪の里情報館

Charlotte Perriand : Piètement de la *Table tripode à plateau interchangeable*, réinterprétation Tôkyô, 1940 (modèle original : 1937), au 2ème étage du centre de l'Institut d'Etude sur l'Economie des Villages Ruraux en Région de Neige à Shinjô, dép. de Yamagata. DR/Yukinosato Information Center.

087 東北民芸品製作伝習会の記念撮影、1938年/柳宗悦(中央右)、山口弘道(左)/雪の里情報館

Les membres du cercle de la fabrication traditionnelle des objets d'art populaire de Tôhoku, Sôetsu Yanagi (centre droite), Hiromichi Yamaguchi (gauche), 1938. DR/Yukinosato Information Center.

088-1

088-2

088 東北民芸座談会　日本民藝館にて、1939年5月／柳宗悦（右）、棟方志功（中央）／雪の里情報館

Discussion sur les arts et traditions populaires du Tôhoku, Centre de Documentation sur les Arts et Traditions Populaires du Japon (Nihon Mingeikan), mai 1939, Sôetsu Yanagi (à droite), Shikô Munakata (au centre). DR/Yukinosato Information Center.

東北振興策

日本政府にとって産業育成と並んで、農村とくに米凶作の影響を受けやすい東北振興は重要な課題であった。工芸指導所が仙台に設けられたのも表向きこの理由によっていた。さらに、山形県選出の衆議院議員松岡俊三（1880-1965）の積極的な提起を受けて、1932年から準備が始められ、翌年9月農林省積雪地方農村経済調査所（雪害調査所）が新庄に開設され、本省経済厚生部から38歳の山口弘道が所長に就任した。施設を設計したのは弘前出身の今和次郎で、彼はここで雪下ろしの要らない屋根勾配や積雪時の採光、出入り口に配慮した実験的な設計を試みている。

同所は「積雪地方ニ於ケル農山漁村ノ経済更正計画及経済ニ関スル雪害防除ノ調査指導」を目的とし、具体的課題は積雪調査、経済調査、農村工業及副業調査であった。

ペリアンがここを訪れたのは1940年11月6日で5名が随行したことが記録され、ここに山形県商工課職員、柳宗理らが含まれていた。このとき、ペリアンは展示用に寝椅子とクッションを農民に用途だけ説明して製作を依頼した。展覧会終了後、これらの作品は芹澤銈介指導の藁製クッションとともに新庄に移され、雪調積雪研究室で保管、展示された。

雪害調査所のもっとも主要な課題である農業増強は戦争完遂の基礎でもあり、精神鼓舞ではなく合理的な農業経営、具体的には農作業の機械化、共同化の実験が1942年頃から進められた。ところが1943年4月、これに関わった4名の雪害調査所職員が治安維持法違反で特高に逮捕された。彼らの農家経営合理化の研究が反地主制的と看做されたようだ。山口所長はこの年本省に転属となり、研究の主体が反国家的とみなされて雪害調査所の活動は低調とならざるをえなかった。（HMo）

089

089 シャルロット・ペリアン（中央）、松平斉光（右） 仙台の指導所座談会にて、1940年11月12日／独立行政法人産業技術総合研究所 東北センター

Réunion de travail à l'Industrial Arts Research Institute, Sendai. Charlotte Perriand (au centre), Narimitsu Matsudaira (à droite), 12 novembre 1940. DR/National Institute of Advanced Industrial Science and Technology (AIST), Tôhoku.

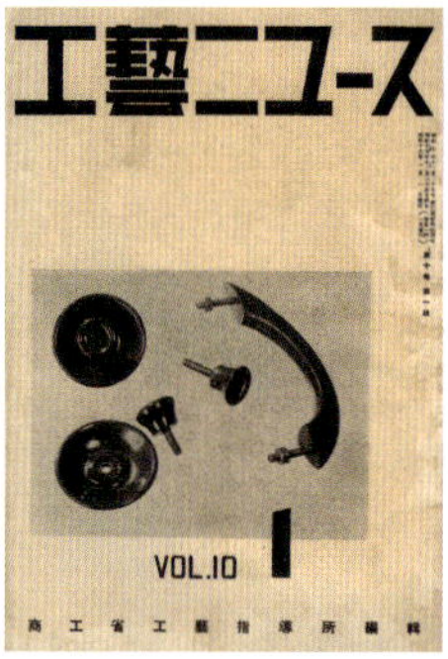

090-1

090 雑誌『工藝ニュース』 第10巻第1号 1941年1月／山鬼文庫

Revue *Kôgei news* [Actualités de l'art industriel], vol. 10, n° 1, janvier 1941. Sanki Bunko.

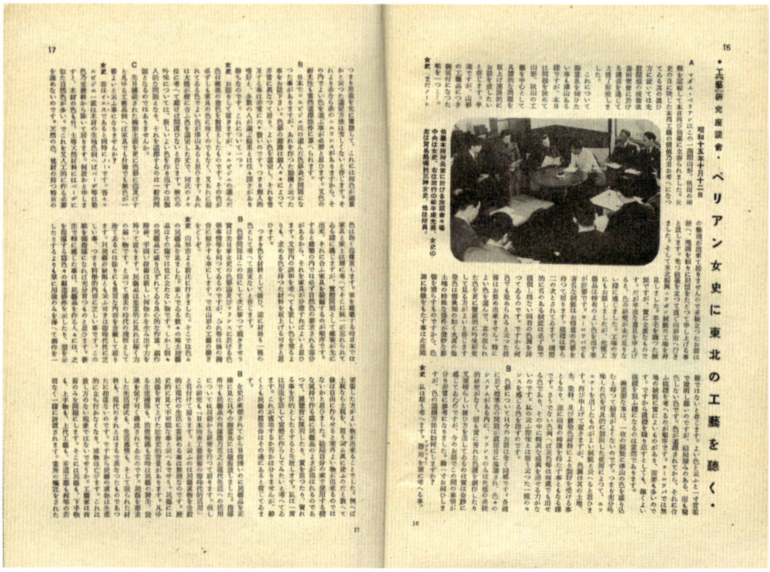

17

16

・工藝研究座談會・ペリアン女史に東北の工藝を聽く・

昭和十五年十月十二日

16

17

090-2

091

092

091 シャルロット・ペリアンと工芸指導所員たち／（左から）米谷、藤井庄内、剣持勇、不詳、西川友武、丸田正孝、寺島祥五郎、福岡和雄、東原卓馬、金子徳次郎、ペリアン、畑正夫、柳宗理　松金屋旅館にて、蔵王高湯温泉、山形　1941年1月1日　撮影：臼井正夫／特例財団法人工芸財団

Charlotte Perriand en compagnie de jeunes ingénieurs de l'Industrial Arts Research Institute dans l'auberge Matsu-kane-ya, sources thermales de Zaô-taka-yu, dép. de Yamagata, 1er janvier 1941. Photo Masao Usui. Japan Industrial Arts Foundation.

092 （左から）東原卓馬、シャルロット・ペリアン、柳宗理、福岡正雄　蔵王高湯温泉の旅館にて、1941年1月　撮影：臼井正夫／特例財団法人工芸財団

A l'auberge Matsu-kane-ya des sources thermales de Zaô-taka-yu, dép. de Yamagata. De gauche à droite : Takuma Higashihara, Charlotte Perriand, Sôri Yanagi, Masao Fukuoka, janvier 1941. Photo Masao Usui. Japan Industrial Arts Foundation.

フランスから託された、日本でのミッション
On a Mission to Japan from France

新しいスキー・テクニック

1940年、日本に出発するシャルロット・ペリアンは、フランス外務省そして美術中央局の支援のもと、フランス文化大使という公式の任務を託された。例えば民俗学の分野では、ペリアンの友人であるジョルジュ＝アンリ・リヴィエール（民衆芸術・伝統博物館の設立者であり、1937年創立の人類博物館の共同館長）が、フランスにおける日本民俗資料室の創設、および日本にフランス民俗・民芸品を紹介する巡回展開催のための基盤を整えるよう彼女に依頼した。パリのアーカイヴに残されている日本の農村文化や伝統芸能に関する広範囲な写真資料は、こうした目的のためにペリアンが収集したものと思われる。

『Les Cahiers d'art（美術手帳）』誌（1926～1960年）を出版するクリスティアン・ゼルヴォス（Christian Zervos, 1889-1970）や『L'Architecture d'aujourd'hui（今日の建築）』誌（1930年～）のアンドレ・ブロック（André Bloc, 1896-1966）等から、編集プロジェクトの特派員に任命されたペリアンは、日本でさまざまな著述の準備をし、なかには日本の伝統的な民家や絵馬に関するものなどもあった。

さらに、ジョルジュ・ブランション（Georges Blanchon, 国立スキー学校の共同設立者、フランス・スキー連盟会長）は、マルセル・イシャック（Marcel Ichac, 1906-1994）監督の映画『スキー・フランセ（Le ski français）』（1938年）をペリアンに託す。1936年のオリンピックの金メダリスト、エミール・アレ（Emile Allais, 1912- ）の新技術を紹介する内容のこの映画は、日本で検閲を受け、邦題を『新らしいスキー』と改題されて1941年2月18日に麹町の産業組合中央会で封切り。日本全国の映画館で上映され、日本へのフランスのアルペンスキー導入に貢献した。(AG)

093

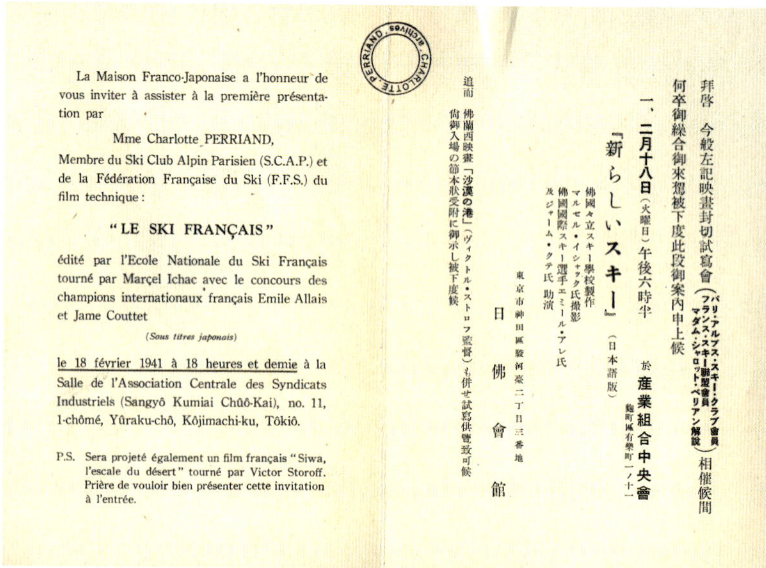

La Maison Franco-Japonaise a l'honneur de vous inviter à assister à la première présentation par

Mme Charlotte PERRIAND,

Membre du Ski Club Alpin Parisien (S.C.A.P.) et de la Fédération Française du Ski (F.F.S.) du film technique :

"LE SKI FRANÇAIS"

édité par l'Ecole Nationale du Ski Français tourné par Marçel Ichac avec le concours des champions internationaux français Emile Allais et Jame Couttet

(Sous titres japonais)

le 18 février 1941 à 18 heures et demie à la Salle de l'Association Centrale des Syndicats Industriels (Sangyô Kumiai Chûô-Kai), no. 11, 1-chômé, Yûraku-chô, Kôjimachi-ku, Tôkiô.

P.S. Sera projeté également un film français "Siwa, l'escale du désert" tourné par Victor Storoff. Prière de vouloir bien présenter cette invitation à l'entrée.

CHARLOTTE PERRIAND archives

拝啓　今般左記映畫封切試寫會（パリ・アルプス・スキー・クラブ會員　フランス・スキー聯盟會員　マダム・シャロット・ペリアン解説）相催候間

何卒御繰合御來駕被下度此段御案内申上候

一、二月十八日（火曜日）午後六時半　於　産業組合中央會　麹町區有樂町一ノ十一

『新らしいスキー』（日本語版）

佛國々立スキー學校製作

マルセル・イシャク氏撮影

佛國國際スキー選手エミール・アレ氏

及ジャーム・クテ氏　助演

東京市神田區駿河臺二丁目三番地

日佛會館

追而　佛蘭西映畫「沙漠の港」（ヴィクトル・ストロフ監督）も併せ試寫供覽致可候

尚御入場の節本狀受附に御示し被下度候

094

095

096

093 志賀高原でスキーをするシャルロット・ペリアン、1941年頃

Charlotte Perriand faisant du ski à Shigakôgen, c.1941. DR/AChP.

094 産業組合会館での映画『新らしいスキー』(マルセル・イシャック監督、1938年) 上映会案内状 (1941年2月18日午後6時から 主催：日仏会館)

Invitation à la projection du film *Le ski français* (1938) de Marcel Ichac, présenté par Charlotte Perriand, à la Maison franco-japonnaise, Tôkyô, 18 février 1941. AChP.

095 志賀高原でスキーをするシャルロット・ペリアン、1941年頃

Charlotte Perriand faisant du ski à Shigakôgen, c.1941. DR/AChP.

096 シャルロット・ペリアンとエティエンヌ・シカール、1941年頃

Charlotte Perriand et Etienne Sicard, c.1941. DR/AChP.

日本滞在中に人類博物館と自著のために収集した資料写真

Documentary photographs selected by Perriand in 1941, for the collections of Musée de l'Homme (Paris) and for her own publica-

民俗資料の収集

ペリアンが日本から持ち帰った資料は大型木箱に3箱あったが、戦後、ヴェトナムからフランスに引きあげるときに1箱が失われたとのことである。しかし、現在パリのシャルロット・ペリアン・アーカイヴに残されていた写真の量を見ると、いかに彼女が日本滞在中に精力的にかつ広範に資料として写真を収集したかが分かる。限られた滞在期間のなかでは、興味を持ったとしても出かけられない地域（例えば、沖縄）や行事があっただろう。それを配信写真で補おうとしたように思える。

正確な記録を得ることができなかったので、数量が把握できなかったが、本展のための限られた調査だけで見ることができた数百枚のプリント写真には次のような配給元を見出すことができた。古社寺を撮影していた飛鳥園、建物、風俗、民俗行事を撮影した国際文化振興会やダヴィッド社、また名取洋之助が経営していた国際報道工芸株式会社、恐らくは日本民藝館経由の坂本万七など。内容は多岐にわたるが、日本の伝統に新しいまなざしを向けているものが選ばれている。ここまで大量に写真を収集するには、商工省嘱託という立場や高額な収入が役立ったろうことは想像に難くない。（HMo）

097

098

099

100

097 なまはげ
Namahage (rituel traditionnel du Tôhoku). DR/AChP.

098 神輿巡行
Mikoshi-jungyô (parade du palanquin transportant un dieu shintô). DR/AChP.

099 京都 提灯屋　撮影：木村伊兵衛
Magasin de chôchin (lanterne en bambou recouverte de papier). Photo Ihei Kimura. AChP.

100 芹澤銈介所蔵の鷹の絵馬（天保14年作）
Ema (ex-voto dans les temples shintô) à motif de faucon. DR/AChP.

101 岐阜、白川郷の家屋のいろり
Foyer d'une ferme à Shirakawa, dép. de Gifu. DR/AChP.

102 正月飾り
Décoration traditionnelle du Nouvel An. DR/AChP.

101

102

103

103 機織り（首里） 撮影：坂本万七
Vieille femme tissant. Photo Manshichi Sakamoto. AChP.

104 農家の庭のむしろで干される収穫物
Récoltes séchant sur des nattes devant une maison à la campagne. DR/AChP.

104

105

106

105 田園風景
Vue sur les rizières. DR/AChP.

106 藁束をかつぐ農民
Paysans travaillant dans les rizières. DR/AChP.

107

108

109

107 畑と農家
Maisons et corps de bâtiment à la campagne. DR/AChP.

108 沖縄の漁村
Un village de pêcheurs à Okinawa. DR/AChP.

109 岐阜、白川郷の家屋の寝床
Futon dressés dans une maison à Shirakawa, dép. de Gifu. DR/AChP.

110

111

112

110 京都御所　御学問所
Palais impérial, Kyôto. DR/AChP.

111 修学院離宮　上御茶屋窮邃亭
Kamino-ochaya Kyûsui-tei, Villa impériale retirée du Shugakuin, X VII e s. Kyôto.

112 京都御所清涼殿孫庇　撮影：佐藤辰三（便利堂）
Store *misu*. Photo Tatsuzô Satô (Benridô). AChP.

展覧会の準備
Preparations for the Exhibition

1941年に髙島屋で開催された展覧会でシャルロット・ペリアンは、日本の室内空間から着想を得た開放性と流動性を活かした自由な空間に、自身の家具や建築写真とともにパブロ・ピカソやフェルナン・レジェの作品を展示した。この「諸芸術の総合」という発想は、ペリアンの生活と住まいの芸術の根幹をなす方法である。それは1930年代にパリで彼女が手がけたプロジェクトにも見られる。ペリアンと知的、芸術的、あるいは政治的に結びついた芸術家たちが関与しているのだ。

ペリアンは彼らの作品の複製とともに、パリで製作した家具の設計図をいくつか日本に持ち込んだ。ペリアンが日本の地を踏んでから展覧会の開催まで、たった7カ月しかなかった。新たに試作品を考案し、製作してもらうには時間が限られていたので、ペリアンは自身が以前手がけた家具に手を加え、それにキャンチレバー式の竹製椅子、そして絨毯2点とタピスリー1点を追加した。1930年代からすでに木や藁を使うことに親しんでいたペリアンにとって、椅子の座り心地を改良するための新しい方法を探究する機会となる。そして、土台となる金属製のバネが、竹製の薄板に取り替えられた。戦時下の物資統制下において、竹は金属の代用品として公式に用いられていた。こうしてペリアンは、1928年から29年にかけて西洋のモダニズムのために開発された「住宅のインテリア設備」計画を形式的に応用し、テーブル、カジエ（整理棚）、椅子の一連のプロトタイプをつくる。これはまさに現地の技術のノウハウと輸入された近代性との融合をはかる「貢献」、すなわち未来に向けた探求の方向性を示すペリアンの提案であった。(AG)

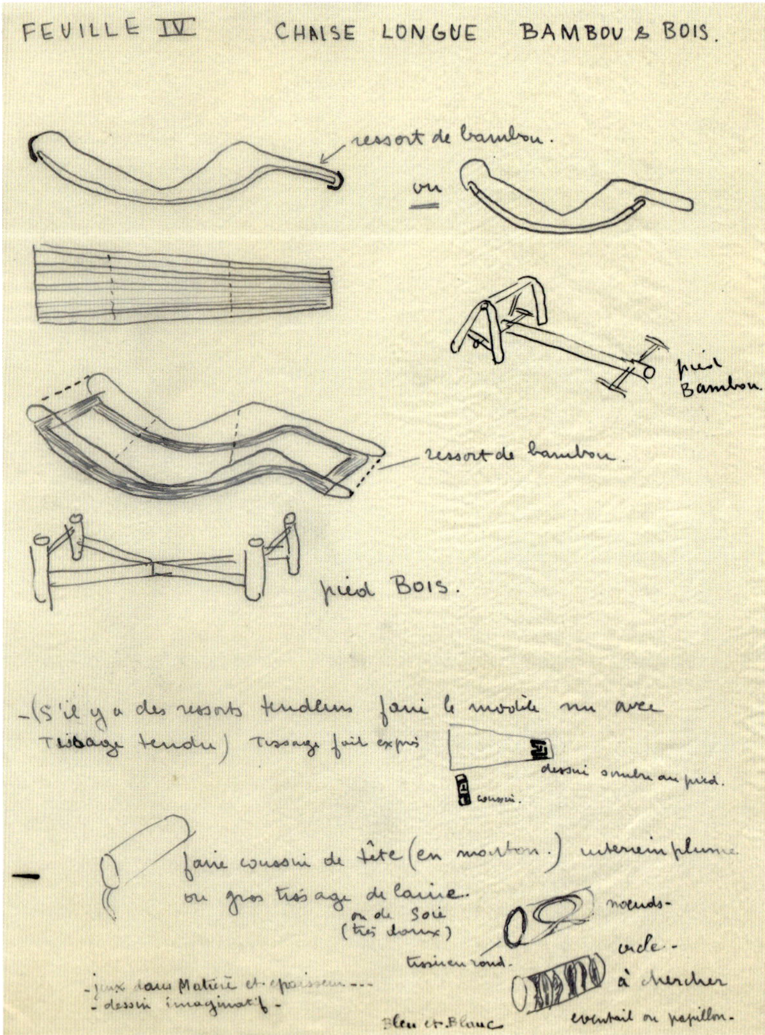

113

113 シャルロット・ペリアン《スケッチ Ⅳ シェーズ・ロング、竹と木》 1940年［オリジナルモデル：パリ、1928年の鋼管製］

Charlotte Perriand : Croquis, *feuille IV* : *Chaise longue basculante*, réinterprétation en bambou et bois, Tôkyô, 1940 (modèle original : Paris, 1928, tube d'acier). AChP.

114 ル・コルビュジエ、ジャンヌレ、ペリアン《シェーズ・ロング》［オリジナルモデル：パリ、1928年の鋼管製］

Le Corbusier, Pierre Jeanneret, Charlotte Perriand : *Chaise longue basculante*, Paris 1928. (modèle original en tube d'acier). AChP.

115 シャルロット・ペリアン《竹製シェーズ・ロング》 1940年［木製「十字脚システム」を東京にて復刻］

Charlotte Perriand : *Chaise longue basculante*, réinterprétation en bambou avec piètement à « système croix » en bois, Tôkyô, 1940. AChP.

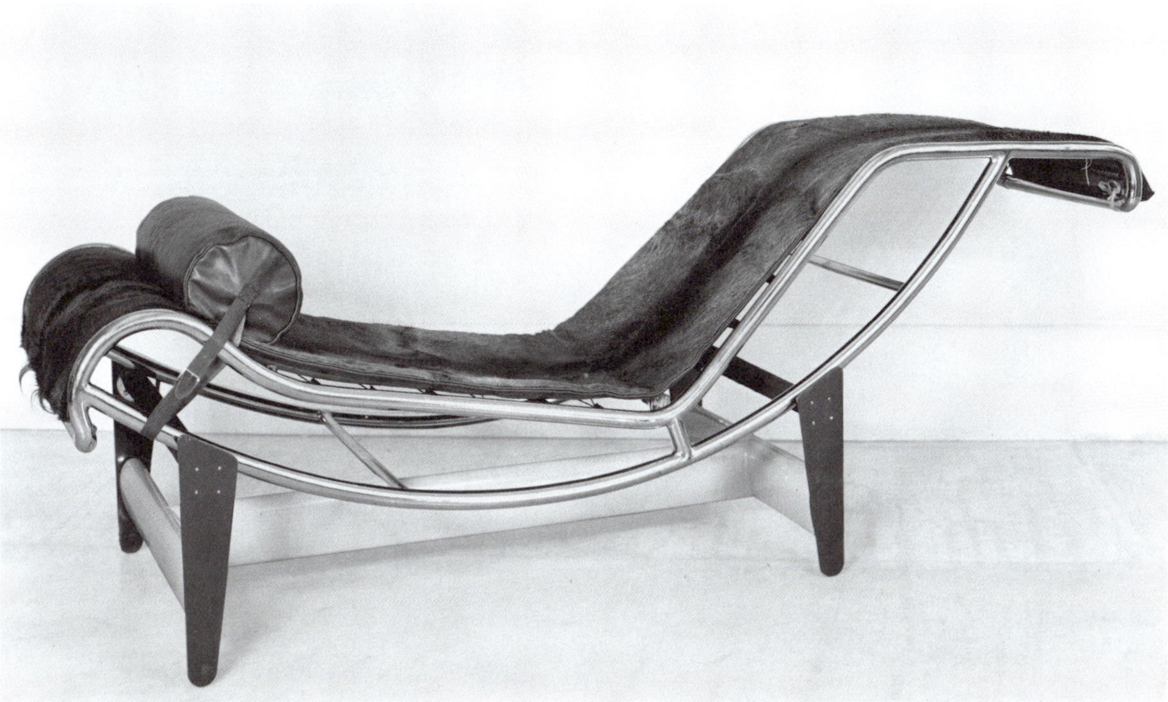

114

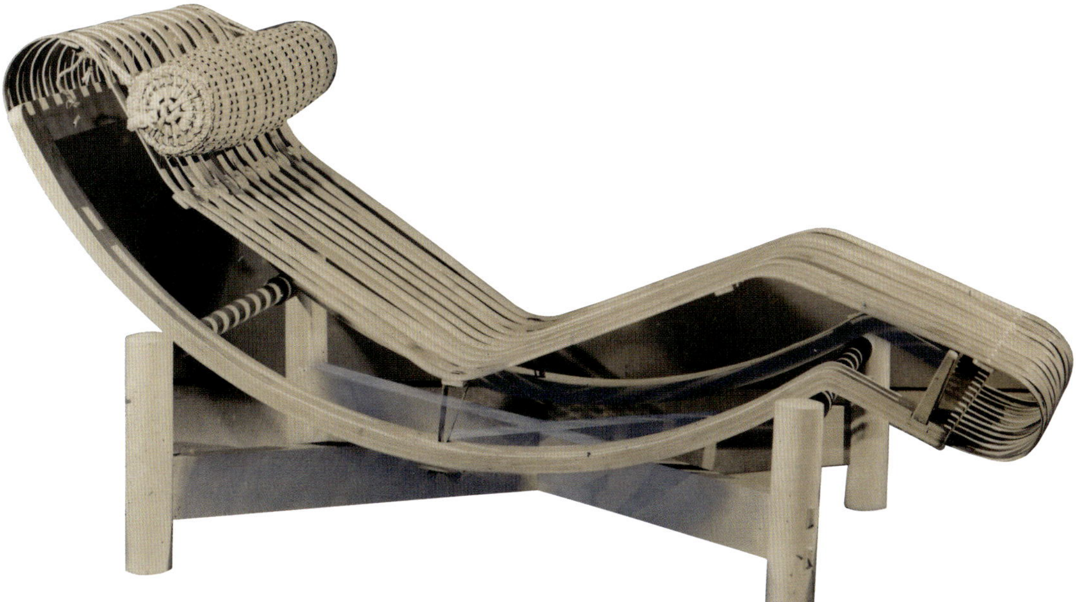

115

116

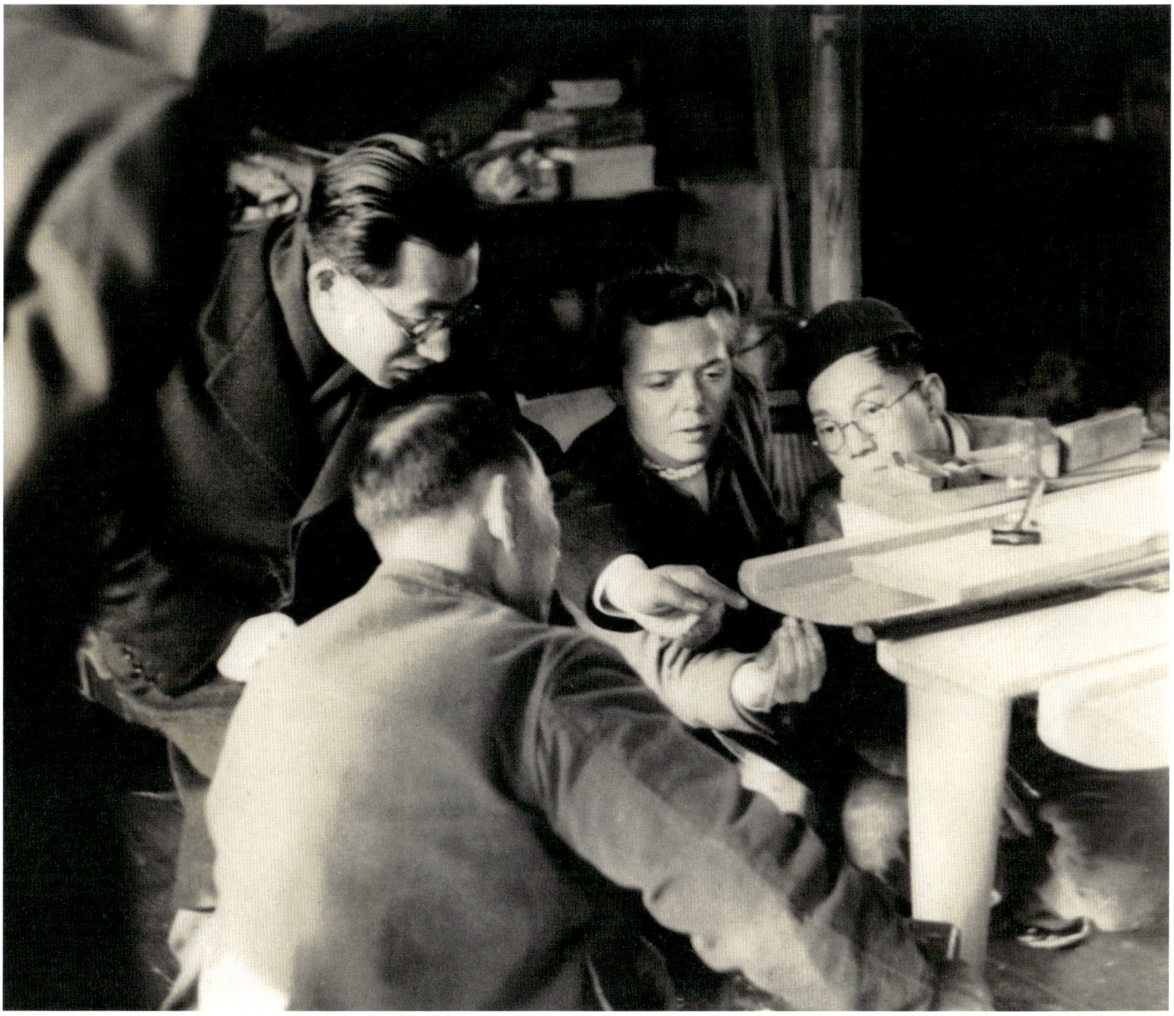

117

118

116 木製《折りたたみ寝台》のプロトタイプを製作中のシャルロット・ペリアン　1940年

Charlotte Perriand travaillant sur le nouveau prototype de la *Chaise longue pliante* en bois, Tôkyô, 1940. DR/AChP.

117 テーブルの修正を指示するシャルロット・ペリアン、坂倉準三（左奥）、林二郎（左手前）、1940年

Charlotte Perriand corrigeant la fabrication d'une table en compagnie de deux ébénistes dont Jirô Hayashi (au premier plan), assistée de Junzô Sakakura (à gauche) qui traduit leurs propos, Tôkyô, 1940. DR/AChP.

118 テーブルを製作する林二郎とペリアン、1940年／個人蔵

Charlotte Perriand corrigeant le prototype d'une table en compagnie de l'ébéniste Jirô Hayashi, 1940. DR/Private Collection.

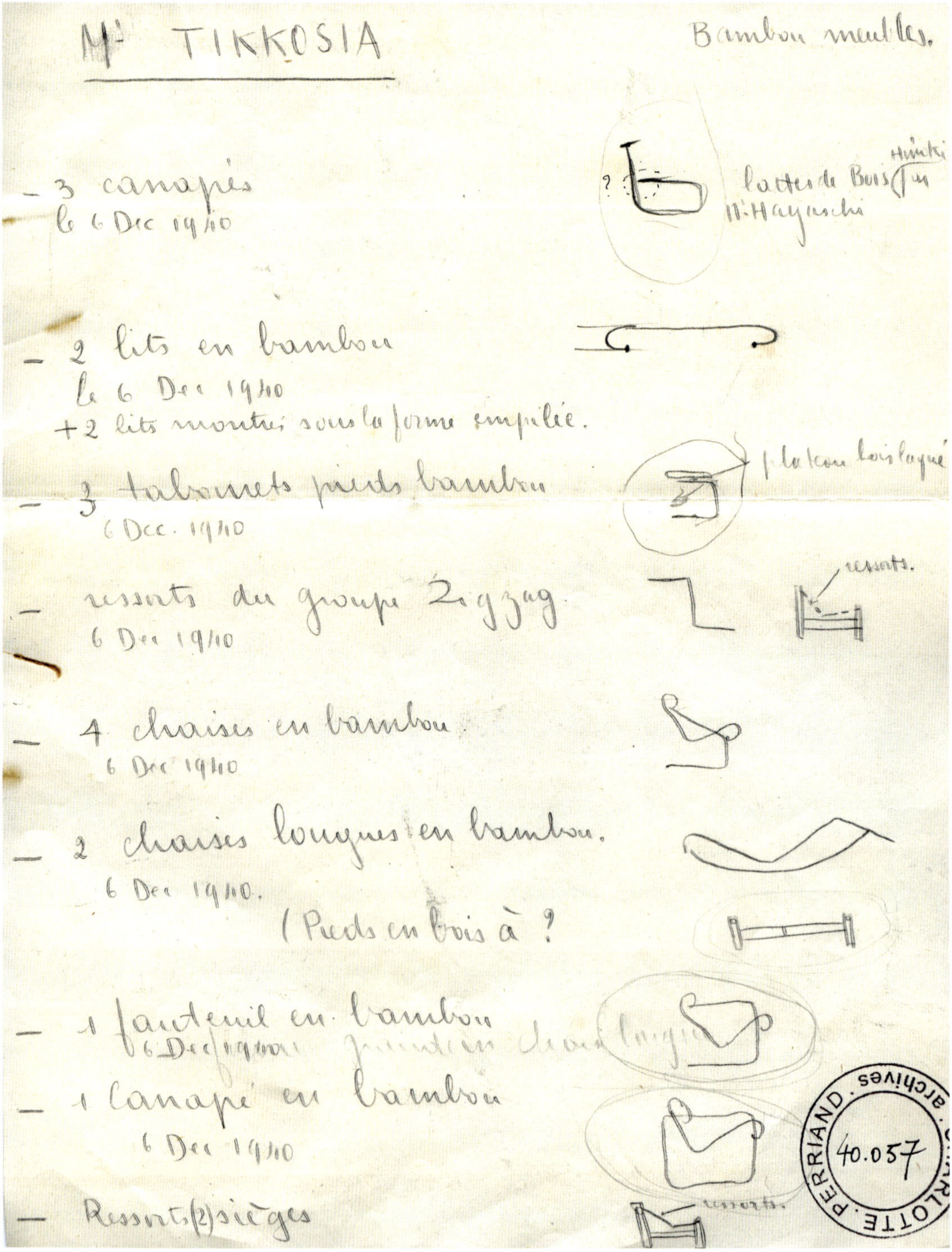

Mr TIKKOSIA

Bambou meubles.

- 3 canapés
  le 6 Dec 1940
  lattes de Bois Hinoki
  M. Hayashi
- 2 lits en bambou
  le 6 Dec 1940
  +2 lits montés sous la forme empilée.
- 3 tabourets pieds bambou
  6 Dec. 1940
  plateau bois laqué
- ressorts du groupe Zigzag
  6 Dec 1940
  ressorts.
- 4 chaises en bambou
  6 Dec 1940
- 2 chaises longues en bambou.
  6 Dec 1940.
  (Pieds en bois à ?
- 1 fauteuil en bambou
  6 Dec 1940
- 1 canapé en bambou
  6 Dec 1940
- Ressorts (2) sièges
  ressorts.

CHARLOTTE PERRIAND . archives .
40.057

119 シャルロット・ペリアン「竹興社への依頼作品メモ」 1940年12月6日付

Charlotte Perriand : Liste des meubles en bambou donnés en fabrication à l'Atelier Chikkôsha, Tôkyô, 6 décembre 1940. AChP.

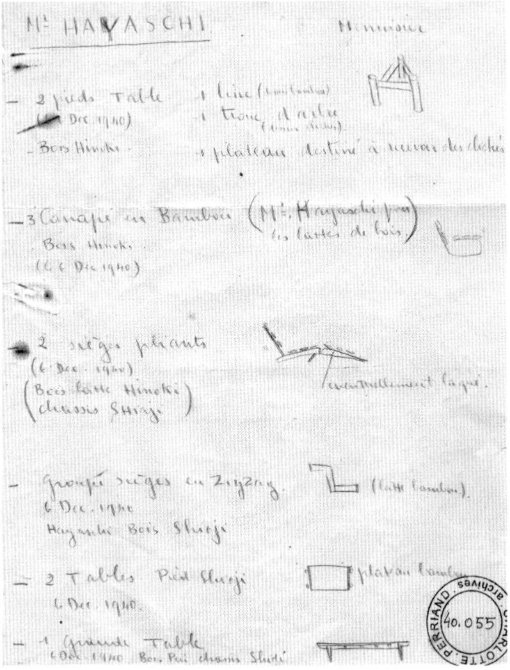

120

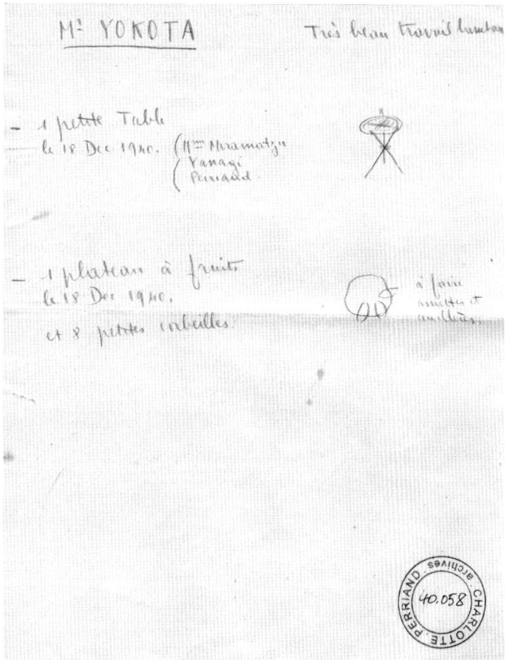

122

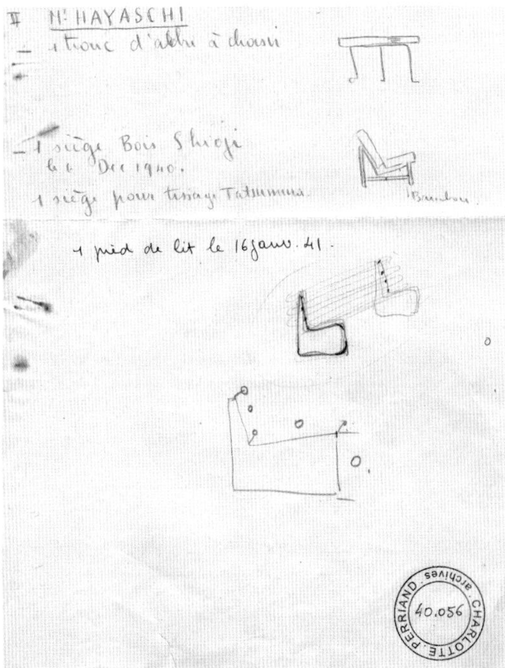

121

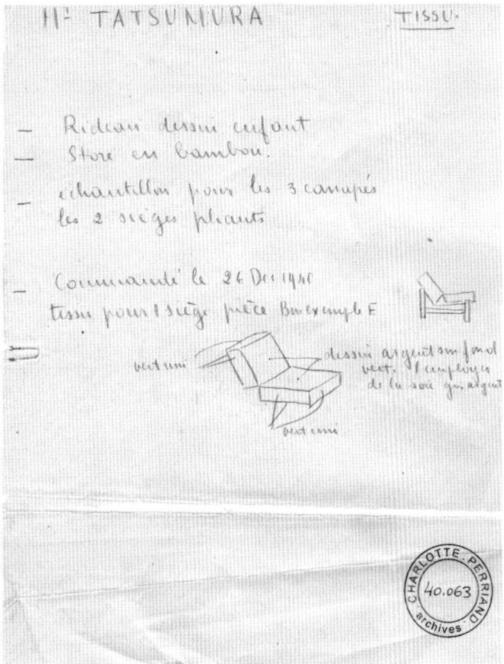

123

120　シャルロット・ペリアン「林二郎への作品制作依頼メモ」 1940年12月6日付

Charlotte Perriand : Liste des meubles en bois donnés en fabrication à l'ébéniste Jirô Hayashi, Tôkyô, 6 décembre 1940, page 1. AChP.

121　シャルロット・ペリアン「林二郎への作品制作依頼メモ」 1940年12月6日付

Charlotte Perriand : Liste des meubles en bois donnés en fabrication à l'ébéniste Jirô Hayashi, Tôkyô, 6 décembre 1940, page 2. AChP.

122　シャルロット・ペリアン「横田製作への依頼メモ"非常に美しい竹仕事"」 1940年12月18日付

Charlotte Perriand : Liste des meubles donnés en fabrication à l'Atelier Yokota « Très beau travail bambou », Tôkyô, 18 décembre 1940. AChP.

123　シャルロット・ペリアン「龍村織物美術研究所への依頼作品メモ　布について」 1940年12月26日付

Charlotte Perriand : Liste des tissus donnés en fabrication à l'Institut Tatsumura, 26 décembre 1940. AChP.

「ペリアン女史　日本創作品展覧会　2601年住宅内部装備への一示唆　選擇 傳統 創造」1941年
Exposition Contribution à l'Equipement de l'Habitation.
Japon 2601 – Sélection, Tradition, Création, 1941

展覧会の正式名称は、「ペリアン女史　日本創作品展覧会　2601年住宅内部装備への一示唆」で、「選択 伝統 創造」はテーマであった。東京（3月27日-4月6日）と大阪（5月13日-18日）の高島屋で開催された。出品リストは残っていないが、展覧会はペリアンが新たにデザインした家具や作品、諸種の地方物産品、日本民藝館収蔵品を含む美術工芸品、写真の複製で構成された。展示は住宅の各部屋を想定し、その区分を仕切る展示壁は赤、他の壁は灰色であった。新規に設計された作品は、それぞれの展示コーナーの重要な位置を占めるものであり、ペリアンにとって最善とはいえないまでも、この段階で彼女が示そうとしたデザイン理念をある程度までは反映できたといっていいだろう。

来日によって知った民藝運動の理念は、ペリアンにとって大変に示唆に富むものであったが、準備の時間は限られており、多分に表層的であったのはやむを得ない。たとえば日本民藝館が収蔵している諸種の工芸品等は、すでに古美術品として称揚されていて民衆の生活からは乖離したものとなっており、また龍村織物美術研究所が製作したタピスリーや簾についても、伝統的な模様や技術によるものではあるが、当時から宮中儀礼等でしか用いられない高価なものだった。

しかし、選択された作品を見ると、世評や権威に臆することなく、彼女の眼を通して選ぼうとした姿勢が貫かれていることは評価できる。なかでも当時の現代工芸作家の作品を「展示されるべきでないもの」としてケースにテープで×印をつけて展示したのは大胆ながら、海外から招聘された彼女だからこそなしえたことだろう。この展覧会は具体的な方法論というよりも、彼女が示そうとした抽象的な理念を確認したこととして意義深かった。図録が小山書店から発行されたのは、ペリアンが仏領インドシナのハノイに向かった後の12月25日で、25ページの解説書と53葉のコロタイプ写真がクロス装の帙に収められた。(SN)

124

125

126-1（表）

126-2（裏）

124「ペリアン女史　日本創作品展覧会　2601年住宅内部装備への一示唆　選擇 傳統 創造」展　東京会場　入口　撮影：フランシス・ハール

Vue de l'entrée avec les panneaux d'information, siège du grand magasin Takashimaya, Tôkyô, 1941. Photo Francis Haar. AChP.

125「ペリアン女史　日本創作品展覧会　2601年住宅内部装備への一示唆　選擇 傳統 創造」展　東京会場　ポスター

Affiche de l'Exposition Contribution à l'Equipement de l'Habitation. Japon 2601 – Sélection, Tradition, Création, grand magasin Takashimaya, Tôkyô, 28 mars-6 avril 1941 (recto). AChP.

126「ペリアン女史　日本創作品展覧会　2601年住宅内部装備への一示唆　選擇 傳統 創造」展　大阪会場　リーフレット／西宮市大谷記念美術館

Affiche de l'Exposition Contribution à l'Equipement de l'Habitation. Japon 2601 – Sélection, Tradition, Création, grand magasin Takashimaya, Osaka, 13-18 mai 1941 (recto ; verso). Otani Memorial Art Museum, Nishinomiya City.

127

128

129

127「ペリアン女史　日本創作品展覧会　2601年住宅内部装備への一示唆　選擇 傳統 創造」展　東京会場　髙島屋　撮影：フランシス・ハール

Vue de l'entrée de l'exposition, grand magasin Takashimaya, Tôkyô, 1941. Photo Francis Haar, courtesy of Tom Haar.

128「ペリアン女史　日本創作品展覧会　2601年住宅内部装備への一示唆　選擇 傳統 創造」展　大阪会場　待合室　《メアンドル》1940年、東京、竹にて復刻［オリジナルモデル：パリ、1937年］

Exposition Contribution à l'Equipement de l'Habitation, Takashimaya, Osaka, 1941. Charlotte Perriand : *Salle d'attente* avec la *Banquette Méandres*, réinterprétée en bambou, Tôkyô, 1940 (modèle original : bois, Paris, 1937). DR/AChP.

129『選擇 傳統 創造—日本藝術との接觸』（書籍）に使用した龍安寺石庭枯山水の写真

Photographie de jardin *kare-sansui* (jardin sec « montagne-et-eau ») du monastère Ryôan-ji, XVe siècle, Kyôto. Photographie reproduite dans le catalogue *Charlotte Perriand. Sélection Tradition Création,* Tôkyô, 1941. DR/AChP.

130

131

130 「ペリアン女史　日本創作品展覧会　2601年住宅内部装備への一示唆　選擇 傳統 創造」展東京会場　長谷川三郎製作の《タピスリー》と《テーブル》 撮影：フランシス・ハール

Exposition Contribution à l'Equipement de l'Habitation. Japon 2601 – Sélection, Tradition, Création, grand magasin Takashimaya, Tôkyô, 1941. Charlotte Perriand : *Salle à manger-séjour avec Tapisserie à motif de dessin d'enfant* (motif tracé par le peintre Saburô Hasegawa d'après un dessin d'enfant sélectionné par Charlotte Perriand ; tapisserie réalisée par l'Institut Tatsumura), 1940. Photo Francis Haar, courtesy of Tom Haar.

131 シャルロット・ペリアンとシャルル・アルセーヌ＝アンリ駐日フランス大使／高島屋東京会場での展覧会オープニング、1941年3月27日

Inauguration, le 27 mars 1941, de l'Exposition Contribution à l'Equipement de l'Habitation, grand magasin Takashimaya, Tôkyô. Charlotte Perriand en compagnie de l'ambassadeur de France Charles Arsène-Henry. AChP.

132

133

132 シャルロット・ペリアン《刺繍入り巻き上げ窓掛け》［子どもが描いた絵をもとに製作、上部に赤と黒の刺繍、下部には、白地に黄色、赤、黒の着色とリボンで縁取り］ 1941年 製作：長谷川三郎、龍村織物美術研究所／龍村美術織物

Charlotte Perriand : *Tapisserie murale avec motif central d'après un dessin d'enfant.* Dessin d'enfant reproduit à l'encre de Chine sur toile blanche par Saburô Hasegawa (Institut Tatsumura), avec rehauts de broderies noires et rouges, et bordure (en partie basse) de motifs noirs, jaunes, rouges et blancs. Fabrication : Institut Tatsumura, Kyôto, 1941. Tatsumura Textile Co., Ltd.

133 《綱引き》（子どもが描いたタピスリーの原画）

Dessin d'enfant reproduit sur la tenture murale du séjour de l'Exposition Contribution à l'Equipement de l'Habitation, 1941. AChP.

134

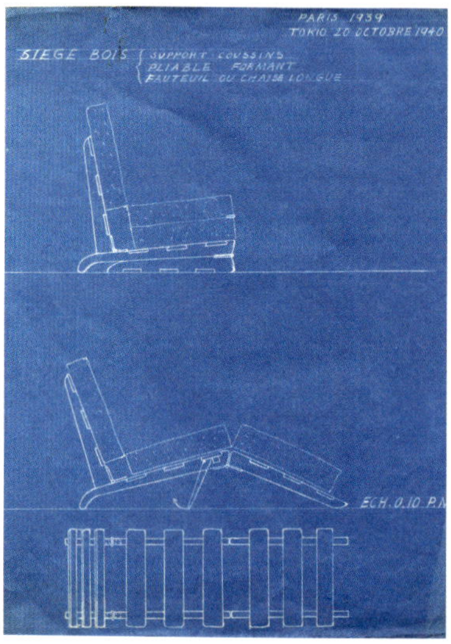

135

134 シャルロット・ペリアン《木製折りたたみ寝台》、1940年［（座椅子に可変、藁の詰まった三つのパーツのクッションと蓑を編む技法によってつくられたカバー付き。新庄の雪害調査所にて製作）オリジナルモデル：パリ、1939年］／山形県立博物館

Charlotte Perriand : *Chaise longue pliante en bois* : transformable en fauteuil avec cousins en trios parties rembourrés de paille de riz et recouverts d'un tissage en paille de riz selon la technique des *mino*, fabriqués par des paysans du Tôhoku pour l'Institut de recherche economique en région de neige à Shinjô. (modèle originale : Paris, 1939). Yamagata Prefectural Museum.

135 シャルロット・ペリアン［《折りたたみ寝台》と《クッション》の青焼き図面］ 1940年10月20日

Charlotte Perriand : Plans de la *Chaise longue pliante*, structure en bois, coussin en trois parties, tirage sur papier bleu, 20 octobre 1940. AChP.

136 シャルロット・ペリアン《折りたたみ寝台》を折りたたんだ状態

Chaise Perriand : *Chaise longue pliante*, repliée pour former un fauteuil.

134

134

136

137

138

139

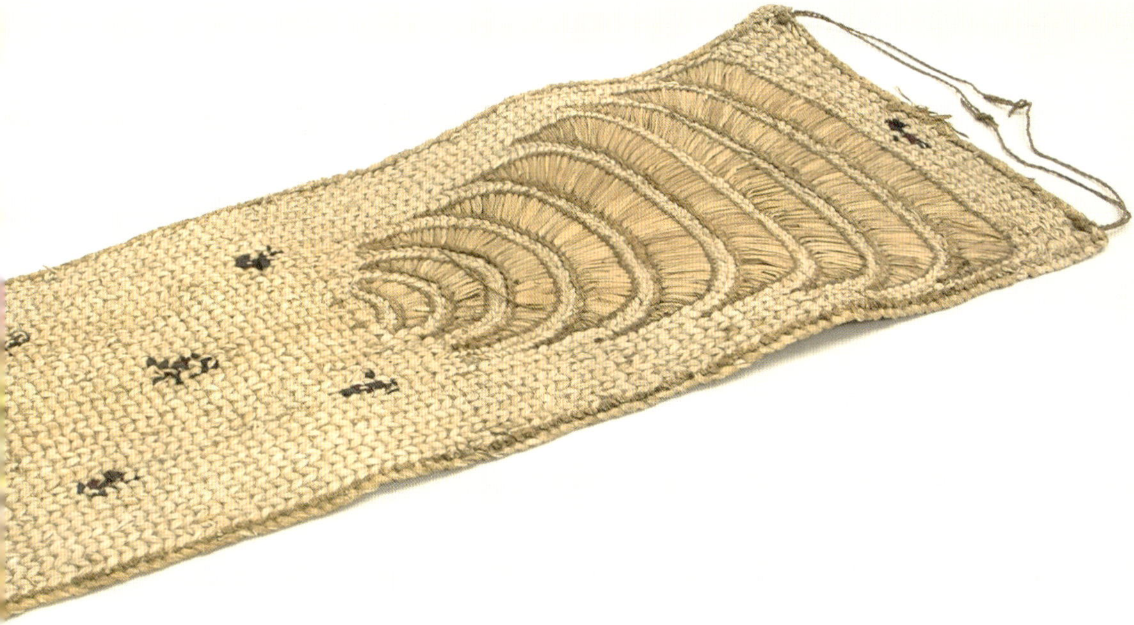

137 東北山形地方の蓑

Mino (manteau de paille) de la région de Yamagata, Tôhoku. DR/AChP.

138 山形地方の《背当》 1934年／日本民藝館

Manteau et protège-dos de portefaix de la région de Yamagata, Tôhoku, 1934. Nihon Mingeikan.

139 シャルロット・ペリアン《寝台敷》［《竹製シェーズ・ロング》の上に敷くためのもの］1940年／山形県立博物館

Charlotte Perriand : *Placet en paille de la Chaise longue basculante en bambou*, Shinjô, 1940. Yamagata Prefectural Meseum.

140「ペリアン女史 日本創作品展覧会 2601年住宅内部装備への一示唆 選擇 傳統 創造」展 東京会場 《竹製シェーズ・ロング》と《寝台敷》 撮影：沼野謙／山鬼文庫

Exposition Contribution à l'Equipement de l'Habitation. Japon 2601 – Sélection, Tradition, Création, Takashimaya, Tôkyô, 1941 : Charlotte Perriand : *Chaise longue* et *Placet en paille*. Photo Ken Numano. Sanki Bunko.

140

141

142

143

141　シャルロット・ペリアン《クッション付椅子》

Exposition Contribution à l'Equipement de l'Habitation. Japon 2601 – Sélection, Tradition, Création, Takashimaya, Tôkyô, 1941. Charlotte Perriand : *Fauteuil à piètement « système croix »* avec assise à ressorts en lame de bambou, coussins recouverts de brocart *nishijin* à motif de « Susuki au printemps » en fils d'or et d'argent, 1940 (modèle original : Paris, 1937, avec assise en tissu). DR/AChP.

142　《クッション付椅子》のための生地「春正芒」（濃緑地に金・銀糸）製作：龍村織物美術研究所／龍村美術織物

« *Susuki* au printemps », brocart *nishijin* vert d'eau, à motifs de roseau (*susuki*) tissés en fils d'or, d'argent et de soie grise. Tissage de l'Institut Tatsumura, Kyôto. Tatsumura Textile Co., Ltd.

143　《クッション付椅子》のための生地「春正芒」（蓬地に銀・白糸）製作：龍村織物美術研究所／龍村美術織物

« *Susuki* au printemps », brocart *nishijin* vert d'eau, à motifs de roseau (*susuki*) tissés en fils d'or, d'argent et de soie grise. Tissage de l'Institut Tatsumura, Kyôto. Tatsumura Textile Co., Ltd.

144

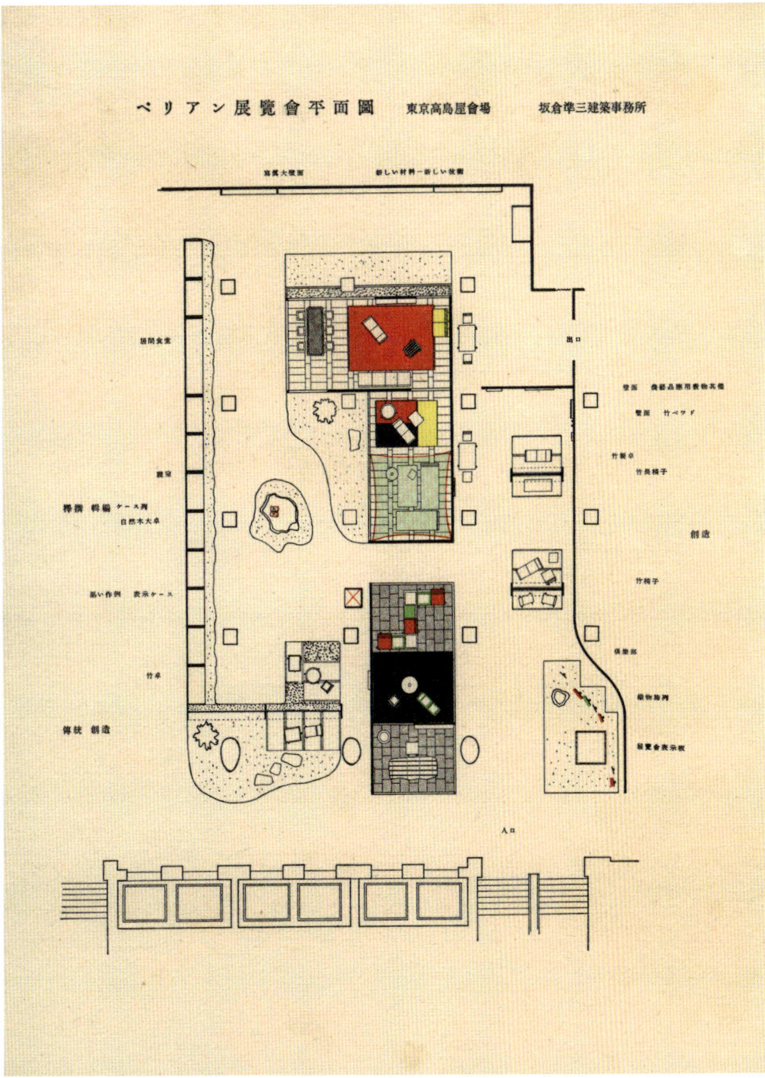

144　シャルロット・ペリアン　ベンチと規格テーブルシリーズの組み合わせ《メアンドル》東京、1940年［オリジナルモデル：木製、パリ、1937年（脚：木、座：竹、テーブル：木、写真フィルムプリントを貼った天板付）］

Charlotte Perriand : *Banquettes Méandres* composées de banquettes et de tables normalisées, réinterprétation Tôkyô, 1940 (modèle original : bois, Paris, 1937). Piètement des banquettes en bois avec assise en bambou ; table en bois avec plateau recouvert d'un tirage photographique pelliculé. DR/AChP.

145

146

147

145 シャルロット・ペリアン《ゲリドン》(小型円卓)［オリジナルモデル：パリ、1938年］／SIGN

Charlotte Perriand : *Guéridon*, Tôkyô, 1940 (original : Paris, 1938). SIGN, Tôkyô.

146 シャルロット・ペリアン《三角脚低座卓用盆》 1940年／山形県立博物館

Exposition Contribution à l'Equipement de l'Habitation. Japon 2601 – Sélection, Tradition, Création, Takashimaya, Tôkyô, 1941. Charlotte Perriand : *Plateau en bambou tressé*, Tôkyô, 1940 (modèle original). Yamagata Prefectural Museum.

147 シャルロット・ペリアン《三角脚低座卓台》 1940年に復刻［オリジナルモデル：パリ、1937年］／山形県立博物館

Charlotte Perriand : *Piètement* de la *Table tripode à plateaux interchangeables*, réinterprétation, Tôkyô, 1940 (modèle original : Paris, 1937). Yamagata Prefectural Museum.

148（表）

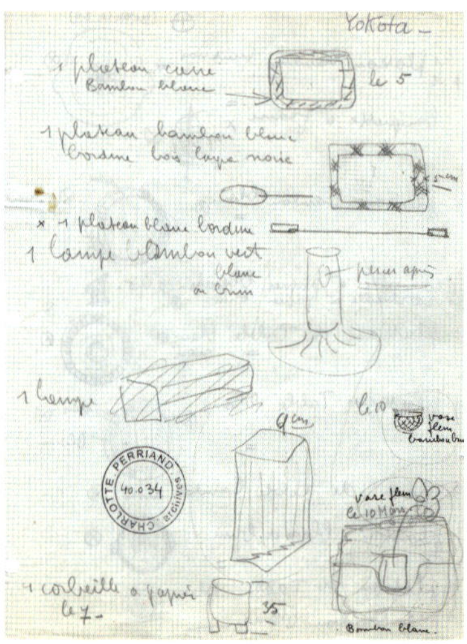

148（裏）

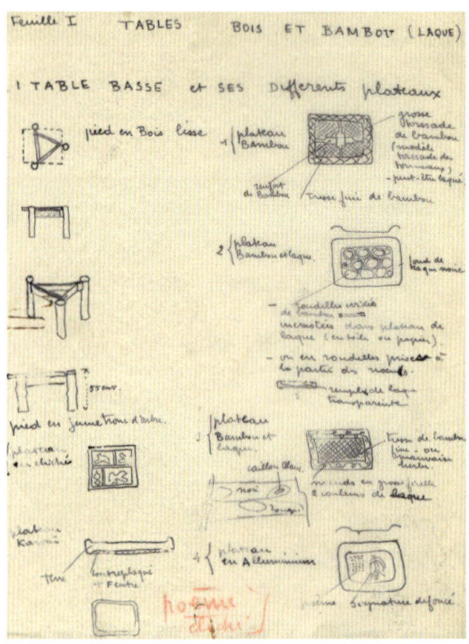

149

150

148　シャルロット・ペリアン《三角脚低座卓、照明と天板のスケッチ》1940年［オリジナルモデル：パリ、1937年］

Charlotte Perriand : Croquis des objets en bambou tressé dont la fabrication a été confiée à l'Atelier Yokota pour l'exposition de 1941. *Plateaux interchangeables de forme carrée ou circulaire pour la Table à piètement tripode* ; *Pieds de lampes* ; *Corbeilles à papier* (modèle original : Paris, 1937) ; *Corbeilles à bouquet*, Tôkyô, 1940. AChP.

149　シャルロット・ペリアン《スケッチ I 木と竹の三角脚低座卓、アルミニウムの天板》1940年

Charlotte Perriand : Croquis, *feuille I* : « Tables en bois et bambou (laque) ». *Table tripode à plateau interchangeable* : tripode en bois ; plateaux en bambous naturels ou laqués noir, plateau d'aluminium, Tôkyô, 1940. AChP.

150　シャルロット・ペリアン《三角脚低座卓と竹編み角型天板》東北にて復刻　1940年［オリジナルモデル：パリ、1937年］／個人蔵

Charlotte Perriand : *Table tripode à plateaux interchangeables*, plateau carré en bambou tressé, réinterprétation Tôhoku, 1940 (modèle original : Paris, 1937). Private Collection.

151

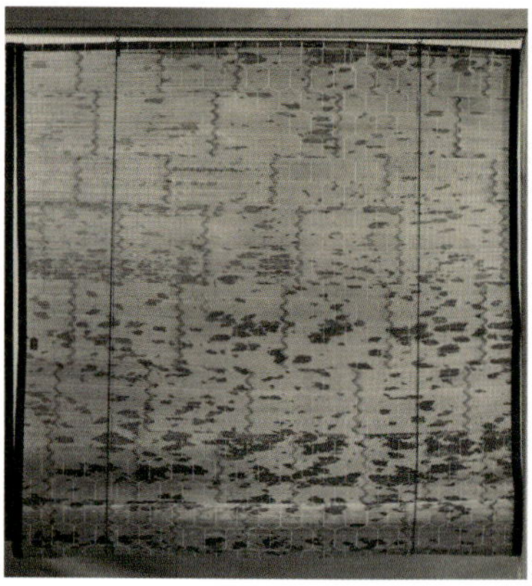

152

153

154

151 「ペリアン女史　日本創作品展覧会　2601年住宅内部装備への一示唆　選擇 傳統 創造」展　東京会場　簾越しのタピスリーとテーブル　撮影：フランシス・ハール

Exposition Contribution à l'Equipement de l'Habitation. Japon 2601 – Sélection, Tradition, Création, Takashimaya, Tôkyô, 1941. Charlotte Perriand : *Salle à manger-séjour* (vue extérieure), *sudare* (store d'extérieur en bambou) *et Table*. Photo Francis Haar, courtesy of Tom Haar.

152 簾の写真

Sudare (store d'extérieur en bambou) tissé à la demande de Charlotte Perriand pour l'Exposition Contribution à l'Equipement de l'Habitation. Japon, photographie, 1941. AChP.

153 「簾」試作　製作：龍村織物美術研究所
1940年／龍村美術織物

Echantillon-prototype de *sudare* (store d'extérieur en bambou) tissé à la demande de Charlotte Perriand, 1940. Tatsumura Textile Co., Ltd.

154　シャルロット・ペリアン指示による「簾」試作　製作：龍村織物美術研究所　1940年／龍村美術織物

Echantillons-prototypes de *sudare* tissés à la demande de Charlotte Perriand, 1940. Tatsumura Textile Co., Ltd.

155

156

155 「ペリアン女史　日本創作品展覧会　2601年住宅内部装備への一示唆　選擇 傳統 創造」展　大阪会場　シャルロット・ペリアン：居間／ベンチ《メアンドル》［竹製の復刻版、東京、1940年、オリジナルモデル：木とクッション、パリ、1937年］、絨毯［黒と白のウール、白山丸の船員のデッサンをもとに製作］

Exposition Contribution à l'Equipement de l'Habitation. Japon 2601 – Sélection, Tradition, Création, Takashimaya, Osaka, 1941. Charlotte Perriand : *Séjour* avec les *Banquettes Méandres,* réinterprétation en bambou avec coussins en tissu, Tôkyô, 1940 (modèle original : bois et coussins, Paris, 1937), et le tapis en laine noire et blanche, dont le motif est la transposition du dessin d'un matelot du Hakusan Maru (1940). DR/AChP.

156 白山丸の甲板で船員がチョークで描いたデッサン　［展覧会の絨毯の原画に使用］

Dessin de matelot à la craie, photographié par Charlotte Perriand en 1940 sur le pont du Hakusan Maru et utilisé pour le motif d'un tapis de l'exposition. AChP.

157 シャルロット・ペリアン《樹幹の断面を鉄製三脚にのせた低座卓》、《アルマイト製灰皿》1941年

Charlotte Perriand : *Table basse composée d'une tranche de tronc d'arbre brut, trépied en fer noir. Coupelle en aluminite anodisé.* 1941. DR/AChP.

158 「ペリアン女史　日本創作品展覧会　2601年住宅内部装備への一示唆　選擇 傳統 創造」展 大阪会場　寝室

Exposition Contribution à l'Equipement de l'Habitation, Takashimaya, Osaka, 1941. Charlotte Perriand : *Chambre à coucher*. DR/AChP.

159 シャルロット・ペリアン《スケッチ：「作ること」》［女性服とアクセサリー：ワンピース、スカート、ブラウス、インディゴ綿布のベスト、竹製または金属製バックルのベルト、藁のサンダル、白いくつ下、白い小花のえり］、東京、1940年

Charlotte Perriand : Croquis « A fabriquer ». Vêtements et accessoires de femme : robe, jupe, chemisier, veste et short en cotonnade indigo ; ceinture à boucle en bambou ou en métal ; sandales en paille ; socquettes blanches ; collier à fleurs en porcelaine blanche, Tôkyô, 1940. AChP.

160 シャルロット・ペリアン「亀井透に依頼するための皿とアルマイト製灰皿のスケッチ」

Charlotte Perriand : Croquis de coupelle et cendrier en aluminite confiés à monsieur Tôru Kamei, 1940. AChP.

161 シャルロット・ペリアン《スケッチV 竹製寝台と背もたれ》

Charlotte Perriand : Croquis, *feuille V* : « Lit empilable en bambou et ses dossiers », Tôkyô, 1940. AChP.

157

158

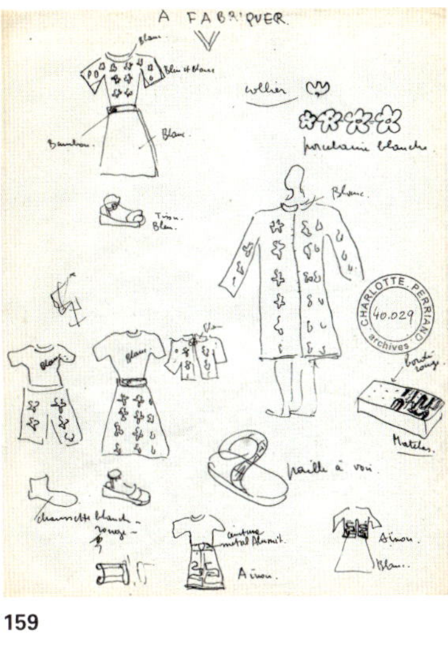

159

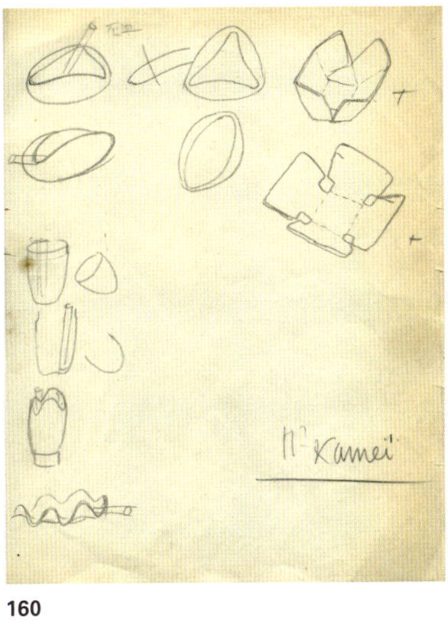

160

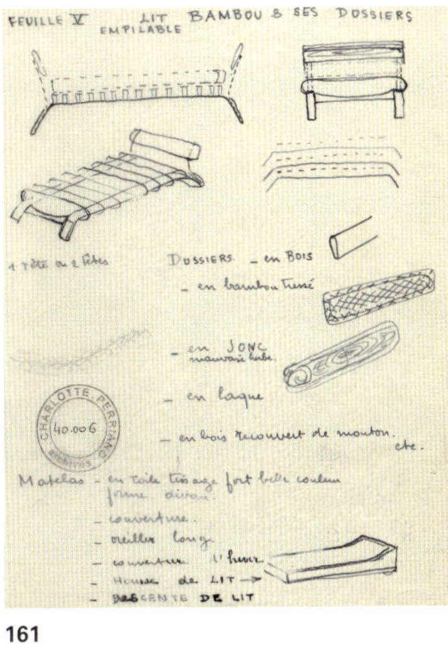

161

162

163

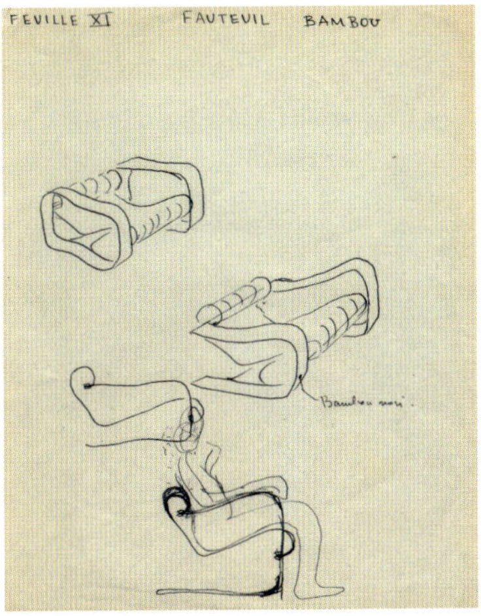

164

165

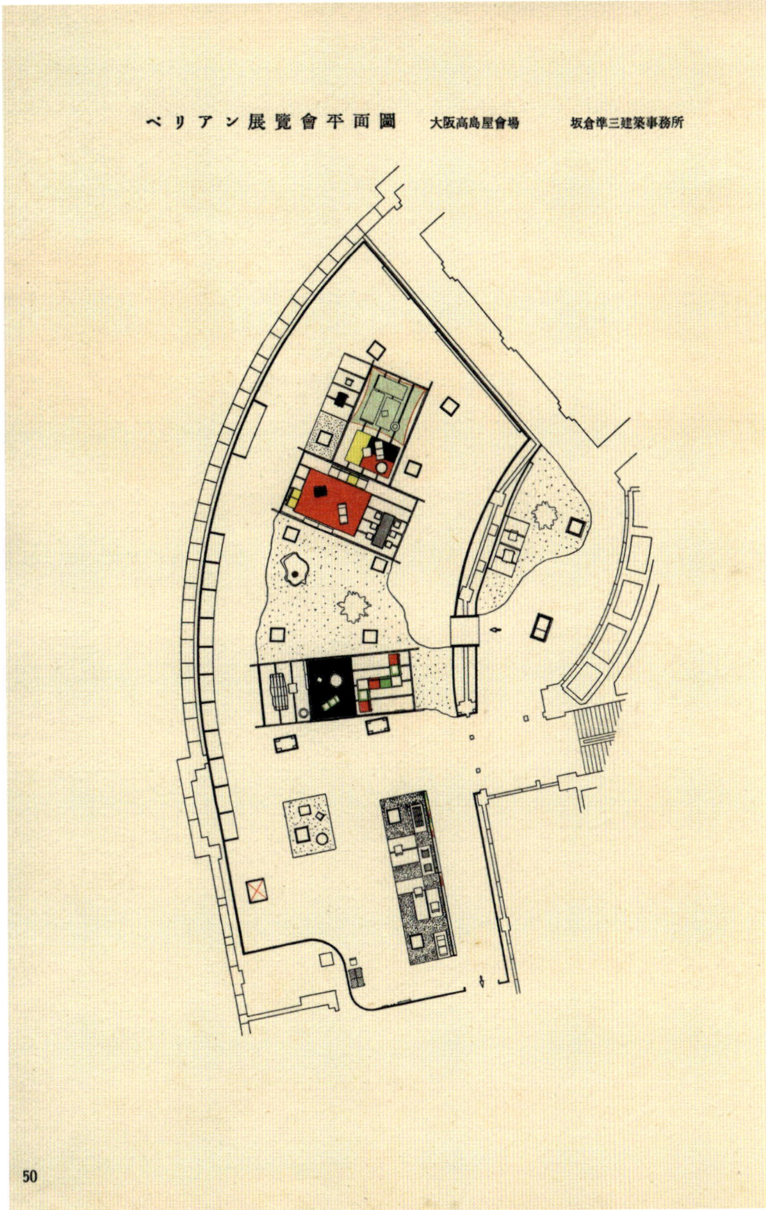

162 「ペリアン女史　日本創作品展覧会　2601年住宅内部装備への一示唆　選擇 傳統 創造」展大阪会場《赤松、ヒデ、黒柿を使った食卓》1940年

Exposition Contribution à l'Equipement de l'Habitation. Japon 2601 – Sélection, Tradition, Création, Takashimaya, Osaka, 1941. Charlotte Perriand : *Table à plateau en planches de pin rouge*, châssis à piètement fuselé en cerisier, réinterprétation 1940 (modèle original : Paris, 1938) ; *Chaise à piètement « système croix » et placet à ressorts en lame de bambou*, Tôkyô, 1940 (réinterprétation d'un modèle d'Alvar Aalto). DR/AChP.

163 シャルロット・ペリアン《赤松、ヒデ、黒柿を使った食卓》東京にて、1940年［オリジナルモデル：パリ、1938年］／光原社

Charlotte Perriand : *Table à plateau en planches de pin rouge*, châssis à piètement fuselé en cerisier, réinterprétation, Tôkyô, 1940 (modèle original : Paris, 1938). Kôgensya.

164 シャルロット・ペリアン《スケッチⅪ　竹製肘掛椅子のスケッチ》東京、1940年

Charlotte Perriand : Croquis, *feuille XI* : « Fauteuil bambou », Tôkyô, 1940. AChP.

165 シャルロット・ペリアン《スケッチⅣ　木製食卓のスケッチ》1940年

Charlotte Perriand : Croquis, *feuille IV* : « Table bois ». Table à plateau en planches de pin rouge, châssis à piètement fuselé en cerisier, 1940 (modèle original : Paris, 1938). AChP.

166

167

168

166 「ペリアン女史　日本創作品展覧会　2601年住宅内部装備への一示唆　選擇 傳統 創造」展　展示ケースと子どもの絵

Exposition Contribution à l'Equipement de l'Habitation. Japon 2601 – Sélection, Tradition, Création, Takashimaya, Tôkyô, 1941. Charlotte Perriand : *Vitrine* (modèle original : Tôkyô, 1940, conçu pour l'exposition) présentant les dessins d'enfants sélectionnés par Charlotte Perriand pour l'exposition. DR/AChP.

167 子どもの絵、1941年以前

Dessin d'enfant, avant 1941. AChP.

168 展示ケース［オリジナルモデル：東京、1941年］とペリアン撮影の《四本の手によって掲げられた氷の魂、フォンテーヌブローの森》のパネル　撮影：フランシス・ハール

Charlotte Perriand : *Vitrine de l'exposition* (modèle original conçu pour l'exposition). Photo Francis Haar. AChP.

169 「ペリアン女史　日本創作品展覧会　2601年住宅内部装備への一示唆　選擇 傳統 創造」展 東京会場　展示ケース（河井寛次郎ほか）　撮影：フランシス・ハール

Exposition Contribution à l'Equipement de l'Habitation. Japon 2601 – Sélection, Tradition, Création, Takashimaya, Tôkyô, 1941. Charlotte Perriand : *Vitrine* (modèle original : Tôkyô, 1940, conçu pour l'exposition) présentant les objets sélectionnés par Charlotte Perriand pour l'exposition. Photo Francis Haar, courtesy of Tom Haar.

170

171

172

173

170 河井寛次郎《草絵扁壺》 1939年頃／京都国立近代美術館

Kanjirô Kawai : *Jarre à pans coupés et à décor végétal*, grès émaillé, motif au fer et au cobalt, c.1939. National Museum of Art, Kyôto.

171 河井寛次郎《鉄釉抜絵花文丸小鉢》1936年／日本民藝館

Kanjirô Kawai : bols à *bancha* (petit bol cylindrique à thé) à motif en réserve sur émail au fer, 1936. Nihon Mingeikan.

172 「ティーセットとサービストレイ」

Plateau et service à thé, objets sélectionnés par Charlotte Perriand pour l'exposition de 1941. DR/AChP.

173 琉球酎家《酒器　白　ちゅうかあ》／日本民藝館

Verseuse à saké, grès et émail blanc. Objet traditionnel sélectionné par Charlotte Perriand pour l'exposition. Nihon Mingeikan.

174

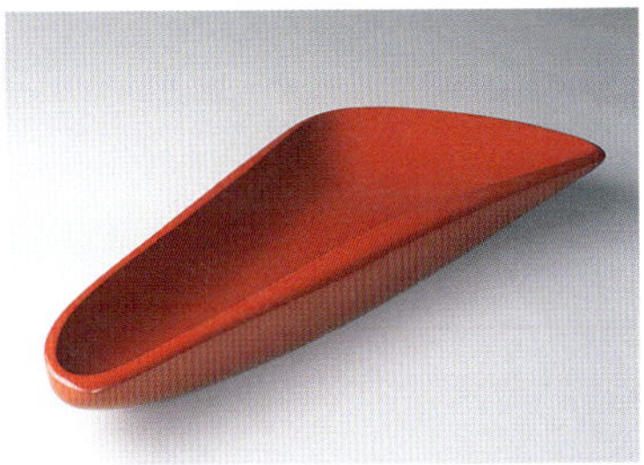

177

178

175

176

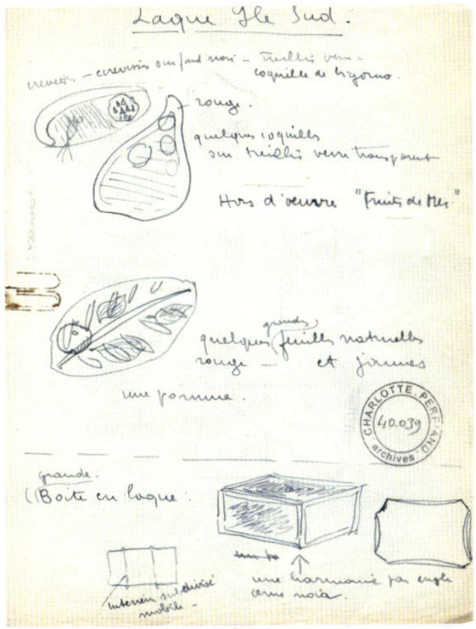

179

174 「ペリアン女史　日本創作品展覧会　2601年住宅内部装備への一示唆　選擇 傳統 創造」展　大阪会場　1941年　展示ケース

Exposition Contribution à l'Equipement de l'Habitation, Takashimaya, Osaka, 1941. DR/AChP.

175 《朱菊紋・黒丹朱　ひあげ》［陸中産菊模様肩口提子］／日本民藝館

Verseuse à saké en laque noire et rouge à motif de fleur, région de Rikuchû, province d'Iwate, Tôhoku. Objet traditionnel sélectionné par Charlotte Perriand pour l'exposition de 1941. Nihon Mingeikan.

176 《箔椀　菱四ツ目文》江戸後期／日本民藝館

Bol en laque noire (extérieur) et rouge (intérieur) à motif à la feuille d'or et en laque rouge, province d'Iwate, Tôhoku. Objet traditionnel sélectionné par Charlotte Perriand pour l'exposition de 1941. Nihon Mingeikan.

177 柏崎栄助デザイン《足跡形朱漆盛器》1934-41年／福岡県立美術館

Eisuke Kashiwazaki : *Coupe en laque des Iles du Pacifique Sud (rouge)*. 1934-41, objet traditionnel sélectionné par Charlotte Perriand pour l'exposition de 1941. Fukuoka Prefectural Museum of Art.

178 柏崎栄助デザイン《足跡形色漆盛器》1934-41年／福岡県立美術館

Eisuke Kashiwazaki : *Coupe en laque des Iles du Pacifique Sud (noire)*, 1934-41, objet traditionnel sélectionné par Charlotte Perriand pour l'exposition de 1941. Fukuoka Prefectural Museum of Art.

179 シャルロット・ペリアン《紅房（漆）と焼き物用皿のスケッチ》東京、1940年

Charlotte Perriand : Croquis : « Laque Iles du Sud », plats à hors-d'œuvre « Fruits de Mer », Tôkyô, 1940. AChP.

180

180 「ペリアン女史　日本創作品展覧会　2601年住宅内部装備への一示唆　選擇 傳統 創造」展東京会場での展覧会オープニング、1941年3月27日

Inauguration de l'exposition Contribution à l'Equipement de l'Habitation. Japon 2601 – Sélection, Tradition, Création, au siège du grand magasin Takashimaya, Tôkyô, 27 mars 1941. DR/AChP.

181

182

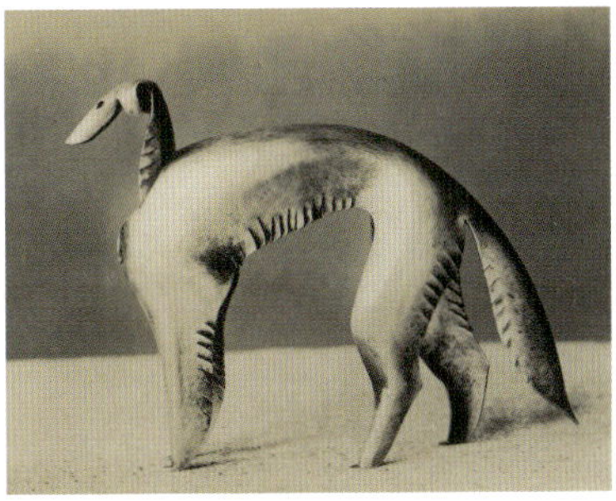

183

184

185

181 1941年展でシャルロット・ペリアンがよくないものの例として挙げた作例：林二郎 鏡ほか

Jirô Hayashi : *Miroir, Cadre-chevalet et Corbeilles.* Objets présentés comme contre-exemples par Charlotte Perriand. DR/AChP.

182 1941年展でシャルロット・ペリアンがよくないものの例として挙げた作例：岡部達男《アルミニウム飾皿》（第3回工芸品輸出振興展無審査）

Tatsuo Okabe : *Plat ornemental en aluminium*, admis hors-sélection à la 3ème Exposition d'Encouragement à l'Exportation de l'Artisanat. Objet présenté comme contre-exemple par Charlotte Perriand. DR/AChP.

183 1941年展でシャルロット・ペリアンがよくないものの例として挙げた作例：芳武茂介《洋犬置物》（第3回実在工芸展出品）

Mosuke Yoshitake : *Chien d'Occident*, exposé à la 3ème Exposition d'Artisanat d'Art Réaliste. Objet présenté comme contre-exemple par Charlotte Perriand. DR/AChP.

184 1941年展でシャルロット・ペリアンがよくないものの例として挙げた作例：石川県輸出振興会『組箱』（第2回工芸品輸出振興展二等賞）

Boites, Deuxième prix de la 2ème Exposition d'Encouragement à l'Exportation de l'Artisanat. Objet présenté comme contre-exemple par Charlotte Perriand. DR/AChP.

185 1941年展でシャルロット・ペリアンがよくないものの例として挙げた作例：武部祐五郎《天主教大礼服》（第3回工芸品輸出振興展染色一等賞）

Yûgorô Takebe : *Chape cérémonielle de prêtre catholique*, Grand prix des arts du textile à la 3ème Exposition d'Encouragement à l'Exportation de l'Artisanat, 1941. Objet présenté comme contre-exemple par Charlotte Perriand. DR/AChP.

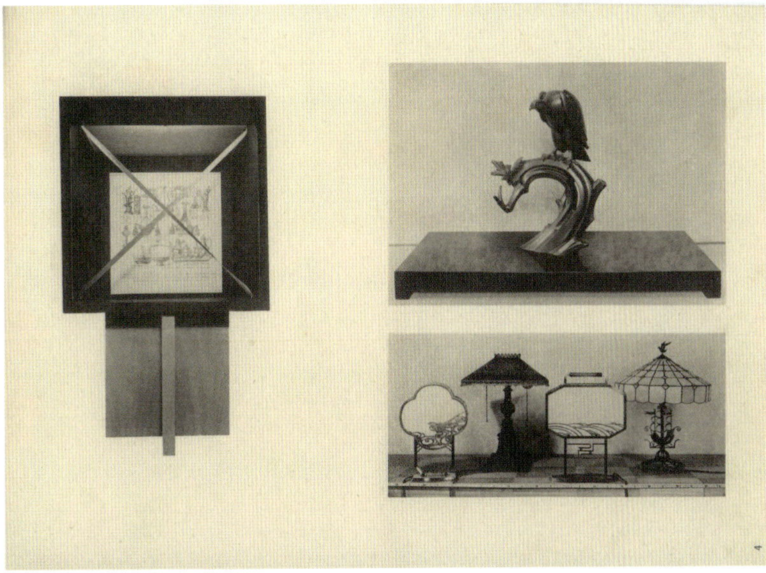

186 シャルロット・ペリアン、坂倉準三共著『選擇 傳統 創造——日本藝術との接觸』 1941年12月25日 小山書店発行／個人蔵、京都工芸繊維大学美術工芸資料館

Charlotte Perriand et Junzô Sakakura, *Sélection Tradition Création, Contact avec l'art japonais,* catalogue d'exposition, Koyama Shoten éditeur, Tôkyô, 25 décembre 1941. Private Collection, Museum and Archives, Kyôto Institute of Technology.

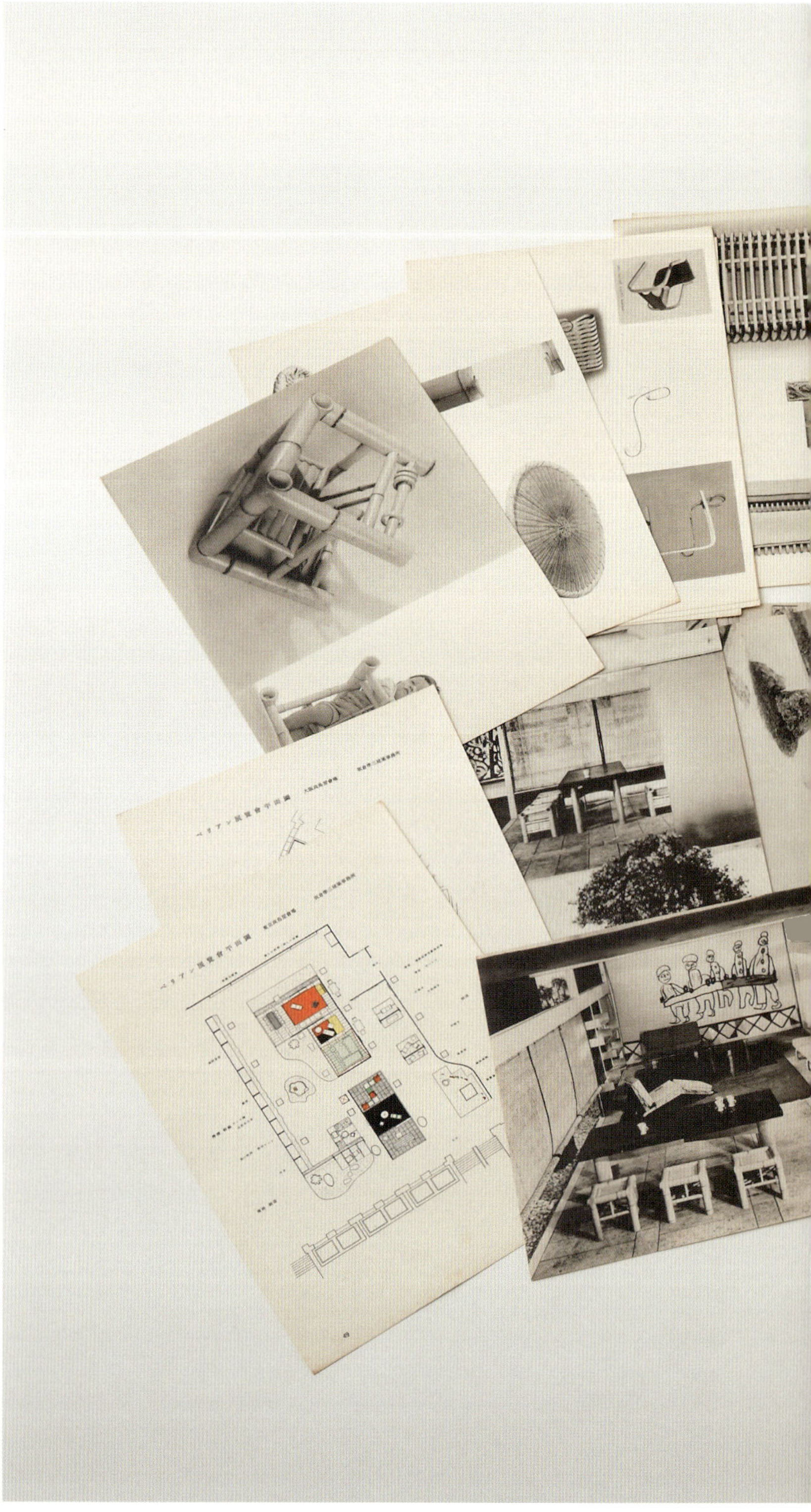

選擇
傳統
創造

展覧会の反響

1933年のタウトの指導により、「見る工芸から、使う工芸へ」という転換を体験していた工芸指導所スタッフは機能主義デザインの基本を実践的に学んでいたし、タウト離日後も細々とではあったが標準化実験は継続されていた。1940年代に入ると、資源節減の必要から機能主義的な生活用品の研究、試作が政府、軍部から求められるようにもなり、指導所はスタッフが増強され、山脇巌（1898-1987）や勝見勝（1909-1983）を嘱託として入所させていた。

「選擇 傳統 創造」展直後に開かれた座談会では、山脇は日本のモダニズムが達成したものをペリアンが十分認識できていないことに不満を示し、勝見は自然物をそのまま室内に持ち込むことには抵抗感があると強く表明している。また、剣持勇（1912-1971）は展示作品が量産家具としては実験段階であることを確認している。いずれもペリアンが機能主義の原理から逸脱していることを意識している。

国井所長が率直に「非常な覚醒」を覚えたのは300坪の会場に通常なら3000点並べるところに100点くらいで構成された会場展示の手法だったろう。新しいデザイン概念を力強く表明する日本における最初の機会として、この展覧会は計り知れないほど大きな影響を及ぼしたのだった。（HMo）

187-1

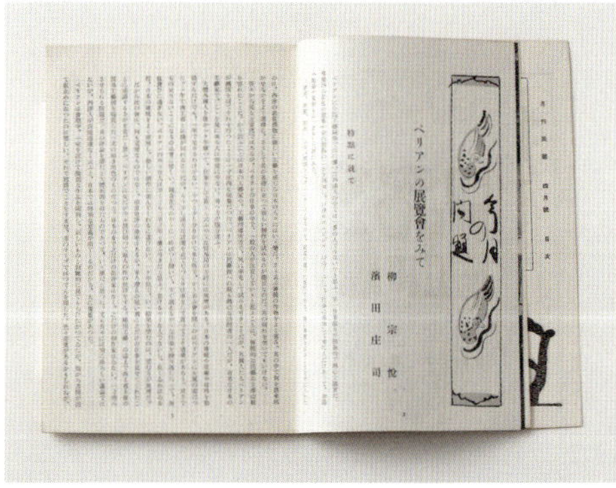

187-2

187-3

187 雑誌『月刊民藝』 第3巻第3号 1941年4月／河井寛次郎記念館

Revue *Gekkan mingei* [Le mensuel du Mingei], vol. 3, n° 3, avril 1941. Kawai Kanjiro's House.

188 雑誌『工藝ニュース』 第10巻第5号 1941年／山鬼文庫

Revue *Kôgei news* [Actualités de l'art industriel], vol. 10, n° 5, 1942. Sanki Bunko.

189 雑誌『NIPPON』第26号 1941年［復刻版］／神奈川県立近代美術館、目黒区美術館

Revue *Nippon* [Nippon], n° 26, 1941 (fac-similé). The Museum of Modern Art, Kamakura & Hayama, Meguro Museum of Art, Tôkyô.

190 雑誌『造形藝術』 第3巻第5号 1941年5月／山鬼文庫

Revue *Zôkei geijutsu* [Arts plastiques], vol. 3, n° 5, mai 1941. Sanki Bunko.

191 雑誌『輸出工藝』 第7号 1942年／独立行政法人産業技術総合研究所 中部センター

Revue *Yushutsu kôgei* [Artisanat pour l'exportation] n° 7, 1942. National Institute Advanced Industrial Science and Technology (AIST), Chûbu.

188-1

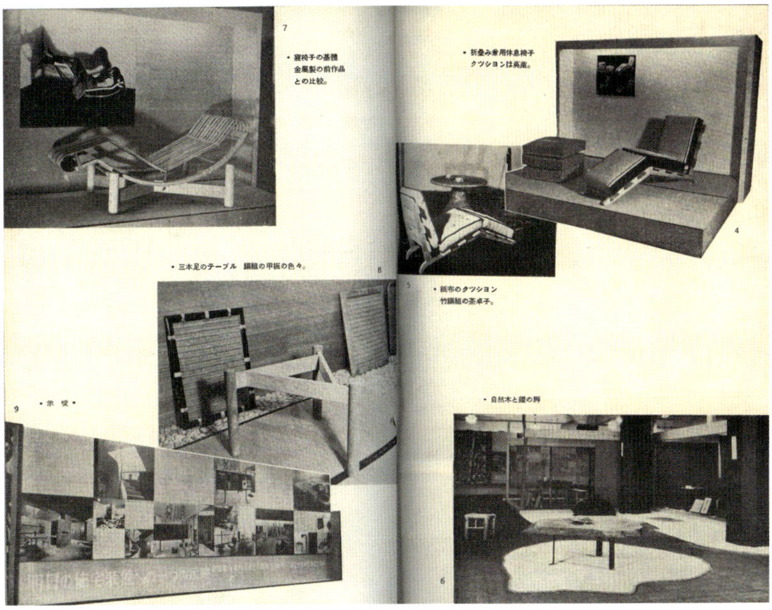

188-2

189-1

189-2

190

191

シカール邸、東京

在日フランス大使館の海軍士官エティエンヌ・シカール（Etienne Sicard）の住まい。1940年代の日本滞在時にペリアンが手がけた数少ない実作の一つである。木造住宅の改装で、1階は洋間2部屋（食堂と居間）、2階は畳敷で窓には障子の和室（寝室）1部屋の合計3部屋をペリアンが設計した。

食堂には、一つの壁面だけを鮮明な色（赤）にする、ペリアンらしい色彩計画が見られる。窓下の造り付けの棚や家具は木製であるが、テーブルはペリアンがはじめて手がけた天板に溝のある木製テーブル（1935年）と同型である。注目すべきは、シカール邸のために考案された座面が藁でできた木製椅子で、50年代にはパリのギャルリー・ステフ・シモンで販売されるなど、寸法や素材をリデザインしながら、くり返しつくられた。また、居間の竹製椅子は、1941年に河井寛次郎の考案によって、日本竹製寝台製作所（京都・代表 大八木浩一）が製作し、同年の通称「選擇 傳統 創造」展にも出品された。(YH)

192-1

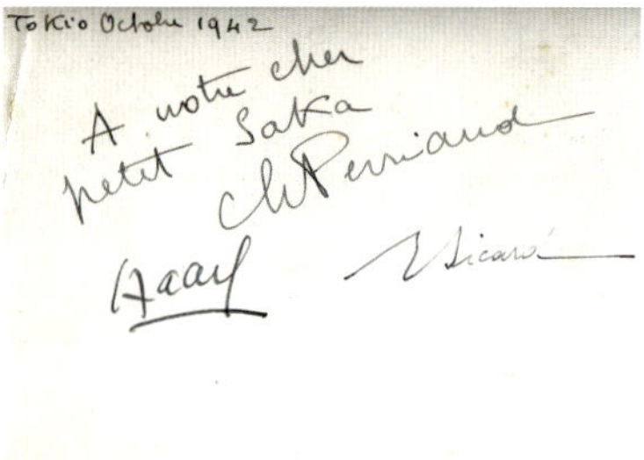

192-2（裏）

193

194

192 エティエンヌ・シカール邸　東京　1941年　食堂／シャルロット・ペリアン《溝付き木製テーブル》［オリジナルモデル：グートマン製：1935年の復刻：1941年］《木と藁の椅子》［シカール邸のためのモデル、1941年］、裏に1942年10月のペリアン、シカール、ハールのサインあり　撮影：フランシス・ハール／坂倉建築研究所

Charlotte Perriand : Aménagements et mobilier de la maison d'Etienne Sicard, Tôkyô, 1941. *Salle à manger* avec *Table en bois* (modèle original : table Gutmann 1935) ; *Chaises en bois et paille* (modèle créé pour la maison d'E. S.) Tôkyô, octobre 1942. Photo Francis Haar. Sakakura Associates.

193 エティエンヌ・シカール邸　東京　1941年　居間／シャルロット・ペリアン《クッション付き木製ベンチ》［シカール邸のためのモデル］、ペリアンが選んだ《台湾の竹製椅子》　撮影：フランシス・ハール

Salon avec Banquette en bois à coussins (modèle créé pour la maison d'E. S.), 1941 ; Tabouret et chaise traditionnels en bambou brut fabriqués à Taiwan, sélectionnés par Charlotte Perriand pour l'exposition de 1941. Photo Francis Haar. AChP.

194 エティエンヌ・シカール邸　東京　1941年／シャルロット・ペリアン《カジエ（整理棚）》、《竹製小型テーブル》［シカール邸のためのモデル：1941年］　撮影：フラシンス・ハール

Bibliothèque-rangement à casiers (modèle créé pour la maison d'E. S.), 1941 ; *Console à piètement en bambou* (modèle créé pour la maison d'E. S.), Tôkyô, 1941. Photo Francis Haar. AChP.

195

196

195 シャルロット・ペリアン《木と藁の椅子》1956年［シカール邸のためのモデル：1941年］／個人蔵

Charlotte Perriand : *Chaise en bois et paille*, 1956, adaptée du modèle créé pour la maison d'Etienne Sicard, Tôkyô, 1941. Private Collection.

196 シカール邸でハーモニカを吹くシャルロット・ペリアンとフランシス・ハール／手前はペリアンの《木製三角テーブル》［オリジナル・モデル：1939年］

Dans la maison d'Etienne Sicard, Tôkyô, 1941. Charlotte Perriand et Francis Haar jouant de l'harmonica en compagnie d'amies japonaises. *Table en forme* en bois massif (modèle original : 1939). Courtesy of Tom Haar.

スメラ学塾をめぐる人脈

坂倉はパリで川添紫郎（1913-1970, のち浩史、後藤象二郎孫）、井上清一（1912-1967）、丸山熊雄（1907-1964）と知り合い、彼らを通じて小島威彦（1903-1996, 国民精神文化研究所研究員）を知った。川添は国際文化振興会嘱託を務め、井上は坂倉準三に指示され建築を学んでいた。小島は京都大学に学び西田幾多郎門下で、日本の世界征服戦略を提唱、指導しようと活動し、このために仲小路廉の大著『世界興廃大戦史』を刊行し、高嶋辰彦（陸軍戦史研究課長）と意気投合していた。1939年秋、小島はスメラ学塾を創始し、最初の講演会には2000名が参集した。同年小島はこの運動の核として日本世界文化復興振興会（会長末次信正、副会長藤山愛一郎、名誉総裁高松宮）をたちあげた。この前年川添が坂倉のために赤坂区桧町の旧オーストリア大使館を入手していたが、この2階を同会サロンとし、坂倉建築事務所が1階を使った。

1941年、高嶋の指示でジャワ、フィリピン、ボルネオ、マレーでの宿舎建設のため坂倉建築事務所から数十名が派遣された。パリ滞在中にフランシス・ハール（Francis Haar, 1908-1997）をスカウトしたのも川添であったが、ハールの写真集を編集したスメル社写真研究所はこの建物に所在した。42年7月に上野の池之端産業館で開催された「アジア復興　レオナルド・ダ・ヴィンチ展」はこの復興会が主催したもので、坂倉は会場設計を担当した。

小島は戦争末期に松江に疎開していたが、敗戦直後島根県で山林伐採の権利を獲得し、関西建築木工を設立し坂倉建築事務所スタッフと建築パネル生産に乗り出す。これはペリアンがもたらした組立住宅設計案を応用したものだった。小島は1947年、48年に財界人を中心にクラブ関西とクラブ関東を創設するが、いずれのクラブの建物も坂倉が設計した。（HMo）

197（左から）フランシス・ハール、ペリアン、一人おいて、坂倉百合、川添紫郎、（手前左から）鈴木啓介、イレーヌ・ハール、原智恵子、坂倉準三、鈴木啓介邸でのすき焼きパーティーの席にて、1940年頃

Dîner de sukiyaki chez Keisuke Suzuki. A gauche : Francis Haar, Charlotte Perriand, une inconnue, Yuri Sakakura, Shirô Kawazoe. A partir de la gauche : Keisuke Suzuki, Irène Haar, Chieko Hara, Junzô Sakakura, c.1940. Courtesy of Tom Haar.

198 （左から）フランシス・ハール、エティエンヌ・シカール、シャルロット・ペリアン、坂倉準三、ハール撮影の《能「猩々」舞台写真》の前で、1941年　撮影：フランシス・ハール

Assis devant une photo d'acteur de théâtre nô, à partir de la gauche : Francis Haar, Etienne Sicard, Charlotte Perriand et Junzô Sakakura, 1941. Photo Francis Haar, courtesy of Tom Haar.

フランシス・ハールの写真スタジオ

ブタペストで写真館を構えていたフランシス・ハールは、1937年のパリ万国博覧会を機にパリへ移住した。ここで国際文化振興会嘱託の川添紫郎と知り合い、同会の嘱託写真家へと誘われ、戦渦を逃れて夫人と共に来日した。

1940年1月に東京へ着いた彼は、画家・有島生馬の家作に入居し、坂倉準三の建築事務所にスタジオを構えた。そして、写真展の開催や写真集出版のほか、鉄道省国際観光局や日洪文化協会の対外宣伝用ストックフォトのために名勝風景や歌舞伎、能、文楽などを撮影した。

さて、国際文化振興会が出資していた対外宣伝グラフ誌『NIPPON』は、創刊時から日本の近代産業と伝統工芸に注目していた。同誌26号には、シャルロット・ペリアンによる「選擇 傳統 創造」展を紹介する記事「Selection, Tradition, Creation」がある（cat.no.189）。展示風景の写真はハールが撮影したもので、記事本文は日本における室内装飾の可能性や職人技を高く評価するペリアンの言葉で構成されている。

同展で展示された竹製スツールは、横倒しにするとベビーチェアになる。ペリアンはこのアイデアが気に入っていたのであろう、横倒しの姿での写真を手元に保存していた。興味深いことに、この年に生まれたハールの息子がこの椅子に座る写真が残っている（cat.no.076）。スツールは型違いも製作されたのだろう、ハールのアルバムには、足置きやテーブル部分の異なる写真も残されている。また、1942年にハールが構えた銀座のスタジオ「審陽写場」で使用された家具は、同展で展示された家具と近似している。パリ時代のハールとペリアンに親交があったかは不明だが、異郷で邂逅したモダニストたちは家族ぐるみの付き合いを深め、共通の美意識と連帯感で互いの仕事を支えあっていたと推察される。（MS）

199

199 フランシス・ハールのフォトスタジオ（東京）、戦前／シャルロット・ペリアン《木製ベンチ》（クッション付）［オリジナルモデル：1942年10月（？）］、クッション付《木製椅子》［オリジナルモデル：1942年10月2日］、《天板可変式三角脚低座卓》［天板には「真」の文字と「自由」を意味する中国語（唐時代の銅製Kaisoに由来）、東京バージョン、1940年、オリジナルモデル：《ターブル・マニフェスト》、パリ、1937年］、壁の写真：フランシス・ハールがハンガリーで撮影　撮影：フランシス・ハール

Agence du photographe Francis Haar, Tôkyô, avant 1945. Meubles de Charlotte Perriand : *Banquette en bois* avec coussins, Tôkyô, octobre 1942 (?) (modèle original) ; *Siège bois* avec coussins, Tôkyô, 2 octobre 1942 (modèle original) ; *Table tripode à plateau interchangeable* (avec plateau orné de l'idéogramme signifiant « vérité » [en jap.] ou « libre » [en mandarin], d'après une calligraphie du bronze Kaiso de l'époque Tang), version Tôkyô, 1940 (modèle original : *Table Manifeste*, Paris, 1937). Photo Francis Haar, courtesy of Tom Haar.

200 フランシス・ハールのスタジオ（東京）、戦前／シャルロット・ペリアン《木製椅子》（クッション付）、東京、1942年10月2日［オリジナルモデル］と屏風　撮影：フランシス・ハール

Agence du photographe Francis Haar, Tôkyô, avant 1945. Charlotte Perriand : *Siège bois* avec coussins, Tôkyô, 2 octobre 1942 (modèle original). Paravent japonais. Photo Francis Haar, coutesy of Tom Haar.

201 フランシス・ハールのフォトスタジオ（東京）の廊下、戦後／坂倉準三《「ペリアン」タイプ低座椅子》（1948年、木、竹）［シャルロット・ペリアン《木製椅子》、東京、1942年の復刻］、壁の写真：フランシス・ハールが日本で撮影　撮影：フランシス・ハール

Agence du photographe Francis Haar, Tôkyô, réaménagements de l'après-guerre. Dans le couloir : Junzô Sakakura : *Chaises basses de forme « Perriand »* (1948) en bois et bambou tressé, réinterprétation du *Siège bois* de Charlotte Perriand, Tôkyô, 1942. Au mur : les photopraphies de F. Haar. Photo Francis Haar, courtesy of Tom Haar.

202 フランシス・ハールのフォトスタジオ（東京）、戦後／坂倉準三《はまぐり卓》（木製）［1941年、シカール邸のためにペリアンがデザインした《木製三角卓》の復刻］、《「ペリアン」タイプ低座椅子》1948年、［シャルロット・ペリアン《木製安楽椅子》（1942年10月）の復刻］　撮影：フランシス・ハール

Agence du photographe Francis Haar, Tôkyô, réaménagements de l'après-guerre. Meubles de Junzô Sakakura : *Table Hamaguri* [Palourde] en bois, réinterprétation de la *Table en forme* en bois massif de Ch. Perriand fabriquée pour la maison d'E. Sicard en 1941 ; *Chaises basses De forme « Perriand »* (1948) en bois et bambou tressé, interprétation de la *Chauffeuse bois* de Charlotte Perriand, octobre 1942. Photo Francis Haar, courtesy of Tom Haar.

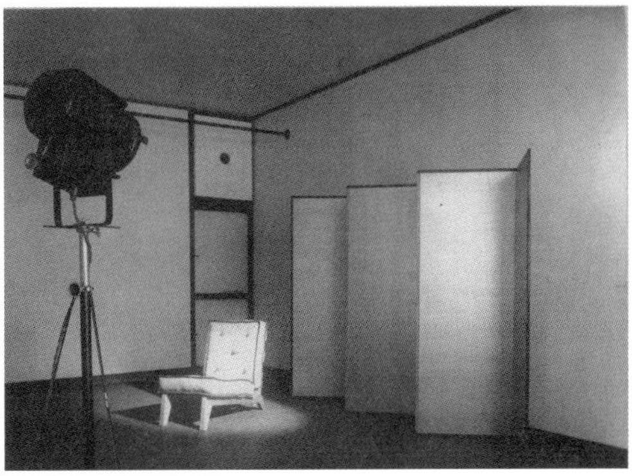

200

201

202

203　相撲　横綱の土俵入り　撮影：フランシス・ハール

Champions de sumô entrant sur scène. Photographie sélectionnée par Charlotte Perriand en 1941 en vue d'une publication. Photo Francis Haar, courtesy of Tom Haar.

204　文楽人形と人形遣い　撮影：フランシス・ハール

Marionnettiste actionnant une poupée du théâtre bunraku. Photographie sélectionnée par Charlotte Perriand en 1941 en vue d'une publication. Photo Francis Haar, courtesy of Tom Haar.

205　能「猩々」舞台写真　1940年頃［ペリアンは、1941年、ハノイで開催された日本工芸展に写真パネルとして、また1949年の『L'Architecture d'aujourd'hui』誌に「Spectacle au Japon（日本の光景）」の挿図として使用している］　撮影：フランシス・ハール

Acteur dans la pièce Shôjô du théâtre nô, c.1940. Photographie sélectionnée par Charlotte Perriand en 1941 et publiée dans Charlotte Perriand : « Spectacle au Japon », *L'Architecture d'aujourd'hui*, n° 23, mai 1949. Photo Francis Haar, courtesy of Tom Haar.

206 東大寺　1949年　撮影：フランシス・ハール

Tôdaiji. 1949. Photographie sélectionnée par Charlotte Perriand en 1941 en vue d'une publication. Photo Francis Haar, courtesy of Tom Haar.

207 新年の漁船　1953年　撮影：フランシス・ハール

Bateaux de pêche au Nouvel An, 1953. Photographie sélectionnée par Charlotte Perriand en 1941 en vue d'une publication. Photo Francis Haar, courtesy of Tom Haar.

仏領インドシナで　1942-1946年
In French Indochina, 1942-1946

ハノイの日本工芸展

ペリアンの商工省嘱託の任期は1941年3月末までであった。このとき、すでにフランスはナチスドイツに降伏していた。ペリアンはこの時点ではまだフランス総督管轄下にあったインドシナへの日本政府による輸出振興策に関わる路を選択する。日本政府にとって仏領インドシナ（現ヴェトナム、ラオス、カンボジア）、タイ、ビルマ（現ミャンマー）といった東南アジアへの経済進出は重要な目標となっていた。このとき日本輸出工芸連合会が主催して、ヴェトナムで日本工芸展（国際文化振興会、日本民藝館、輸出連合会選定出品で構成）を開催し、タイでは憲法祭紀念博覧会への日本館（山脇巖設計）建設が準備された。軍事的にはヴェトナムに蒋介石への援助物資の中継を止めさせたかったので、親日的環境を醸成する必要があった。

こうした商工省主導の対外進出政策とはまったく無関係に、軍部は対米戦準備を進めていた。このため、ハノイに出品物を積んだ船が入港した翌日に真珠湾攻撃の報が現地にもたらされ、開催が危ぶまれたが、予定通り1941年12月23日から1942年1月22日までレユニ百貨店において展覧会が開催された。さらに当初計画されていたように、2月4日から12日にサイゴン（現ホーチミン市）でも巡回開催された。

国際文化振興会から委嘱され、ハノイで日本工芸美術に関する講演を行うために事前にハノイに到着していたペリアンは、展示設営（cat.no.215）を担当した。「選擇 傳統 創造」展に展示された作品の展示は予定されたが、寝椅子以外は輸送することができなかった。（HMo）

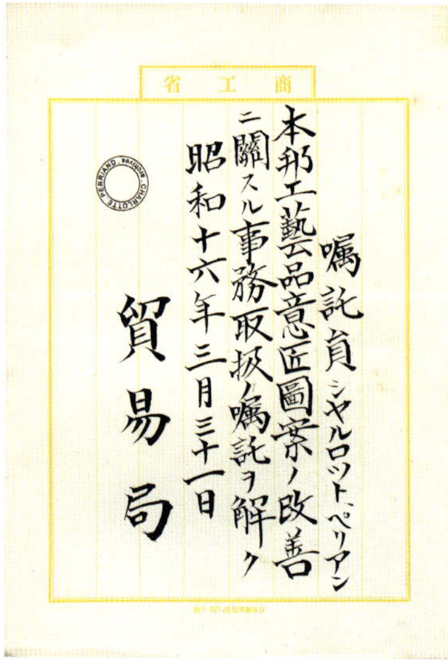
商工省
囑託員シャルロット、ペリアン
本邦工藝品意匠圖案ノ改善
ニ關スル事務取扱ノ囑託ヲ解ク
昭和十六年三月三十一日
貿易局

208

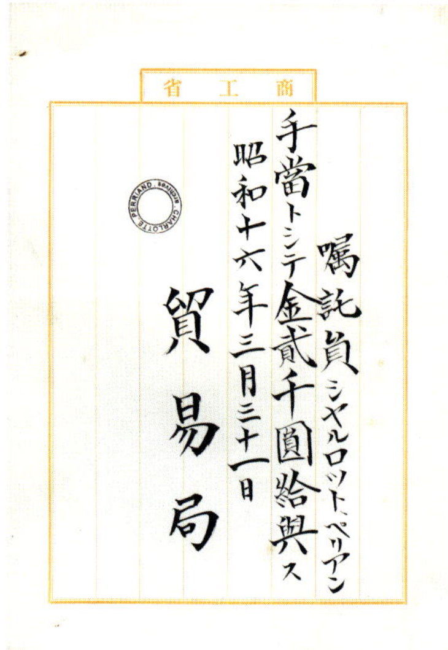
商工省
囑託員シャルロット、ペリアン
手當トシテ金貳千圓給與ス
昭和十六年三月三十一日
貿易局

209

208　貿易局「嘱託員シャルロット・ペリアン本邦工芸品意匠図案ノ改善ニ関スル事務取扱ノ嘱託ヲ解ク」1941年3月31日付

Bureau du Commerce Extérieur, ministère du Commerce et de l'Industrie : attestation de fin de contrat de Charlotte Perriand, Tôkyô, 31 mars 1941. AChP.

209　貿易局「嘱託員シャルロット・ペリアン手当トシテ金二千円給与ス」」1941年3月31日付

Bureau du Commerce Extérieur, ministère du Commerce et de l'Industrie : attestation de versement d'indemnités de fin de contrat à Charlotte Perriand, Tôkyô, 31 mars 1941. AChP.

210　貿易局長官　石黒武重：ペリアン宛「1941年4月16日午後6時から　赤坂星ヶ丘茶寮にて開かれる宴への招待状」1941年4月12日付

Bureau du Commerce Extérieur, ministère du Commerce et de l'Industrie : invitation adressée à Charlotte Perriand pour un dîner le 16 avril 1941 au restaurant traditionnel Hoshigaoka-saryô, Tôkyô, 12 avril 1941. AChP.

211　財団法人國際文化振興會理事長　永井松三「1941年12月から1942年1月河内（ハノイ）で開催の商工博覧会に際し、日本工芸美術を紹介する講演に関する証明書」1941年10月20日付

Kokusai bunka shinkôkai : attestation de mission de Charlotte Perriand à Hanoi (Indochine française), entre décembre 1941 et janvier 1942, pour une conférence sur l'art industriel du Japon, Tôkyô, 20 octobre 1941. AChP.

212　在仏印（河内）日本特派大使府から帝国諸官憲御中「便宜供与依頼ノ件」1942年1月24日付［商工省貿易局嘱託トシテ勤務シ今回国際文化振興会ノ依嘱ヲ受ケ佛印ニ渡来日本工芸展覧会ノ為宣伝及日本工芸ニ関スル講演ヲナシタル者ナル處今回要務ヲ終ヘ日本ニ帰還スルモノナルニ付通路故障ナク旅行シ得ル様便宜供与方御取計相成度其筋ノ諸官憲ニ依頼ス］　1942年1月24日付

Mission japonaise en Indochine : laissez-passer de Charlotte Perriand pour rentrer de Hanoi vers le Japon, Tôkyô, 24 janvier 1942. AChP.

213　日本工芸品展会場風景［1941年12月-1942年1月、ハノイ］／（右）シャルロット・ペリアン《折りたたみ寝台》（木製）、東京、1940年［オリジナルモデル：パリ、1939年］、（左）フランシス・ハール：能「猩々」の舞台写真、1940年頃

Vue de l'Exposition d'Artisanat Traditionnel du Japon, Hanoi, décembre 1941-janvier 1942. A droite : Charlotte Perriand : *Chaise longue pliante* en bois, Tôkyô, 1940 (modèle original : Paris, 1939). A gauche : Francis Haar : *Acteur dans la pièce Shôjô du théâtre nô*, agrandissement photographique, c.1940. DR/AChP.

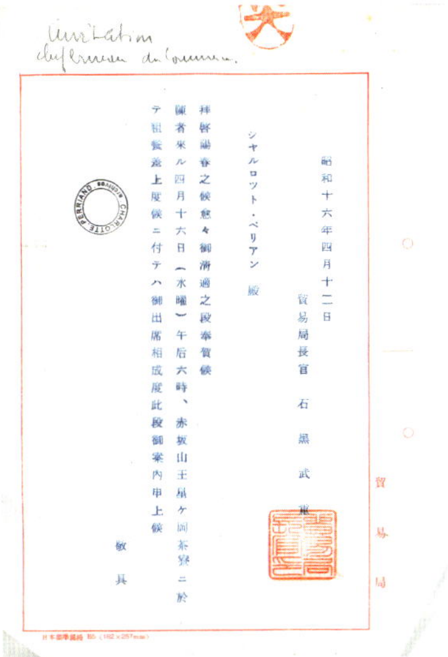
昭和十六年四月十二日

貿易局長官 石黒武重

シャルロット・ペリアン 殿

拝啓陽春之候愈々御清適之段奉賀候
陳者来ル四月十六日（水曜）午后六時、赤坂山王星ヶ岡茶寮ニ於テ粗餐差上度候ニ付テハ御出席相成度此段御案内申上候

敬具

貿易局

210

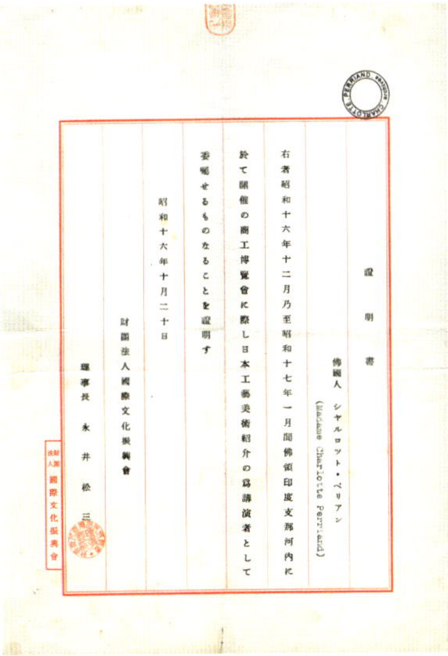
證明書

佛國人 シャルロット・ペリアン
(Madame Charlotte Perriand)

右者昭和十六年十二月乃至昭和十七年一月間佛領印度支那河内に於て開催の商工博覧會に際し日本工藝美術紹介の爲講演者として委嘱せるものなることを證明す

昭和十六年十月二十日

財團法人國際文化振興會
理事長 永井松三

211

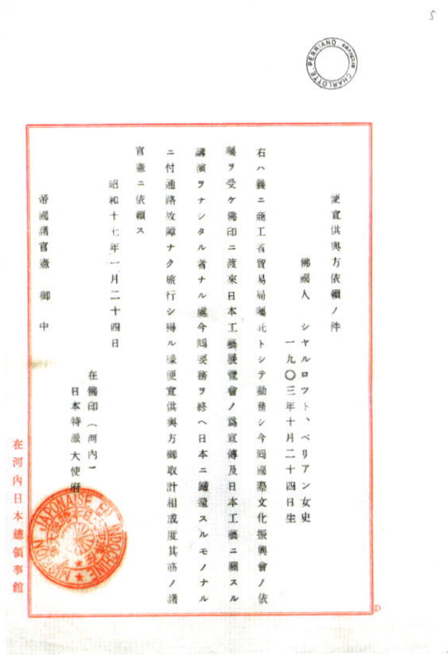
便宜供與方依頼ノ件

佛國人 シャルロット、ペリアン女史
一九〇三年十月二十四日生

右ハ義ニ商工省貿易局囑託トシテ勤務シ今回國際文化振興會ノ依囑ヲ受ケ佛印ニ渡來日本工藝展覽會ノ爲宣傳及日本工藝ニ關スル講演ヲナシタル者ナル處今回要務ヲ終ヘ日本ニ歸還スルモノナルニ付通路故障ナク旅行シ得ル樣便宜供與方御取計相成度其筋ノ諸官憲ニ依頼ス

昭和十七年一月二十四日

在佛印（河内）
日本特派大使府

帝國諸官憲 御中

在河内日本總領事館

212

213

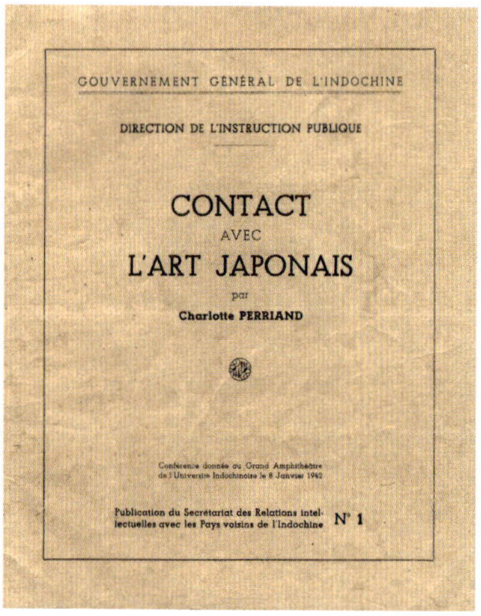
GOUVERNEMENT GÉNÉRAL DE L'INDOCHINE

DIRECTION DE L'INSTRUCTION PUBLIQUE

CONTACT
AVEC
L'ART JAPONAIS
par
Charlotte PERRIAND

Conférence donnée au Grand Amphithéâtre de l'Université Indochinoise le 8 Janvier 1942

Publication du Secrétariat des Relations intellectuelles avec les Pays voisins de l'Indochine N° 1

214

215

214 シャルロット・ペリアン『日本芸術との接触』(1942年1月8日インドシナ大学での講演)を収録、ディレクション・ドゥ・ランストリュクション・ピュブリック刊、インドシナ隣国との文化交流事務局、ハノイ、1942年

Charlotte Perriand : *Contact avec l'art japonais*, texte de la conférence donnée à l'Université Indochinoise le 8 janvier 1942. Publié par la Direction de l'Instruction Publique, Secrétariat des Relations Intellectuelles avec les Pays Voisins de l'Indochine, Hanoi, 1942. AChP.

215 仏領インドシナハノイ共進会見本市での日本展示会場　外観　1941年12月／山鬼文庫

Façade du bâtiment de la Foire-exposition du Japon à Hanoi, l'Indochine française, décembre 1941. Sanki Bunko.

日本芸術との接触

1942年1月8日の講演
シャルロット・ペリアン

序

講演というものは苦手なのですが、今日こうして皆さまにお話することができ、二重の意味で、嬉しく思っています。まずは、日本での任務と日本美術との最初の出会いについてお話できるという喜び、次に、今回の滞在を機に、極東におけるフランスの活動を知る喜びがあります。

それだけでも充分でしたが、さらに日本の貿易局から展覧会の開催に向けて様々なご助言をいただき、国際文化振興会からも、ハノイの見本市の際に工芸について講演するようご提案をいただきました。

日本の貿易局がトンキンで「工芸展」を企画した際、私の作品(東京での展覧会の一部)を数点展示する計画がありました。私はこの企画を拡大することを思いつき、いくつか制約はありましたが、本展覧会の一部を自分で自由に紹介させてもらえるようお願いしました。

そこで、竹や漆のような、日本を代表する素材と技術であり、尚かつ、同じような素材と技術を持つインドシナの人々にも特に興味がありそうなものを選びました。残念ながら、諸事情により私の選んだものはこの展覧会には間に合いませんでしたが、後ほどスライドでお見せいたします。

国際文化振興会からは、特にくわしい内容の指定をいただきませんでした。そこで私は講演テーマに「日本における私の任務」を選び、ハノイの展覧会と合わせて、日本の工芸の問題に取り組みました。ちょうど、フランスに帰国したときのために、日本での私の任務についての報告書を準備していたところでした。インドシナの講演というこの新しい任務については、在東京のアルセーヌ・アンリ仏大使から了承と励ましをいただき、お引き受けした次第です。

そして今日はここに、シャルトン氏の多大なる後援をいただき、同じような好意あふれる心地よい雰囲気の中、講演ができることを嬉しく思います。

異なる国が互いをよく知るためには、講演や展覧会、調査などによる文化交流が有効です。日本滞在を経て、これまでになく私はそう感じています。

日本ではたとえば、ノワイエ医師が複数の町で開催したフランス医学の展覧会、アンコールの遺跡に関するゴルビュー氏の展覧会、日本のあらゆる映画館で上映されたフランス映画『新らしいスキー技術』、個人所蔵コレクションからフランスの巨匠の織物をいくつか紹介した展覧会、さらに東京日仏学院や関西日仏学館、日本にあるフランスの機関による継続的活動が挙げられるでしょう。現在のことにせよ過去のことにせよ、私たちの文化に関係するものはすべて、私たちの国を信じてくださる人々にはきわめて興味深いものです。こうした人々に手をお貸しするために、私たちはさまざまな催しをできる限り増やしていかねばなりません。

フランス文化の催しは、残念ながら数えるほどしかありませんが、どれも日本の聴衆に非常に大きな成功を収めています。とりわけ若者は、フランスが［ドイツに］敗北したことで熱意を削がれることもなく、私たちの文化を熱心に知ろうとしています。

現在、インドシナと日本の関係は、知的・精神的交流を進めるのに適した状況です。極東におけるフランス文化の先駆けであるインドシナは、フランス文化を日本で広めるのに役立ってくれることでしょう。そして逆にインドシナは、日本の伝統のいくつかの要素を学び、深く掘り下げることができるでしょう。

こうしたことが、私の日本滞在とインドシナ来訪の目的です。

II

貿易局による外国人芸術家の招聘目的

日本には、漆や竹、機織り、錦織り、磁器などに関する伝統の技があります。同時にアルミニウムやプラスチック素材など、新しい素材や技術の使用が積極的に推進されています。

しかしながら生産される製品は輸出用製品を除いて、国内の需要、つまり日本の生活に合わせたものになっています。日本の生活向けの製品をアメリカやヨーロッパに輸出しても、非常に異なる生活を営む国々の需要に応えるものではないことは、一目瞭然です。したがって、ヨーロッパの生活に合わせたものを生産する必要がありました。とはいえ、それが大問題でした。うまく想像できないものをつくるのは難しいものです。

ヨーロッパ向けの品はどのような性質を持つのか。何の役に立てばよいのか。どのような形を、どんな色を与えるべきか。

こうした問い、すなわち物質的かつ精神的レベルの問いが示す問題について、想像してみてください。実用性と感受性は、日本人の魂のなかでは分ちがたく一体化しており、それは西洋のどの国よりも深く、生活や物の哲学と結びついています。

日本人が輸出用製品を作らねばならないとき、私たちの実用性や「生活」「芸術」「美」の概念を把握するのは非常に難しいでしょう。こうしたヨーロッパとの差異を意識した日本は、特に工芸の分野において、この障害を乗り越えようとしています。たとえば、外国雑誌の閲覧、交換留学、公務員の海外派遣、生産の管理・指導にあたるヨーロッパ人芸術家の招聘などが行われています。

生産に影響を与えたドイツ人の芸術家が、すでに二人います。たとえば1933年、日本に滞在していたブルーノ・タウトは、仙台の工芸指導所を指揮するために招聘され、成果をあげました。続いて1938年には、シュレーマン夫人が工芸の顧問として正式に招待されましたが、任務は全うされないまま残されました。そして1940年、私はこの二人の後を継いで同じ役割を果たすよう、商工省に依頼されたのです。

私の任務は一部終わりました。ここで日本の製品と工芸について講演するために、私が選ばれたことを光栄に思っています。

III

工芸製品の生産を促進・指導するための組織

日本では工芸製品の生産が偶然にまかされていると考えるのは、とんでもない思い違いです。国のあらゆる資源を最大限に活用するべく、中央集権化された複雑な組織が工芸製品の生産を支えています。

商工省の数多くの事務局の中には、次の二つの組織があります。

「貿易局」――販売の問題を担当しています。

「工務局」――生産を担当しています。

各事務局には、複数の部署が関係しています。

貿易局では、「施設課」が海外貿易の促進に関する業務を管理しています。その業務にはたとえば、促進体制の整備、国内外での展覧会、海外研究のための人員派遣があります。なかでも、この課が毎年東京で開催する展覧会では、芸術家、職人、素人、公務員、工員など、誰でも自作を出品することができます。

施設課に属する機関に、外国での貿易業務や輸出に携わる「輸出工芸連合会」があります。これは半官半民の機関です。今回「日本の職人」展を組織したのは、この連合会です。

工務局では、「工務課」が生産を監督しています。資材の管理と配分、製造の管理と援助を通じて、工務課は工芸を指導しています。

工務課の傘下には、国立工芸指導所、京都陶磁器試験所、そして別部門の支部のようなものである瀬戸陶磁器試験所（有名な「瀬戸物」の陶器）、京都染織試験所があります。

「国立工芸指導所」は、1928年に創設されました。工芸製品の生産のための研究が行われています。たとえば、現代技術と日本特有の伝統技術を併用して、実用性と独自の美を兼ね備えた、木・竹・金属・漆製の日用品や家具を作るための研究が行われています。

工芸指導所は、主として輸出製品の促進を目指し、技術やデザインについての研究成果に基づく有益な情報をすべて職人に与えています。試作品も製作します。地方組織から要請があれば、生産を指導する技術者を派遣します。本部は東京にあり、大阪と東北の仙台に支部が二つあります。

地方によっては、他の工芸機関や県立の研究所も存在します。1年に一度、こうした機関の技術者が集まり、省と政府機関からの指示を受けます。

任務上、私はこうした様々な機関とじかに接しました。まず、東京で開催されたデザインの展覧会で講演を行ったのをきっかけに、国立の指導所との縁を得ました。続いて仙台では、指導所、その工房、生産現場を訪問した後に行った講演を通じて、関わりを持ちました。こうした講演には、様々な機関の技術者が集まっていました。集会の際に寄せられた質問は、私には学ぶことの多いものでしたし、お互いに有益なやり取りができました。

それから東北では、県の展示館や職人の方を訪問しました。最後に、県から商工省へ依頼があり、私は様々な地方組織を訪問して指導を行いました。こうして京都や大阪、名古屋、静岡などで、日本の工芸製品の生産の多様な姿が、私の目の前に次々と現れたのです。

私が自分の任務を果たすために拠り所としていたのは、こうした日本の工芸組織でした。

生産に影響を与える様々な傾向

生産に影響を与えるあらゆる傾向の中から、主な四つの傾向を取りあげます。

1. 民衆と名匠
2. 巨匠
3. 政府機関「工芸指導所」（すでに言及したもの）
4. 生活

1.「民衆と名匠」

かなりたくさんの民衆芸術が残っていることが確認できます。柳［宗悦］氏によれば、1万人以上の職人がなお、地方芸術の技術と精神面で秘訣を保っています。日本には「大名」の封建制の名残が強いという考えがありますが、それは正しいと思います。町や村では、専門分野と地方ごとに結集した製造業者組合により、多数の小さな試験場が設立されています。どの地方も独自の伝統と技術を大切に守っています。ただし、省から原料を受け取り、その配分を任されている名古屋の「工芸美術作家協会（Union de tous les fabricants de porcelaine）」［1943年創立の日本美術及工芸統制協会を指す］のような機関には、こうした封建制の名残はありません。この協会の会員だけが原料を貰うことができるようになっています。このため、どこにも所属しない極めて小さな機関は、もはや生きていけません。時代の制約と新しい条例の設定に伴い、生産体制が全面的に変化する局面に、私たちは立ち会っているのです。

一方、地方製品の中から健全に構想・製造された要素を探り出しながら、職人魂の名残を維持しようとする民衆運動もあります。この運動の指導者はとても感じのよい方で、民俗美術館「民藝館」の創設者、まとめ役でもある柳氏です。柳氏とともに、素晴らしい職人達もいます。京都の河井［寛次郎］氏、陶芸では益子の濱田［庄司］氏、染色では東京の芹澤［銈介］氏。東北では、農業学院の森本氏と山口氏が、長い冬のあいだに、農民の技術を発展させて新しい品物に適応していく試みを行っています。

美と真実を追求する誠実さは、作品の中だけではなく、人々の生活の中にも現れています。そもそも、こうした要素は様々に形を変えてはいても、この国のあらゆる人間のうちに目にすることができます。誰もが真実の表現を探しているのです。

柳氏のグループのように、庶民の使う大衆的な製品のうちに真実を見出すグループがあれば、幾世紀にも渡り正倉院に保存されていた国宝に真実を求めるグループもあります。たとえば龍村［平蔵］氏は、彼の研究所［龍村織物美術研究所］とともに、飛鳥時代、奈良時代、鎌倉時代など遠い過去から日本の伝統を引出しています。そして特徴的なのは、龍村氏が現代芸術を知るために息子をヨーロッパに送り、最も代表的な巨匠であるピカソやジョルジュ・ブラックを通じて現代絵画を発見していることです。

こうした二つの傾向は、この国の最も伝統的な側面と最も興味深い側面を表しています。

2.「巨匠」

「巨匠」や、美術学校および工芸学校の教師からの影響は、教育と生産の両方に及んでいます。彼らは展覧会の審査員の一員で、なかには輸出用の製品を選別している人もいます。

残念ながら、このことは日本の最もよくない要素になっています。こうした人々はしばしば、ヨーロッパの悪質な装飾芸術から悪影響を受けているからです。製品の価格によって価値や格が判断される、ということも付け加えておきたいと思います。値段が高ければ高いほど、生産者の評価が高まります。こうした品をヨーロッパにもって行っても、販路が見つかる可能性はほとんどないでしょう。

3.「政府機関」

政府機関の技術者は、美術学校を卒業してすぐに仕事についた人たちです。政府機関は1933年にタウトの影響を受けました。今日ではドイツの学校「バウハウス」で学んだ日本人、山脇［巖］氏の指導を受けています。バウハウスの形式主義的な傾向があるものの、現代的生産を目指す大きな意志もまた見受けられます。最近、公定価格の制限に配慮した展覧会が組織されました。このように大量生産に向けて、民衆の生活に役立つ諸々の標準を確立することが目指されています。

こうした様々な傾向は、年に一度開催される新作展示会で公表されることもありますが、たいていの場合、三越、松坂屋、髙島屋などの百貨店で開催される展覧会を通じて公表されます。この種の催しは驚くほど頻繁にあり、週に一度の割合で開催されています。

政府機関の活動に加え、新しい服飾などを研究するさまざまな女性の団体があります。

4.「生活」

しかし、私たち西欧人にとって最も魅力的な側面は、「生活」が及ぼす影響でしょう。重要なのは四季の表現で、それぞれの季節に合わせた生産が行われるのです。蚊帳や竹の簾、藁草履、桜の絵が施された布地、水着は冬に探さないほうがいいでしょう。見つかるかもしれませんが、大変な苦労を要します。花屋には、ある週は薔薇、別の週は菊が見られます。日本ではどんな物にも、夏、秋、冬、春の季節が表現されています。たとえば家の中には生け花が、日本家屋の芸術の祭壇とも言うべき床の間には掛物が吊るされています。物と花と絵画は、絶えず新鮮な効果を発揮しつつ、その時々の気持ちとの協調、環境との調和、招待客への敬意を表しています。

茶の湯では、掛物と道具をうまく選ぶことで、ときには対照により、そしてときには補完によって、調和をつくることができます。茶の湯で使われるものには、物それ自体に価値がなくても、著名な茶人が選んだということで、ときに1万円もの高値がつくものがあります。茶人は道具を眺め、裏返して、手と目で撫でた上で、数ある類似品の中からそれを選んだのです。選ばれたものには、その茶人が見抜いた何か独特のものがあるはずです。物と人間との間に、調和的な出会いが生じたのです。

伝統的な日本料理は、出される料理の価値だけではなく、器と料理の全体の見た目にも配慮されています。

こうした数多くの品は、日本人の生活に欠かせないものですが、決して普段は人目にさらされることなく、暖炉の上や食器台に積み重ねられているものです。といっても、暖炉や食器台は日本には存在しないのですが、家宝は箱に収められて、丁寧に片付けられているため、室内の場所ふさぎになることはありません。

日光の楓や、ちょうど満開の桜、明治神宮の庭の菖蒲、山や東京や浜離宮の西洋ツツジ、亀戸天神の藤を堪能するとっておきの日には、着るものや装身具に様々な工夫が凝らされます。これにたくさんの祭りも加わります。田舎の祭り、地区の祭り、長い棒の先に揚げられた大きな布製の魚［鯉のぼり］が風に膨らんで揺れる男の子の祭り、人形を飾る女の子の祭り、祭日等。いずれの折にも伝統と調和しながら身を飾り、その時々の感情を様々に表現します。

このように、限りなく多様かつ微細で、様々に変化する生活が、なによりも生産に影響を与えているのです。

伝統的かつ現代的な素材と技術

季節の表現によって生産の質が決まるのと同時に、ある地方の生産品はその地方組織によって型が決められています。東京に中央集権化されていません。それぞれの地方が東京で製品を展示し、売れ残ったものは展示後に元に戻されます。こういうわけで、数日後には同じものがもう見つからないことがしばしばなので、品物を買うときに迷っていてはなりません。

日本を訪れると、新潟の女性が美しいとか、京都の漆が美しいとか、大島の歌がいいといった話を耳にされるでしょう。地方のことばかりが話題になるのです。

日本の芸術は、現在においても過去においても、外国から様々な影響を受けていますが、実際に影響が及んでいる地域は限られています。手仕事や原始的な文化の古い名残は東北で発展し、韓国芸術から影響を受けた昔の名残は南の島々に見られます。

京都の芸術は、古くは中国と韓国から影響を受けましたが、そこから真の日本芸術を生み出すことに成功し、その非常に優れた技術で評価されています。今日でもいまだに伝統的な職人による労働が主になっています。

大阪や東京の中心地域では新しい産業が発展しています。産業製品の労働形態と手法は、約60年に亘りヨーロッパからの影響を受けています。

伝統的な主要技術は、漆、磁器、陶器、織、竹細工、染織です。

現代技術は目覚ましい発展の途上にあり、アルミニウムやプラスチック材料を使用する傾向にあります。

「漆」

最良の漆は東京と輪島で生産され、独自の金の絵［蒔絵］が施されています。また飛騨地方には、透明な赤色の美しい漆「春慶」を目にすることができます。さらに、石川県の金沢にも良質の漆があります。人気があるのは、会津、静岡、和歌山で大量生産されている漆です。現代的な漆「紅房（べんぼう）」は琉球で生産されており、多孔質で非常に軽い梯姑（でいご）の上に漆が塗られています。この木には2年間で非常に大きくなるという利点もあります。紙漆は、岐阜、京都、福岡で生産されています。なかでも、紙と漆は「一閑張り」、竹と紙と漆は「籃胎」という名で呼ばれます。

政府機関の大きな関心事は、白という色を見つけることにあります。漆では白という色は存在しないので、結果的にそれは明るい色調のすべてを指すことになります。また輸出用に、耐久性に優れた漆の技術を発見するための研究も行われています。たしかにヨーロッパでは、様々な理由で、漆にひびが入ることがよくあります。

「磁器」

上質の磁器は、京都の「松風」製、名古屋の「日本陶器」製、東京の「大倉陶園」製があります。人気のある磁器は、名古屋近くにある瀬戸の「瀬戸物」製、［長崎］近くの小倉の「東洋陶器」製、そして京都で生産されています。

概して輸出用の品はかなり装飾的で、ほとんどの場合、ヨーロッパのテーブルウェアの構成を無視したものになっています。

「陶器」

名人と呼べる職人は、京都の河井氏と益子の濱田氏です。韓国の美しい形に影響を受けながらも、二人ともより内的な、素晴らしい美の感覚を持っています。

人気のある陶器は、瀬戸、京都、出雲、琉球、九州で生産されています。

「織」

名古屋では、絹や綿など織物の大規模な工業生産が行われています。京都では、鐘紡の絹の製品があります。甲府の地域では甲斐絹（かいき）と呼ばれる絹があります。絣（農民の布地）が、九州の大島、福岡や鹿児島地方、東北の山形近くや米沢で生産されています。

金襴や錦は、京都の西陣で生産されています。そこに川島氏や龍村氏の美しい工房があります。

紙を材料にした紙布（しふ）は静岡でつくられています。九州の福岡では「楮（こうぞ）」という木の繊維を使った一種の織物があります。

東北では、仙台の近くのある職人が、昔の「大名」の失われた技術を探し求めています。それは着物用の極めてしなやかな織物で、すべて紙製、あるいは絹糸と紙糸からなります。

東京での私の展覧会では、試みとして、椅子の綴織のために静岡の紙布を使用しました。この紙布には耐久性があるように感じました。普段は、婦人鞄、裁縫袋、買物袋などに使われており、輸出向けです。

染色

「化学染色」は、東京で大量生産されていますが、京都では手仕事で生産されています。京都では主に浴衣、肌襦袢用の布を生産しています。

日本のホテル、あるいは日本の最も小さな民宿でも、宿泊されることがあれば、この備え付けの寝間着を手にとられる機会があるでしょう。それも日本の魅力のひとつです。

一般に、浴衣は青地に白で大きな絵が描かれているか、それが反転したものになっています。田舎に行けば、布が長くのばされ、弓なりになった竹に干されて乾かされているのを目にすることができます。

植物染色（草木染め）は、東北でまだ行われています。今日、長野や琉球、九州では、植物染色は主に屛風や掛物のための芸術生産です。その一例として、「工芸展」では、名匠芹澤銈介の作品を見ることができます。

竹

竹の使用は無限の可能性を持っています。たとえば、四つの主な使用をご紹介しましょう。

「天然の（未加工の）竹」――これは家具、椅子などに使用され、竹のそのものの姿が保たれています。京都の河井氏は、台湾や韓国の技術から着想を得ながら、その健全な構想に基づく型を探っています。

「竹編み」――これは花を生けるための籠に用いられます。一般的な普及品でありながら洗練されており、京都の巨匠たちや東京の高名な飯塚［琅玕斎］氏が技術を発展させています。とはいえ、他の多くの人々、とりわけ極めて若い人々が、この製品に必要とされる技量や感受性を持っていないわけではありません。

「加工竹」――竹は、弾力を活用すれば薄板がバネの代わりになる、非常に面白い材料です。家具、椅子、子どもの揺かご、角砂糖挟みなどに使われます。

最後に、様々な形に応用されている製品を挙げておきましょう。ボタン、婦人鞄、フォーク、ケーキ・サーバー、ナプキン・リング、簾、釣竿、スキーのストック等があります。

ここで私の任務全般を見てみましょう。工芸品生産が混乱していたため、最初の印象は決してつねによいものではなかったことを告白しなければなりません。たいていの場合、美しい物の横には、時代遅れになった西欧の装飾芸術の名残を留める粗悪品がありました。ハノイの見本市でもいくつか例をご覧いただけたと思います。

しかし試行錯誤の末、この国の生活に役立つ伝統的生産と、輸出用の西欧式の生産とを区別してとらえることができました。前者は健全なもので、両者の間にはずれがあるのです。

一つひとつの問いに立ち返ることで、考えが生まれてくるものです。この場合それは国内用の生産、輸出用の生産、そしてあらゆる日本の伝統芸術についてでした。

それぞれについて考えることによって、私は驚くべき結論に達しました。すなわち、日本という国は、はっきり定められた「標準」という枠組の中でものごとを表現するための豊かな可能性、限りない空想力、自由な表現力、抽象的な感覚を備えており、芸術の発展に最適な土地と言えるかもしれないという考えです。

日本は伝統的に、現代芸術に最も近い国です。それでもなお、現在生産されている物については、日本の生活と伝統からもっとも純粋に生まれた品物の価値を把握することが必要だと思われます。そして変化のために西洋の装飾芸術を取りいれるにせよ、それが薄っぺらで気まぐれにならないようくれぐれも注意しておかねばなりません。

詳しくご説明します。日本人はヨーロッパに行き、大衆に売れている製品を集め、それを自国で複製します。それから、ヨーロッパの私たちが満足するにちがいないと確信して、その製品を再びヨーロッパにもって行きます。一方、新しい時代の健全な表現に向けて努力するヨーロッパの私たち自身にとっても、悪趣味から身を守るのはかなり難しいことなのです。健全化の努力がすでに一定の進展を示しているのに、こうした輸出品によって遅れへと引き戻されてしまうと、悪趣味から身を守るのはいっそう困難になってしまいます。

この誤った理解により、日本の技術者や職人の顧問にあたる私の仕事はしばしばより困難なものになりました。

私は、物の機能を問題にしました。なぜかといえば、一般的に、過剰な装飾が形に優先されていたからです。私の見るところ、職人が熟練の技を見せたいのだと思います。職人は「じゃあ、一体何をすればいいんだ？」と言うでしょうか。さらに私が心配だったのは、逆に技術者が10年前のドイツの形式主義に陥ってしまうのではないか、定型表現に凝り固まってしまうのではないか、ということでした。これは日本ではかなりよく見かけることです。

機能を最優先することは、感受性を全面的に閉め出してしまうことではありません。人間と物との間には、つねに触れあいがあります。ですが私の訪れた展覧会の中には、反発を覚えるものがありました。あまりにも馬鹿げたものでした。物が詩的なアイデアのみに基づいて考案されていたのです。

講演や、職人の工房を訪問して助言を与えるだけではまだ理論的すぎました。そこで私は、生産に訴える最も具体的な方法である展覧会を開き、私の任務を締めくくろう、と到着の1カ月後には心に決めていました。

展覧会

貿易局の了解を得て、私は三つのテーマを推進しました。それは「選択」「伝統」「創造」です。

「選択」――現代の製品の中から、ヨーロッパの生活でそのまま使える日用品の例をたくさん挙げました。

「伝統」――日用品や建築という、過去の最も純粋な作品の写真をいくつか例に挙げました。科学技術の発展による断絶があるとしても、現代と伝統の間には連続性も存在することを示すためです。こうした作品を司る真実を奉じる精神は、永遠のものです。時間の流れとともに変化するのは、生活様式と技術表現だけなのです。

「創造」――いくら伝統に忠実なものであっても、模倣は真の伝統ではありません。真の伝統とは、永遠に変わらない法則に従いながらも、自分の生きる世紀において新たに創造することを意味します。したがって、創造は伝統に属しています。

日本では、主に家具を対象とした日本の技術を利用、発展させながら、新しい創造の可能性が無限に広がるさまを示そうと心がけました。この計画は、非常に興味深いものです。なぜなら日本では、「畳」と呼ばれる筵の上に座るか横たわって生活するため、家具の規格が私たちのものとは異なるからです。テーブルはより低く、椅子やベッドは存在しません。

ル・コルビュジエやピエール・ジャンヌレは、非常に純化された現代芸術を発展させましたが、その純粋主義の側面は伝統的な日本家屋にも見出すことができます。

かつてパリの同じ事務所で、まさにル・コルビュジエとピエール・ジャンヌレのところで共に学んだ友人、坂倉氏の助力と助言とに導かれながら、日本からの影響に身を任せて利用可能な技術を応用していくこと、私のすべきことはそれだけでした。

この展覧会は、商工省後援の下、1941年3月に東京の髙島屋百貨店で開幕され、続いて同年5月に大阪で開催されました。

私は皆からすばらしい援助を受けました。職人達は私に絶大なる信頼を寄せて仕事をしてくれました。職人にとっても、私にとっても、いつも容易なことばかりではなかっただけに、お互いの信頼が必要でした。良い結果が出ずに私は絶望していましたが、展覧会の前日、すべてが解決していきました。長時間働き、夜を徹して作業した日々は、無駄になりませんでした。

これもまた、この国の特色です。私たち西欧の人間なら、もはや打つ手はないと思うようなときに、奇跡的に状況が打開されていくのです。

この展覧会は、7カ月の滞在期間中に準備されたもので、ほんの出発点に過ぎません。生産地方を訪問した際、利用したら面白そうな技術、修正したら面白そうな形をしばしば見かけました。しかし、製造を監督することなく、何か新しいものをつくらせることが可能でしょうか。

多くのアイデアを諦めざるをえませんでした。非常に長い時間をかけて加工された漆を使用すること、物資統制のため金属やプラスチックを諦めねばなりませんでした。ごく僅かな量ですが、アルミニウムの使用許可を得ました。木、竹、織は、つねに高く評価されていました。

織と敷物を除いて、東京ですべての製造をまかないました。できる限り最良の条件で私はこの展覧会を実現したのです。

現在、私たちが置かれている状況から生じるあらゆる困難を、できる限り取り除きました。

公定価格の制限がなければ、上質な作品を作ることもできたでしょう。質のことは考慮に入れませんでした。しかし、それによって独特の美術品が生まれたのです。

したがって私は、値段の問題を心配することなくこの展覧会を行い、生産の組織化に関するこの研究を実現しました。そして、創造に残された無限の可能性を示すことだけを目指したのです。

結論

日本の芸術との触れあい？　なんて面白いテーマでしょう。ですが15カ月間の日本滞在では、この問題をすべて汲み尽くすことはできませんでした。

私は、この講演を通じて、問題の本質に触れていただければと思っていました。ですが今晩残念でならないのは、ハノイの見本市で紹介された「日本展」がこの国を代表しているとは到底言えないことです。さらに、レユニ百貨店で私自身が開催した展覧会についても、到着が間に合わなかった品があり、本来のごく一部しか展示できていません。それでも日本の「職人芸」の展覧会が、輝かしい日本文化のもっとも素晴らしい財産を紹介し、インドシナ連合の「職人芸」に最高に役立つものであることに変わりはないでしょう。

日本では、旧友と再会し、新しい友人も数多くできました。皆、私の考えを実現するために、身を粉にして手伝ってくれました。

ここハノイでも、到着するや、それと同じ親近感と友情に包まれているように感じられました。日本とインドシナで、二重に温かい歓待を受けた今、二重の願いを表明することが許されると思います。

――私の夢見た日本芸術の催しが、インドシナのために実現されるという願い。

――インドシナの芸術や職人の品の様々な面を東京で見るという願い。

ハノイの仕事でお世話になった、気配り上手で雄弁な［ジャン・ドゥクー］提督と、優しく励まして下さる［芳沢謙吉］大使がいらっしゃる限り、私の二重の願いは実現可能に思えますし、これはお二人にかかっているのです。

216　「日本工芸品佛領印度支那陳列会」
雑誌『輸出工藝』第9号　1942年8月／山鬼文庫

Revue *Yushutsu Kôgei* [Artisanat pour l'exportation], n° 9 : photographie de l'entrée de l'Exposition d'Artisanat Traditionnel du Japon, Hanoi, août 1942. Sanki Bunko.

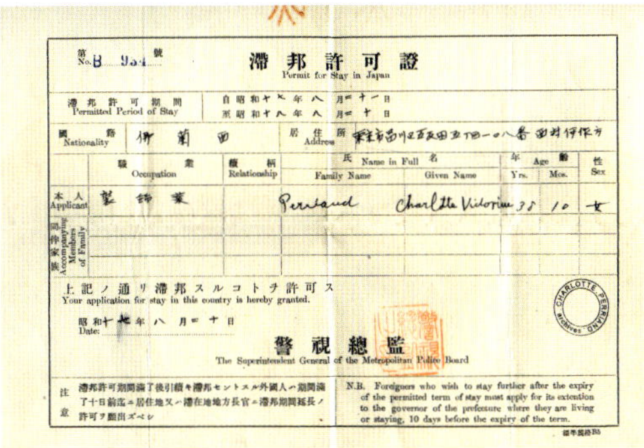

第 No.B 934 號

滯邦許可證
Permit for Stay in Japan

滯邦許可期間 Permitted Period of Stay: 自昭和十七年八月二十一日 至昭和十八年八月二十日

上記ノ通リ滯邦スルコトヲ許可ス
Your application for stay in this country is hereby granted.

昭和十七年八月二十日

警視總監
The Superintendent General of the Metropolitan Police Board

217

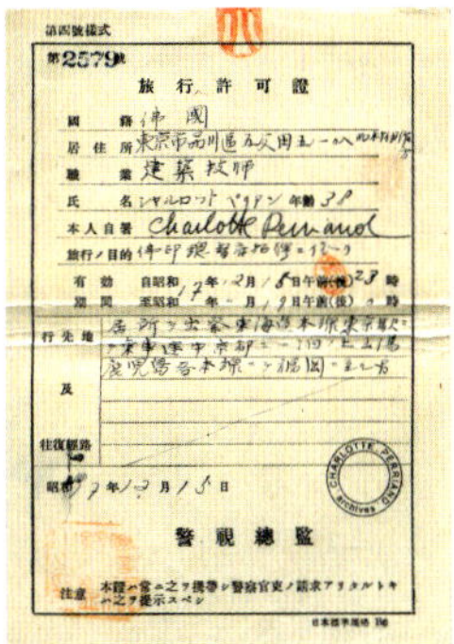

第2579號

旅行許可證

警視總監

218

217 警視総監 「滞邦許可証」［滞邦許可期間 自昭和17年8月21日至昭和18年8月20日 居住地：東京都品川区五反田五丁目 西村伊作方」1942年8月20日付

Surintendant à la police : carte de séjour de Charlotte Perriand au Japon, 20 août 1942. AChP.

218 警視総監 「旅行許可証」［旅行目的 仏印総督府招聘ニ依り 自昭和17年12月15日午後23時 至昭和17年12月19日0時 行先地：居所ヲ出発東海道本線東京駅ニテ乗車途中京都ニ一泊ノ上山陽鹿児島各本線ニテ福岡ニ至ル*］1942年12月15日

Surintendant à la police : autorisation donnée à Charlotte Perriand d'éloignement du territoire japonais pour mission en Indochine française, Tôkyô, 15 décembre 1942. AChP.

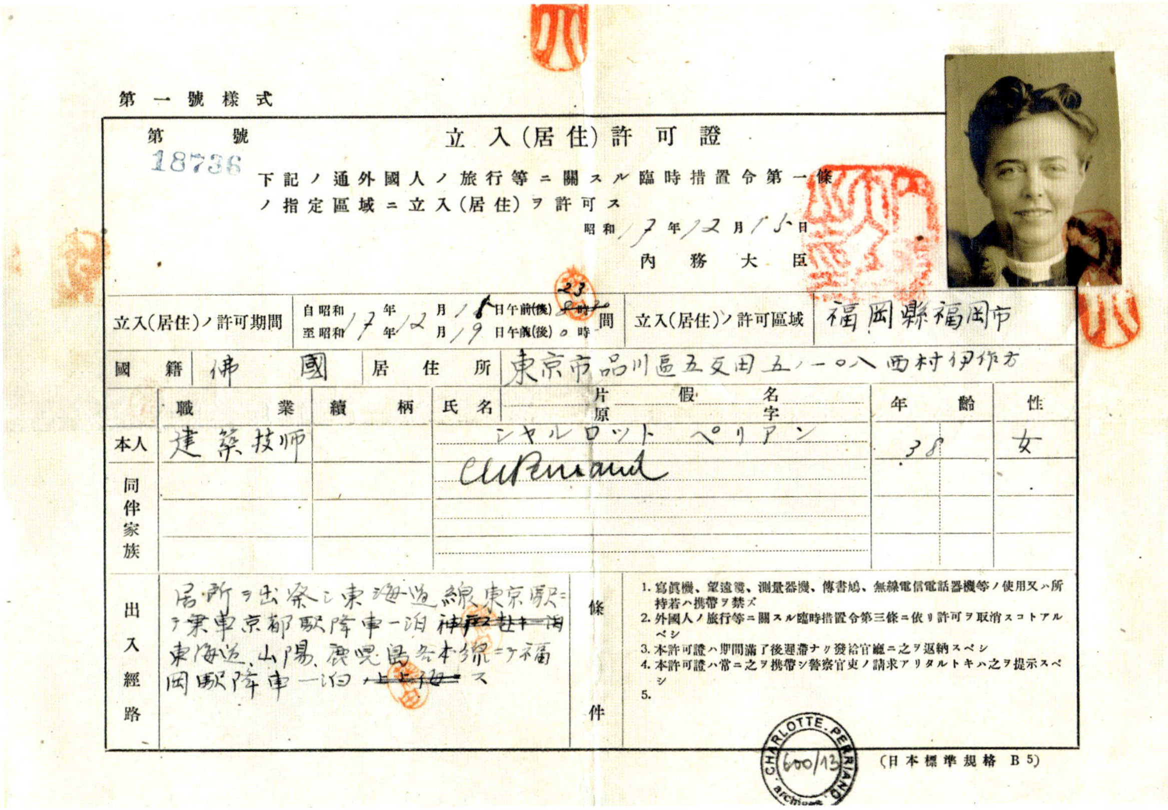

第一號樣式

第 18736 號

立入(居住)許可證

下記ノ通外國人ノ旅行等ニ關スル臨時措置令第一條ノ指定區域ニ立入(居住)ヲ許可ス

昭和17年12月15日

內務大臣

立入(居住)ノ許可期間	自昭和17年12月15日午前(後)23時 至昭和17年12月19日午前(後)0時 間		立入(居住)ノ許可區域	福岡縣福岡市		
國籍	佛國	居住所	東京市品川區五反田五ノ一〇八西村伊作方			
	職業	續柄	氏名	片假名 原字	年齢	性
本人	建築技师			シャルロット ペリアン / ChPerriand	38	女
同伴家族						

出入經路：居所ヲ出発シ東海道線東京駅ニテ乗車京都駅降車一泊 東海道、山陽、鹿児島各本線ニテ福岡駅降車一泊 ス

條件：
1. 寫眞機、望遠鏡、測量器機、傳書鳩、無線電信電話器機等ノ使用又ハ所持若ハ携帶ヲ禁ズ
2. 外國人ノ旅行等ニ關スル臨時措置令第三條ニ依リ許可ヲ取消スコトアルベシ
3. 本許可證ハ期間滿了後遲滯ナク發給官廳ニ之ヲ返納スベシ
4. 本許可證ハ常ニ之ヲ携帶シ警察官吏ノ請求アリタルトキハ之ヲ提示スベシ
5.

CHARLOTTE PERRIAND archives 600/13

(日本標準規格 B5)

219 内務大臣「立入（居住）許可証」［1942年12月15日-19日の間、建築技師シャルロット・ペリアン福岡通行を許可する証書、居住所：東京都品川区五反田五ノ一〇八西村伊作方］1942年12月15日

Laissez-passer de Charlotte Perriand pour la ville de Fukuoka entre le 15 et le 19 décembre 1942, Tôkyô, 15 décembre 1942. AChP.

戦時から帰国後　1941-1950年

1941年以降、ペリアンが仏領インドシナで展開しようとした活動は、初めは日本政府の輸出政策、その後は総督府の商工政策を推進するものであった。デザインが社会的に羽ばたこうとしはじめたとき、それが戦争によって遮られた象徴的な事例といえるだろう。

シャルロット・ペリアンは戦争中、戦後の6年を日本とインドシナで過ごし、1946年3月にパリへ戻る。1939年から40年にかけてのパリでの計画案はドイツ占領下で失われ、または奪われていた。日本から持ち帰った資料の一部は、帰国途中で失った。日本に発つ前にピエール・ジャンヌレと設立した家具の製造販売会社は、ペリアンの権利を占有していた。ペリアンはゼロから再び出発する。

1946年5月にル・コルビュジエは、41年の髙島屋での展覧会について「君の日本のアルバムを見た。前にも言ったが、充実した内容の展覧会だ」と称賛した。そして、ル・コルビュジエから、マルセイユの輝く都市《ユニテ・ダビタシオン》を、アメリカの建築家ポール・ネルソン（Paul Nelson, 1895-1979）からは、《サン・ロー病院》の室内設備の考案を依頼される。ノール社からも家具のデザインのためにニューヨークに来るよう要請されるが、放浪生活に懲りていたペリアンは断る。

1949年に再びペリアンから連絡を受けた坂倉準三は、輸出用の竹製家具を彼女に依頼した。困難は伴っても、再建中の日本の将来を開くには、海外で通用するものが必要だった。当時の日本についてほとんど知られていないフランスにおいて、先駆者だったペリアンは、1940年に収集した民俗資料をもとに、生活の芸術や伝統芸能を紹介する記事やラジオ放送の原稿を執筆した。

そして1950年、ペリアンは「L'art d'habiter（住まいの芸術）」を執筆する。これは日本で得た知識と25年間の自身の活動を総括している。この文章は、ペリアンが1949年にUAM（Union des Artistes Modernes, 現代芸術家連盟）内に共同設立した「フォルム・ユティール（Formes Utiles, 有用造型）」の運動と同じ目標をもっているという意味で有効な宣言であり、ペリアンの作品の新たな出発を告げるものである。（AG）

220　ハノイ工芸館　正面外観／設計：シャルロット・ペリアン、設計オペレーション：ポール・モンセ　1943年

Charlotte Perriand, architecte ; Paul Moncet, architecte d'opération : *Pavillon de l'Artisanat*, Hanoi, 1943. Façade extérieure. DR/AChP.

221　ハノイ工芸館　中庭／設計：シャルロット・ペリアン、設計オペレーション：ポール・モンセ　1943年

Charlotte Perriand, architecte ; Paul Moncet, architecte d'opération : *Pavillon de l'Artisanat*, Hanoi, 1943. Cour. DR/AChP.

222 「応用芸術展」、ハノイ、1944年11月13日-20日、ハノイ工芸館／設計：シャルロット・ペリアン
シャルロット・ペリアン《ブーメラン型書斎机》[ハノイ市大学学長のためにハノイにて復刻、オリジナルモデル：パリ、1938年]、《カジエ＝ビブリオテック（収納書棚）》（pemou製）[害虫から書籍を保護するためクスノキで被覆、オリジナルモデル：ハノイ、1943年]、《肘掛椅子》（sao製）[1943年、ハノイバージョン、オリジナルモデル：《藁製肘掛椅子》、パリ、1935年]、絨毯（子牛皮製）、《赤白タイル》[フェルナン・レジェの原画によるtuileau製タイル、オリジナルモデル：パリ、1937年]

Charlotte Perriand : Exposition d'Arts Appliqués au Pavillon de l'Artisanat (arch. Charlotte P.), Hanoi, 13-20 novembre 1944. Charlotte Perriand : *Bureau boomerang* réalisé pour le directeur de la cité universitaire de Hanoi (modèle original : Paris, 1938) ; *Casier-bibliothèque* en pemou avec un revêtement de bois de camphrier pour protéger les livres contre les parasites, Hanoi, 1943 (modèle original) ; *Fauteuils* en sao, version Hanoi, 1943 (modèle original : *Fauteuil paille*, Paris, 1935) ; tapis en peau de vachette ; *Carrelage rouge et blanc* composé de grandes dalles en tuileau d'après un motif de Fernand Léger (modèle original : Paris, 1937). AChP.

223 仏印商工会議所　外観／山鬼文庫

La façade de la Chambre de Commerce de France en Indochine, Hanoi (non daté). Sanki Bunko.

Column 2

ペリアンの展覧会をみて

柳 宗悦

224 「ペリアン女史　日本創作品展覧会　2601年住宅内部装備への一示唆　選擇 傳統 創造」展 東京会場　シャルロット・ペリアン：食堂、画面左はフェルナン・レジェ《2羽のオウムのコンポジション》、1935-39年　撮影：フランシス・ハール

Exposition Contribution à l'Equipement de l'Habitation. Japon 2601 – Sélection, Tradition, Création, Takashimaya, Tôkyô, 1941. Charlotte Perriand : *Salle à manger* (vue extérieure). En arrière-plan, Fernand Léger : *Composition aux deux perroquets*, huile sur toile, 1935-1939. Photo Francis Haar, courtesy of Tom Haar.

［特点に就て］

ペリアンは今迄工藝関係で公に雇つた西洋人の中では一番の人ではないかと思ふ。第一仕事振りが積極的で熱心で誠実だ。仏蘭西の最近の建築や室内装飾のことを熟知し、自身もコルビジエーの弟子として、仕事に参加して来た人だけあつて、知識や経験や見解もはつきりした所がある。

「選択、伝統、創作」と云ふ標語を大きくかざしてゐるのも、筋道の通つた旗印である。特に伝統と云ふことを中に入れたのは、西洋の追従模倣に新しい工藝を感じる日本の人々にはいゝ薬だ。さう云ふ伝統の作物をよく省み、其の中で何を将来活かせるかをよく選択し、さうして其の基礎に立つて新しい制作を試みるのが趣旨なのだ。其の何れを欠いてもいけない。

吾々から見ると当然ではあるが、ペリアンの仕事の中で、一般の人が注意していゝと思ふことは、伝統的な民藝品を沢山取り容れたことだ。かう云ふことは日本の工藝家や、工藝指導所等で、夙に率先して試みる可きことだが、外国人たるペリアンが情熱を以てそれを行つたことは一寸皮肉な現象だつた。ペリアンは民藝館への最も熱心な訪問者の一人だが、有名な日本の工藝家で、こゝを見に来る人は非常に少ない。考へ方が随分違ふ。

大体外国人を僅か一カ年雇つて、仕事をして貰うと云ふやうな貿易局の方針には無理がある。日本の伝統や技術や材料を勉強するだけでも、一年で足りるわけがない。やつと少し分りかけて来た所で、かう云ふ会を開くのはペリアンにも気の毒だった。一年で商工省とは縁が切れるさうだが、もう少し遠大な計画を立てじつくり仕事をして貰つてこそ効果があらう。双方でもの足りないことになるのは実に惜しい。線香花火のやうに一時ぱつと開いて、すぐ消えるやうな仕事を繰り返したとて、無駄費ひに過ぎない。ペリアンのやうな人は少くとも二年三年と雇ふ可きだと思ふ。怠けるやうな人でないし、長くゐればゐる程、日本の伝統をよく理解し、新しい創作に進んでくれるに違ひない。一カ年位で、いゝ結果を望むのは、望む方が無理だ。

だから此の会は、何も完璧なものではなく、相当批評の余地はあるが、寧ろ滞在の短い割に之だけの仕事を見せてくれたことに感謝する方が至当だと思ふ。ペリアンは女だがなかなか思ひ切つて他人の作の批評をする。「輸出工藝」の誌上で商工省主催の貿易工藝展を痛罵した一文の如き出色のものだつた。日本の女で之だけの批評家はなく、之だけの創作家はゐない。一寸考へさせられる問題だ。其の評論を読むと大体正鵠を得たものであつて、いゝ薬だと思つた。尤も吾々には別に珍らしい議論ではないが、西洋人が直接遠慮なく云ふと、日本では特別な意義が出てくるのだから、大に価値があった。

ペリアンは会期中、一室を設けて醜悪な作品を陳列し、正しいものと対蹠的に見てもらひたがつてゐたが、他から苦情が出て取止めになつたのは惜しい。それで写真でことをすませ、赤のテープでばつてんを印した。色々差支があるかもしれぬが、さう云ふ比較を思ひ切つてしてもらう方がよかつた。議論があつたらお互に堂々と討論する方が、工藝界の向上に役立つだらう。何にしてもきびゝゝした女史の仕事振りは愉快だつた。

個々の品物で感心したものを挙げると、第一には山形県の農民の用ゐる蓑の材料と手法と紋様とを活かしたものだ。一つは長方形のもので長椅子に張る藁工品だ。中央にけら模様がついてゐる。もう一つは三つに畳式になってゐる矢羽の模様のついたクッシヨンだ。文字通りいゝ選択で伝統を活かし創作したものだ。鶴岡の亀子笊をうまく卓板に取り容れたのも同じ考案だ。かう云ふ道を開いたら無数に新作品が出来るのであつて、そこに着眼したペリアンの見方はよく理解されていゝと思ふ。

それから竹の弾力性を応用した椅子や寝室が出てゐる。此の種の竹の使ひ方は、何もペリアンの創意ではないが、機能的に一層うまく作つてあつた。寝室の形もよかつた。特に自由に動くやうになつてゐる長椅子は一番使ひ心地がよかつた。大体「機能」を重要視することは工藝の本筋であつて、ペリアンも此の点を力説してゐる。尤もあの人工を加へた竹の彎曲が、実際どれだけ丈夫なのか未知数である。

要するに此の会の特色は、日本の伝統をどう活かしたら西洋家具に応用出来るかと云ふ示唆に富むでゐることであつた。此の点で商工省から雇はれた任務はよく果たしてくれてゐると思ふ。恐らく将来ペリアンの名はタウトと共に、よく引き合ひに出ると思ふが、私達の見る所では、工藝家としてはペリアンの方が一段上だと思ふ。尤もペリアンもタウトの如く建築の方が専門で、工藝家としては之からだと思ふ。

［欠点について］

前にも云つたやうに、僅かの滞在で仕事をするのであり、又注文したものが強ち思ふ通りに出来上らなかつたり、日本の材料に対する技術的知識や経験が不足してゐたりするのは止むを得ないのであつて、此の会の欠点を指摘するのは気の毒である。併し色々の想ひ間違ひや、ペリアンがいゝと思つてゐるものでつまらぬものもあるから、一応ペリアンに聞いてもらうのもいゝかと思ふ。之は強ちペリアン一人にではなく、西洋人の見方全体への批評でもあるから注意しておきたい。

大体西洋人が日本の建築や工藝を見て異常に感心するのは、材料としての竹と、素地を活かした木材の仕事とである。漆も之に次がう。ペリアンもタウトも此の点同じだつた。恐らく他の西洋人の眼にもさうであらう。竹の方は西洋に材料がない為、其の美しさや、特別な性質が非常に目につくのである。併し竹をよく用ゐこなすのは非常にむづかしく、此の点で昔日本の鷹匠が用ゐたと云ふ餌番や、支那の椅子のやうな立派な構造を有つものは少なく、大概は竹の有つ特異性に引つかゝり、趣味的な作品に堕して了ふ。さもなくば非常に繊細な技を誇ることに陥つて了ふ。例へば今度出品になつてゐた竹の長い柱懸のやうなものは唾棄すべきものである。ペリアンも、もう少し竹の仕事を見直したら、あゝ云ふ愚にもつかぬものを二度と選択しないでらう。悪趣味の典型的なものであつた。当然赤テープの柵に入れていゝ。竹に引つかゝつた為の見そこなひである。

木材の杢目の美は、日本人の特に関心を有つものであるが、之が又西洋人の心を打つと見える。実際杢目の美しさは自然の賜物であるが、今度ペリアンの犯した大きな錯誤の中で二つの作が目立つた。一つは天然の大木を板に挽いて、鉄の三つ足をつけたものだ。木も杢も大に立派だが、縁が挽きつぱなしで、でこぼこしたまゝだ。日本では田舎の爺さん等が弄ぶ悪趣味で、あれでは工藝品にならぬ。あんな板でよいなら何もペリアンを要しない。奇形の自然木を喜ぶ趣味と変りはない。

二つ大きなテーブルが出てゐた。黒い石の方は無難であり、又石の大きさや重さの美が出てゐたが、松板をはいである方は非常なしくじりだと思ふ。聞けば元は三尺幅の厚み二寸もある立派な松の一枚板であつた由だが、それを態々縦に五枚程に切り、中に桜の細い板をはめ込んで、一枚の机板に作り直したのである。勿体ないことだ。それはまだいゝとして、縁を杢目に沿つていびつに削つたことである。此の趣味は日本では例のでこぼこした抹茶碗等によくあるが、つまらぬ工作で、机はやはり当り前に直線に挽くのが本筋である。自然に曲るのはいゝが、わざと曲げる必要はなく、杢目に引つかゝつた錯覚の仕業だ。機能的な所が寧ろ無視されて了つた一例と云つていゝ。

出品されたものゝ中、吾々が感心したのは岸辺幼稚園出品の子供の絵で素晴らしいものだつた。あゝ云ふ名作こそ壁に掲けたかつた。とかく病的に不自然にゆがめられがちの近代の画壇が、子供の絵の価値を見直すのは当然である。だが子供の作は子供の作としていゝのであつて、それを大人がすぐ工藝品に模写するのは錯誤であらう。此の錯誤が二つの作品に現れてゐる。

一つは黒の絨毯である。元の絵は漁師の作とかで素晴らしいものだつた。併し其の絵がいゝからと云つて絨毯の模様にすぐ置きかへるのはおかしい。絨毯の模様は織ること編むことから必然に招かれるものでなければならず、材料の性質、手法の工程を無視して、絵がいゝからと云つてそれをすぐ織物の模様にするのは無理だ。もう一つは壁に大きく子供の絵が模写してあつたことだ。原画も陳列してあつたが、それを大人が大きく描き直すのは無意味に近い。それにあゝ荒つぽい大きな絵では、室が騒しく、ぢきに厭きて了ふ。一時フランスで流行したやり方に引つかゝつてゐるので、ペリアンの今度の大失策である。子供の絵は子供の絵として愛したい。さうしてそこから精神を汲みとりたい。大人が形を其のまゝ真似るのは、大人のなすべきことではない。

漆器の中でも紅房の作と聞いた朱塗や黒墨のわけのわからぬ形の盆（？）が選ばれてゐたが、単なる想ひつきから来たつまらぬものだ。又アルマイトの桃色や何かの鉢、葉形の瘠せた白磁等、当然落第品だ。大体選択品は格が落ちてゐたが、之は日本のものをまだ充分に見てゐない所から来る不用意で、咎めるのが無理かも知れない。もつと長くゐたら、ずつと正当なものを選択してゐるだらう。

以上個々のしくじりはあるが、全体として品物も健康を旨とし、居間も太い鴨井や、確かな石の床張などに注意した点、至当な歩き方を見せてくれたと思ふ。おしむらくは之で帰ることである。ペリアン自身も、もう一度ちやんとした展覧会がしたいであらう。それは今度のより一段とよくなるにきまつてゐる。何とか滞在を延ばし、よい仕事を残して貰ふ機会を贈りたいものである。（談話筆記）

（『月刊民藝』第3巻第3号、1941年4月より再録）

第3章
戦後
日本との再会

1953年、ペリアンに再び日本を訪れる機会がやってきた。戦時中にインドシナで知り合い結婚したジャック・マルタンが前年からエールフランス東京営業所の初代支社長として日本に赴任したのだ。戦後の日本は1950年代になってようやく復興の糸口をつかみ、その後、急速な経済発展をとげようとしていた。それを支えた主要な柱の一つが工業デザインだった。ペリアン自身にとっても、1941年の展覧会は必ずしも自身が当時摂取したものを消化しきれていなかったのだろう。彼女は10年という時間の中でそれらを咀嚼し作品へと展開させた。1955年に開催された「巴里一九五五年　芸術の綜合への提案　ル・コルビュジエ、レジェ、ペリアン三人展」に出品した組立式書架《ニュアージュ（雲）》や、間仕切り書架、椅子《オンブル（影）》は、かつて眼にした日本的な要素を取り入れつつも、独自の機能性とデザイン性に富み、現代の生活に合致する家具となっている。いまだ経済効率が優先されがちな情勢でのペリアンのそうした機能性と優美な形を融合させたデザインは、ともに仕事をした坂倉準三や丹下健三などの建築家のみならず、柳宗理、剣持勇など当時の日本のデザイン界に多大な影響を及ぼした。

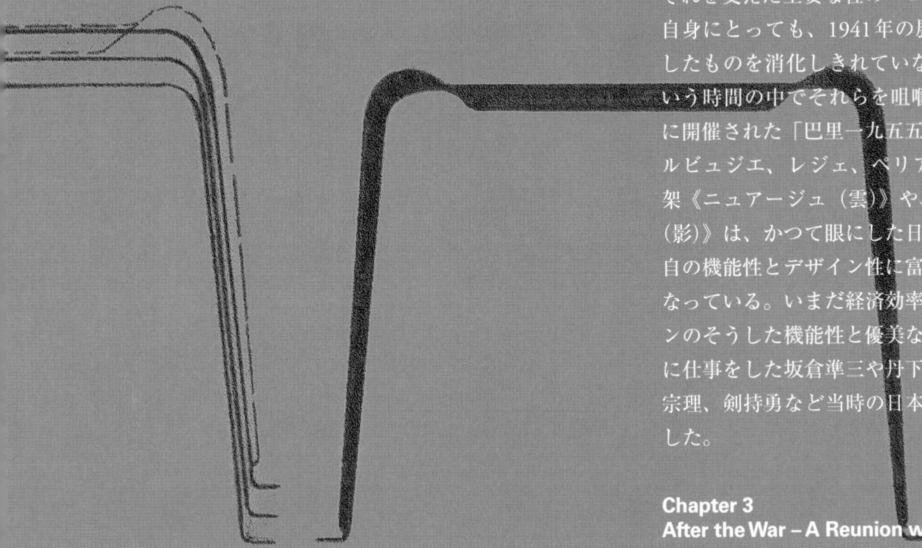

Chapter 3
After the War – A Reunion with Japan 1949-1960

In 1953, Perriand was given another opportunity to visit Japan. Her husband Jacques Martin, whom she had met and married during the war in Indochina, had in fact been transferred to the country as the first branch manager of Air France's Tôkyô office in the previous year. In the 1950s, postwar Japan was finally on the road to recovery, from where it directly launched into an era of rapid economic growth. One of the main pillars supporting this development was industrial design. At the time of her exhibition in 1941, Perriand quite probably was not able to fully digest all the things she had absorbed up to that point. Within a period of ten years, she had processed and translated them into specific works. The "Nuage" bookshelf, "Bibliothèque-rangement" (meuble-écran/partitioning furniture), and "Ombre" chair introduced in the "Exposition Proposition d'une Synthèse des Arts. Paris 1955, Le Corbusier, Fernand Léger, Charlotte Perriand" all incorporated Japanese-style elements Perriand had observed in Japan. With her unique way of combining aspects of functionality and design, Perriand created suitable furniture for a contemporary lifestyle. In times when economic efficiency was still widely given priority, her design merging practicability and exquisite forms had significant impact not only on architects she worked with, such as Junzô Sakakura and Kenzô Tange, but also on contemporaneous Japanese designers including Sôri Yanagi and Isamu Kenmochi among others.

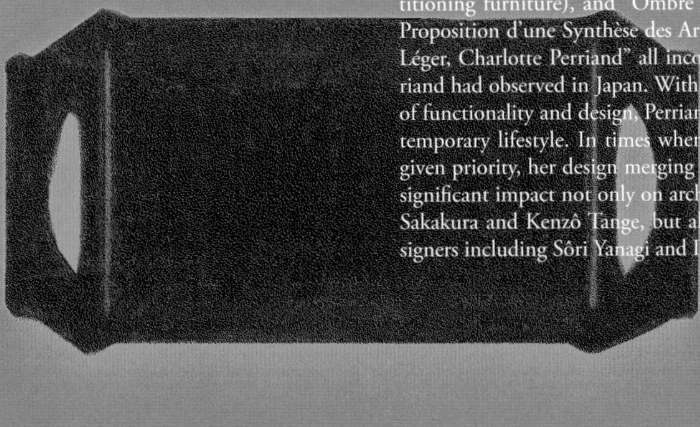

1949 - 1960

日本体験
Experiences in Japan

戦後の坂倉・ペリアン書簡

1942年の年末に日本を離れ、仏領インドシナへ渡ったペリアンは、1943年5月、経済局担当官を勤めるジャック・マルタンと結婚し、終戦を迎えた翌年、1歳になる娘ペルネットと引き揚げ船でインドシナからフランスに帰国する。1948年、ペリアンが日本の親友たちに宛ててしたためた手紙から、坂倉準三との交流が再開する。この手紙でペリアンは、ル・コルビュジエのアトリエでともに過ごしたかつての仲間たちの近況に触れている。1939年にニューヨークに拠点を移した、カタルーニャ人の建築家ホセ・ルイ・セルトは47年にCIAM（近代建築国際会議）の会長に就任し、ル・コルビュジエはマルセイユでユニテ・ダビタシオンの実現に向けて動き、ポール・ネルソンはサン・ロー病院の設計者に選ばれ、ピエール・ジャンヌレはジョルジュ・ブランションとともにパリ郊外の集合住宅建設に携わっていた。

一方、手紙を受けた坂倉準三は、1945年の東京大空襲で赤坂桧町の事務所周辺が焼け野原となり、パリ時代の書類をほとんど焼失してしまっていた。しかしながら翌年には戦災復興組立建築に着手し、連合軍司令部技術本部の委嘱により連合軍関係設営設計を52年まで担当、さらに1947年には竹製家具の研究開発のため三保建築工芸株式会社を設立し、竹製品の製作も手がけるなど、いまだ過酷な状況下にあった戦後復興期にも拘わらず積極的に活動を再開する。また、坂倉の書簡からは、ペリアン初来日の折に視察に同行し、彼女から多くを学んだ柳宗理がインダストリアル・デザイナーとして、松村硬質陶器と新時代の食器を開発しはじめたこともうかがえる。(NS)

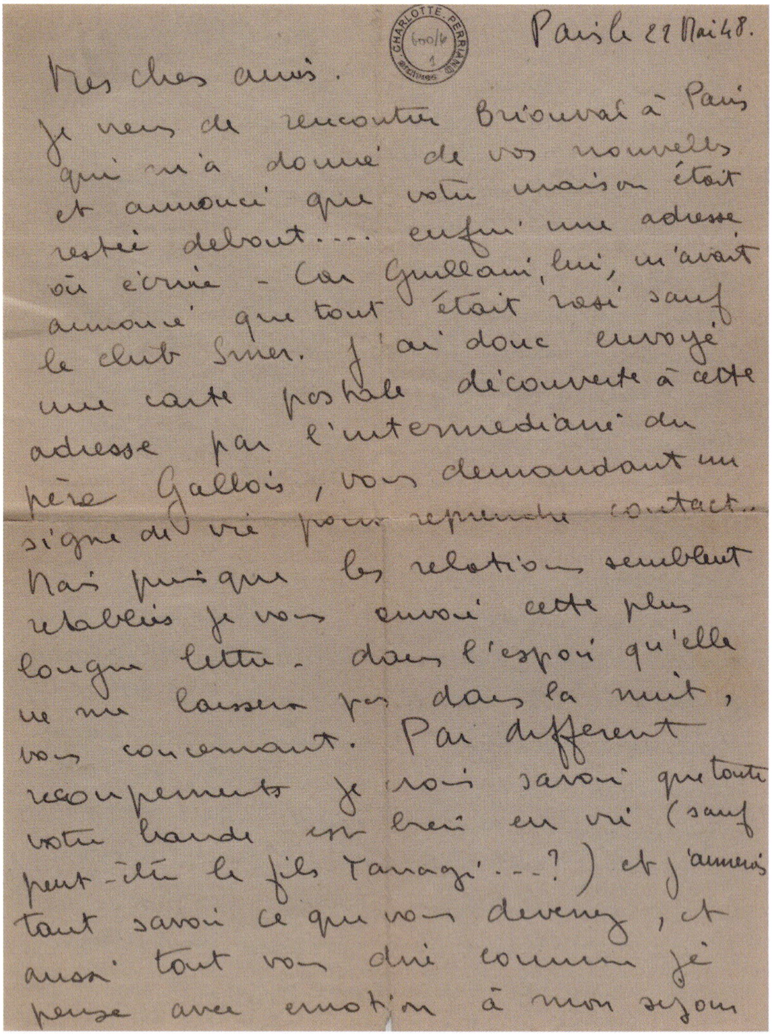

Paris le 22 Mai 48.

Mes chers amis.

Je viens de rencontrer Briouval à Paris qui m'a donné de vos nouvelles et annoncé que votre maison était restée debout.... enfin une adresse où écrire - Car Guillain, lui, m'avait annoncé que tout était rasé sauf le club Sumer. J'ai donc envoyé une carte postale découverte à cette adresse par l'intermédiaire du père Gallois, vous demandant un signe de vie pour reprendre contact. Mais puisque les relations semblent rétablies je vous envoie cette plus longue lettre. dans l'espoir qu'elle ne me laissera pas dans la nuit, vous concernant. Par différents recoupements je crois savoir que toute votre bande est bien en vie (sauf peut-être le fils Yanagi...?) et j'aimerais tout savoir ce que vous devenez, et aussi tout vous dire comme je pense avec émotion à mon séjour

225 シャルロット・ペリアンから坂倉準三宛の手紙　1948年5月22日付［封書］

Charlotte Perriand : Lettre à Junzô Sakakura, 22 mai 1948. AChP.

パリ、48年5月22日

親愛なる友人たち

いまパリで□□と会って、そちらの近況を教えてもらって、あなたたちの家がちゃんと建っていることを知ったところ。これでやっと手紙を書ける住所ができたわ。というのも、ギランからは、スメラ・クラブ以外は何もかも壊滅したと、以前聞いていたの。それでその住所に、ガロワ神父を通じて、むき出しの絵はがきをこの住所に送ったの。あなたたちの命の安全を確認して、再び連絡をとるために。でも、外交関係が復活したようだから、もっと長い手紙を送ることにしたわ。この手紙が、あなたたちについて何も分からない闇の中から、わたしを救い出してくれることを期待して。いろいろな情報を確認したところ、あなたたち仲間はみんな、ちゃんと生きているようだけど（たぶん柳・息子を除いて……？）あなたたちがどうしているかとても知りたい、それに、日本滞在のことやみんなの優しさを思い出すと、どれほど心が揺さぶられるか、伝えたい。

［2枚目］

だから、坂倉と西村の住所を順番に書いてわたしに送ってちょうだい。そして友達全員の近況をたくさん教えてちょうだい。

今、フランスは難しい時期だけど、すばらしい知的活動が起っているわ。すっかり復活した最良の雑誌を、あなたたちに定期購読させたいのだけれど。そのためには、やっぱりあなたたちの住所が必要なの。簡潔にまとめると、パリでわたしたちの仲間全員に再会したわ。パリに立ち寄っていたセルトに再会した（彼は変わらずニューヨーク在住）、ワルシャワ市長に随伴していたヘレナ・シルクスにも再会した。――セルトがCIAMの会長になったから、サカと連絡をとるよう指示しておいた。レジェはパリにいる。――ピカソは南仏のヴァロリスでテラコッタをつくっている――ミロ、彼はアメリカ大陸にいたけれど、フランスに戻ってくるための準備中。

［3枚目］
コルビュジエは、国連本部ビルの顧問のために合衆国にいた後、マルセイユの巨大な集合住宅「ユニテ・ダビタシオン」をつくっている――ネルソンは、サン・ローで大きな病院［フランス＝アメリカ合衆国記念病院］……。結局、みんな、復興の大きな仕事をしているのだけれど、予算不足が障害になっている……残念だわ……ジャンヌレはというと、パリ郊外の集合住宅のために奮闘中――ニコラは、知的エリートを集めて、シャンゼリゼ大通りにあるかつてのホテルにラ・パンセ・フランセーズ社［Maison de la Pensée Française］を創設した……（難しくなかったみたい）。そしてわたしはというと、フランンスに到着してすぐ、アルプスにあるウィンター・スポーツの保養地の仕事に出かけた。それからマルセイユの建物。それから今は、ネルソンと一緒に彼の病院。ニューヨークの近代美術館からの提案に惹かれている。それも否定できないわ。

［4枚目］
家具の展覧会で、東京での展覧会でわたしが選んだものや制作したものも含まれるかもしれない……。まだ何も決めていないの。サカが手紙を書いてくれますように。日本での成果を［写真集かカタログで］出版してもらったら、本当の成功を収めたのよ。
――わたしが持っていた日本芸術の写真資料はすべて助かったわ……（残っている唯一の思い出、他のものはすべてインドシナで略奪されたから……）でもこうして最も重要なものが助かったから、少し時間ができたらすぐにこれを出版しようと思って準備しているの 。
――というのも、生活が（経済的に）とても苦しい、物価がとても高いのよ……たくさん働かないといけない。
――4歳になる娘はとても優しいのよ。

［5枚目］
――パパとママに再会した……でも3カ月前に84歳になったパパは、かわいそうに、「高齢者の癌」で寝たきり。恐ろしい。
――夫、あなたたちは面識がない人、彼は傍にいてくれる……
――それから、今、わたしが住んでいるのは、
ラス・カーズ街、パリ7区

この手紙はもちろんサカに向けても書いているの。彼に友愛の情をこめて、同じく親愛なる彼の家族にも。西村家、特にパパとママには、細やかな心遣いで迎えいれてくれたことに心からの感謝の気持ちを伝えてちょうだい。

最後に、みんなのことを深く思い、この手紙が届くことを願いつつ、筆を置くわ。

シャルロット・ペリアン

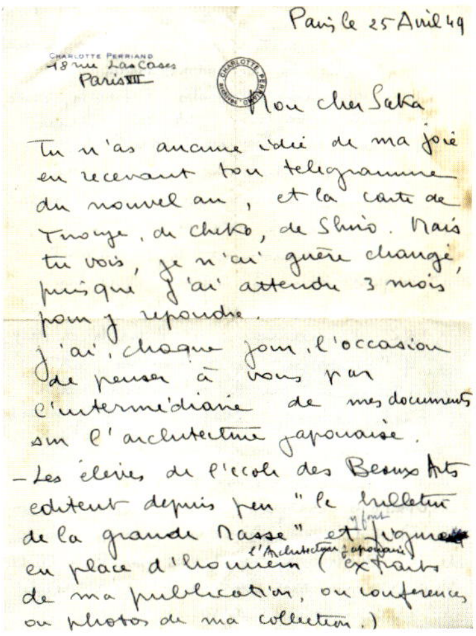
Paris le 25 Avril 49

CHARLOTTE PERRIAND
18 rue Las Cases
Paris VII

Mon cher Saka

Tu n'as aucune idée de ma joie en recevant ton télégramme du nouvel an, et la carte de Inouye, de Chiko, de Shio. Mais tu vois, je n'ai guère changé, puisque j'ai attendu 3 mois pour y répondre.
J'ai, chaque jour, l'occasion de penser à vous par l'intermédiaire de mes documents sur l'architecture japonaise.
– Les élèves de l'école des Beaux Arts éditent depuis peu "le bulletin de la grande masse" et y font figurer l'Architecture japonaise en place d'honneur (extraits de ma publication, ou conférences ou photos de ma collection.)

226　シャルロット・ペリアンから坂倉準三宛の手紙　1949年4月25日付［封書］
Charlotte Perriand : Lettre à Junzô Sakakura, 25 avril 1949. AChP.

パリ、49年4月25日

シャルロット・ペリアン
パリ7区ラス・カーズ街

親愛なるサカ

お正月にあなたからの電報、井上［清一］と、智恵子［原］と紫郎［川添］のカードを受けとった時のわたしの喜び、あなたには想像できないわ。でも、返事に3カ月もかかるなんて、わたし、ほとんど変わっていないでしょう。

日本建築についての資料を通して、毎日、あなたたちのことを考える機会があるのよ。
――国立美術学校の学生が、つい先日『Bulletin de la grande masse（大工房の会報）』を出版したところで、日本建築は栄誉ある場所に載っているわ（わたしの出版物や会議の抜粋、わたしが集めた写真）。――『L'Architecture d'aujourd'hui（今日の建築）』誌から出版されたばかりの「芸術」特集号では、レジェ、ピカソ、コルビュジエなど、もっとも偉大な芸術家たちの人生と作品が載っているの……。そして、「日本芸術」はここでもいい場所に。わたしが特別に書いた原稿が載っているのよ。この原稿を書くのはとても怖かった。表現するのが本当に、かなり微妙なことだから。あなたがわたしに不満をもたないといいけれど。この号をあなたのところに送ってもらうよう『今日の建築』誌に頼んだわ。49年1月からあなたが『今日の建築』誌を定期購読できるようにもお願いしておいた。もし雑誌が届いたら、あるいは、届かなかったら、アンドレ・ブロック氏に直接その旨を知らせてちょうだい。住所は、ブーローニュ・シュル・セーヌ、バルトルディ通り5番。1949年分の定期購読料を支払っておいたから。「芸術」特集号も、わたしが参加していることで清算済み。だから、あなたから正統な権利として催促しても大丈夫。
――もう一点、『Cahiers d'art（美術手帳）』誌のゼルヴォスと約束があるの、日本号を出版することが可能かどうか検討するため。どうなったか知らせるわ。
――今年の夏、イタリアのベルガモでCIAMの会議があるのを前川から聞いたかしら。前川は、彼の団体、CIAM日本の創設を申請して許可をもらったけど、あなたはそこに所属しているの？
もし所属していないなら、新しい規約では一国に複数の団体が許可されるのよ。だからもし別の団体をつくりたいなら、それは可能。ただ、その場合、CIAMに通知する必要がある（たとえば、フランスでは、アスコラル／ル・コルビュジエ団体、ネルソン団体、それからおそらく、リュルソ団体）。CIAMの住所は次のとおり。スイス、チューリヒ32、ドルダータール通り7番、事務局2、ギーディオン氏。

もし何かあなたたちの役に立てることがあれば、遠慮せず手紙をちょうだい。あなたの国を知ることができて、その上、きめ細かなもてなしを受けて、あなたにはいくら感謝しても足りないくらい。次の手紙では、わたしやわたしたちの友達、わたしの家族について、もっとたくさんお知らせするわ。かわいいペルネットの写真も送るわね。5歳の愛らしい小さな女の子よ。あなたたちがどう思おうと、女の子ってとてもかわいい……。

みんなに心をこめて。ヨネ［西村］の近況を教えてくれる？　柳・息子と彼の家族は？　ハールの家族は？　マツァ［松平斉光］の家族は？
前川にくれぐれもよろしくね。

シャルロット

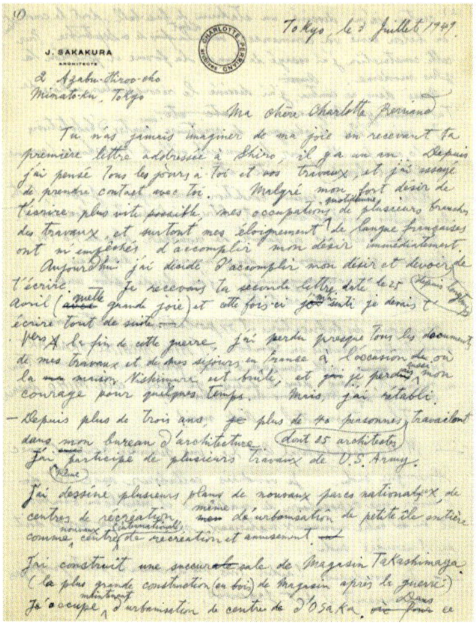

J. SAKAKURA
ARCHITECTE

Tokyo, le 3 juillet 1949.

2 Azabu-Hiroo-cho
Minato-ku, Tokyo

Ma chère Charlotte Perriand

227 坂倉準三からシャルロット・ペリアン宛の手紙 1949年7月3日付［封書］

Junzô Sakakura : Lettre à Charlotte Perriand, 3 juillet 1949. AChP.

東京、1949年7月3日

J. SAKAKURA
ARCHITECTE
東京 港区
麻布広尾町2

親愛なるシャルロット・ペリアン

1年前、君が紫郎［川添］に宛てた1通目の手紙を受けとったときの僕の喜びを君はぜんぜん想像できないだろう。それ以来、僕は毎日君のことを、君たちの仕事のことを考えていて、連絡をとろうとした。できるだけ早く君に手紙を書きたいと思っていたにもかかわらず、いくつもの分野にわたる仕事が忙しくて、それに何よりフランス語から遠ざかっていたことがあって、すぐに望みを実現できなかった。

今日、君に手紙を書きたいという思いと長年の宿題を果たすことに決めた。君から4月25日付けの2通目の手紙を受けとって（なんて嬉しいことだろう）、今回はすぐに返事をしなければと感じたわけだ。

戦争の終わり頃、西村の家が燃えてしまって、僕の仕事やフランス滞在時の資料をすべて失ってしまった。しばらくやる気も失っていた。でも、いまは回復した。

——3年以上前から、僕の建築事務所には40人以上の従業員、そのうち35人の建築家が働いている。アメリカ軍の仕事に何度か協力したこともある。いくつか設計もした。新しい国立公園や娯楽施設、それに娯楽用の新しい国際施設として小さな島全体の都市計画まで手がけた。髙島屋の支店を建設した（戦後では最も大きな木造建築）。今は、大阪の中心地の都市計画に携わっている。

［2枚目］

この施設では、野球場の設計をした。鉄筋コンクリートで、9月初めに建設が始まる予定だ。この建築は、もっとも現代的な形と機能を備えたものになるよう試みた。

この施設でも、髙島屋デパートの設計をして、そっくり再建した。

（原爆を経験した）広島の新しい町のために、10,000戸の住宅施設の建設を任されたところだ。などなど。

残念ながら、今の日本の経済状況では、大きな建築物はどれもとてもゆっくりつくられていくだろう。僕の2本の腕で40［46］人を養うのはそう簡単なことじゃない。

［3枚目］

——僕の建築事務所を経済的に助けるために、1年前、素材や竹材の家具を製作・輸出する会社を設立した（三保建築工芸株式会社）。この会社も今のところゆっくり機能しているけれど、僕の夢は、将来、この三保が東洋のトーネット社になることだ。僕に手を貸してくれ！

——三保建築工芸株式会社は、南米とコンタクトをとるつもりだ。君と協力して、竹製家具と素材の展覧会か新素材の展覧会を、ニューヨークか南アメリカで開催したい。

——日本芸術についての写真資料すべて、君の手助けをしたい。

——『L'Architecture d'aujourd'hui』誌の定期購読について、君の深い友情にお礼の言葉もない。これまで、2号だけ受けとった（1948年11月～12月の第21号と、農業建築の第22号）。

特別号の『Art』をずっと心待ちにしている。アンドレ・ブロック氏にはまだ催促していない。

——CIAMについては、僕の日本CIAMが認められれば本当にいいと思う。今のところ日本には、日本CIAMに相当する団体がないから、まずは、前川が個人的につくるように、日本でのCIAMの創設が一つ認められてほしい。その後、前川と一緒に日本全体のCIAMを結成するつもりだ。今、前川はどんな団体ももっていないからね［ペリアンの4月25日付の手紙では、前川の団体申請はすでにCIAMの許可をもらっているとある］。

井上さんが僕の手紙を書き終るのを待っているので、不十分だけど急いで筆をおくことにする。

——1週間後、この手紙を仕上げるよ。

君たち（君の家族、親愛なる君の夫、君のかわいい娘、親愛なる君の両親）皆に、心をこめて。

［4枚目］

追伸

セルトと連絡をとりたい。

コルビュジエ先生と

ギーディオン氏に、くれぐれもよろしく

次の郵便では、このお二方にも手紙を書きたいと思っている。

フランスの出版物がたくさんほしいが、今、ない

第4号 ル・コルビュジエの全著作

スイス出版 『Technique et Architecture（技術と建築）』

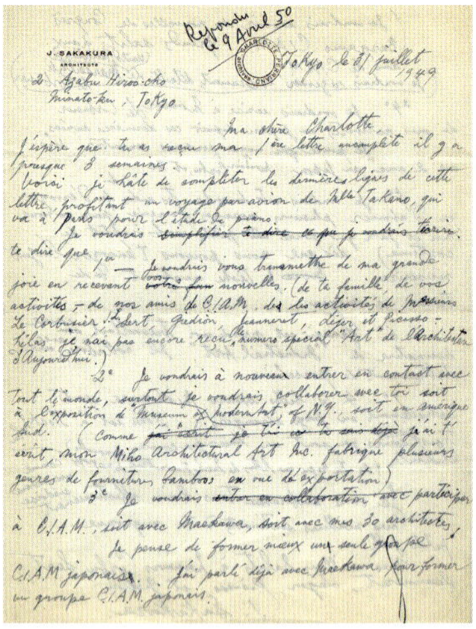

J. SAKAKURA
ARCHITECTE

Tokyo, le 31 juillet 1949

2 Azabu-Hiroo-cho
Minato-ku, Tokyo

Ma chère Charlotte

228 坂倉準三からシャルロット・ペリアン宛の手紙 1949年7月31日付［封書］

Junzô Sakakura : Lettre à Charlotte Perriand, 31 juillet 1949. AChP.

東京、1949年7月31日

J. SAKAKURA
ARCHITECTE
東京 港区
麻布広尾町2

親愛なるシャルロット

約3週間前に送った不十分な手紙を受けとったことと思う。高野夫人がピアノの勉強のために飛行機でパリに行くので、それに乗じて、1通目の最後数行をここで急いで補おう。君に次のことを伝えたい。

その1——君たちの近況をもらった時の大いなる喜びを伝えたい（君の家族、君たちの活動、CIAMの友人たち、ル・コルビュジエやセルト、ギーディオン氏、ジャンヌレ、レジェ、ピ

カソ諸氏の活動。残念ながら、『L'Architecture d'aujourd'hui』誌の『Art』特別号はまだ届いていない。)

その2――改めてみんなと連絡をとりたい。とくに君とは、ニューヨークの「現代美術館」の展覧会か、南アメリカで、協力して仕事をしたい(すでに書いたように、僕の三保建築工芸株式会では、輸出に向けて複数の種類の竹製家具をつくっている。

その3――前川と、もしくは、僕のところの建築家30人と、CIAMに参加したい。

日本のCIAMはひとつだけ創設する方がいいと僕は思う。日本CIAMをつくるために、すでに前川とは話をしてある。

[2枚目]

(CIAMベルガモ大会の近況を知りたい。CIAMの友人たちにくれぐれもよろしく)

(ル・コルビュジエのマルセイユの集合住宅[ユニテ・ダビタシオン]の詳細な資料を届けてほしい)

その4――近年の僕の日本での活動について、ル・コルビュジエ先生に手紙を書きたい。

僕たち(コルビュ先生と君)は2年以内に日本で再会できるだろう。

その5――手を貸してほしい。必要な金を君に送ることができたら、すぐに、僕たち(僕と、小さな衣装学院を創設したユリ)のために、フランスの複数の書物を送るか、定期購読するか、してほしい。金策を練っているところだ。

その6――柳は僕のそばにいて、「インダストリアル・アート」のデザイナーとして働いている。陶器会社と共同で仕事している。

その7――西村の美人姉妹4人は、今、外国にいる。ヨネはストックホルムで、スウェーデン人の夫人だ。3人の下の姉妹はアメリカにいて、学生をしている。僕たち仲間の近況を伝える井上からの手紙は受けとったかい?

みなさんに心をこめて。

君のかわいいペルネットによろしく。

コルビュ、セルト、ジャンヌレ、レジェ、ピカソ、ギーディオン諸氏にくれぐれもよろしく。

坂倉

---

225 Charlotte Perriand : Lettre à Junzô Sakakura, 22 mai 1948. AChP.

Paris le 22 mai 48

Mes chers amis,

Je viens de rencontrer Brionval à Paris qui m'a donné de vos nouvelles et annoncé que votre maison était restée debout… . Enfin une adresse où écrire. Car Guillain, lui, m'avait annoncé que tout était rasé sauf le Club Sumer. J'ai donc envoyé une carte postale découverte à cette adresse par l'intermédiaire du père Gallois vous demandant un signe de vie pour reprendre contact. Mais puisque les relations semblent rétablies je vous envoie cette plus longue lettre. Dans l'espoir qu'elle ne me laissera pas dans la nuit, vous concernant. Par différents recoupements je crois savoir que toute votre bande est bien en vie (sauf peut-être le fils Yanagi… ?) et j'aimerais tant savoir ce que vous devenez, et aussi tant vous dire comme je pense avec émotion à mon séjour au Japon et à votre gentillesse à tous.

[1/5…]

---

226 Charlotte Perriand : Lettre à Junzô Sakakura, 25 avril 1949. AChP.

Paris, le 25 avril 1949

CHARLOTTE PERRIAND
18 rue Las Cases
Paris VII

Mon cher Saka

Tu n'as aucune idée de ma joie en recevant ton télégramme du Nouvel An, et la carte de Inouye, de Cheko, de Shiro. Mais tu vois, je n'ai guère changé puisque j'ai attendu 3 mois pour y répondre.

J'ai, chaque jour, l'occasion de penser à vous par l'intermédiaire de mes documents sur l'architecture japonaise.

—Les élèves de l'école des Beaux-Arts éditent depuis peu « le Bulletin de la Grande Masse » et y font figurer en place d'honneur l'architecture japonaise (extraits de ma publication, ou conférences ou photos de ma collection.)

[1/4…]

Charlotte

---

227 Junzô Sakakura : Lettre à Charlotte Perriand, 3 juillet 1949. AChP.

J. SAKAKURA
ARCHITECTE
2 Azabu. Hiroo-cho.
Minato-ku. Tokyo

Tôkyô, le 3 juillet 1949

Ma chère Charlotte Perriand

Tu n'as jamais imaginé ma joie en recevant ta première lettre adressée à Shiro, il y a un an. Depuis j'ai pensé tous les jours à toi et vos travaux, et j'ai essayé de prendre contact avec toi. Malgré mon fort désir de t'écrire le plus vite possible, mes occupations quotidiennes de plusieurs branches de travaux, et surtout mes éloignement de langue française m'ont empêché d'accomplir mon désir immédiatement.

Aujourd'hui j'ai décidé d'accomplir mon désir et devoir depuis longtemps de t'écrire. Je recevais ta seconde lettre daté le 25 avril (quelle grande joie) et cette fois-ci j'ai senti je devais t'écrire tout de suite.

Vers la fin de cette guerre, j'ai perdu presque tous les documents de mes travaux et de mes séjours en France à l'occasion d'où la maison Nishimura est brûlé, et je perdais aussi mon courage pour quelque temps. Mais, j'ai rétabli.

—Depuis plus de trois ans, plus de 40 personnes dont 35 architectes travaillent dans mon bureau d'architecture.

J'ai participé de plusieurs travaux de U.S. Army.

J'ai dessiné plusieurs plans de nouveaux parcs nationaux, de centres de récréation, même d'urbanisation de petite île entière comme nouveaux centres international de récréation et amusement.

J'ai construit une succursale de Magasin Takashimaya (la plus grande construction de magasin [en bois] après la guerre).

Je m'occupe maintenant d'urbanisation de centre d'Osaka.

[1/4…]

Saka

---

228 Junzô Sakakura : Lettre à Charlotte Perriand, 31 juillet 1949. AChP.

J. SAKAKURA
ARCHITECTE
2 Azabu. Hiroo-cho.
Minato-ku. Tokyo

Tôkyô, le 31 juillet 1949

Ma chère Charlotte,

J'espère que tu as reçu ma première lettre complète il y a presque 3 semaines.

Voici je hâte de compléter les dernières lignes de cette lettre, profitant un voyage par avion de Mlle Takano, qui va à Paris pour l'étude du piano.

Je voudrais ~~simplifier te dire ce que je voudrais t'écrire~~ te dire que

1er – Je voudrais vous transmettre de ma grande joie en recevant vos nouvelles (de ta famille, de vos activités, de nos amis de C.I.A.M., de les activités de Messieurs Le Corbusier, L. Sert, Giedion, Jeanneret, Léger et Picasso.)

Hélas je n'ai pas encore reçu le numéro spécial « Art » et l'Architecture d'aujourd'hui.

2e Je voudrais à nouveau entrer en contact avec tout le monde, surtout je voudrais collaborer avec toi soit à l'exposition de Modern Art Museum of N.Y. soit en Amérique Sud. (Comme ~~j'ai écrit je t'ai ectu sais déjà~~ j'ai t'écrit, mon Miho Architectural Art Inc. fabrique plusieurs genres de fournitures bambous en vue d'exportation)

3e Je voudrais ~~entrer en collaboration avec~~ participer à C.I.A.M., soit avec Mayekawa, soit avec mes 30 architectes ;

Je pense de former mieux un seul groupe C.I.A.M. japonais. J'ai parlé avec Mayekawa pour former un groupe C.I.A.M. japonais.

[1/2…]

Saka

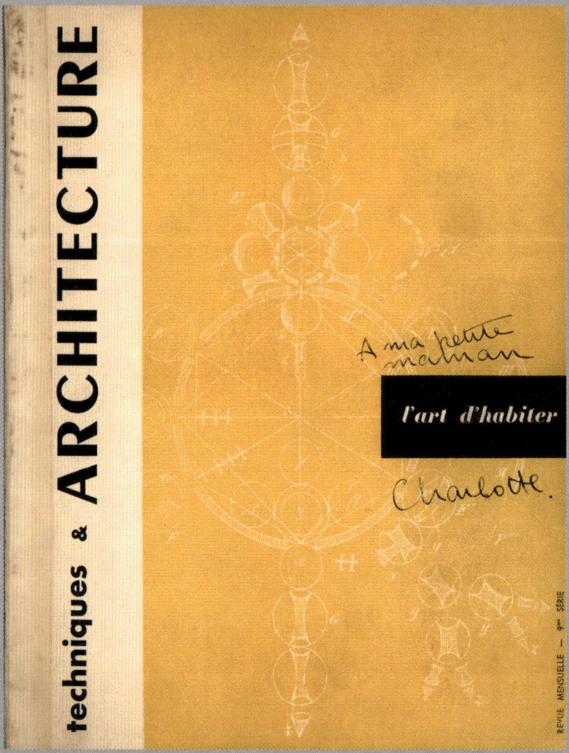

229 シャルロット・ペリアン「L'art d'habiter（住まいの芸術）」『Techniques et Architecture（技術と建築）』1950年　9シリーズ、9-10号
Charlotte Perriand : « L'art d'habiter », *Techniques et Architecture*, 9ème série, nº 9-10, 1950. AChP.

住まいの芸術

住環境の調和は建築や都市計画と切り離してそれだけでは成り立たない。住宅設備だけで実現できると言い張っても意味がないだろう。なぜなら調和ある住環境は、立地、方角、光の按配といった外的な条件に等しく影響される建物の環境で決まるからである。また、住環境は物質的な材料を組み立てるだけでなく、人として均衡のとれた状態と精神が解放される条件をつくりださなければならない。

ここでは論点をはっきりさせよう。空間を満たすか、空にするか。この設問は愚かしく思えるが、それなりに重要である。空を、無だ、あるいは、貧しいと思う人がいるが、一方ではそこに、思惟し、活動する場が開かれると考える人もいる。
　西洋の修道士は、瞑想し極度の精神集中に到達するために、何もない空間を選んで、個室にこもった。極東の宗教では、「空」への崇敬が称揚される。『茶の本』で岡倉天心はこう述べている。「物の真に肝要な所は只虚にのみ存すると彼〔老子〕は主張した。〔……〕虚は総てのものを含有するから万能である。虚に於てのみ運動が可能となる。〔……〕芸術に於ても同一原理の重要なことが暗示の価値によって分る。何物かを表はさずにおく所に、観る者はその考を完成する機会を与へられる」
　日本庭園は、家屋の延長であって、しばしばとても抽象的な着想を表す要素と面の組み合わせとを作用させて瞑想を促すよう構想されている。

現代の住環境の話から話題がそれてしまったかもしれない。しかし、都市計画と建築の分野でのあらゆる試みは、人間が調和のうちに生活できる住環境をつくりだすことを目指しているはずである。できるだけ独りになれて、庭や空に向かって建物の壁面を大きく開いて自然を活用しながらの生活が、調和をもたらす。
　私たちの時代のあわただしい生活には、家族構成員一人ひとりの安らぎがますます必要になっている。行き届いた都市計画と建築でつくられる外的環境。室内では、住宅設備がつくりだす空の空間。

論点は決まった。知的世界が私たちの生活を豊かに満たしてくれるのだから、精神生活や気晴らしの時間を奪ってしまうに過ぎない無駄なガラクタはもうこれ以上要らない。無駄なものの埃を（掃除機を使おうが使うまいが）払うより太陽のもとで一日を過ごすほうがいい。1年に365日繰り返される日々のささいな振る舞いを問題に入れる前に、もっとずっと広い領域について話をしておくべきだと考えた。実際には住環境は、ささいな振る舞いで成り立っている。そういう振る舞いは私たちの必要から生じていて、設備上の専門的な視点を応用するにはつねに、複雑になりすぎてしまった問題を単純化するよう心掛けなければならない。

もう一つの論点がある。家庭の設備で何がいちばん大事な要素なのか？　躊躇なく答えよう。整理である。よく考えられた整理整頓がなければ、住居に必要な空は生まれない。整理用の壁が要るということに話は落ち着く。次には、家事設備、台所、衛生設備となる。私たちの家はつねに空をもつ。私たちはそこで夢想し、東洋風に床でじかに休息し、西洋風に椅子で安らい、子どもたちは遊んでいる。

【全文をp.291に掲載】

pp. 32-33

pp. 34-35

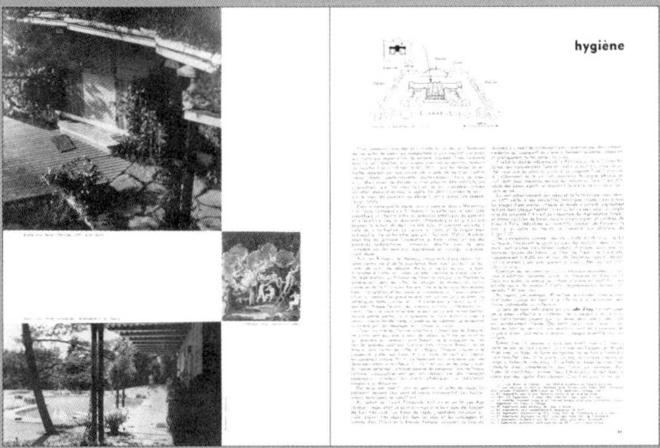

pp. 46-47

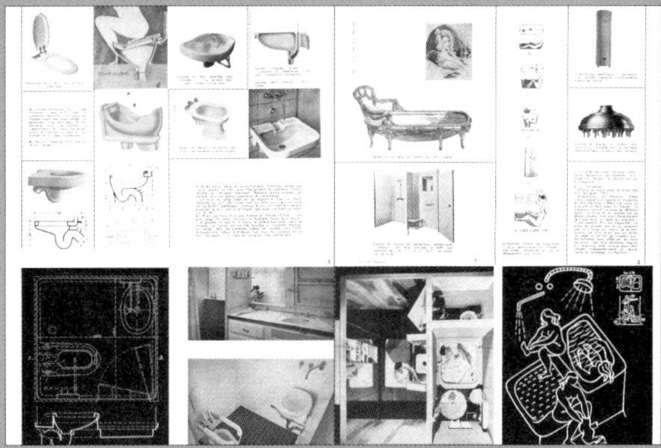

pp. 50-51

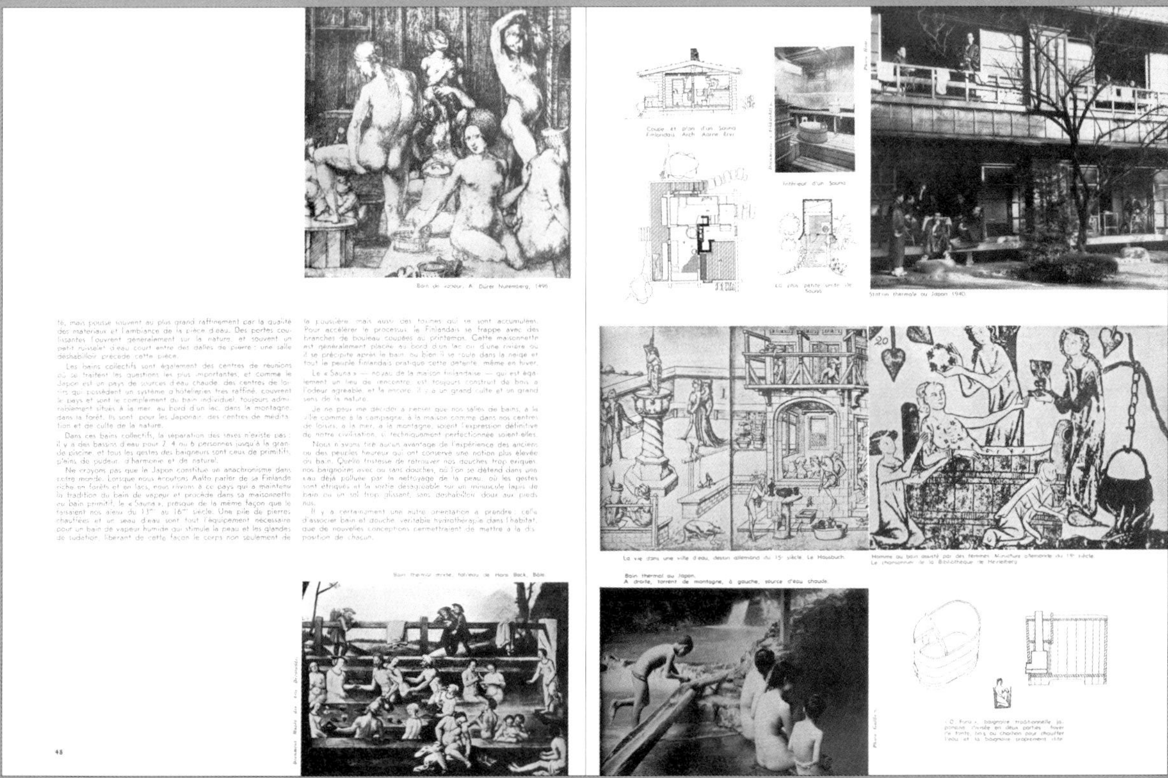

Bain de vapeur. A. Dürer Nuremberg, 1496

té, mais poussé souvent au plus grand raffinement par la qualité des matériaux et l'ambiance de la pièce d'eau. Des portes coulissantes l'ouvrent généralement sur la nature, et souvent un petit ruisselet d'eau court entre des dalles de pierre : une salle déshabilloir précède cette pièce.

Les bains collectifs sont également des centres de réunions où se traitent les questions les plus importantes, et comme le Japon est un pays de sources d'eau chaude, des centres de loisirs qui possèdent un système d'hôtelleries très raffiné, couvrent le pays et sont le complément du bain individuel, toujours admirablement situés à la mer, au bord d'un lac, dans la montagne, dans la forêt. Ils sont, pour les Japonais, des centres de méditation et de culte de la nature.

Dans ces bains collectifs, la séparation des sexes n'existe pas : il y a des bassins d'eau pour 2, 4 ou 6 personnes jusqu'à la grande piscine, et tous les gestes des baigneurs sont ceux de primitifs, pleins de pudeur, d'harmonie et de naturel.

Ne croyons pas que le Japon constitue un anachronisme dans notre monde. Lorsque nous écoutons Aalto parler de sa Finlande riche en forêts et en lacs, nous rêvons à ce pays qui a maintenu la tradition du bain de vapeur et procède dans sa maisonnette au bain primitif, le « Sauna », presque de la même façon que le faisaient nos aïeux du 13me au 16me siècle. Une pile de pierres chauffées et un seau d'eau sont tout l'équipement nécessaire pour un bain de vapeur humide qui stimule la peau et les glandes de sudation, libérant de cette façon le corps non seulement de la poussière, mais aussi des toxines qui se sont accumulées. Pour accélérer le processus, le Finlandais se frappe avec des branches de bouleau coupées au printemps. Cette maisonnette est généralement placée au bord d'un lac ou d'une rivière où il se précipite après le bain, ou bien il se roule dans la neige et tout le peuple finlandais pratique cette détente, même en hiver.

Le « Sauna » — noyau de la maison finlandaise — qui est également un lieu de rencontre, est toujours construit de bois à l'odeur agréable, et là encore, il y a un grand culte et un grand sens de la nature.

Je ne peux me décider à penser que nos salles de bains, à la ville comme à la campagne, à la maison comme dans nos centres de loisirs, à la mer, à la montagne, soient l'expression définitive de notre civilisation, si techniquement perfectionnée soient-elles.

Nous n'avons tiré aucun avantage de l'expérience des anciens ou des peuples heureux qui ont conservé une notion plus élevée du bain. Quelle tristesse de retrouver nos douches trop exiguës, nos baignoires avec ou sans douches, où l'on se détend dans une eau déjà polluée par le nettoyage de la peau, où les gestes sont étriqués et la sortie désagréable sur un minuscule tapis de bain ou un sol trop glissant, sans déshabilloir doux aux pieds nus.

Il y a certainement une autre orientation à prendre : celle d'associer bain et douche, véritable hydrothérapie dans l'habitat, que de nouvelles conceptions permettraient de mettre à la disposition de chacun.

Bain thermal mixte, tableau de Hans Bock, Bâle

48

Coupe et plan d'un Sauna Finlandais Arch. Aarne Ervi

Intérieur d'un Sauna

La plus petite unité de Sauna

Station thermale au Japon 1940

La vie dans une ville d'eau, dessin allemand du 15e siècle. Le Hausbuch.

Homme au bain assisté par des femmes. Miniature allemande du 14e siècle. Le chansonnier de la Bibliothèque de Heidelberg

Bain thermal au Japon.
A droite, torrent de montagne, à gauche, source d'eau chaude.

« O. Furo », baignoire traditionnelle japonaise divisée en deux parties : foyer de fonte, bois ou charbon pour chauffer l'eau et la baignoire proprement dite.

pp. 48-49

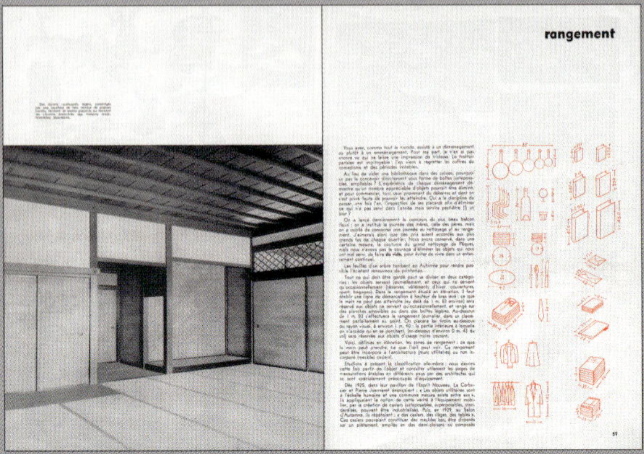

pp. 56-57

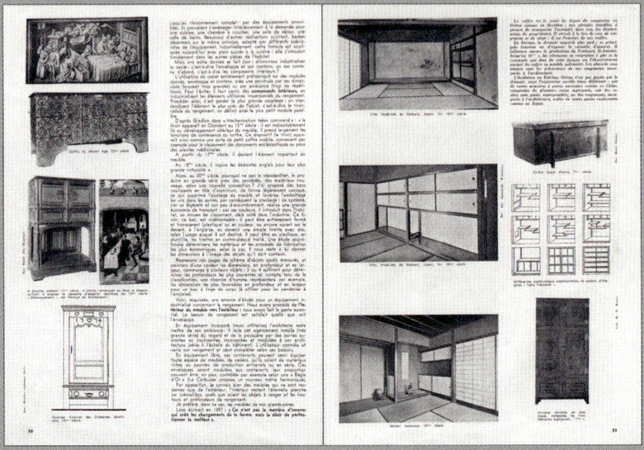

pp. 58-59

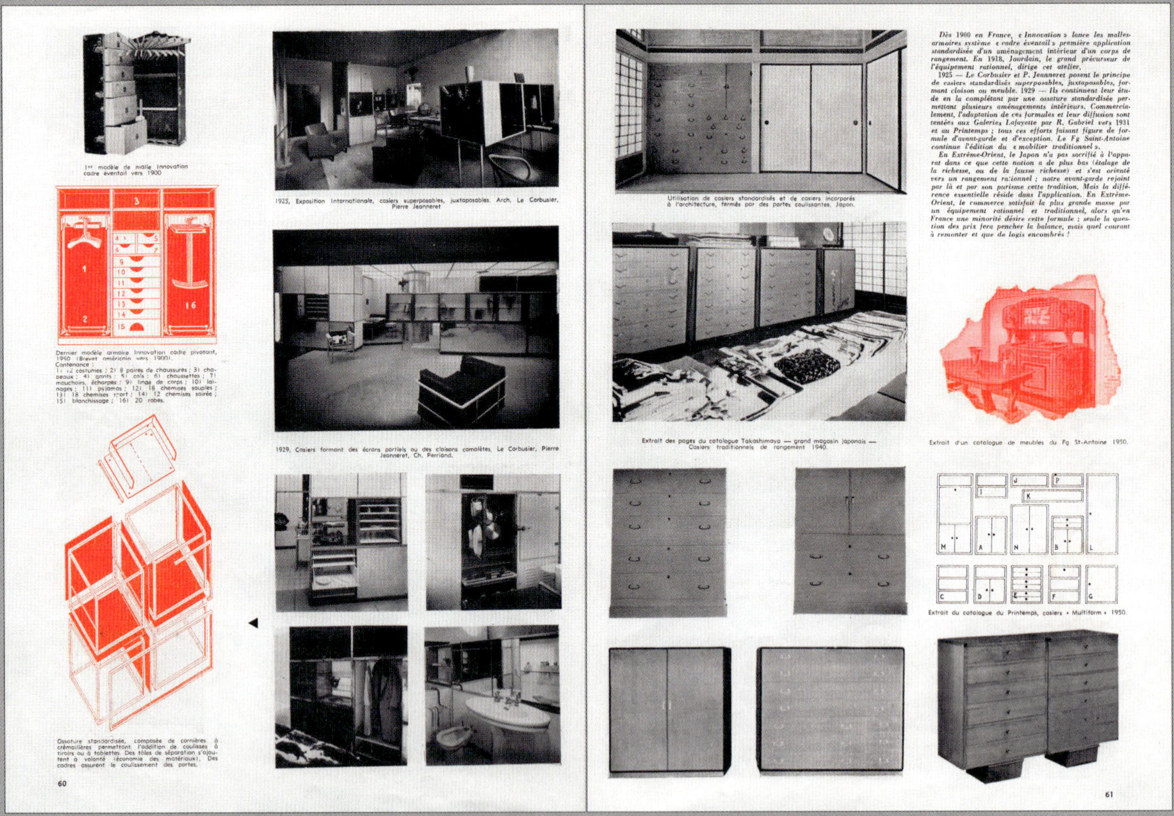

1er modèle de malle Innovation cadre éventail vers 1900

Dernier modèle armoire Innovation cadre pivotant, 1950 (Brevet américain vers 1900).
Contenance :
1) 12 costumes ; 2) 8 paires de chaussures ; 3) chapeaux ; 4) gants ; 5) cols ; 6) chaussettes ; 7) mouchoirs, écharpes ; 9) linge de corps ; 10) lainages ; 11) pyjamas ; 12) 18 chemises souples ; 13) 18 chemises sport ; 14) 12 chemises soirée ; 15) blanchissage ; 16) 20 robes.

Ossature standardisée, composée de cornières à crémaillères permettant l'addition de coulisses à tiroirs ou à tablettes. Des tôles de séparation s'ajoutent à volonté (économie des matériaux). Des cadres assurent le coulissement des portes.

1925, Exposition Internationale, casiers superposables, juxtaposables. Arch. Le Corbusier, Pierre Jeanneret

1929, Casiers formant des écrans partiels ou des cloisons complètes. Le Corbusier, Pierre Jeanneret, Ch. Perriand.

60

Dès 1900 en France, « Innovation » lance les malles-armoires système « cadre éventail » première application standardisée d'un aménagement intérieur d'un corps de rangement. En 1918, Jourdain, le grand précurseur de l'équipement rationnel, dirige cet atelier.

1925 — Le Corbusier et P. Jeanneret posent le principe de casiers standardisés superposables, juxtaposables, formant cloison ou meuble. 1929 — Ils continuent leur étude en la complétant par une ossature standardisée permettant plusieurs aménagements intérieurs. Commercialement, l'adaptation de ces formules et leur diffusion sont tentées aux Galeries Lafayette par R. Gabriel vers 1931 et au Printemps ; tous ces efforts faisant figure de formule d'avant-garde et d'exception. Le Fg Saint-Antoine continue l'édition du « mobilier traditionnel ».

En Extrême-Orient, le Japon n'a pas sacrifié à l'apparat dans ce que cette notion a de plus bas (étalage de la richesse, ou de la fausse richesse) et s'est orienté vers un rangement rationnel ; notre avant-garde rejoint par là et par son purisme cette tradition. Mais la différence essentielle réside dans l'application. En Extrême-Orient, le commerce satisfait la plus grande masse par un équipement rationnel et traditionnel, alors qu'en France une minorité désire cette formule ; seule la question des prix fera pencher la balance, mais quel courant à remonter et que de logis encombrés !

Utilisation de casiers standardisés et de casiers incorporés à l'architecture, fermés par des portes coulissantes, Japon.

Extrait des pages du catalogue Takashimaya — grand magasin japonais — Casiers traditionnels de rangement 1940.

Extrait d'un catalogue de meubles du Fg St-Antoine 1950.

Extrait du catalogue du Printemps, casiers « Multiform » 1950.

61

pp. 60-61

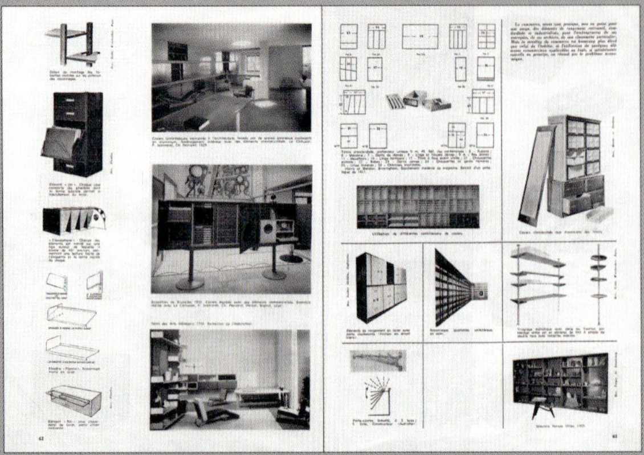

pp. 62-63

pp. 64-65

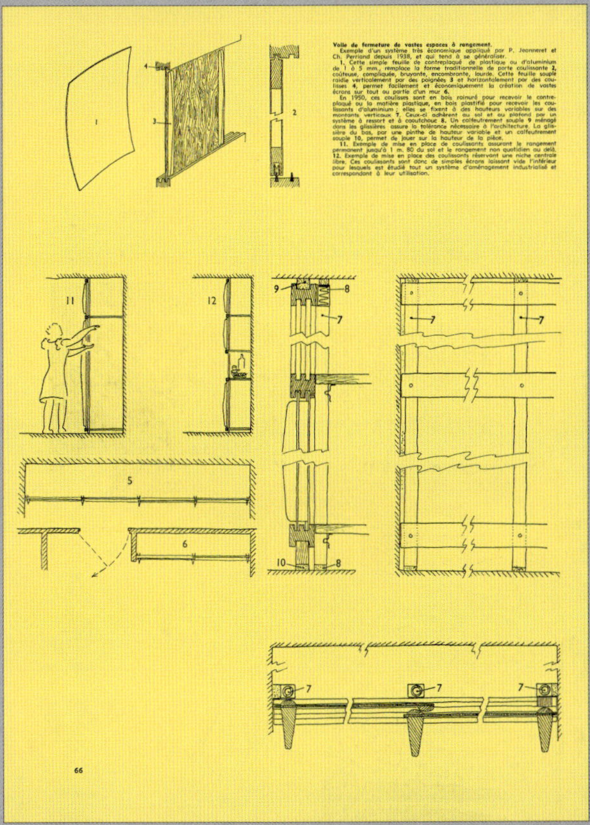
Voile de fermeture de vastes espaces à rangement.
Exemple d'un système très économique appliqué par P. Jeanneret et Ch. Perriand depuis 1938, et qui tend à se généraliser.
1. Cette simple feuille de contreplaqué de plastique ou d'aluminium de 1 à 5 mm., remplace la forme traditionnelle de porte coulissante **2**, coûteuse, compliquée, bruyante, encombrante, lourde. Cette feuille souple raidie verticalement par des poignées **3** et horizontalement par des coulisses **4**, permet facilement et économiquement la création de vastes écrans sur tout ou partie d'un mur **6**.
En 1950, ces coulisses sont en bois rainuré pour recevoir le contreplaqué ou la matière plastique, en bois plastifié pour recevoir les coulissants d'aluminium ; elles se fixent à des hauteurs variables sur des montants verticaux **7**. Ceux-ci adhèrent au sol et au plafond par un système à ressort et à caoutchouc **8**. Un calfeutrement souple **9** ménagé dans les glissières assure la tolérance nécessaire à l'architecture. La glissière du bas, par une pinthe de hauteur variable et un calfeutrement souple **10**, permet de jouer sur la hauteur de la pièce.
11. Exemple de mise en place de coulissants assurant le rangement permanent jusqu'à 1 m. 80 du sol et le rangement non quotidien au delà. **12.** Exemple de mise en place des coulissants réservant une niche centrale libre. Ces coulissants sont donc de simples écrans laissant vide l'intérieur pour lesquels est étudié tout un système d'aménagement industrialisé et correspondant à leur utilisation.

66

p. 66

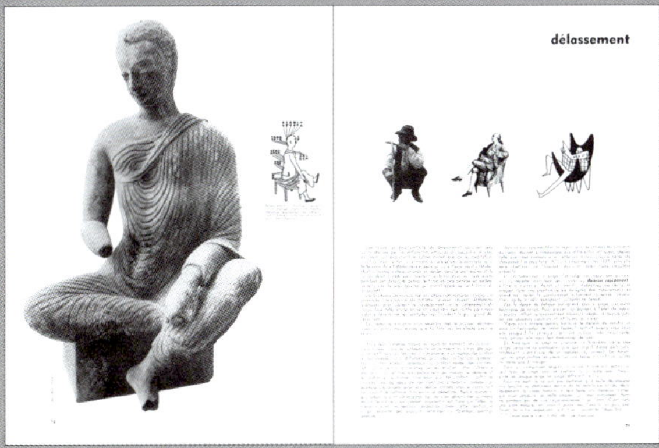
délassement

pp. 72-73

pp. 74-75

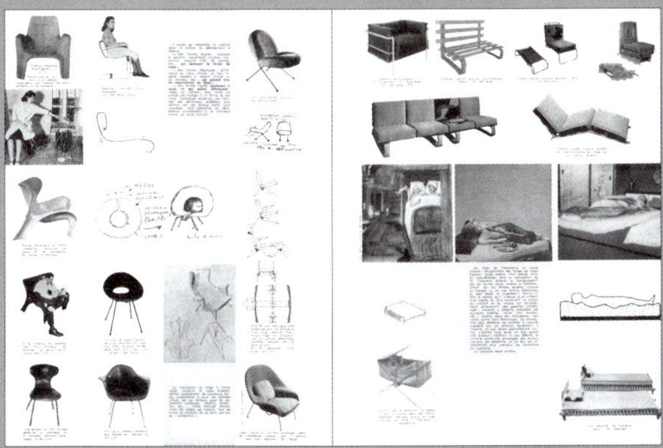

pp. 76-77

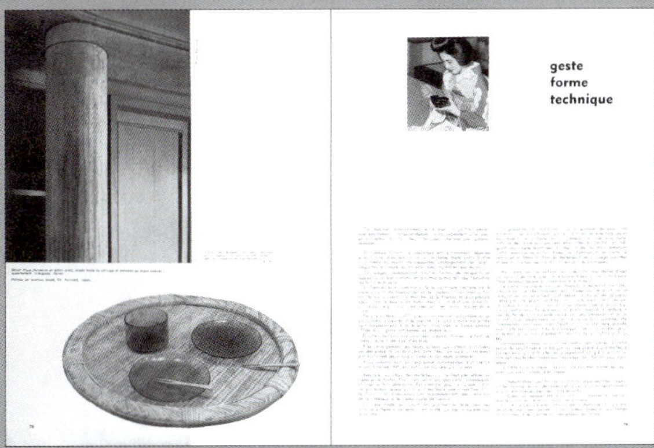
geste
forme
technique

pp. 78-79

p. 81

p. 89

réflexions

p. 95

風呂

1940年に初来日したペリアンは、日本独自の風呂文化に触れ、素直に吸収していく。神戸に到着したその晩、近くの日本旅館に宿泊。日本の伝統的な木桶の風呂に入り、パリを出港して以来約2カ月の船旅の疲れを癒した。それが日本で初体験した風呂である。

1953年に二度目の来日を果たした彼女は、滞在先に木の浴槽のある日本家屋を選んでいる。彼女にとって風呂はもはや日常生活に欠かせない重要な存在となっていた。実はその前年1952年に、ペリアンはパリのサロン・デ・ザール・メナジェで《ユニットバス》を発表している。それは日本家屋の浴室によく見られる狭い空間に小さな浴槽であった。いわゆる西洋で流通していた寝そべって入る、カーブを描く豪華な猫足付きのバスタブではなかった。脚を折り曲げて湯につかる、きわめて庶民的でコンパクトにまとめられたものであった。壁にシャワーとカランが取り付けられている。スケッチを見るとバスタブに腰掛け、身体を洗う様子が描かれているが、実際にはそのような腰掛は浴槽のふちにデザインされなかった。日本に倣い、洗い場が設けられているのも、当時のフランスでは珍しかったに違いない。床には滑り止め用に大きさの異なるタイルが敷き詰められ、石鹸受けが壁にビルトインされている。洗い場と洗面所を区切るため、その間に段差が設けられているのも特徴だ。段差を利用して腰掛けスペースを設けているのは、ペリアン独自の発想といえよう。省スペースに機能を盛り込んだ独自のデザイン提案であり、次のように述べている。「フランスの田舎では入浴は病気の印だった。サロン・デ・ザール・メナジェにてようやく家庭内にて浴室使用を展開させたが、主眼は相変わらず『衛生』にあった」と。当時のフランスでは日常的に湯船につかる文化はなくシャワーのみである。彼女は日本で体験した風呂の文化をフランスでも一般家庭に普及させようと努めたのである。(NW)

230 シャルロット・ペリアン《「ユニットバス」のためのドローイング》、1950年、「フォルム・ユティール（有用造型）」展、サロン・デ・ザール・メナジェ、パリ、1951年

Charlotte Perriand : Croquis du projet de l'*Unité de bain*, 1950, conçu pour le Salon des Arts Ménagers, Paris, 1951. AChP.

231

232

233

231 リーフレット『瓦斯風呂』 東京瓦斯株式會社 株式會社瀬谷商會、1953-54年頃

Société du Gaz de Tôkyô : Dépliant d'information sur les *furo* modernes chauffés au gaz, c.1953-54. AChP.

232 日本の岩風呂［ペリアンの収集した写真］

Salle de bain au Japon. Photographie à caractère documentaire sélectionnée par Charlotte Perriand pour ses propres travaux et publications. DR/AChP.

233 シャルロット・ペリアン《ユニットバス》、「フォルム・ユティール（有用造型）」展に出品、サロン・デ・ザール・メナジェ、パリ、1952年

Charlotte Perriand : *Unité de bain* présentée à l'Exposition Formes Utiles, Salon des Arts Ménagers, Paris, 1952. DR/AChP.

再来日　1953年
Return to Japan, 1953

東京の家

終戦後、当時半官半民企業だったエールフランスに勤務した夫ジャック・マルタンは、1952年、日本支社長として東京へ赴任することになり、ペリアンは家族とともに日本で暮らすことを決める。滞日中の家には、「日本式に暮らしたい」というペリアンの希望に合わせ、日本の友人たちが赤坂見附に伝統的な日本家屋を見つけてくれた。夫の官舎としてのこの家に、ペリアンは約2年間暮らすことになるが、自身でデザインした家具を配置するも建物自体にはほとんど手を加えなかったようだ。パリから仕事のアシスタントとしてマルタ・ウィリガーを呼び寄せ、構想を練っていた日本での展覧会（1955年に実現）に向けて多忙な時を過ごした。

パリのシャルロット・ペリアン・アーカイヴには、この家の写真と手描きの1階平面図が残されている。それによれば、2階には和室と木の浴槽の風呂があった。大きな庭に面した板の間の部屋には、ペリアンがこの時期にデザインした《三角形低座卓》、《ショフーズ・トーキョー（安楽椅子「トーキョー」）》、《タブレ・ベルジェ（三脚低座椅子）》が置かれている。《ショフーズ・トーキョー》に座っているのは、当時10歳の娘ペルネット。2階の和室には《ターブル・エール・フランス》が見られる。

ペリアンが暮らした東京の家は、この他にも広尾のジャック・マルタン邸がある。日本赤十字社医療センターの近くにあった鉄筋コンクリート造の集合住宅で、3・4階のメゾネット形式の住居であった。正確な入居時期は定かではないが、マルタンが再び東京支社へ派遣された1968年頃から1972年頃までと推測される。その頃、仕事の拠点をフランスにおいていたペリアンもここへたびたび訪れたようだ。この家については、『家庭画報』（1970年6月号）に建築家、進来廉が寄せた文章「のびのびした〈間〉の表現」に詳しい。(YS)

234

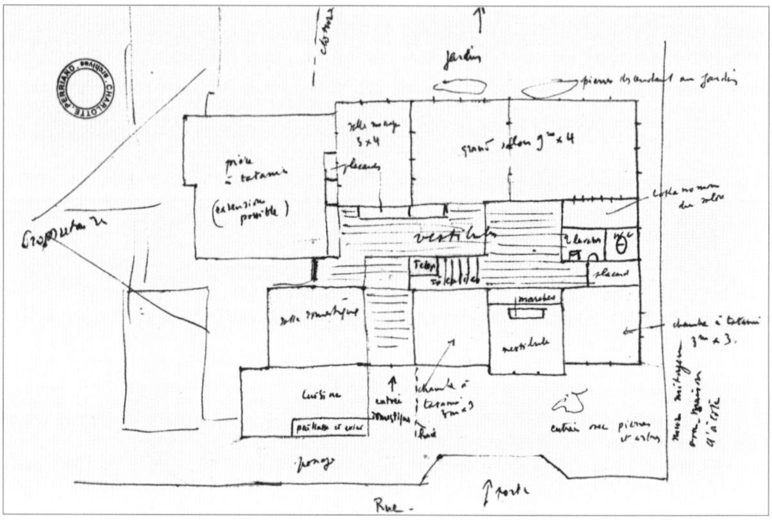

235

236

234 ジャック・マルタンとペリアン邸、東京（赤坂見附）、1953-54年頃／軒下右：坂倉準三《竹籐座椅子》、1948年、室内：シャルロット・ペリアン《三角形低座卓》（木製）、1953年［ジャック・マルタンとペリアン邸のためのモデル］、シャルロット・ペリアン《ショフーズ・トーキョー（安楽椅子「トーキョー」）》（木製）、1953年［ジャック・マルタンとペリアン邸のためのモデル］ 撮影：シャルロット・ペリアン

Résidence de Jacques Martin et Charlotte Perriand, quartier d'Akasaka, Tôkyô, c.1953-54. A l'extérieur : Junzô Sakakura : *Chaise basse « De forme Aize »*, 1948, bois et bambou. A l'intérieur : Ch. Perriand, *Table basse en forme triangulaire*, bois, 1953 (modèle créé pour la résidence de J. Martin et Ch. Perriand) ; Ch. Perriand : *Fauteuil bas*, bois, 1953 (modèle créé pour la résidence de J. Martin et Ch. Perriand, Tôkyô). Photo Charlotte Perriand. AChP.

235 ジャック・マルタンとペリアン邸の手描きの平面図、東京（赤坂見附）、1953-56年頃

Croquis du plan de la résidence de Jacques Martin et Charlotte Perriand, quartier d'Akasaka, Tôkyô, c.1953-56. AChP.

236 ジャック・マルタンとペリアン邸、東京（赤坂見附）2階、1954年頃／シャルロット・ペリアン《ターブル・エール・フランス》（折り曲げ加工アルミニウム板金、黒塗装）［製作：アトリエ・ジャン・プルーヴェ、1953年、東京のジャック・マルタンとペリアン邸のためのモデル］、《ショフーズ・トーキョー（安楽椅子「トーキョー」）》 撮影：シャルロット・ペリアン

Au premier étage : Charlotte Perriand : *Table Air France*, tôle pliée, aluminium anodisé noir (fabrication Ateliers Jean Prouvé) 1953 (modèle créé pour la résidence de J. Martin et Ch. Perriand, Tôkyô). Photo Charlotte Perriand. AChP.

237

238

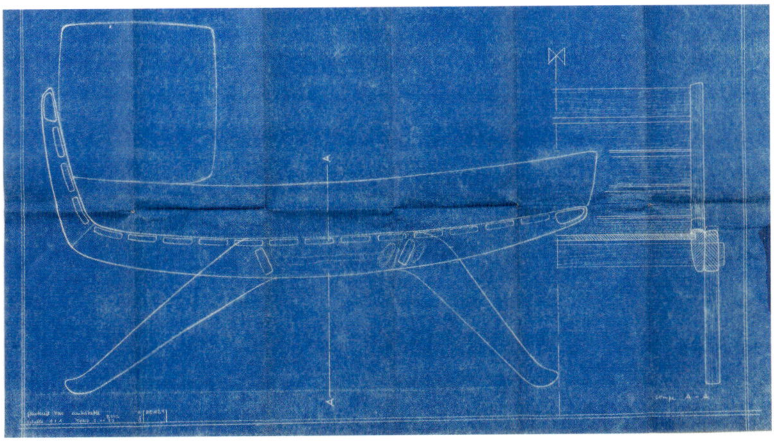

239

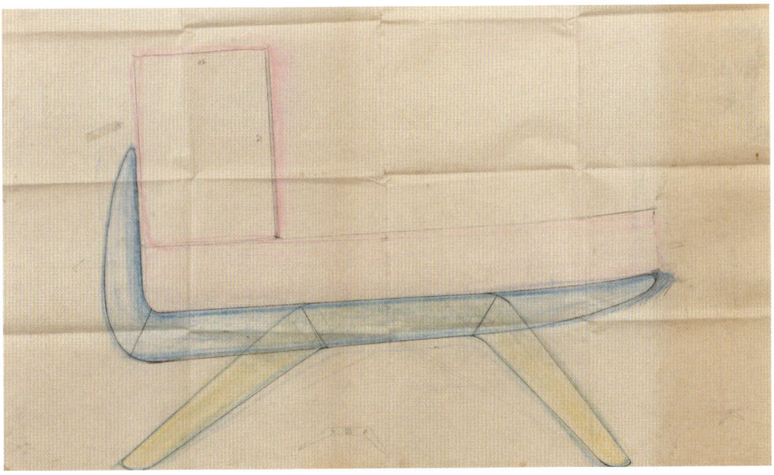

240

241

237 ジャック・マルタンとペリアン邸の居間、東京（赤坂見附）、1953-54年頃
室内／シャルロット・ペリアン《三角形低座卓》（木製）、1953年、《ショフーズ・トーキョー（安楽椅子「トーキョー」）》（木製）、1954年《タブレ・ベルジェ》（木製）、1953年　撮影：シャルロット・ペリアン

Salle de séjour de la résidence de Jacques Martin et Charlotte Perriand, quartier d'Akasaka, Tôkyô, c.1953-54. A l'intérieur, modèles de Charlotte Perriand créés pour cette résidence : *Table basse en forme triangulaire*, bois, Tôkyô, 1953 ; *Chauffeuse Tôkyô*, bois, 1954 ; *Tabourets Berger*, bois, 1953. Photo Charlotte Perriand. AChP.

238 ジャック・マルタンとペリアン邸の居間、東京（赤坂見附）、シャルロット・ペリアン《ショフーズ・トーキョー（安楽椅子「トーキョー」）》に座るペルネット・マルタン＝ペリアン、東京、1954年　撮影：シャルロット・ペリアン

Salle de séjour, Assise sur le *Fauteuil bas*, bois, Tôkyô, 1954 : Pernette Martin-Perriand, 1954. Photo Charlotte Perriand. AChP.

239 シャルロット・ペリアン《ショフーズ・トーキョー（安楽椅子「トーキョー」）》青焼き図面、1954年［マルタンとペリアン邸のためのモデル］／個人蔵

Charlotte Perriand : Tirage sur papier bleu du calque de la *Chauffeuse Tôkyô*, lattes de bois de *hinoki*, Tôkyô, 1954 (modèle créé pour la résidence de J. Martin et Ch. Perriand, Tôkyô). Private Collection.

240 シャルロット・ペリアン《ショフーズ・トーキョー（安楽椅子「トーキョー」）》原寸図面 1954年［マルタンとペリアン邸のためのモデル］／個人蔵

Charlotte Perriand : Dessin de *Chauffeuse Tôkyô*, lattes de bois de *hinoki*, Tôkyô, 1954. Private Collection.

241 シャルロット・ペリアン《ショフーズ・トーキョー（安楽椅子「トーキョー」）》（ヒノキ）、東京、1954年

Charlotte Perriand : *Chauffeuse Tôkyô*, lattes de bois de *hinoki*, Tôkyô, 1954. DR/AChP.

グロピウスの来日

1953年5月13日、戦後になってはじめて来日したペリアンは、坂倉準三と妻百合、その父である西村伊作家の人々と約11年ぶりに再会した。この時の滞在は約1カ月という短期間であったが、夫の勤務先であるエールフランス東京支社（日活国際会館内）の家具や、住居の家具などをデザインした。6月1日には産業工芸試験所を訪れ、所員や在野のデザイナーと懇談もしている。

またこの時に、ペリアンが日本へ行くと決めてからあたためていた展覧会の構想が、坂倉の後押しもあり、髙島屋での開催に向けて動き出すこととなった。いったん帰国し、それまで引き受けていた仕事を片付け、日本での計画の準備を整えたペリアンは同年10月20日、再び来日する。しかし、展覧会の準備は難航し、開催は延期を余儀なくされる。

そのような中、1954年5月19日に、ドイツのバウハウスの創始者で、当時アメリカで活躍していたヴァルター・グロピウス（Walter Adolph Georg Gropius, 1883-1969）が国立近代美術館での『グロピウスとバウハウス：近代建築工芸運動の出発』展（6月12日～7月4日）にあわせ、妻イゼとともに来日する。グロピウスの来日は、日本の建築界のみならず、デザイン界、教育界など多方面の人々が関心を寄せ、グロピウスは講演会や討論会など公式行事に追われていた。戦前よりCIAM（近代建築国際会議）を通じてグロピウスと旧知であったペリアンは、日本の伝統的な旅館のもてなしを家族ぐるみで楽しもうと銚子市犬吠埼の暁鶏館へ誘った。写真はその時のもので、後にペリアンは自伝の中で、「これほど身近で親しく接したのは初めてだった」と回想している。（YS）

242

243

242 ヴァルター・グロピウス、銚子海岸にて、1954年　撮影：シャルロット・ペリアン

Walter Gropius sur la plage de Chôshi, 1954. Photo Charlotte Perriand. AChP.

243 （左から）ヴァルター・グロピウス、イザ・グロピウス、マルタ・ウィリガー、ペルネット・マルタン＝ペリアン、シャルロット・ペリアン　銚子、暁鶏館にて、1954年　撮影：ジャック・マルタン

A l'auberge *gyôkei-kan*, Chôshi, 1954. A partir de la gauche : Walter Gropius, Ise Gropius, Martha Villiger, Pernette Martin-Perriand et Charlotte Perriand. Photo Jacques Martin. AChP.

244 シャルロット・ペリアン、銚子海岸にて、1954年　撮影：ジャック・マルタン

Charlotte Perriand sur la plage de Chôshi, 1954. Photo Jacques Martin. AChP.

244

芸術の綜合への提案 1955年

"Exposition Proposition d'une Synthèse des Arts. Paris 1955. Le Corbusier, Fernand Léger, Charlotte Perriand"

ル・コルビュジエ、レジェ、ペリアン三人展

エールフランス日本支社長のジャック・マルタン夫人としてペリアンが再来日することを知った坂倉は、髙島屋の川勝堅一らと相談し、ペリアンの展覧会を再度開催することを計画、1953年に来日した彼女に話を持ちかけたところ、日本行きが決定して以来、展覧会開催の構想をあたためていたペリアンの意思と合致し、「諸芸術の綜合」のためのフランスでの活動を日本で紹介するという方針で展覧会の開催を進めることが決まった。しかし、当時の日本の財政難のため幾度となく開催は延期され、1954年10月にようやく展覧会のための予算が割り当てられ、1955年3月、産業経済新聞社と髙島屋主催、後援はフランスの外務省と文部省、日本の通商産業省とフランス大使館、エールフランスの協力により開催が決定した。

同展においてペリアンは、工業生産と作家の協力を解明することを主眼の一つとし、金属やプラスチックといった大量に生産される材料や新技術だけに頼るのではなく、伝統的な手工業で使用されてきたような、生地を生かした天然の木材も取り入れながら考案した椅子、机、収納棚等の家具を、居間、応接室、事務室、寝室といった実際の生活のシーンにそった展示で紹介した。また展覧会タイトル「芸術の綜合への提案」からもうかがえるように、会場には建築、絵画、彫刻の諸芸術だけでなく、生活に欠かせない家具や日用品との綜合をも一層強く主張すべく、装飾としてだけでなく空間を仕切る動く壁として機能する、ル・コルビュジエのタピスリー、そして絵画という枠を超えて生活空間にあわせた新しい表現の開拓を試みていたレジェによる陶器彫刻も展示された。ペリアンはまた、上記家具の他に、プロトタイプが完成し、大量生産開始直前の「カンカイユリー」を構成する部品や組み立て方を図示した図面も展示し、新しい時代の収納システムの一つのあり方を提案した。(NS)

245

246

245 「巴里一九五五年　芸術の綜合への提案　ル・コルビュジエ、レジェ、ペリアン三人展」、髙島屋、東京、1955年／応接室：シャルロット・ペリアン《ビブリオテック・ア・プロ（「プロ」タイプの組立書架）》（アルミニウム板、ラッカー塗装）［「プロ」製作：アトリエ・ジャン・プルーヴェ、棚板（スギ）製作：三好木工］、東京、1953年［1955年展のためのモデル］、《三角形低座卓》（木製）、東京、1953年［東京のジャック・マルタンとペリアン邸のためのモデル］、《フォトゥイユ・オンブル》（成型合板）、1953年［1955年展のためのモデル］、絨毯（赤と黒の羊毛）［1955年展のためのモデル］《タブレ・ベルジェ（三脚低座椅子）》、《ターブル・エール・フランス》

Exposition Proposition d'une Synthèse des Arts. Paris 1955. Le Corbusier, F. Léger, Ch. Perriand, grand magasin Takashimaya, Tôkyô, 1955. Charlotte Perriand : *Salle de réception*. Sur la droite : *Bibliothèque à plots* en tôle d'aluminium laquée (plots : fabrication Ateliers Jean Prouvé ; planches de cèdre du Japon : fabrication Atelier Miyoshi), Tôkyô, 1953 (modèle créé pour l'exposition) ; *Table basse en forme triangulaire*, bois, Tôkyô, 1953 (modèle créé pour la résidence de J. Martin et Ch. Perriand, Tôkyô) ; *Fauteuils Ombre*, empilable, contreplaqué cintré, 1953 (modèle créé pour l'exposition) ; *Tapis en forme*, laine rouge et noire (modèle créé pour l'exposition). DR/AChP.

246 シャルロット・ペリアン《ムーブル・エクラン（間仕切り家具）》［オブジェや書籍用飾り棚］（アルミニウム板金製　製作：アトリエ・ジャン・プルーヴェ、棚板（クロベ／ヒノキ）製作：三好木工）、東京、1953年［1955年展のためのモデル］、《シェーズ・ロング・ダブル（二人掛長椅子）》（木製）、東京、1954年［1955年展のためのモデル］

Charlotte Perriand : *Meuble-écran*, pour présentation d'objets et de livres, joues en tôles d'aluminium alumilité (fabrication Ateliers Jean Prouvé), planches en bois de thuya (fabrication Atelier Miyoshi), Tôkyô, 1953 (modèle créé pour l'exposition). A droite : *Chaise longue double*, bois et bambou, Tôkyô, 1954 (modèle créé pour l'exposition). DR/AChP.

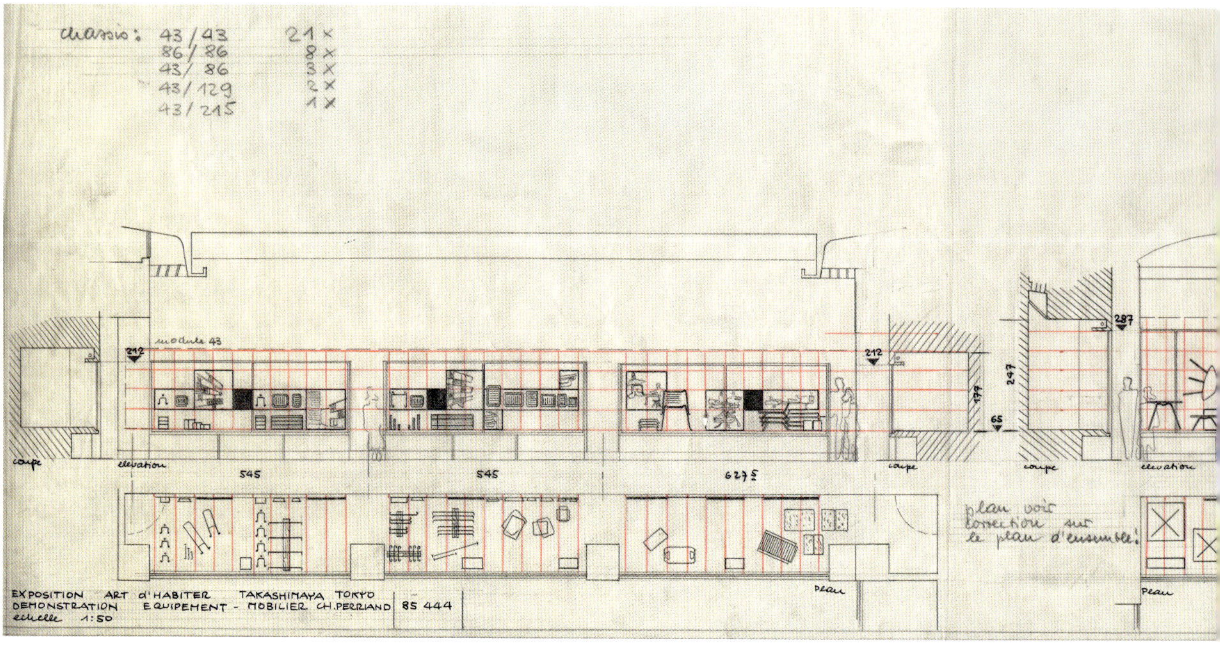
chassis: 43/43 21 ×
86/86 8 ×
43/86 3 ×
43/129 2 ×
43/215 1 ×
module 43
coupe
elevation
545
545
627.5
plan voir correction sur le plan d'ensemble!
plan
EXPOSITION ART D'HABITER TAKASHIMAYA TOKYO
DEMONSTRATION EQUIPEMENT - MOBILIER CH.PERRIAND 85 444
echelle 1:50

247

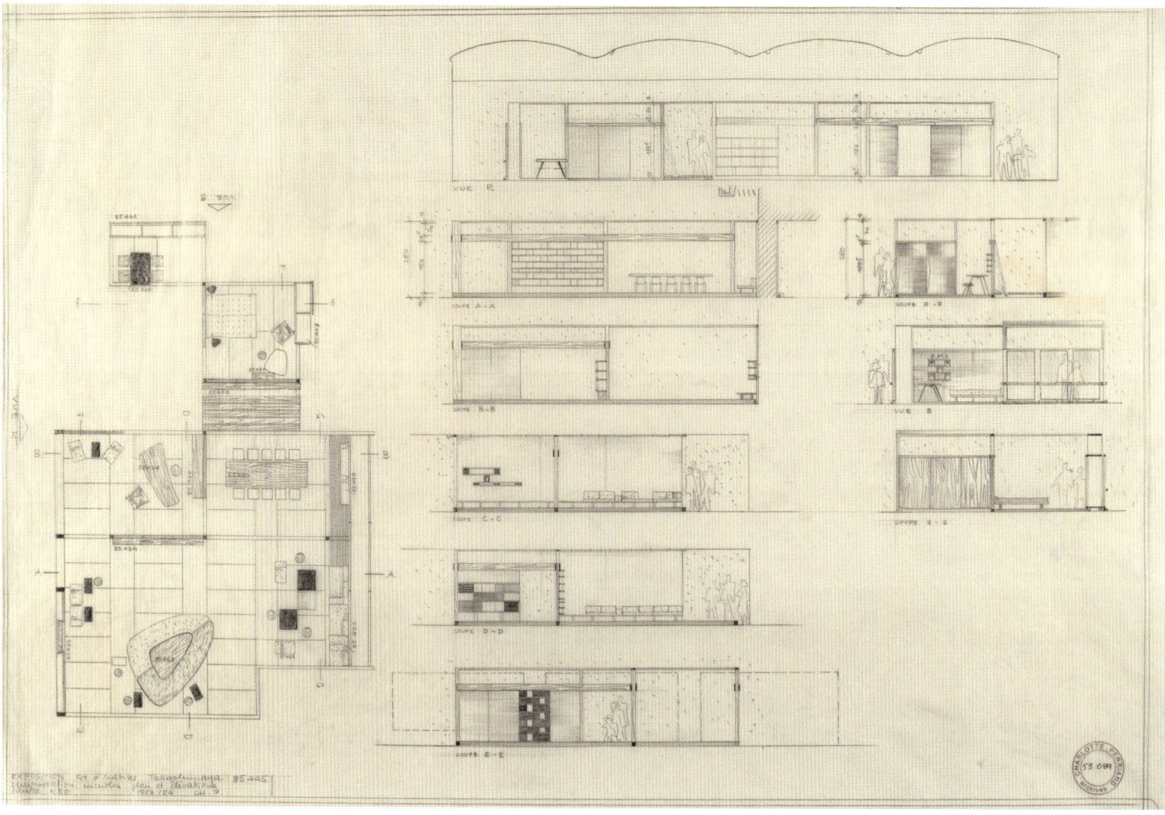

248

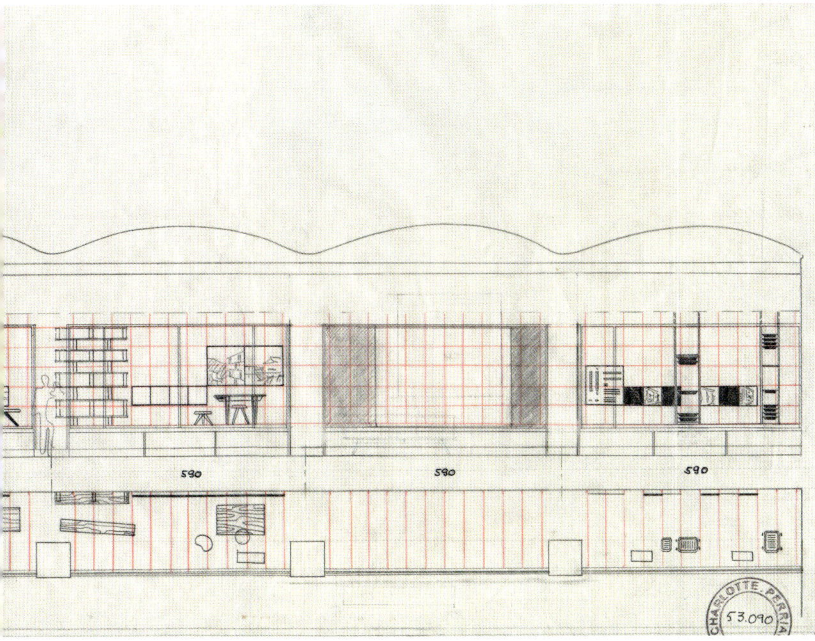

247 シャルロット・ペリアン《立面展示プラン》図面番号85.44、1953-54年

Charlotte Perriand : Plan de l'exposition, Synthèse des Arts, Takashimaya. Démonstration équipement-mobilier l'art d'habiter n° 85.44, 1953-54. AChP.

248 シャルロット・ペリアン《会場立面青焼き図（鉛筆書入）》図面番号85.45、1953-54年

Charlotte Perriand : Plan et élévation. Démonstration meubles n° 85.45, 1953-54. AChP.

249「巴里一九五五年　芸術の綜合への提案　ル・コルビュジエ、レジェ、ペリアン三人展」出品目録、1955年／坂倉建築研究所

Liste des œuvres présentées à l'exposition Proposition d'une Synthèse des Arts. Paris 1955. Le Corbusier, Fernand Léger, Charlotte Perriand, grand magasin Takashimaya, Tôkyô, 1955. Sakakura Associates.

250 シャルロット・ペリアン《会場平面図（色見本付）》図面番号85.495、1954年5月

Charlotte Perriand : Plan de l'exposition, n° 85.495, mai 1954, comportant les échantillons des couleurs utilisées dans l'exposition. AChP.

251『巴里一九五五年　芸術の綜合への提案　ル・コルビュジエ、レジェ、ペリアン三人展』図録、1955年／坂倉建築研究所、山鬼文庫

Proposition d'une Synthèse des Arts. Paris 1955. Le Corbusier, Fernand Léger, Charlotte Perriand, catalogue de l'exposition, grand magasin Takashimaya, Tôkyô, 1955. Sakakura Associates, Sanki Bunko.

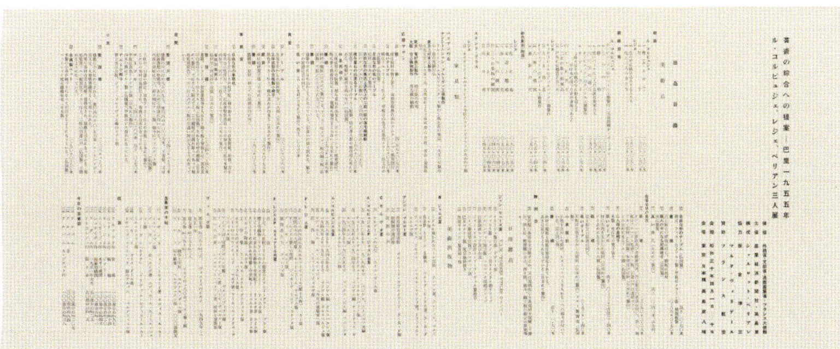

249

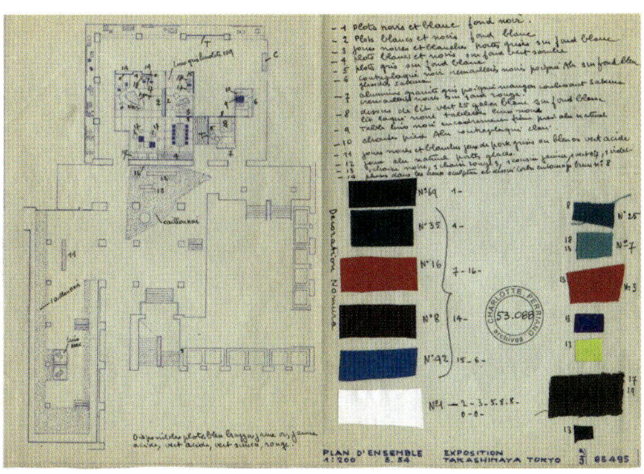

250

251

252 プレスの取材に応えるシャルロット・ペリアン 「巴里一九五五年 芸術の綜合への提案 コルビュジエ、レジェ、ペリアン三人展」、髙島屋、東京、1955年

Exposition Proposition d'une Synthèse des Arts, Takashimaya, Tôkyô, 1955 : Charlotte Perriand posant pour la presse. DR/AChP.

253

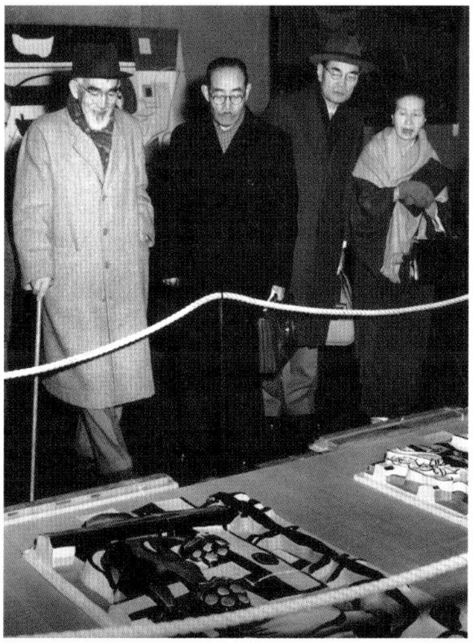

254

255

253 高松宮を案内するシャルロット・ペリアンと坂倉準三「巴里一九五五年　芸術の綜合への提案　ル・コルビュジエ、レジェ、ペリアン三人展」、高島屋、東京、1955年／坂倉建築研究所

Exposition Proposition d'une Synthèse des Arts, Takashimaya, Tôkyô, 1955 : Charlotte Perriand et Junzô Sakakura faisant visiter l'exposition au prince Takamatsu-no-Miya. DR/Sakakura Associates.

254 展覧会を見る志賀直哉「巴里一九五五年　芸術の綜合への提案　ル・コルビュジエ、レジェ、ペリアン三人展」、高島屋にて、1955年

Visite de l'écrivain Naoya Shiga. DR/AChP.

255 《シェーズ・ロング・ダブル（二人掛長椅子）》に座るシャルロット・ペリアンと男性「巴里一九五五年　芸術の綜合への提案　ル・コルビュジエ、レジェ、ペリアン三人展」、高島屋、東京、1955年

Charlotte Perriand et un monsieur japonais conversant sur la *Chaise longue double*, bois et bambou, Tôkyô, 1955 (modèle créé pour l'exposition). DR/AChP.

256

257

258

259

260

261

256 フェルナン・レジェ《人体の構図》（綴織壁掛）［複製絵葉書］、1954年

Fernand Léger : *Composition à la figure*, tapisserie, atelier Durbarcq, Aubusson (reproduction sur carte postale), 1954. DR/AChP.

257 ル・コルビュジエ《おおゆみ》（油彩・カンヴァス）［複製絵葉書］、1953年

Le Corbusier : *Arbalète Londres II*, huile sur toile (reproduction sur carte postale), 1953. DR/AChP.

258 フェルナン・レジェ《花と二人の女たち》（油彩・カンヴァス）［複製絵葉書］、1954年

Fernand Léger : *Les Deux Femmes aux fleurs*, huile sur toile (reproduction sur carte postale), 1954. DR/AChP.

259 フェルナン・レジェ《女と手》（彩色彫刻）［複製絵葉書］、1951年

Fernand Léger : *La Femme à la Main*, céramique émaillée polychrome (reproduction sur carte postale), 1951. DR/AChP.

260 ル・コルビュジエ《二本の瓶と附属品》（綴織壁掛）［複製絵葉書］、1951年

Le Corbusier : *Deux bouteilles et Cie*, tapisserie, atelier Tabard, Aubusson (reproduction sur carte postale), 1951. DR/AChP.

261 ル・コルビュジエ《戸外には倦怠が在った》（タピスリー）、［製作：タバール兄弟工房　オービュッソン、1955年］「巴里一九五五年　芸術の綜合への提案　ル・コルビュジエ、レジェ、ペリアン三人展」、髙島屋、東京、1955年／髙島屋史料館

Exposition Proposition d'une Synthèse des Arts, Takashimaya, Tôkyô, 1955. Le Corbusier : *L'Ennui régnait au dehors*, Tapisserie exposée à (l'atelier Tabard, Aubusson, 1955). Museum and Archives, Takashimaya. Co., Ltd.

262

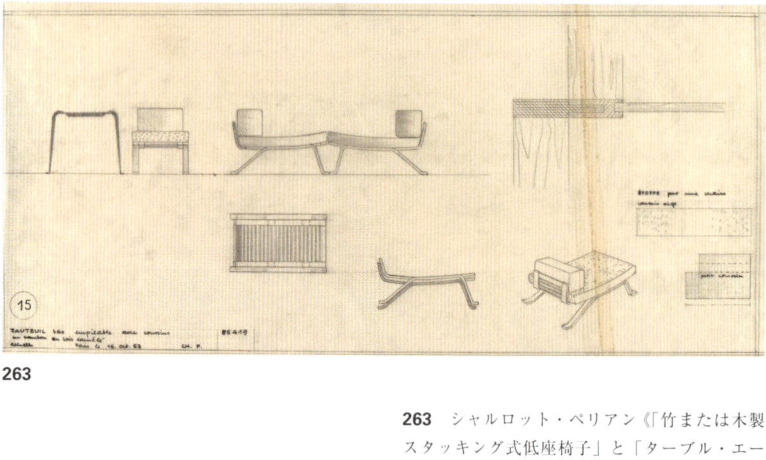

263

262 「巴里一九五五年　芸術の綜合への提案　ル・コルビュジエ、レジェ、ペリアン三人展」、髙島屋、東京、1955年／応接室：シャルロット・ペリアン《ビブリオテック・ア・プロ（「プロ」タイプの組立書架）》［壁つけ式］（アルミニウム板金、ラッカー塗装）［「プロ」製作：アトリエ・ジャン・プルーヴェ、棚板（スギ）製作：三好木工］、東京、1953年［1955年展のためのモデル］、《ターブル・エール・フランス》（折り曲げ加工アルミニウム板金、黒塗装）［製作：アトリエ・ジャン・プルーヴェ、1953年、ジャック・マルタンとペリアン邸のためのモデル］、《フォトゥイユ・オンブル》（成型合板、ゴム製クッション）［1955年展のためのモデル］、フェルナン・レジェ《向日葵》（彩色彫刻）、パリ、1953年

Exposition Proposition d'une Synthèse des Arts, Takashimaya, Tôkyô, 1955. Charlotte Perriand : *Salle de réception. Bibliothèque à plots* intégrée au mur, tôle d'aluminium laqué (plots : fabrication Ateliers Jean Prouvé ; planches de cèdre du Japon : Atelier Miyoshi), Tôkyô, 1953 (modèle créé pour l'exposition). *Table Air France*, tôle pliée, aluminium anodisé noir, fabrication Ateliers Jean Prouvé, 1953 (modèle créé pour la résidence de J. Martin et Ch. Perriand à Tôkyô). *Fauteuils Ombre*, empilable, en contreplaqué cintré, 1954 (modèle créé pour l'exposition) ; Fernand Léger : *Le Tournesol*, céramique polychrome, Paris, 1953. DR/AChP.

263 シャルロット・ペリアン《「竹または木製スタッキング式低座椅子」と「ターブル・エール・フランス」の最初のスケッチ》図面番号85.419　1953年10月16日

Charlotte Perriand : Plan n° 85 419, première version du *Fauteuil Ombre*, empilable, bambou ou bois lamellé cintré, et croquis de la *Table Air France*, Paris, 16 octobre 1953. AChP.

264

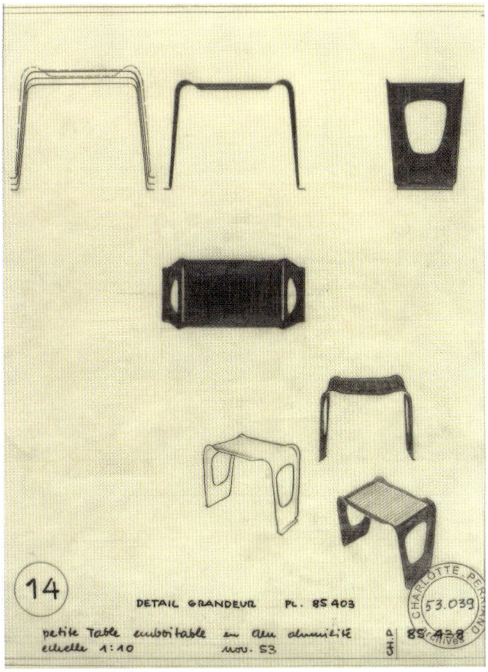

265

264 シャルロット・ペリアン《ターブル・エール・フランス》(折り曲げ加工アルミニウム板金、黒塗装)、東京、1953年［ジャック・マルタンとペリアン邸のためのモデル］と《タブレ・ベルジェ（三脚低座椅子)》(ブナ)、東京、1953年、［ジャック・マルタンとペリアン邸のためのモデル］の組み合わせ例

Charlotte Perriand : *Table Air France*, tôle pliée, aluminium anodisé noir, Tôkyô, 1953 (modèle créé pour la résidence de J. Martin et Ch. Perriand) ; *Tabouret Berger*, bois de hêtre (*buna*), Tôkyô, 1953 (modèle créé pour la résidence de J. Martin et Ch. Perriand). DR/AChP.

265 シャルロット・ペリアン《「ターブル・エール・フランス」のスケッチ》1953年

Charlotte Perriand : Plan de la *Table Air France*, tôle pliée, aluminium anodisé noir, Tôkyô, 1953. AChP.

266 シャルロット・ペリアン《タブレ（三脚椅子・大)》(ブナ)、1953年［オリジナルモデル：メリベル、1947年］／雪の里情報館

Charlotte Perriand : *Tabouret haut à trois pieds*, bois de hêtre (*buna*), 1953 (modèle original : Méribel, 1947). Yukinosato Information Center.

266

267

267 シャルロット・ペリアン《藁製客用肘掛椅子》、1935-47年［オリジナルモデル：ブリュッセル、1935年］／雪の里情報館

Charlotte Perriand : *Fauteuil Visiteur paille*, 1935-47 (modèle original : Bruxelles, 1935). Yukinosato Information Center.

268

268 「巴里一九五五年　芸術の綜合への提案　ル・コルビュジエ、レジェ、ペリアン三人展」、髙島屋、東京、1955年／シャルロット・ペリアン《ダイニング・セット》、（後ろに）ル・コルビュジエ《8の字遊び》（タピスリー）

Exposition Proposition d'une Synthèse des Arts, Takashimaya, Tôkyô, 1955. Charlotte Perriand : *Salon-salle à manger*. A l'arrière plan : Le Corbusier : *Les « 8 »* (tapisserie). DR/AChP.

269

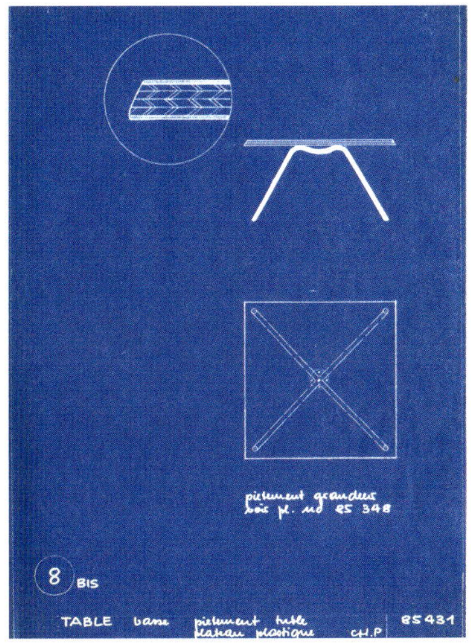

270

269 シャルロット・ペリアン《軽量低座卓》（ラッカー塗装の鋼管脚、黒メラミン加工の木製天板）、1953年［ジャック・マルタンとペリアン邸のためのモデル《軽量卓》（1952年）の変形］

Charlotte Perriand : *Table basse légère*, piètement en tube laqué, plateau carré en bois lamellé recouvert de mélamine noire, 1953 (modèle créé pour la résidence de J. Martin et Ch. Perriand à Tôkyô, déclinaison de la *Table haute légère* de 1952). AChP.

270 シャルロット・ペリアン《「軽量低座卓」（ラッカー塗装の鋼管脚、白／黒メラミン加工の木製天板）の図面》1953年

Charlotte Perriand : Plan de la *Table basse légère*, piètement en tube laqué, plateau carré en bois lamellé recouvert de mélamine blanche ou noire, 1953. AChP.

271 シャルロット・ペリアン《バンケット・トーキョー》（ヒノキ）、［ジャック・マルタンとペリアン邸のためのモデル］／SIGN

Charlotte Perriand : *Banquette Tôkyô*, lattes de bois de cyprès (*hinoki*), Tôkyô (modèle créé pour le résidence de J. Martin et Ch. Perriand à Tôkyô). SIGN, Tôkyô.

271

「カンカイユリー」と規格化

パリにある百貨店、ル・バザール・ド・ロテル・ド・ヴィル（BHV）の地下には、広い金物売り場があり、1世紀以上も前からパリの日曜大工好きたちを幸せにしている。そこには、あらゆる種類のビス、ボルト、滑車、扉の取手、フック、ロッドなどが並んでいる。1928年にシャルロット・ペリアンが《シェーズ・ロング（長椅子）》、《フォトゥイユ・グラン・コンフォール（安楽椅子）》または《フォトゥイユ・ア・ドシエ・バスキュラン》といった、有名な鋼管家具のプロトタイプをつくるために、バネと割り枝状の細長い板を買ったのは、この日曜大工の天国であった。量産製造されたあらゆるパーツが売られるバザールの金物売り場に彼女は魅了された。収納家具は、ペリアンの最も大きな関心事であった。「しっかり考案された収納家具がなければ、住まいに空をつくるのは不可能である」と彼女はいう。1946年、フランスに帰国して以来、彼女はこの問題に取り組み、収納家具の基本である引き出しの最小パーツを研究しながらあらゆる収納家具の体系の核になる、オリジナルとなる型を構想する。それが「カンカイユリー」の最初の道標となった。その後、彼女は大きいサイズの取り外し可能なワードローブ（1949年）、そして評判になった戸棚《ブラザヴィル》（1950/51年）を考案、それらはアトリエ・ジャン・プルーヴェによって製品化され、建築の内装に統合された。この戸棚は、金属製骨組み、棚板を取り付けるための心棒、引き戸、規格統一された引き出しで構成される。そして彼女は、「カンカイユリー」にとって重要な別の要素を構想した。すなわち書架または収納家具の棚に備え付けられた棚板をつなぐために、U字型に曲げられた金属板の仕切り棚で構成される補強の新しいシステムである。U字の仕切り棚の前面は開いており、ロッドによって棚板に取り付けられる。このコンセプトは、二つのタイプにシリーズ化され、各々異なった使用に対応する：1）「プロ」タイプ、つまり書架《チュニジア》は、U字に曲げられた金属板が単独で壁に固定され構成される。2）「ジュ」タイプ、いわゆる書架《メキシコ》は、表と裏の両面から使用でき、各コの字の部分は三つのパーツ、つまり、コの字を形成するための背面と、その背板で連結される2枚の側面とで構成される。このシステム、「プロ」か「ジュ」から出発し、ペリアンは、書架、収納家具、食器棚といった多くの型を製品化した。

1953年と1954年、日本で彼女は、「カンカイユリー」のすべての構成要素を完成させ、規格化する。「プロ」と「ジュ」、引き出し、心棒、留め具、スライド金具などの各要素が集まり、組み立てるようにつくることで、生活での収納というテーマにおいて必要なすべてに応えることを目指した。ペリアンは、誰もがその「カンカイユリー」を使い、彼女が考案した家具を組み立てて使用できることを望んだ。引き出しだけが何年かの間、BHVで販売された。見た目は月並みながら、ペリアンの「カンカイユリー」は、近代デザインにおいて非常に革新的な、コンセプチュアル・デザインなのである。（JB）

272

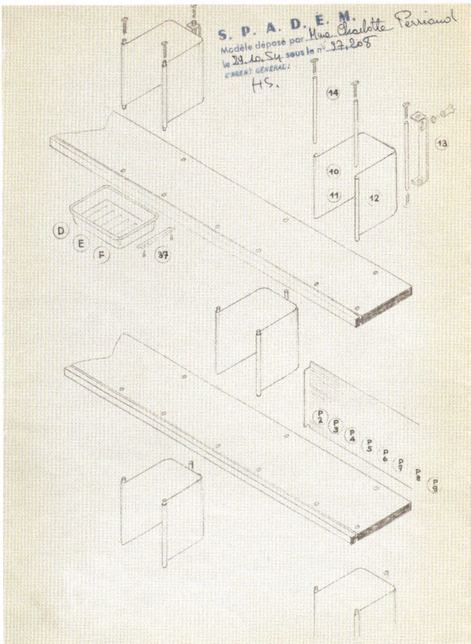

273

274

272 「巴里一九五五年　芸術の綜合への提案　ル・コルビュジエ、レジェ、ペリアン三人展」、高島屋、東京、1955年／シャルロット・ペリアン《ターブル・ア・ゴルジュ》［12人掛け］（ヒノキ）、製作：三好木工［ジャック・マルタンとペリアン邸のためのモデル］、《バンケット・トーキョー》（ヒノキ）、東京、1953年［ジャック・マルタンとペリアン邸のためのモデル］、《ビブリオテック・ニュアージュ（書架「雲」）》「プロ」：板金、黒と白のラッカー塗装、［製作：アトリエ・ジャン・プルーヴェ］、棚板：ヒノキ［製作：三好木工］、東京、1953年［1955年展のためのモデル］

Exposition Proposition d'une Synthèse des Arts, Takashimaya, Tôkyô, 1955. Charlotte Perriand : *Table à gorge* pour douze personnes, bois brut de cyprès (*hinoki*), fabrication Atelier Miyoshi, (modèle créé pour la résidence de J. Martin et Ch. Perriand à Tôkyô, 1953) ; *Chaises Ombre* empilables, contreplaqué cintré, Tôkyô, 1954 (modèle créé pour l'exposition) ; *Banquette Tôkyô*, lattes de bois de cyprès (*hinoki*), Tôkyô, 1953 (modèle créé pour la résidence de J. Martin et Ch. Perriand à Tôkyô) ; *Bibliothèque Nuage*, plots en tôle laquée noir et blanc (fabrication Ateliers Jean Prouvé), planches de bois brut de cyprès *hinoki* (fabrication Atelier Miyoshi), Tôkyô, 1953 (modèle créé pour l'exposition). DR/AChP.

273 シャルロット・ペリアン《ビブリオテック・ア・プロ（「プロ」タイプの組立書架）のための規格化パーツ（規格化カンカイユリー）図面》、1954年6月、SPADEM登録モデル（登録番号：37 215）、1954年10月24日

Charlotte Perriand : Plans du « système standardisé des éléments pour les *bibliothèques à plots* » (Quincaillerie standardisée), juin 1954. Modèle déposé à la Spadem (dépôt n° 37 215), 24 octobre 1954. AChP.

274 シャルロット・ペリアン《ビブリオテック・ニュアージュ（書架「雲」）》（「プロ」タイプ《チュニジア》）、ギャルリー・ステフ・シモンでの展示、パリ、1956年　撮影：CFE

Charlotte Perriand : *Bibliothèque Nuage* à plots type « Tunisie », présentée à la Galerie Steph Simon à Paris, 1956. Photo CFE. AChP.

275 シャルロット・ペリアン《プラスチック製規格化トレイ》（無色半透明または色つき不透明プラスチック）［「心棒式整理棚システム」用、オリジナルモデル：パリ、1952年］　撮影：カルケル

Charlotte Perriand : *Tiroirs standardisés en plastique moulé*, plastique translucide incolore ou opaque coloré, pour le « système d'équipement de volumes de rangement à crémaillères » (modèle original : Paris, 1952). Photo Karquel. AChP.

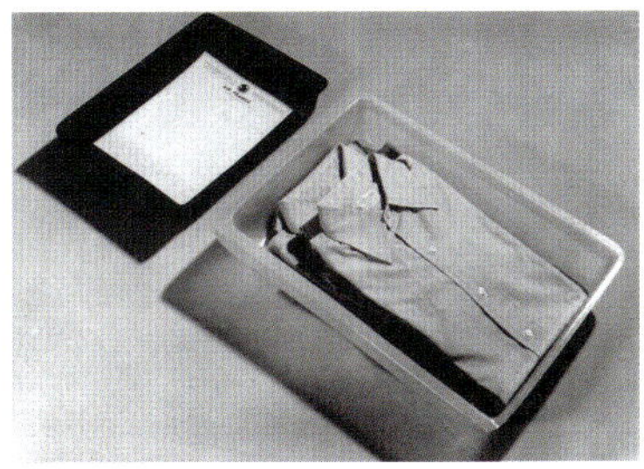

275

276 シャルロット・ペリアン《整理棚システム：金属製規格化ラックとプラスチック製規格化トレイ》［製造販売：ステフ・シモン］、パリ、1956年以降／SIGN

Charlotte Perriand : *Système de rangement avec support standardisé en métal et tiroirs standardisés en plastique*, édition Steph Simon, Paris, à partir de 1956. SIGN, Tôkyô.

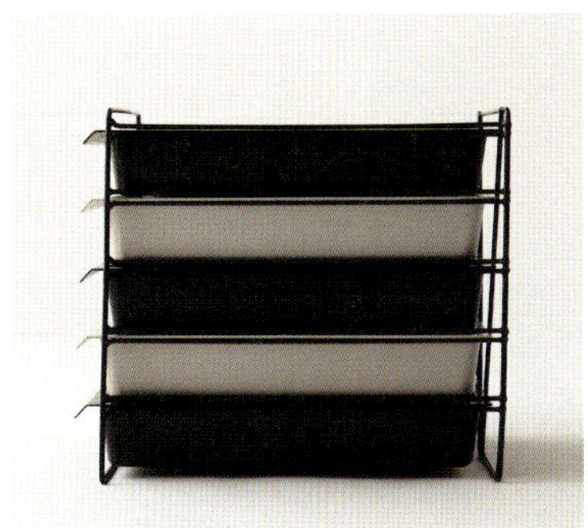

276

277 シャルロット・ペリアン《「規格化カンカイユリー」の金属パーツ断面図：金属型枠、心棒、スライド式棚板、留め具》、1954年6月

Charlotte Perriand : Plans des éléments métalliques de la « Quincaillerie standardisée » : profilés, crémaillères, tirettes, taquets, juin 1954. AChP.

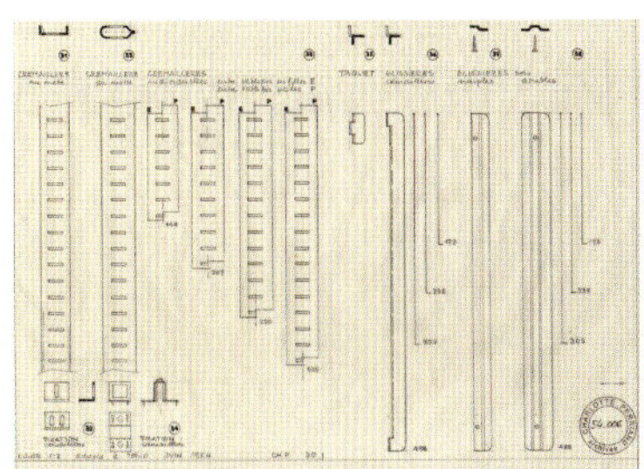

277

278

278 シャルロット・ペリアン《ムーブル・エクラン（間仕切り家具）》［オブジェや書籍用飾り棚］「ジュ」：アルミニウム板金、黒と白のラッカー塗装［製作：アトリエ・ジャン・プルーヴェ］、棚板：ヒノキ［製作：三好木工］、東京、1953年［1955年展のためのモデル］／高島屋史料館

Charlotte Perriand : *Meuble-écran*, pour présentation d'objets et de livres, joues en tôles d'aluminium alumilité ou laquées noir ou blanc (fabrication Ateliers Jean Prouvé), planches en bois de thuya (fabrication Atelier Miyoshi), Tôkyô, 1953 (modèle créé pour l'exposition). Museum and Archives, Takashimaya. Co., Ltd.

280 シャルロット・ペリアン《ビブリオテック・ア・プロ（「プロ」タイプの組立書架）のための規格化パーツ（規格化カンカイユリー）図面》

Charlotte Perriand : Plans du « système standardisé des éléments pour les *bibliothèques à plots* » (Quincaillerie standardisée). AChP.

279

279 シャルロット・ペリアン《ビブリオテック・メキシック（書架「メキシコ」）》1952年、「ジュ」：ラッカー塗装板金、引き戸：アルミニウム板［製作：アトリエ・ジャン・プルーヴェ］、棚板：木［製作：アンドレ・シュタイユ、パリ、パリ大学都市、メキシコ館の学生の寝室のためのモデル］／SIGN

Charlotte Perriand : *Bibliothèque Mexique*, 1952. Joues en tôle laquée, portes coulissantes en tôle d'aluminium (fabrication Ateliers Jean Prouvé), planches en bois (fabrication André Chetaille, Paris). (Modèle créé pour les chambres d'étudiants de la Maison du Mexique, Cité universitaire internationale de Paris). SIGN, Tôkyô.

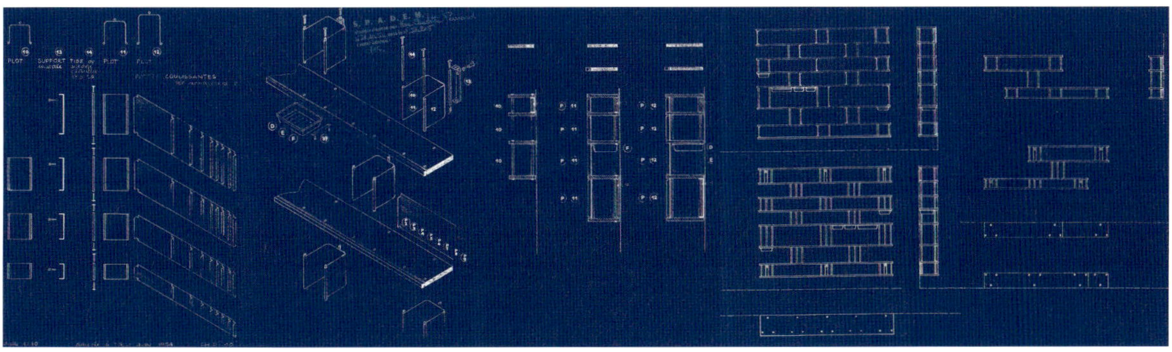

280

展覧会の反響
Public Reactions to the Exhibition

281

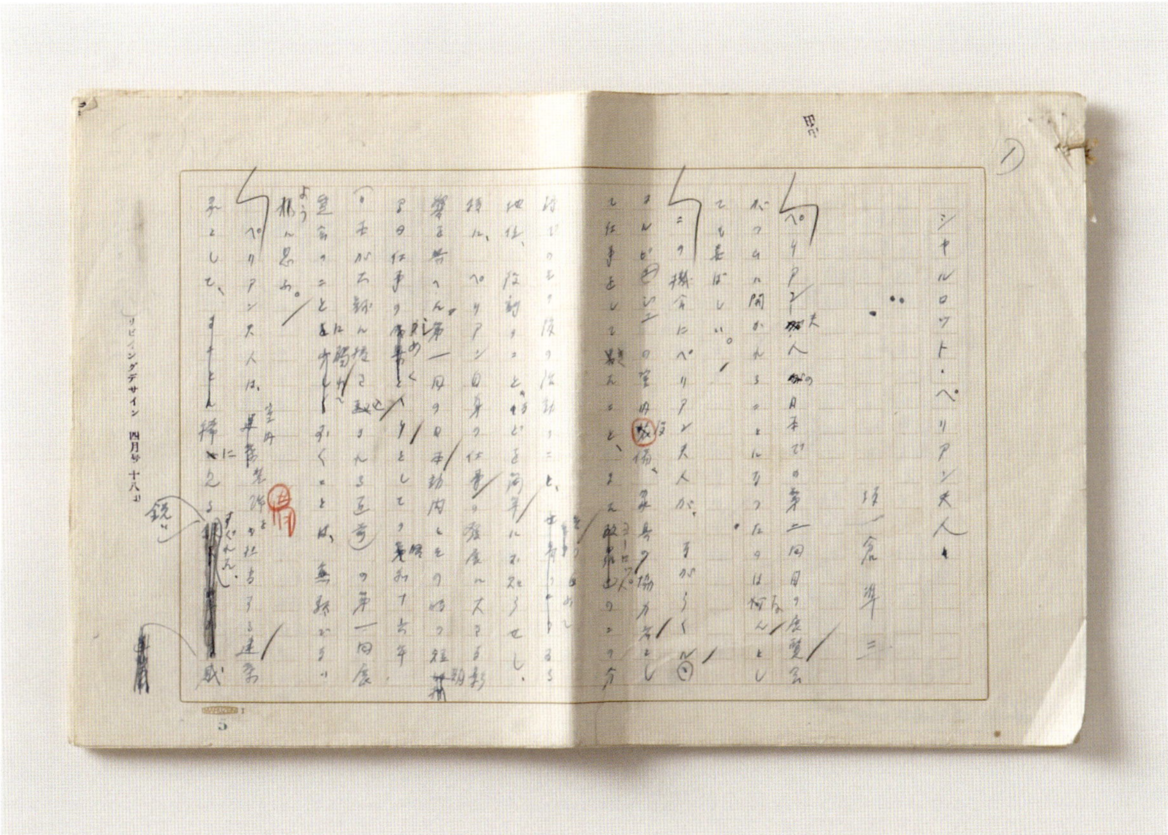

282

281　雑誌『リビングデザイン』第4号　1955年4月／個人蔵

Revue *Living Design*, n° 4, avril 1955. Private Collection.

282　坂倉準三「シャルロット・ペリアン夫人」直筆原稿［『リビングデザイン』第4号に掲載］／個人蔵

Junzô Sakakura : « Charlotte Perriand », *Living Design*, n° 4, avril 1955. Private Collection.

283　雑誌『美術手帖』第94号　1955年5月／個人蔵

Revue *Bijutsu Techô* [Les cahiers d'art], n° 94, mai 1955. Private Collection.

283

レゾナンス（共鳴） 1955

1955年の展覧会「芸術の綜合への提案」（1941年展の内容を改変、発展させたもの）に展示された家具は、シャルロット・ペリアンが1946年から53年にかけて、戦後の生産条件に適合する新たなモデル、つまり、機械化された大量生産のための規格化と標準化、組立式のユニット家具、工場で製造される素材（金属、成形合板、プラスチック）を探究してきた成果が現れている。その全体は、現代ヨーロッパの住宅に必要とされるモデルのカタログである。家具の大部分は、フランスの大学都市（書架、鋼管テーブル、または折りたたみ式金属板テーブル）のプロジェクトなどの一環として考案されたものだった。《ターブル・エール・フランス》のほか、三角形の低座卓、安楽椅子、ベンチ、低座椅子といった家具は、東京のジャック・マルタン邸のためにデザインされた。これらの低座の家具は、床に座る日本の生活に適している。しかしながら、床に座すという文化は世界中で見られるものであり、実際に、ペリアンはすでに1936年から、フランスの低家賃住宅の室内設備用のために、低座の家具を規格化していた。必ずしもペリアンの建築原理のすべてを日本に結びつける必要はないが、《ターブル・エール・フランス》と呼ばれる、黒くアルマイト加工された1枚のアルミニウムでできたカクテルテーブルは、銘々膳の形と用途を折り紙の原理と組み合わせたものであり、「雲」と名付けられた棚に込められたペリアンの制作意図は、大和絵の棚引く雲や、修学院離宮の「客殿一ノ間」の優雅で詩的な違い棚「霞棚」のフォルムに通じている。（AG）

284

286

285

287

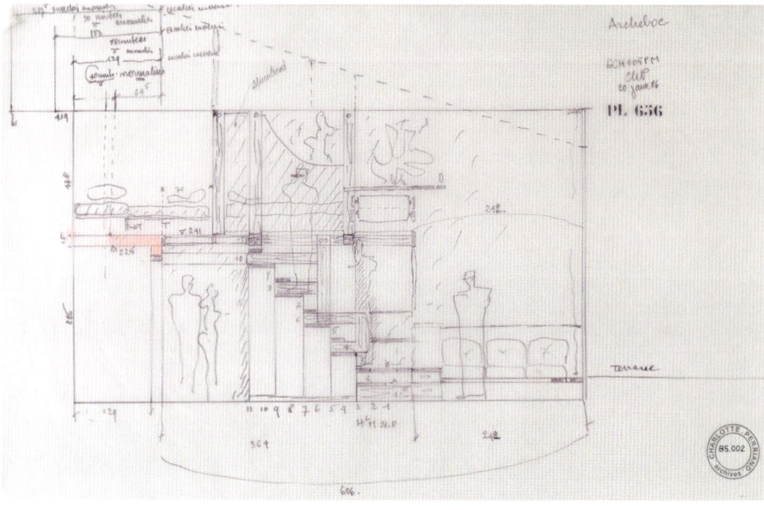

288

289

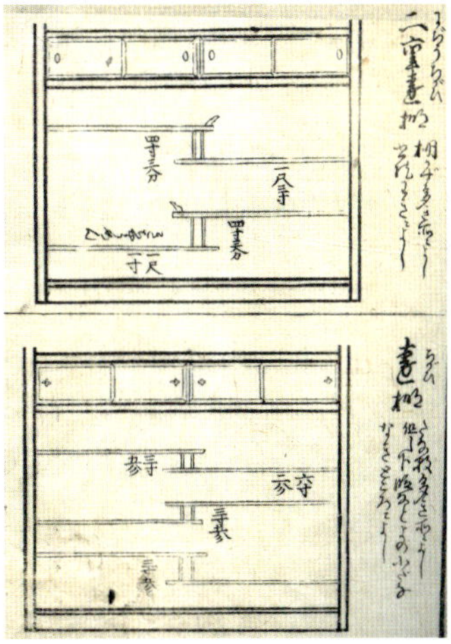

290

291

284 揚屋「角屋」の木格子、京都　撮影：入江泰吉

Rideau-écran de claies en bois sur la façade du restaurant de cuisine traditionnelle « Sumiya », Kyôto. Photo Yasukichi Irie. AChP.

285 在仏日本大使公邸、パリ、1966-69年／建築設計：坂倉準三、内装：シャルロット・ペリアン、シャルロット・ペリアン《ヴォワレット》（目隠しのための木格子）、2階室内　撮影：ペルネット・ペリアン＝バルサック

Junzô Sakakura, architecte ; Charlotte Perriand, architecte d'intérieur et d'équipement : Résidence de l'ambassadeur du Japon en France, Paris, 1966-69. Charlotte Perriand : *Voilette* (rideau de claies en bois) du 1er étage. Photo Pernette Perriand-Barsac. AChP.

286 日本家屋の階段箪笥、1967-68年頃　撮影：入江泰吉

Escalier-rangement (*kaidan-dansu*) de la maison traditionnelle japonaise, c.1967-68. Photo Yasukichi Irie. AChP.

287 シャルロット・ペリアン《アルク1800の収納階段》、ブール＝サン＝モーリス、1985年　撮影：ペルネット・ペリアン＝バルサック、ジャック・バルサック

Charlotte Perriand : *Escalier-rangement de l'immeuble « Archeboc »*, station « Arcs 1800 » Bourg-Saint-Maurice, 1985. Photo Pernette Perriand-Barsac, Jacques Barsac. AChP.

288 シャルロット・ペリアン《アルク1800の収納階段のスケッチ》、パリ、1985年

Charlotte Perriand : Croquis de l'*Escalier-rangement de l'immeuble « Archeboc »*, station « Arcs 1800 » Bourg-Saint-Maurice, Paris, 1985. AChP.

289 シャルロット・ペリアン《ビブリオテック・ニュアージュ（書架「雲」）》［ステフ・シモン版、パリ、1962年］（棚板：ネグロニ製、「プロ」：メタル・ムーブル製、1953年）　撮影：マリー・クレラン／ギャルリー・ダウンタウン・フランソワ・ラファヌール、パリ

Charlotte Perriand : *Bibliothèque Nuage*, (fablication Steph Simon), Paris, 1962 (modèle Negroni pour les planches et Métal Meuble pour les plots, 1953). Photo Marie Clérin. Galerie DOWN TOWN françois laffanour, Paris.

290 『大匠雛形大全　違棚数品　小道具之部』五、1851（嘉永4）年

Série *Daishô hinagata Taizen* [Les modèles de Grands Maîtres], vol. 5 : *chigai-dana sûhin* [Exemples d'étagères de style *chigai-dana*], 1851. AChP.

291 「霞棚」［違い棚様式］、修学院離宮、中御茶屋、客殿一ノ間、17世紀、京都　撮影：サエキ

Etagères *chigai-dana* du pavillon Kyakuden-ichi-no-ma, villa impériale retirée du Shûgakuin, XVIIe s., Kyôto. Photo Saeki. AChP.

292 シャルロット・ペリアン：スタッキングした状態《オンブル（影）》（成型合板）、東京、1954年

Charlotte Perriand : *Chaises Ombre*, empilables. DR/AChP.

293 シャルロット・ペリアン《オンブル（影）》（成型合板、黒色ラッカー塗装）、東京、1954年［1955年展のためのモデル］／SIGN

Charlotte Perriand : *Chaise Ombre*, empilable, contreplaqué cintré, Tôkyô, 1954 (modèle créé pour l'exposition Proposition d'une Synthèse des Arts, 1955). SIGN, Tôkyô.

296 シャルロット・ペリアン：スタッキングした状態の《ターブル・エール・フランス》パリ、1953年（多人数の接客用。スタッキングすることで収納に場所をとらないよう考えてある。）

Charlotte Perriand : *Tables Air France*. DR/AChP.

297 シャルロット・ペリアン《ターブル・エール・フランス》（折り曲げ加工アルミニウム板金、黒塗装）［製作：アトリエ・ジャン・プルーヴェ］、パリ、1953年［マルタンとペリアン邸のためのモデル］「巴里一九五五年　芸術の綜合への提案　ル・コルビュジエ、レジェ、ペリアン三人展」、髙島屋、東京、1955年／個人蔵

Charlotte Perriand : *Table Air France*, empilable, tôle pliée, aluminium anodisé noir (fabrication : Ateliers Jean Prouvé), Paris, 1953 (modèle original : la résidence de J. Martin et Ch. Perriand à Tôkyô) exposé à Synthèse des Art, 1955. Private Collection.

294　重ねたお膳、日本、1953-55年頃　撮影：シャルロット・ペリアン

Ozen (plateau-table individuel). Japon, c.1953-55. Photo Charlotte Perriand. AChP.

295　手桶、日本、1954年　撮影：シャルロット・ペリアン

Teoke (baquets pour la toilette), 1954. Photo Charlotte Perriand. AChP.

296

297

戦後の日本建築・デザイン界との交流
Dialogue with Postwar Japanese Architecture and Design

丹下健三——旧東京都庁舎と草月会館

前川國男、坂倉準三のほかにもペリアンは日本人建築家やデザイナーとの交友が多かったが、丹下健三もその一人である。1957年2月に東京丸の内に竣工した丹下健三設計による旧東京都庁舎は、地上8階、地下2階で、知事室と特別応接室に1955年展に出品されたものと同型のペリアンの《ムーブル・エクラン（間仕切り家具）》と《三角形低座卓》が置かれた。残念ながらそれらは東京都庁舎の移転に伴って処分されたと思われ、現存は確認できない。都庁舎にはペリアンの家具のほか、剣持勇や丹下自身がデザインしたものも用いられている。ペリアンと丹下の交流については資料が数少ないが、1953年に竣工したばかりの丹下自邸を訪れた際に撮られたと思われるペリアンの写真が残されている。当時、丹下健三、柳宗理、岡本太郎らは1953年の日本国際デザインコミッティーの創立に奔走しており、ちょうどこの頃日本に暮らしていたペリアンとも頻繁に連絡をとっていたようである。

丹下は、翌年に完成した草月会館2階広間と地下室ロビーにも、ペリアンの家具を採用している。広間では赤と黒の絨毯と旧東京都庁舎と同じ《三角形低座卓》を使い、自身がデザインした肘掛け椅子と組み合わせ、地下室ロビーには、勅使河原のデザインしたシャンデリアとともに《バンケット・トーキョー》が置かれた。草月会館は勅使河原蒼風が丹下に直接依頼した建物で、庭は蒼風自身がデザインした。広間は一部が畳敷きの和洋折衷で、生け花の実演などが行われたが、低い位置に座すというコンセプトでつくられたペリアンの低座卓や絨毯の有機的な形は、こうした空間にうまく溶け込んでいる。勅使河原蒼風、宏父子とは、在仏日本大使公邸やユネスコの茶室でも共に仕事をし、長く交友が続いた。（SN）

298

299

298 シャルロット・ペリアン、丹下健三邸にて、東京、1954年／個人蔵

Charlotte Perriand chez l'architecte Kenzô Tange, Tôkyô, 1954. Private Collection.

299 草月会館　2階広間　1958年／設計：丹下健三、家具：シャルロット・ペリアン《三角形低座卓》（木製）、東京［東京のジャック・マルタンとペリアン邸のためのモデル］、《絨毯》（赤と黒の羊毛）［1955年展のためのモデル］

Kenzô Tange, architecte : Siège de l'Ecole d'ikebana, Sôgetsu, Tôkyô, 1958. Charlotte Perriand : *Table basse en forme triangulaire*, bois, Tôkyô (modèle créé pour la résidence de J. Martin et Ch. Perriand, Tôkyô) ; *Tapis en forme triangulaire*, laine rouge et noire (modèle créé pour l'exposition Proposition d'une Synthèse des Arts, 1955). DR/AChP.

300

301

300 旧東京都庁知事室　東京　1957年／設計：丹下健三、家具：シャルロット・ペリアン《仕事机》（木製と金属）、東京、1955年頃［知事室のための限定モデル］、《ムーブル・エクラン（間仕切り家具）》［オブジェや書籍用飾り棚］（土台と引き戸：アルミニウム板金、黒ラッカー塗装、木）、［1955年展のためのモデル］

Kenzô Tange, architecte : *Mairie de Tôkyô*, 1957. Charlotte Perriand : mobilier pour le bureau du Maire de Tôkyô : *Bureau* en bois massif et feuille de métal (fabriqué au Japon), Tôkyô, c.1955 (modèle unique, créé pour la Mairie). *Meuble-écran* pour présentation d'objets et de livres, fonds et portes coulissantes en tôle d'aluminium alumilité ou laqué noir et bois (fabriqués au Japon), (modèle créé pour l'exposition Proposition d'une Synthèse des Arts, 1955). DR/AChP.

301 旧東京都庁知事室　東京　1957年／設計：丹下健三、家具：シャルロット・ペリアン《三角形低座卓》（木製）、東京、1957年［東京のジャック・マルタンとペリアン邸のためのモデル］

Kenzô Tange, architecte : *Mairie de Tôkyô*, 1957. Charlotte Perriand : *Table basse en forme triangulaire*, bois, Tôkyô, 1957 (modèle créé pour la résidence de J. Martin et Ch. Perriand, Tôkyô). DR/AChP.

日本デザイン界の反応と
国際デザインコミッティー

戦後デザインが戦前と大きく異なるのは日本が飛躍的な産業発展を達成し、工業デザイン、建築デザインが本格的かつ大量に必要とされるようになったことである。このとき、企業デザインの手法はアメリカ合衆国の先例に学ぶことになった。その宣伝がグラフィックデザインを基軸とする商業デザインとして展開される。他方、デザイン理念の確立とその追求も意識されるようになる。しかし、デザイナーの大多数が会社員である日本では、1957年に通産省が始めたグッドデザイン商品選定を別にすれば、1953年に発足した国際デザインコミッティーが独自にグッドデザインを顕彰したのは数少ない事例になる。柳宗理がこの創設に加わっていたため、ペリアンが準備過程で一時関わったようだ。

1955年のペリアンの展示作品に関しては、組立式の書架がもっとも大きな影響があった。機能とその構成だけに基づきながら、考え抜かれた形態と軽やかな印象は日本のデザイナーにとって驚きだった。丹下健三や剣持勇らがその原理と手法に魅了され、ペリアンに倣った。坂倉とばかりでなく、丹下との協労関係も続いた。(HMo)

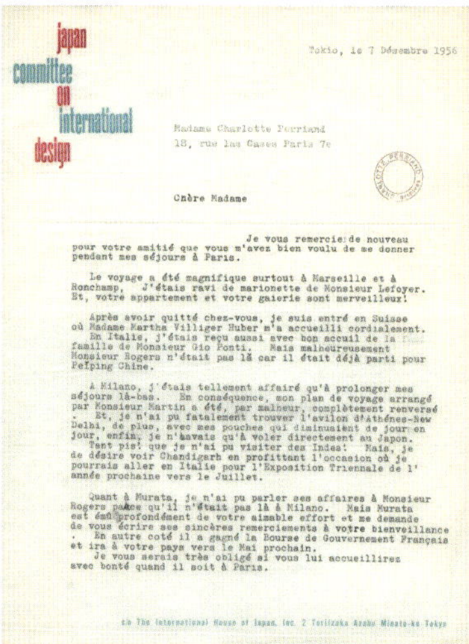
japan
committee
on
international
design

Tokio, le 7 Désembre 1956

Madame Charlotte Perriand
18, rue las Cases Paris 7e

Chère Madame

Je vous remercie de nouveau pour votre amitié que vous m'avez bien voulu de me donner pendant mes séjours à Paris.

Le voyage a été magnifique surtout à Marseille et à Ronchamp, J'étais ravi de marionette de Monsieur Lefoyer. Et, votre appartement et votre galerie sont merveilleux!

Après avoir quitté chez-vous, je suis entré en Suisse où Madame Martha Villiger Huber m'a accueilli cordialement. En Italie, j'étais reçu aussi avec bon accuil de la famille de Monsieur Gio Ponti. Mais malheureusement Monsieur Rogers n'était pas là car il était déjà parti pour Peïping Chine.

A Milano, j'étais tellement affairé qu'à prolonger mes séjours là-bas. En conséquence, mon plan de voyage arrangé par Monsieur Martin a été, par malheur, complètement renversé. Et, je n'ai pu fatalement trouver l'avilon d'Athénes-New Delhi, de plus, avec mes pouches qui diminuaient de jour en jour, enfin, je n'avais qu'à voler directement au Japon. Tant pis! que je n'ai pu visiter des Indes! Mais, je de désire voir Chandigarh en profittant l'occasion où je pourrais aller en Italie pour l'Exposition Triennale de l'année prochaine vers le Juillet.

Quant à Murata, je n'ai pu parler ses affaires à Monsieur Rogers parce qu'il n'était pas là à Milano. Mais Murata est ému profondément de votre aimable effort et me demande de vous écrire ses sincères remerciements à votre bienveillance. En autre coté il a gagné la Bourse de Gouvernement Français et ira à votre pays vers le Mai prochain. Je vous serais très obligé si vous lui accueillirez avec bonté quand il soit à Paris.

c/o The International House of Japan, Inc. 2 Toriizaka Azabu Minato-ku Tokyo

302

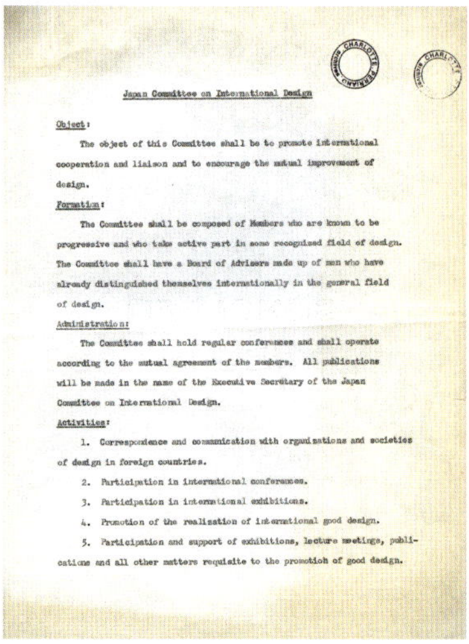
Japan Committee on International Design

Object:

The object of this Committee shall be to promote international cooperation and liaison and to encourage the mutual improvement of design.

Formation:

The Committee shall be composed of Members who are known to be progressive and who take active part in some recognized field of design. The Committee shall have a Board of Advisers made up of men who have already distinguished themselves internationally in the general field of design.

Administration:

The Committee shall hold regular conferences and shall operate according to the mutual agreement of the members. All publications will be made in the name of the Executive Secretary of the Japan Committee on International Design.

Activities:

1. Correspondence and communication with organizations and societies of design in foreign countries.
2. Participation in international conferences.
3. Participation in international exhibitions.
4. Promotion of the realization of international good design.
5. Participation and support of exhibitions, lecture meetings, publications and all other matters requisite to the promotion of good design.

303

302 柳宗理からシャルロット・ペリアン宛の手紙[国際デザインコミッティーのレターヘッド付用紙にて] 1956年12月7日
Sôri Yanagi : Lettre à Charlotte Perriand sur papier à en-tête du Japan Committee on International Design, 7 décembre 1956. AChP.

303「国際デザインコミッティーについて」書類
Charte du Japan Committee on International Design. AChP.

304

304 (左から)剣持勇、ペリアン、坂倉準三、工芸指導所にて、1954年 撮影:臼井正夫/特例財団法人工芸財団
Réunion de travail à l'Industrial Arts Research Institute, Tôkyô, 1954. A partir de la gauche : Isamu Kenmochi, Charlotte Perriand, Junzô Sakakura. Photo Masao Usui. Japan Industrial Arts Foundation.

305

306

305 （左から）一人おいて前川國男、シャルロット・ペリアン、坂倉準三、手前右から、清家清、柳宗理　クラブ関東にて、1954年頃／個人蔵

Au Club Kantô, Tôkyô, c.1954. A partir de la gauche : un inconnu, Kunio Mayekawa, Charlotte Perriand et Junzô Sakakura. A partir de la droite : Kiyoshi Seike et Sôri Yanagi. DR/Private Collection.

306 坂倉準三とシャルロット・ペリアン、クラブ関東にて、1954年頃／個人蔵

Au Club Kantô, Tôkyô : Junzô Sakakura et Charlotte Perriand, c.1954. DR/Private Collection.

307

308

307 国際デザインコミッティーのメンバー（左から）一人おいて渡辺力、岡本太郎、吉阪隆正、ペリアン、坂倉準三、柳宗理、クラブ関東にて、1954年頃

Au Club Kantô, Tôkyô : Quelques-uns des membres du Japan Committee on International Design, c.1954. A partir de la gauche : une inconnue, Riki Watanabe, Tarô Okamoto, Charlotte Perriand, Junzô Sakakura et Sôri Yanagi. DR/AChP.

308 （左から）岡本太郎、（一人おいて）亀倉雄策、吉阪隆正、渡辺力、クラブ関東にて、1954年頃／個人蔵

Au Club Kantô, Tôkyô c.1954. A partir de la gauche : Tarô Okamoto, Yûsaku Kamekura, Takamasa Yoshizaka, Riki Watanabe. DR/Private Collection.

309

310

311

309 ペリアンと坂倉準三、ジャック・マルタンとペリアン邸にて、1954年／坂倉建築研究所

Charlotte Perriand et Junzô Sakakura dans le salon de la résidence de Jacques Martin et Charlotte Perriand à Tôkyô, quartier d'Akasaka, 1954. DR/Sakakura Associates.

310 ペリアンと坂倉準三、坂倉建築研究所にて、東京、1954年／坂倉建築研究所

Charlotte Perriand et Junzô Sakakura dans le bureau de Junzô Sakakura, Tôkyô, 1954. DR/Sakakura Associates.

311 西村光恵とシャルロット・ペリアン、東京、1955年頃／個人蔵

Mitsue Nishimura (épouse de Isaku Nishimura) et Charlotte Perriand, Tôkyô, c.1955. DR/Private Collection.

エールフランス営業所 1959-1960年
Air France Offices in Japan, 1959-1960

エールフランスは新しい営業所の設計をペリアンに委ね、渡仏した進来廉が協力者となり、ロンドン（1957年）、パリ（1958年）、そして東京、大阪へ続いた。東京は日比谷の三井ビル（1、2階）大阪は淀屋橋の勧銀ビル（1、6階）で、坂倉準三が実施設計に協力した。

東京、大阪の立地は、車や人の往来が激しい二方道路に面した角地、という共通点があった。「通りとの関係は、その反対——落ち着きと静けさを目指し、北極回りのパリ～東京線開通を強く訴えねばならない」とペリアンは言っている。

東京営業所は、床を黒一色に抑え、正面に照明された幅11メートル、高さ2.6メートルの北極圏の写真、入口右側には赤色、左側には青色の一枚ガラススクリーンが置かれた。一方、面積が東京の半分の大阪営業所は、社名をより強く訴えることが優先された。床は白一色の大理石、正面の光壁には、原弘（1903-1986）による日本語の文字と金色の一枚ガラスを一体化させた。道から見えるのは、白一色の静かな空間で、視線が移動すると、ガラスの色が瑠璃色からオレンジへと夢幻に変化し、「エールフランス」の文字へと引き込まれた。このように街路を歩く人も芸術に触れることができる、「街路のための芸術」がテーマだった。

家具は東京、大阪でほぼ同じ仕様であるが、ジェット機の主翼の形状をしたカウンターは、日本のために製作された。また東京は2階、大阪では6階に設けられた事務室は、間仕切り壁の上部は透明ガラスの欄間とし、全体が一つの空間になるように工夫された。なお、エールフランス大阪支社は、公共に開かれた作品としては日本におけるペリアンの最後の実作である。（YH）

312

313

314

312 エールフランス東京営業所、1959-60年、内装設計：シャルロット・ペリアン、建築オペレーション：坂倉準三／1階平面図

Charlotte Perriand, architecte ; Junzô Sakakura, architecte d'opération : Agence Air France, Tôkyô, 1959 : Plan du rez-de-chaussée. AChP.

313 作業中のシャルロット・ペリアン、エールフランス東京営業所にて、1959年

Charlotte Perriand travaillant sur le chantier de l'agence Air France, Tôkyô, 1959. DR/AChP.

314 エールフランス東京営業所 1階、1960年、内装設計：シャルロット・ペリアン、建築オペレーション：坂倉準三／シャルロット・ペリアンの家具：接客カウンター［エールフランス東京営業所のためのモデル］、アジア地区のエールフランス航空網を示した地図 撮影：二川幸夫／GAフォトグラファーズ

Charlotte Perriand, architecte ; Junzô Sakakura, architecte d'opération : Agence Air France, Tôkyô, 1959. Au Rez-de-chaussée, meubles de Charlotte Perriand : *Comptoir d'accueil des clients long-courrier*, Tôkyô (modèle créé pour l'agence Air France de Tôkyô). Sur le mur du fond, agrandissement d'une photographie aérienne de la banquise du pôle Nord ; un *Dispositif cinétique* de Charlotte Perriand fait apparaître, en fonction de la position du visiteur, une représentation du globe terrestre collée sur des lames d'aluminum placées perpendiculairement à la photographie. Photo Yukio Futagawa. GA Photographers.

315 エールフランス東京営業所の壁面装飾に使用した北極の氷原の写真［撮影：測地学研究所、ノルウェー］、引き延ばすための1メートル幅目盛り13個付き

Photographie aérienne de la banquise du pôle Nord reproduite sur le *Dispositif cinétique* Charlotte Perriand à l'agence Air France de Tôkyô. Repères de l'agrandissement de la photographie en treize lés de 1 mètre de large. Photo Geodaestik Institut, Norvège. AChP.

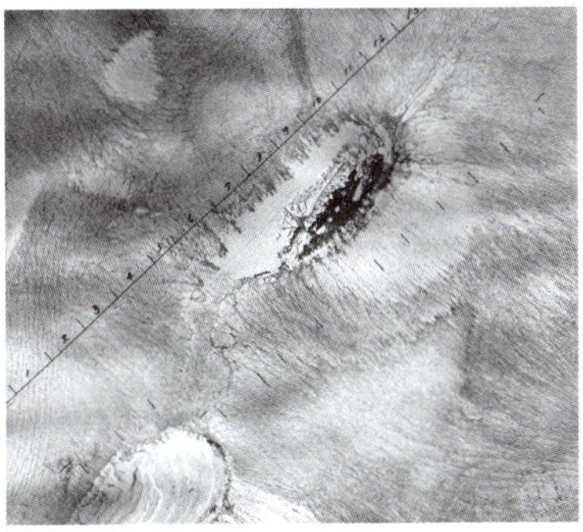

315

316

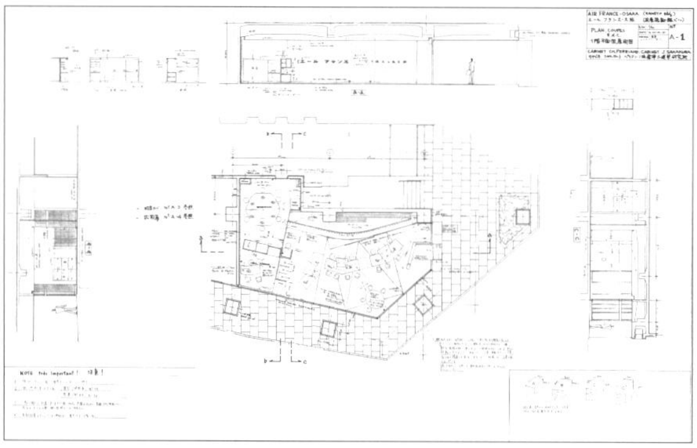

317

318

316 エールフランス大阪営業所、1959-61年、設計：シャルロット・ペリアン、建築オペレーション：坂倉準三／応接室　撮影：多比良敏雄／坂倉建築研究所

Charlotte Perriand, architecte ; Junzô Sakakura, architecte d'opération : Agence Air France, Osaka, 1959-61. Photo Toshio Taira. Sakakura Associates.

317 エールフランス大阪営業所、1959-61年、設計：シャルロット・ペリアン、建築オペレーション：坂倉準三／1階平面図、展開図　1/50　1961年4月22日／坂倉建築研究所

Charlotte Perriand, architecte ; Junzô Sakakura, architecte d'opération : Agence Air France, Osaka, 1959-61 : Plan du rez-de-chaussée, 22 avril 1961. Sakakura Associates.

318 エールフランス大阪営業所、1959-61年　設計：シャルロット・ペリアン、建築オペレーション：坂倉準三／受付カウンター　撮影：多比良敏雄／坂倉建築研究所

Charlotte Perriand, architecte ; Junzô Sakakura, architecte d'opération : Agence Air France, Osaka, 1959-61. Photo Toshio Taira. Sakakura Associates.

世界最

ペリアンのこと

柳 宗理

319 （左から）坂倉準三、シャルロット・ペリアン、柳宗理、清家清、クラブ関東にて、1954年頃／個人蔵

Au Club Kantô, Tôkyô. A partir de la gauche : Junzô Sakakura, Charlotte Perriand, Sôri Yanagi, et Kiyoshi Seike, c.1954. DR/Private Collection.

ペリアンが最初日本に来たのは昭和15年だからもう20年以上も前のことになる。ペリアンが日本のデザイン界に与えた影響というものは、恐らく来朝した外国人の中では最大といってもよいだろう。彼女の約1年の滞在中、彼女のアシスタントとして行動し、その後戦争の後に再び東京で展覧会を開いた時にもその手伝いをしたという様なことから、彼女の思想や行動を最も良く知っているものの一人として彼女について書くこととなった。

昭和15年といえばヨーロッパでは第2次世界大戦が始まっていて、日本もその渦に巻き込まれんとしていた、まさに風雲急を告げる頃であった。外貨獲得にやっきになっていた日本の経済界は貿易の為に外国の有名なデザイナーを招聘し、貿易品を開発するという計画を持っていた。たまたま美術学校を出たばかりで輸出工芸連合会（政府の外郭団体）に務めていた小生は当時の貿易振興課長の水谷良一氏から誰を招聘したものかという相談を受けた。未だ学生上がりで当時コルビュジエに熱中し彼しか念頭に無かった小生は、早速コルビュジエの研究所から帰国されたばかりの坂倉準三氏に意見をうかがった。勿論コルビュジエはあまりにえら過ぎて、おまけに世の中は騒然としており彼の来られ様筈が無かった。こんな無鉄砲な計画を持ち出して坂倉先生も嘸かし困られたことと思うがその熱に動かされてか、コルビュジエの協力者であるペリアンならということになった。貿易振興課長の水谷氏は、先年亡くなられたけれど、御承知の様にわが国工芸界のやかましやとして役人には珍しく純粋で有能な人であった。それッということで話はまたたく間に決り確か8月の15日だったか、フランスから彼女を迎えたのである。勿論ペリアン女史としても戦火たけなわの欧州から単独日本へ来るということは大変な覚悟だったろうと思う。以前より日本文化を知り度いという強い希望や、坂倉準三氏に対する信頼感が彼女の心を決めさせたのだとは思うが、併し彼女の船が喜望峰を迂回し、印度洋に入った時は既にパリは陥落していたのである。

先づ、日本でデザインをするからには、日本を知らなくてはならないというので日本全国の行脚が始まった。京都、奈良は申すまでもなく、東北、中部、中国、山陰山陽、北陸等に迄足を延ばした。日本人の生活、殊に住居や日常使用している什器に対する研究心の強さは、まとまって膨大な資料となったのである。西欧からみた日本の文化は確かに彼女にとって驚異であり感激であったに違いない。例えば彼女は旅行の度に常に携へているスケールで、襖、天井、障子の高さ、土間、畳、或は蚊帳の寸法に到る迄、一々計っていたことを思い出す。そして彼女は絶えずヨーロッパのモデュールと、日本のモデュールの違いに頭をひねっていた。日本の部屋の生活は総て座るという機能上のモデュールから出発し、目のレベルから床の間と掛軸の位置、或は活花、又室内より外部の庭に到る迄の空間のとり扱い等、高度にリファインされた日本の尺度の研究に彼女は没頭したのであった。又彼女が此の上なく愛したものに日本のお風呂がある。日本人は入浴をレジャーとして考えるが西欧人は単に身体を洗うということしか目的としない。この根本的な相違を彼女ははっきりと認めたのである。そして日本のお風呂の良さを身に沁みて感じ、彼女のパリの家にはわざわざそれを備え付けたし、又2度目の来日の時には五右衛門風呂を買っていってアルプスの小屋に据え付けた程である。私は彼女がお風呂の構造や煙道に到るまで非常に細かく調べていったのを覚えている。

彼女は勿論近代デザインの尖端的な担い手であった。併し彼女が日本に来て日本の新しい建築に余り良いものが無く、又デパートで売られている商品が西洋の真似事で下劣なものでしかないことを嘆いていた。そして反面地方の伝統的な民芸品の中に生活からにじみ出た純粋性を見出して喜びを感じたのである。さればといって、地方の物産館や、陳列所にある品物には、一瞥だに与えなかった。地方を廻っている際、彼女は直接一般の人達の生活に触れた。また工人達と直ぐ親密になり、それぞれの製品の在り方や、その製造過程に親しんだ。そうかといって彼女が民芸品をそのままとりあげたというのではない。彼女は「真の伝統を生かすということは忠実に模倣することではない。伝統の永遠の法則に従って新しく創造することである」としばしば言っていた。私は彼女からこの伝統と創造という二つの言葉の相関関係について、数多くを学び取ったと思う。次に彼女が話した中からしばしば口にしたことを2、3挙げてみよう。

「貴方方は過去に貴方方の祖先達が作ったもの、また貴方方が作られているものをよく手にとって御覧になることがありましょう。そこに貴方方は形だけではなくてそれを使っている人々の精神や生活、或はその方法等の内容を学びとることが出来るでしょう。逆に若しヨーロッパで出来たものを貴方方が御覧になった時、その内容をかえりみずに形だけをとったとしたらそれは根本的な誤りだと思います。」「日本はどうしてヨーロッパの国々からその国の純粋さと簡明とを誇る美しい伝統を全く失ったものばかり取り入れるのでしょうか。」

「日本の商品は如何なる方向に進むべきか。如何なる方針に於て探求を進めるべきか。如何なる形に於て表現さ［れ］るべきであるか。俗悪なものを先づ拒否すべきであり、外国品の誤った模倣を捨て去り、ヨーロッパについて抱いている誤った考えを除き去るべきである。ヨーロッパに於ても同じく日本の生活について美術について誤った考えが存在している。その間違った考えの根拠となったものは、所謂輸出物と称せらる俗悪な誤った工芸品（同じ考えに基いて輸出された所謂文化宣伝物なるもの）であったことは明らかである。

「生活と物との豊かな衝撃によって新しいものを絶えず造ってゆくのがデザインである。」

彼女の視察旅行が終りその結実が1941年、高島屋で開かれた有名な展覧会となる。当時は丁度戦争も間近に迫り、釘一本使えない材料の窮屈な時であった。従って彼女が指導しデザインしたものは主として竹製品とかあるいは木工、陶器の様な自然材料が多かったのである。一つの例をとれば東北の雪害試験所の山口氏の御好意により隅なく東北の藁、藁靴の技術を見て、之を見事に敷物やカーペット、椅子張り等に用いて見せた。又竹の弾力を利用して種々の椅子やベッドをもデザインした。勿論優秀な材料がそれらを自由に使える様になった今日、此等のデザインは最早や姿を消しはしたけれど私達が学んだことはデザインするその態度や方法であった。

ペリアンは製図版（ママ）の前にかがみこんでデザインを組み立てない。ペリアンがデザインを組み立てるのはそれを造る工場であり、職人の工房であり、その材料の現場であり、その材料を処理する機械の前である。そしてその技師なり職人なりとその材料、製作の方法について十分討論し合った後のことである。又その品物を自身で試してみながらデザインを組立てる。私は彼女がデザインの途中で図面を描いたのは一度もみたことが無い。いわんやプレゼンテーションのレタリングの様なことは真向うから否定した。彼女は或る図案の展覧会の批評でそれが実に下らないものであり、その原因はそれが紙の上のデザインに他ならないことを指摘していた。曰く「それは奇麗な図面であるかも知れませんが実際の生活とは何の関係もないものです。か様に技術と材料から離れた考案とゆうものは何にもなりません」と。デザインの完成とは、その製品が生産され出した時であり、それ迄はデザイン考案の経過であることに他ならない。従って彼女が正確な図面を描いたのは彼女が正確な記録を残す為であった。このことは最近種々の工芸デザインコンクールが行なわれているが、その大方が本来の在り方でないとゆうことであり、大いに反省すべきことではないだろうか。彼女は又この様な下らない展覧会用の図案に甚だしい侮蔑を持つと同時に又凡ゆる古臭い美術工芸家に対して頗る戦闘的な行動を示した。展覧会場の一隅にグッド・デザインとバッド・デザインを比較させたケースを置き、悪いサンプルの入ったケースには赤×のテープが貼られた。ところがそのケースの中には当時の主だった帝展作家の作品が並べられたのである。どの様な態度が生じたか御想像に難くないであろう。間に入った我々や高島屋は大いに困ったが、彼女は頑として引かなかった。彼女の闘争力は彼女の師コルビュジエの跡を引いてか全くものすごいものである。展覧会の前、三日二晩というもの彼女は全く寝なかった。私達若いアシスタントもフラフラになったが、何にも分からない職人達は徹夜が重なると遂にストライキを起こしてしまった。彼女はそれでも眼に涙を浮べてしゃにむに頑張った。遂に職人達も見ていられなくなり引きづられて夜を明かしてしまったというエピソードもある。この様な彼女のファイトを示すエピソードとして、彼女がどうやってコルビュジエのアトリエに入ったか、話してくれたことがある。彼女がパリの装飾美術学校を卒業して間も無く、コルビュジエの新しい著書「今日の装飾美術」を読む機会を得た。そして混乱していた彼女の心に光を投げかけたコルビュジエを彼女が直ちに訪れたことは申す迄も無い。併しこれ迄女性を入れなかったコルビュジエの研究所はにべも無く彼女の希望を断った。併し彼女の熱意は1度や2度では引っ込む程ではなかった。併しその度毎に答は何時もノンである。そのうちペリアンは一つの展覧会を開いたがその時コルビュジエが来てくれたらしい。それで再び勇を振ってコルビュジエに頼んだところ、遂にコルビュジエも根負けしたか、或は建築設計にも女性の意見を入れる必要もあると思ったのか一応は、やってみなさいということになったらしい。勿論ただである。併し彼女が入所して図面を描き始めると何時もノンと言って消ゴムで消してしまった。彼女は失望し、幾度止めようと思ったか分らないという。併し彼女の最後迄の頑張りこそが、コルビュジエの重要なアシスタントとならしめたのである。

戦後再びペリアンの展覧会が高島屋で開かれた。矢張り当時としては可成り贅沢な展覧会で、2度に亙る高島屋側の責任者、川勝氏の御苦労を察するに余りあるものと思う。彼女は既に家庭の人となっているが、遂最近のエール・フランスの仕事といい彼女がますます元気で仕事をしていることを思わせる。フランスと日本のコンディションは可成り違うし、彼女の主とした仕事はインテリアであるし、私の仕事はインダストリーであるから、そこに或程度の考えの食い違いはあるけれど、彼女のデザインに対する方法、殊にそのヒューマニティに対する見方には、昔に変らず尊敬の念を抱いている。そして彼女を思うにつけ、くじけてはいけない、戦わねばならないという覚悟を新にするのである。

（「日本の近代デザイン運動史8：ペリアンのこと」『デザイン』No. 35　1962年8月号より再録）

第4章
フランス
暮らしの中の日本

終戦後、6年ぶりにフランスに帰ったペリアンは、日本で得た知識と経験を雑誌などを通じて積極的に発信する。1952年のサロン・デ・ザール・メナジェ（家事芸術展）でペリアンは、日本での温泉や風呂の体験から洗い場のある《ユニットバス》を提案する。台所、浴室といった水まわり設備は、一貫してペリアンの仕事の重要なテーマである。また、1957年の同展では建築家・進来廉設計による「ラ・メゾン・ジャポネーズ（日本館）」に柳宗理の《バタフライ・スツール》やイサム・ノグチの《あかり》を配して、和と洋が一体化する日本の暮らしを紹介した。異なる文化、異なる時代の体験によって、ペリアンの生活と芸術の綜合という理想は徐々に形になっていった。1960年代には、在仏日本大使公邸や四季ファブリックのショールームなど、パリで日本との関係の深い仕事に携わり、またこの頃は、ペリアンのデザインによる収納やテーブル、椅子などが日本の天童木工やフランスのギャルリー・ステフ・シモンによって製造販売され、大衆に受け入れられるようになる。

Chapter 4
France – Japan in Everyday Life 1952-1993

Upon her return to France for the first time in six years after the war, Perriand aggressively utilized magazines and other media to communicate her experience and knowledge gained in Japan. At the *Salon des Arts Ménagers* (household appliances exposition) in 1952, she proposed a bathroom design with integrated washing place, based on her observations at hot springs and public bathhouses in Japan. Kitchen and bathroom fittings eventually became one central theme in Perriand's work. At the same Salon in 1957, a new Japanese lifestyle integrating traditional domestic and Western elements was introduced in works like Sôri Yanagi's "Butterfly Stool" and Isamu Noguchi's "Akari" at the "Maison Japonaise", designed by architect Ren Suzuki. Through her experiences of various cultures in different eras, Perriand's ideal of an integration of daily life and art was gradually taking shape. In the 1960s she was involved in design for the residence of the Japanese ambassador to France, seasonal fabrics, and other projects related to Japan, and around the same time, her work became increasingly popular when Tendô Mokkô (Japan) and Galerie Steph Simon (France) commenced production and sales of her tables, chairs and storage furniture.

1952-1993

ギャルリー・ステフ・シモン　1956-1974年
Galerie Steph Simon, 1956-1974

第二次世界大戦も終わりにさしかかった頃、フランス・アルミニウム社の販売代理人として働いていたステフ・シモン（Steph Simon, 1902-1982）は、勇敢にも強盗の逃走を阻止して負傷、その時に保険金として手にした大金で物件を購入し、1956年、サン・ジェルマン通り145番地にギャルリー・ステフ・シモンを開いた。このギャラリーは当時、ギャルリー・メやノール社のショールームと並んで、新時代の家具を扱う珍しい存在であった。

ペリアンとジャン・プルーヴェ（Jean Prouvé, 1901-1984）は、ギャラリーを代表する作家であると同時に、取り扱い作家や作品の選定、ショーウィンドウのディスプレイ担当など、監修者としても活躍した。また、ステフ・シモンと契約を交わしたペリアンは、独占的な製造販売権を与え、年に10点のスタンダードモデルを製作した。このギャラリーは、ペリアンの新しいシステム収納「カンカイユリー」の製造、販売の窓口としてだけでなく、建築家やインテリア・デザイナー、一般客からの様々な問い合わせへの対応など、販売促進の場としても機能していた。成型プラスチック製引き出しの大量生産を引き受けたのもステフ・シモンであったが、広く普及させることを目指し、一時、BHVでも販売した。ギャラリーではペリアンとプルーヴェの家具の他、セルジュ・ムイユ(Serge Mouille, 1922-1988)の照明、イサム・ノグチ（1904-1988）の和紙を使った照明《あかり》、柳宗理の《バタフライ・スツール》、ジョルジュ・ジューヴ(Georges Jouve, 1910-1964)の陶器、ジャン・リュース(Jean Luce, 1895-1964)の食器などを取り扱い、モダンな生活スタイルを提案しつづけた。1974年、すでに70歳を過ぎていたステフ・シモンは、協力者の一人であったアンリ・マシェにギャラリーを売却、18年の歴史に幕を閉じた。(NS)

320

320　ギャルリー・ステフ・シモンの入口、サン・ジェルマン通り145番地、パリ、1956年　撮影：ビオジョー

Galerie Steph Simon, 145 boulevard Saint-Germain, Paris : la façade de la galerie, 1956. Photo Biaugeaud. AChP.

321　シャルロット・ペリアン《木と藁の椅子》1956年［1941年作シカール邸のためのモデル復刻版］／雪の里情報館

Charlotte Perriand : *Chaise en bois et paille*, 1956 (adaptation du modèle pour l'appartement d'Etienne Sicard, Tôkyô, 1941). Yukinosato Information Center.

321

322　ギャルリー・ステフ・シモン、ディスプレイ：シャルロット・ペリアン、1956年、シャルロット・ペリアン《ターブル・ア・ゴルジュ（溝付テーブル）》、ステフ・シモン版、1956年以降［東京のジャック・マルタンとペリアン邸のためのモデル、1953年］、《エタジェール・ニュアージュ（棚「雲」）》「プロ」：板金、ラッカー塗装、木、ステフ・シモン版、1956年以降　撮影：カルケル

Galerie Steph Simon, Paris. Charlotte Perriand : *Scénographie*, 1956. Charlotte Perriand : *Table à gorge*, édition Steph Simon à partir de 1956 (modèle créé pour la résidence de J. Martin et Ch. Perriand, Tôkyô, 1953) ; *Etagère Nuage*, bois et plots en métal laqué, édition Steph Simon à partir de 1956. Photo Karquel. AChP.

323　ギャルリー・ステフ・シモン、大晦日用のディスプレイ：シャルロット・ペリアン、1958年頃、イサム・ノグチ《あかり》、ジョルジュ・ジューヴ：花器《シランドル》（陶）、シャルロット・ペリアン《タブレ・ベルジェ（三脚低座椅子）》（木製）、ステフ・シモン版、1956年以降［東京のジャック・マルタンとペリアン邸のためのモデル、1953年］　撮影：ビオジョー

Galerie Steph Simon, Paris. Charlotte Perriand : *Scénographie avec Etagère en bambou et bois*, créée à l'occasion des fêtes de fin d'année, c.1958. Isamu Noguchi : lampes en papier *Akari* ; Georges Jouve : vases *Cylindre*, céramique ; Charlotte Perriand : *Tabourets Berger*, bois, édition S. Simon, à partir de 1956 (modèle créé pour la résidence de J. Martin et Ch. Perriand, Tôkyô, 1953). Photo Biaugeaud. AChP.

322

323

324 ギャルリー・ステフ・シモン、大晦日用のディスプレイ：シャルロット・ペリアン、1958年頃、イサム・ノグチ《あかり》、シャルロット・ペリアン《ショフーズ・トーキョー》(木製)、ステフ・シモン版、1954年以降［オリジナルモデル：パリ、1953年、東京のジャック・マルタンとペリアン邸のためのデザイン］、和紙製鯉のぼり　撮影：ビオジョー

Galerie Steph Simon, Paris. Charlotte Perriand : *Scénographie avec Etagères en bambou et bois,* créée à l'occasion des fêtes de fin d'année, c.1958. Isamu Noguchi : lampes en papier *Akari* ; Charlotte Perriand : *Fauteuil bas empilable,* bois, édition Steph Simon à partir de 1956 (modèle original créé pour la résidence de J. Martin et Ch. Perriand, Tôkyô, 1953). Carpes en papier traditionnelles, Japon. Photo Biaugeaud. AChP.

日本体験についての言及

References to Perriand's Experiences in Japan

1940年の初来日、そして53年の再来日を通して自身が見聞し体験した日本文化について、ペリアンは1956年、「日本における身ぶりの危機」と題したエッセイをイタリアの建築、デザイン総合誌『Casabella Continuità（カザベラ・コンティヌイタ）』に、「生きた伝統」をフランスの建築雑誌『L'Architecture d'aujourd'hui（今日の建築）』誌にそれぞれ寄稿する。いずれのエッセイからも、戦前と戦後、二度の来日を果たしたペリアンが目を奪われた日本の文化について、伝統的な日本家屋、襖で仕切られた大広間、襖を開ける時の優雅な所作の女性、和室と洋間を兼ね備えた旅館の一室など、魅力的な写真とともにうかがい知ることができる。

伝統的日本家屋の構成要素——部屋の広さの基本単位となる畳や襖といった規格化されたモジュールによって、自然を室内へと取り込む開放的な造りとしての家屋が実現されていることや、一つの空間である大広間を、用途によって可動式の間仕切りとして機能する襖や障子で仕切って使用するシステムに着目している。また、まるで身体を清める神聖な儀式のような日本での風呂文化にも触れ、必ずしも個人だけでなく、温泉や露天風呂といった大浴場に複数の人々が浸かり、会話を交えて楽しむ習慣であることを紹介する。個人の住宅では木製の大きな桶のようなバスタブを備え付け、湯沸かしシステムと一体化されたコンパクトな仕組みを図解付きで紹介している。

しかし、戦後再び来日したペリアンは、戦前とは異なる動きを感じ取る。復興の流れの中で日本が西欧の文化を積極的に取り入れ、伝統的な自国の文化との間で揺れ動いている現状を指摘し、日本で起こっている文化の二極化という現象に警鐘を鳴らす。（NS）

325 シャルロット・ペリアン「日本における身ぶりの危機」『Casabella Continuità（カザベラ・コンティヌイタ）』誌　210号、1956年、ミラノ／京都工芸繊維大学美術工芸資料館

Charlotte Perrisnd, 'Crisi del gesto in Giappone' Revue *Casabella Continuità*, n° 210, 1956. Museum and Archives, Kyôto Institute of Technology, AChP.

日本における身ぶりの危機

1956年、東京。近代的なビル群が、コンクリートとガラスの砦のようにそびえ建つ。そこには鉄道の駅、地下鉄の駅、百貨店、レストラン、劇場などが重なり合い、考えられないほど様々な施設が複合して収容されている。

目の前には人口800万の都市が広がる。木と紙でつくられた街。人々でごった返す奔放な暮らしは、まるで中世のよう。

春、桜が満開になると、通りは薄紅色の花びらで覆い尽くされる。だがそこに路面電車やタクシーが往来し、人混みの中を人は押合いへし合いする。

夏には、キリギリスが歌う。花屋はキリギリスの初物を提供しようと、精巧につくられた小さな籠を売る。キリギリス入りの籠もあれば、何も入っていない籠もある。路地では、子ども達がキリギリスを捕まえようと、鳥もちを塗った長い棒を手に、走りまわっている。

きらきら輝く、溢れんばかりの生命。この生命こそ日本の魅力である。祭りになると、提灯や紙でできた花飾りなど、はかない装飾で町は彩られる。それが町の、住民一人ひとりの表現、そして祭りに参加する民衆全体の表現行為である。

そこには、私たちの公式な祝祭にみられる堅苦しさは微塵もない。謝肉祭や7月14日のパリ祭などで群衆が何かを表現する機会はない。あるいは、群衆は何かを表現しようという意欲を——人生の醍醐味を——失ってしまった。自己中心主義と倦怠。

日本の民衆は、新しい知識に飢えている。彼らは自分が知らないことや、知り得ないことを尊重するが、尊重しすぎるところすらある。狂ったように現代の冒険に身を投じる日本人は、留まるところを知らない。あらゆることが可能で、あらゆることを思考する。新しいものは何でも利用する。飽きることを知らず、潑溂としている。

さて、中世から直に生まれたパリ、中世の風習をそっくり残しながらも、現代的なビルで飾られたパリに戻ったとしたらどうだろう。どんなものになるか想像できるだろうか。

さらに日本では、伝統的な東洋の風習が、西洋の風習やその存在様式・思考様式と結びついている。しかし現代生活において、伝統的な風習が生き残ることは可能だろうか。

こうした懸念が至るところに広がった。学生、女性誌、家事雑誌、専門誌など……。

私たちは着物を捨てるべきか。椅子に座るべきか。ベッドで寝るべきか。

家が火事にならないよう、コンクリートの家に住むべきだ。コンクリートの家に入るときは、靴を履いたままがいいのか、「畳」を放棄すべきか。

扉の高さをひろげるべきか。

たしかに、日本女性の着物姿は美しい——私たちサヴォワ地方の女性も郷土の衣装に身を包むときはそれに劣らず魅力的だ。が、しかし急いで電車に飛び乗り、家事に打ち込むには、着物はあまり実用的とはいえない。それでは、着物はもっぱら盛装とされる方がいいのか。イヴニングドレス、休息や余暇のための衣服になるべきなのか。着物は進化すべきなのか。その徴候はすでにみられる。

ヨーロッパの服装を考えてみると、「畳」に膝をつくとき、ズボンの折り目や絹のストッキングに気をつける必要がある。

今後、床の上に座る習慣は失われるだろうか。演説の最初から最後まで正座でいることに、若者たちはすでにいくらか苦痛を感じている。

家に入るときに靴を脱ぐのをやめるだろうか。もしそうなれば、布団を敷くための柔らかくて清潔な床はもう存在しなくなるだろう。

しかしそうなると、椅子が座布団に取って代わるだろう。テーブルが高くなり、ベッドはつねに寝室をふさぐことになる。各部屋がそれぞれ特化した役割を担うことになるので、部屋数が増える。現在の経済状況は、どこでも例外なく、居住空間を縮小する傾向にあるというのに。

さらに先に進もう。西洋の生活様式を採用することで、建築にどのような影響がもたらされるだろうか。

戸を高くすれば、戸の横幅も広げる必要があるだろう。「畳」のモジュールも同じく変化するだろう。

様々なモジュールが大きくなれば、建坪が増えるおそれもある。

床に座るのをやめて椅子に座るようになれば、

à sa Perrette.

Charlotte Perriand

Crisi del gesto in Giappone

Consideriamo un grande privilegio di poter pubblicare queste pagine di Charlotte Perriand dove la sua esperienza in Giappone integra felicemente la sua attività creatrice che, come tutti sanno, rappresenta uno dei più validi contributi alla casa dell'uomo moderno. Si vedrà come i problemi formali dell'architettura sono l'evidente risultato dei contenuti sociali e pratici di una civiltà e si dovranno trarre le logiche conseguenze — come un ammonimento — nel trasferire il caso particolare esaminato dall'artista francese, ai più vasti compiti offerti alla nostra responsabilità professionale.

E. N. R.

Haniwa
Statuetta funeraria
in terra cotta
550 a. C.

Tokio 1956: Edifici moderni, fortilizi in vetro e cemento, che ospitano l'uno sull'altro i complessi più impensati: stazione ferroviaria, metropolitana, grandi magazzini, ristoranti, teatri...
Ai loro piedi una città di 8 milioni di abitanti costruita in carta e legno: una vita brulicante e truculenta come nel Medioevo.
In primavera i ciliegi fioriti ricoprono alcune strade di petali rosa, ma per le stesse strade passano tram, taxi e una folla frettolosa e agitata.
D'estate cantano i grilli e, per offrirvene la primizia, i fiorai vendono deliziose gabbiette con o senza grillo, ma i monelli corrono per la strada armati di lunghi bastoni invischiati per catturarli.
Una vita prorompente ed esplosiva, è questo che fa seducente il Giappone: rioni in festa con effimeri addobbi di lanterne e ghirlande di carta. E' l'espressione del quartiere, del singolo abitante, dell'intera popolazione che vi partecipa. Nulla di pomposo come le nostre feste ufficiali, carnevale, 14 luglio... in cui è preclusa alla folla ogni occasione di

Shugaku-in-Kyoto: Villa imperiale costruita verso la metà del 1600. Nella pagina accanto: Veduta del monte Hiei dalla stessa villa. Esempio tipico di casa e di giardino in cui la natura ricreata dall'uomo riproduce il paesaggio naturale. ✱ Shugaku-in-Kioto: Villa impériale: (XVII s.) Page à côté: Vue de cette villa sur le Mont Hiei. Exemple d'une maison et d'un jardin dont la nature façonnée par l'homme reproduit le paysage naturel. ✱ Imperial villa built around the middle of the XVII cent. Opposite page: View of Mount Hiei from the same villa. Typical example of a dwelling and garden where nature, recreated by man, reproduces the original landscape.

55

pp. 54-55

In alto: Villa del re Sho nell'isola di Ryukyu in riva al mare (sec. XVIII). Si osservi l'armatura in legno svuotata dei suoi riempimenti: porte-finestre e pannelli scorrevoli. In primo piano, i "tatami" muniti di guide scorrevoli. Qui l'orizzonte è limitato da un muro di sassi che però, data l'altezza, suggerisce l'idea dello spazio, pur avendo la specifica funzione di proteggere dai venti marini. A destra: Villa imperiale di Katsura (sec. XVI). Esempio evidente dell'utilizzazione dei pannelli scorrevoli e asportabili. ✱ En haut: Villa du Roi Sho dans l'île de Ryukyu au bord de la mer (XVIII siècle). A noter l'ossature de bois vidée de ses remplissages: portes-fenêtres et cloisons coulissantes. Au 1er plan, les tatamis bordés par les glissières coulissantes. L'horizon ici est limité par un mur de pierres, mais qui, par sa proportion, suggère le sentiment de l'espace tout en étant utilitaire puisqu'il doit protéger des vents de la mer. A droite: Villa impériale de Katsura (XVIe siècle). Exemple frappant de l'utilisation des cloisons coulissantes amovibles. ✱ Top: King Sho's villa in the Island of Ryukyu, by the sea. (XVIII Century). To be noted the wooden frame without its filling structures: French windows and sliding panels. On the foreground the "tatami" fitted with sliding runners. Here the horizon is limited by a pebble wall which however, owing to its height, gives the feeling of space, although having the specific purpose of protecting the building from the sea winds. On the right: Imperial villa of Katsura (XVI Century). Typical example of how sliding and removable panels may be employed.

56

esprimersi — o essa ne ha perduto il gusto, sale della vita. Egocentrismo e noia.
Il popolo giapponese è avido di nuove cognizioni e pieno di rispetto per ciò che non capisce o capisce poco... persino troppo rispettoso. Lanciato a capofitto e senza esclusioni nell'avventura moderna — tutto è possibile, tutto è pensabile — si serve di ogni novità, insaziabile ma vivo.
Immagino di ritornare in una Parigi

Attore di "No"

uscita direttamente dal Medioevo che abbia conservato tutte le usanze antiche e si sia abbellita di moderne costruzioni. Vi rendete conto di che cosa può saltar fuori?
Aggiungete che in Giappone le usanze tradizionali dell'Estremo Oriente si combinano con quelle occidentali e così le maniere di vivere e di pensare. Ma la vita moderna permetterà che sopravvivano?
Domande ansiose sfrecciano da ogni dove, da parte di studenti, nei periodici per la donna o per la casa, nelle riviste specializzate:
Dobbiamo abbandonare il kimono?
Dobbiamo sederci sulle seggiole?
Dobbiamo dormire nei letti?
Dobbiamo abitare case in cemento, che non bruciano?
Dobbiamo tenere le scarpe quando vi entriamo ed eliminare i « tatami »?
Dobbiamo aumentare l'altezza delle porte?
E' vero, la giapponese è deliziosa in kimono, come lo erano le nostre donne della Savoia in costume regionale. Ma il kimono non è affatto pratico per arrampicarsi in fretta su di un treno o sbrigare senza impaccio i lavori di casa. E allora deve diventare soltanto un abito da cerimonia? O un vestito da sera, da riposo, da svago? Oppure deve modificarsi? Ci sono varie tendenze in proposito.
Se adotteremo il modo di vestire europeo, attenzione alla piega dei pantaloni

Inaugurazione della struttura di una casa di contadini. È di buon augurio lanciare dolci di riso alla gente del villaggio; nella medesima occasione, un pranzo di carattere sacro viene offerto ai costruttori. Sotto: Una casa di contadini. ✱ Inauguration de la charpente d'une maison paysanne. Il est bénéfique de lancer des gateaux de riz à la population du village; dans cette même occasion, un repas de caractère sacré est offert aux bâtisseurs. En bas: Maison paysanne. ✱ Dedication of the structure of a peasants' dwelling. Rice cakes are tossed to the village people as a good luck symbol; on the same day a dinner with a religious character is offered to builders. Below: Peasants' dwelling.

57

pp. 56-57

pp. 58-59

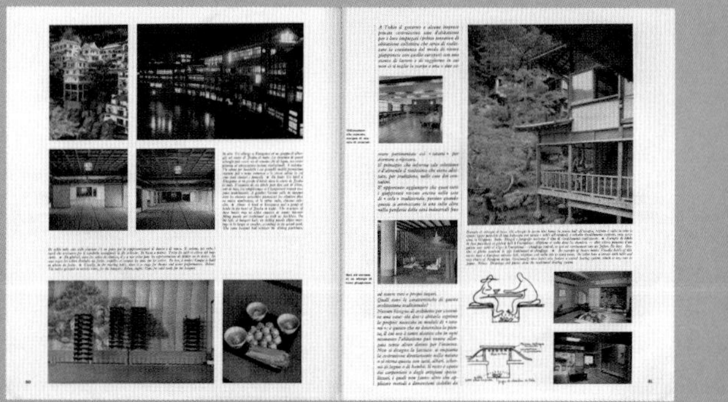

pp. 60-61

pp. 62-63

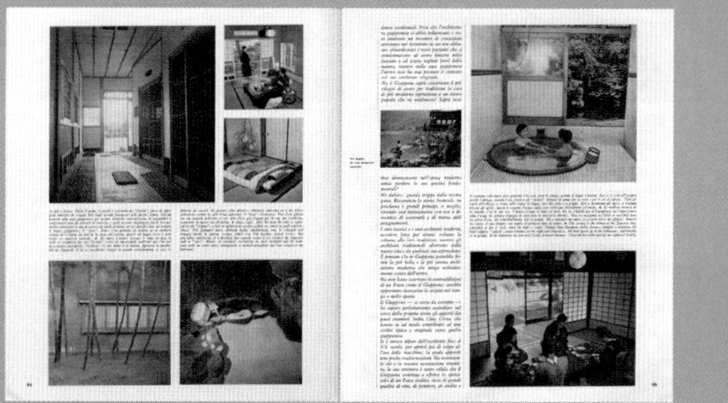

pp. 64-65

人間と建築との調和のとれた関係が変化するだろう。

膝をついて引き戸を開け閉めせずに、ヨーロッパ式に立ったまま、少し荒っぽく戸を扱うなら、戸の繊細な作りは耐えられないだろう。しかし戸は繊細だからこそ、心地よく静かなのだが。

靴を履いたまま家に上がれば、襖溝がすぐに傷んでしまう。

この非常に繊細な戸は、居住形態に応じて、自由な間取りを実現している、日本家屋のもっともすぐれた利点といえる。しかしそれを除いてしまったら、日本家屋は一体どうなるだろうか。

こうした問題はすべて、どのように解決すればよいだろう。

戦前は、ほんの一握りの裕福な日本人が、伝統的な暮らしのなかに西欧風の部屋を持っていた。現在は、さらに裕福な日本人が、和室を備えた西欧式の家に住んでいる。

東京では、政府やいくつかの民間企業が、社宅用に団地を建設している。これは、日本とヨーロッパの生活様式の共存を実現しようとする集合住宅の最初の試みだ。靴を脱がない仕事部屋と居間、それに睡眠や休息のための「畳」の部屋が一、二室。そもそもこの根本的な解決策は、農村の家屋で伝統的に採用されている解決策に通じるところがある。

次のことも付け加える必要があるだろう。工場地帯の近郊では家屋がひしめき合い、正真正銘のバラックになろうかというほどなのに、それでもほとんどすべての日本人が今なお伝統的な「様式」の家で暮らしているのだ。

こうした伝統的な日本家屋には、どのような特徴があるのだろう。

そこに建築家はまったく必要とされない。住み手が必要な「畳」の枚数を伝えれば、それで設計図が決まる。「畳」は非常に融通がきくので、住み手は全体を損なうことなく、いつでも家の建て増しをすることができる。住み手は立面図を引かずに、自然のままの地面の上に、砂利や庭木、竹や木の生け垣で自然を再構成して地縄を張って建物の地取りをする。あとは大工や専門の職人の仕事だが、彼らは古い伝統に由来する方法や寸法を適用するだけでよい。そこでは伝統がほとんど見事に凝縮しているのだ。

木の骨組みが家屋を支えているため、床と外壁は完全に自由になる。家屋の床は、規格化された部材で埋められている。たとえば「畳」、スライド式の立面「障子」、スライド式仕切り壁「襖」、これらの壁面と敷居は、当初から構造の骨組みに含まれている。

伝統的な日本家屋ほど、モジュール化され、規格化されているものはない。

伝統的な日本家屋の間取りは内から外へ伸び、自然にうまく一体化して無限へと延長される。

私はまるで現代建築の原理そのものを述べているようではないか。

ル・コルビュジエはこう述べている。「耐力壁はもう必要ない。コンクリートや鉄鋼という新しい素材がもたらされたことによって、自由な間取りと外壁が可能になる」さらには「家屋は外を指向して発想されるべきだ」とも。このとき彼は、平面と立面の構想について、革命をもたらしたのではなかったか。

何より外壁のことばかり気にしていたルネサンスに由来するアカデミズムに対し、ル・コルビュジエは戦いの火蓋を切ったのだった。

今日の日本において、アカデミズムとは伝統家屋のことだ。伝統的な日本家屋を前にして感嘆する私たちは、日本の若者達の目には古くさく映る

Gli elementi di una casa tradizionale giapponese sono uguali, sia che si tratti di una villa imperiale, o di una casa di campagna, o di un albergo, o di un ristorante. Una prima chiusura all'esterno con gli "shoji" — una galleria circolare intorno alla casa — poi una seconda chiusura con "shoji" di legno e carta traslucida che permettono di regolare e diffondere la luce. Il modo di gestire e di atteggiarsi ha in Giappone una grandissima importanza: effettivamente le stuoie soffici lisce sul pavimento invitano a toccarle, ed è in ginocchio, con gesti quasi da mimi, che i giapponesi aprono le porte e si offrono qualcosa. Anche la più modesta delle domestiche sa farlo con garbo; il che fa dire di noi che siamo dei barbari. ★ Tous les principes de la maison traditionnelle japonaise sont les mêmes — que ce soit dans une villa impériale, dans une maison de campagne, dans un hôtel, dans un restaurant. Une première fermeture à l'extérieur de la maison avec des shojis — une gallerie circulaire autour de la maison — puis une 2ème fermeture par des shojis de bois et de papier translucide — ce qui permet de régler et de diffuser la lumière. Le geste et l'attitude ont au Japon une très grande importance: les nattes douces et élastiques au sol incitent en effet à son contact. C'est à genoux, avec des gestes presque de mimes que l'on glissera la porte, que l'on vous offrira chaque chose. La moindre servante en a naturellement le don, ce qui fait dire que nous sommes des barbares. ★ The sections of a traditional Japanese home are similar both in the case of an imperial villa, of a country dwelling, of a hotel or of a restaurant. A first outer enclosure made with "shoji", a circular verandah around the house, a second enclosure with "shoji" made with wood and translucent paper allowing adjustment and diffusion of light. Manners and posture are of paramount importance in Japan; actually the soft, smooth mats on floors invite to touch them; kneeling, with mimic-like gestures, Japanese people open doors, offer something to their guests. Even the humblest servant knows how to perform these duties gracefully; as a result we are looked upon as uncivilized.

con una produzione artigiana ancora di alto livello.
D'altronde il Giappone dipende ormai dal nostro mondo e, nelle attuali condizioni, per assicurare la vita del proprio popolo è costretto a produrre per l'estero e ad esportare.
Esportare prodotti adatti alle nostre abitudini; onde due tipi di produzioni: l'una per l'interno che risponde al modo di vivere e alle usanze di un popolo di 90 milioni di abitanti; l'altra per la esportazione, imitazione più o meno riuscita di articoli occidentali, che deve soddisfare un altro genere di vita e che esige perciò forme diverse. Forme però che non potranno essere nè sentite nè create perchè rispondenti a bisogni che in gran parte gli sono ancora estranei. Da qui una fabbricazione ispirata alle riviste straniere o copiata da modelli importati.
Così, insidiosamente, quest'ultima produzione modifica l'aspetto quotidiano del Giappone.
In Occidente noi abbiamo pensato e creato l'era delle macchine, ma le nostre scoperte sono andate oltre le vecchie strutture che ancora ci reggono; di queste nuove cognizioni non ci serviamo agli effetti del progresso e tale « semi-civiltà » — chè ancora non si tratta di una civiltà vera e propria — non è salutare e ci fa perdere parecchie buone qualità.
Il Giappone si lascierà sommergere dall'apporto occidentale, da questa incoercibile spinta della scienza? E tutto il suo passato, come è avvenuto del nostro, non sarà presto che trito folclore? Oppure riuscirà ad assimilare con la genialità che gli è propria l'epoca moderna, come ha fatto delle civiltà antiche?
Mi piace immaginare una vita di lavoro che si ispiri all'efficienza e sia capace di creare utensili degni di questa meravigliosa epopea.
In quanto alla abitazione, al riposo, agli svaghi penserei a una sintesi in cui prevalesse lo spirito giapponese con le radici ben affondate nel suolo natale.

Charlotte Perriand

Mobili di Charlotte Perriand in una casa giapponese.

66

p. 66

らしい。私たちが伝統的な家屋に感嘆すると、日本のアカデミズムに有利な状況をつくりだすことになるからだ。

それでも民俗趣味に陥ることなく、こうした感嘆の正しさを証明することができる。現代の私たちの風潮にみられる精神とそのあらゆる長所とを、伝統的な日本家屋が備えているからだ。日本の建築は私たちに影響を与えなかったが、そこには考え方の出会いがあった。この出会いは、私たちが耐力壁を放棄したときに起こった。耐力壁を使っていたときは、否応なく外壁に窓を取り付けねばならず、自然から切り離されてしまっていた。

日本家屋では、人間がもとの環境との触れ合いを失うことは決してなかった。

日本には古くから、きわめて現代的な精神に通じる家屋が存在し、国民全体がそれを利用している。この特権を日本は持ち続けることができるだろうか。日本はその本質的な長所を損なうことなく、現代という時代と直に結びつけることができるだろうか。

信じがたいことのように思う。日本は、私たちの側に立って物ごとを見過ぎている。歴史をやり直そうと、試行錯誤している。自らの主要原理を賞賛するというよりも、むしろ、主要原理が生活に密接に関わっているため、それを見つめ、そこから有益な教訓を引き出すのを忘れている。

現代日本の技術者や建築家は、いくつかの例外を除き、自らの伝統に背を向け、一方で伝統的な建築家は、新しい生活とその表現に反抗する。

日本では、人間を目的とするような、最も美しく最も静謐な現代建築が開花するかもしれないというのに。

日本のように、一つの国が抱える矛盾点を確認するだけでは十分でない。さらなる時間と場所のなかにその根拠を探る必要があるだろう。

日本はその歴史を通じて、諸外国のもたらすものを完全に吸収したという模範を示している。日本固有の独創的な文化が形成されるには、インドや中国、韓国の貢献があった。

それに対し、20世紀になるまで、日本は西洋との関係を持たなかった。その後、突如として、機械化の時代に門戸を開くが、日本の環境は確固として揺るぎないものであった。そのため、時代のもたらす変化や近年の外国による占領にもかかわらず、いまだかつてない国の理想の姿を保ちつづけている——その国は、すぐれた生活や思考、礼儀に恵まれ、そして今なお手工業とはいえ質の高い生産で充実している。

他方、日本は私たちの世界に依存するようになった。そして、日本国民の生活を保証するために、現在の状況では、外国に向けて生産、輸出しなければならない。

私たちの慣習に合った製品を輸出する必要性。そこから、二通りの生産が行われるようになる。ひとつは9千万人の国民の生活様式や風習に応じた国内向けの生産。もう一つは輸出用に西洋製品を模倣し、かろうじて通用する製品を生産する。そこでは別の生活様式に応えるために、異なるフォルムが必要になる。だがこうしたフォルムを生み出す必要性が、日本では依然として馴染みのないものであり、日本人がこの必要性を実感して新しいフォルムをつくり出すことは不可能だろう。そのため、外国の雑誌から想を得た製法や、輸入品を模倣する製法が生まれた。

そして知らぬ間に、後者によって作られたものが、日本の日常の姿を変えてしまう。

西洋において、私たちは機械化の時代を構想してつくりだした。ただし、私たちの発見によって古い枠組みが乗り越えられたとはいっても、それは依然として私たちを支配している。私たちは新しい知識を進歩に向けて活用していない。まだ真のものではないこの「半・文明化」は有意義なものではなく、私たちは多くの美点を失ってしまう。

日本は、西洋のもたらしたもの、科学の抗しがたい圧力にのみ込まれてしまうのだろうか。そして、日本のすべての過去は、私たちの過去がそうだったように、単なる陳腐な民俗趣味に類したものになるだろうか。それともこれまでに過去の文化の間で果たして来たように、日本は日本固有の特性を生かして首尾よく現代を自分のものとしてしまうのだろうか。

効率性を最優先にして、この見事な企てに相応しい道具を創造した先人の労働の日々を私は思い描く。

住まい、休息、余暇に関して、それらが綜合されることを私は考える。いつか、日本の精神は、国土に深く根を張りながら、凱歌をあげることだろう。

サロン・デ・ザール・メナジェ
Salon des Arts Ménagers

社会の変化に応じた家事の機械化の必要性にいち早く反応した、国立発明研究局のジュール＝ルイ・ブルトン（Jules-Louis Breton, 1872-1940）が1923年、シャン・ド・マルスで開いたイベントは、26年よりグラン・パレに場所を移し、「サロン・デ・ザール・メナジェ」として、日常生活をより豊かにする家庭用品を紹介する場となった。36年に初めて参加したシャルロット・ペリアンは、金属の整理棚等を配した《リビングルーム》を展示、また、40年の初来日後の参加となった52年には、日本の風呂に着想を得た《ユニットバス》を発表し、新しい時代の生活に相応しい家具や設備を提案してきた。

二度目の来日後、1957年のサロン（2月28日～3月24日）でペリアンが展示したのは、日本の伝統家屋であった。「日本館」の設計は若き建築家、進来廉が担当し、漆器、陶器、織物等、展示作品の一部は柳宗理が選択した。また、ペリアンのセレクトにより、柳の《バタフライ・スツール》や陶磁器も展示された。『Combat（闘争）』紙に掲載されたペリアンの文章によれば、極東の国に対する紋切り型の異国趣味の視点からではなく、障子や襖、畳といった規格化されたモジュールが伝統的に使用され、開放的な空間と自然との調和が見事に実現されている日本の家屋を紹介し、その利点を明らかにすることが彼女の意図であった。三味線、琴、尺八の楽曲が流れる会場では、日本人コンパニオンによって生け花実演の他、布団の使い方、襖の開け閉めの作法が説明された。その様子こそ、日本文化に不慣れな来場者の目には異国趣味に映ったであろうことは想像に難くないが、規格化された要素を取り入れながらも決して画一化されることなく、状況や用途に合わせて姿を変えられる柔軟性をもち合わせた日本家屋を心から愛したペリアンだからこそできた展示であったと言えるだろう。(NS)

326

327

328

326 「サロン・デ・ザール・メナジェ」日本館、パリ、1957年／建築設計：進来廉、芸術・内装監督：シャルロット・ペリアン　展示室内：シャルロット・ペリアン《ターブル・アン・フォルム・リーブル（不定形のテーブル）》（木製）［ステフ・シモン版、1956年以降］、《バンケット・トーキョー》［東京のジャック・マルタンとペリアン邸のためのモデル、1953年、ステフ・シモン版、1956年以降］撮影：カルケル

Ren Suzuki, architecte ; Charlotte Perriand, directeur artistique et architecte d'intérieur : *La Maison Japonaise*, Salon des Arts Ménagers, Paris, 1957. L'intérieur de la Maison avec : Charlotte Perriand, *Table en forme libre*, bois (édité par Steph Simon à partir de 1956) ; *Banquette Tôkyô*, bois (modèle créé pour la résidence de J. Martin et Ch. Perriand à Tôkyô, 1953 ; édité par Steph Simon à partir de 1956). Photo Karquel. AChP.

327 展示物：柳宗理《バタフライ・スツール》（成型合板）、東京、1954年、シャルロット・ペリアン《ターブル・アン・フォルム・リーブル》（木製）［オリジナルモデル、ステフ・シモン版、1956年以降］、《バンケット》［日本館のためのモデル、1957年］　撮影：カルケル

L'intérieur de la Maison avec : Sôri Yanagi : *Tabouret Butterfly*, bois contreplaqué moulé, Tôkyô, 1954. Charlotte Perriand, *Table en forme libre*, bois massif (modèle original, édité par Steph Simon à partir de 1956) ; *Banquette* (modèle créé pour *La Maison Japonaise*, 1957). Photo Karquel. AChP.

329-1（表）

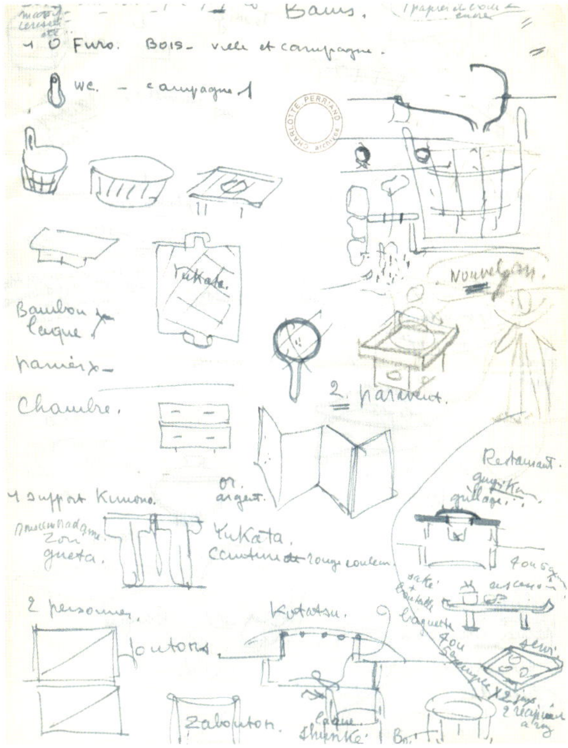

329-2（裏）

328　「サロン・デ・ザール・メナジェ」招待状、グラン・パレ、パリ　1957年

Invitation au Salon des Arts Ménagers, Grand-Palais, Paris, 1957. AChP.

329　シャルロット・ペリアン《柳宗理が選んだ展示作品指示のためのスケッチ》「サロン・デ・ザール・メナジェ」日本館、パリ、1957年以前

Charlotte Perriand : Croquis indicatifs pour la sélection des objets au Japon par Sôri Yanagi. Pour Salon des Arts Ménagers, Paris, avant 1957. AChP.

330　シャルロット・ペリアンの指示で柳宗理が選んだ展示作品：漆器、陶器　撮影：カルケル

Sélection d'objets du Japon par Sôri Yanagi avec les indications de Charlotte Perriand : laques et céramiques. Photo Karquel. AChP.

331　シャルロット・ペリアンの指示で柳宗理が選んだ展示作品：飯碗、磁器

Sélection d'objets du Japon par Sôri Yanagi avec les indications de Charlotte Perriand : bol à riz, céramique. DR/AChP.

332　シャルロット・ペリアンが選んだ展示作品：柳宗理《白磁湯呑》（磁器）

Sélection d'objets du Japon selon les indications de Charlotte Perriand : Sôri Yanagi, *Bol*, céramique. DR/AChP.

333　シャルロット・ペリアンが選んだ展示作品：柳宗理《バタフライ・スツール》（成型合板）、東京、1956年

Sélection d'objets du Japon selon les indications de Charlotte Perriand : Sôri Yanagi, *Tabouret Butterfly*, bois contreplaqué moulé, Tôkyô, 1956. DR/AChP.

334　シャルロット・ペリアンが選んだ展示作品：柳宗理《四脚サービス盆》（木、漆）、東京

Sélection d'objets du Japon selon les indications de Charlotte Perriand : Sôri Yanagi, *plateau bois laqué noir posé sur un tabouret*, Tôkyô. DR/AChP.

335　シャルロット・ペリアンが選んだ展示作品：柳宗理《ティーポット》（磁器）、東京、1948-52年

Sélection d'objets du Japon selon les indications de Charlotte Perriand : Sôri Yanagi, *Théière*, céramique, Tôkyô, 1948-52. DR/AChP.

336　シャルロット・ペリアンが選んだ展示作品：柳宗理《クリーマー》（陶）、東京、1948-52年

Sélection d'objets du Japon selon les indications de Charlotte Perriand : Sôri Yanagi, *Ecrémeuse*, céramique, Tôkyô, 1948-52. DR/AChP.

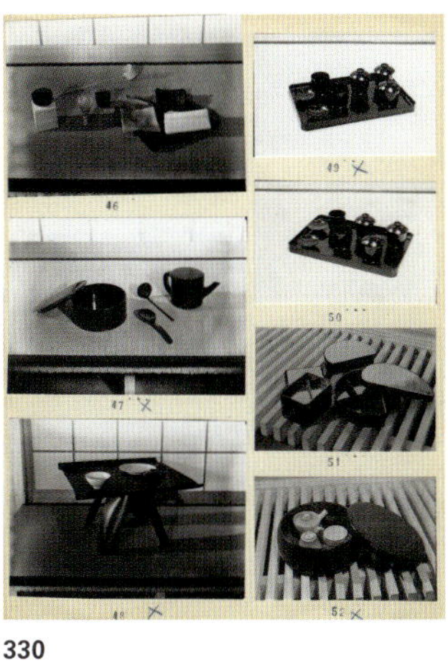

330

331

332

333

334

335

336

この日本家屋は、一体どのようなものだろうか。なぜ我々はフランスに日本家屋を紹介することが有益だと考えるのだろう。日本の風習や『蝶々夫人』の精神に浸ろうという気はさらさらないが、日本家屋を紹介すると、きっと、こうした異国趣味混じりの魅惑的な罠に陥るかもしれない。

だから、日本家屋がいくら完璧なものであるにしても、全体像が立ち上がるところまではいかないようにしよう。ここでは、我々二つの文化に進歩をもたらしてくれる要素を紹介したい。建築については、都市でも田舎でも、社会的差別なく、日本のあらゆる伝統的な家屋で規格化され、完全にモジュール化されている部材がある。

（中略）

それにもかかわらず、日本家屋ほど洗練され、人間的で、穏やかなものがあるだろうか。日本家屋はしなやかだ。一日の時の推移に、また季節の移ろいに応じて、眺めを変えながら適宜変化する。内に閉じることなく、空間に開かれている。そこに住む人は、ひたすらこうした質を受け継いでいく。

（中略）

しかし、日本は大きな危機に見舞われていることを思い出そう。現代世界に適応するにあたり、こうした構想はすべて一掃されるかもしれない。経済的な必要性に迫られて、ビルや工場が建設され、西洋から触発されてつくられた物が、徐々に日本の生活環境に浸透していく。今日この国は、相反する二つの文化の成果に引き裂かれている。しかしおそらく今こそ、我々の友情の絆によって、こうした問題に人間的な解決がもたらされるであろう。

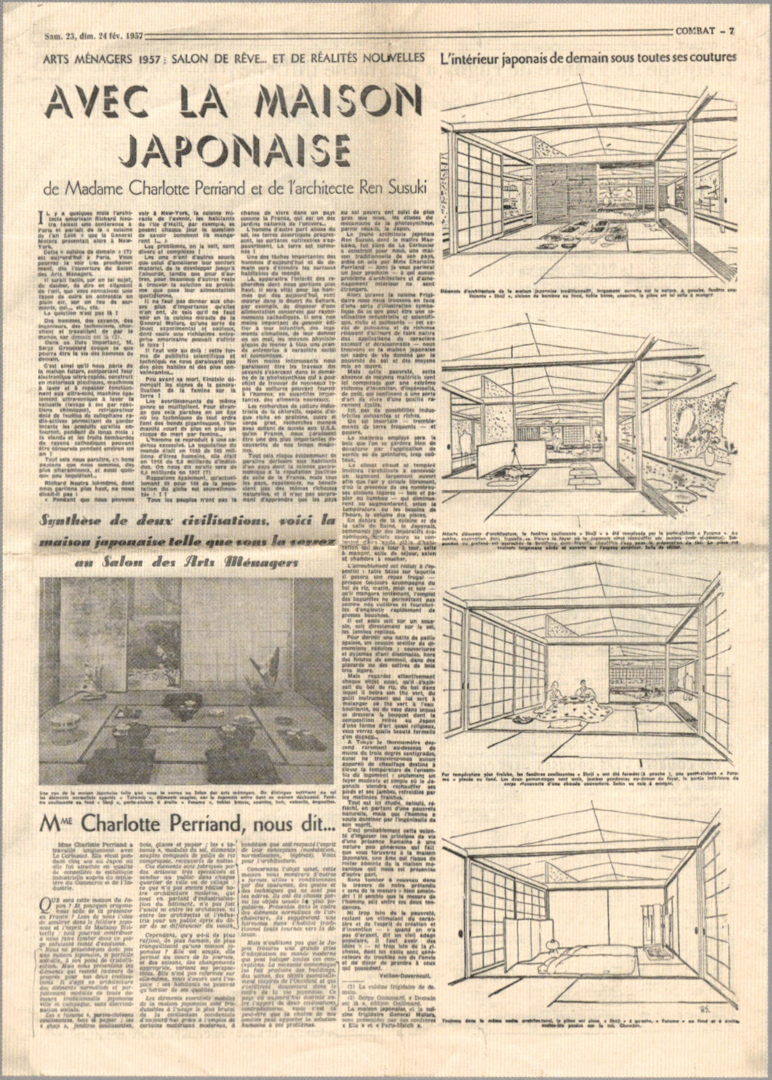

Sam. 23, dim. 24 fév. 1957 — COMBAT – 7

ARTS MÉNAGERS 1957 : SALON DE RÊVE... ET DE RÉALITÉS NOUVELLES

AVEC LA MAISON JAPONAISE

de Madame Charlotte Perriand et de l'architecte Ren Susuki

Synthèse de deux civilisations, voici la maison japonaise telle que vous la verrez au Salon des Arts Ménagers

Mme Charlotte Perriand, nous dit...

L'intérieur japonais de demain sous toutes ses coutures

337 「日本館について」『Combat（闘争）』紙
1957年2月23・24日号、7頁

« Avec La Maison Japonaise de Mme Charlotte Perriand et de l'architecture Ren Suzuki », *Combat*, 23-24 février 1957, p. 7. AChP.

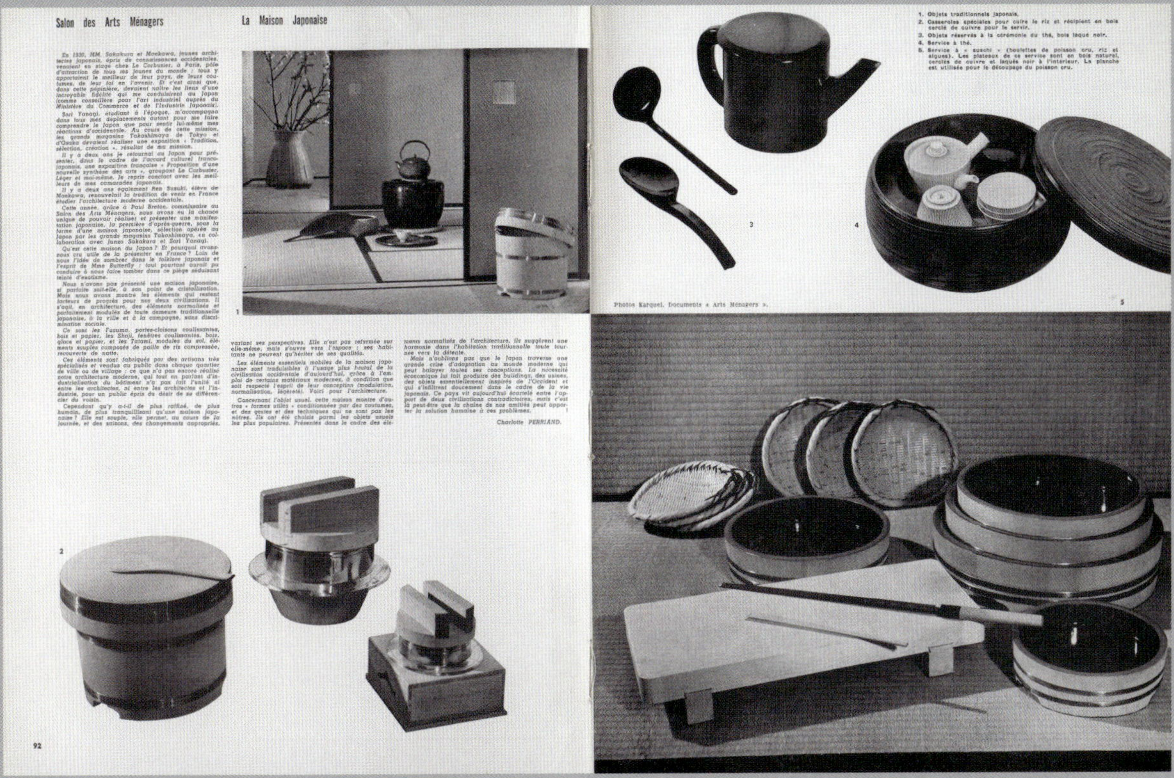

pp. 92-93

338

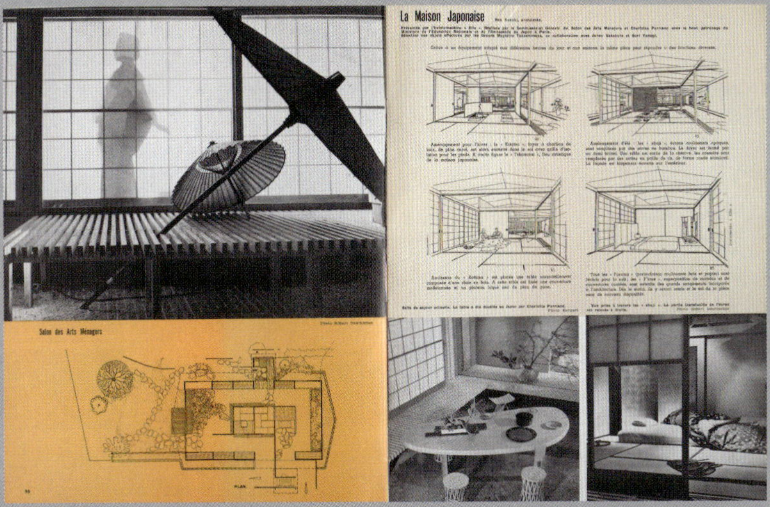

pp. 90-91

338 シャルロット・ペリアン「サロン・デ・ザール・メナジェ：日本館」『Aujourd'hui. Art et Architecture（今日、芸術と建築）』誌、12号、1957年12月／山鬼文庫

Charlotte Perriand : Salon des Arts Ménagers : *La Maison japonaise, Aujourd'hui. Art et Architecture*, n° 12, décembre 1957. Sanki Bunko.

在仏日本大使公邸　1966-1969年

Residence of the Japanese Ambassador to France, Paris, 1966-1969

パリの中心街サン=トノレ通りに面して立つ地上4階、地下1階の建物は、既存のロココ調の大邸宅をもとに、大幅な変更が加えられた。構想がはじまったのは1965年頃で、当時の萩原徹大使の特命により坂倉準三が建築顧問としてデザイン全般の監修にあたり、土地建物の取得にも尽力したフランス人建築家のJ・H・リードベルジェが現地での設計監理を務めた。ペリアンは坂倉の指名で内装設備の設計を担当し、前川國男建築設計事務所を経て当時、国費留学生としてパリにいた建築家・早間玲子もアシスタントとして参加した。

坂倉によってファサードには周囲の石造りとは異質のアルミが用いられたが、これは文化大臣だったアンドレ・マルローの許可によって実現したもの。ペリアンはこのファサードの一部を成す、外からの視線を半ば遮る町家格子を思わせる木製ルーバーを提案している。これらの実現には、ペリアンも旧知のジャン・プルーヴェの協力もあったと言われている。また、1階から中2階の吹き抜けに大型のガラスを用いることで一体感を与えられた庭園と内部空間の関係性、開閉によって空間を変更できる襖を思わせる引き戸式の間仕切りや、来客の人数や部屋の使い方にあわせて様々な置き方が可能な、円形を12等分した一人掛け単位のソファなどもペリアンによるもので、日本的な建築空間・居住空間についての深い理解が随所に反映されている。

施工開始を目前に、フランスの物価上昇に対して日本側予算の追加が困難だったため、工期は大幅に延び、1970年になってようやく竣工した。追加予算の獲得に自らも奔走した坂倉だったが、竣工をみることなく1969年9月1日に急逝した。(SN)

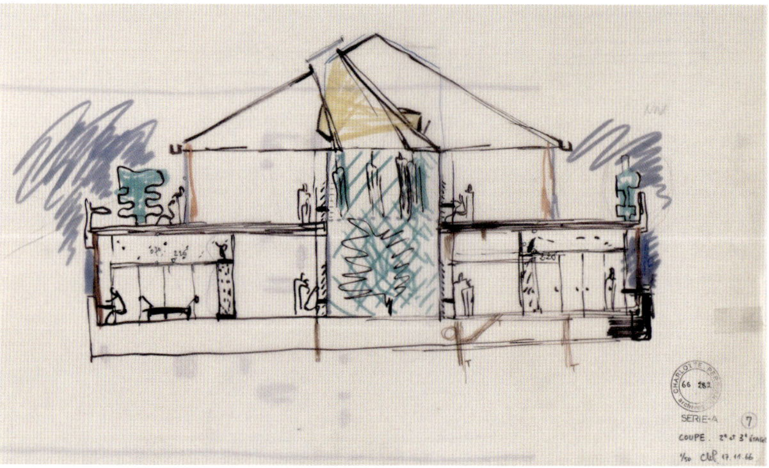

339

340

339　シャルロット・ペリアン《在仏日本大使公邸、パリの3階と4階のスケッチ》、1966年11月17日

Charlotte Perriand : Etude du 2ème et 3ème étage de la Résidence de l'ambassadeur du Japon à Paris, 17 novembre 1966. AChP.

340　在仏日本大使公邸、パリ、1966-69年　建築設計：坂倉準三、設計オペレーション：J・H・リードベルジェ、内装設備：シャルロット・ペリアン／ガラス張りのファサードのある公邸入口、シャルロット・ペリアン《ヴォワレット》(目隠しのための木柵)、1966-69年　撮影：ジャン=ルイ・ロティロン

Junzô Sakakura, architecte ; J.-H. Riedberger, architecte d'opération ; Charlotte Perriand, architecte d'intérieur et d'équipement : Résidence de l'ambassadeur du Japon à Paris, 1966-69. Entrée de la résidence. Sur la face intérieure de la façade vitrée : Charlotte Perriand : *Voilette* (rideau-écran de claies en bois), 1966-69 (« résonance » avec le Japon). Photo J.L. Lotiron. AChP.

341

342

341 1階のラウンジ、シャルロット・ペリアン《喫煙室の長椅子》(セコイア、籐)、製作:ドゥ・ケーヌ、ベルギー、1969年[公邸のためのモデル]、《籐製低座卓》(木、籐)、製作:アンドレ・シュタイユ、1966-69年[リオのジャック・マルタン邸のためのモデル、1962年]、照明「ブロシェット」(エナメル陶板、黒のラッカー塗装アルミニウム)、1966-69年[公邸のためのモデル]撮影:ペルネット・ペリアン=バルサック

Charlotte Perriand : Grand salon au rez-de-chaussée ; *Divan fumoir*, séquoia et cannage, fabrication De Coene, Belgique, 1969 (modèle créé pour la résidence) ; *Table basse cannée*, bois et cannage, fabrication André Chetaille, Paris 1966-69 (modèle créé pour l'appartement de Jacques Martin à Rio, 1962) ; Luminaires *Brochette*, tôle émaillée et aluminium laqué noir, 1966-69 (modèle créé pour la résidence). Photo Pernette Perriand-Barsac. AChP.

342 1階のラウンジ、シャルロット・ペリアン:円形に配された《客用ソファ》(エナメル陶板製のフレーム、皮製クッション)製作:ボッシュ・エ・ハーン、ドイツ、1966-69年[公邸のためのモデル]、《ゲリドン・シランドリック》(折り曲げ加工の木)製作:ドゥ・ケーヌ、1966-69年[公邸のためのモデル]、勅使河原蒼風:書《和》撮影:ペルネット・ペリアン=バルサック

Charlotte Perriand : Grand salon au rez-de-chaussée ; *Fauteuils visiteurs* assemblés en divan semi-circulaire, structure en tôle émaillée et coussins en cuir, fabrication Boss-et-Hahn, Allemagne, 1966-69 (modèle créé pour la résidence) ; *Guéridons cylindriques*, bois cintré, fabrication De Coene, Belgique, 1966-69 (modèle créé pour la résidence). Photo Pernette Perriand-Barsac. AChP.

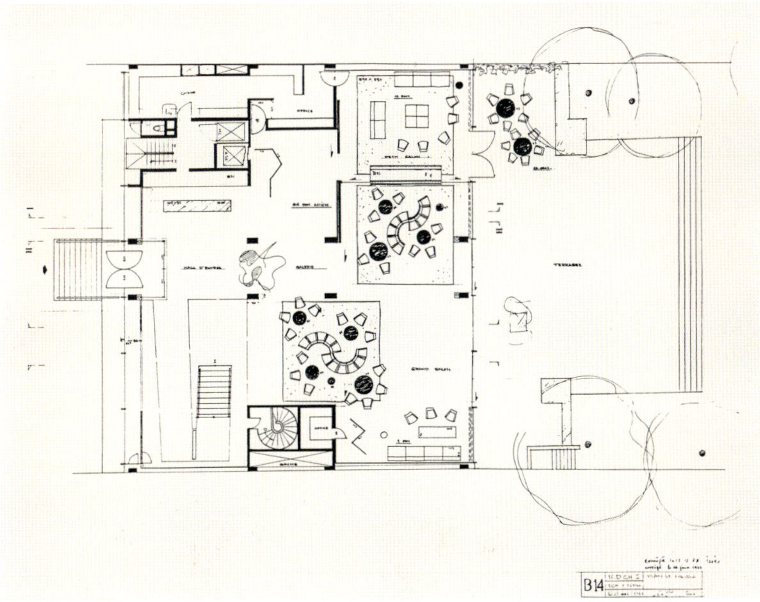

343 シャルロット・ペリアン《1階の家具配置計画図》、パリ、1967年3月23日

Charlotte Perriand : Implantation des meubles du rez-de-chaussée de la Résidence de l'ambassadeur du Japon à Paris, 23 mars 1967. AChP.

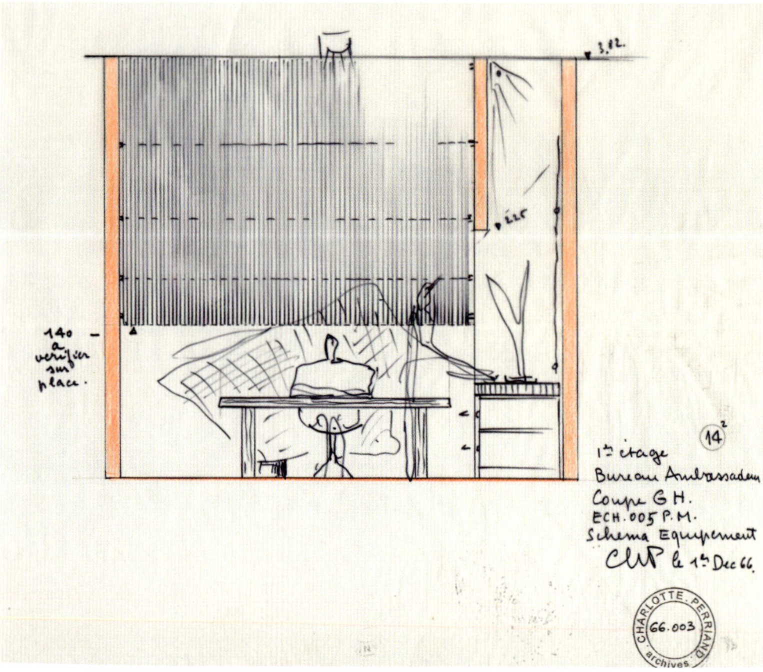

344 在仏日本大使公邸、パリ、1966-69年／シャルロット・ペリアン《住居階設備計画図》、パリ、1966年12月1日

Charlotte Perriand : Schéma d'équipement du niveau habitation de l'ambassadeur dans la Résidence de l'ambassadeur du Japon à Paris, 1er décembre 1966. AChP.

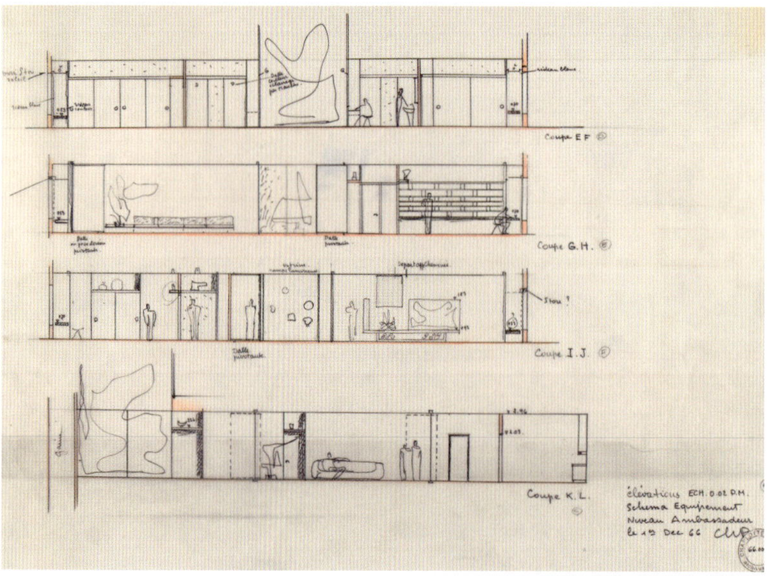

345 在仏日本大使公邸、パリ、1966-69年／シャルロット・ペリアン《執務室のためのスケッチ》、パリ、1966年12月1日

Charlotte Perriand : Etude de l'équipement du bureau de l'ambassadeur, 1er décembre 1966. AChP.

346 在仏日本大使公邸、パリ、1966-69年　内装設備：シャルロット・ペリアン／入口ホール、勅使河原蒼風：彫刻（木、石）、東京、1966-69年頃、シャルロット・ペリアン：照明「ブロシェット」（エナメル陶板、黒のラッカー塗装アルミニウム）、1966-69年［公邸のためのモデル］建築設計：坂倉準三、設計オペレーション：J・H・リードベルジェ　撮影：ペルネット・ペリアン＝バルサック

Charlotte Perriand, architecte d'intérieur et d'équipement : Hall d'entrée vu du grand salon de la Résidence de l'ambassadeur du Japon à Paris. *Luminaire « Brochette »*, tôle émaillée et aluminium laqué noir, 1966-69 (modèle créé pour la résidence) ; Sôfu Teshigahara : *Sculpture*, bois et pierre, Tôkyô, c.1966-69. Junzô Sakakura, architecte ; J.-H. Riedberger, architecte d'opération. Photo Pernette Perriand-Barsac. AChP.

四季ファブリック・ハウス　1975年
Shiki Fabric House, 1975

1975年、ペリアンは、ピエール・カルダン（1922- ）にオートクチュール用の生地を提供するなど斬新なデザインのテキスタイルを製造販売していた日本の企業、四季ファブリックのパリ営業所のショールームを手がけた。建物は、ペリアンのアトリエのあるラス・カーズ街にあり、内部は表通りの入口側から建物奥へ、接客スペース、ショールーム、事務コーナーと大きく三つの空間に分かれていた。大きな窓のある接客スペースには、両脇に照明器具を取り付けた六角形の黒色ラッカー塗りのショーケースをデザインした。中央部の天井は、不透明なステンレスの矩形と透明なガラス素材の矩形を市松模様に組み合わせ、ステンレスの部分にはマグネットで生地を吊るせる仕掛けを施した。これは生地を非現実的に展示する試みであったという。黒塗装で塗りこめた壁は、次元の感覚を忘れさせるような効果を、こげ茶色の絨毯はそこに置かれる家具を引き立てる効果を狙ったものである。4台のテーブルのうち2台は天井と同じくステンレスで、他の2台は白のエマイユでつくり、それらを天井の矩形と呼応するようにずらして設置。椅子は1928年のスチールパイプと皮の《シェーズ・ドシエ・バスキュラン（肘掛椅子）》を選んだ。カウンターと階段に沿うように造り付けた台には一枚板を用いている。事務コーナーは、可動性のある白いパーティションで仕切るようにし、プライベートな雰囲気を保てるようになっていた。

クライアントの人柄と鋭い現代感覚と創造性に共鳴してこの室内空間をデザインしたというペリアンの仕事のやり方は、従来の建築事務所のやり方というよりは一人のアーティストとしての制作態度に近いといえよう。また、この四季ファブリックの仕事は、エールフランスの各営業所やステフ・シモンの仕事と合わせて、ペリアンが「街路の芸術（l'art de la rue）」と呼んだ概念に沿った仕事の一つに位置づけられる。(YS)

347

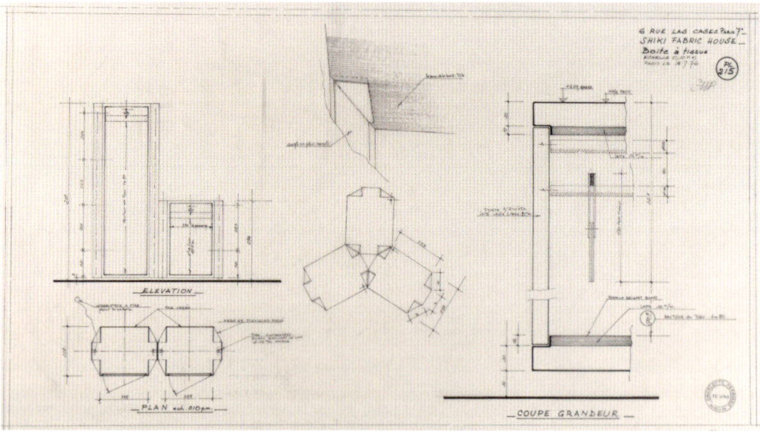

348

347　四季ファブリック・ハウス　ショールーム、ラス・カーズ街10番地、パリ、1975年　内装設備：シャルロット・ペリアン／マツイタダオ《布ディスプレイ用家具》（黒のラッカー塗装板金）撮影：ペルネット・ペリアン＝バルサック

Charlotte Perriand, architecte d'intérieur et d'équipement, *Showroom Shiki Fabric House*, 10 rue Las Cases, Paris, 1975 : *Meuble de présentation des tissus* de Tadao Matsui, tôle laquée noir avec extrémités lumineuses. Photo Pernette Perriand-Barsac. AChP.

348　シャルロット・ペリアン《「布箱」平面・立面図》、1976年7月16日

Charlotte Perriand, *Showroom Shiki Fabric House*, 10 rue Las Cases, Paris, 1975 : Plan coupe-élévation « boite à tissus », 16 juillet 1976. AChP.

349

350

349 シャルロット・ペリアン／1階：マツイタダオ《布ディスプレイのカウンター》（木製）、ル・コルビュジエ、ピエール・ジャンヌレ、ペリアン《シェーズ・ドシエ・バスキュラン》、カッシーナ版［オリジナルモデル：パリ、1928年］撮影：ローラン

Charlotte Perriand, Au rez-de-chaussée : *Comptoir de présentation des tissus* de Tadao Matsui posé sur la rambarde de l'escalier, bois massif ; *Table basse rectangulaire*, piètement bois, plateau inox. Le Corbusier, Pierre Janneret, Charlotte Perrriand : *Chaises dossier basculant*, édition Cassina (modèle original : Paris, 1928). Photo Roland. AChP.

350 シャルロット・ペリアン／1階：磁石を使った《布吊り下げディスプレイ》のための光の格間とステンレス板の装置　撮影：ローラン

Charlotte Perriand, Au rez-de-chaussée : *Caissons lumineux* et *Dispositif en plaque d'inox pour présenter les tissus* suspendus par des aimants. Photo Roland. AChP.

ユネスコ、パリ日本文化祭の「茶室」1993年
Tea House in the Garden of UNESCO, Paris, 1993

ユネスコのパリ本部ピアッザ広場を会場にしたパリ日本文化祭は、1993年5月3日から15日まで開催された。総合演出をした草月流の勅使河原宏（1927-2001）の依頼でペリアンは立案と実現に参加した。ペリアンのほか安藤忠雄（1941- ）、崔在銀（1953- ）、エットレ・ソットサス（Ettore Sottsass, 1907-2007）がそれぞれ「茶室」を制作。ペリアンの「茶室」は、四畳半の茶室と二畳ほどの水屋からなる、モンゴルの移動式テント「ゲル」の構造を応用した円形のもので、放射状に広がる18本のフレームには、通常ヨットなどに用いられるポリアント社製の鮮やかな黄緑色の帆布が張られた。床の間には、勅使河原宏による書「風」。

畳敷きの茶室に壁はなく、開かれた空間であるが、周囲を取り囲む竹によって外の環境とは遮られている。日本の茶室と同様にアプローチにも気を配り、飛び石や鹿脅しを配し、また周囲に敷き詰められた玉砂利には、ところどころに輪切りの青竹を埋め込んで、濃密かつ静かな空間にリズムを生み出している。

パンフレットのなかでペリアンは、「『禅』がもつ『無』という概念は、現代の建築物の幾つか、あるいはル・コルビュジエ様式が追求してきた概念と、根底で合致するものと考えられます。今回、具体的に表現したいことは、この『禅』に通じる哲学そのものです。畳、和紙、竹といった素材のほかに、マリンスポーツに使用される帆布、マイラーを使って制作します。茶室が持つ、外部と内部空間との相互関係と、伝統と現代の結びつきにより、新たな幻想世界へと導きたいと思います」とコメントしている。公のものとしては、これがペリアンの生前最後の仕事となった。（SN）

351

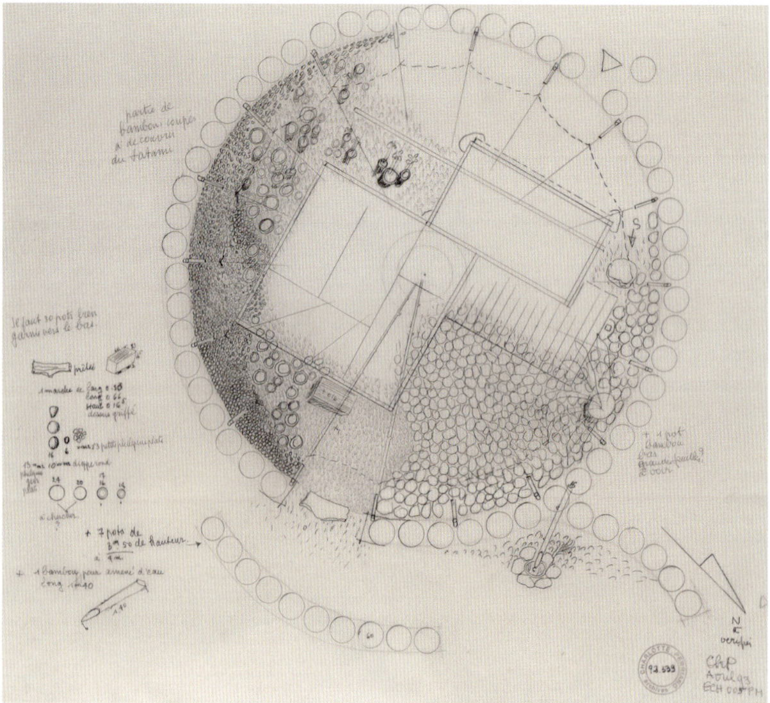

352

351 設計：シャルロット・ペリアン／ユネスコ庭園内《茶室》、マイラーの帆を支えるための竹製竿の覆い、1993年　撮影：ペルネット・ペリアン＝バルサック、ジャック・バルサック

Charlotte Perriand, architecte : Voilure en Mylar tenue par des perches en bambou, *Maison de Thé* dans les Jardin de l'UNESCO (commande de Hiroshi Teshigahara), Festival Culturel du Japon, à Paris 1993. Photo Pernette Perriand-Barsac, Jacques Barsac. AChP.

352 シャルロット・ペリアン《敷石と竹のための壺の位置指示図面》1992年4月、日本文化祭、パリ、1993年

Charlotte Perriand, architecte : Plan de l'implantation des galets et des jarres à bambou, *Maison de Thé*, avril 1992, Festival Culturel du Japon, à Paris, 1993. AChP.

353 シャルロット・ペリアン《水屋のためのスケッチ》、1993年

Charlotte Perriand, architecte : Croquis d'étude pour la *mizuya* (salle d'eau-office) 1993. AChP.

354 シャルロット・ペリアン《茶室》内の水屋 撮影：ペルネット・ペリアン＝バルサック

Charlotte Perriand, architecte : la mizuya (salle d'eau-office). *Maison de Thé* dans les Jardin de l'UNESCO. Photo Pernette Perriand-Barsac. AChP.

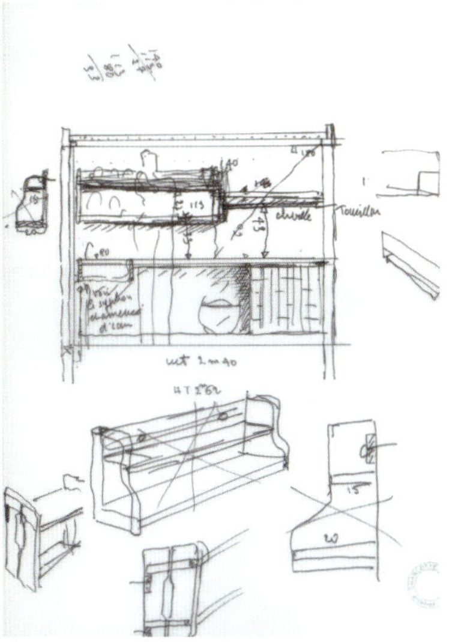

353

354

355

355 シャルロット・ペリアン《竹のための壺と地面の籐の部分の詳細スケッチ》、1993年

Charlotte Perriand, architecte : Dessin des jarres à bambous et détail du principe de liaison des cannes au sol, 1993. AChP.

356 シャルロット・ペリアン：《茶室》内の路地（茶室の庭）、水で満たされた輪切りの竹と玉石、1993年　撮影：ペルネット・ペリアン＝バルサック、ジャック・バルサック

Charlotte Perriand, architecte : Roji (jardin de thé), sol de galets avec tronçons de bambou emplis d'eau. *Maison de Thé* dans les Jardin de l'UNESCO, 1993. Photo Pernette Perriand-Barsac, Jacques Barsac. AChP.

356

357 シャルロット・ペリアン：ユネスコ庭園内《茶室》入口、日本文化祭、パリ、1993年　撮影：ペルネット・ペリアン＝バルサック、ジャック・バルサック

Charlotte Perriand, architecte : Entrée de la *Maison de Thé* dans les Jardin de l'UNESCO à Paris, 1993. Photo Pernette Perriand-Barsac, Jacques Barsac. AChP.

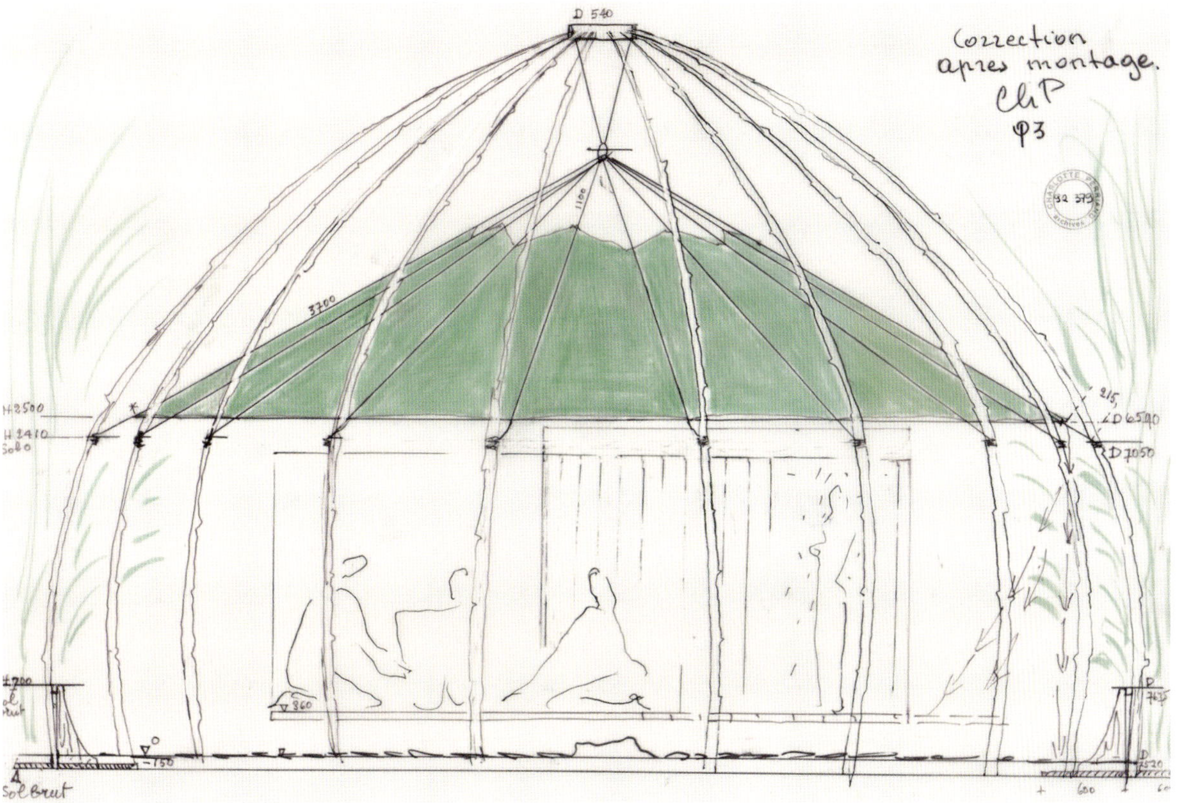

358

359

358 シャルロット・ペリアン《茶室のスケッチ》、日本文化祭、パリ、1993年

Charlotte Perriand, architecte : Croquis de la *Maison de Thé*, 1993. AChP.

359 設計：シャルロット・ペリアン／エッフェル塔を背景に見たユネスコ庭園内《茶室》 撮影：ペルネット・ペリアン＝バルサック

Charlotte Perriand, architecte : La *Maison de Thé* dans les Jardin de l'UNESCO, avec la Tour Eiffel en arrière-plan. Photo Pernette Perriand-Barsac. AChP.

Column 4

シャルロット・ペリアンの面影

進来 廉

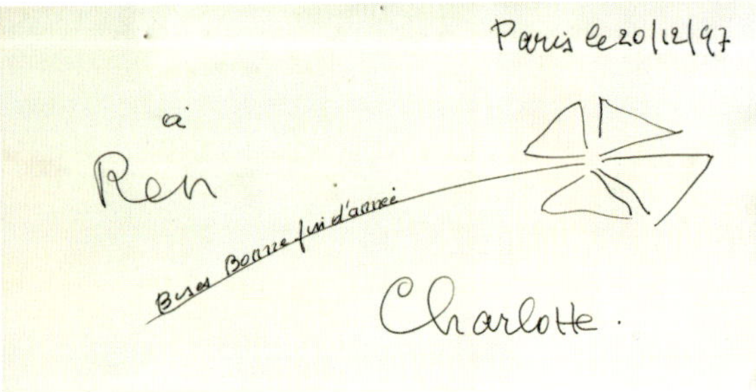

360 シャルロット・ペリアン：進来廉宛の新年を祝うカード、1997年12月20日付／京都工芸繊維大学美術工芸資料館
Charlotte Perriand : carte de vœux pour le Nouvel An à l'architecte Ren Suzuki, Paris, 20 décembre 1997. Museum and Archives, Kyôto Institute of Technology.

一昨年（1998年）5月に400頁余りの自叙伝「創造の人生」を出版し、10月には東京で「二〇世紀のパイオニア」展が開催されて大成功をおさめた。そして昨年になって、4年後の2003年ペリアン生誕百年を祝うための企画を進めた矢先に、96歳の誕生日を迎えた直後の10月27日パリの自宅で亡くなった……。

しかし自由と純粋性を貫き通した『一匹狼』の彼女は、過ぎたことは忘れ去って、常に柔軟性と優しさを秘めながら変化してゆく、未来への期待と好奇心を最後まで失わなかった。したがって、〝天国でも同じに違いない！〟と私は信じている。

彼女と日本とのつながりは1927年から10年間、家具や室内設計のパートナーとして勤務したル・コルビュジエ・アトリエで、前川國男、坂倉準三などとの出会いから始まる。当時のアトリエは最も活気に満ちた時期で話題に富んだ前衛作品や計画を次々に発表した。

これに対し全盛期のフランス・アカデミーなどから激しい攻撃を受けたが、コルビュジエはひるまず逆襲し、逆用した。このように世界中の若い建築家たちを刺激し続けたルツボのなかにペリアンは女性ただ一人入って、もまれて創造したのが、シェーズ・ロング（長椅子）、ドシエ・バスキュラン（肘掛可動椅子）、安楽椅子などの名品で、これらは現在でも新鮮さを失わずに製作、販売されている！

1937年、コルビュジエから自由の身になる頃、彼女が兄貴とみなした骨太の巨匠フェルナン・レジエとジャン・プルーヴェに出会い、コルビュジエの従弟ピエール・ジャンヌレと共に生涯変わらぬ信頼関係が続いた。しかしその頃ヨーロッパは第二次世界大戦前夜で、同時に日本は日中紛争最中の1940年に、坂倉準三の推薦で、彼女は日本政府（現通産省）から工芸振興指導の名目で招聘を受け、思案の末レジエの助言で意を決して来日したが、パリはすでにナチスの支配下にあった。

しかし彼女はめげることなく若き柳宗理を助手として地方各地を訪れたが、そこで目にしたものはフランスとまったく異なる日本風土から生まれた独自性あふれる「住まいの空間」であった！　パリで自由に生まれ育ち、開放的で偏見を持たぬ彼女は、初めて富士五湖で藁屋根農家に入り、土間、畳、障子などのすばらしさに目をみはり、そして寸法を測り始め、そのあげく「今晩はここで泊まりたい」と柳にだだをこねたという……。そして彼女が最も興味を持ち驚いたのは、貧富や階級の差別なしに「尺、坪」などがどこでも普及していることである。

その後、来日一年足らずで「選択、伝統、創造」展を東京・大阪で開催した。その時、工芸輸出振興を願う政府の思惑を気にもせず、展示内容で本物とにせ物とをはっきり提示しようとしたが、主催者により中止させられたのが今でも悔やまれる。そして第二次大戦のため彼女は軟禁状態となり、インドシナを経て帰国できたのは6年後（1946年）である。

戦後1950年代、ル・コルビュジエの代表作マルセイユの「ユニテ・ダビタシオン」の設計に彼女が再び室内を担当して提案した『オープンキッチンの原型』は現在、日本のみならず全世界に普及している！

1953～55年、彼女の夫（エール・フランス日本支社長）と共に再来日した。そして坂倉準三の協力を得て、「コルビュジエ、レジエ、ペリアン三人展」を開催する頃（1955年）、柳宗理は渡仏直前の私をペリアンに紹介してくれた。以後40年余りの間、幸いにも協力者の一人として種々の設計に参加でき、同時に家族の一員のような恩恵を受けて、彼女のありのままの姿に接することができた喜びと感謝の念はつきることはない。

彼女は戦後3回来日した。そして1963年に私が帰国して以来、彼女と逢う度に「日本の住まいは一体どうしたの！？」と叱咤され続けた。その心は「日本の〝独自性〟が失せてしまったんじゃないの！」という意味で、この警句はわれわれすべてに当てはまる言葉である。半世紀余り前、彼女が東北の新庄市を訪れた際、シェーズ・ロングの必要寸法だけを農民たちに示して、木材と藁で作るように任せたところ、思いもよらぬすばらしい作品が出来上がって感動したことを繰返し物語っている。したがって「日本のすばらしい〝チエ〟を捨ててまで、なぜ外界（ソトマワリ）のことばかり気にしてウロチョロするの！？」と不思議がる彼女の姿が浮かび上がってくる。（これらの作品は山形県立博物館に現存している）

「創造は崩れやすく、自然発生的でもあるが、その新鮮さが成長していくには同じ意思の疎通と協力ができるチームの存在が大切である。そこに競合はなく相互補充で実が結ばれていく」と彼女は語り、これを象徴するかのように、昨晩パリの屋上に完成した隣接2戸、約30坪の「住まいの空間」は〝チエ〟さえあれば狭くても厳しい環境でも、珠玉のような作品が可能で、中途半端なファッションと関係なく、新鮮さをいつまでも失わないという証拠をシャルロット・ペリアンが啓示している。

（『GA JAPAN』第42号、2000年1月より再録）

第5章
生活と芸術
ペリアンからのメッセージ

波乱に満ちた人生を生き抜いたシャルロット・ペリアンは、1999年10月27日、パリで没した。すでにル・コルビュジエやピエール・ジャンヌレ、坂倉準三の死から30年余りが経ち、前川國男も13年前に世を去っていた。ペリアンがはじめて日本の地を踏んでから半世紀以上が過ぎた1998年、パリ、ロンドンと巡回した個展が最後に東京新宿のリビングデザインセンターOZONEで開催されたのも偶然ではないだろう。この時は来日こそ果たされなかったが、90歳を過ぎてからも自邸の改装やパリ日本文化祭ではユネスコ庭園内に設置した茶室を手がけるなど、ペリアンのデザイナーとしての創作力は衰えず、生来のエネルギッシュな姿勢は変わらなかった。

長い年月を経ても、ペリアンの日本への思いは変わらなかった。1995年11月、山形県の新庄からかつての雪害調査所を顕彰しようとする人々がパリのペリアンのもとを訪ねた。山口弘道所長をはじめとする当時の新庄の人々との交流や仕事は、ペリアンによほど深い印象を植えつけたのだろう。若き日の記憶を鮮やかに蘇らせたペリアンは、新庄から来た人たちとしばし歓談し、見送る際に部屋に飾っていた二つの石を手渡した。川の流れを長く旅して角が取れ、掌に収まるほど小さく丸くなった石は、ペリアンの愛した二つの文化の融和と緊張感を象徴しているようである。

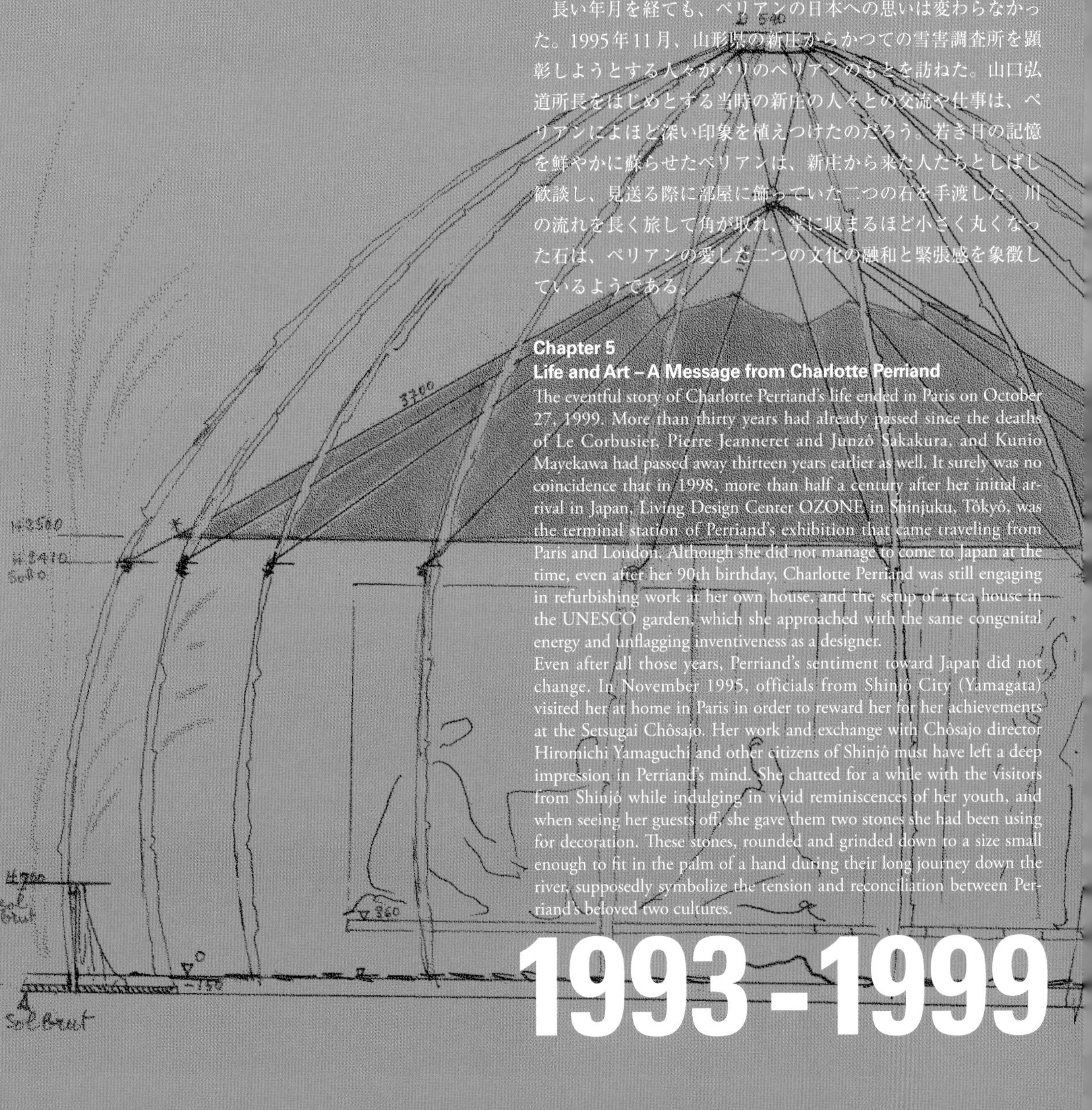

Chapter 5
Life and Art – A Message from Charlotte Perriand

The eventful story of Charlotte Perriand's life ended in Paris on October 27, 1999. More than thirty years had already passed since the deaths of Le Corbusier, Pierre Jeanneret and Junzô Sakakura, and Kunio Mayekawa had passed away thirteen years earlier as well. It surely was no coincidence that in 1998, more than half a century after her initial arrival in Japan, Living Design Center OZONE in Shinjuku, Tôkyô, was the terminal station of Perriand's exhibition that came traveling from Paris and London. Although she did not manage to come to Japan at the time, even after her 90th birthday, Charlotte Perriand was still engaging in refurbishing work at her own house, and the setup of a tea house in the UNESCO garden, which she approached with the same congenital energy and unflagging inventiveness as a designer.

Even after all those years, Perriand's sentiment toward Japan did not change. In November 1995, officials from Shinjô City (Yamagata) visited her at home in Paris in order to reward her for her achievements at the Setsugai Chôsajo. Her work and exchange with Chôsajo director Hiromichi Yamaguchi and other citizens of Shinjô must have left a deep impression in Perriand's mind. She chatted for a while with the visitors from Shinjô while indulging in vivid reminiscences of her youth, and when seeing her guests off, she gave them two stones she had been using for decoration. These stones, rounded and grinded down to a size small enough to fit in the palm of a hand during their long journey down the river, supposedly symbolize the tension and reconciliation between Perriand's beloved two cultures.

1993 - 1999

シャルロット・ペリアン　20世紀のパイオニア展　1998年
“Charlotte Perriand, Pioneer 20th Century” Exhibition at Tôkyô, 1998

日本におけるペリアンの生前最後の展覧会は、1998年に東京で開催された（10月3日～11月3日）。1996年にロンドンのデザイン・ミュージアムで開催され、大きな反響を呼んだ「Charlotte Perriand Modernist Pioneer」を、日本向けに再構成したもので、70年に及ぶペリアンの仕事が、主にパリ装飾美術館、ポンピドゥー・センターの所蔵品と写真パネルで構成された。ロンドン展と同様、東京展の空間構成もペリアン自身が手がけた。ペリアン展実行委員長の進来廉が設計協力、総監修はペルネット・ペリアン＝バルサックが務めた。

日本独自の展示としては、パリから里帰りした《竹製シェーズ・ロング》（1941年）の展示と、前年（1997年）に完成したパリの自宅を写真パネルで紹介する「住まいの空間　パリの屋根の上」コーナーの新設があった。この展覧会で最も注目を集めたのは、映像によるペリアンのメッセージである。

まず、オープニングセレモニーでは、パリのペリアン（当時94歳）と東京の会場が衛星回線で結ばれ、質疑応答によるペリアンと参加者との対話が持たれた。開会に先がけて、日本建築家協会から外国人初の会友賞、そして工芸財団から「国井喜太郎産業工芸賞　特別賞」が贈呈された。さらに会場においては、ペリアンのメッセージがビデオ上映された。これは五つの質問にペリアンが答える構成で、東京展のために1998年6月に最新作のパリの自宅で収録された。1カ月の会期の入場者数は21,752名で3分の1は学生であった。

また入口に展示されたペリアンの文章は、「世界の中で果たすべき日本の役割について日本の若者たちにどのようなメッセージを伝えたいですか」という、主催者リビングデザインセンターOZONEからの問いに対する回答で、本人の希望により自筆でも展示された。(YH)

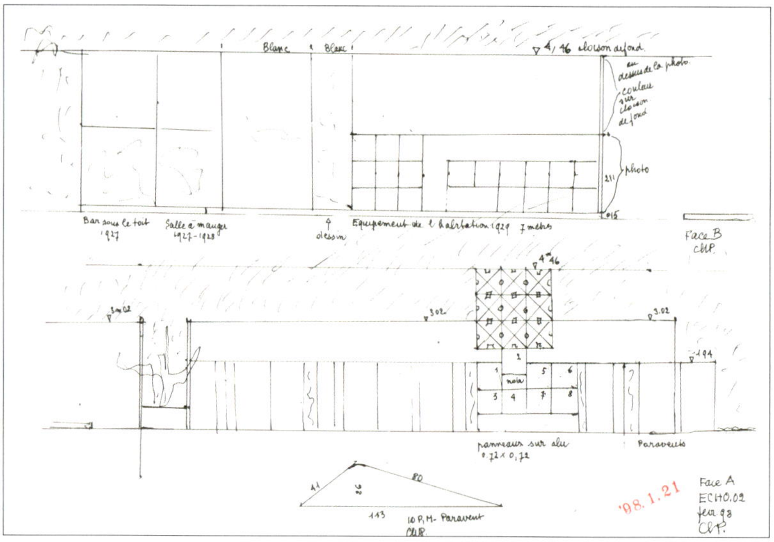

361

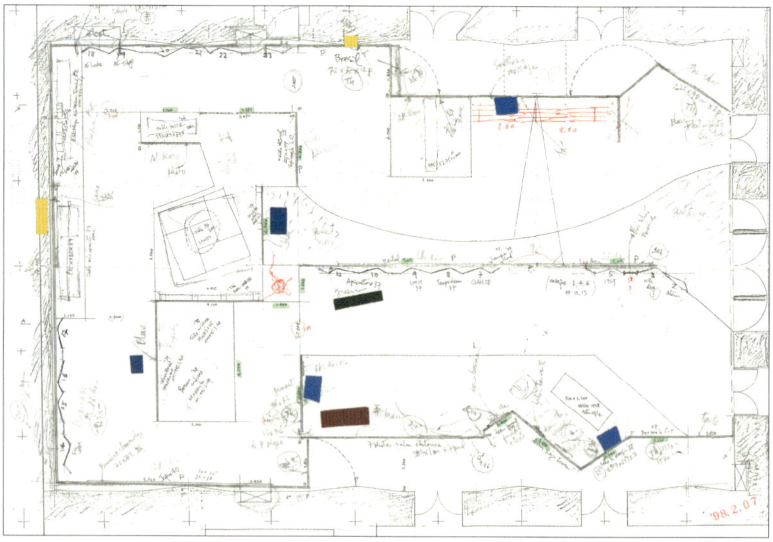

362

361「シャルロット・ペリアン　20世紀のパイオニア展」、リビングデザインセンターOZONE、1998年／家具レイアウト図面、1998. 1. 21［日付印入り］会場ディスプレイ：ペルネット・ペリアン＝バルサック協力によるシャルロット・ペリアン、建築オペレーション：進来廉／京都工芸繊維大学美術工芸資料館

Charlotte Perriand avec collaboration de Pernette Perriand-Barsac sénographes, Ren Suzuki architecte d'operation : *Charlotte Perriand, Pioneer 20th Century*, exposition au Living Design Center Ozone, Tôkyô, 1998 : dessin d'implantation des meubles de de l'exposition, 1998. Museum and Archives, Kyôto Institute of Technology.

362 家具レイアウト図面（色見本付）、1998. 2. 07［日付印入り］／京都工芸繊維大学美術工芸資料館

Charlotte Perriand avec collaboration de Pernette Perriand-Barsac sénographes, Ren Suzuki architecte d'operation : Dessin d'implantation des meubles de l'exposition, 1998. Museum and Archives, Kyôto Institute of Technology.

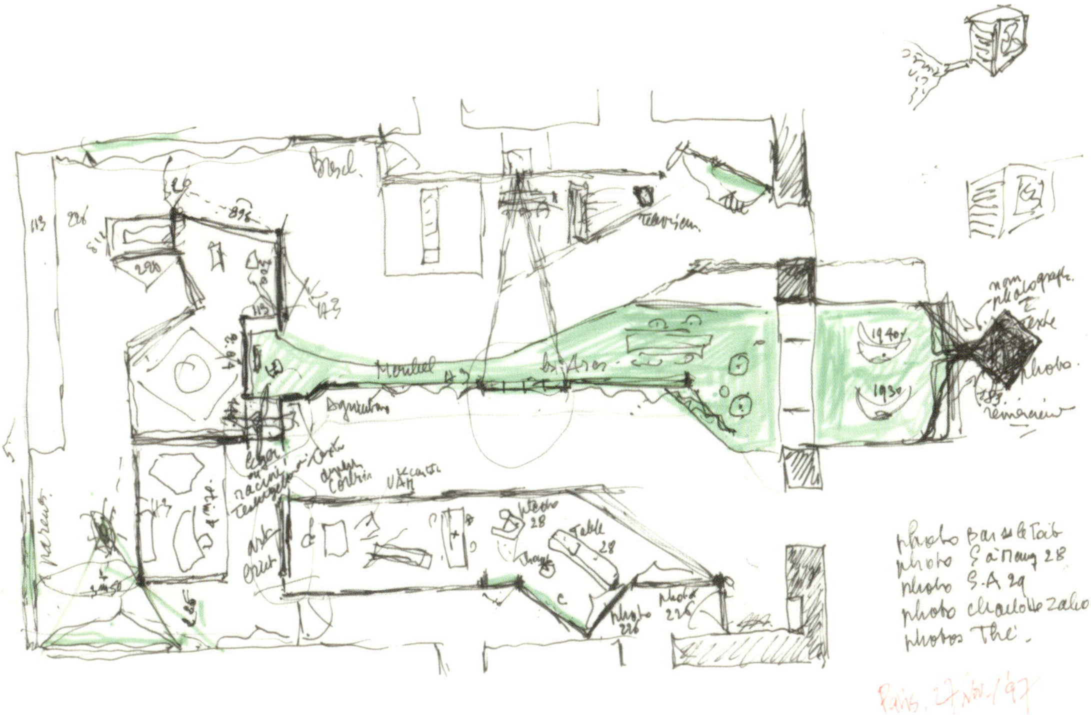

363 シャルロット・ペリアン《家具レイアウト図面》、1997年／京都工芸繊維大学美術工芸資料館

Charlotte Perriand : Dessin d'implantation des meubles de l'exposition, 1997. Museum and Archives, Kyôto Institute of Technology.

364 『シャルロット・ペリアン　20世紀のパイオニア展』図録、1998年／個人蔵

Charlotte Perriand, Pioneer 20th Century, catalogue de l'exposition, Living Design Center Ozone, Tôkyô, 1998. Private Collection.

ペリアンと新庄の人々
Perriand and the People of Shinjô

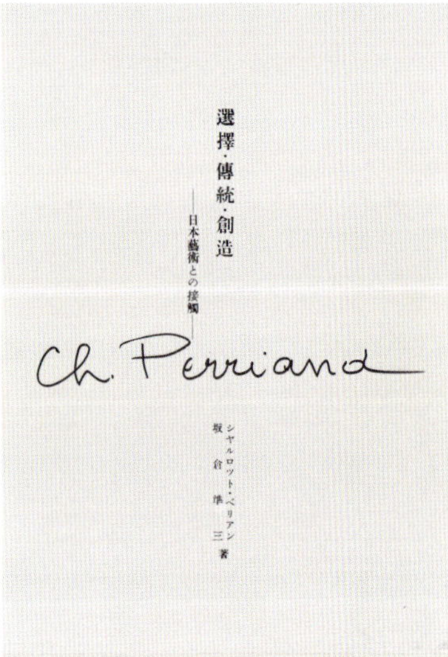

365 新庄の人々が持参した「選擇 傳統 創造」展図録の扉コピーにペリアンが書いたサイン／雪の里情報館

Charlotte Perriand : autographe sur la page de garde du catalogue *Charlotte Perriand. Sélection Tradition Création*, de l'exposition Contribution à l'Equipement de l'Habitation. Japon 2601 – Sélection, Tradition, Création (grand magasin Takashimaya, 1941), Koyama shoten, Tôkyô, décembre 1941. Yukinosato Information Center.

366 シャルロット・ペリアンから新庄の雪の里情報館に贈られた石：1995年頃／雪の里情報館

Galets offerts (à Paris) par Charlotte Perriand à l'équipe dirigeante du Centre de Documentation sur les Pays de Neige de Shinjô (*actual* Yukinosato Infomation Center), dép. de Yamagata, c.1995. Yukinosato Information Center.

367 シャルロット・ペリアンから新庄の雪の里情報館矢口孝宛の手紙　1997年12月15日付［封書］／雪の里情報館

Charlotte Perriand : Lettre à Takashi Yaguchi, 15 décembre 1997. Yukinosato Information Center.

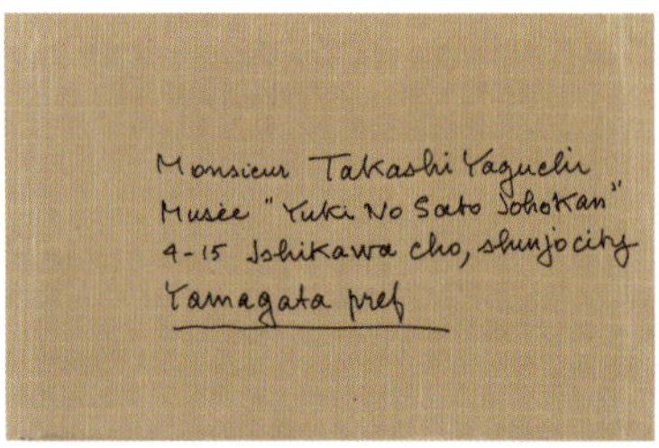

367-1

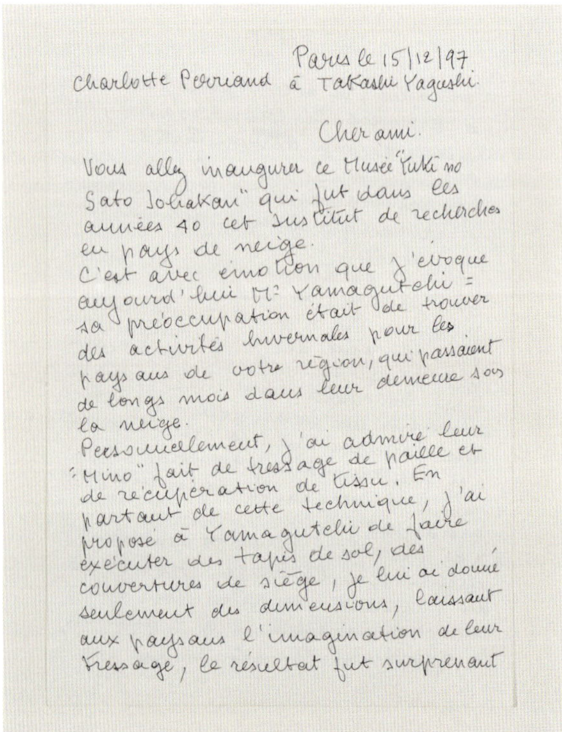

Paris le 15/12/97
Charlotte Perriand à Takashi Yaguchi.

Cher ami.

Vous allez inaugurer ce Musée "Yuki no
Sato Johokan" qui fut dans les
années 40 cet Institut de recherches
en pays de neige.
C'est avec émotion que j'évoque
aujourd'hui M. Yamaguchi =
sa préoccupation était de trouver
des activités hivernales pour les
paysans de votre région, qui passaient
de longs mois dans leur demeure sous
la neige.
Personnellement, j'ai admiré leur
"Mino" fait de tressage de paille et
de récupération de tissu. En
partant de cette technique, j'ai
proposé à Yamaguchi de faire
exécuter des tapis de sol, des
couvertures de siège, je lui ai donné
seulement des dimensions, laissant
aux paysans l'imagination de leur
tressage, le résultat fut surprenant

367-2

Column 5

シャルロット・ペリアンのこと

坂倉ユリ

368 ペリアンと坂倉ユリ、ペリアンのアパルトマンにて、パリ、1966-68年頃
Charlotte Perriand et Yuri Sakakura dans l'appartement de Charlotte Perriand à Paris c.1966-68.

シャルロット・ペリアンに初めてお会いしたのはちょうど50年前のパリで、1937年万国博覧会のあった年だった。その時からずっと親しくお付合いをさせて頂き、日本にいらしたときは父（文化学院創立者［西村伊作］）の家に泊まって頂いた。仕事の上でのペリアンは、創作に対しては非常に厳格で闘争心旺盛、自分の考えとちがった場合、一歩も引かない強い意志を持っているということを、一緒に仕事をしていた坂倉から聞いていた。

私の見たペリアンはたいへん情に厚く、涙もろい優しい女性だった。スポーツ好きで野性味にあふれ、純粋で人間味豊かな生き方をする人であると思った。そして、そんな気持ちが彼女の日常生活に現われているのに感心させられた。生活のあり方がそのまま自分の考えにそって表現されるということは、なかなか難しいことである。ペリアンは衣食住を通して自分の考えを貫いているのである。

ペリアンは流行に左右されない、シンプルなドレスを着ている。例えばタイシルクの布地を生かした直線裁ちの原型そのままのドレスを、色ちがいの布地で何枚も作る。自分に似合う襟のかたちなども研究してデザインを決めていた。いつも上等な質の良い布地で誂えたスポーティーなコート等を好んで身につけ、エルメスがお気に入りのようだった。髪型は昔から少しも変わらない、ひきつめにして後ろに小さなまげを作り、その廻りに服の色に合わせた小布をくるくる巻きにしている。たまに美容院に行く時はわざわざカリタまで出掛けて行き、これで美容院に行ったのかと思うほど何気ない髪型で帰ってくるのだった。

パリの建物にはエレベーターのないものが多い。永く住んでいたラスカス街のアパートも5階までテクテク登っていた。しかし歳をとってからのことを考え、エレベーターのある今のモンタランベール街の9階に移ったのだが、彼女のデザインによる小さなアパートがすばらしい。10階の食堂からはすぐ近くにオルセー美術館、オペラ座の緑の屋根、モンマルトル寺院など、パリの街が一望に見渡せる。朝夕の光や雲の動きによって深い紫色、灰色、ブルーなど、いろいろな色に変化して見えるパリの街が実に美しいのだ。ペリアンもこういっていた。「これは私の宝です」と。

事実、彼女は身に宝石をつけたりする趣味は持ち合わせていない。

小さな住居は実によく整頓され、隅々まで心が行き届いているという感じである。これが徹底した生活のあり方のデザインだと感心した。ペリアンの生活そのものが彼女の芸術作品といえよう。

80歳を越した現在も講演に出掛けたり、毎日、ラスカス街の仕事場に通っておられる。

1987年の夏、御主人の一周忌の日にランスのお墓にお供した。地中海を見下ろすコルビュジエのお墓や鎌倉にある坂倉のお墓を思いながら亡きジャックのお墓に花を植えた。

たいへん母親思いだったペリアンが、かつて私にポツンと漏らしたことがある。「私はママのお墓に入りたい」と。はにかみながらいったその言葉を、純粋なペリアンの気持ちとして、ほほえましく受け取ったのを覚えている。

（「シャルロット・ペリアンのこと」ビデオ“シャルロット・ペリアン20世紀住宅の創造（ジャック・バルサック　1985年）”の日本語版解説書pp.5-6、1988年、建築・都市ワークショップより再録）

369 勅使河原宏の茶室へ導く竹の通路のシャルロット・ペリアン、日本文化祭、ユネスコ庭園、パリ、1993年　撮影：ペルネット・ペリアン＝バルサック

Charlotte Perriand dans l'allée couverte en bambou menant au Pavillon de thé de Hiroshi Teshigahara. Festival Culturel du Japon, jardin de l'esplanade de l'UNESCO, Paris, 1993. Photo Pernette Perriand-Barsac. AChP.

論考

Essays

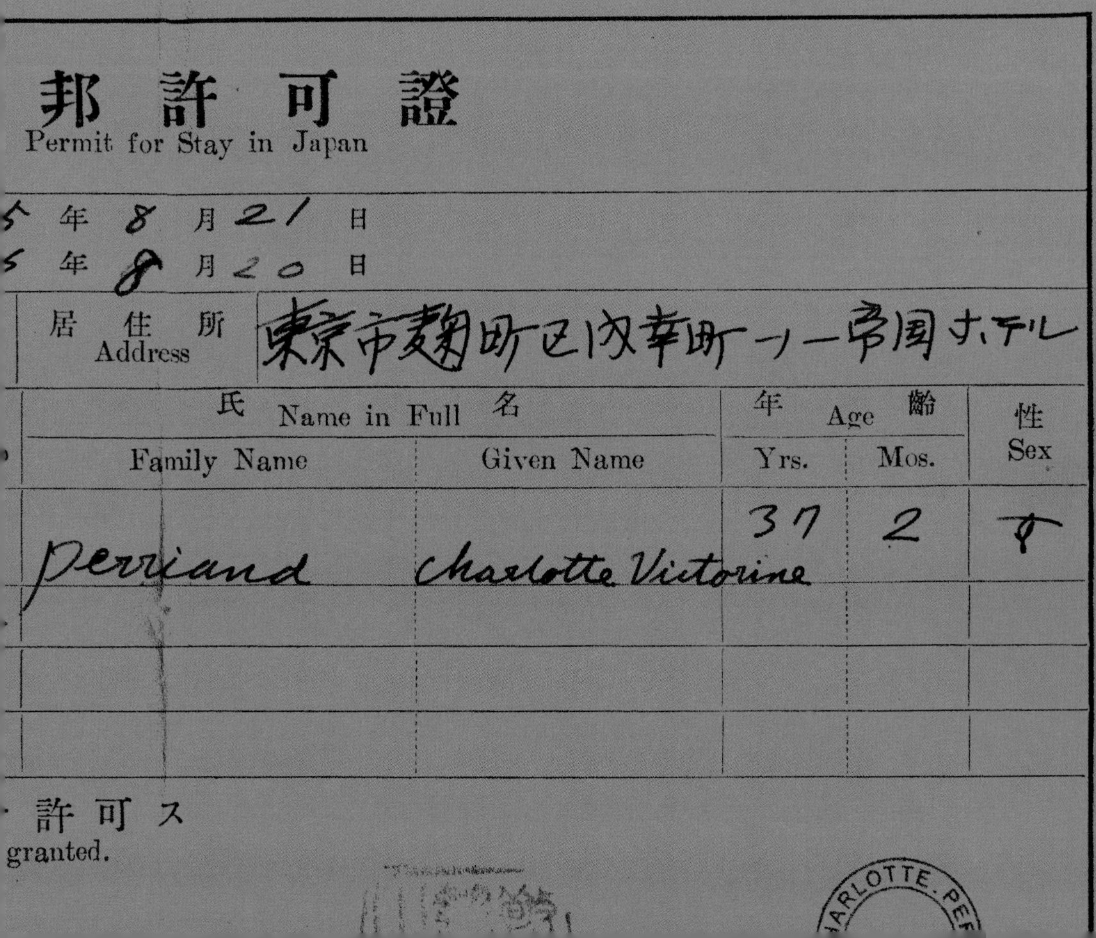
邦 許 可 證
Permit for Stay in Japan
5 年 8 月 21 日
5 年 8 月 20 日
居住所 Address　東京市麹町区内幸町一ノ一帝国ホテル

氏 Name in Full 名		年 Age 齢		性 Sex
Family Name	Given Name	Yrs.	Mos.	
Perriand	Charlotte Victorine	37	2	女

許 可 ス
granted.
CHARLOTTE PE

戦前期日本「工芸」の進運と岐路

1940年ペリアン来日をめぐる諸相

森 仁史

はじめに

ペリアンと日本との邂逅は明治以来の日本近代が一定の成果を経て、ヨーロッパの新潮流と交錯するとき、飛び散った火花なのであり、この意味はグローバリゼーション以後の今ならなお一層示唆に富むものであるように思う。しかし、ペリアン個人がどんなに意志堅固な人間で、社会に対しても非妥協的なデザイナーであったとしても、彼女の1940から41年までの活動は日本政府が展開していた商工政策の枠組みに規制されざるをえなかった。彼女の活動を神格化せず、その意味を再び問うために、この経緯を正確に確認しておきたい。

1. 外国人デザイナー招聘の背景

1930年1月、内閣に臨時産業審議会が設置され、欧米と同様に経済再建を目指して産業合理化、すなわち規格統一、設備改善、国産品愛用、企業整理など合理的経済政策が推進された。[註1] 同時に治安維持法（1932年）や国民精神文化研究所（1932年）によって、イデオロギー規制の強化が進められた。これは欧化に伴う「思想国難」を危惧したからであり、「東洋古典文化を復興し西洋文化を統一し以て新しき世界文化の建設に寄与貢献する[註2]」ことを国策とした。臨時産業審議会が掲げた輸出拡大の一環として、商工省工芸指導所（1928年設置。以下、指導所）は「我国在来ノ工芸的手工業ニ対シテ、工業ニ関スル最新ノ科学及技術ヲ応用利用スルコトヲ援助奨励[註3]」することを目的とし、全国の商工奨励館や商品陳列館を通じて地場産業を技術とデザインで指導する体制を構築し、これを徹底させるため1929年から全国の公設機関専門官を集めて工芸技術官会議を毎年催した。[註4] 輸出産業が安価な二級品を生産、輸出している現状からの脱却が必要であった。創立当初の指導所内では、世界の先端動向を体系的に受け入れることで日本製品を改良しようとする路線が大勢を占めており、この成果発表の場が1933年の工芸指導所試作展（fig.1）であった。[註5] たまたま来日中だったブルーノ・タウト（1880-1938）はこれを参観して激しく批判し、この結果彼が指導所に招聘されることになった。

タウトの指導した機能主義デザイン（fig.2）の実践、試作を体験して、指導所では「見る工芸から使う工芸へ」を合言葉にデザイン活動の転換に取り組み始めた。と同時に、剣持勇（1912-1971）を始めとする若手職員はタウトの日本の伝統資産に対する敬意にも刺激を受けた。しかし、タウトは単純に伝統回帰を求めたのではなく、「近代のものであると同時に、もつとも厳密な意味での日本的な品質[註6]」を求め、これに達しない「いかもの」を厳しく斥けた。

1931年東京帝室博物館設計競技の当選案に対し、堀口捨己（1895-1984）は当選案の帝冠様式は日本趣味としては誤りだと批判し、「材料の好み、色彩上の好み、調和均整上の好み」を過去の造形物から抽出すべきだと主張した。[註7] さらに1934年にはもっと具体的に「各材の地膚とそれ等の比例の宜しさ」こそが日本建築の本質だと指摘した。[註8] さらにまた、ヨーロッパの機能主義が規格統一を説いているが、「広がりに於ては畳の大きさに依て総てを規定する。……主要材料たる木材、建具、畳、紙、瓦は皆規格統一されて市場に出る。此如き統一された家屋組織の体系は欧州で論ぜられる以前幾世紀前から実行してゐる」ので、合理性、規格性において日本建築が優れているとも論じている。このように1930年代前半に、未熟ながら日本の伝統文化とその先進性への認識ができてはいた（figs.3, 4）。

工芸技術官会議の建議に基づき、商工省は1932年から工芸専門家（水町和三郎、和田三造、青山義雄、日野厚、山崎覚太郎、杉田精二、宮下孝雄、高村豊周）を毎年海外に派遣し、実務的な情報収集とその対応策の検討に努めた。1933年には日本輸出工芸連合会が創設され、工芸振興費20万円が計上され、地場産業のための展覧会開催、海外斡旋を支援する体制が整えられた。[註9]

こうしたなかで、商工省はさらに外国人デザイナーを日本に招聘して、製品改良を実現することを計画した。1939年この選任が東京高等工芸学校教授宮下孝雄に依頼され、宮下はフランス人建築家エクスペールを推薦したが、この年彼はニューヨーク万博のフランス・パヴィリオン設計に従事しており、この招聘を断ってきた。このため、第二案としてティリー・プリル＝シュレーマン（1902-？）が選任された。彼女はブルーノ・パウル（1874-1968）に師事し、ベルリンでインテリア・デザインを手がけていた。シュレーマンは1939年9月1日、東京に到着し、[註10] 名古屋、京都、大阪、仙台などを巡回し、輸出品デザインについて講演し、各地で製品を批評し助言した。1939年の図案技術官会議で講演し、「日本は古くから美しき『住宅文化』を維持して居り、その本質は簡素で実用的であり、その範囲は非常に小さな日常の実用品にまで及んでおり」「人工的に歪められない、自然な仕上げの色彩―それは皆材料の美しさがそのまゝ素直に現はれ」「それは世界中で一番新しい近代的な流れにあるアイデイアにぴったりと適合してゐる」と論じた。また日本の現状については、「完成された美しい実用品が非常に安く売られてゐる」ので、「欧州に於て使用できるもの」だと述べた。[註11] つまり、彼女はタウトの提言とほぼ同じ視点を述べ、彼に学んで数年経た改良に一定の評価を与えている。輸出工芸展に出品された彼女の試作品（fig.5）は新しい素材（アルミニウム）と伝統技法（手描き染付けタイル）を組み合わせることで新味を狙うものであった。

この頃、日本を取り巻く政治情勢は急展開し、1932年満洲に傀儡政権が樹立され、中国大陸では1937年の盧溝橋事件以降戦闘拡大が止むことはなく、日本政府は現地軍の作戦を追認するばかりとなった。商工省ではこの1937年貿易局が外局となり陣容が増強され、中国や欧米以外の市場開拓に努めた。[註12] このため、日本委任統治領であった南洋諸島と東南アジア、とくにインドシナ、フィリピン、インドネシア、インドを視野に入れようとする。1940年7月26日近衛内閣は「基本国策要綱」を策定し、経済的には「皇国を中心とする日満支三国経済の自主的建設[註13]」を図ろうとした。市場拡大はここに登場する「大東亜の新秩序を建設」する目標に適った政策であった。

文部省の国民精神文化研究所開設とともに同研究所助手に選任された小島威彦（1903-1996）は西田幾多郎門下の哲学徒だったが、1939年6月スメラ学塾を開設した。これは「インド・アリアンの大移動によって滅亡に追い込まれたシュメールの復興そして、地中海、インドネシア、五河地方、支那、日本の大変化、動脉の蘇生化を推進する」ことを目的とし、自身の反ヨーロッパ文明史観を大衆的に宣伝しようとしていた[註14]。この運動の核として小島は日本世界文化復興会を設立し、これに参加した川添紫郎（1913-1970）、丸山熊雄（1907-1964）、井上清一（1912-1967）は坂倉準三のパリ時代の親友であり（fig.6）、坂倉も同会理事に就任している。とくに井上は建築を志したこともあり、1937年パリ万博日本館の設計手伝いから、展示補助まで坂倉に尽くした[註15]。ペリアンが来日中にもっとも親しくつきあったのがこれらの日本人サークルである。国際文化振興会嘱託となっていた川添が1938年10月、坂倉に用意した旧オーストリア領事館（東京市赤坂区桧町6）は小島の意向で2階が同会のサロンとして使用され（fig.7）、1階に坂倉建築事務所が入った。また、川添がパリで知り合い、日本に招いたフランシス・ハール（p.134参照）のスタジオはスメル写真研究所を名乗り、この建物に所在した。彼らは「信仰的な理想[註16]」を共有していたのであった。

2. 東北振興——工芸から民芸へ

1928年11月30日に仙台市二十人町（旧陸軍幼年学校跡地）に指導所が設置された。ここで注意しておかなければならないのは「工芸は需要者の実用と美的感情の充足を目的[註17]」とするものであり、今日と異なり伝統工芸からクラフト、デザインにまたがる領域を指していることである。

指導所は同時に「東北産業ノ振興[註18]」を企図しており、それは経済恐慌に加えて凶作による農業経営の危機への対応が緊急に必要とされたからだった。従って、この開所式に集まった東北六県の商工担当者の懇談が工芸協会結成の動きへ発展したのは当然であった[註19]。指導所開所一周年記念展最終日の1929年11月3日、指導所で東北工芸協会発起会と設立総会が同所講堂で開かれた。「伝統的工芸の産業化を図らむ」ために「政府、府県の指導誘掖と当業者の十分なる自覚が必要」だとした。

指導所はこうした「我国固有ノ工芸的工業」を「固有工芸」と名づけて、現代的な輸出産業に育成することを目標としていたので、商工省の指導のもとこうした地方組織の創設を推進した。東北の動きは全国に先駆けた事例だった。

1930年6月、東北六県工芸品展が日本橋三越で開催され、出品1541点のうち909点、2860円90銭を売り上げた[註20]。また、この年から東北六県工芸品競技会（fig.8）を秋田市に開催し、1934年からは北海道を加え1942年まで毎年各県で順に開催した。出品は木竹製品、金属製品、漆工品、染織製品、陶磁器、玩具及び雑工芸品であった。1933年からは商工省の助成金を得て、輸出工芸部が設けられ、優秀な作品はこの年から始まった輸出工芸展（fig.9）に出品された。これは東北ばかりでなく、一種の予選となって、地元でのデザイン改良、品質向上を促すシステムとして機能した。東北の競技会では、地域に伝わった技術、造型をいかに現代的に変容させ、所与の市場にどう参入するかを課題としていた。

こうした工芸振興の盛況を踏まえれば、1941年のペリアンの展示に対する指導所スタッフの批判的立場が理解できるであろう。展覧会を主題とする懇談会で、山脇巌（1898-1987）はペリアンがなすべきは「もう少し現在の都会人の生活に近付きたかつた。又近付きながらそれを正して行きたかつた」のに、「人々の生活には余りに遠いものがあり過ぎる」と指摘した。彼からすれば、日本のモダニズムの成果に「ペリアンさんにも使へるもの[註21]」があるはずなのだった。少し前の講演[註22]で、山脇は戦時下で「単純化された機能的な建築」が必要となってきているから、生活用品の単純化、規格化が「国民生活の再組織」に必要になっていると力説している。これは「日本人に特によく分かる筈の美しさを持つた」もので、「世界全般に拡がる」ものだと強調している。資源節減に応じた合理的設計、機能の集約は政府の方針に適うものであるうえに、その簡素な造型が日本的美に合致している意味を称揚すべきであった。この意味で、山脇や剣持らが自信を深めていたことは想像に難くない。ペリアンの展覧会と同年10月指導所が開催した国民生活用品展（髙島屋日本橋店、大阪店）にはその成果（figs.10, 11）が発表され、3万人余りが来場し、国民の関心の高まりが示された。

また、ペリアンがヴァナキュラーな素材をモダン・デザインの場に持ち出したことに勝見勝（1909-1983）は「幾らか外国人の東洋趣味といふ感じ、遊離した感じ」を抱いた[註23]。これは先に指摘したように日本人も視点としてはすでに認識していたことなのだから、その先の展開を見たいと言っているのだろう。

他方、山形県選出の衆議院議員松岡俊三の8年間の運動の結果、1933年9月農林省積雪地方農村経済調査所（以下、雪調）が山形県最上郡新庄町沼田に開設された。本省経済厚生部から38歳の山口弘道（1895-1978）が所長に赴任した[註24]。同所は「積雪地方ニ於ケル農山漁村ノ経済更正計画及経済ニ関スル雪害防除ノ調査指導」を目的として掲げ、具体的には積雪調査、経済調査、農村工業及副業調査を研究課題としていた。三番目に取り上げられた課題は莞草加工、毛皮、ホームスパン、スキー用材、絨毯、毛糸染色など農産物加工を副業にして農家収入を少しでも増そうという試みであったが、この部門は年を追うごとに調査内容が増えている。

1937年、雪調協力団体が日本民芸協会に加入し、翌1938年に山口所長は民芸の会を組織し、日本民藝館と密接な協力関係を築いていく。[註25] 1940年2月、仙台市で宮城県と雪国協会が共催して宮城県民芸品展が開催された。[註26] 引き続き5月に日本民藝館、6月に三越本店で東北民芸展が開催された。これらの展覧会はこれまでの指導所による工芸振興から民芸主体の地域振興への大きな転換であった。この年7月、いわゆる七・七禁令が公布され、指導所が推進するような工芸品はあらかた奢侈品として製造が不可能となり、指導所が推奨しようとする業種そのものが禁止されてしまったのである（cat.no.069はその実例）。代わって指導所の課題となったのが、代用品と資源節減のための機能主義デザイン（国民生活用品）であった。先にあげた競技会でも1937年以降は代用品利用、生活用品改善がテーマとなり、1942年を以って競技会そのものが開催されなくなる。

この1942年6月雪調、日本民藝館に商工省、大政翼賛会、指導所などから関係者が加わって東北地方手工芸振興委員会が設立された。東北振興における工芸から民芸への転換であり、ペリアンの東北巡歴はそのさなかのことになる。

3. 日本のアジア支配構想─ヴェトナムと日本

近衛内閣は1940年7月26日の「基本国策要綱」に続き、7月27日に「世界情勢の進捗に伴う時局処理要綱」を決定し、「仏印に対しては蒋介石体制への援助の遮断を徹底」するよう要求した。翌日、日本軍がヴェトナム、カンボジア、ラオスに進駐した。蒋介石政権を支持するアメリカは石油、屑鉄の対日輸出をほぼ禁止することでこれに応えた。しかし、日本政府はこれを無視して9月22日、日仏印軍事協定を総督府政府と結んだ。[註27]

こうしたなかで日本輸出工芸連合会はヴェトナムで最初の日本工芸展を計画し、この展示構成を国際文化振興会（1934年創設、会長近衛文麿。以下、KBS）に委託した。KBSはさらにタイでの憲法祭紀念博覧会へ日本館（山脇巌設計）出展を計画準備した。ペリアンはこのうちヴェトナムでの展示をKBSから引き受け、12月に東京を出発して博多に向かい、台北から飛行機でハイフォンに到着した。ハノイに出品物を運んだ船が入港した翌日、真珠湾攻撃の報が現地にもたらされ、開催が危ぶまれたが、予定通り12月23日から1月22日までレユニ百貨店において日本工芸展が開催された[註28]（cat.no.213）。さらに当初計画されていたように、2月4～12日にサイゴンのポーモン（Pomone）工芸店でも巡回展示された（cat.no.216）。ここには、西村伊作（家具）、河井寛次郎・濱田庄司（陶器）、大倉陶園、日本陶器、安藤七宝、御木本真珠らの作品633点が輸送、展示された。「選擇 傳統 創造」展に展示された作品の展示も予定していたが、寝椅子以外は輸送することができなかった。2会場で251点（40％）が販売され、200点余りを百貨店、工芸品店に委託した。

ペリアンは1942年1月、ハノイ大学で日本での活動を総括する講演（pp.142-146参照）を行い、総督府に仏印からの輸出拡大政策のための事業を提案している。このためか、1月末ハノイを出発して台湾経由で再来日し、西村伊作家に滞在している。この年7月26日には、日仏印共同防衛協定が締結された。[註29] 先の国策要綱が現実のものとなったのであり、1943年の大東亜宣言への第一歩というべき事件だった。

すでに1939年からインドシナ独立運動は武装闘争として展開されており、総督府はこれを武力で鎮圧しようとしていた。日本軍進駐は独立運動を一時的に刺激し、1941年5月にはヴェトナム独立同盟（ヴェトミン）が結成され、広範な反フランス闘争が展開されていった。ヴェトナムは日仏両軍の並存する奇妙な平和が維持されていた。ペリアンの活動はフランスの植民地支配と日本の大東亜新秩序の枠組みの外にあったわけではない。1945年3月3日、日本軍がフランス軍を攻撃し武装解除したので、ヴェトナムは皇帝が復位し独立を回復した。しかし、8月15日に日本軍が降伏したので、皇帝は退位し、25日ヴェトミンがハノイに入城し、9月2日、ヴェトナム民主共和国が樹立された。これ以後、ペリアンは国家の庇護を離れて、全く自力で進路を切り開かなければならなくなる。

結び──戦争を生きて

戦争と国家イデオロギーに翻弄され、その荒波のなかで苦闘しなければならなかったのは何もペリアンだけではなかった。ル・コルビュジエはパリ陥落後は南フランスに移り、1940年からピエール・ジャンヌレはレジスタンスに身を投じたが、ル・コルビュジエは同年末以降ヴィシー政権のもとで都市計画を実現しようと懸命だった。[註30]

日本世界文化復興会は1942年7月「アジア復興 レオナルド・ダ・ヴィンチ」展を上野池之端産業館に開いたが、これは日伊文化交流を推進した小島威彦が企画したものであった。坂倉準三は展示設計を担当した[註31]（fig.12）。しかし、小島は開幕前の5月、警視庁に逮捕され、9月軍事機密法違反で執行猶予付きの判決を受けた。1943年、坂倉建築事務所から、軍の求めによって西澤文隆ほか数十名が南方に派遣され、宣撫班などの宿舎建設に従事した。[註32]

戦時おいては指導所は木製航空機部品（fig.13）や偽装飛行機など戦闘目的に直接結びつく領域に活路を見出そうとする。この実行役として、山脇と剣持が軍需省に配属され、成型合板、接着剤の研究開発に従事した。[註33] 雪調のもっとも主要な課題である農業生産増強は戦争完遂の基盤であり、このために農作業の機械化、共同化の実験が1942年頃から進められた。ところが1943年4月、これに関わった2名の雪調職員が治安維持法違反で特高に逮捕された[註34]。彼らの農家経営合理化の研究が反地主制的と看做されたようだ。

このように第二次大戦末期にはいずれの組織も否応なく戦争に組み込まれるか、戦争との軋轢に巻き込まれていく。それは彼らが取り組んでいた課題が社会の根底に関わる性格のものであり、重要であり危険視されてもいたことを示唆している。そうであるがゆえに、やがて平和が回復されたとき、この資産の価値が再び汲み取られる時代がめぐってくるのだ。

（金沢美術工芸大学教授）

［註］

1 商工行政史刊行会編『商工行政史』中巻、商工行政史刊行会、1955年、p. 362

2 『国民精神文化研究所要覧』同所、1939年

3 中橋徳五郎「告辞」『産業工芸試験所30年史』工業技術院産業工芸試験所、1960年、p. 18

4 『工藝ニュース』第17巻第2号、1949年、p. 15

5 拙稿「戦時における機能主義デザイン」『20世紀における戦争と表象／芸術』美学出版、2005年

6 ブルーノ・タウト『日本文化私観』明治書房、1936年

7 堀口捨己「現代建築に表れた日本趣味について」『思想』第115号、1932年1月

8 堀口捨己「建築における日本的なもの」『思想』第144号、1934年5月、p. 540

9 『産業工芸試験所30年史』工業技術院産業工芸試験所、1960年、pp. 23, 27

10 『工藝ニュース』第8巻第7号、1939年7月、p. 295

11 チレー・ブリル・シユレーマン「日本の輸出工芸品に就て」『大阪府工芸協会雑誌』第6号、大阪府工芸協会、1940年1月

12 前掲『商工行政史』下巻、pp. 22, 94

13 『国民精神文化研究所所報』第1号、1933年6月、p. 151

14 小島威彦『百年目にあけた玉手箱』第4巻、地中海、創樹社、1995年、pp. 254, 308.

15 「大きな声」刊行会編『大きな声』坂倉百合、1975年、p. 71、丸山熊雄『一九三〇年代のパリと私』鎌倉書房、1986年、pp. 62-71

16 西村伊作『我に益あり・西村伊作自伝』軽井沢美術文化学院、2007年（1960年）、p. 167。なお、『新建築』に掲載されたペリアン展会場をハールが撮影した写真にはすべてClub Sumerのクレジットが入っているのはこうした理由による。

17 国井喜太郎「本邦工業の工芸的進展を望む（承前）」『工藝ニュース』p. 2、拙稿「工芸の来し方と行方」『美術史の余白に　工芸・アルス・現代美術』美学出版、2008年

18 前記、中橋徳五郎「告辞」

19 以下東北工芸協会の動向は次の論文に依る。庄子晃子「工芸的産業の進歩発達」『仙台市史』特別編3、美術工芸、仙台市、1996年。同「東北工芸協会から東北北海道工芸協会へ」『デザイン学研究』Vol. 5, No. 1、1997年、pp. 2-5

20 国井喜太郎「東北六県工芸品展覧会を顧みて」『東北工芸協会会報』1号、1930年、pp. 3-4

21 「ペリアン女史創作品展について聴く」、「同」2『工藝ニュース』第10巻第5号、1941年5月、第10巻第6・7号、1941年7月

22 山脇巌「生活用具の単純化について」『工藝ニュース』第10巻第6･7号、1941年7月

23 前掲「ペリアン女史創作品展について聴く」p. 191

24 大友儀助『積雪地方農村経済調査所小史稿（一）』雪の里情報館、2001年、『積雪地方農村経済調査所概要』同所、1938年

25 大友儀助『雪害調査所と民芸』雪の里情報館、2002年、pp. 16-17、水越啓二「雪国の民芸運動」『雪国』創刊号、1994年8月

26 濱田淑子「柳宗悦と手仕事の発見」『仙台市史』特別編3、美術工芸、仙台市、1996年

27 小倉貞男『物語ヴェトナムの歴史』中央公論新社、1997年、p. 334

28 「日本工芸品仏印度支那陳列会に就て」『輸出工藝』9号、1942年8月

29 安東収一『仏印―絵と文―』大日本出版、1941年、pp. 290, 292-293

30 N.フーゼ著、安松孝訳『ル・コルビュジエ』PARCO出版、1995年、p. 145

31 『アジア復興　レオナルド・ダ・ヴィンチ展要覧』日本世界文化復興会、1942年、p. 4、小島前掲書 第4巻、pp. 316-322

32 小島前掲書　第5巻、pp. 61-62

33 拙稿「戦時における機能主義デザイン」『20世紀における戦争と表象／芸術』美学出版、2005年

34 高嶋真『特高Sの時代　《山形県社会運動史のプロフィール》』新風舎、1999年、pp. 332-348

fig.1　工芸指導所試作展　1933年、『工藝ニュース』第2巻第9号、1928年9月

fig.2　卓上照明具1・B

fig.3　堀口捨己《山川邸》1938年、『建築』1964年11月号

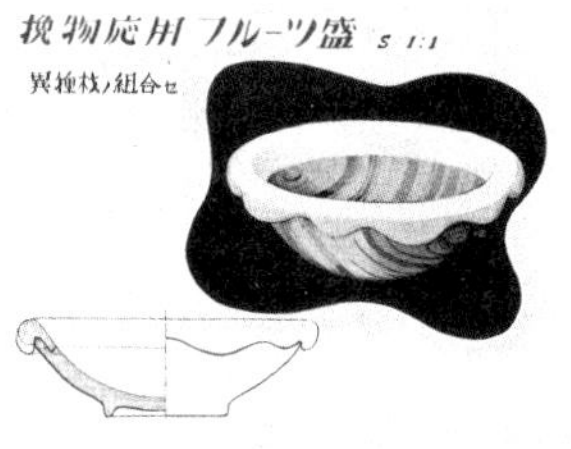

fig.4　剣持勇《挽物応用フルーツ盛》1939年、『工芸意匠図案集』2　東北・北海道工芸協会、1939年

fig.5　シュレーマン《ティーテーブル》1940年、『新建築』第16巻第8号、1940年8月

fig.6　パリ・ムードンにて（左から坂倉、井上、丸山）川添撮影　1935年頃、丸山熊雄『一九三〇年代のパリと私』鎌倉書房、1986年

fig.7　スメラ学塾メンバー（右から3人目川添、ハール夫人、井上、原智恵子、木村捨象、志田延義）1939年、小島威彦『百年目にあけた玉手箱』第4巻、地中海、創樹社、1995年

fig.8　東北六県工芸品競技会　撮影年不詳

fig.9　輸出工芸展（ペリアン設計のテーブルを展示台として使用）1941年、『工藝ニュース』第10巻第7号、1941年8月

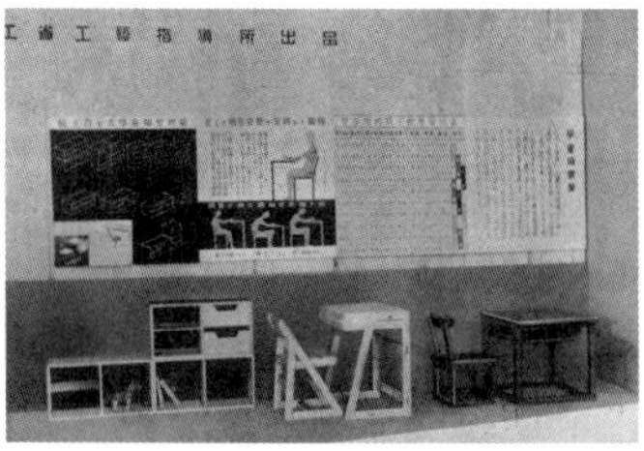

fig.10　国民生活用品展・学童用家具、『生活美術』第1巻第3号、1941年11月

fig.11　国民生活用品展・照明スタンド、『生活美術』第1巻第3号、1941年11月

fig.12　坂倉準三《レオナルド・ダ・ヴィンチ展会場》1942年、坂倉建築研究所

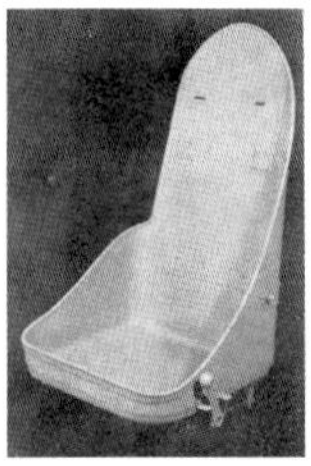

fig.13　木製操縦座席試作、『工芸指導』第13巻　第3号、1944年4月

近代建築に託されていたこと

戦後日本の建築界とペリアンの交流から見えてくるもの

松隈 洋

シャルロット・ペリアンと日本との関係は、大戦間の1928年4月、ル・コルビュジエのパリのアトリエで同僚となった前川國男との出会いに始まる。そのバトンは、1931年6月、前川の紹介で、ちょうど入れ替わるようにアトリエに入った坂倉準三へと手渡されていく。さらに、1936年4月、アトリエでの修業を終えて日本へ帰国する直前の坂倉は、ペリアンに、「日本とは何かを教えるために」、岡倉天心の『茶の本』を贈り、「自分の成長を分かち合って貰うために」、「日本に招く」と約束したという[註1]。そして、この約束どおり、ペリアンは、坂倉の招きによって、商工省貿易局の「本邦工芸品意匠図案ノ改善」という辞令を受け、1940年8月21日、はじめて日本の地を踏んでいる。それ以来、太平洋戦争を挟んで、約60年という長きにわたって、日本との関係が積み重ねられていく。この日本との出会いは、ペリアンにとって、どのような意味をもったのだろうか。1998年、生前の最後となった日本での展覧会に合わせて収録されたインタビューの中で、「創造性の源は何か」と聞かれたペリアンは、次のように答えている。

「生まれたこと。私が生れてから出会った人、ル・コルビュジエもそうだし、出会った日本人、前川國男、坂倉準三とか……。私にとって世界が広がった。そのおかげで日本にも行けたし……。日本へは工業技術の指導のために行きましたが、そこで私は与えることと同じくらい、いろいろなことを日本から学びました。それは交流なんです。なぜ交流できたというと、私は日本に行った際、文化と思想に対して植民地的態度をとらなかったからです[註2]」

ペリアンの言う日本との「交流」とは何だったのだろうか。それは、一見、前川や坂倉、初来日時の随行助手を務めた柳宗理や、戦後の仕事で協働した進来廉、あるいは間接的に影響を受けた丹下健三など、戦前から戦後へと続く個人的な交流を中心とする、ごく限られた世界のものだったようにも思える。しかし、歴史の偶然が生み出した、このささやかにも見える交流は、実は、近代建築が目指した、より大きな目標へとつながる広がりと可能性を持っていたのだと思う。そこで、ここでは、起点となったペリアンの戦前の活動に触れた上で、戦後へと続く日本との交流の意味について考えてみたい。

1. 1941年に提示されたモダン・デザインの方法

1940年8月、日本の輸出工芸品の指導を目的に来日したペリアンは、柳宗理を案内役に、京都や奈良をはじめ、倉敷、山形や秋田まで、日本各地を回り、清新な眼で日本の工芸品や建築、庭園などを観察し、そこから、現代へ活かすことのできるデザインのエッセンスを学び取っていく。さらに、豊口克平や剣持勇ら、商工省の工芸指導所の若い研究員たちに、自らが範となる形で実践してみせることによって、モダン・デザインの方法、すなわち、材料から製作へと至る一連のプロセスの中に、モノの成り立ちを分析的に見つめ、それを明晰な構成によって組み立てる原理性を持ち込むことの重要性を示していく。こうして、1941年3月、ペリアンは、約6カ月にわたる作業の成果を、坂倉との共同によって、「選擇 傳統 創造」というテーマの展覧会に結実させる。そして、図録の末尾に、次のような言葉を記したのである。

「この展覧会は謂わば私の日本に於ける最初の整理であり、一つの出発点をなすものに過ぎない。この展覧会は一つの標準の形を示して居るものではない。あらゆる表現形式が可能なるものとして今後に残されて居る。これを出発点としてあらゆるものが創られるべきである。そしてそれこそ私達の喜びである[註3]」

この文章には、日本の人々へモダン・デザインの方法を提示し、一つのきっかけにしてほしい、というペリアンの謙虚な願いが読み取れる。さらに、当時、展覧会に合わせて開かれた講演の中で、次のような、日本の伝統に対するより具体的なメッセージも発信されていた。

「今あなた方は、先祖伝来の静かな生活から出て緊張と速力の新しい生活に入られるわけであります。（中略）その新しい転換の時に当って、あなた方は迷われてはなりません。私はあなた方に三つの点をお示ししたいと思います。

第一にあなた方が自分の伝統の中に汚さずにお持ちになって居る立派な物質を失わずにお守りなさることであります。即ち美しい材料に対する愛情、秀れた技術に対する愛着、美しい形に対する感受性、それからものとものとの間にある釣合の調和に対する非常に繊細な感覚、そういうものを決して失わないように。ここで一言付け加えて置きたいことは伝統を守れということは過去のものを墨守せよということでは決してありません。伝統の基礎に立って、それから『前に進む』ということであります。新しい時代に適わしい『前進』があって始めて本当の伝統が生きるのであります。第二はあなた方の新しい生活のプログラムをお立てになるということであります。（中略）第三には工芸上の製作技術の改良であります。常に新しい進歩に感じ、あなた方がお持ちになって居る技術を全体的に進歩させるという考えをお捨てにならないように。この三つの点を真実なる伝統の基礎の上に立って新しい時代に入られんとするに当って、特に指摘したいと思うのであります[註4]」

ペリアンは、日本の伝統の中にある「美しい材料」や「秀れた技術」を、「新しい生活のプログラム」と「製作技術の改良」によって、新しい時代にふさわしいものへと「前進」させることの大切さを伝えようとしたのである。けれども、すでに日中戦争が勃発し、太平洋戦争へと突き進みつつある中で、ここに示された新鮮な視点は生かされることはなかった。この「選擇傳統 創造」展から半年後の1941年10月には、同じ髙島屋を会場として、商工省の主催で、「戦時経済体制に即応せる国民生活用品」を展示した「国民生活用品展覧会」が開催される。その会場には、「簡素の美は何処にでもある」とのスローガンが掲げられ、生活用品の指標が「耐久堅牢」、「簡素明快」、「材種適正」、「価格低廉」にある、と謳われた[註5]。工芸指導所に在籍してペリアンと直接的な交流の機会があった豊口克平は、戦後、当時を振り返って、次のように記している。

「戦争突入によって生活物資が漸次軍需にふり向けられ、国民の生活信條は強制的に"間に合わせ"となり、政府の指導的屁理屈は"簡素の美"、"日本的簡素美"を強調した[註6]」

ペリアンが蒔いたモダン・デザインの方法という貴重な種は、受けとめられることも、ここから発展されることもなく、むしろ、皮肉にも、戦時体制の遂行のための資材統制の方便として、「簡素の美」という形へと矮小化されてしまうのである。

2. 1950年代の日本が見落としてしまったもの

さて、こうして1945年8月の敗戦を迎えた戦後の日本は、どのように歩み始めたのだろうか。戦後直後の過酷な時代をくぐり抜け、連合国アメリカによる占領から解放されて独立を果たす1951年頃からは、朝鮮戦争による特需を契機とする建設ブームも追い風となって、復興への道筋が見えてくる。また、建築界においても、1950年、戦前から長く続いていた資材統制がすべて解除され、ようやく、鉄筋コンクリートや鉄骨を用いた本格的な近代建築の建設が可能となっていく。そして、1955年に行われた座談会[註7]で、坂倉準三が、「日本では第二次世界大戦後になってはじめて近代建築の活動が本格的になって来た」と語り、丹下健三も、「日本の近代建築の起点はたしかに第二次大戦後だといっていい」と述べていることからもうかがえるように、戦争によって中断を余儀なくされた日本の近代建築は、1950年代に入って、念願の再スタートを果たすことができたのである。

しかし、当時の日本の建築界では、ペリアンが戦前に提示したような、伝統を基礎とするモダン・デザインの方法はどれほど自覚されていたのだろうか。戦後に入り、近代建築の重心がヨーロッパからアメリカへと移り、急速に発展する工業化を背景に、次々に目新しい建物が造られていく中、日本の建築界は、自らの足元を見つめることなく、むしろ、最先端の技術とデザインの流行を追い求めることへと急ぎ踏み出していってしまう。その一方で、戦後の世界の建築界に復帰を果たした日本には、1951年のリチャード・ノイトラや1954年のワルター・グロピウスなど、海外の著名な建築家たちが相継いで来日する。彼らは、戦前のブルーノ・タウトやペリアンと同じく、桂離宮や伊勢神宮、民家などに、近代建築のエッセンスを認めて絶賛の言葉を残していく。こうして、木造建築から急激な近代建築への転換が進み、日本建築へ世界の注目が集まる中で、建築評論家の神代雄一郎は、1954年に、日本の近代建築について、次のような独自の理解を示していた。

「日本の建築家、それも私たちのような若いものにとっては、その仕事の大半が木造建築であって、よほど恵まれた機会のない限り、鉄骨や鉄筋の仕事をすることが出来ない。(中略)果たして私たちが、木造建築とどんな取り組み方をしているかを考えてみたい。即ちそれは近代社会における木造建築のあり方を問うことであり、ひいては近代建築における手仕事の位置づけをすることにもなろう。

ところで私たちは常日頃、日本の過去の建築の歴史や伝統について考えることがあるだろうか。あるいは設計に当って、日本の古建築を近代建築の眼で見直すことがあるだろうか。かつてヨーロッパで近代建築の動きが見られ始めた頃から、欧米の建築家は日本の秀れた木造建築に瞳を集め、それを工業化していったのであった[註8]」

今からは想像できないが、この文章の冒頭で自嘲的に書かれているように、1950年代の日本は、依然として木造建築の国であった。統計資料からも、日本が「木の建物の国でなくなる[註9]」のは、東京オリンピックが開催される前年の1963年頃であったことがわかる。そして、神代は、本格的な近代建築が建てられるようになった時代だからこそ、戦前の欧米の建築家がそうであったように、「近代建築の眼」で、木造建築という伝統とそれを支えた手仕事の意味を見直し、それらを近代建築へつなげることの大切さを問おうとする。さらに、同じ文章の中で、神代は、次のような視点を提示していく。

「日本の木造建築は、果たして近代建築の発展の中でどのような役割をはたし、どのような位置づけを得るようになるだろうか。(中略)木造手仕事の建築は近代化の拡大深化によってその範囲を極めて小さくしか残し得ないだろうけれども、しかしアルヴァー・アアルトーがフィンランドの風土と豊富な木材を背景としてゆるやかな曲線のすぐれた作品をつくったように、ル・コルビュジエがマテの別荘で石積と木材の素晴らしいコンビネーションを示したように、ライトがゆるやかな屋根と深い軒の出の安定した型をつくり上げたように、(中略)そして日本の木造建築が現在までその単純さ、幾何学的なモデュラー、プロポーション、庭(自然)との取りくみで注目されてきたように、その芸術性という点では近代建築の動きのなかでむしろ重きをなしてゆくと思われる。
　何故なら、建築もまた他の芸術――絵画や彫刻や文学などと同じように、新しい人間精神をつくり出してゆく役割をもっているからであり、むしろその母体でさえあるからである。しかも近代建築が現代までの発展過程でもっとも疎略に、とりおとしてきたものが、この人間精神との関係であるからである[註10]」

神代は、その結論を、「私は手仕事の近代性なり芸術性が近代建築に先行しうる可能性を見出すのである。そしてまた国際的な前衛たりうる立場を認めるのである」と結んでいる。ここに読み取れるのは、風土に培われた長い木造文化と手仕事の伝統こそ、近代建築に芸術的なインスピレーションを与える豊かな土壌なのではないか、という戦前のペリアンともつながる考え方だった。しかし、この視点も、1950年代後半に本格化する高度経済成長下の大建設時代の中で、広く共有されることはなかった。

3.「住宅の設備」から「住まいの芸術」への転換

むしろ、戦後のペリアンこそ、最初の日本との出会いの中で気づいたことの意味を深く受けとめ、それに形を与えようとする努力を戦後へと継続させていったのではないだろうか。やはり、最晩年に行われた1998年のインタビューの中に、次のような発言がある。

「ひとつ大切なことがありました。日本の建築はとても民主的で、日本全土にわたって同じ建築物が建てられていました。特に私が行った時はそうでした。伝統的な家をつくっている要素は、天皇の家であっても、農民の家であっても同じだった。違いは木の質、布の質、紙の質であって、そういうものをどれだけ頻繁に取り替えるかだけで、基本的な構造は同じだった。これは世界唯一の例です、日本しかありません。こちらでも標準化は行われてきましたが、いつもプロジェクトごとのことです。こちらは個人主義なんです[註11]」

この発言を裏づけるかのように、ペリアンは、同じ年に出版された自伝の中でも、日本では、「私たちの前衛の夢の原則が国家単位で日常生活にはいりこみ、実現されている。それを称賛するよりほかはなかった[註12]」と記している。彼女は、ル・コルビュジエを中心とする前衛＝近代建築運動の先駆者たちが追い求めた、工業化による標準化された部材による快適で自由な空間の創造という原則が、日本では、ごく日常の生活の中で当り前のように実現されていることに驚嘆したのである。そして、具体的には、同じく自伝の中で、「日本家屋は極限まで規格化されているが、それでも予想されるほどの画一性を招くことはなく、建築のなかに完全に収納をとりこみ、住居内に秩序と空をつくっている。それが私の頭を離れなかった[註13]」とあるように、ペリアンは、戦後のフランスで、工業化によって「収納の規格化」を目指しながら、日本の障子や襖にヒントを得たシンプルで軽い「新形式の引き戸」を考案し、開放的な室内空間のデザインを試みていく。そして、それは、1950年、ル・コルビュジエと協働したマルセイユの集合住宅「ユニテ・ダビタシオン」の台所や寝室の収納で、ひとつのプロトタイプとして実現する。興味深いのは、この1950年の時点において、ペリアンが、日本に学んだ規格化による秩序に、単なる機能性を超えた性質、すなわち、それを使う人々に自由を与えることのできる居住のための空間に、「住まいの芸術」を発見したことである。自伝の中では、次のように説明されている。

「コルビュは『装飾芸術』という言葉を『住宅の設備』でおきかえた。私はそれを『住まいの芸術』でおきかえた。それはのちに、1985年に装飾美術館で開催された私の個展のタイトル『アン・アール・ド・ヴィーヴル〔生きる芸術〕』となった[註14]」

ここに記された、「住宅の設備」から「住まいの芸術」へ、そして「生きる芸術」へ、という道筋こそ、ペリアンが日本を通して発見し、自らの生涯のテーマとした近代建築の目標だったのだと思う。だからこそ、その途上の1955年4月、再び日本で実現した展覧会、「巴里一九五五年　芸術の綜合への提案　ル・コルビュジエ、レジェ、ペリアン三人展」に寄せた文章[註15]の中で、「今の私には住居の装備と建築と『芸術』とが離れ離れになることが出来るとは到底考えられません」と記し、これまで自らが続けてきた作業について、次のように紹介しようとしたのだろう。

「私は椅子、テーブル、整理棚の各部品から成る家具の全体を展示することにいたしました。（中略）これらのものは大量生産に移す前に、すでに三年の実験の過程を経た標準規格の原型であります。実際に使いよく、人間的親しみを持っているようにしようとして、私はこれらの部品をアルミニュームとか、プラスチックとかの材料で、できるだけ大量に生産できるように工業化する一方、また例えば素地を生かした木製の机の甲板のような工匠の仕事でできるものをそれに加えて、機械製品も手で作ったものもその本来の価値がすべて生かされるようにしたのであります」

日本の畳や障子、襖がそうであったように、住居を構成する整理棚や家具などを、大量生産できるように、標準規格の原型となるレベルまで高めること、同時に、それらが、使いやすく、人に親しいものとなるために、「手で作ったもの」の価値を生かすこと。ペリアンは、こうした地道な努力の先に、芸術の総合としての住まいの空間が立ち現れることを目指したのではないだろうか。しかし、ペリアンが、この2度目となる展覧会を通して、より明快な形で提示しようとしたモダン・デザインの方法は、当時の日本の建築界で理解されることはなかった。自伝にも、展覧会が開かれた当時の日本を振り返って、次のような回想が記されている。

「日本には、私が1940年代に知った日本がまだ残っていた。だが、（中略）経済的必要性が日本に、ビル、工場、西欧から基本的発想を得た製品を生産させ、それは日本の生活の枠組みに静かに浸透している。この国は現在、相反するふたつの文明のあいだで引き裂かれている[註16]」

ペリアンは、それと自覚されることなく、日本に奇跡的に残っていた伝統が、「経済的必要性」に基づく西欧的な近代化によって「引き裂かれ」、失われつつあることを、一人見つめていた。だが、戦前に続いて、日本の建築界は、自らの持っているものの価値を活かすことなく、貴重な手がかりを見失ってしまうのである。

4. 剣持勇がペリアンの仕事に見ようとしたこと

そうした中、同時代において、ペリアンの仕事をもっとも深く理解していたと思われる人物がいた。戦後を代表するデザイナーの一人、剣持勇である。彼は、戦前の工芸指導所時代からペリアンと交流があり、戦後もそれを引き継ぐ産業工芸試験所の意匠部長として活躍した。そして、偶然にも、三人展が開催された直後の1955年7月に、独立して自らのデザイン事務所をスタートさせている。また、独立直前の1952年の4月から11月までの約7カ月間は、公務でアメリカへと渡り、最前線のデザイン事情を視察し、チャールズ・イームズやミース・ファン・デル・ローエ、フィリップ・ジョンソン、ジョージ・ナカシマらとも会っていた。帰国直後に記された文章[註17]によれば、この視察で剣持が何よりも驚かされたのは、「アメリカ人の日常生活に対するモダーン・デザインの浸透ぶり」であり、それが、「こうまで民衆化されているとは思わなかった」という。また、「私達日本のデザイナーがやるべきところを先回りしてしまったかのような観」を抱くほど、アメリカにおいて日本調のデザインが持てはやされている事実にも遭遇する。そして、「誰も手をつけていない本格的な輸出工芸の本道が、ここに横たわっている」と記している。おそらく、この時、剣持は、戦前に、輸出工芸の指導に訪れたペリアンが提示した日本独自のモダン・デザインの方法がもつ大きな可能性を、まっ先に取り組むべき「輸出工芸の本道」として、より切実な形で自覚したのではないだろうか。だからこそ、欧米のデザインの移入にやっきとなっていた当時の日本のデザイン界に向けて、同じ文章の最後で、次のように問いかけずにはいられなかったのである。

「私達は海外の事柄ばかりに気を取られて自分自身の底力の存在を忘れかけているようでもある。“外国に遅れている”、“外国を吸収しろ”がいつの間にか“外国の跡の真似をしろ”に代わってしまったようでもある。先方がこちらを尊敬しているのに、こちらでは尊敬されるべき値打のものを失いかけようとしてはいないか、私達は技術についてはもっともっと積極的に外国を吸収する必要がある。しかし創作については創意を熟思の上断行するに当って外国作品をファッションとして気にすることは毫も要らないのである」

こうして、剣持が、この直後に、なぜ、唐突にも、「ジャパニーズ・モダン」という目標を掲げたのかが見えてくる。残念ながら、この言葉は、誤解されて、安易な日本調を鼓舞するものだ、と批判されてしまう。しかし、剣持は、それに答えて次のような文章を記し、自らの真意をより正確に伝えようとする。

「ジャパニーズ・モダーン・デザインとは、（中略）日本における今日のよきデザインという意味である。特別な様式確立を目指して、これにつけたタイトルでもモットーでもない。（中略）グロピウスおよび、グロピウスの下に集った人々による造形運動（バウハウス運動）は様式の確立ではなくして、工業時代における人間生活の探求であった[註18]」

剣持は、ペリアンに先立って、1933年に工芸指導所へ招かれたブルーノ・タウトとも接していた。また、バウハウスの影響を受けたドイツの優良製品のカタログや資料などを取り寄せて、デザインの最前線からも学ぼうとしていたという[註19]。だからこそ、この文章に記されているように、「ジャパニーズ・モダーン・デザイン」を、戦後の日本にもっとも欠けていた「工業時代における人間生活の探求」として提唱したのだろう。そして、1960年、ペリアンが、坂倉準三との協働によって、最初で最後となる実作の「エールフランス航空・東京案内所」を完成させた際、剣持は、次のような文章を寄せていく。

「これはペリアンにとっても快心の作ではないかと思う。（中略）この作品は、インテリア・デザインの本来の在り方と、それが必要とする基本的な条件（思考とか技術とか）の主なものを余すところなく示してくれる典型例ということができよう。（中略）ペリアンのもっている技術家としての一面を知り得る画期的ともいえる構造詳細や材料の駆使をみる。この創意あってこそこの結果なのだなと再三再四私はうなずいた。（中略）私はこの作品を通じて、ペリアンこそ日本人だけが理解する「しぶい」を最も深く体得している最高の西洋作家の一人であると高言してはばからない。（中略）彼女に限りない讃辞と祝福を贈る[註20]」

剣持は、ペリアンの実作に、自らの目指すジャパニーズ・モダーン・デザインの姿を重ね合せようとしたに違いない。しかし、高度経済成長の中、消費的な流行のデザインを求める日本の現実は、その思いを受けとめることはなかった。そして、彼のパートナーを務めた松本哲夫が、剣持は、「経済成長で物質的に伸びきった日本人の生活態度に恢復し難い精神の荒廃[註21]」を感じていたと書き留めたように、彼を「現代日本が生んだ悲劇的デザイナー[註22]」へと追い詰めていってしまうのである。

5. 未完としての近代建築というプロジェクト

自伝によれば、実は、ペリアンも、フランスの建築家制度が戦後に改定されたことによって、その仕事の範囲を限定されてしまっていた。しかし、彼女は、その自由な立場を活かして、最晩年に至るまで、さまざまなチームによるデザイン活動の幅を広げていく。その根底に流れていたものとは何だったのだろうか。1992年、ル・コルビュジエのアトリエで最初に出会った日本人建築家である前川國男の没後に発刊された、雑誌の特集号に寄せたインタビューに、ペリアンの次のような言葉が残されている。

「コルビュジエの仕事から発せられるものは、近代をどう捉えるかの考え方です。人間は自分の置かれた環境の中で初めて近代を考えることができるのです。従って、置き換えるということは別のもの（形）になるのです。前川はこのことを理解していました。彼の環境や日本人としての、また伝統から受け継いだ記憶と近代性を、彼独自の方法で結合させていました[註23]」

ここで、ペリアンは、前川の仕事にル・コルビュジエの求めたものを重ね合せようとする。すなわち、自らの置かれた環境の中で伝統と近代をいかにして結合させるのか、が近代建築に託された大きなテーマであることを、あらためて確認しようとしたのである。自伝の中でも、「前川はもっとも伝統に深く根ざしながら、だれよりも現代的でもあった[註24]」と回想し、「生きること、それは私たちのなかにあるものを生かすことだ[註25]」と記している。

ペリアンと戦後の日本の建築界との交流から次第に浮かび上がって見えてくるものとは何だろうか。それは、連綿と続く建築の歴史と周囲の環境の中から、人間との変わらない関係性を探り、それをより良きものへと再編成する方法を発見しようとするペリアンの眼差しであり、彼女が見つめた日本の木造文化が持っていた普遍的な価値だったのだと思う。自伝の最後に、あたかも、未来へのメッセージと思えるような、ペリアンの言葉が記されている。

「社会とはそれを構成し、方向づけ、動機づける個々人の意識の果実である。引き受け、予測をしなければならない。新たな考察、探求の道が開かれなければならない。（中略）新しい一日が始まる[註26]」

近代建築には何が託されていたのか。ペリアンの言うように、現代の私たちがこの問いと真摯に向き合い、「探求の道」を開く努力を続ける限り、ペリアンの仕事とその生き方は、かけがえのない手がかりとして、これからも大きな励ましであり続けることだろう。

（京都工芸繊維大学教授）

［註］

1 シャルロット・ペリアン「ゆるぎない友情に」『坂倉準三の仕事』展カタログ、神奈川県立近代美術館、1997年
2 「シャルロット・ペリアン」展会場での上映ビデオより『SD』1998年12月号
3 シャルロット・ペリアン、坂倉準三共著『選擇 傳統 創造―日本藝術との接觸』小山書店、1941年
4 シャルロット・ペリアン「日本工藝について」『月刊民藝』1941年4月号
5 『工藝ニュース』1941年11月号
6 豊口克平「日本工業デザイン界の現況」『工藝ニュース』1953年6月号
7 「座談会・近代建築について／勝美勝・坂倉準三・丹下健三」『建築文化』1955年3月号
8 神代雄一郎「現代日本の木造建築」『建築文化』1954年3月号
9 村松貞次郎『日本近代建築の歴史』NHKブックス、1977年
10 註8に同じ
11 註2に同じ
12 シャルロット・ペリアン著、北代美和子訳『シャルロット・ペリアン自伝』みすず書房、2009年、p. 173
13 同上、p. 264
14 同上、p. 262
15 シャルロット・ペリアン「三人展を開くにあたって」『リビングデザイン』1955年4月号
16 註12に同じ、p. 284
17 剣持勇「"アメリカ通信" をむすぶ」『工芸ニュース』1953年2月号
18 剣持勇「ジャパニーズ・モダーンか、ジャポニカ・スタイルか」『工芸ニュース』1954年9月号
19 豊口克平「剣持勇の人とデザイン」『剣持勇の世界』河出書房新社、1973年
20 剣持勇「日本のなかのペリアン」『インテリア』第1巻第4号、1960年
21 松本哲夫「剣持勇について」『剣持勇の世界』河出書房新社、1973年
22 註19に同じ
23 「インタビュー：シャルロット・ペリアン」『SD』1992年4月号
24 註12に同じ、p. 418
25 同上、p. 429
26 同上、p. 440

丹下健三とペリアン

日本に於ける芸術の定着とデモーニッシュな統合

豊川斎赫

1. はじめに

シャルロット・ペリアンは幾度か日本を訪れ、多くのデザイナーに影響を与えたが、建築家である丹下健三もその例外ではない。一方で、これまで丹下の業績への評価は大規模な都市計画に集約され、絵画や彫刻のみならずインテリアデザイン、インダストリアルデザインといった諸芸術との連携について触れられることが少ない。しかし、具に丹下の業績を辿るとペリアンから多くを学び、その成果を日本のインテリアデザイナーと協同して独自に昇華させたことが分かる。

本論ではまず丹下が公にペリアンを論じた「巴里一九五五年芸術の綜合への提案　ル・コルビュジエ、レジェ、ペリアン三人展」への展評に触れ、丹下のペリアンに対する視角と距離を推し量ってみたい。次いで、展評に前後して丹下が諸芸術の定着と統合を論ずる際に頻繁に用いた二つのパースペクティブ（歴史観と地政学的観点）から整理する。更に、丹下自身の家具デザインに対するペリアンからの具体的な影響を天童木工や香川県庁舎の資料から読み解き、日本に於ける建築と諸芸術のデモーニッシュな統合に向けた努力の軌跡を追跡してみたい。

2. 丹下による「三人展」展評：ペリアンへの視角と距離

1955年4月、産經新聞と髙島屋の主催で「ル・コルビュジエ、レジェ、ペリアン三人展」が開催された。これを訪れた丹下は写真家・石元泰博の写真を用いながら展評を書き、近代建築の歩みの中でのペリアンの位置付けを明確に論じている。

丹下はペリアンが「ル・コルビュジエのすぐれた弟子であり、また室内装飾においては彼のよきパートナー[註1]」であるが、イームズのようなインダストリアルな方法にのみ依拠するデザイナーとは一線を画する、と評価している。丹下に拠れば、ペリアンはインダストリアルなものとともに、手工の遺産へ選択の目を向けており、それが最も発揮されているのが「解体収納棚」（目隠し家具[註2]）であった（cat.no.246）。この棚はフランス製のアルミニウムの隔板と日本の手工で作られた檜の棚板からなり、「機械と手工のふしぎな、また、すばらしい結合が成就している」という。更に食堂用小椅子は成形合板によるスタッキング可能な日本製の椅子であったが（cat.no.292）、巧みなカットを要するインダストリアルなものであると同時に、「その表現において、玉串の紙型にもにて、日本の古代を思わせる」と指摘した。こうした成果の背景として、丹下はペリアンがコルビュジエのモデュロールに沿って部屋と家具のプロポーションを決定していることを挙げ、日本でも古来より木割に準じて設計がなされてきた点に触れている。

総じて、丹下はペリアンが欧州のインダストリアルなものと日本のクラフトマンによるものの巧みな結合をもたらし、日本の古代を思わせるデザインに到達したとし、「住居と装備との日本における定着と統合の将来を暗示するものとしては、すばらしい効果を発揮している」と結論付けている。

反面、この展示計画がペリアンの日本志向が色濃く反映されたため、コルビュジエの壁掛けやレジェの壁画が浮いたものになった、と論難している。丹下に拠れば、コルビュジエの絵画には「デモーニッシュな暗さ」があり、その要因としてヨーロッパの現実を直視し、大衆と対話し、戦いながら、建築と芸術が社会に定着することを目指して来たことを挙げている。その一方、レジェの絵画は美しいものの、「ヨーロッパに対する楽天的な思索の弱さ」が潜んでおり、アメリカで定着し、アメリカの近代建築の中で統合されていくだろう、と評価している。

3. 丹下にとっての時間的パースペクティブ：古代／中世／近代

この展覧会に先立ち、1947年には第五回CIAMが開催され、建築の領域において彫刻や絵画の役割をどう考えるべきかが議論されていた。丹下はこの動きについて言及し、近代建築の合理性は主として経済にかかわり合って語られてきたが、大戦後の欧州においては「人間の、経済をこえた主権を再び回復しようとする反省のなかに——不必要なものこそ、人間に欠くことのできないものである——という逆説的な命題さえ生まれてくる」と指摘する。そして丹下は近代において「経済が不必要とするものを、人間は求めている[註3]」と分析している。

ここから丹下は時代を遡り、古代のアクロポリスにおいてはアゴラを中心として諸芸術が統合され、また中世のカセドラルとそのピアッツアにおいても同様であり、更にルネサンス期のメディチ家のチャペルは建築的空間であると同時に優れた彫刻的空間であった[註4]、とする。しかし、その後に彫刻と絵画は宗教や貴族の庇護を失うと、教会や館からその壁のパネルの額縁をそのまま持ち出され、展覧会場の額縁芸術として立て籠った。一部の芸術は大衆社会に溶け込み、自動車、冷蔵庫といったインダストリアルデザインや、煙草のパッケージ・デザインに活動領域を拡散していった。それとは対極的に額縁芸術を守る人々は美術愛好家のような「浮き草のようなひ弱い地盤」に立脚するほかなくなった。この結果、分裂しがちな諸芸術を再度定着させ統合する契機を都市計画に見出そうとする。

こうした歴史観に基づいて、丹下は近代に於ける諸芸術の位相を、厳格な父＝建築、美しき母＝美術、自由な娘たち＝インダストリアルデザイン、という比喩を用いて巧みに説明している。それによれば、自由な娘たち（インダストリアルデザイン）の振る舞いは大衆の目を引き、街と生活を美しくしたが、彼女等の肉体はその流行の装いの寿命ほどに儚いものだった。機能性と本質を追求しがちな父親（建築）は娘たちにもっと健康な肉体に帰ることを期待するものの、娘曰く「私は世の男を魅惑したいのです。それには父親のようにかたくるしく考えなくても、形と色を問題にしていればいいのです[註5]」と突っぱねる。一方の母親（美術）は自らが創ってきた美しいものを、娘たちが余りにも無造作に着て街に氾濫しているのが悲しくて愚痴をこぼす、という。

4. 丹下にとっての地理的パースペクティブ：欧州／北米／南米

丹下にとって芸術はいつの時代も建築のなかで統合されて来たのであり、絵画、彫刻、日常の器具は建築という社会的な存在のなかに、各々その所を得てきた。更に近代芸術は抽象性や機能性といった言葉を発見し、芸術的価値があるが如く混同されて来たが、1950年代半ばに入って「ようやく世界のそれぞれの国において、その社会や経済、風土や生活感情のうえに、近代芸術は定着しはじめ、社会的リアリティを獲得しつつある」[註6]とする。

一方で、当時のアメリカの美術批評家アイリン・サーリネンは絵画や彫刻は近代建築にとってデコレーションに過ぎず、「壁や空間のテクスチュアーとして、またニュアンスとして」扱われることが望ましいのであって、「リヴェラやタマヨの壁画は、建築との関係においては全く誤ったものなのである」[註7]とさえ指摘したが、これに丹下は激しく反応している。丹下にとってヨーロッパ由来の抽象性と機能性の視覚言語は「アメリカの伝統のない非歴史的な社会と、インダストリアルな世界」のなかで発展の素地を見出しているとし、以下のようにサーリネン女史に反駁する。

「たとえばアメリカの建築美術批評家なんか、メキシコのような絵画は近代建築が取り入れるべき絵画じゃない、というようなことを言っているわけですけれど、その定着のされ方の違うよその国から見ると、アメリカの機能主義がそのまま建ったような建築を認めるにしても、その中に入って来る絵は完全に建築に隷属していた壁の一つのテクスチュアに過ぎないような、その結合のしかたには、多少軽蔑をもって見ている」[註8]

丹下にとってアメリカに於ける絵画と建築の結合はあまりに楽天的であり、歴史を欠いた地域特有の現象として軽蔑していた。これと対照的に、ヨーロッパでは進歩と伝統が絡まり合い、歴史に憑かれたデモーニッシュなものがあると評価し、インダストリアルなものと手工的なものの結合を試みるペリアンとコルビュジエの協同作業にその模範を見出す。更に丹下は南米の近代建築を高く評価し、以下のように論じている。

「メキシコでは、歴史の変革の意志が、インカ帝国にたいする郷愁とあやしく混合して、民族の希望を象徴している。このような民族の力が、諸芸術を統合するモメントになっているところでは、建築と絵画と彫刻は、それぞれが自己を主張しながら、デモーニッシュな統一をなしとげている。ここでは、機能性と抽象性の視覚言語は自由に駆使されてはいるが、けっして、なまのまま現れてはこない。メキシコにおける芸術のこのような定着と統合の仕方は、特異な問題をもったものとして、注目されてよい」[註9]

こうした丹下の近代建築理解は具体的な行動にも現れ、サンパウロビエンナーレにおける審査でも遺憾なく反映されている。1957年9月、丹下はグロピウスの推挙でフィリップ・ジョンソン、マルセル・ブロイヤーと共にサンパウロビエンナーレの審査員を務めたが、二人の反対を押し切って丹下が推したのはベネズエラのカラカス大学都市（2000年に世界遺産に指定）であった。この建築は建築家カルロス・ラウール・ビラヌェバと彫刻家アレクサンダー・カルダーらによる協同作品であった。ブロイヤーらは彫刻と絵画を外して建築だけ見ればつまらないと反対し、丹下自身もこの作品が最高水準の建築ではないことを認めたものの、「それらが総合されたときに、建築だけでも出せない、また彫刻そのものにも期待できない別の統一された表現と効果が生まれているということが大事なこと」[註10]であるとして、特別賞を与えることで決着した。

5. 丹下とデザイナーによる協同作業：ペリアン、剣持勇、渡辺力

1950年代半ば、丹下は欧州発の近代建築が北米、南米に如何に受容されたかを広い視野から捉えたが、翻って日本の状況を「芸術諸部門の跛行と分裂」[註11]と評し、危機感を募らせていた。例えば1956年9月、丹下はイタリアの建築家ジオ・ポンティの娘リティツィアからの手紙で、日本のミラノトリエンナーレ1957への参加申し込みが遅れている、と指摘されている[註12]。丹下はその返信の中で、参加申し込みが遅れていることを謝罪し、その理由を二点――国際デザインコミッティー、国際文化振興会、外務省の連携不足と予算不足、JIDAほか複数あるデザイン団体のどのグループが日本の代表となるかまとまっていないこと――を挙げている[註13]。同様の醜態は1960年東京で開催された世界デザイン会議でも露呈し、日本のデザイナーの意思疎通不足を世間に知らしめることとなった。

こうした「芸術諸部門の跛行と分裂」ぶりを嘆き、丹下は自らの設計の中で建築・絵画・彫刻・日常品の統合を実現すべく幾つもの試みを行っているが、ここでは特にペリアンとの関係が深い作品を列挙してみたい。

(1) 旧東京都庁舎（竣工：1958年）

旧東京都庁舎ではペリアン、岡本太郎との協同作業を行っている。都知事室には「三人展」に出品されたペリアンの「目隠し家具」が据え置かれ（cat.no.300）、1階ピロティ部分には岡本太郎の壁画が設置された。丹下は都庁における芸術の総合について以下のように触れている。

「この芸術の総合のことについては、別の機会にあらためてふれたいと考えておりますが、そこでいちばん大事なことはそれぞれのジャンルがその主体性を失うことなく、妥協することなく協同することだと思います。それはある意味では対立を含んだ統一でしょう。そこから加算ではなく、積分された総合——インテグレーション——が生まれくるのではないかと思います[註14]」

丹下が指摘した「対立を含んだ統一」とは丹下と岡本という異質な芸術家の協同であり、丹下とペリアンという異なる文化的背景を持つ芸術家の協同を意味した。更に全体構成についても都庁舎のコンクリートとスチールによる水平垂直の構成に対して、「小舗石のかたまり[註15]」を屋外に据えることで、敷地内での造形的対比と統一を実現している。こうした都庁における試みを近代和風住宅の祖である吉田五十八は梅原龍三郎との座談の中で高く評価している（fig.1）。

「吉田：たとえば東京都庁ね、あの岡本太郎君の絵はあった方がいい。あれがなかったら、あの家は非常につまらないもんだよ。あれはあの絵で建築が非常に生きている。そういう意味じゃ、あの岡本太郎の絵は傑作だと思う[註16]」

丹下がカラカス大学の設計意図を読み解き賞賛したのと同様に、吉田は丹下の設計意図を読み解き、今後の日本に於ける諸芸術の統合の成功例とみなした。

（2）香川県庁舎（竣工：1958年）
香川県庁舎に於いて丹下は猪熊弦一郎、剣持勇との協同作業を行っている。猪熊は丹下宛の書簡の中で、1階ピロティの壁画を依頼されたことへの謝意を綴っている。更に丹下が剣持を家具デザイナーとして登用したことに触れ、「剣持君がファニチュアーを受けもられた事は本当にうれしいです。新しいビルに新しいファニチュアーは本当に日本の場合にはめづらしいですね[註17]」と評価している。剣持が香川県庁舎に納品した家具の実施図面[註18]を精査すると、議長室と議長応接室の間仕切りとして据えられた戸棚（W2700, H2064, D450）にペリアンからの影響を見て取れる（fig.2）。ペリアンの家具に比して、この戸棚は水平材を勝たせながら垂直材を挟み、積んでいく点で近しいが、アルミを用いず、ガラスや蛍光灯を仕込むことで独自色を出している点が読み取れる。更にこの家具は丹下研究室が香川県庁舎で用いたモデュロール（300, 600, 900, …）に準じて設計されている。

また一階ピロティの受付や議会棟に設置された家具は丹下研究室の神谷宏治によって設計されたが、これはペリアンの棚に強くインスパイアされたデザインであった（fig.3）。神谷による棚は四角い横長の木枠を単位として隙間を空けながら積み上げ、垂直材を通してゆくものので、ペリアンの棚のような水平材は存在しない。神谷はこれと同時に長椅子、そして屋外庭園を設計し、猪熊の陶板とあいまって、諸芸術の統合を公共空間において見事に実現させている（fig.4）。こうした試みは欧州、北米、南米における近代建築の発展過程を冷静に捉えながら、日本の近代建築が都市計画スケールで諸芸術を統合すべきだ、という丹下の建築哲学に裏打ちされていると考えられよう。

（3）草月会館（竣工：1958年）
草月会館は勅使河原蒼風が建物を丹下研究室に発注し、庭を蒼風自ら設計した案件で、その中にはペリアンのデザインした絨毯とテーブルに丹下デザインの椅子が組み合わされている（fig.5）。丹下研究室でこの椅子を担当したのは斎藤英彦で、墨記念館で最初に用いられたが、その後、草月会館、倉敷市庁舎、今治市庁舎などにも納品されている。この椅子は一枚の成形合板を三次元的に曲げ加工して作られており、天童木工の高い技術なくして実現出来なかったと考えられる（fig.6）。しかも当時のモダンデザインとは一線を画したものであることは一目で分かり、まるで頭のない土偶に抱かれているかのような安定感のある椅子である。天童木工の社内でこの椅子は「ダッコチャン」と呼ばれており、その愛称に相応しい包容力のある、日本的な造型であった。これまでの文脈に沿って「ダッコチャン」を考えると、丹下がペリアンの家具に見出したインダストリアルと手工の統合を自らの家具デザインにおいて試行錯誤の中で実践したと言える。

丹下は自ら草月会館の設計について、「弥生的なもの」以上に「縄文的なもの」に傾いていると説明している。前者は「空間の線的な秩序や均衡に向うエスセテックな体系」であり、その典型が旧都庁舎であったが、後者は「文化とか芸術とか言うには余りにも素朴で、むしろ日々の労働と生活そのもののすがたのなかに現れているような質量的な生命的なもの[註19]」であった（fig.7）。この視点から室内に据えられた「ダッコチャン」を捉え返せば、洗練や軽快さとは真逆の重厚な縄文の土偶を意図的に選択し、更にはカラカス大学に於ける近代建築とインカ文明の相克に思いを馳せていたと考えられよう。

（4）電通大阪支社（竣工：1960年）
香川県庁舎竣工の翌年、丹下は電通大阪支社において渡辺力に家具デザインを依頼している。渡辺は当時渡米中の丹下に宛てて、以下の様な書面を送っている。

「一番本質的な問題は、例えば草月会館の家具のように、建築のvolumeに対抗できるだけのvolumeを家具にも求める、というのが丹下さんの持論でしょうか。

都長室のPerriandのタナのvolumeは（もっとも質が良いし）、

よくマッチしていることはうなずけますが、Perriandのvolumeの亜流は作りたくないし、またvolumeという点になると、あまり自信が持てないので困っています[註20]」

この一文を持ってしても、1950年代末の丹下とその周辺のデザイナーが如何にペリアンを意識し、ペリアンを乗り越えようと苦心惨憺したかが伺われる。この努力から得られたと思しき役員室のテーブルは竣工写真[註21]を見る限り、リシツキーのプロウンの如く天板が浮かぶデザインで、モダニズムの原点に帰った感がある。

(5) 熱海ガーデンホテル（竣工：1962年）
渡辺の指摘する「建築のvolumeに対抗できるだけのvolumeを家具にも求める」という文言に注目すれば、丹下と剣持が協同した熱海ガーデンホテルと柏戸椅子が想起される。杉材の寄木を刳り貫いた柏戸椅子は熱海ガーデンホテルのために作られた椅子で、コンクリートの質量感溢れるガーデンホテルのvolumeに対向し得るデザインであった[註22]（fig.8）。磯崎新の言葉を借りれば「量塊そのもののような、ずんぐりした、変に手が加わっていないこの椅子は、圧倒的な実在感をもって迫ってくる[註23]」。

当時、剣持がどれほどペリアンを意識していたかはもはや知る由もない。しかし渡辺の記した近代建築に対向し得るvolumeを持った家具への最適解として柏戸椅子を位置づけることは充分に可能である。そこでは戦前戦後の日本がヨーロッパから学んだ曲木や成形合板といったインダストリアルな技術を総てなげうった挙げ句に、ひたすら刳り貫くことに専念したことで全く新しい家具が生まれた、と考えられよう。

6. おわりに

丹下健三とペリアンの関係を軸に、丹下の諸芸術にまつわる歴史観や具体的な設計での取組み、そして家具デザイナーとの協同を概観してきた。その中で繰り返し登場したのは、都市計画スケールの中で諸芸術を統合するのことの意味付けであり、実践であった。

丹下は1958年6月にGrand Prix International de L'Architecture et L'Artを受賞し、パリのセーヌ川の船上パーティが開催された（fig.9）。この船上パーティにはペリアンも参加していたが、丹下は以下のようなスピーチをしている。

「私たち日本の建築家は皆様の国フランスから現代建築について実に多くのことを学んで参りました。とくにLe Corbusier氏が日本の建築界に与えて下さったものは非常に大きいものでございます。

私たちは皆様の国から学び取ったものを土台に日本の現実を反映し、日本の伝統を正しく受け継ぐようなもの、日本の現代建築を作りたいと、もっと努力をいたしております。

どこの国でもそうでしょうが、このような創造の仕事に対しましては、"昔は良かった"と考えるような人たち、それはAcademismとBurocracyの一部によく見うけられるのでございますが、そういう勢力から反対と抵抗を受けるものでございます。日本の現代建築の場合もその例外ではございません。こういう時に国際賞を頂いたことは私一個の名誉であるばかりでなく、志を同じくする日本の建築家に勇気の力を与えて下さるものでございます。

この御期待に日本の建築家たちがお答え出来るかどうか、いささか忸怩たるものがございますが、最大限の努力は重ねて参りたいと覚悟致している次第でございます[註24]」

フランスに於けるコルビュジエとペリアンの協同作業は丹下と日本のアーティストとの協同作業の手本となった。しかし丹下らはそれを模倣するに止まらず、欧州とは異なる歴史・風土を進んで担い、自国の近代デザインと呼びうるまで公共空間を昇華させようと心がけた。言い換えれば、丹下らは単なる骨董屋的な懐古趣味に堕することなく、「民族の希望を象徴」出来るレベルまでインダストリアルと手工の統合を突き詰め、七転八倒したと言えよう。

（国立小山工業高等専門学校准教授）

［註］
1 丹下健三「芸術の定着と統合について――三人展を機会に――」『美術手帖』1955年5月、pp. 51-60
2 『シャルロット・ペリアン自伝』北村美和子訳、みすず書房、2009年、p. 274
3 丹下健三「建築　絵画　彫刻のレ・ユニオン」『アトリヱ』1952年7月、pp. 54-55
4 丹下は「ミケランジェロ頌」（『現代建築』1940年7月、pp. 36-47）においてパエストゥムの神殿とメディチ家礼拝堂の彫刻の写真を併置し、芸術に於ける創造性の根源をミケランジェロとル・コルビュジエに見出しており、丹下にとって古代・ルネサンス・近代こそ最も重要な歴史区分であった、と考えられる。
5 丹下健三「インダストリアルデザインと建築」『別冊みづゑ』1953年5月、pp. 84-85
6 丹下健三「近代建築の問題」『藝術新潮』1955年5月、pp. 71-73
7 丹下健三「近代建築の問題」『藝術新潮』1955年5月、pp. 71-73
8 丹下健三、岡本太郎、柳宗理座談会「モダンアートの展開　芸術の綜合」『藝術新潮』1955年5月、p. 51
9 丹下健三「近代建築の問題」『藝術新潮』1955年5月、p. 73
10 丹下健三「サンパウロビエンナーレ展の焦点」『藝術新潮』1957年12月、p. 63
11 丹下健三「近代建築の問題」『藝術新潮』1955年5月、p. 73
12 リティツィア・ポンティによる丹下健三宛英文書簡　日付：19560912、

内田道子アーカイブ所蔵。
13 丹下健三によるジオ・ポンティ宛英文書簡　日付：19560930、内田道子アーカイブ所蔵。
14 丹下健三「都庁舎への疑問に答える」『藝術新潮』1957年6月、p. 248
15 丹下健三「草月会館の設計」『藝術新潮』1958年10月、p. 210
16 吉田五十八、梅原龍三郎座談会「芸術家のすまい」『藝術新潮』1960年1月、p. 175
17 猪熊弦一郎による丹下健三宛書簡　日付：19570729、内田道子アーカイブ所蔵。
18 仕様書には「戸棚KS-1 1組　垂直貫通脚材は軟材ランバーコアにナラ柾ねりつけ。水平レイル材ランバーコアにナラねりつけ。木口たてねり。水平、垂直緊結はコーチスクリューによる現場組み立て。ボルトフラット（マイナスネジ）、扉 ミガキガラス5mm厚、蛍光灯10W8本、20W12本」と記されている。KDA剣持デザイン研究所『香川県庁舎新館家具工事設計図』1958年3月14日、茂木計一郎氏所蔵。
19 丹下健三「草月会館の設計」『藝術新潮』1958年10月、pp. 209-211
20 渡辺力による丹下健三宛書簡　日付19591126、内田道子アーカイブ所蔵。
21「電通大阪支社」『新建築』1960年、p. 69
22「熱海ガーデンホテル」『新建築』1962年3月、p. 90
23 磯崎新「剣持勇：近代デザインの終焉」『建築の地層』彰国社、1979年、p. 136
24 丹下健三「Grand Prix International de L'Architecture et L'Artのスピーチ原稿」1958年6月、内田道子アーカイブ所蔵。

fig.1　都庁外観写真　撮影：丹下健三　提供：内田道子

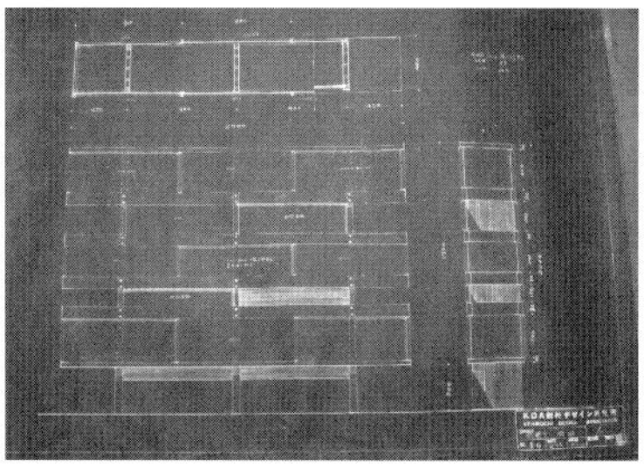
fig.2　香川県庁舎家具実施図面　提供：茂木計一郎

fig.3　香川県庁舎議会棟家具　撮影：長門佐季

fig.4　香川県庁舎ピロティ　撮影：森仁史

fig.5　草月会館　提供：長島正充

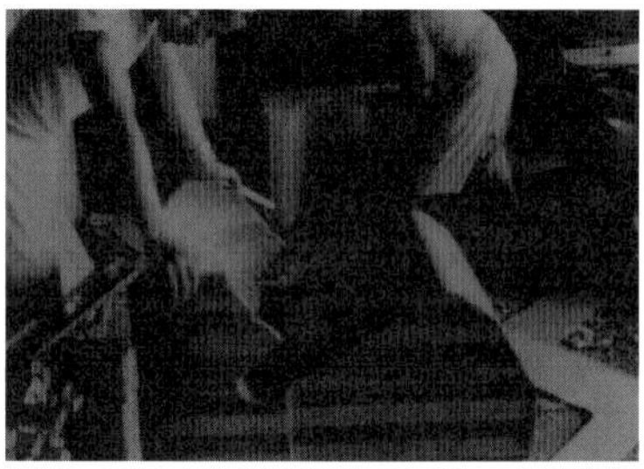
fig.6　天童木工におけるダッコチャン（現称イージーチェア）製作風景　提供：天童木工

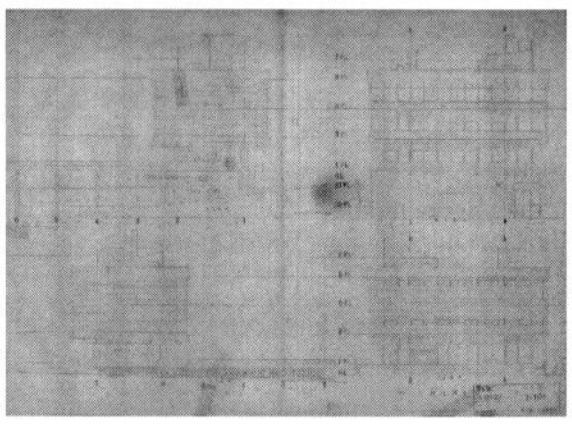
fig.7　草月会館竣工図立面図
提供：長島正充

fig.8　柏戸椅子　提供：天童木工

fig.9　船上受賞パーティ
1959年6月17日
提供：内田道子

出会いと共鳴

アンヌ・ゴッソ、ジャック・バルサック

1. フランスから戦前の日本へ：《出会い》

シャルロット・ペリアンにとって、戦前に日本を発見したことは重要な出来事だった。その語の深い意味において、出会いといってもよい。ペリアンのモダニズム思想を強固にし、作品を豊かにした出会いである。

1940年8月に来日したシャルロット・ペリアンは、前近代的な「伝統」建築を発見しても[註1]、まったく古めかしさを感じなかった。この前衛作家にとって、それはむしろ馴染み深い、魅力あふれるもので、「新しい時代」を代表していた。伝統建築はモダニズム建築に対立するように見えるが、実のところ、伝統建築のどの特徴をとっても、モダニズム建築を支える構成原理の一つに呼応している。何よりもまず、日本の伝統的住居では骨組みの諸要素が標準化されているということが挙げられよう。計算されたモジュールにもとづき、建築物のあらゆるレベルで、住宅設備のごく細部にいたるまで、規格化が施されている。標準化は全国的に規定され容認されているため、建築物のあらゆる要素のデザインが「既製品」の性格を帯びている。畳や障子、柱といった住宅の物や設備はすべて「組立式」で、小売店で入手できる。専門の職人に頼めば、いつでもどこでも設置や交換が可能である。さらに人体の寸法にもとづいてモジュールが構想されているため、建築物全体には、人間の大きさに見合った、統一感と調和のあるプロポーションがもたらされる。日本の伝統住居は人間工学的に充実しているのみならず、感覚的な快適さも備えている[註2]。標準化のほかにも、日本の伝統建築の多くの構成原理は、ル・コルビュジエが夢みて、1914年と1915年以降「ドミノ」や「規格化された大量生産住宅シトロアン」のプロジェクトで打ち出した建築と驚くほど呼応している。たとえば、自由な平面、自由な立面、中身のない開かれた室内空間、内と外の空間の相互浸透、自然に開放された建物、横長のスライド式の窓、装飾の欠如、室内設備の骨組みへの同化などが挙げられる。シャルロット・ペリアンは次のように書いている。「私たち前衛作家の夢みるもろもろの原則が、風習化されて国家的規模で実現されているということに、私はただ感嘆することしかできなかった[註3]」。機能的合理主義が500年以上前から一つの国家のすみずみに浸透しているという事実は、機能的合理主義を求めてたえず闘いつづけるモダニストたちには明るい未来への希望となった。フランスでは1920年代以降、シャルロット・ペリアンと一握りの前衛作家たちが、過去の遺産にがっしりしがみつく保守主義と死闘をくり広げていた。1940年の日本で、骨組みの物理的かつ美的な質を肌で感じとったペリアンは、機能的合理主義を支える技術的・理論的原則の正しさをいっそう強く信じ、新たな活力と着想を得て、より体系的にこの道を探究していく。

シャルロット・ペリアンは1929年から1930年にかけてすでに、先に言及したモダニズムの原則に応じて、なかでも、一つの部屋が昼と夜の用途に応じて複数の機能をもつという原則にしたがい、「最小限住居」プロジェクトを打ち立てている。それは、必要に応じて、スライド式の間仕切りによって空間を調節することで、生活の質を落とさずに建物の表面積を減らせる住居である[註4]。この「最小限住居」構想は――都市人口の急増にともない建築費や地価が急騰し、居住可能面積が減少した時代において、前衛作家たちの主要な課題であったが――日本建築の原則によく似た原則に支えられている。集合住宅に適用されたこの構想は、家族構成に応じて数を増やせる基本のモジュールが基礎にある。それぞれの居室／空間は、核となるキッチン／浴室／居間の周りに配置され、スライド式の間仕切りで連結される。さらには、住宅のどの居室／空間にも、床から天井まで壁面収納が設けられている。あるいはカジエ（整理棚）によって空間がさらに仕切られるが、空間を最大限に開放しておくために、棚の高さは床から天井までの半分ほどに留められている。1929年のサロン・ドートンヌで展示されたカジエ（整理棚）は規格化され、積み重ねや並列が可能で、それ自体がモジュールでできている。1910年代の半ばからル・コルビュジエは多くの著作で、モジュールや規格化、大量生産と切り離せない「住居のインテリア設備」の問題に言及していた。

こうしてシャルロット・ペリアンは、古き日本の建築や住まいの芸術との「出会い」にむけて心構えができていた。1920年代末からは、伝統がペリアンの着想源と研究の指標になった。伝統を重視するこの思考法は時流にのって、1930年代には、産業社会で国際的に普及した文化的潮流にまでなった。しかし伝統を墨守する多くの芸術家や知識人とは反対に、シャルロット・ペリアンは現代性（モデルニテ）をたえず擁護しつづける。真の現代性とは、伝統と対立するどころか、伝統の歴史的連続性のなかに位置している。「アカデミズムやモダニズムはなく、様式もない。絶え間ない進化のなかで、各時代に生み出されて各世紀に順応したフォルムの構想がある」とペリアンは書いている[註5]。真の現代性（モデルニテ）とは、古いものと新しいものの総合である。（現在において価値のある古い要素の）**選択**と、（過去のフォルムの改良や、現在の新しい必要に応える道具やアイデアの発明を目指す）**創造**の弁証法の結果、現代性は生まれるのだ。こうしてペリアンは、日本の住宅の構成原理のなかに、次の二つを見てとった。一つは機能主義や合理主義が極度に進められていても、空想や個々の変化のために余地が残されているということであり、もう一つは「国際建築」様式に対して実り多く刺激的なアンチテーゼが存在するということである――「国際様式」は1930年代から、土地や文化に関係なく、一つの画一的な型を世界中に押しつけ、現代の住居を拘束していた。ペリアンの見るところ、機能主義的モダニズムから形式面で逸脱したからといって、「現代の計画」が破綻するわけではないということが、「日本の事例」によって証明される。「日本の事例」の有効性が立証されているということで、シャルロット・ペリアンは自身の確信を強めた。すでに1935年の時点で、ペリアンは世界の伝統住宅についてこう記していた。「思い違いのないようにしよう（民俗学に陥らないようにしよう）、そうではなく、先祖代々の住まいの構想に真実があったということを感じとってみよう（中略）。こうした伝統的な住まいのなかに、万人を魅了する真の力を探してみれば、私たちはもう形式主義者にも構成主義者にもなることはない。曲線または直線、石またはセメント、青または赤、木または金属、そのどちらかを肯定することもなくなり、それぞれの要素は、技術的かつ生理学的にみて有効な場所と機会に用いられるであろう。探究が人間のもとに戻ってくる[註6]」。1940年11月、シャルロット・ペリアンは工芸指導所の若い技術者たちに、はっきり述べている。「真の伝統と創造とのあいだに断絶はありません。それが日本で理解されるよう願いましょう。そして、私たちの知識と現代の技術を融合するだけで、必要性と調和を保ちながらも、みずからの考え方や生き方、感じ方を自由に築くことができる、ということも理解されるよう願っています[註7]」

1940年代の日本で、シャルロット・ペリアンが民芸や東北の農民のつくる物に興味を示したのは、ただ単に人類博物館から民俗誌コレクション用の資料を集める任務を引き受けていたからだけではない[註8]。ペリアンは1920年代末から、工業製品にせよ手工業品にせよ、「庶民的な」つまり「匿名の」物に愛着をもっているが、それは形や、すぐれた簡素さ、飾り気のない機能性を好んでいたからだ。カタルーニャの建築家ホセ・ルイ・セルトは、セーヴル街のアトリエでシャルロット・ペリアンや坂倉準三とともに過ごした仲間の一人として、次のように証言している。「シャルロットは毎日、[ル・コルビュジエとピエール・ジャンヌレの］アトリエに、新しい発見を携えてやって来た。写真でも物でも、ペリアンはいつもそれを『素敵なもの』と呼んでいた。たとえば、木と藁で単純に組み立てられた、見事なプロポーションをもつ質素な椅子、そして農家の室内写真があった。農家の写真には、とても清潔で半分空っぽの部屋や壁につくりつけの棚、木と藁でできた腰掛け、厚い板の木製テーブルが写っており、色々な材料の「欠陥」がよく目につく。また、壁には大衆的な彩色画が幾つか掛けてあった。（中略）シャルロットは庶民の建築や農家の設備を愛している。それは彼女が庶民を愛し、理解しているからだ。シャルロットは山に遠足に行っては農家に滞在して、庶民的な物に囲まれて生活した。そうした物をよく理解していたから、彼女は農家の家具の持ち味と現代工業の所産とを、自分のデザインのなかで結びつけることができたのだ。その結果、シャルロットの家具は調和と安らぎを宿し恒久性を持った、新しい独特の質を手に入れる。シャルロットの作品は、時代を超越したフォルムが、感覚的かつ知的に、今日の必要に適っていたことで永続する質を獲得している[註9]」

シャルロット・ペリアンは天然の素材を愛している。自然な肌理を引き立たせることも好み、何ものも、欠陥でさえも隠そうとしない。こうした簡素さや自然への好みをみれば、ペリアンには「侘び・数寄」を高く評価する素地があったと言えよう。実際のところペリアンは、当時ヨーロッパを席巻していたモダニズム美学よりも、侘び・数寄に近しくみえることがある。来日前の1937年にも、天然木の幹から切り出した家具をつくっている。この方法は、髙島屋での1941年展にむけてつくられた、幹の「一枚板」からなるテーブルでくり返し用いられている。1938年以降、ペリアンはよく、頑丈な木でできた奥行き浅めの大きな板を、部屋の窓下の壁にとりつけて書き物机にしている。この装置は部屋の空間を実用的に合理化するとともに、空間を視覚的に広く見せることを目的としている。経験的にいえば、この装置は書院造の出文机（だしふづくえ）の仕組みを連想させるが、それに由来するわけでは決してない。数寄心や書院造の規範と、ヨーロッパの室内建築の現代化をめぐるペリアンの理論的考察、両者の出会いをほかにも数多くの例が物語っているかもしれない。しかし、それでもなお次のことを忘れてはならない。ペリアンのパレットに載せられる素材は、金属からガラス、木から藁、革から手編み縄に至るまで多岐にわたり[註10]、当時のきわめて革新的な工業材料をかなり広く含んでいるのだ。

日本で新しい素材を発見したことにより、ペリアンのパレットはさらに幅を広げた。シャルロット・ペリアンは仕事を始めた頃から、作品をそれぞれ独特なものに仕上げるために、既存の物を選択して制作してきた。ピュイフォルカやジャン・リュースなど大手メーカーの実用品を選び、それに匿名の物を加えて仕上げている。たとえば、豚肉屋の琺瑯引きのテリーヌ型や実験室の試験管は、本来の用途から外れて花瓶として用いられ、建材のガラスレンガは灰皿に変えられている。救世軍避難施設（1932年）や大学都市のスイス学生会館[註11]（1933年）の建設現場でも、時としてペリアンは、自分のスチールパイプの家具よりも安価な、匿名のテーブルや椅子をためらわずに選択した。既存の物を選択して転用すること、それはペリアンの創作方法と実用主義に欠かせない要素である。ペリアンはそれを1941年の日本の髙島屋での展覧会で見事に実演してみせた。

以上のことを総合してみると、日本の伝統工芸の近代化を図って顧問を任命するに当たって、坂倉準三が政府にシャルロット・ペリアンの名を挙げた理由が分かるようである。1938年に他界したブルーノ・タウトに続き、シャルロット・ペリアンという人は、建築や室内設備、家具（そして都市計画）の専門家であると同時に、創造、選択、伝統という一見相反する三つの局面を連動させることのできる稀有な現代作家の一人であった。

いずれにせよ、1940年に来日したとき、シャルロット・ペリアンにとって日本はまったく未知の土地というわけではなかった。たとえ、当時フランス人女性が日本へ行くことが、後にペリアンが記しているとおり、「月（へ行くこと）」のようなものであったとしても。

2. 戦前の日本との出会い：「共鳴」

フランスに帰国後、1946年以降、シャルロット・ペリアンは日本文化の熱心な伝道者になる。専門雑誌での出版活動やフランスのラジオ放送出演がそのことを示している。ペリアンはとりわけ住宅建築にこだわり、それを武器に、フランスでは不滅の伝統主義に抵抗する。フランス国民は王を殺害したにもかかわらず、依然として王家の家具に魅了されていた。根強い保守主義者たるフランス国民は、栄誉ある過去の名において現代的な家具を拒絶する。権力者や国家再建の立役者についていえば、彼らは建物の工業化を嫌い、平面立面の任意な面取り、横長の窓、建物に組みこまれた室内設備、人間の大きさに見合った規格化をなかなか採用しようとしない。無数のフランス人が住まいを持たずに路上で生活する時代にあって、より良質の住宅をより迅速に、かつ最小のコストで建設することを可能にする原則が敬遠されていたのである。フランス人を自分たちの過去から「もうひとつ別の」過去へ、現代性に近い過去へ目を向けさせるために、日本の例は格好の説得材料になった。

それと並行して、シャルロット・ペリアンが日本で経験したことの反響は、1949年以降にパリ装飾美術館で企画された「フォルム・ユティール、今日の家庭製品」展で、最初に感じられた。展示構成を担当したペリアンは、枯山水の庭園に触発されて紋のある白砂を敷き、中央に飛行機のプロペラ（マルセル・デュシャン『自転車の車輪』の参照）を、端にカルダーのモビールを置いた。そして船を係留するためのロープでとり囲まれた砂の周りに、ジョアン・ミロとフェルナン・レジェの絵画を並べている。同様に1941年の日本での展覧会のディスプレイから着想を得て、ペリアンは日本家屋の骨組みをまねた木製の構造をつくり、そこに自分の家具を展示した。空間を仕切るために、御簾を思わせる大きなブラインドを配置している。砂浜や砂利浜の原則は、1985年[註12]と1999年[註13]に開催される二つの展覧会のディスプレイで再び用いられている。

シャルロット・ペリアンは1952年にナンシーにあるアトリエ・ジャン・プルーヴェに協力する契約を結ぶ。この契約により、ペリアンはジャン・プルーヴェの創設したアトリエで、三つの責任を負うことになる。(1) ジャン・プルーヴェが考案した家具の外観に美的改良を施す。(2) 大量生産向けの新しい家具をデザインする。(3)「家具」部門の制作を指揮する。シャルロット・ペリアンは次のように書いている。「1952年から1953年までの2年間は、とても精力的な時期で、組み立て部材規格化の序章にあたる。私が『新しいカンカイユリー』と呼んだこの組み立て部材のおかげで、モジュール化された部材から出発してあらゆる種類のプロジェクトにとりかかれるようになる。日本で学んだことが役立っていたし、アトリエ・ジャン・プルーヴェがこの創作の原動力になっていった[註14]」

こうした方針のもと進められたプロジェクトのなかでシャルロット・ペリアンは、ユニット式の、「規格化された」大量生産に適したさまざまな家具を開発する。この組み立て式の家具は、家具を規格化された互換性のあるパーツの形にして大規模流通で販売することを目指して考案された。ペリアンはこれらのパーツを「新しいカンカイユリー」と名づけている。たとえばドアや棚板、さまざまな大きさの高いテーブルや低いテーブル、プラスチック製の引き出し、心棒、形鋼（かたこう）の縦材などがある。こうしたパーツを組み立てることで、住宅設備の要求をすべて満たす家具の定型が生まれ、無数の組合せとバリエーションを経て、書棚や収納、食器棚、衣装棚、テーブルなどをつくることができる。アトリエ・ジャン・プルーヴェの工場では、部材を金属で生産しなければならない。この計画を通してシャルロット・ペリアンは、さまざまな実用的家具が、既製の状態で、通常の流通経路で入手できるようになることを願っていた。畳や障子、梁などに見られる、日本家屋の構成要素の規格化や「既製品」の性質が、計画を着想する助けになった。これはフランスでは革新的な計画で、現代的で安価な家具を製造する急務に応えていたため、当時の戦後復興の時代には相当の需要があった。計画が初めて実演されるのは、1955年の東京で「芸術の綜合への提案——ル・コルビュジエ、レジェ、ペリアン三人展」というテーマでペリアンが展覧会を企画したときである。

1955年の展覧会の際にはまた、東京の赤坂界隈にあった、ペリアンの夫の社宅用につくられた新しいモデルも紹介された。この新モデルをペリアンは「共鳴」と名づけた。彼女は後にこう記している。「共鳴」のモデルは、「伝統的な日本のフォルムに受けた衝撃から誕生した。人を招いて食事をするとき、日本の風習では一人ひとり別々に、脚のついた黒い漆器の小さな盆を使い、使用後は重ねて収納する。私はこのテーマを西洋風に扱い、アルマイト処理のアルミ板で個人用のテーブルをつくった。このスタッキング可能な黒いテーブルは、マクセヴィルのアトリエ・ジャン・プルーヴェが製造してくれたものだ。文楽の劇場では黒い影が人形を操っているのが見えるが、黒を身にまとう人形遣いは、存在しないもの、抽象的なものとみなされている。そこで、スタッキング可能な、黒の成型合板の椅子をつくり、非常に長いテーブルのまわりに「影」のように並べてみた。京都では17世紀の桂離宮で、雲の形の棚板が壁に取りつけられているのに気づいた。ここから、アルミ・ブロックのフォルム「ニュアージュ（雲）」が生まれた。自由なフォルムは空間にリズムを与え、棚にのせるオブジェを引き立てる。この後、他にも「共鳴」のモデルが生まれた[註15]。

たとえば1957年に、サハラ砂漠で働く技術者のために考案された家のキッチンがある。キッチンのバーカウンターは寿司屋のカウンターから想を得たという。さらには、ペリアン自身の別荘、メリベルのサヴォワ風の山小屋（1960年）がある。2階では、床が茣蓙で覆われている。また日本の障子の原則にのっとり、大きなガラス窓の手前にあるスライド式の木枠に白いベールを張って、外光を和らげている。この原則は、ペリアンの所有するパリのアパートにもとりいれられた。ペリアンはまた、通行人の視線から屋内を守るために町家のファサードに取りつけられた木製の格子をとりいれ、暖房器の覆いをつくった。この装置は後に、パリの在仏日本大使公邸（1968年）の1階のために再び用いられる。その15年前、1953年には、木製の格子に想を得たペリアンは、棒ネジで木を組み立てて格子をつくり、それがベンチ「東京」の構想を生んだ。

戦後フランスでは日常衛生が社会問題になっていた。フランスの住宅の大半には、シャワーも浴槽もなかった[註16]。このとき日本の風呂の原則もまた、ペリアンにインスピレーションを与える。1952年の「サロン・デ・ザール・メナジェ（生活芸術展）」で、ペリアンは浴槽とシャワーの空間が切り離された浴室を考案した。まず体を洗い、それから清潔な湯で疲れを癒すことができる浴室である。ペリアンは後に、パリの自分のアパートにこれをとりいれた。

リゾート施設「アルク1800」の建物の一つであるメゾネット型アパート（1984年）と、ペリアンが構想した最後のアパート（1996年）でもう一度、シャルロット・ペリアンは階段箪笥の原則をとりいれた。その目的は、狭苦しい居住空間を侵害することなく、収納を増やし合理化することにある。

1993年のパリ日本文化祭の一環として勅使河原宏の主導で企画された「巴里大茶会」のために、ペリアンは茶室を考案した。それはシャルロット・ペリアンが日本に捧げた最後の感動的オマージュであった。しかし次のことに注意しておく必要がある。茶室の建築構造はモンゴルの獣皮テントに触発されたものであって、屋根にテントを用いることは日本建築の文法のなかに含まれていない。この例は、シャルロット・ペリアンが世界遺産を現代の感性に融合させるときの自由を示している。

シャルロット・ペリアンが日本を愛していたこと、戦前の日本建築との出会いがペリアンの戦後作品に著しい影響力を持っていたということは、否定できない事実である。ここではその例をいくつか紹介した。しかしながら、1943年から1999年までのペリアンの制作を検討してみると、日本の影響は比較的周縁をかたちづくるものにみえる。日本でシャルロット・ペリアンにインスピレーションを与えたのは、日本家屋のフォルムそのものというよりも、むしろその建築原則であった。しかも、現代の住宅設備に関する考えを改良するのに適切な技術的解決をもたらしてくれるような建築原則だけである。ペリアンはブラジルやヨーロッパの田舎の建築とも同じように接し、戦後の作品を築いた。ペリアンは戦後作品で、何より1930年代の仕事を大きく発展・深化させている。

「日本建築は私たちに影響を与えなかったが、考え方の出会いがあった[註17]」、1956年にペリアンはそう明言している。日本はペリアンを形成したというよりもむしろ、彼女の考察の糧となり、思想を強固なものにした。日本建築の規範性はペリアンの視野を広げながら、創造性を高めた。ペリアンは日本のおかげで、「前進しながらも[註18]」、モダニストの歩みを伝統の長い連鎖の中に定着させ、その正当性を確立することができたのである。

（ジャック・バルサック：ペリアン研究美術史家）
（アンヌ・ゴッソ：ボルドー第三大学准教授、
CRCAO常任研究員［UMR8155］）

［註］

1　シャルロット・ペリアンは東京に来る以前から、伝統的な建築をふくめた日本建築についての文献的知識をもっていた。その文献は、セーヴル街のアトリエで、まずは前川國男から、つづいて坂倉準三から紹介されたものである。前川國男はル・コルビュジエとピエール・ジャンヌレのアトリエで1928年4月から1930年4月まで、坂倉準三は1931年から1936年4月までと1936年9月から1939年3月まで働いている。

2　現代建築に適用された古代ギリシャや古典主義の「神のプロポーション」を探求することが、ル・コルビュジエの目的の一つである。「実用品は人間の大きさに合ったものであり、物の間には共通する寸法が存在する」と、ル・コルビュジエとピエール・ジャンヌレは1925年に、彼らの設計したエスプリ・ヌーヴォー館について述べている。シャルロット・ペリアンと同様、ル・コルビュジエにとって、プロポーションの計算は論理的かつ厳密でなければならない。装飾を拒絶するのはもちろんであるが、機能的配慮をのぞく他の形式的配慮をすべて拒絶するとき、骨組みの美に達するためには、完璧なプロポーションを無視できない。シャルロット・ペリアンは次のように書いている。「日本家屋は完全にモジュール化されていて、床に座ったときの人間と調和する。こうしことは、高さのバランスをすべて変えてしまう——これは何よりも人間的な家だ——人目を引こうとするのではなく、人が自分自身と調和できるようにする」

3　シャルロット・ペリアン、『創造の人生』、オディール・ジャコブ出版、パリ、1998年、p. 159

4　ル・コルビュジエとピエール・ジャンヌレは同様の装置を、1927年シュトゥットガルトのヴァイセンホーフ「ジードルンク」のために構想された邸宅において実現していた。

5　シャルロット・ペリアン、「住まいの芸術」、『技術と建築』特別号、9-10号、1950年8月

6　「家庭用住宅、その経済的・社会的発展」『今日の建築』第1号、1935年。この原稿は『今日の建築』誌に掲載された、世界中の農村住宅をめぐる特別資料の導入部になっている。資料のうち1ページがすべて、坂倉準三の構想した「日本の東北における農村住宅」に割かれている。

7　シャルロット・ペリアン、「1940年11月4日の仙台での講演会」、未発表原稿、AChP.

8　人民戦線（1936年）で、シャルロット・ペリアンはジョルジュ＝アンリ・リヴィエールと友情を結ぶ。リヴィエールは当時、「民衆のルーヴル美術館」と報道された、民衆の創造性を引き立てて尊重するための民衆芸術・伝統博物館の準備に積極的に取り組んでいた。文部省文化庁の庁長を務めるジョルジュ・ウイスマン内閣は、ペリアンが近く日本に発つことを知り、人類博物館のために日本コレクションをつくってほしいと、1940年の春、ペリアンに依頼している。

9　ホセ・ルイ・セルト、『今日、芸術と建築』第7号、1956年3月、pp. 58-59

10　参照：ペリアンの家具に用いられた材料のリスト、1938年。

11　ル・コルビュジエとピエール・ジャンヌレは建築、シャルロット・ペリアンは室内設備。

12　展覧会「シャルロット・ペリアン、生きる芸術」、装飾美術館、パリ、1985年

13　展覧会「シャルロット・ペリアン、フェルナン・レジェ、共謀」、フェルナン・レジェ美術館、ビオ、1999年

14　註3に同じ、p. 257

15　註3に同じ、p. 261

16　ジャック・バルサック『シャルロット・ペリアン、住まいの芸術』ノルマ出版、パリ、2005年、p. 336

17　「日本の矛盾／日本における身ぶりの危機」、未発表のフランス語原稿、イタリア語翻訳の出版は『カザベラ・コンティヌイタ』第210号、1956年

18　シャルロット・ペリアンのコラージュ写真（アンドレ・エルマン協力）『パリの大惨事』（1936年）に記載。

柳宗悦—ペリアン—柳宗理

モダンデザインと民芸

土田眞紀

シャルロット・ペリアンがいなかったら、あるいはペリアンが1940年に来日していなかったとしたら、柳宗悦と柳宗理という一組の親子の関係は違ったものになっていたのだろうか。

「私は年頃になって父に反抗した。そして父が馬鹿にしていた純粋美術に足を踏み入れ、間もなく前衛美術に夢中になっていた。父はもうその時から私に何も言わなかった。しかし間もなく私はバウハウスを知り、コルビュジエを知り、デザインに転向した。その時から父の思想に徐々に近よりはじめたことを感じて、もう父に対する反抗心は起こらなかった。しかし私はあくまで機械ということを根底として父と一線を画していた[註1]」

柳宗理自身は、その当時のことをこう回想している。一方、ペリアンは自伝でその頃の二人について次のように書いている。

「柳宗悦が民衆の手によって作られた品々に永遠の美と真実を見ていたのに対し、私に同行していた息子の宗理は、それに同意せず、それらは過去を示しているにすぎないと感じていた。宗理は現在と未来のみに関心を寄せていたのである。彼はこれらの手仕事の品々が機械で生産されたものよりもなぜ高く評価されるのか理解できなかった。彼は純粋主義者であり、またそうであろうとした[註2]」

ニュアンスの違いはあるが、ペリアンが来日し、両者に出会った1940年には、父と息子の間に、民芸とデザイン、手仕事と機械という対立項をめぐっていまだ距離が広がっていたことが窺える。ペリアンとの関係もそれぞれで、日本輸出工藝連合会嘱託であった柳宗理はペリアンの招聘にも関与し、来日後は旅行に同行するという重要な役割を担った。宗悦の方は来日してまもなくペリアンが日本民藝館を訪れて交流が始まり、この出会いは日本でのペリアンの仕事に直接的に繋がっていった。

周知のように、後に柳宗理は日本民藝館の館長に就任した(1977年)。そればかりでなく、民芸もプロダクト・デザインも「人間生活に係わりあるものから、美が生まれて来るということで、その美の因って来るところは同じである[註3]」という確信に至り、日本民藝協会が発行する『民藝』誌上の連載「新しい工芸」(1984 ～ 86年)、「生きている工芸」(1987 ～ 88年)においてジーパンや野球ボールなど、デザイナーが関与しないアノニマス・デザインを紹介したのをはじめ、民芸とデザインを思想の上でも実践の上でも繋げることに努めた。その間には戦争をも挟んだ一定の年月が流れたが、ここに至る始まりはやはり三者が出会った1940年に見出すことができるだろう。少なくとも、民芸の発見とともに柳宗悦にとって重要な意味を帯びるようになった作り手の「無名性」は、ペリアンが民芸に示した共感と敬意を橋渡しとして、柳宗理にとっての「アノニマス・デザイン」という理念に最終的に繋がったと思われる。日常の美、生活のなかの美をめぐって洋の東西を超える足跡を残した三人の、1940年における出会いの意味について考えてみたい。

1. 1940年の柳宗悦と「地方工芸」の振興

息子柳宗理の場合とは異なり、すでに50代を迎えていた父柳宗悦にとって、ペリアンとの交流は何かを根本的に変えるものではなかったが、ペリアンの最初の日本民藝館訪問が柳宗悦にとって非常に重要な時期に行われたのは確かである。

ペリアンが1940年9月5日から覚え書きを残しているベージュ色の手帳には、9月6日に初めて日本民藝館を訪問した際の感想などが7頁にわたって記されている。民藝館の雰囲気を好ましく感じたペリアンは「日本に来て初めての芸術界との出会い」と記し、展示品に率直な共感を示す一方、翌年に予定されていた展覧会を視野に入れ、具体的なヒントを探っている様子が窺われる。

一方、柳宗悦にとってペリアンの来訪はどのような意味をもたらしたのか。数日後に京都の河井寛次郎に宛てた書簡に次のように書いている。

「帰ってから、例の新体制と吾々の将来の仕事の問題で度々協議を重ねている。去る七日に来てもらいたかったのは、その日農林、商工、文部、指導所、振興会、東北六県、東北興業等々の役人全部が集るので、重要な会議だった。……幸い吾々の仕事は何も時代に迎合する立場ではなく、時代が吾々の仕事を受け容れざるを得なくなっているので、大手を振って仕事が出来る。輸出の方も、遂に吾々の仕事の価値を、実質的に認めざるを得なくなったようだ。今度フランスから頼んだペリアンも民藝館に一番感心したようだ。先日来て四、五時間も熱心に見て行った。それでいい時期故益々吾々の仕事を振興させたい[註4]」

ここで触れられている会議は、ペリアンの来訪の翌日、9月7日に民藝館で開かれた地方工芸振興協議会である。農林省、商工省、文部省等の関係者が50名近く参集し、柳宗悦が東北地方で数年にわたって進めてきた方向の一つの到達点であるとともに、新たな出発点と位置づけられる会議であった。柳が「輸出」と名指しているのは、ペリアンを招聘した貿易局や商工省そのものを指すと思われ、会議の議題である「地方工芸の振興」はペリアンの日本での任務とも大きく関わっていた。

1920年代後半以来、「地方工芸の振興」には二つの流れがあった。一つは1928年に仙台に設置された商工省工芸指導所中心の産業政策、もう一つは民芸運動のなかの新作運動の流れである。工芸指導所は明治以来の輸出工芸振興策を引き継ぎ、それを東北振興と結びつけ、「在来の手工業」の材料と技術を基礎に生産手段の合理化を図ることを目指しており、アドヴァイザーとしてのペリアンの招聘もその一環であった。一方、民芸運動は当初から新作にも力を入れていたが、1930年代には地方に残る手仕事に注目し、特に沖縄と東北との関わりを強めていた。商工省と民芸運動とは考え方や方向において相容れない部分が大きく、積極的に接点を持たないまま進んできていた。

しかし1937年、雪国における雪害からの救済を目的に1933年に山形県新庄に設置された積雪地方農村経済調査所（略称は雪害調査所）との関わりをきっかけに、民芸運動は積極的に東北地方の広範囲の農村と関わりを持ち、現地で様々な活動を展開するようになる。その成果である日本橋三越での大規模な「東北民芸品展覧会」の約2カ月後に開かれた地方工芸振興協議会は、商工省と民芸運動が積極的な協力関係に入ったという意味では画期的であった。この席上で柳は「日本民芸協会の提案」を行った。ペリアンの日本での仕事との関わりに限定するなら、このなかで柳は、「地方の工芸を主にした一つの組織を設け」ることを提案するとともに、「地方の在来のものをその儘作るというのでは一般の需要に充てることが出来ないのであります。……どうしてもこれは材料とか、模様とか編み方というものを生かして、現代の多くの人々にも使えるような方向に導いて行く必要が非常に大切であると思われるのであります[註5]」と述べている。これに対して、ペリアンは商工省主催の輸出工芸展を視察した際に次のような感想を述べている。

「この展覧会を見まして、先ず最初に私が指摘したいと思います事柄は、アイディアが材料から離れたものであってはいけないということであります。この展覧会には材料そのものに対する愛着を示す一つのアイディアも見当たりません。本当によく身についた美しい技術から生れたと思われるような設計もありません。……斯様に技術と材料からはなれた考案であってはならないということを先ず第一に申上げたいと思います[註6]」

在来の手仕事による新作は、そのままで充分に美しい材料と技術を生かしたものでなければならないという認識において、そしてまた従来の輸出工芸品はその点で不十分であるという認識においてペリアンと柳は一致していた。

2．蓑の材料と技法の応用

それではペリアンおよび柳宗悦の民芸運動から実際にどのような新作が誕生したのだろうか。現存するものは少ないが、前者については「選擇 傳統 創造」展に出品した敷物と《折りたたみ寝台》のクッション、後者については芹澤銈介による腰掛（山形県立博物館蔵）が幸い残っている。いずれも雪害調査所との密接な関わりのなかで、藁蓑細工を生かして作られている。

柳宗悦が藁を主な材料とする蓑や背中当を初めて本格的に紹介したのは、1937年3月発行の『工藝』第74号であった。そのなかで、東北地方の蓑が特に美しいことを指摘しながら、すでに次のように述べている。

「蓑としては衰えても仕方がないが、その手法は何かに活かして、持続させたいものである。例えば円座の如き、又は小敷物の如き、又は籠類の如きにその材料と編み方とを適応したら、立派な作物が生れるであろう[註7]」

雪国の風土から生まれた蓑や背中当、あるいは雪靴等の藁製品は、通常の工芸品の範疇にも含まれず、輸出工芸の視野にも入らない生活道具であり、この時点まで民芸として取り上げてきたものとも異なる性質を持っていた。冬の農閑期に農民自身の手で作られる自給品であるという点で、身近で入手しやすい藁を用い、生活に最低限必要な道具として、工夫を凝らしながら作られ、工程も完成品も自ずと無駄がなく、理に適ったものになっている。加えて自家用であるために丁寧に作られている。様々な条件のなかでいわば必然的に生まれた美しさは、柳とペリアンと芹澤が強い魅力を感じるに充分であった。

ペリアンが蓑に出会うきっかけはやはり日本民藝館であった。最初の訪問時に「東北の民芸品展」が開催されていたのである。柳は9月7日の協議会の席上で、ペリアンがその際、「この民藝館に来て殊に東北のものを見て、斯ういう所に日本の真価があるのだということを非常に驚いた[註8]」と話したと述べている。蓑を見たかどうかは確認できないが、10月からの東北旅行の途上に柳の紹介で雪害調査所を訪れた。所員の森本信也に宛てた11月3日付の書簡で柳は「先ず雪調蒐集のものを見せ、どう云う希望なのか、又（同夫人図案で）新しく作らせるのはどうしたらいいか等々相談に乗って上げて下さいませんか、そちらに上るのは此の十日前後かと思います[註9]」と案内を頼んでいる。この時所長の山口弘道から蓑を見せられたペリアンは、その場で寝椅子のための敷物、クッション用のカバー、小さな敷物の製作依頼を行った。自伝によれば「選擇 傳統 創造」展のための最初の注文であった[註10]。先に触れた寝台は、折り畳み式の木製の台に3つのパーツからなるクッションが付いており、そのカバーが蓑作りの技法をそのまま生かして製作されている。一見装飾的に見える文様も、藁の間に布を編み込む従来の手法を用いたものである。やはり自伝によれば、製作を依頼した際に具体的な指示は一切行わず、寸法と用途のみを説明し、あとは作り手の工夫に任せたという。

一方、芹澤銈介が関わった2種類の腰掛のうち、角型のタイプには蓑と同じ材料・技法が用いられている。白鳥誠一郎氏の研究によれば、芹澤もまた農民を対象とした伝習会で詳細な指示はせず、実際の製作は作り手自身に任せていたという[註11]。全体の形、材料、質感、用途が違和感なく調和した腰掛に仕上がっている。ペリアンにとっても、芹澤にとっても、もとの材料と技法が持つ美しさを損なわないよう、自らの関与を最小限に留めることが重要な原則であったようである。新たな需要を生むためには都市生活にふさわしい新作が必要であったが、指導や恣意的なデザインの導入には懐疑的で、デザイン以前にまずは材料と技法を重視することを大前提と考えていたのである。

3. モダンデザインと民芸

1940年の時点で、一見対極に位置するように思われるモダンデザインと民芸の間には、ものの見方においても、つくる姿勢の上でも、共通の土俵が成立していた。その理由を検証することはここでは措いておくが、民芸もまた日本の「近代芸術」の一つであったことは間違いなく、そのなかで蓑のような民衆の生活道具を純造形的に見る「眼」が働いたのである。ちょうどこの時期、柳と柳田國男の間で民芸と民俗学をめぐって対談が行われているが[註12]、民俗学の立場からは「民具」として意味づけられるべきものを、「材料」や「技法」から生まれる造形美という視点から見たのが柳や河井、芹澤であった[註13]。しかし同時にこの共通の土俵が、両者の違いをも際立たせるのである。

「選択 傳統 創造」展に用いられた材料のなかで特に注目されるものに竹がある。竹製のシェーズ・ロングやベッド、籠をそのまま利用したテーブルなど、様々な手法で竹は用いられている。河井寛次郎訪問の際に強い関心を抱き、京都で製作した竹製椅子もその一つである。ペリアンにとって竹は重要な素材であったが、同時に竹も藁も戦時下の物資統制令のもとで使用できる限られた材料であったことも忘れてはならない。

「ペリアンはこの展覧会で現在使い得る材料と技術で仕事をした。勿論それより外仕方なかったのであるが、しかし、それだからと云って例えば竹材が最も代表的な材料であり、将来はすべて竹材を用うべきであるという様に結論してはならない。よく活用し技術的に改良すれば竹材には猶多くの利用の方面があろう。しかし我々は新しい材料と新しい技術の使用価値を信じて疑わないものである。これらの新しい材料技術が自由に使用出来ることになったならば、あらゆる創造の可能の世界がひらけることであろう[註14]」

ペリアンにとって東北の蓑や台湾製の竹製椅子の美しさは揺るぎないものであったとしても、藁や竹を用いることそのものに絶対的な価値があったわけではなかった。まして日本的な素材だから用いたのでもなかった。材料自体の色や質感に優れ、加えて利用の手法も美しく合理的で、かつその時点で使用可能だったのである。それに対して、柳宗悦や河井寛次郎にとっては藁や竹という材料そのものが大切であり、柳が繰り返し説いた「地方文化の価値」の源泉そのものであった。

「無名性」についてはどうだろうか。ペリアンは当初「選択 傳統 創造」展で悪い作例をも展示し、その中には個人作家の作品が多く含まれていた。反対に、展覧会でペリアンが積極的に取り上げたものは、ほとんどすべて柳のいう「無名の工人」の作であり、蓑細工について触れたように、ペリアンはそうした人々の仕事に心からの敬意を払っていた。しかし作り手が「無名」であること自体に特別な意味を見出していたとはいえないだろう。逆に「選択 傳統 創造」展の図録の最初に、ペリアンと坂倉準三は「新しき世界創造を志し、常に果敢なる闘争を続けつつあるル・コルビュジエとピエール・ジャンネレに捧ぐ」という言葉を掲げている。ペリアンにとっては「選擇」も「傳統」もすべて「創造」のためであり、それを真に成し得るのは闘争を続ける偉大な個人を措いてなかった。

一方、柳にとって民芸や手仕事の美は「自然」や「風土」や「傳統」の産物であり、「無名の工人」の背後に見て取っていたのは、むしろそれらの厳然たる存在であった。いやそれだけではなかった。

「併し自力だけでは駄目である。転じて他力に至る必要がある。……進んで自我を放棄せねばならぬ。……吾々は自分の力だけで美しいものを築き挙げることは出来ない。どうしてもそこには自然の加護がなければならない。此加護は自然に仕える事によってのみ与えられる。……美しい古作品は自然に忠実であった。どこにも自己への執着がない。現れている国民性や地方性は血液から来たので、個性の主張から来たのではない。従ってそこには必然さがある。……工芸の美は自然が与えるよき材料からくる。そうしてその材料から必然に或形や模様が要求される。自然への帰依が美の保証である。帰依は自我の主張ではないから、凡夫にも許された道である。易行道である。他力道である[註15]」

民芸運動が始まってまもない頃に書かれた「工藝の協団に関する一提案」の一節であるが、ここで柳は蓑の美しさの因ってきたるところをすでに言い当てている。部分的にはペリアンもまた賛同するにちがいない。しかし柳はそれを最後に「自然への帰依」や「他力道」と結び付けている。民芸という思想を支えているのはやはり宗教哲学者としての柳の思索である。

モダンデザインと民芸。共通の土俵も両者の間に広がる距離をも含め、いずれにしてもその両者を全体として受け止めたのは柳宗理その人であった。柳宗理はどう受け止め、自らのデザイン思想を導いたのか、最後に考えてみたい。

4. 柳宗理とアノニマス・デザイン

戦後まもなく柳宗理はデザイナーとしての仕事を始めた。その最初の成果である1948年の硬質陶器のテーブルウェア以来、柳のデザインの手法は一貫している。一つには製図机で図面を引くような方法を採らない。自らの手を動かして石膏で原型をまず作る。その上で製作現場で材料や機械を前に修正を行い、各工程の技術者や職人とやり取りしながら、試行錯誤を繰り返しつつ原型を完成させる。これを柳は「ワークショップ」と呼んでいる。素材も工業製品で生産手段は機械であるが、原型をつくる作業は手仕事そのものである。こうした柳の手法は、戦前にペリアンから直接に見聞きして学んだものであった。

「私がかつてペリアン女史に従って仕事をしている時に、新しい椅子をデザインするに際しては、初めから製作者に図面だけ掲示したことは決してなかった。まず彼女は適当な工場に行って、その工場の状態をよく観察し、工作機械をよく点検し、或は材料を良く研究した後、初めて製作者に自分のアイデアを書いた簡単なデッサンを提示し、そして果してこのような物を造るのに無理があるかどうかを聞いて後、簡単な試作、或いは模型を造らしめた。そしてその試作が出来上がると、その無理な点を直し、改良すべき点は改良して、又次の試作に移っていった。このようなことを十何遍（少なくとも十回以上はやり直す）も繰り返して、もう何所にも欠点がないと見極めてから、初めて生産に移すように段取りが決められたのである[註16]」

ペリアンと柳の方法は、東北の藁蓑細工が長い年月をかけて至った必然の姿かたちに、原型の製作過程や現場での試行錯誤によって近づこうとする試みに思われる。蓑の姿かたちが特定の風土と厳しい生活条件から生まれたとすれば、プロダクトデザインの場合は、工業的な材料の性質や用途、生産を取り巻く種々の条件と向き合い、余分なものを淘汰することで、個人の作為や恣意性から遠ざかることができる。すでに触れたように、無名の人々が作った蓑とアノニマス・デザインはいずれも普遍性を持ち、素材の新旧、手仕事と機械、取り巻く社会という相違はあっても、美に至る道は同じだという確信が、柳宗理には次第に生まれていた。

「本当の美は、生まれるもので、つくり出すものではない。デザインは意識活動である。しかし自然に逆らった意識活動は醜くなる。なるたけ自然の摂理に従うという意識である。この意識はデザインする行為の中で、究極の所無意識となる[註17]」

柳のデザイン論の核心部分といえるが、「生まれるもの」という点で蓑の美しさとアノニマス・デザインの美は一つなのである。同時に、ここで用いられた「自然の摂理」や「無意識」という言葉には父宗悦の民芸論に近い響きも感じられる。柳宗理は年を追うごとに民芸に近づいたのみならず、繰り返しアフリカやブータンへの旅に出かけた。

「個人の寄り集まりであるゲゼルシャフト的な今日のバックグラウンドより生まれた物は、到底ゲマインシャフト的な強固な共同体をバックとして生まれ出た物には、その健全さに於ては適うべくもないのだ。即ち健全な美とは、用と美を越えた遥かなる向うの世界から来ているとも言えるのである[註18]」

民芸の美とデザインの美を一つとしながら、なおデザインでは到達することができない何かを、柳は民芸に感じているのだろうか。柳宗悦を父とし、ペリアンをデザインの師としたことで、モダンデザインと民芸の間に広がる空間を見定める運命を柳宗理は図らずも担ってしまったのかもしれない。ただ、自らの答えはどこまでもデザインという仕事のなかにあるという信念は一度も揺るがなかったように思われる。

（美術史家、帝塚山大学非常勤講師）

［註］

1　柳宗理「柳宗悦の民芸運動と今後の展開」『銀花』第54号、1983年6月、p. 53

2　Charlotte Perriand, *A Life of Creation*, New York, 2003, p.146. 原著はフランス語で1998年に出版されている。

3　柳宗理「デザイン考」『柳宗理エッセイ』、平凡社、2003年、p. 54。初出は『デザイン　柳宗理の作品と考え』、用美社、1983年

4　1940年9月10日付の河井寛次郎宛書簡、『柳宗悦全集』第22巻下、筑摩書房、1992年、pp. 118-119

5　柳宗悦「日本民芸協会の提案」（談）『柳宗悦全集』第9巻、筑摩書房、1980年、pp. 575-576。初出は『月刊民藝』第2巻第10号、1940年10月、文責は同誌編集部。

6　シャルロット・ペリアン／坂倉準三訳「日本工芸について　第二回貿易局輸出工芸図案展の講評より」『月刊民藝』第25号、1941年4月、p. 28

7　柳宗悦「蓑のこと」『柳宗悦全集』第11巻、筑摩書房、1981年、pp. 500-501

8　「日本民芸協会の提案」（談）『柳宗悦全集』第9巻、pp. 574-575

9　1940年11月3日付の森本信也宛書簡、『柳宗悦全集』第21巻中、筑摩書房、1990年、pp. 202-203

10　Charlotte Perriand, op. cit., p. 154

11　白鳥誠一郎「農林省積雪地方農村経済調査所と芹澤銈介」『静岡県博物館協会　研究紀要』第26号、2003年3月、pp. 22, 24

12　1940年4月号の『月刊民藝』誌上で「民芸と民俗学の問題」と題した両者の対談が実現した。

13　ただし、蓑についても、柳は「蓑のこと」（註7参照）で民俗学的な観点からの詳細な考察も一方で行っている。

14　シャルロット・ペリアン／坂倉準三『選擇 傳統 創造――日本藝術との接觸』、小山書店、1941年、p. 12

15　柳宗悦「工藝の協団に関する一提案」『柳宗悦全集』第8巻、筑摩書房、1980年、pp. 50-51。謄写版刷りの冊子として30部作成され、知友に配布された。「昭和二年二月三日」の日付がある。

16　柳宗理「デザイナーとしての覚え書き」『柳宗理エッセイ』、pp. 61-62。初出は『工藝ニュース』17巻1号、1949年1月

17　柳宗理「デザイン考」『柳宗理エッセイ』、p. 45

18　柳宗理「纏――その純粋、強烈な“かたち”」『柳宗理エッセイ』、p. 177。初出は『民藝』313号、1979年1月

ペリアンの“生きた言葉”

1998年を中心に

畑 由起子

1. 大きな手

1998年10月2日18時、東京。「20世紀のパイオニア　シャルロット・ペリアン展」のオープニングセレモニーがはじまろうとしていた。会場の新宿パークタワーは、近くの東京都庁舎と同じ、丹下健三（1913-2005）の設計で、人々の熱い視線は、正面の大きなスクリーンに注がれた。本人の強い希望により、パリのペリアンと会場は、衛星回線を利用したテレビ会議の方式でつながれた。

青リンゴ色のシャツ、胸元には黄色いスカーフ。きりりと頭上に結いあげられた髪には、緑と黄色のリボン。スクリーンに登場したペリアンは、まもなく95歳という年齢をいささかも感じさせない、シンプルで気品ある装いだった。

開会に先立ち、ペリアンが日本の近代建築およびモダンデザインの発展に大きく貢献した功績をたたえ、二つの賞が授与された。日本建築家協会からは外国人初となる会友賞、次に工芸財団の「国井喜太郎産業工芸賞」特別賞。ペリアンが見守る中、代理として娘のペルネット・バルサックへ賞状が手渡された。ペリアンの初来日当時、商工省工芸指導所に籍を置き、1941年の展覧会（「選擇 傳統 創造」）にも参画した工芸財団理事長の金子至が、スクリーンのペリアンへ手をふると、ペリアンも左手をぱっと開いて応えた。驚くほど大きな手だった。

1903年生まれのペリアンにとって、1998年は生涯の節目の年であっただろう。5月15日に自叙伝『創造の人生』が出版されると、フランスで大きな反響を呼んだ。また日仏友好の歴史において、記念すべき「日本におけるフランス年」の1998年に、生前最後の日本での展覧会が開催されたのだ。

「日本との長い友情の鎖が、今日まで続いているのですね」。主催者や協力者への感謝の言葉を丁寧にたたむペリアンの挨拶は、わずか5分だった。それはペリアンが、自分の持ち時間を削ってでも、対話したい、と強く望んだからだ。

「私はあなたがたと同じ会場にいます。たくさん質問をして下さい。私もできる限り、わかりやすく、明快に答えますから」

東京展より10年前の1988年、ペリアンは最後の来日講演を果たしている。坂倉ユリ（1912-2007）が主宰する、ギャラリーサカ（坂倉準三メモリアルギャラリー：1988年5月開館）で「シャルロット　ペリアン展」（11月8日～26日）の開催。

その前年（1987年）はル・コルビュジエ生誕100年を記念し、パリのポンピドゥー・センターの展覧会に続き、世界各地で「ル・コルビュジエ展」が開かれ、日本では「ル・コルビュジエの建築模型展」（11月2日～15日）に続く、11月16日のペリアン講演会だった。

ほぼ同時期に、「ペリアンが最初の展覧会を開催したのは、あなたの国ですよ」とフランスで教えられた。日本は1941年と1955年の二回の開催で、母国フランスの展覧会は、1985年の「シャルロット　ペリアン：生活のための芸術展」まで待たねばならなかった。

ところで、1988年の来日に際しビデオ「シャルロット　ペリアン」（ジャック・バルサック）の日本語翻訳版が出ている。日本の文化と出会った驚きが、ペリアンの語りと1940年代の映像や琴の音色で表現され、解説書の坂倉ユリの文章には、「ペリアンの生活そのものが、彼女の芸術作品といえよう[註1]」と、衣食住を通じたペリアンの人物像が生き生きと描かれていた。

少し横道にそれるが、1988年頃の日本は、地価が異常に高騰するバブル期。知事室にペリアンの家具が置かれた丸の内の旧都庁舎（丹下健三設計、1957年）は取り壊しが決定、10年後のペリアン展の会場となる新宿には、新都庁舎が着工した。そういう節目だからこそ、ペリアンが設計した空間を訪ねたい。その一念で、大阪でプレハブ住宅の開発に携わりつつ、関係者から話を聞いた。来日直前のペリアンの仕事がプレハブ建築であったことも、背中を強く押した。すると、意外にも関西には思いもよらぬ足跡が残っていた。

まず、大阪の「エールフランス」（1961年）。大阪駅を出発した市電が左折する、淀屋橋交差点の角地なので、瑠璃色の一枚ガラスの夜景は、仕事帰りの乗客の視線を引き寄せ、人々に衝撃を与えた。大阪の街並みで、まるで宝石のように輝く空間こそ、ペリアンの日本における最後の実作だった。次に、髙島屋の総支配人、川勝堅一（1892-1979）の絶大な存在。ペリアンの展覧会は、二回とも髙島屋であるが、大阪府柏原市の川勝堅一の自宅には、1941年の出品作、竹製シェーズ・ロングが置かれ[註2]、訪問客を瞠目させた。髙島屋設計部に籍を置いた樋口治（1916-2001）もその一人だった。また1955年展への川勝堅一の尽力は、坂倉準三（1901-1969）からの手紙[註3]が証言する。

「先般来ペリアン夫人の展覧会のことにつきましては特別のご高配を忝くいたし、有難く厚く御礼申し上げます。（中略）フランス航空駐日代表ジャック・マルタン氏も仏国大使ドジアン氏と緊密に連絡いたし、全幅の支持を惜しまないよしマルタン氏より聞き及びました（1954.7.4）」。マルタン氏とはペリアンの夫で、エールフランスの重役として1952～55年、1968～72年と日本に滞在、家族の協力がひしと伝わってくる。

さらに、ペリアンと直接会った人の談話から得た知見は多い。

「ペリアンは生き方がすごいんだよ。デザインよりも、人間的に非常に影響を受けてね、僕はそっちの方が大きいですね。これほど野性的で人間味あふれた人に出会ったことはない」（1995.4.21）と柳宗理。「女学校から帰ると、日本語とフランス語が入り混じった、明るく弾んだ声が家中に響くので、ペリアンさんがいらっしゃる、とわかりました。あれぐらいのレベルになると、言葉なんか必要なくて、まるで火花がスパークする感じでした」(1997.5.28)、1940年頃のペリアンの印象を語る河井寛次郎(1890-1966)のひとり娘、河井須也子。京都の河井寛次郎記念館には、ペリアンが坂倉準三、柳宗理と河井家を訪ねた時の写真(1940.9.29)が大切に保管されていた。

どこか遠い歴史上の人物だったペリアンは、実は私と全く同じ時代に生きる現役のクリエーターだった。それを強く自覚させたのが、ペリアンからの手紙(1995.11.14)だった。

2. 対話は創造の源

「さぁ、どうぞ」。ペリアンの視線は、会場に向けられた。

「常に新しいものを創造するためには、古いものを破壊することが必要ではないか?」という最初のジャーナリストからの質問に対し、ペリアンの力強い言葉がほとばしる。

「破壊? ノン。私は破壊していない。決して後ろをふり返らず、前へ進んできたが、自分のルーツを破壊したことはない。それは長い鎖のようなもの。破壊はいけない」

「創造すること。それは伝統から永遠に変わらない法則を発見し、新しい時代の技術を応用していくこと」。わかりやすく素直な言葉には、70年に及ぶ経験と、現役のクリエーターとしての説得力があった。一方で、ユーモアにもあふれていた。

「これから日本で仕事をするとしたら、どういうことに関わりたいですか?」 家具工房経営者の問いに、「私はまもなく95歳です。そういう質問はすべきではないですよ」と笑顔で会場をなごませた。アドバイスを求める学生には、「21世紀はあなた方の時代です。自分たちの生き方を守るため闘ってください」と、やさしい先生の口調。

開会から一時間余り、ペリアンへの質問はまだまだ続く気配であったが、最後の挨拶をうながされると、「楽しみましょう。オープニングだから!」と一言だけ。展覧会実行委員長の進来廉(1926-2009)は、立ち上がり、両手を高く上げペリアンへ拍手。前から二列目の席で見守る、坂倉ユリ、柳宗理、渡辺力、堂本尚郎、岡部憲明、来賓席のペルネット・バルサック、パリ装飾美術館のドミニク・パリュー、ポンピドゥー・センターのマリー・ロール・ジョセ、日仏の両国の人々の心が一つになり、会場から大きな拍手が沸いた。

1998年の言葉は、30年前の1968年に日本で開催された大きな国際会議での発言と一貫し、ゆるぎない。ユネスコ本部主催でテーマは「日本と西欧の芸術の相互交流」。

「私にとって芸術とは日常生活そのものです。それは生き方です。丹下健三とまったく同じ意見ですが、伝統は破壊すべきではない。新しい生活や環境に再利用できるように、保存すればいい。それは破壊ではない」[註4](1968.9.28:京都)。

会議は建築、音楽、演劇、文学の4部門別に討議し、最後は全員でまとめるのだが、建築部門の参加者は、日本側が、前川國男(1905-1986)、丹下健三、浜口隆一、村松貞次郎、海外側の4人にペリアンとアルフレッド・ロート(1903-1998)がいた。なお、ロート、前川國男とペリアンの3人は、1928年にル・コルビュジエのアトリエで仕事をした仲間[註5]で、40年ぶりの再会だった。議事録の写真からは、国立京都国際会館の大きな円卓を囲む黒い背広姿の紳士達の中に、白い洋服姿の唯一の女性、ペリアンが確認できる。

なおペリアンは、戦後まもない時期から、日本の建築界の国際化を強く勧めているが[註6]、パリに本部を置くUIA(世界建築家連合)が日本の加入を認めたのは1955年。10年後の1965年、前川國男がUIA副会長に選出。その31年後の1996年7月、前川の弟子で、ペリアンとは1957年「日本の住まい展」から40年の協力関係が続く、進来廉が副会長に選ばれた。1941年、1955年に続く、1998年の展覧会への、大きな一歩となる。

3. 1998年展の実現に向けて

「The Rediscovered Modernist:再発見されたモダニスト」。

ペリアンの93歳の誕生日、1996年10月24日にスタートしたロンドン展の反響をいち早く伝えたのはニューヨーク・タイムズ[註7]。ロンドン展の開始前から、日本での巡回を計画していた柳宗理と進来廉は、主催は東京・新宿のリビングデザインセンターOZONEおよびペリアン展実行委員会、会期は1998年10月3日〜11月3日に決定。設計はペリアンと進来廉、総監修はペルネット・バルサックで準備が始まった。

ペリアンとの打ち合わせの主体は模型であった。進来廉がパリへ持参した会場(リビングデザインセンターOZONE)の模型をチェックしたペリアンは、全体の壁パネルの高さを50mm上げて4,460mmに寸法変更を指示した。次に、日本とフランスを往復した模型の足跡を示す。日時と内容は、進来廉のもとで実施設計を担当した重田譴雄の日誌による。

① 1998年5月3日、ペリアンのチェックを受けた模型を進来廉が持ち帰り、高さを変更した模型を作り直す(20分の1)。

② 同5月20日、ペルネット・バルサックが来日し、展示内容の確認。専用ケースに格納された模型は、5月25日、帰国するバルサックとパリへ。

③ 同6月12日、UIA会議出席のため渡仏した進来廉が、ペリアンのチェックを受けた模型を持ち帰る。基本設計は決定。

展示の基本こそロンドン展を踏襲するが、東京展のための特別展示が入口ホワイエに新設されることになった。その内容は、パリの装飾美術館蔵の竹製シェーズ・ロング(1941年)の里帰り、最新作の自邸、ペリアンからのメッセージで構成され、ペリアンは設計を進来廉に任せた。展覧会まで残り4カ月。

④ 同7月12日、ペルネット・バルサックが再来日。模型に

家具と展示品を配置して確認。15日～19日まで京都滞在。
⑤　同8月から、会場の施工打ち合わせ開始。最新作の自邸「住まいの空間　パリの屋根の上」のタイトル文字は、ペリアンの指示通りに、進来廉が毛筆で書写。
⑥　同8月26日、ペリアンから、入口に展示するメッセージ[註8]が届く。文章だけでなく、パネルのレイアウト、寸法も、ペリアンが人体の姿図入りの立面図で細かく指示。
⑦　同9月、模型で施工方法をチェック。27日から施工スタート、同日パリからペルネット・バルサック来日。9月29日から作品搬入。パリから里帰りした竹製シェーズ・ロングを置くための、黒い小石の積層作業は2日を要し、10月1日まで、現場は3日連続の徹夜が続いた。会場で監理に携わった重田謹雄によれば、「ペリアンの空間構成が素晴らしかったからこそ、現場では日仏のスタッフや職人たちが一つのチームにまとまりました。最後の照明の調整が完了したのは、ペリアンと中継がつながる10月2日のオープニングの直前でした」(1999.10.23)。なお会期中、ペリアンから主催者リビングデザインセンターOZONEへ感謝状が届く。「私は、多くの若い世代の人々が来場し、何かしら学びとることを望んでいます」(1998.10.19)

東京展のために、パリから里帰りした1941年展の竹製シェーズ・ロングは、往路はドミニク・レニエ、復路はコンスタンス・ルビーニが貨物飛行機に同乗してパリへ帰国。なおこの展覧会の展示内容については、進来廉へのインタビュー[註9]に詳しい。またギャラリーサカでは、「コルビュジエ・ペリアン・坂倉準三の友情展」の開催(10月7日～31日)。

1990年代のペリアンは、日本と積極的に交流している。1995年11月7日、山形県新庄市民の4名(矢口孝、長倉洋一郎、安達和明、水越啓二)が訪問。1996年1月、山形県、天童木工の菅澤光政は、作品の復刻、販売の許諾を得るためペリアンに会い、「ル・コルビュジエ、レジェ、ペリアン三人展」(1955年)の椅子が再び世に出た(1996～2005年)。東北の特に山形は、ペリアンにとって愛着のある場所でもあった。

1997年11月27日、新庄市「雪の里情報館」へ開館のメッセージを発信。ほぼ同時期の11月13日、ペリアンは初めて渡米し、ニューヨークの建築家協会で対話[註10]。

1998年5月、1937年パリ万博でグランプリを受賞した日本館の設計者・坂倉準三について、中日新聞の取材を受けている。
「彼が示した「自然と調和する精神」に、西洋の目は開かれました。それは、日本が二〇〇五年の愛知万博でなすべきことではないですか」(中日新聞1998.6.8、5面)。

パリの自宅でインタビューした記者の秦融によれば、「まさに核心を突いた言葉でした」。

そして1998年10月、日本とペリアンの長い友情の鎖に、3回目となる展覧会の環がつながれた。残念ながら、日本へのメッセージは、「シャルロット・ペリアンから三宅一生へ」[註11](1999.1.11)を最後に、1999年10月27日昇天。

ここで、日仏が敵国となった戦時下(1941～42年)、東京都五反田の西村家に身を寄せたペリアンの様子を紹介したい。文化学院創設者、西村伊作(1884-1963)の三女、リーベル・ヨネ(1913-2010)は、坂倉ユリの妹でペリアンと最初の出会いは1937年のパリだった。
「家族一緒に食事をするのですが、ペリアンは楽しそうによく話すのですよ。また父(西村伊作)がよくしゃべる人なのです。ペリアンの言ったことを私が父に通訳し、それも追いつかなくて、ペリアンと父が両方から大きな声でしゃべって。それでも楽しく食事をするのですけれど。父は、「ペリアンは手が大きいから、手が大きい人はいろんな仕事をするんだよ」と言っていました」(1996.10.2)

最後にもう一度、1998年10月2日のペリアンの言葉を聞こう。
「鳥に巣があるように、人にも住まいは大切なもの。私たちは人間の幸福と発展のために仕事をしています」

謝辞:「20世紀のパイオニア　シャルロット・ペリアン展」(1998年)について、貴重なご助言をたまわりました、リビングデザインセンターOZONEの塚本文雄氏、当時のレン設計事務所の重田謹雄氏に深く感謝いたします。なお、文中の敬称は略させていただきました。

(建築家)

[註]

1　坂倉ユリ「シャルロット・ペリアンのこと」[ビデオ"シャルロット・ペリアン20世紀住宅の創造(ジャック・バルサック、1985年)"の日本語版解説書] pp. 5-6、1988年、建築・都市ワークショップ
2　川勝堅一『川勝コレクション特選集』、平凡社、1971年、p. 22
3　川勝堅一『画信雁信抄』、平凡社、1971年、p. 297(pp. 154-155には、ペリアンから川勝宛の手紙1954.3.6掲載)
4　*Proceedings of the International Round Table on the Relations between Japanese and Western Arts*, Sept. 1968, Tôkyô & Kyôto, Japanese National Commission for UNESCO, 1969, p. 213
5　Alfred Roth, *Begegnung mit Pionieren*, Birkhauser Verlag, 1973, p. 40
6　Jacques Barsac, *Charlotte Perriand et le Japon*, Norma, 2008, p. 184
7　*The New York Times*, 1996.12.15, pp. 52-57
8　「シャルロット・ペリアンからのメッセージ 1998年10月」、『Living Design』、第3号、1999年1月・2月、pp. 74-75[次頁に再録]
9　進来廉「「シャルロット・ペリアン展」におけるデザイン・プロセス」『SD』1998年12月号、鹿島出版会、pp. 64-68
10　Charlotte Perriand, *Interior Equipment*, The Architectural League of New York, 1998, p. 12
11　「シャルロット・ペリアンから三宅一生へ」『季刊approach』第145号、1999年、竹中工務店、p. 10

主催者OZONEの下記の質問に対するシャルロット・ペリアンからの答えは1998年8月26日、メリベル山荘から発信され、会場の入口に展示された（註8より再録）。

「あなたは、世界の中で果たすべき日本の役割について、日本の若者にどのようなメッセージを伝えたいですか？」

「世界を駆けめぐり、自然や人間と出会い、とりわけ1940年代の日本の人々との出会いを重ねて、西欧とまったく異なる日本の方々の思考方法というものを発見した私は、互いに同じ言葉を話さなくても、私たちと同じ思考方法を持っていると理解しました。

アダムとイブについて何も知らない、つまり裸に罪悪感を持たなかった当時の日本で、私は日本式の暮らしを楽しんだのです。風呂屋は混浴でしたが、ふさわしい仕草によって、裸でも慎み深く振る舞うことができました。ただし、それもマッカーサーがまったく異なる文化を介入してくる以前のことですが。

近代化の発展を夢中になって求めていた教育機関や工芸職人に助言する際には、こんなふうに警告したものです：「批判の精神をお持ちなさい。分析しなさい。真似るのではなく、革新するのです」。今やそのことは現実に証明されていますが、私はもう一度同じ質問をします：「我々の真似をして、いったい何を得ようというのですか？　西欧文明のすべてが、取り入れてよいものとは限らないのですよ」

私は1940年に髙島屋で〈選擇—伝統—創造〉と題する展覧会を企画し、また1955年にはカザベラ誌に〈日本の仕草の危機〉という文章を寄稿しました。当時の若い世代は日々、次のように自問していたのです：私たちも椅子に座り、西欧風の洋服を着るべきであろうか。ナイフとフォークで食事すべきなのだろうか。ベッドで眠り、高層の建物に住むべきだろうか、と。二つの文化に足をかけた居心地の悪いポジションだったわけです。一方では、日本の伝統の美徳に根差し、自然や宇宙と調和した人間の優位性に恵みを与える退廃していない日本的な文化に、そしてもう一方で西欧的文化に足をかけていたのです。この西欧的文化は今や新しい通信技術により世界的な広がりを見せ、経済や利益、競争力を推進し、従来とは異なる労働形態をつくり、またすでにいくつもの新しい構造を生み出しています。これらの新しい構造と、郷土に根ざした個人の生活や娯楽、文化といった生きる術から生まれた従来からの構造とが同時に存在しているのです。日本は、倫理としてはまだ不明瞭な、こうした「二重文化」の見本のような国なのです。

日本との触れ合いにより、私は自分を豊かにしましたし、心静かな気持ちで私という鎖の環を人類という長い鎖につないだのでした。私は自分のルーツを否定せずに、また決して後戻りすることもなく、これまでと違った予測不可能な第3千紀（21世紀）を目前に控えた今日まで、古臭い勢力に立ち向かい、この20世紀のただ中で自由に創作してきました。

私たちは目下、機械化がもたらした断絶よりもずっと根源的な新しい断絶を経験しています。私たちの判断能力を持続というもので保護してくれた時空は、もはや存在しません。私たちがまだ適応しきれないでいる変化のスピードに、我々の判断能力は今や追い越されてしまっているのです。

現在、日本の方々は自分自身に次のような問いかけをすべきでないでしょうか。諸国家の協調という合奏の中で、どんな曲を演奏したいのか、そしてどんな曲を演奏できるのか、と。

私としては次のように答えることでしょう。私が望むのは、皆さんが他の国々と違った演奏をすることです。それこそが、命の源である多様性を維持してくれるのです。この考えは、生物学というまったく別の分野からの発言を聞いたことで、さらに強まったと感じております」

シャルロット・ペリアン
1998年8月

「多様性は、生物学のゲームでの重要な規則の一つなのだ。

あらゆる世代を通じて、種の遺伝を司る遺伝子は結合と分離を行い、絶えず変化しつねに異なる組み合わせを——つまりは個人というものを、生み出すのである。

そして多様性を生成し、われわれ一人ひとりを独自なものとする、この終わりない結合システムは、いくら評価しても評価しすぎることはない。

このシステムによって、種は、あらゆる豊かさ、あらゆる多様性、あらゆる可能性を得るのである」

「人間の場合、自然の多様性は、さらに文化の多様性によって強化されており、これによって人類は、多様な生活条件への対応や、世界資源の有効な利用ができるようになる。

だがこの領域では、われわれは今、単調さと重苦しさに脅かされているのだ。人間が信仰、慣習、制度の中に賦与していた膨大な量に及ぶ多様性は、日々縮小している。人々は肉体に死に絶えてしまうか、工業文明のもたらした規範の影響下に変容させられていくか、いずれにせよ、多くの文化が消え去りつつあるのである。

もし、単体の技術、ビジン語、画一化された生活様式に覆われた世界——つまりは極めつき退屈な世界——に生きたくないのであれば、われわれは注意深くならなければならない。

想像力をもっと働かせなくてはならない」

フランソワ・ジャコブ
生物学者、ノーベル医学賞受賞
『可能世界と現実世界　進化論をめぐって』より（田村俊秀・安田純一訳、みすず書房）

The Life and Work of Charlotte Perriand

Jacques Barsac

A few pages are not enough to hold the life and works of this pioneer of modernity who traversed an entire century (1903-1999) and worked creatively for seventy years. All the more so because she was at once an architect, a designer, an urban planner and a photographer. At best, we can outline her singular career and exceptional personality in a few broad strokes.

Charlotte Perriand's work is intrinsically linked to her status as a woman who enriched the male-dominated modern movement by close attention to detail, which most men brushed over. "The devil is in the details," as the French like to say. Charlotte Perriand spent her life flushing him out to make modernity more human and efficient. She brought a more pragmatic, less doctrinal dimension to male theories, of which Le Corbusier was the leading proponent, contributing a woman's point of view that had not previously been admitted.[1]

Shortly after she graduated from the Union Centrale des Arts Decoratifs in 1925, she made a radical break with the spirit that prevailed at the time, rejecting the decorative style, and taking inspiration from aviation and the automobile industry to invent her own aesthetic. She worked out a personal approach to home design, inspired by the rational organisation of labour – Taylorism – in an attempt to improve women's everyday lives. She designed her first "kitchen-bar"[2], in which the woman of the house was no longer relegated to a kitchen at the end of a long corridor as she was in most middle class houses. She broke down dividing walls and opened up the rooms to give houses maximum volume, light and comfort, based on real needs and no longer on outward signs of wealth. In 1928, at the age of twenty-four, Charlotte Perriand was in the avant-garde of a new way of living. With the designers René Herbst and Djo Bourgeois and the jewellers Jean Fouquet and Gérard Sandoz, she set up a 'combat unit' called 'L'Unité de choc', to publicise and extend the scope of their modern approach. The following year she created the Union des Artistes Modernes which, for twenty-five years, brought together the leading figures in modern design: urban planners, architects, furnishers, sculptors, painters, photographers, lighting specialists, weavers, jewellers, poster artists, builders... Charlotte Perriand was an initiator more than a follower but kept out of the limelight so that the largely male groups that she set up[3] would function alone. She suggested without imposing, but in the interest of 'the cause' made sure that the men adopted her way of seeing things without losing face, and found a way of getting her ideas across without losing control of them by accepting to blend into the group which claimed them as its own.

The modern movement in 1920-1930 was accompanied by a constant struggle in France. The avant-garde was violently attacked by academic and conservative factions. Le Corbusier built almost nothing between 1934 and 1947. Apart from a close circle of 'insiders', the moderns were 'resistant fighters' in a society that wanted nothing to do with them. It was not until after the war that modernity gradually gained ground. In her field, Charlotte Perriand was the kingpin in this struggle.

At the start of her partnership with Le Corbusier and Pierre Jeanneret for interior design and furnishing (1927-1937), she furnished the villas they built. In a few months, the interior of these houses went from architecture to be looked at to architecture to be lived in (La Roche, 1928; Church, 1928; Savoye, 1929; Loucheur, 1929.) Architecture was no longer simply the embodiment of a plastic and conceptual ideal but indeed a place for living in.

The model house presented at the 1929 Autumn Salon was the clearest demonstration of her contribution because Le Corbusier was away in South America at the time. Apart from interior design, she had already designed the glass and steel tubular furniture based on Le Corbusier's schema of the various ways of sitting. She included all the functionalities needed for everyday life in a coherent whole with a radically new aesthetic and introduced a variety of shapes and materials: leather, hide, fur, canvas, woollen fabric, etc., which brought a sensual dimension foreign to the architecture of Le Corbusier and Pierre Jeanneret. Her contribution to this show, which left a deep mark on the history of home design, was so singular, that, paradoxically, Le Corbusier did not use it in his architecture[4], although he had been the initiator and advocate of the approach.

In pre-war France, Charlotte Perriand and the Irish designer Eileen Gray were the only women working in architecture. French women could not vote until 1945 and as late as the mid 1960s they needed their husbands' consent to open a bank account. In the French women's liberation movement, too, Charlotte Perriand was in the avant-garde.

The equality of the sexes had always been natural to her. Her mother, Victorine Perriand, was a remarkable self-willed woman and probably a role model for her; but there was another factor which played a decisive role in her equal relationships with men and that was sport. Charlotte Perriand was an accomplished sportswoman, regularly climbing, caving, tramping and canoeing in male company. The difficulties encountered in mountaineering put all climbers on an equal footing regardless of sex. The fate of the group depended on the weakest member – who was not necessarily a woman. "I really love the mountains. I love them because I need them. The mountains have always been the barometer of my physical and mental well-being. Why is that? Because they give people a chance to outdo themselves and that is important. Team spirit is essential; when climbers are roped together, each person is responsible for the success of the expedition. There can be no cheating. Mountaineering is an endurance test and you must take calculated risks."[5] Apart from equality between men and women, the mountains gave her a sense of team spirit in her work, which enabled her to take part in many projects out of reach of an independent woman working on her own. She left a deep mark on them all.

Her love of the mountains led her into many architectural projects for ski resorts, the most outstanding being Les Arcs 1600 and 1800 in Savoie which was her major achievement as an urban planner and architect (1969-1985). The 30,000-bed complex was a synthesis of half a century of thinking about and experience of development in an alpine environment.

Sport, nature and her very special relationship to the human body as a woman had other subtle repercussions on the work of this highly active designer. The structure of her furniture is laid bare and her chairs hug the body. Her solid wood table tops are voluptuous to the touch: "Wood must be touched," she wrote. "Smooth as a woman's thighs"[6], she used to say. The prefabricated furniture for her mountain huts (1935-1938) could be folded away or dismantled for transport, it was mobile because life is never static. Her tables slid in and out, and could be stacked or juxtaposed. Low tables could be sat on and stools used as tables. A dining room table made an excellent desk. Back rests and recliners tipped back and chairs swivelled.

Charlotte Perriand loved freedom to the point of calling some of her furniture 'free forms'[7]; asymmetrical functional forms which developed freely, unlike the established order based on symmetry, which incarnated power and pressed people into an academic mould. She took part in the antifascist movements which bloomed in Europe in reaction to the Spanish civil war and the rise of various types of fascism. Her 'free forms' inspired by nature which 'make the space sing' were in resonance with this deep love of freedom.

But in the 1930s, when modern architecture was beginning to turn into a 'formula' applied everywhere regardless of the site, residents or circumstances, and then became an 'international style' in architecture that replaced diversity with a single, exclusively functionalist model[8], Charlotte Perriand rebelled. She drew back from the diktats of the modern movement, which was reduced to a single formula, and tried to imagine a new kind of modernity geared to the human body, which would be sensitive to political realities and geographic and cultural spaces; a form of modernity enriched by diversity. She put the circumstances back into architecture. It became her rule of thumb for the rest of her career. This non dogmatic attitude enabled her to renew her work for seven decades without repeating herself and to enrich it with all her experiences in Asia, South America and Europe.

After the great machine-oriented period of the 1920s and its fascination for mass-produced objects, Charlotte Perriand turned to nature in the 1930s as a new source of forms and philosophy. She took thousands of photographs in the wilds and recent research in her archives has revealed the extent of her work as a photographer.[9] The 'return to nature' was a major turning point in her work, as it was for Le Corbusier and Pierre Jeanneret.

Touching lightly on an important aspect of her creative approach, Charlotte Perriand spoke of having a "wide-angle eye". That meant paying attention to every object, from the humblest to the most striking, the smallest to the biggest, manmade or natural, and learning the lesson it had to teach. In this respect her photographs show that she had an alert eye, sweeping the visual field like a fan. As Gladys Fabre put it, Charlotte Perriand's real innovation was "in the discovery, in other words, in the revelation of what had previously been hidden, unused, by inventing a way of seeing and expressing this unknown 'déjà là'."[10]

Charlotte Perriand's work is uplifted by her commitment to people. The driving force in her design work was the desire to construct the twentieth century to give the masses a better future. Like many artists and intellectuals in the 1930s, she joined the communist movement, believing that the Marxist revolution could bring paradise on earth and make people happy. After two stays in Moscow (1931 and 1934), she began to have her doubts about the USSR but after the signature of the German-Soviet pact of non aggression in August 1939, which she regarded as a betrayal, she left the communist party. But her work always had a social dimension and she was driven by a desire to contribute to the progress of mankind. Charlotte Perriand never ceased to believe in and work for a modern 'revolution' with a human face.

She regarded urban planning, interior design, architecture and furnishing (which became known as 'design' after the war) as an inseparable whole, articulated in a continuous process. She was an active member of the CIAM (Congrès Internationaux d'Architecture Moderne) and helped draw up the principles defended by the *Athens Charter* (1933), which became the Bible of modern urban planners after the war. She and José Luis Sert prepared the charter for publication in 1936.[11] Charlotte Perriand is the only designer who managed to achieve this global approach to housing, handling the urban planning, architecture, interior design and equipment of Les Arcs 1600 and 1800 – "from urban planning to teaspoons" as she put it. It is the only housing estate in France designed solely on the principles of the Athens Charter.

Although she is now presented as one of the great designers of the twentieth century, Charlotte Perriand did not claim designer status: "I never design furniture for its own sake, but for an architectural space and a specific need, taking human actions, technique, and the harmony of the area into account. I am not a designer, but an architect." She differed from contemporary designers in that the furniture she designed was part of her overall approach to housing, never a commission separate from its architectural context. Her furniture is part of a whole and that gives it unique forms and functions, setting it apart from conventional design. This singular approach, shared by architects such as Marcel Breuer, Alvar Aalto, Eames and other greats in the field, nonetheless enabled her to perfect design and manufacturing methods used by contemporary designers.

As the history of twentieth century architecture has largely been written and commented on by men, Charlotte Perriand's status as a woman probably did not work in her favour, because many male historians could not imagine that a woman born in 1903 could possibly have made a contribution independently of men. So most commentators have systematically put her under the aegis of men such as Le Corbusier, Pierre Jeanneret or Jean Prouvé, thinking that a woman could create masterpieces only in collaboration with men, whereas the records show that the men she worked with needed her input. It is particularly noteworthy that Le Corbusier – despite their quarrels after the war – called on her as soon as she returned to France in 1946 to design the furnishings for the housing unit in Marseilles, and that Pierre Jeanneret regretted she was not with him in New York when he was designing furniture for Knoll in 1947, and that Jean Prouvé asked her in 1952 "to make aesthetic and practical improvements to the furniture" he had designed.[12]

Charlotte Perriand traversed the entire century and remained at the spearhead of the avant-garde for seven decades. "I have always cultivated happiness," she used to say. "That is how I got by." Despite the many difficulties and setbacks she encountered during her life, which was an unending struggle for design, Charlotte Perriand avoided the frustrations and bitterness felt by many of the pioneers of the modern movement at the end of their lives. It is probably her status as a woman that gave her the optimism and happiness that powered her "Life of Design", the title of her autobiography.[13]

[Notes]

1 Le Corbusier refers to it in a letter to Charlotte Perriand on May 2nd 1946, asking her to participate in the design of the housing units at Marseilles as soon as she returned to France in 1946, after six years in Japan and Indochina. He emphasized her competence as "a woman who was at once practical, talented and likeable."

2 "Work and Sport" project, 1927.

3 L'unité de choc (1928), UAM (1929), Mouvement des jeunes des CIAM, 1933, CIAM-France (1935), Jeunes 37 (1935), Formes Utiles (1949).

4 After 1930, all the projects in the Le Corbusier and Pierre Jeanneret studio which included metal and glass furniture were designed by Charlotte Perriand. Except for the desk for the director of the newspaper *La Semaine à Paris* and the Rivier apartment in 1930, none of them used the famous metal storage units designed by Le Corbusier.

5 Charlotte Perriand, "Prendre conscience de nos responsabilités", in *Aménagement et Nature*, no. 3, September 1966.

6 Charlotte Perriand, *Une vie de création*, Odile Jacob, 1988.

7 *Table 6 pans Montparnasse*, 1938, *Bureau boomerang*, 1938, chest and desk, 1939. *Feuille* desks and tables, 1953, etc.

8 The exhibition at the Museum of Modern Art in New York in 1932 on "The International Style: Architecture since 1922" measured the breadth of the movement and helped promote it.

9 See Jacques Barsac, *Charlotte Perriand et la photographie. L'œil en éventail*, 5 Continents, Milan, 2011.

10 *Charlotte Perriand*, exhibition catalogue, Centre Pompidou, Paris, 2005, p. 94.

11 See Jacques Barsac, *Charlotte Perriand, un art d'habiter*, Norma, Paris, 2005.

12 Collaboration agreement between Charlotte Perriand and the Ateliers Jean Prouvé, signed by Jean Prouvé, dated March 24th 1952. Archives Charlotte Perriand, Paris. See Jacques Barsac, *Charlotte Perriand. Un art d'habiter*, Norma, Paris, 2005.

13 Charlotte Perriand, *Une vie de création*, Odile Jacob, 1998.

The Ascent and Turning Points of Japanese Craft before the War – Perriand's Arrival in Japan

Hitoshi Mori

Introduction

At a time when modern Japan was mingling with the latest European trends after having achieved certain results since the Meiji era, the encounter between Perriand and Japan was a sparking affair that in my view takes on an even greater thought-provoking significance in this age of globalization. However, regardless of her iron will and intransigent attitude toward society as a designer, Perriand's activities in 1940-41 were necessarily regulated by the framework of the Japanese government's commercial and industrial policy. In order to reevaluate the meaning of her work, I'd like to draw up an accurate outline of these developments.

1. Backgrounds of the appointment of a foreign designer

In January 1930, the Cabinet installed the *Rinji Sangyô Shingikai* (provisional industrial council), and promoted industrial rationalization – in other words, such rational economic measures as standardization, equipment improvement, industry consolidation, and the use of domestic products – aiming at a reconstruction of the economy like in Western countries. At the same time, the Public Peace Preservation Act and the *Kokumin Seishin Bunka Kenkyûjo* (national spiritual and cultural research institute) (both 1932) reinforced ideology control as they feared an "ideational national crisis" brought along by the Europeanization of Japan, and declared the "contribution to the foundation of a new world culture that restores Eastern classical cultural values and integrates Western culture"[1] as a national policy. As part of the expansion of export as advanced by the *Rinji Sangyô Shingikai*, the Ministry of Commerce and Industry's Industrial Arts Research Institute (*Kôgei Shidôsho*, installed 1928, hereafter *Shidôsho*) constructed a framework for guiding the local industry by means of technology and design through nationwide industrial promotion centers and article display centers with the aim to "encourage and support the application of the latest industry-related achievements in science and technology to the country's traditional arts and crafts"[2], and in order to thoroughly implement these measures, the *Kôgei Gijutsukan Kaigi* (industrial arts council) gathering officers from public institutions across Japan has been meeting annually since 1929. A departure from the situation of the export industry producing and exporting cheap B-grade goods was needed. At the time of its establishment, the route of the *Shidôsho* was dominated by efforts integrating the newest international currents systematically, with the ultimate aim to improve Japanese products. The outcome of these activities was showcased in a *Shidôsho* trial product exhibition in 1933 (fig.1: p.240). Bruno Taut (1880-1938), who happened to be in Japan at the time, visited the exhibition, and as a result of his harsh criticism, he was invited to the *Shidôsho*.

After experiencing the practice and test production of functionalist design as introduced by Taut (fig.2: p.240), the *Shidôsho* started a changeover of their design activities under the slogan "from handsome craft to useful craft." At the same time, Taut's respect for Japanese traditional resources had a strong impact on young staff members such as Isamu Kenmochi (1912-1971). However, Taut wasn't simply proposing a return to tradition, but he demanded "something that is modern and retains at once a Japanese quality in the strictest sense"[3], all rigorously dismissed all "cheap stuff" that fell short of these requirements.

When the winner of a design competition for the planned Tôkyô Imperial Museum (now Tôkyô National Museum) was publicly announced in 1931, Sutemi Horiguchi (1895-1984) criticized that this imperial style is incorrect in terms of the Japanese taste, and claimed that "preferences of material, preferences of coloration, and preferences of proportion" should be extracted from designs of the past.[4] In 1934, he further pointed out rather concretely that it was exactly "the respective materials' surfaces and the aptness of their proportions" that defined the essence of Japanese architecture.[5] While the European functionalism was preaching standardization, he also argued that Japanese architecture was superior regarding standard and rationality, as "everything is defined in terms of expanse by the size of a *tatami* mat, [...] the primary materials and components – timber, fittings, tatami, paper and tiles – all come on the market standardized, [...] and the system of house structures that are unified this way has been implemented centuries before it was picked up as a topic in the west." In the early 1930s, as we see, there did exist an awareness of Japanese traditional culture and its spirit of innovation (figs.3, 4: p.240).

According to a proposal of the *Kôgei Gijutsukan Kaigi*, the Ministry of Commerce and Industry dispatched craft specialists (Wasaburô Mizumachi, Sanzô Wada, Yoshio Aoyama, Atsushi Hino, Kakutarô Yamazaki, Seiji Sugita, Takao Miyashita and Toyochika Takamura) abroad every year starting from 1932, and focused on the pragmatic gathering of information and the consideration of respective countermeasures. In 1933, the Japan Export Craft Association (*Nihon Yushutsu Kôgei Rengôkai*) was established, a budget of ¥200,000 was provided for the promotion of craftwork, and a system supporting overseas mediation and the organization of exhibitions for the local industry was devised.

Against this backdrop, the Ministry of Commerce and Industry was further planning to invite foreign designers to Japan with the aim to achieve improvements in domestic product. In 1939, Tôkyô Higher School of Arts and Technology professor Takao Miyashita was entrusted with the selection, and recommended French architect Roger-Henri Expert. However as Expert was involved in the design of the French pavilion at the New York Expo that year, he wasn't able to accept the offer, so alternatively Miyashita selected Tilly Prill-Schloemann (1902- ?). Prill-Schloemann had studied under Bruno Paul (1874-1968), and was working as an interior designer in Berlin. She arrived in Tôkyô on September 1st, 1939, traveled to Nagoya, Kyôto, Osaka and Sendai among others, and held speeches on the design of export articles while offering criticism and advice at the places she visited. In a speech at a *Zuan Gijutsukan Kaigi* (design technical council) meeting in 1939, Prill-Schloemann remarked that "Japan has been maintaining since ancient times a beautiful 'housing culture' that is essentially simple and functional, down to the tiniest article of daily practical use. [...] Not artificially distorted, but naturally grown coloration – that is where the beauty of the materials present itself as it is. [...] This is a perfect idea for the newest modernistic current in the world." About the current situation in Japan, she further stated that "beautifully finished daily commodities are being sold at extremely low prices, [...] so they can be used in the West."[6] This means that she advocated more or less the same views that Taut had expressed in his proposal, and approved to some extent the improvement that was made over the years under Taut's guidance. Her own trial product that was exhibited at the Export Craft Exhibition (fig.5: p.240) combined a new material (aluminium) with traditional techniques (hand-painted tiles).

At the time the political situation in Japan was rapidly developing. In 1932 a puppet regime was set up in Manchuria, and after the Lu Gou Bridge Happening on the Chinese mainland in 1937, the battle continually amplified. The Japanese government confined itself to rubberstamping the local troops' strategies. Also in 1937, the International Trade Administration Bureau became an affiliated agency with the Ministry of Commerce and Industry, the personnel was increased for a concentrated exploitation of markets other than China, the USA and Europe, now focusing also on the Micronesian Archipelago, mandated territory of Japan, and Southeast Asia, especially Indochina, the Philippines, Indonesia and India. On July 26th, 1940, the Konoe cabinet presented a "basic outline of the state policy", and in economic terms was planning the autonomous foundation of a "three-nation economy of Japan, Manchuria and China, centering around the empire."[7] The market expansion was a measure that served the purpose of "constructing a new world order in the Greater East Asian region."

Takehiko Kojima (1903-1996), a philosophy scholar under Kitarô Nishida, was appointed assistant to the Ministry of Education's *Kokumin Seishin Bunka Kenkyûjo* when the institute was established. Kojima set up the *Sumeragaku-juku* in June 1939. The idea behind this was to "impel the re-establishment of the Sumerian civilization that was pushed into ruin by the Indo-Aryan migration, and a major transformation and revitalization of the Mediterranean, Indonesian, Five Rivers (Wuhe), Chinese and Japanese regions, and propagandize his own anti-European historical standpoint in front of the general public."[8] Kojima then launched the *Nihon Sekai Bunka Shinkôkai* (Japan World Culture Promotion Association) as the core of his movement, whereas the involved Hiroshi Kawazoe (1913-70), Kumao Maruyama (1907-64) and Seiichi Inoue (1905-67) were friends of Junzô Sakakura from his time in Paris (fig.6: p.240). Sakakura himself joined the Association's board of directors. Especially Inoue was aspiring to a career in architecture, and while helping design the Japanese pavilion at the 1937 Paris Expo, he even assisted Sakakura with exhibition setups. It was this circle of Japanese individuals that Perriand established the closest relationships with during her time in Japan. On Kojima's wish, the first floor of the former Austrian consulate (at Akasaka Hinokichô, Tôkyô) that Kawazoe, who had become a temporary employee at the *Kokusai Bunka Shinkôkai*

(International Cultural Relations Society, hereafter "KBS"), had prepared for Sakakura in October 1938, served as a salon for the Association (fig.7: p.240), while the Sakakura's office was set up on the ground floor. The building also accommodated the *Sumer Shashin Kenkyûjo* (Sumer photography lab), the atelier of photographer Francis Haar (1908-1997), whom Kawazoe had met in Paris and invited to Japan. They were in fact sharing the same "faithful idea".[9]

2. Promotion of the Tôhoku Region – From Craftwork to *Mingei*

Kôgei Shidôsho in Sendai City was established on the premises of the former *Rikugun Yônen Gakkô* (Army Children's School) in Nijûninchô, on November 30th, 1928. What has to be pointed out here is that "craftwork should aim to satisfy the consumer's practical needs and aesthetic feeling"[10], and is used here as a term that refers to the broad area that encompasses today's conception of "traditional craftwork" to contemporary craft and design.

The *Shidôsho* was at once aiming to promote the local industry in the Tôhoku region, which had become imperatively necessary due to the economic crisis, and additionally, a general crisis of the farming industry caused by lean harvests. The exchange among officers in charge of commerce and industry in the six prefectures in Tôhoku, who attended the opening ceremony, quite naturally inspired the preparation and launch of a craft association. On November 3rd, 1929, the closing day of an exhibition commemorating the first anniversary of the *Shidôsho*'s opening, a launch party and inaugural meeting of the Northeast Japan Industrial Arts Association were held at the *Shidôsho*'s auditorium. The "planned industrialization of traditional craftwork", required "the national and prefectural governments' firm leadership, and the concerned artisans' sufficient awareness."

The *Shidôsho* invented the term *koyû kôgei* (proper craft) to refer to "the country's specific artisan industry", which they aimed to nurture into a modern export industry. Under the Ministry of Commerce and Industry's guidance, they promoted the establishment of such local organizations. It was a pioneering case example for the entire nation.

In June 1930, an exhibition of folkcrafts from the six Tôhoku prefectures was held at Nihonbashi Mitsukoshi. 909 out of the 1,541 exhibits were sold for a total of ¥2,860.90.[In the same year, a competition of craftwork from the Tôhoku prefectures (fig.8: p.240) started in Akita City, and with the addition of the Hokkaido region in 1934, it was held annually and in turns at the respective prefectures until 1942. Entries included wood, bamboo and metal products, lacquer and ceramic ware, dyed textiles, toys and various other craft products. After obtaining a subsidy from the Ministry of Commerce and Industry in 1933, an export craft department was installed, and particularly outstanding works were introduced in the Export Craft Exhibition (fig.9: p.240) that was launched in the same year. A system stimulating the enhancement of local design and the improvement of quality not only in the Tôhoku region by some kind of qualification procedure had commenced operation. The idea behind the Tôhoku competition was to explore how locally transmitted techniques and forms could be updated and launched onto the existing market.

Considering the flourishing promotion of craftwork, the *Shidôsho* staff's critical attitude to Perriand's exhibition in 1941 is understandable. At a panel discussion on the exhibition, Iwao Yamawaki (1898-1987) pointed out that Perriand, "although supposed to operate closer to the daily life of today's city people, and while doing so, make adjustments to it, was doing too many things that were totally disconnected from people's lives." In his opinion, there must have been something in the accomplishments of Japanese modernism that should "be useful also for Perriand."[11] In an earlier speech[12], Yamawaki had declared that the demand for "simplified functional architecture" during the war made the simplification and standardization of daily commodities necessary for the "reorganization of people's lives." He further emphasized that it was about "things with a sort of beauty that should appeal especially to the Japanese people," and that would "spread all around the world." Rational design and an aggregation of functionality responding to the entrenchment of resources was an approach that suited the government's policy, and above that, the fact that those simple forms were in line with the Japanese aesthetic deserved to be given great credit. In this sense, it is easily imaginable that Yamawaki and Kenmochi had developed self-confidence. In October of the same year Perriand's exhibition was held, some results were introduced at *Shidôsho*-hosted exhibitions of domestic livingware (at the Takashimaya department stores in Nihonbashi and Osaka). These shows attracted more than 30,000 visitors in total, which indicated the growing interest among the Japanese public. (figs.10, 11: p.240) In the fact that Perriand introduced a vernacular material feeling to the realm of modern design, Masaru Katsumi (1909-1983) sensed "a somewhat detached foreigner's penchant for eastern culture."[13] This is, as pointed out above, something that the Japanese were already aware of as a perspective, he was probably saying that he wants to see some further development in that direction.

Meanwhile, as a result of eight years of campaigning of Toshizô Matsuoka (1880-1955), selected by the Yamagata Prefecture as a member of the House of Representatives, in September 1933 the Ministry of Agriculture and Forestry's Research Institution for the Improvement of Rural Economy in Snowy Regions (commonly known as *Setsugai Chôsajo*, hereafter *Chôsajo*) was set up in Shinjô, Mogami-gun, in Yamagata Prefecture. 38-year-old Hiromichi Yamaguchi (1895-1978) from the Ministry's department of economics and welfare was appointed institute head. The *Chôsajo* was established as a "project for economic recovery in snowy rural areas, and research and training of economy-related snow damage control," and more concretely, was carrying out surveys of snow coverage, economy, and rural industries and side businesses. The third of these tasks was to boost – if only slightly – the incomes of farmers pursuing the processing of rushes (*igusa*), fur, homespun cloth, skiing materials, carpets, yarn dyeing and other processing of agricultural products as side jobs, whereas the subjects of investigation in this department have been increasing year by year.

In 1937, a group cooperating with the *Chôsajo* joined the Japan Folk Craft Association, and in the following year, *Chôsajo* director Yamaguchi established the *Mingei no Kai* (*mingei* society) and developed a close collaborative relationship with the Japan Folk Crafts Museum. In February 1940, Miyagi Prefecture and the *Yukiguni Kyôkai* (snow country association) co-hosted an exhibition of *mingei* works from Miyagi Prefecture in Sendai City, followed by the "Exhibition of Folkcrafts of Tôhoku" in May and June at the Japan Folk Crafts Museum and Mitsukoshi's main store respectively. These exhibitions marked a significant turning point from the *Shidôsho*'s previous efforts promoting craftwork to mingei-based regional development. In July, the so-called "7.7 interdiction" was issued. This rendered the production of the type of craftwork promoted by the *Shidôsho* as luxury goods nearly impossible, as the entire industry sector that the *Shidôsho* had been advocating was prohibited. The *Shidôsho* shifted its focus toward substitute articles and functionalist design (articles for daily use) in response to an entrenchment of resources. After 1937, the usage of substitute articles and the improvement of livingware became topics also in the aforementioned competition, until the event was discontinued altogether in 1942.

In June 1942, the *Tôhoku Chihô Shukôgei Shinkô Iinkai* (Tôhoku regional handicraft promotion committee) was put together with personnel from the *Chôsajo* and the Japan Folk Crafts Museum, together with officials from the Ministry of Commerce and Industry, the *Taisei Yokusankai* (Imperial Rule Assistance Association), and the *Shidôsho*. *Mingei* replaced the craftwork that up to that point had been subject of the regional promotion of Tôhoku.

3. Japan's Vision of Dominance in Asia – Vietnam and Japan

Following the "basic outline of the state policy" formulated by the Konoe cabinet on July 26th, 1940, on July 27th "guidelines for dealing with the situation brought along by the progress of world affairs" were adopted, demanding a "drastic cutoff of aids for the Chiang Kai-shek regime in regard to French Indochina." One day later, the Japanese troops moved into Vietnam, Cambodia and Laos. The USA, in support of the Chiang Kai-shek regime, responded with the nearly complete export stop of petroleum and scrap iron to Japan. Nonetheless, the Japanese government ignored this move, and signed a military agreement between Japan and French Indochina with the governor general in on September 22th.

Against this backdrop, the Japan Export Craft Association planned the first exhibition of Japanese craftwork in Vietnam, and entrusted the KBS (est. 1934, president: Fumimaro Konoe) with the display configuration. The KBS was also preparing for a planned exhibition of works at the Japanese pavilion (designed by Iwao Yamawaki) as part of an exhibition celebrating Constitution Day in Thailand. In the meantime, Perriand had received a request from the KBS for the exhibition in Vietnam. She left Tôkyô for Hakata in December, and finally arrived in Hai Phong by airplane from Taipei. One day after the vessel transporting the exhibits landed in Hanoi, news of the attack on Pearl Harbor threatened the realization of the exhibition, but it eventually took place as planned from December 23th until January 22th at the Grand Magasin Reunis (cat.no.213). In addition, it later traveled as planned to the Pomone craft shop in Saigon, where the exhibition was held on February 4-12th (cat.no.216). A total of 633 items by the likes of Isaku Nishimura (furniture), Kanjirô Kawai and Shôji Hamada (pottery), Okura Art China, Nihon Tôki (now Noritake Company), Andô Cloisonne and Mikimoto were sent and eventually displayed at this exhibition. Some of the works shown in the "Selection, Tradition, Creation" exhibition were supposed to be included here as well, but with the exception of the lounge chair, they could not be transported to the venue. At the two venues, a total of 251 items (40%) were sold, and more than 200 were department stores and craft shops.

In January 1941, Perriand gave a lecture at Hanoi National University in which she summed up her work in Japan, and proposed business projects for the purpose of an expansion of export from French Indochina to the Japanese governor general. Perhaps related to this, she left Hanoi at the end of January, and returned via Taiwan to Japan, where she stayed with the family of Isaku Nishimura. In July 26th of the same year, Japan and French Indochina signed a collective defense arrangement. The above-mentioned outline of the state policy was realized, and marked what has to be considered the first step toward the Greater East Asian Proclamation of 1943.

The independence movement in Indochina had been unfolding already since 1939 in the form of armed fights, which the governor general attempted to suppress with force. The entry of the Japanese army temporarily instigated the independence movement, leading to the formation of the Vietminh (Vietnamese Independence League) in May 1941, and ultimately, to a massive battle against France. With both Japanese and French troops in the country, Vietnam was maintaining a peculiar kind of peace situation. Perriand's activity was not something that took place outside the frameworks of the French colonial occupation and the Japanese new world order in Greater East Asia. On March 6th, 1945, after Japan attacked and disarmed the French army, the Vietnamese emperor was reinstated, and the country regained its independence. However when Japan finally surrendered on August 15th, the emperor abdicated, and on the 26th, the Vietminh entered Hanoi. The Democratic Republic of Vietnam was established. That meant for Perriand that she had to leave her asylum in the country, and carve her way completely on her own.

Conclusion – Surviving the War

Charlotte Perriand was not the only one who was tossed about by war and national ideology, and struggled in such troubled waters. After the fall of Paris, Le Corbusier moved to Southern France, and while Jeanneret gave himself up to the Resistance in 1940, around the end of that year Le Corbusier began to dedicate himself to the realization of his urban planning ideas under the Vichy regime.

In July 1942, the *Nihon Sekai Bunka Shinkôkai* hosted the "Asian Renaissance – Leonardo da Vinci" exhibition at the Ikenohata Sangyôkan in Ueno. The event was planned by Takehiko Kojima, who was promoting cultural exchange between Italy and Japan, and Junzô Sakakura was in charge of the display design (fig.12: p.240). However Kojima was arrested by the metropolitan police in May, before the exhibition opened, and given a suspended prison term in September for violating military secrecy. at the army's request, Fumitaka Nishizawa and a dozen other employees of Sakakura Associates were dispatched to the south in 1943, where they engaged in the construction of dormitories for pacification units and other purposes.

During the war, the *Shidôsho* was seeking new opportunities in fields directly related to military purposes, such as wooden aircraft parts (fig.13: p.240) and camouflaged airplanes. Yamawaki and Kenmochi were put in charge of these new endeavors, and assigned to the Ministry of Military Supply, where they engaged in research and development of molded plywood and glue. As the increase of agricultural production, one of the *Chôsajo*'s primary challenges, was fundamental for getting through the war, experimentation with mechanization and collaboration in farming started from around 1942. However in April 1943, four *Chôsajo* officials who were involved in these experiments were arrested by the special secret service police for violating the Peace Preservation Law. Their research into the rationalization of the farming business was apparently considered to be contradicting the landlord system.

The above illustrates how each institution was either forced to become part of the war machinery, or got involved in counteractions against it around the end of World War II. This is related to the fact that their work was concerning the bedrock of society, and hints at the significance and hazardousness of their endeavors. And because this is so, when peace was finally restored, there came an age in which the values of such assets were picked up again.

(Professor, Kanazawa College of Art)

[Notes]

1 *Kokumin Seishin Bunka Kenkyûjo handbook*, 1939
2 Tokugorô Nakahashi, "Kokuji (opening address)" in *Sangyô Kôgei Shikenjo 30-nen Shi,* Kôgei Gijutsuin Sangyô Kôgei Shikenjo, 1960, p. 18
3 Bruno Taut, *Nihon Bunka Shikan*, Meiji Shobô, 1936
4 Sutemi Horiguchi, in *Shisô*, January 1932
5 Sutemi Horiguchi, in *Shisô*, May 1934
6 Tilly Prill-Schloemann, in *Osaka-fu Kôgei Kyôkai Zasshi,* vol. 6, Osaka-fu Kôgei Kyôkai, January 1940
7 *Kokumin Seishin Bunka Kenkyûjo Report*, vol. 1, June 1933, p. 151
8 Takehiko Kojima, *Hyakunen-me ni aketa tamatebako*, vol. 4, Chichûkai, Sôjusha, 1995, pp. 254, 308
9 Isaku Nishimura, *Ware ni eki ari – Nishimura Isaku Jiden*, Karuizawa Bijutsu Bunka Gakuin, 2007 / 1st ed.: 1960, p. 167. This is why all of Haar's photographs of the Perriand exhibition published in *Shinkenchiku* are credited to "Club Sumer".
10 Kitarô Kunii, in *Kôgei News*, 2008
11 *Kôgei News*, vol. 10-5, May 1941
12 Iwao Yamawaki, in *Kôgei News*, vol. 10-6, 7, July 1941
13 See above.

Expectations in Modern Architecture – Things that Crystallized through the Exchange between Charlotte Perriand and Postwar Japanese Architecture

Hiroshi Matsukuma

The relationship between Charlotte Perriand and Japan has its origins in Perriand's meeting with her future associate, Kunio Mayekawa, at Le Corbusier's Paris atelier between the wars in April 1928. Mayekawa later introduced Junzô Sakakura as his successor at the atelier, and passed the baton on to him in June 1931. In April 1936, just before finishing his training at the atelier and returning to Japan, Sakakura gave Perriand "The Book of Tea" by Tenshin Okakura as something that "shows what Japan was all about", and promised to "invite her to Japan" in order to "share her own developments."[1] Sakakura kept his promise, and Perriand eventually received an appointment from the Ministry of Commerce and Industry's International Trade Administration Bureau with the aim to "improve the design of Japanese craftwork." Perriand set foot on Japan for the first time on August 21th, 1940. What followed was an encounter with Japanese culture that was immensely meaningful for Perriand and the relationship she built up over the following six decades before and after the Pacific War. In an interview made with Perriand in 1998 during what was to become the last exhibition in Japan during her lifetime, she gave the following answer to the question, "What is the origin of your creativity?"

Being born. People I met since my birth, including Le Corbusier, and such Japanese people as Kunio Mayekawa and Junzô Sakakura... These encounters broadened my horizon, and thanks to them I was able to go to Japan. I went to Japan with the aim to convey industrial know-how, but I actually learned from Japan a variety of things that gave me just as much as I could contribute. That's what we call dialogue. I was able to exchange with Japan because I didn't adopt a colonialistic attitude in terms of culture and philosophy.[2]

So what exactly is Perriand referring to when speaking of a "dialogue" with Japan? On first glance, it seems to be exchange on an individual level and within a very limited realm before, during and after the war, with Mayekawa and Sakakura, but also with Sôri Yanagi, her attendant and assistant during her first visit to Japan; Ren Suzuki, her cooperator after the war; and Kenzô Tange, who was indirectly influenced by Perriand. However, in my view this seemingly insignificant exchange as a coincidental product of history was in fact charged with great potential and expanse toward much higher goals of modern architecture at large. At this occasion I would like to give a brief outline of Perriand's pre-war activities, and discuss the significance of her exchange with Japan that continued until after the war.

1. Methods of modern design as proposed in 1941

Perriand, who arrived in Japan in August 1940 for the purpose of tutorship in the export craft sector, traveled around Japan under the guidance of Sôri Yanagi, visiting Kyôto and Nara, as well as Kurashiki, Yamagata and Akita. From her fresh observations of Japanese craftwork, architecture and gardening, she picked up an essence of design that could be adapted for contemporary styles. Furthermore, by setting an example and presenting concrete results to young researchers at the Ministry of Commerce and Industry's *Kôgei Shidôsho* such as Katsuhei Toyoguchi and Isamu Kenmochi, she demonstrated methods of modern design – in more concrete terms, the importance of implementing principles of analyzing how things come into being, and applying clear compositional structures in the process from the raw material to the finished product. In March 1941, Perriand's approximately six-month-long work in this vein culminated in the "Selection, Tradition, Creation" exhibition co-organized with Sakakura. The exhibition catalogue includes the following comment.

This exhibition can be considered as a result of my first arrangements in Japan, and it only marks one point of a new departure. It is not an exhibition that aims to manifest one standard form, but it showcases a variety of formats of expression as future possibilities. All kinds of things should be created while using this as a point of departure, which is exactly what gives us pleasure.[3]

These words reflect Perriand's humble desire to make the exhibition an opportunity for introducing methods of modern design to the people of Japan. In a lecture that accompanied the exhibition, Perriand further communicated the following, rather concrete message.

You are about to leave the subdued lifestyles of your ancestors behind, and enter a new age dominated by tension and speed. [...] At this new turning point, you must not hesitate where to go. There are three things I would like to suggest to you in this regard.

The first one is to preserve the splendid materials that you have been keeping pure and clean as part of your tradition. You should never give up such things as your attachment to beautiful materials and refined techniques, your sensitivity to beautiful forms, and your extraordinarily subtle sense of balance and harmony between things. One thing I would like to add here is that my request to preserve tradition does not mean to adhere perfectly to it. It means to stand on a solid foundation of tradition, and "move forward" from there. Genuine tradition can only be alive in a form of "progress" that is appropriate for a new age. The second point is to set up a new program for your lifestyle. [...] And finally, a betterment of production techniques in industrial art. You should not abandon your idea of generally advancing your own techniques within a greater picture of constant progress. These are things that I want to point out especially in consideration of your situation entering a new era while standing on a foundation of genuine tradition.[4]

What Perriand attempted to convey is the importance of advancing "beautiful materials" and "refined techniques" as aspects of Japanese tradition, into something suitable for the new age, through a "new lifestyle program" and "betterment of production techniques". However as the Sino-Japanese war had already broken out and was about to inflate into the Pacific War, the fresh new perspectives suggested here could not be translated into reality. Half a year after the "Selection, Tradition, Creation" exhibition, in October 1941 the Ministry of Commerce and Industry hosted an exhibition of "livingware corresponding with the economic system during wartime" at the same Takashimaya venue. The event took as its slogan the claim that "the beauty of simplicity can be found anywhere", and advocated "durability and robustness", "clearness and simplicity", "appropriate materials", "affordability" as indicators for articles of daily use. [5] After the war, Katsuhei Toyoguchi, who had been communicating with Perriand as a *Kôgei Shidôsho* staff member, reviewed the situation as follows.

After plunging into war, daily commodities were gradually adapted to military demand, and people's life philosophies were forcibly reduced to mere "survival". The government's commanding sophistry emphasized the "beauty of simplicity" and the "Japanese aesthetic of plainness".[6]

The precious seeds that Perriand had sown with her modern design methods were not picked up or even cultivated, but rather, quite ironically, trivialized into the form of "simple beauty" as an expedient for material control for the sake of the war system's operation.

2. What Japan overlooked in the 1950s

Now let me focus on the beginning of postwar Japan's recovery after the defeat in August 1945. From around 1951, after getting through the tough years immediately after the end of the war, then being liberated from the occupation of the United States of America, and regaining independence, the construction boom accelerated by procurements through the Korean War provided further tailwind that finally put Japan on the road to rehabilitation. In 1950, material control that had continued for a long time since before the war was completely lifted also in the realm of architecture, so that full-scale modern architecture utilizing ferroconcrete and steel frames finally became realizable. In a conversation in 1955[7], Junzô Sakakura illustrated how "the endeavors of modern architecture in Japan went serious for the first time after World War II," and as reflected also in Kenzô Tange's remark, "Japanese modern architecture definitely has its origins in the years after the war," the 1950s marked a long-coveted restart for Japanese modern architecture after being forced to a full stop by the war.

The question is, however, to what extent Japanese architecture at the time had taken notice of the modern design methods, based on a foundation of tradition, that Perriand had been proposing before the war. After the war, the center of gravity of modern architecture shifted from Europe to America. Against the backdrop of rapidly progressing industrialization, while novel buildings were springing up one after another, Japanese architecture did not study its own shoes, but hurriedly embarked on a pursuit of cutting-edge technology and design trends. On the other hand, Japan that managed to return to the league of international architecture after the war received a string of visits from noted architects from overseas such as Richard Joseph Neutra (1951) and Walter Gropius (1954). Just like Perriand and Bruno Taut before the war, they recognized and repeatedly commended the essence of modern architecture in the Katsura Imperial Villa, Ise Shrine and private houses. While the fast and furious transformation from timber construction to modern architecture drew the world's attention to Japanese, architecture critic Yûichiro Kôjiro offered in 1954 his own personal interpretation of Japanese modern architecture.

Japanese architects, especially young people like us, work almost exclusively in timber construction, and unless they are very lucky, there is no chance to work with steel frame or ferroconcrete. [...] When I take a look at the way we are approaching timber construction, this means to question the state of timber construction in the context of modern society, and eventually it probably also means to measure the weight of manual work in modern architecture.

Now does it usually happen that we think about the past history and tradition of Japanese architecture? Or do we reconsider Japanese traditional architecture from the viewpoint of modern architecture when designing a building? From around the time when modern architecture made its first steps in Europe, Western architects were focusing on Japanese exquisite timber construction methods, and went on to industrialize these.[8]

It is difficult to imagine now, but as I wrote self-deprecatingly at the beginning of this text, Japan in the 1950s was still a place of wooden architecture. A look at statistical data shows that it was around 1963, the year before the Tôkyô Olympics in 1964, that Japan "stopped being a country of wooden houses."[9] Just because it was a time when construction in a full-fledged modern style had become possible, Kôjiro, like Western architects did before the war, reevaluated from the "viewpoint of modern architecture" the tradition of timber construction and the significance of manual work as a supporting pillar, with the aim to discuss the importance of connecting these aspects with modern architecture. In addition, in the same text, Kôjiro went on to outline the following point of view.

I wonder what kind of role Japanese timber construction is going to play, and what position it is going to gain in the development of modern architecture. [...] Although the expanding and intensifying modernization process is probably going to leave only a minimum of room for manual timber construction work, like Alvar Aalto worked out magnificent designs with softly curved lines considering the customs and abundant lumber resources of his native Finland; like Le Corbusier proposed an exquisite combination of stone and timber work in the Villa Le Sextant (Les Mathes); like Wright established sound forms combining gently sloped roofs and low, overhanging eaves; [...] and finally, like the Japanese custom of timber construction continues to attract attention for its simplicity and geometrically modular approach regarding proportions and gardens (nature) even today, in terms of artistic quality it is more likely to weigh rather heavily within the movement of modern architecture.

That is because architecture, like other artistic formats such as painting, sculpture or literature, has a role in the creation of a new human mind, and it might in fact even be the very foundation of it. And even more than that, it is because this connection with the human mind is exactly what modern architecture has dropped most carelessly in its developmental process up to the present day.[10]

Kôjiro concludes, "I am seeing the possibility that the modern and artistic quality of manual work might be ahead of modern architecture, and I recognize its potential role as a pioneering force in the international arena." We can extract from this statement the basic idea that the long-cultivated indigenous culture of wooden construction and tradition of manual work is the rich soil that provides modern architecture with artistic inspiration, which leads us directly to Perriand's own pre-war endeavors. However, this point of view as well was not widely shared at a time when the rapid economic growth shifted the architectural boom into full swing in the late 1950s.

3. From "home equipment" to the "art of living"

It rather was Charlotte Perriand, who felt deeply about the meanings of things she had noticed during her first encounter with Japan, and who after the war continued to work on the materialization of what she was having in mind. In an interview conducted in 1998, the last year of her life, Perriand made the following comment.

There was one important thing. Japanese architecture is very democratic, and the same types of houses have been built in all parts of the country. It was like that especially at the time of my visit. The elements for building traditional houses were the same, be it the Imperial Palace or a farmhouse. What was different was only the quality of timber, cloth and paper used, together with the frequency of renewal of these parts. Other than that, the basic structure was identical. This is a solitary example in the world, as it worked like this only in Japan. Standardization took place here as well, but always on a project-to-project basis. We have individualism here.[11]

As if in support of this statement, Perriand recalled in her autobiography, published in the same year, how she was "delighted to see the principles of [their] avant-garde dreams expressed throughout an entire country."[12] She was obviously amazed by the fact that the principle of creating free and comfortable spaces with standardized components as a product of industrialization, which the avant-garde – the pioneers of the modern architecture movement around Le Corbusier – was pursuing, were realized in Japan as if it had always been part of the daily routine. Concretely speaking, Perriand further wrote in her autobiography, "I was obsessed by Japanese dwellings, which, for all their strict standardization, do not in any way create a sense of uniformity. Their concept of fully built-in storage gives rise to order and spaciousness in the dwelling place."[13] Striving to realize a "standardization of storage" through industrialization in postwar France, Perriand proposed a light and simple, "novel type of sliding door" inspired by Japanese paper screens and *fusuma*, and experimented with designs for open interior spaces. She eventually presented one prototype in the form of kitchen and bedroom storage at the "Unite d'habitation" housing complex in Marseille, a product of her collaboration with Le Corbusier in 1950. What is particularly interesting is that at that point, Perriand found in the "order by standardization" that she had learned in Japan a quality beyond mere functionality. In the spaces for inhabitation that can give freedom to those who use them, she discovered the "art of living". Her autobiography further includes the following explanation.

Corbu had replaced the phrase "decorative arts" with "équipment de l'habitation" (furniture and fittings); I subsequently replaced it with "l'art d'habiter" (the art of domestic living), which I later shortened to "l'art de vivre" (the art of living), the title of my exhibition at the Musée des Arts Décoratifs in 1985.[14]

The changeover from "home equipment" to the "art of living" as described here is in my view the exact goal of modern architecture that Perriand had discovered via Japan, and made the central theme of her life and work. This is also why she included the following line in a text for the "Exposition Proposition d'une Synthèse des Arts. Paris 1955. Le Corbusier, Fernand Léger, Charlotte Perriand" that was held again in Japan in April 1955. "It is impossible for me now to imagine that home equipment could get separated from architecture and 'art'." This was followed by what seems to be an attempt to sum up her work up to this point.

The central theme of the exhibition developed from an ensemble of furniture composed of chairs, tables and cabinets. These are still prototypes resulting from a three-year-long process of experimentation before sending the respective items to mass production. While industrializing the fabrication of these components using materials like aluminium or plastic in order to make them producible in large amounts, I added such artisan's work as wooden table plates that highlight the characteristics of the respective basis material, in a way that the original values of both mechanically and manually produced elements are preserved.[15]

Cabinets and other furniture structuring dwelling places – like *tatami*, paper screens and sliding doors do in Japanese houses – first need to be developed to a certain level in the form of standard prototypes to be fit for mass production, and at the same time, they have to retain the value of "handmade goods" in order to be convenient and user-friendly. It must have been Perriand's vision that this down-to-earth approach would ultimately present her with a housing space as a synthesis of the arts. Nonetheless, the methods of modern design that Perriand aimed to illustrate in a clearer style in this second exhibition were met with little understanding in the realm of Japanese architecture. In her autobiography,

Perriand recalls the state of things in Japan at the time of the exhibition with the following retrospection.

The Japan I was leaving still contained something of the land I'd known in the forties. [...] However, economic necessity means that the country is producing buildings, factories, and objects that, in essence, take their inspiration from the West and slowly infiltrate into the framework of Japanese life. Today, this country is split between two opposing civilizations.[16]

Perriand was observing how the tradition that miraculously had survived in Japan was being "torn apart" and gradually extinguished by "economic necessity" oriented Western European style modernization without even noticing. Nonetheless, continuously since before the war, Japanese architecture was dropping valuable clues by not exploiting its own proper virtues.

4. What Kenmochi was seeking in Perriand's work

Against this backdrop, there was one contemporary of Perriand who had a particularly deep understanding of her work. It was Isamu Kenmochi, a leading figure in postwar Japanese design. He had been in touch with Perriand since before the war when he was still working at the *Kôgei Shidôsho*, and continued his efforts after the war as head of the design department at the renamed *Sangyô Kôgei Shikenjo* (Industrial Arts Institute). As chance would have it, in July 1955, immediately after the "Exposition Proposition...", he started up his own design office and began to work independently. A little earlier, for approximately seven months between April and November 1952, he had been sent to the USA as a public servant, where he was able to witness the leading edge of design, and meet the likes of Charles Eames, Mies van der Rohe, Philip Johnson and George Nakashima. According to a text written right after his return to Japan[17], the most surprising part of his observation was "the extent to which modern design was pervading the lifestyles of the American people," as Kenmochi "hadn't imagined that it had been popularized that widely." He was additionally confronted with the fact that Japonesque types of design were widely spread, which made him suspect that "they were already advancing what [we] Japanese designers were supposed to do." "The main path of serious export craft that no-one seems to be handling," he added, "is lying right here." At the time, Kenmochi was probably becoming desperately aware of the huge potential of uniquely Japanese modern design, which Perriand had proposed in her position as an advisor in export craft before the war, as the one "main path of export craft" that should have been taken care of before anything else. That is exactly what inevitably prompted him to close his text with the following question toward Japanese designers who at the time were eager to introduce aspects of Western design.

It seems that we are so preoccupied with the state of affairs overseas that we are about to forget our own fundamental strengths. Before we knew it, such concepts as "being behind" or "absorbing" other countries' styles have obviously turned into "copying the traces" of other countries. People overseas are respecting our achievements, but aren't we at the same time abandoning the things that make them worthwhile and respectable in the first place? In terms of techniques, we need to assimilate foreign styles much more aggressively. However in regard to creativity, when deliberately pushing through one's own inventive work, it is not necessary at all to care about foreign products as a fashion.

Considering this, we begin to see the reason why Kenmochi suddenly set "Japanese modern" as a goal right after this. Unfortunately, this expression was misunderstood, and Kenmochi was criticized for encouraging a cheap and easy Japanese style. Nevertheless, he responded to this with the following written statement that communicates his intent more precisely.

"Japanese modern design" [...] refers to what can be considered as good design in Japan today. It is not a title or motto for a special new style I am striving to establish. [...] The (Bauhaus) movement of Walter Gropius and the people who gathered around him was not about the establishment of a style, but it was an investigation into human ways of life in the industrial age.[18]

Kenmochi had also met Bruno Taut, who was invited by the *Kôgei Shidôsho* in 1933, prior to Perriand's appointment. He gathered various materials and catalogues of high-quality German products reflecting the impact of Bauhaus, with the aim to learn also directly from the front line of design.[19] This is probably why, as this text suggests, he championed "Japanese modern design" as a form of "investigation into human ways of life in the industrial age" that was lacking most in postwar Japan. In 1960, when Perriand finished "L'agence Air France Tôkyô", her first and last actual work realized in collaboration with Junzô Sakakura, Kenmochi wrote the following comment.

Working on this new Air France office must have been quite satisfactory for Perriand herself. [...] It can be considered as a classical case of exhaustively displaying the proper modalities and basic requirements (conception, technique, etc.) of interior design. [...]

The building's almost epoch-making constructional details and use of materials also showcase Perriand's qualities as a technical inventor.

I can only nod time and again in sympathetic agreement that it was a genuine result of her inventiveness. [...] I dare say this work demonstrates that Perriand is one distinguished Western designer with a profound understanding of the concept behind shibui – simple, austere elegance – that is supposed to be understood only by Japanese people. [...] I express my boundless praise and congratulation.[20]

It must have been Kenmochi's desire to indentify the Japanese modern design that he was pursuing with Perriand's work. However, in light of the rapid economic growth the Japanese reality was demanding a consumptive fashion sort of design, and cared little about this idea. Kenmochi's partner Tetsuo Matsumoto wrote down that he felt "an irretrievable loss of spirit in the materially full-grown Japanese people's life attitude due to economic growth"[21], which suggests how Kenmochi consequently ended up cornered as a "tragic designer of contemporary Japan".[22]

5. Modern architecture – an unfinished project

According to Perriand's autobiography, the scope of her work was in fact limited due to the revision of the French architectural system after the war. However she took advantage of her independent position, and continued to expand her activities in the realm of design in various collaborative teams until the final years of her life. The following comment Perriand made in an interview for a magazine in 1992, after the death of Japanese architect Kunio Mayekawa, whom she had first met at Le Corbusier's atelier, sheds some light on the basic undercurrent of her endeavors.

What Le Corbusier's work is radiating is his way of exploring interpretations of the modern age. People can only discuss the modern age from the environments they are placed in, and accordingly, they produce different results (forms) when placed in different environments. Mayekawa was understanding this. He found his own unique way of associating his environment, shaped by the roots of his Japanese nationality and tradition, with aspects of modernity.[23]

Here Perriand attempts to identify Mayekawa's work with what Le Corbusier was advocating, and reconfirm the idea that the question how to interlink tradition and modernism within one's own environment was one major challenge for modern architecture. In her autobiography, she recalled that Mayekawa was "the most traditional of architects and at the same time the most contemporary,"[24] and added the statement, "Living is all about making use of what's inside us."[25]

Now what exactly is it that gradually crystallized from Perriand's exchange with the realm of architecture in postwar Japan? It is a search for a constant relationship between humans and architecture within its continuous history and surroundings, and Perriand's efforts looking for ways of restructuring and improving that relationship, which I believe she found in the universal value of Japanese timber construction culture. Her autobiography closes with what seems to be her own message to the future.

Society is the product of individual awareness, which is what should steer and motivate our world. We have to take responsibility for ourselves and anticipate the future. We have to pave the way for another path of reflection, another branch of research.

[...] Another day begins.[26]

What is it that we are expecting from modern architecture? As long as we face this question eye to eye and maintain our eagerness to open such "paths of reflection", Perriand's work and way of life will surely continue to provide invaluable hints and encouragement.

(Professor, Kyôto Institute of Technology)

[Notes]

1 Charlotte Perriand, in the "Hommage to Junzô Sakakura" exhibition catalogue, The Museum of Modern Art, Kamakura, 1997
2 *SD*, December 1998
3 Charlotte Perriand (transl. by Junzô Sakakura), *Selection, Tradition, Creation,* Koyama Shoten, 1941
4 Charlotte Perriand, in *Gekkan Mingei*, April 1941
5 *Kôgei Nyûsu*, November 1941
6 Katsuhei Toyoguchi, in *Kôgei Nyûsu*, June 1953
7 *Kenchiku Bunka*, March 1955
8 Yûichiro Kôjiro, in *Kenchiku Bunka*, March 1954
9 Teijirô Muramatsu, *Nihon kindai kenchiku no rekishi* (The History of Japanese Modern Architecture), NHK Books, 1977
10 See above (8)
11 See above (2)
12 Charlotte Perriand, *A Life of Creation – An Autobiography,* The Monacelli Press, 2003, p. 149
13 See above p. 234
14 See above p. 232
15 Charlotte Perriand, in *Living Design*, April 1955
16 See above (12) p. 249
17 Isamu Kenmochi, in *Kôgei Nyûsu*, February 1953
18 Isamu Kenmochi, in *Kôgei Nyûsu*, September 1954
19 Katsuhei Toyoguchi, in *Kenmochi Isamu no sekai* (The World of Isamu Kenmochi), Kawade Shobô Shinsha, 1973
20 Isamu Kenmochi, in *Interior*, No. 4, 1960
21 Tetsuo Matsumoto, in *Kenmochi Isamu no sekai*, Kawade Shobô Shinsha, 1973
22 See above (19)
23 *SD*, April 1992
24 See above (12) p. 364
25 See above p. 374
26 See above p. 382/383

Kenzô Tange and Charlotte Perriand – Establishment and Demonic Integration of Art in Japan

Saikaku Toyokawa

1. Introduction

During her repeated visits to Japan, Charlotte Perriand exerted influence on many domestic designers, including also architect Kenzô Tange. While evaluation of Tange's work has so far been focused mainly on large-scale city planning projects, his liaisons with such artistic fields as painting and sculpture, as well as interior and industrial design, remain in fact largely undiscussed. Nonetheless, when looking at Tange's achievements in detail, it becomes clear that he learned a great deal from Perriand, and borrowed her ideas to create something unique in collaboration with Japanese interior designers.

In this essay, I will first touch upon Tange's thoughts on Perriand, publicized at the time of the exhibition "Proposition for a synthesis of the arts, Paris, 1955 – Le Corbusier, Fernand Léger, Charlotte Perriand" (hereafter: "Proposition") in 1955, and assess Tange's standpoint toward, and distance from Perriand. I will then try to get a clearer picture by focusing on two particular perspectives – historical standpoint and geopolitical view – that Tange frequently resorted to when discussing the establishment and integration of art in his review of the exhibition. Furthermore, I am going to interpret Perriand's impact on Tange's own approach to furniture design, based on documents of Tendô Mokkô and the Kagawa Prefectural Government Office, and trace the trajectory of efforts toward a demonic integration of architecture and the arts in Japan.

2. Tange's review of the "Proposition" exhibition: Standpoint toward, and distance from Perriand

In April 1955, Sankei Shimbun and Takashimaya co-hosted an exhibition titled "Le Corbusier, Fernand Leger, Charlotte Perriand: Proposition d'une synthese des arts 1955". After visiting the exhibition, Tange penned a review using pictures taken by photographer Yasuhiro Ishimoto, in which he explicitly discussed Perriand's role in the course of modern architecture.

Tange called Perriand "a remarkable apprentice of Le Corbusier, and his good partner in interior decoration"[1], and further esteemed her for not belonging to those designers who solely rely on industrial styles such as that of Charles & Ray Eames. According to Tange, Perriand has been focusing her selective eye on both industrial methods and the legacy of handicraft, which she exerted most brilliantly in the "Meuble-écran" (partitioning furniture; cat.no.246). The rack combined aluminium partition boards manufactured in France, and shelf plates handmade of Japanese cypress, and marked a "peculiar yet magnificent accomplishment of a synthesis between mechanical and manual production." Her small dining-room chair, a Japanese-produced stackable chair made of molded plywood (cat.no.292), was based on an industrial design that required artful cutting, yet at once it was "reminiscent of Japanese traditional shapes as it resembled *tamagushi* paper strips," as Tange remarked. He attributed these achievements to Perriand's calculation of room and furniture proportions according to Le Corbusier's Modulor, and mentioned at that occasion that Japanese design has been based on the *kiwari* (component dimension calculation) system since ancient times.

To sum it up, Tange concluded that Perriand has achieved with her delicate fusion of European industrial style and Japanese craftsmanship a type of design that is reminiscent of Japanese traditional styles, and that exerts a magnificent effect as "an indicator of future establishment and integration of housing and furnishing in Japan."

At the same time, Tange argued that Le Corbusier's tapestry and Leger's murals were somewhat out of line, as this exhibition was designed to highlight first and foremost Perriand's strongly Japonesque orientation. According to Tange, Le Corbusier's paintings were dominated by a "demonic gloominess", which he explained with the designer's eagerness to establish architecture and art in society while looking squarely at European reality, struggling, and communicating with the people. On the other hand, Leger's paintings were beautiful but subliminally radiating a "weak, buoyant attitude toward Europe", which prompted Tange to guess that they would be well-received in America, and eventually be integrated into American modern architecture.

3. Tange's temporal perspective: Ancient, Medieval and Modern Times

Prior to this exhibition, at the fifth CIAM held in 1947, the question how to define the role of sculpture and painting in the realm of architecture was a topic of debate. In his comment in this matter, Tange pointed out that the reasonability of modern architecture has been chiefly discussed in relation to the economy, while in post-war Europe there is even a "paradoxical proposition emerging, according to which it is precisely the unnecessary that becomes essential in the human reflection and attempt to regain supremacy over economic factors." As a result, he diagnosed that "in the modern age, man is demanding the things that economy renders unnecessary."[2]

From that point, Tange traveled back in time, to the amalgamation of the arts around the agora in the ancient Acropolis; to the medieval cathedrals and piazzas that played a similar role; and to the Renaissance era Medici chapels that were distinguished sculptural spaces as much as they were architectural constructions. Once sculpture and painting had lost the patronage of religion and aristocracy, however, panels were taken as they were out of churches and castles, and locked up as separately framed artworks at exhibition venues. Some arts blended in with mass society, and expanded and diffused their sphere of activity to industrial and product design, resurfacing in cigarette packages, cars and refrigerators for example. Quite in contrast to that, those who wanted to protect framed art were left with no choice but take their stand like art lovers on "shaky ground as unsteady as floating weeds." This led Tange to seek in city planning a new momentum for re-establishing and re-integrating the easily polarizing arts.

Based on such historical views, Tange offered a sophisticated explanation of the phases of the arts in the modern age, using a metaphor in which architecture was the rigid father, art the beautiful mother, and industrial design the independent daughters. Accordingly, the behavior of the independent daughters (industrial design) attracted the public eye, and beautified life and the city, but their bodies were so ephemeral that they lasted only as long as the fashion of their attire. Tendentially pursuing functionality and substance, the father (architecture) demanded from his daughters to return to a healthier body, whereupon the daughters replied, "We want to attract all the men out there. We don't need your stiff and formal thinking, but we only need to worry about form and color."[3] The mother (art), as the metaphor continues, sadly complained about just how carelessly the daughters were wearing the beautiful things she had created with her own hands, and scattering them all over the place.

4. Tange's geographical perspective: Europe, North and South America

For Kenzô Tange, art has always been an integral part of architecture, whereas paintings, sculptures, and daily life utensils have each carved their own niches in the social construct called architecture. In addition, modern art has discovered such terms as abstractness and functionality, which eventually came to be confused with artistic value. Only after entering the mid-1950s, "modern art has finally begun to take root and gain social reality around the world, on the soil defined by the respective country's own society, economy, climate and modes of life."[4]

Meanwhile, American art critic Aline Saarinen suggested that paintings and sculptures should ideally be used as merely ornamental parts of modern architecture, to create "nuances or textures of walls and spaces". She went as far as to claim that "the murals of Diego Rivera or Rufino Tamayo completely failed in regard to their relationship with architecture,"[5] which caused a rather vigorous reaction from Tange. In his view, "the originally European visual language of abstractness and functionality has found the necessary ground for expansion in the tradition-less, nonhistorical American society and the industrial world." He replied to Ms. Saarinen with the following counterstatement.

American art and architecture critics apparently claim that paintings by Mexican artists for example were not appropriate for use in modern architecture, but when looking at the difference in the way of establishment from the viewpoint of that respective country, even if I tolerate architecture like epitomes of American functionalism, I can't help but look somewhat scornfully at a sort of integration that totally subjugates paintings as mere textures of the walls and buildings they are brought into.[6]

Tange was considering the integration of painting and architecture in America to be overly optimistic, and he dismissed it as a phenomenon that is unique to a place void of history. In Europe, quite differently, progress and tradition are intertwining demonically possessed by history as Tange puts it, and he cites the fusion of industrial and hand-made as realized in the collaboration between Perriand and Le Corbusier as a shining example. Furthermore, Tange appreciates modern architecture in South America, which is reflected in the following statement.

In Mexico, the eagerness to re-forge history is strangely mixed with nostalgic feelings toward the Inca Empire, and this mixture symbolizes the hopes and desires of the people. This kind of ethnic force creates a momentum for an integration of the arts, whereas architecture, painting and sculpture accomplish a demonic unity while at once each retaining its own self-assertive position. The visual language of abstractness and functionality is being used freely here, which however doesn't mean that it appears in its raw shape. The way art has been established and integrated in Mexico deserves attention as something with a peculiar set of issues.[7]

Tange's understanding of modern architecture expressed itself in concrete action, and was quite evidently reflected also in his reactions as a jury member at the Sao Paulo Biennial. By recommendation of Walter Gropius, Tange was appointed one of the judges next to Philip Johnson and Marcel Breuer at the Biennial in September 1957, and eventually nominated the Ciudad Universitaria de Caracas in Venezuela (designated a World Heritage Site in 2000) against the protest of Johnson and Breuer. They objected claiming that the building, co-designed by architect Carlos Raul Villanueva and sculptor Alexander Calder, was not at all interesting when removing the sculptures and paintings and looking at the architecture alone. Even though Tange himself admitted that it wasn't state-of-the-art architecturally, he explained that "the important thing is that the mixture of these elements has given rise to a different type of unified expression and effect that cannot be attained with architecture alone, and that sculpture itself is unable to produce."[8] The complex was eventually given a Special Award.

5. Tange's collaboration with designers: Perriand, Isamu Kenmochi and Riki Watanabe

In the mid-1950s, Kenzô Tange observed from a broad perspective how the originally European modern architecture was received in North and South America, and sent a wave of alarm across Japan when referring to a "lameness and disintegration of the different categories of art"[9] in the country. In September 1956, for example, Tange received a letter from Italian architect Gio Ponti's daughter Litizia, in which she pointed out that Japan was late with its registration for the Milan Triennale 1957. In his reply, Tange apologized for the verspaetung, which he explained with two reasons – lacking budget and communication between the International Design Committee, the *Kokusai Bunka Shinkôkai* (predecessor of the Japan Foundation) and the Ministry of Foreign Affairs, and the fact that the group representing Japan was still to be determined among JIDA and other design organizations. A similar thing happened again at the World Design Conference 1960 in Tôkyô, after which all the world knew of the lacking communication skills of Japanese designers.

Grieving over such "lameness and disintegration of the different categories of art", Tange made several attempts to accomplish in his own design a fusion of architecture, painting, sculpture and daily commodities, and I would like to introduce below a few projects that particularly involved Charlotte Perriand.

1) Former Tôkyô Metropolitan Government Building (construction completed 1958)

For the design of the former Tôkyô Metropolitan Government Building, Tange collaborated with Perriand and Tarô Okamoto. The governor's office was fitted wih Perriand's "partitioning furniture" that was also on display at the "Proposition" exhibition (cat.no.300), while Tarô Okamoto's mural painting was installed in the ground floor piloti area. Tange commented on the artistic integration in the Government Building as follows.

I will come back to the artistic integration in this case some other time, but anyway, what I consider to be most important here is the fact that the different artistic genres cooperate without compromising or losing their individual independence. It is a form of unification implicating confrontation in a way, and I guess that's what facilitates a true 'integration' rather than simple addition.[10]

With "unification implicating confrontation", Tange refers to his cooperation with artists as fundamentally different, and with different cultural backgrounds, as Okamoto and Perriand respectively. Tange further comments on the overall composition of the Government Building by focusing on the horizontal and vertical structures of concrete and steel. It marks the realization of a plastic sort of contrast and coherence on the premises by way of an "accumulation of small cubical paving stones"[11] outside the building. The approach tried in the Government Building received praise also in a conversation with Isoya Yoshida and Ryuzaburo Umehara, the originators of modern Japanese-style housing (fig.1: p.250).

Yoshida: "The Tôkyô Metropolitan Government Building, for example, needs that Okamoto painting. The building would be totally boring without it. The painting is what breathes life into the entire architectural construction. In that sense, I think Okamoto's painting is a true masterpiece."[12]

Just like Tange deciphered and lauded the design intent behind the University of Caracas, Yoshida understood what Tange intended with his design, and called it a successful example of a future integration of arts in Japan.

2) Kagawa Prefectural Government Office (completed 1958)

The design of the Kagawa Prefectural Government Office was a collaboration between Kenzô Tange, Genichiro Inokuma and Isamu Kenmochi. In a letter to Tange, Inokuma expressed his gratitude for being assigned to paint a mural in the ground floor piloti area, and positively commented on Tange's choice of Isamu Kenmochi for the furniture design, "I'm really happy that Kenmochi has agreed to do the furniture. After all, a new building fitted with new furniture is quite an uncommon case here in Japan."[13] Upon close examination of the layout plans Kenmochi submitted to the Government Office, the cabinet (W2700, H2064, D450) installed as a partition between the chairman's office and reception room shows a strong influence from Perriand (fig.2: p.250). While the cabinet's design dominated by horizontal braces layered upon inserted vertical members reflects a similar approach to Perriand's, its components of glass and fluorescent light instead of aluminium created a distinctly individual tone. The design of this furniture was based on the same Modulor (300, 600, 900, etc.) that Tange had also applied at the Kagawa Prefectural Government Office.

The furniture in the parliament building and the reception in the ground floor piloti area was designed by Koji Kameya of Tange Lab, quite obviously drawing inspiration from Perriand's shelf design (fig.3: p.250). Kamiya's shelves, however, were based on horizontally long rectangular frames tiered in intervals around vertical elements, but didn't include horizontal braces as used in Perriand's shelves. Kamiya also designed benches and the exterior garden, whereas the combination with Inokuma's ceramic panels resulted in a superb artistic integration accomplished in a public space (fig.4: p.250). Endeavors like these endeavors were certainly underpinned by Tange's architectural philosophy pursuing an artistic integration in Japanese modern architecture on the scale of city planning, while soberly observing the developmental process of modern architecture in Europe, North and South America.

3) Sôgetsu Hall (1958)

Tange Lab was assigned with the construction of the Sôgetsu Hall by Sôfu Teshigahara, based on a plan that included Teshigahara's own garden design, and a combination of carpets and tables designed by Charlotte Perriand, and Tange-designed chairs (fig.5: p.250). Hidehiko Saitô of Tange Lab was the designer in charge of these chairs, which were first used in the Sumikinenkan (now: Sumikaikan), and later delivered also to the Sôgetsu Hall, Kurashiki and Imabari Municipal Government Buildings among others. The chair design was based on one three-dimensionally bended sheet of molded plywood, and would have been impossible to realize without the advanced technology of Tendô Mokkô (fig.6: p.250). Characterized by a sense of stability as if planted in the arms of a headless clay figure, the chair suggested at a glance that it was way ahead of the contemporaneous modern design trends. The people at Tendô Mokkô called it "dakkochan" (lit. "huggy") – an appropriate nickname considering the chair's capaciousness and Japanese shaping. When looking at "dakkochan" in the context of Tange's orientation at the time, it can be seen as a result of Tange's trial and error in the process of applying in his own design the fusion of industrial fabrication and handicraft that he had discovered in Perriand's furniture.

Tange explains about his design of the Sôgetsu Hall that it is leaning toward a "Yayoi-esque", and even more than that, a "Jômon-esque" sort of style. The former refers to an "aesthetic system focused on the linear order and balance of a space" as archetypically implemented in the former Tôkyô Metropolitan Government Building, whereas the latter reflects a "massively animate kind of structure that rather appears directly out of daily life and work, and is far too rustic to speak of art or culture." (fig.7: p.250).[14] When reviewing the "dakkochan" design from this perspective, one can understand that the designer intentionally chose the heavy Jômon period clay figure representing the exact opposite of sophistication and airiness, and further remembered the conflict between modern architecture and Inca civilization in the case of the University of Caracas.

4) Dentsû Inc. Osaka Branch (1960)
After completing the Kagawa Prefectural Government Office, in the following year Tange assigned Riki Watanabe to design furniture for the Osaka Branch of Dentsû Inc. Watanabe sent Tange, who was in the USA at the time, the following message.

Essentially, I understand that your theory is make furniture voluminous enough to counterbalance the volume of the surrounding architecture, like the furniture in the Sôgetsu Hall for example.

I do agree that the volume (in addition to the high quality) of Perriand's shelves in the governor's office is absolutely fitting, however I don't want to be a mere imitator of Perriand's sense of volume, and as I am not very confident when it comes to volume, I'm not quite sure what to do.[15]

These lines speak volumes about how much Tange and the designers in his environment were aware of Perriand in the late 1950s, and how they struggled in their efforts to surpass her. When looking at photographs of the finished boardroom table that seems to be a product of such effort, the floating top resembling Lissitzky's "Prouns" suggests a return to the very basics of modernism.

5) Atami Garden Hotel (1962)
Watanabe's mention of "furniture voluminous enough to counterbalance the volume of the surrounding architecture" reminds one of Tange's and Kenmochi's collaboration on the Atami Garden Hotel and the Kashiwado Chair. The latter, a chair made by hollowing out a mosaic block of cypress wood, was designed with the idea in mind to counterbalance the volume of the hotel's massive, concrete-dominated architecture (fig.8: p.250). In the words of Arata Isozaki, "this dumpy chair like a lump of pure mass finished without awkward elaboration overwhelms with its devastating sense of presence."[16]

There is no way of knowing to what extent Kenmochi was aware of Perriand at the time, however it is absolutely possible to rate the Kashiwado Chair as an optimum solution regarding the furniture voluminous enough to confront modern architecture that Watanabe wrote about. We can interpret its creation as the birth of a totally new type of furniture, realized by abandoning all the industrial techniques of wood bending and molding learned from Europe before and after the war, and concentrating on the method of carving out instead.

6. Conclusion

I have outlined above Kenzô Tange's historical viewpoint of the arts and how it was reflected in his own design work, as well as his collaboration with furniture designers, revolving around the relationship between Tange and Charlotte Perriand. What repeatedly crystallized throughout this summary is the implementation and purport of an integration of the arts on the scale of urban planning.

Tange received the Grand Prix International de L'Architecture et de L'Art in June 1958, which he celebrated with a boat party on the Seine in Paris (fig.9: p.250). Party guests included Charlotte Perriand. The following is an excerpt of Tange's speech at this occasion.

We Japanese architects have learned from your country a great deal about contemporary architecture. Especially Le Corbusier's contribution to architecture in Japan is immensely meaningful.

Building on the things that your country has taught us, we are striving to forge a kind of contemporary architecture that reflects Japanese reality, and that properly carries on our tradition.

As it is probably the case in any country around the world, some people in the realms of academism and bureaucracy glorify the "good old days" regarding this type of creative work. The resistance and opposition from such people exists in Japanese contemporary architecture as well. Receiving an international award in a situation like this is not only an honor for me personally, but it is at once an occasion that encourages likeminded Japanese architects.

While I am feeling somewhat embarrassed as to whether Japanese architects will be able to live up to these expectations, we are determined to continue making utmost efforts.[17]

The cooperation between Le Corbusier and Perriand in France became a model for Tange's collaboration with Japanese artists. However, Tange not only followed this example, but against a historical and climatic backdrop different from that in Europe, he committed himself to the sublimation of public spaces with the aim to create something worthy of being considered as his country's genuine modern design. In other words, instead of lapsing into mere nostalgic longing like an antique dealer, Tange wrothe in agony in pursuit of a fusion of industrial and manual production significant enough to "symbolize the hopes and desires of the people."

(Associate professor, Department of Architecture,
Oyama National College of Technology)

[Notes]

1 Kenzô Tange, *Bijutsu Techô*, May 1955, pp. 51-60
2 Kenzô Tange, *Atorie (Atelier)*, July 1952, pp. 54-55
3 Kenzô Tange, *Bessatsu Mizue*, May 1953, pp. 84-85
4 Kenzô Tange, *Geijutsu Shinchô*, May 1955, pp. 71-73
5 See above (4), pp. 71-73
6 Conversation between Kenzô Tange, Tarô Okamoto and Sôri Yanagi, in *Geijutsu Shinchô*, May 1955, p. 51
7 See above (4), p. 73
8 Kenzô Tange, *Geijutsu Shinchô*, December 1957, p. 63
9 See above (4), p. 73
10 Kenzô Tange, *Geijutsu Shinchô*, June 1957, p. 248
11 Kenzô Tange, *Geijutsu Shinchô*, October 1958, p. 210
12 Conversation between Isoya Yoshida and Ryûzaburô Umehara, in *Geijutsu Shinchô*, January 1960, p. 175
13 Letter from Genichirô Inokuma to Kenzô Tange, dated 29 July, 1957. From the archives of Michiko Uchida.
14 See above (11), pp. 209-211
15 Letter from Riki Watanabe to Kenzô Tange, dated 26 November, 1959. From the archives of Michiko Uchida.
16 Arata Isozaki, *Kenchiku no chisô*, Shôkokusha, 1979, p. 136
17 Kenzô Tange, manuscript of his speech at the "Grand Prix International de l'Architecture et de l'Art", June 1958. From the archives of Michiko Uchida.

Encounter and Resonances

Anne Gossot, Jacques Barsac

1. From France to Pre-war Japan: an ENCOUNTER

The discovery of pre-war Japan was a major event for Charlotte Perriand, an encounter in the deepest sense. It was this encounter that reinforced her modernist thought and enriched her works.

Arriving in Japan in August 1940, Charlotte Perriand discovered the "traditional" premodern architecture, which did not appear to be archaic but, on the contrary, familiar and attractive to this avant-garde architect, representative of "new age".[1] In all its most characteristic features it echoed the founding principles of modern architecture and seemed to be its counterpart. To start with, the various elements in traditional buildings were standardised, based on a module which was applied at all levels of the construction, down to the smallest details of home equipment. Applied throughout the country, this standardisation gave a readymade character to the design of each element. *Tatami, shôji*, pillars, etc, were all prefabricated and available on the market, ready to be installed by specialist craftsmen anywhere, any time, or to replace damaged pieces. Moreover, the module was designed with reference to the measurements of the human body, which conferred overall unity and harmony and gave the building a human scale. A marked improvement not only in ergonomics but in physical comfort.[2] Many other construction principles were strikingly similar to the architecture that Le Corbusier dreamed of and had applied since 1914-1915 in the Domino project and the Citrohan houses: open plan, free façade, open space inside, interpenetration of the interior and exterior, views of the natural environment, long sliding windows, no ornamentation, and built-in equipment. Charlotte Perriand noted: "I was filled with admiration to see our avant-garde dreams realised in the customs of an entire nation."[3] The fact that an entire nation had, for five hundred years, integrated the functional rationalism that the moderns had been fighting for, sparked hope for a better future. In France, since the 1920s, Charlotte Perriand and a handful of avant-garde designers had been struggling desperately against a conservatism that clung firmly to the heritage of the past. In 1940, her personal experience of the physical and aesthetic qualities of these buildings confirmed her belief in the soundness of the technical and theoretical principles underlying them and encouraged her to explore this path more systematically.

In 1929-1930, Charlotte Perriand based her "Minimum Dwelling" projects on the modernist principles mentioned above, particularly the idea of multi-purpose rooms adapted for day or night use by using sliding partitions to modulate the space as needed, which reduced the size of the building[4], without compromising the quality of life. The concept of the "Minimum Dwelling" – a major preoccupation for the avant-gardes at a time when the sharp rise in the urban population collided with inflation in construction costs and land prices, causing steady shrinkage in living space – was based on principles similar to those underlying Japanese architecture. In collective housing projects, the basic module was multiplied according to the size of the family. Rooms or modular spaces were arranged around the core kitchen-bathroom-living room area separated by a system of sliding partitions. Each room had floor-to-ceiling storage walls or was partitioned by cubby-hole and storage units with a maximum open area above them. These units were made from standard modules placed side-by-side or one on top of another and were presented at the Autumn Fair in Paris in 1929. In Le Corbusier's extensive writing about home equipment from the mid 1910s, modules, standardisation and series were an integral part of interior design.

Charlotte Perriand was therefore well prepared for her "encounter" with the architecture and living patterns of traditional Japan. Since the late 1920s, tradition had become a source of inspiration and a frame of reference for her research. In the 1930s this fashionable approach developed into a cultural current omnipresent in industrial societies all over the world. But, unlike many traditionalist artists and intellectuals, Charlotte Perriand continued to defend modernity. For her, far from being in opposition to tradition, modernity was a continuation of history. "There is no such thing as academism or modernism, there are no styles, but a conception of forms created in their time and adapted to their century in perpetual evolution"[5], she wrote. Modernity as a synthesis of old and new, the result of a dialectic between *selection* (choosing elements from the past that are valid in the present) and *creation* (seeking to improve the forms of the past or to invent tools and ideas to suit the new needs of the present). So in the principles underlying Japanese houses she saw extreme functionalism and rationality but also room for individual variation and fantasy, a stimulating, fertile antithesis to the "international style" in architecture, which had frozen modern housing in a single model since the mid 1930s, and imposed it worldwide, regardless of place and culture. Japan showed her that the formalist errors of functionalist modernism did not necessarily condemn the "modern programme". By confirming its validity, it strengthened Charlotte Perriand's convictions. Back in 1935 she had written about traditional dwellings: "Let us make no mistake [let us avoid the pitfalls of folklore] but try to feel what is true in the design of ancestral houses. [...] We will no longer do formalism or constructivism, we will not insist on curves or straight lines, stone or concrete, blue or red, wood or metal, but we will use each one where it is technically and physiologically useful. The human dimension is back."[6] In November 1940 Charlotte Perriand told young engineers at the Industrial Arts Research Institute (*Kôgei Shidôsho*): "Let us hope that Japan will understand that there is no break between true tradition and creation, that all it has to do is assimilate our knowledge and our modern techniques and then build freely, in accordance with its needs, its way of thinking, living and feeling."[7]

If Charlotte Perriand took an interest in *mingei* and craftwork produced by peasants in Tôhoku in Japan, in the 1940s, it was not only because the Musée de l'Homme had asked her to collect documents for its ethnographic collections.[8] From the late 1920s she had appreciated folk art and ordinary objects, whether handcrafted or machine made, for their vigorous forms and efficient simplicity, their unpretentious functionality. The Catalan architect José Luis Sert, who worked with Charlotte and Sakakura in the rue de Sèvres studio, reported: "Charlotte would turn up in [Le Corbusier's and Pierre Jeanneret's] studio each day with some new find, a photo or an object, which she inevitably found 'adorable'. A humble, well-proportioned chair, made of wood and straw, simply made, or a photo of the inside of a peasant cottage: a white, half-empty room, with cupboards set in the walls, wood and straw benches, a wooden table, thick planks with all the "defects" of the material clearly visible, popular colour prints on the walls. [...] Charlotte loves popular architecture and peasant furniture because she loves and understands the people. When she went off to the mountains, she lived with the peasants, surrounded by these things. She has understood them well and her designs combine the best of this furniture with what modern industry has to offer. As a result, Charlotte's furniture has a feeling of harmony, peace and permanence which gives it a unique, new quality and her work has a continuity which comes from her sensitive, intelligent adaptation of eternal forms to today's needs."[9]

Charlotte Perriand liked to use natural materials, bringing out their texture without seeking to hide anything, even the defects. Her liking for simple, natural things predisposed her to appreciate *wabi-suki*, to which she sometimes seems closer than to the modernist aesthetic which prevailed in Europe in her time. In 1937, even before she went to Japan, she made furniture from rough tree trunks and she went back to the same technique for the exhibition at Takashimaya, in 1941, with tables made from a "slice" of a log. As early as 1938 she sometimes put a large narrow plank of solid wood under the window of a room to serve as a writing desk. The idea was to make the room look larger while serving a useful function and with hindsight it seems to be derived from the *dashi-fuzukue* in *shoin-zukuri*, but this was not the case. Many other examples could illustrate the encounter between the conventions of *suki* and *shoin-zukuri* and Charlotte Perriand's theories on modernising interior design in Europe. However, we must not forget that the palette of materials that she used remained fairly open, ranging from metal to glass, wood to straw, leather to plaited cord[10], and included many of the most innovative industrial materials of her time.

The discovery of new materials in Japan widened her range even further. From the start of her career, Charlotte Perriand had supplemented her own designs with objects of all kinds. She chose utilitarian objects by great designers, such as Maison Puyforcat or Jean Luce (1895-1965), and added commonplace things: glazed earthenware pots from the pork butcher, laboratory test tubes to serve as vases, glass blocks as ashtrays. For some of her projects – the Salvation Army Home (1932), the Swiss Pavilion in the University Hostel complex (1933)[11] – she even chose ordinary tables and chairs, which were cheaper than her own tubular steel furniture. Finding new uses for familiar objects was an integral part of her approach as a designer and a sign of her pragmatism, which she demonstrated brilliantly in Japan in 1941.

All these facts perhaps help explain why Junzô Sakakura put forward Charlotte Perriand's name when the Japanese government was looking for an advisor for the modernisation of Japan's traditional industrial arts. After Bruno Taut (who died in 1938) she is one of the few modern designers capable of articulating three apparently contradictory aspects: *creation, selection* and *tradition*, while drawing on her experience in architecture, interior design, furniture design and urban planning.

Whatever the case may be, Charlotte Perriand did not step into entirely unknown territory when she arrived in Japan in 1940, even if for a Frenchwoman at the time, going to Japan was "like [going to] the moon", as she later wrote.

2. Encounter with Post-war Japan: RESONANCES

Back in France in 1946, Charlotte Perriand ardently promoted Japanese culture, writing articles in specialised magazines and giving radio broadcasts. She focused particularly on domestic architecture, which she used as an instrument to resist France's diehard traditionalism. Indeed, regicide as it may have been, the French nation remained fascinated by the furniture of its kings. It was deeply conservative and rejected modern furniture in the name of its prestigious past. While the authorities and decision makers in the reconstruction of France after the war were reluctant to industrialise the building industry and adopt principles such as the open plan, free façade, ribbon windows, built-in furniture, and standardisation based on a human scale, which would have permitted them to build better quality housing, faster and more cheaply, at a time when millions of homeless people were living in the streets, the Japanese example became a dialectic used to try to turn the French away from their own past to embrace an 'Other' past, much closer to modernity.

At the same time, the first echoes of Charlotte Perriand's experience in Japan were felt in the exhibition "Useful Shapes, Objects of our Time", which she organised at the Musée des Arts Décoratifs in Paris in 1949. She was asked to design the exhibition and made a beach of neatly raked white sand, inspired by *kare-sansui* gardens, with an aircraft propeller (in reference to Marcel Duchamp) in the centre, and one of Calder's mobiles at the edge. The sandy beach was contained by a rope and surrounded by paintings by Juan Miro and Fernand Léger. Another element borrowed from the 1941 exhibition was the wooden structure patterned on Japanese roof frames, in which she displayed her own furniture. She used large blinds, reminiscent of *misu*, to divide the space. She would use the principle of a sandy or pebbly beach again for two of her later exhibitions in 1985[12] and 1999.[13]

In 1952, Charlotte Perriand signed an agreement with the Ateliers Jean Prouvé, in Nancy. Under the terms of this agreement she was to: 1. improve the aesthetics of the furniture designed by Jean Prouvé; 2. design new furniture for mass production; 3. head the art department of the furniture section. As she said herself, "1952 and 1953 were two very intense years and the prelude to the standardisation of all these elements, which I called my "new ironmongery". That enabled me to tackle all sorts of projects based on modules. Japan was a useful lesson and the Jean Prouvé workshops became the driving force in this design work."[14]

One of her projects was a huge range of standard modular furniture for mass production. It was collapsible furniture designed for mass outlets in the form of standard, interchangeable parts. She called these pieces her "new ironmongery". Doors, shelves, high and low tables in various shapes, plastic drawers, toothed racks, steel sections, etc., were designed to make standard furniture to meet all domestic needs, in an endless series of combinations and variations: bookshelves, storage units, chests of drawers, wardrobes, tables and so on. The factory attached to the Ateliers Jean Prouvé was to manufacture the parts in metal. Charlotte Perriand wanted to make the whole range of utilitarian domestic furniture available in prefabricated form in general stores. This project was partly inspired by the standard, readymade components in Japanese homes: *tatami, shôji*, beams, etc. It was a revolutionary approach in France at the time, meeting the pressing need for cheap modern furniture in the post-war reconstruction period. She first demonstrated it in Tôkyô in 1955 at an exhibition she organised on the theme of "Synthesis of the Arts – Le Corbusier, Fernand Léger, Charlotte Perriand."

The 1955 exhibition was also an opportunity to present new models designed for her husband's official apartment in the Akasaka district in Tôkyô. She gave them the name of "Resonances", later writing that they emerged "from the shock of forms in traditional Japan. For official dinners, small black lacquered trays on legs are set up for each guest, and stacked away afterwards. I took a European approach, making an individual stackable table from a sheet of black anodised aluminium, which Maxéville [Ateliers Jean Prouvé] manufactured for me. In *bunraku* theatre, shadowy black figures can be seen operating the puppets, but the black they wear makes them abstract and nonexistent. I arranged stackable chairs, made of blackened curved plywood, like shadows, around a very long table. In the seventeenth-century Katsura villa, in Kyôto, I noticed shelves mounted on the wall in the shape of a cloud: hence my "Nuage" [bookshelves] with aluminium posts, a free form which gives the space a rhythmic quality and enhances objects placed on it. These were all 'Resonances' and others followed."[15]

For example, in 1957, the bar in the kitchen of a house she designed for engineers working in the Sahara was inspired by a *sushiya* counter. In her own chalet in Méribel in Savoy (1960), she put *goza* mats on the floor upstairs and white muslin in sliding wooden frames in front of the windows to filter the light, like *shôji* in Japan; she used the same principle for her Paris flat. To screen a heater, she used the wooden lattices placed on the front of *machiya*, to protect the interior of the house from prying eyes. Later she used the same device in the ground floor of the Japanese ambassador's residence in Paris (1968). Fifteen years before, in 1953, she drew inspiration from these wooden screens, which she assembled with metal sections to make the "Tôkyô" benches.

In post-war France when everyday hygiene was a social problem – half of the homes in France had neither a shower nor a bathtub[16] – the principle of Japanese baths was another inspiration. For the Home Arts Fair in 1952, she designed a bathroom in which the bathing area and the shower were separate, so people could wash first and then relax in warm water. She later used the principle in her own flat in Paris.

In the duplex apartments in one of the buildings of the "Les Arcs 1800" ski resort (1984), then again in the last apartment that she designed (1996), Charlotte Perriand used the principle of stepped chests, *hako-kaidan tansu*, as a way of increasing and rationalising storage space without encroaching on the small living area.

The tea pavilion that she designed for the *Great Tea Ceremony* in Paris, organised on the initiative of Hiroshi Teshigahara as part of the Japanese Cultural Festival in Paris in 1993, was Charlotte Perriand's last vibrant homage to Japan. It should be noted, however, that its construction was inspired by the Mongol yurt and that canvas roofs are not found in Japanese architecture. This example shows how freely she adapted universal heritage to the modern taste.

The fact that Charlotte Perriand loved Japan and that her encounter with Japanese architecture before the war had a noticeable impact on her work after the war is undeniable. We have given several examples. However, when we review all her designs between 1943 and 1999, this influence seems relatively marginal. What inspired Charlotte Perriand in Japan is not so much the forms in themselves, but the principles underlying the construction of Japanese buildings, and moreover, only those which seemed to offer her a relevant technical solution for improving modern home design. She did the same with Brazil, or again with European peasant architecture in her work after the war, which was above all the development and refinement on a large scale of her work in the 1930s.

"Japanese architecture did not influence us, there was a meeting of concepts,"[17] she declared in 1956. Japan nourished and consolidated her thinking rather than constructing it. The exemplarity of Japanese architecture stimulated her creativity by broadening her outlook. It legitimised her modernist approach by anchoring it in the long chain of tradition as she "forged ahead."[18]

[Notes]

1 Well before she went to Tôkyô, Charlotte Perriand had read about Japanese architecture, including its traditional forms, in books that first Kunio Mayekawa and then Junzô Sakakura brought to the studio ou rue de Sèvres. Kunio Mayekawa worked in the studio run by Le Corbusier and Pierre Jeanneret from April 1928 to April 1930; Junzô Sakakura, from 1931 to April 1936, then from September 1936 to March 1939.

2 Le Corbusier tried to apply the divine proportion of Greek and classical architecture to modern architecture. "Utilitarian objects are on the human scale and there is a common measure between them" Le Corbusier and Jeanneret stated in 1925, in their Pavillon de l'Esprit Nouveau. For Le Corbusier and Perriand, proportions had to be calculated logically and rigorously: the perfection of the proportions was essential for the beauty of a building, when all non functional aspects, especially ornament, are rejected. Perriand wrote: "Japanese houses are perfectly modulated and in harmony with a man supposed to be sitting on the ground, which changes all the heights – it is a profoundly human house – it does not try to look good but to put man in harmony with himself."

3 Charlotte Perriand, *Une vie de création*, Odile Jacob, Paris, 1998, p. 159.

4 Le Corbusier and Pierre Jeanneret had used the same device in the villa they had designed for the Sieglund in the Weissenhof estate in Stuttgart in 1927.

5 Charlotte Perriand, "L'art d'habiter", in *Technique et Architecture*, special issue, no. 9-10, August 1950.

6 Charlotte Perriand, "L'habitation familiale, son développement économique et social", *L'Architecture d'aujourd'hui*, no.1, 1935. This article introduced a feature on peasant housing in the world published in *L'Architecture d'aujourd'hui*, including a full page on 'Rural Houses in Northern Japan' designed by Junzô Sakakura.

7 Charlotte Perriand, "Conférence à Sendai du 4 novembre 1940", unpublished manuscript, Archives Charlotte Perriand.

8 During the Popular Front government (1936-38), Charlotte Perriand made friends with Georges-Henri Rivière who was active in the preparation of the Musée des Arts et Tradition Populaire, "the people's Louvre" as the press called it, as a showcase for folk arts. In spring 1940, hearing she was going to Japan, the office of the General Director for the Fine Arts, Georges Huisman (1889-1957), asked her to make a Japanese collection for the Musée de l'Homme, Paris.

9 José Luís Sert, *Aujourd'hui, art et architecture*, no. 7, March 1956, pp. 58-59.

10 See the list of materials she used for her furniture, 1938.

11 Le Corbusier and Pierre Jeanneret, architecture; Charlotte Perriand, interior design.

12 Exhibition "Charlotte Perriand, un Art de vivre", Musée des Arts décoratifs, Paris, 1985.

13 Exhibition "Charlotte Perriand, Fernand Léger, une connivence", Musée Fernand Léger, Biot, 1999.

14 *Une vie de création*, Paris, Odile Jacob, 1998, p. 257.

15 *Une vie de création*, Paris, Odile Jacob, 1998, p. 261.

16 Jacques Barsac, *Charlotte Perriand. Un art d'habiter*, Norma, Paris, 2005, p. 336.

17 "Contradictions japonaises / Crise du geste au Japon", unpublished French manuscript, published in an Italian translation in *Casabella continuità*, no. 210, 1956.

18 Written on *La Grande Misère de Paris*, 1936, photomontage by Charlotte Perriand (with the participation of André Hermant).

Sôetsu Yanagi, Charlotte Perriand, Sôri Yanagi – Modern Design and *Mingei*

Maki Tsuchida

Without Charlotte Perriand, or without her coming to Japan in 1940, the father-son relationship between Sôetsu Yanagi and Sôri Yanagi would probably have developed in a different direction.

In my adolescent years, I used to rebel against my father. I ventured into the realm of fine art that my father was making fun of, and soon found myself totally engrossed in avant-garde art. My father eventually stopped telling me things. Before long, however, I discovered design, learned about Bauhaus and Le Corbusier, and switched over to design. That was the time when I began to feel how my thinking gradually got closer to my father's, and that rebellious spirit against him had gone forever. Nevertheless, the one fundamental difference between me and my father was our attitude to machines.[1]

This is how Sôri Yanagi himself looks back on those years. Charlotte Perriand, on the other hand, writes in her autobiography about the two as follows.

In contrast to Sôetsu Yanagi, who had found eternal beauty and truth in things created by ordinary people, his son Sôri, who traveled together with me, disagreed as he was considering such artifacts to be mere signs of times past. Sôri's interest was focusing solely on the present and the future. He couldn't understand why handmade products were valued higher than mechanically produced goods. He was a purist, and he really wanted to be it.[2]

This shows that there was still a gap – although of a slightly different nature now – between father and son in regard to the opposition of folk craft and design, machine and handmade, when Perriand came to Japan and met the two in 1940. Each of them was maintaining a relationship with Perriand in his own way. Sôri, a temporary employee at the Japan Export Craft Association, was directly involved in Perriand's invitation, and played a crucial role accompanying her on her travels in Japan. Sôetsu's exchange with Perriand began when she visited the Japan Folk Crafts Museum soon after arriving in the country, and their meeting was an occasion that directly led to Perriand's later work in Japan.

As is widely known, Sôri Yanagi was later appointed director of the Japan Folk Crafts Museum (1977). In addition to that, based on his conviction that "beauty emerges from things related to human daily life, and it does originate in the same place" in both folk craft and product design[3], he introduced the anonymous design of such things as blue jeans or baseballs, accomplished without the involvement of designers, in his regular columns "*Atarashii kôgei* (New craftwork)" (1984-86) and "*Ikiteiru kôgei* (Living craftwork)" (1987-88) in *Mingei*, a magazine published by the Japan Folk Craft Association. Sôri was promoting ideologically as well as practically a connection of folk craft and design. While the war swallowed up several years in between, it was the encounter between Perriand, Sôetsu and Sôri Yanagi in 1940 that can certainly be assessed as the crucial point of departure for Sôri's further endeavors. Supported by Perriand's sympathy and respect for folk craft, it can at least be said that the "namelessness" of the creator that, along with the discovery of folk craft, had assumed an important meaning for Sôetsu Yanagi, had ultimately helped shape Sôri Yanagi's concept of "anonymous design". I would like to share some further ideas regarding the importance of the meeting in 1940, bringing together the three individuals who all went to make their marks in the name of beauty in everyday life on both sides of the ocean.

1. Sôetsu Yanagi and the promotion of "local handicraft" in 1940

Different from his son's case, for Sôetsu Yanagi, who was already in his 1950s, the dialogue with Perriand wasn't an experience that fundamentally altered his views, however it is obvious that Perriand's first visit to the Japan Folk Crafts Museum came at a crucial time for him.

The beige notebook (cat.no.061) in which Perriand had been making notes for approximately half and a month from September 5th, 1940, includes a 7-page account of her initial visit to the museum on September 6th. Perriand, who seemed to enjoy the atmosphere at the Folk Crafts Museum, referred to her visit as her "first encounter with the world of art since coming to Japan". Next to expressions of her downright fancy for the showpieces, the notebook entry also suggested her search for concrete hints with a view to the exhibition that was being planned for the following year.

Meanwhile, in a letter sent a few days later to Kanjirô Kawai in Kyôto, Sôetsu Yanagi writes about the meaning of Perriand's visit as follows.

Since my return from Okinawa, there has been a string of deliberations regarding issues related to the new formation and our future work. I wanted you to come on the 7th because we had an important meeting with all officials from Agriculture and Forestry, Commerce and Industry, Education, as well as the Research Institute, Shinkôkai, the six prefectures in Tôhoku, and Tôhoku Kôgyô that day. Fortunately, our work is not at all floating along with the current of the times, but quite reversely, the times have no choice but to absorb what we are doing, which means that we can push forward with our heads held high. It seems that the export office as well has finally come to a point where they have to value and acknowledge our endeavors substantively. Mrs. Perriand, who recently arrived from France, was apparently most impressed by the Japan Folk Crafts Museum. She spent four or five hours walking around the museum with great enthusiasm. This shall be a good time to further promote our work.[4]

The above-mentioned occasion was a meeting of the Local Crafts Promotion Association that was held at the Japan Folk Crafts Museum on September 7th, one day after Perriand's visit. It was attended by a total of nearly 50 officials from the Ministries of Agriculture and Forestry, Commerce and Industry, and Education. While marking one terminus ad quem in Sôetsu Yanagi's continued efforts in the Tôhoku region, the meeting can at once be considered as a new point of departure. The "export office" in Yanagi's comment supposedly refers to the Ministry of Commerce and Industry and the International Trade Administration Bureau that invited Perriand in the first place, while the meeting's subject of "promoting local craftwork" is closely related to Perriand's work assignment in Japan.

Since the late 1920s, the "promotion of local craftwork" has been divided into two major currents. The first was an industrial policy centering around the Ministry of Commerce and Industry's Industrial Arts Research Institute that was established in 1928 in Sendai, the second a new trend that had crystallized within the *Mingei* (folk craft) movement. The Industrial Arts Research Institute carried on with measures to promote export craftwork that had been forged in the Meiji era, and linked those with local promotion of the Tôhoku region. The invitation of Perriand as an advisor was part of the Institute's plans to rationalize production means based on materials and techniques of the "domestic handicraft industry". In the 1930s, the *Mingei* movement that had always been putting effort also into the creation of new works shifted its focus to remaining local handicraft traditions, and strengthened relations with Okinawa and Tôhoku in particular. The Ministry of Commerce and Industry and the *Mingei* movement were largely conflicting in terms of philosophy and policy, as a result of which both were willingly pursuing their own, perfectly separate ways.

However in 1937, encouraged by its involvement with the Ministry of Agriculture and Forestry's Research Institution for the Improvement of Rural Economy in Snowy Regions (commonly known as "*Setsugai Chôsajo*") that was established for the purpose of snow damage relief in snowy regions in 1933 in Shinjô, Yamagata, the *Mingei* movement established relationships with agricultural communities across a broad area in the Tôhoku region, and began to engage in various activities in that area. Held about two months after the big "Exhibition of Folkcrafts of Tôhoku" at Nihonbashi Mitsukoshi that was realized as a result of these efforts, the meeting of the Local Crafts Promotion Association was epoch-making in that it was an occasion for the *Mingei* movement to enter a relationship of active cooperation with the Ministry of Commerce and Industry. It was at this event that Yanagi unveiled his "Japan Folk Craft Association (*Nihon Mingei Kyôkai*) Proposal". In terms of his involvement in Perriand's work in Japan, Yanagi proposed to "establish one organization centering around local craftwork", and further claimed that "it is impossible to meet the general demands by simply reproducing local traditional items. Therefore it should be necessary to modify them to be useful for a large number of people in the present age, while taking advantage of such things as materials, patterns or plaiting techniques."[5] This overlaps with Perriand's following comment after visiting the Export Craft Exhibition organized by the Ministry of Commerce and Industry.

Upon visiting this exhibition, the first thing I would like to point out is that ideas must not be worked out disconnected from materials. A central idea that reflects an attachment to material itself is something that I could not find at this event, just as designs that obviously stemmed from a beautiful and truly well-honed technique were lacking. I would like to stress first and foremost that a concept must never be as disconnected from technique and material as this.[6]

Both Perriand and Yanagi were consistent in their understanding that new items made in a conventional handwork fashion have to harness materials and techniques that are perfectly beautiful as they are, and that existing export craft products are insufficient in this respect.

2. Applying the techniques and materials of Japanese straw raincoats

Now let me focus on the actual new works that Perriand and Sôetsu Yanagi (and the *Mingei* movement) eventually devised. While only few of them exist, the former's *Placet eu paille* de la *Chaise longue basculante en bambou* and cushions for *Chaise longue pliante* en bois that was shown at the "Selection, Tradition, Creation" exhibition, and the latter's stool (now part of the Yamagata Prefectural Museum's collection) designed by Keisuke Serizawa, a designer who enjoyed Yanagi's absolute trust, are fortunately remaining. Both items were produced using techniques borrowed from traditional Japanese straw raincoats, and within the designers' close relationship with the *Setsugai Chôsajo*.

It was in *Kôgei* magazine Vol. 74, published in March 1937, that Sôetsu Yanagi focused seriously on such items as straw raincoats and cushions for carrying things on the back, which were mainly made from straw. There he had emphasized that straw raincoats of the Tôhoku region were especially beautiful, and further claimed,

A raincoat made of straw may naturally fall into decay, but the technique is something that should be preserved and harnessed for something else. Adapting the material and plaiting technique for things like round-shaped cushions, small floor mats or baskets will surely result in splendid products.[7]

Designed in response to the climate in snowy regions, such straw products as raincoats, back cushions or snowshoes are daily commodities that don't belong to the category of usual craft, and that are not included in the range of export craftworks. Up to this point, they used to have different properties also from items that have been introduced as folk craft. Considering that they are goods that the farmers make for themselves in the agricultural off-season, easily available straw naturally suggests itself as a material. As minimum required tools for everyday life, they are economical products made with creativity and inventiveness, and completely without waste during the work process and in the finished article alike. In addition, they are produced with great care as they are for personal use after all. The beauty that emerged, so to speak, by necessity from a set of conditions was strong enough to attract the attention of Yanagi, Perriand and Serizawa.

Perriand's first encounter with a Japanese straw raincoat was, once again, at the Japan Folk Crafts Museum. Her first visit to the museum coincided with the "Exhibition of Folkcrafts of Tôhoku". At the conference on September 7th, Yanagi quoted Perriand as saying, "When looking at items from the Tôhoku region in particular when visiting the Japan Folk Crafts Museum, I was greatly surprised to learn that this was in fact where the true value of Japan lies."[8] While it is not clear whether she had seen straw raincoats at the exhibition, she did visit the *Setsugai Chôsajo*, introduced to her by Yanagi, during her journey to north-eastern Japan starting from October. In a letter sent to Shinya Morimoto at the Survey on November, Yanagi requested, "May I ask you to show her the *Setsugai Chôsajo*'s collection first, and then offer your advice regarding desired and possible ways of having Mrs. Perriand create new items (by her own design). She will probably arrive at the Survey in about ten days from now.[9] Perriand was shown a straw raincoat by Hiromichi Yamaguchi, head of the Survey at the time, and immediately ordered small floor mats as well as covers for cushions and a cover for *Chaise longue*. According to her autobiography, it was the first order she placed with a view to the upcoming "Selection, Tradition, Creation" exhibition.[10] *Chaise longue pliante* that was eventually unveiled at the exhibition combined a foldable wooden frame, threefold cushioning which was produced using exactly the same techniques as straw raincoats. Even the rather ornamental looking pattern was recreated by the traditional method of interweaving straw and cloth. To quote again Perriand's autobiography, she gave no specific instructions when placing her order, but only explained dimensions and intended use, and left the rest up to the manufacturer's creativity.

Among the two types of stools made with the involvement of Keisuke Serizawa, the square type was made using the same materials and techniques as raincoats. According to Seiichiro Shiratori's studies, Serizawa as well did not give the farmers detailed instructions in his briefing, but entrusted the actual creators with the design.[11] The result was a stool that looked perfectly harmonious in terms of general shape, material, texture and use. To keep their own involvement to a minimum in order not to compromise the beauty of the original material and technique was obviously an important principle for Perriand as well as for Serizawa. While the generation of a new market required the creation of new items appropriate for urban lifestyles, they were skeptical of the implementation of training and arbitrary design, and considered emphasizing materials and techniques rather than design as a major premise for their work.

3. Modern Design and *Mingei*

In the year 1940, modern design and *Mingei* – two opposite extremes as one would suggest – had begun to share the same arena in terms of both mindset and creative approach. I won't discuss the reasons in detail here, but *Mingei* was undoubtedly one category of the Japanese "modern art", as its promoters had developed an eye for the purely artistic quality of such popular daily commodities as straw raincoats. Just around the same time, there was a conversation between Yanagi and Kunio Yanagita about *Mingei* and folklore studies[12], whereas Yanagi, alongside Kawai and Serizawa, was discussing criteria of the beauty of "material" and "technique" in what was supposed to be "articles for everyday use" from a folkloristic standpoint.[13] This common ground shared by modern design and *Mingei*, however, highlighted at once the differences between both parties.

One of the most noteworthy among the materials utilized in the "Selection, Tradition, Creation" exhibition is bamboo. Perriand used the material in a *Chaise longue*, a bed, tables made from baskets, and in various other shapes and methods, including also the chair she made in Kyôto, inspired by a keen interest she had developed after visiting Kanjirô Kawai. Bamboo was for Perriand an important material, whereas we must not forget that it's availability was limited according to the Materials Control Ordinance during the war.

For this exhibition, Perriand was working with techniques and materials that were available at the time. There was of course no other way, and it would be wrong to conclude that bamboo was the most typical material in the catalogue of Perriand's works, or that she was considering bamboo to be the material to work with in the future. When utilizing it well and with further improved skills, bamboo is probably an even more versatile material. However we do believe in the utility value of new materials and new techniques, and given that we will have new materials and new techniques at our own disposition in the future, this will surely open up a range of new creative possibilities.[14]

Even if the beauty of Tôhoku straw raincoats and Taiwanese bamboo chairs was unshakable in Perriand's view, this doesn't mean that she was seeing an absolute value in the usage of straw or bamboo per se, and it doesn't mean that she used them because they were Japanese materials either. They were materials with exquisite colors and textures that could be used in a beautiful and rational way, and above that, they were materials that at the time were available in the first place. For Sôetsu Yanagi and Kanjirô Kawai, on the other hand, straw or bamboo were important as materials themselves, and the very source of the "value of local culture" that Yanagi continually advocated.

Now how about the aspect of "namelessness"? The "Selection, Tradition, Creation" exhibition included a section in which Perriand – quite radically – lined up a number of failed examples. Among the pieces displayed in that corner were even works by noted individual designers of the time. Conversely, the works that Perriand introduced most affirmatively in the exhibition were almost entirely items made by "nameless artisans" as Yanagi used to call them, and as mentioned above in regard to the art of the straw raincoat, Perriand showed heartfelt respect for such people's work. Nonetheless, it would probably be wrong to assume that she was seeing a particular meaning in the "namelessness" of the creators. Inversely, the "Selection, Tradition, Creation" exhibition catalogue opened with a message from Perriand and Junzô Sakakura, reading "In dedication to Le Corbusier and Pierre Jeanneret, who continue to fight their intrepid battle in the name of a new world creation." For Perriand, "selection" and "tradition" were all for the sake of "creation", and only those continuously struggling great individuals were the ones who could really accomplish this.

Yanagi on the other hand was considering the beauty of folk craft and handwork to be products of "nature", "culture" and "tradition", and it was the imperative presence of these factors that he was in fact reading behind the "nameless artisans". It was actually more than that.

It is impossible to do it all on our own. We now have to rely on others. We need to cast aside our ego and proceed without it. We will not be able to build something beautiful only by ourselves. We always need some help from nature, and that help we can only gain by serving nature. Beautiful artifacts used to be true to nature in olden days, without any ego whatsoever expressing itself. National and local characters were formed by the blood, and not by individual assertion. Therefore, there is a notion of necessity involved. The beauty of craftwork is something that stems from good materials that are provided by nature. From these materials, certain shapes and patterns come to be requested by necessity. Faith in nature guarantees beauty. As faith is not self-assertion, it is a path that is open also to ordinary people. It is the "easy path" (igyôdô), the "path of the non-individual" (tarikidô).[15]

In this passage from the "Proposal for a Craft Guild" that was formulated shortly after the start of the *Mingei* movement, Yanagi was already guessing a possible origin of the beauty of straw raincoats. Surely Perriand would flatly agree with parts of this statement. However Yanagi ultimately links it to a "faith in nature" and the *"path of the non-individual"*, which hints at Yanagi's religious and philosophical speculation behind his formulation of the *Mingei* philosophy.

Modern design and *Mingei* – It was Sôri Yanagi himself who accepted both as a whole, including everything from the shared ground to the gap between them. I'd like to close this essay with a few thoughts on how Yanagi treated modern design and *Mingei* while adding his own design philosophy, with a focus on anonymous design in particular.

4. Sôri Yanagi and Anonymous Design

Shortly after the war, Sôri Yanagi commenced work as a designer. Ever since his first accomplishment in the form of ceramic tableware in 1948, Yanagi's design technique remained consistent. First of all, drawing up sketches on a drawing board was a method he never employed. He always starts off by making a plaster cast, creating a prototype with his own hands, and taking that to the manufactory, where he modifies it with all the materials and tools right in front of him. The prototype is ultimately finalized in a series of trial and error, in consultation with technicians and artisans at each step of the process. Yanagi calls this "workshop". While his materials are industrial products, and his production tools machines, the fabrication of prototypes is pure hand labor. These methods Yanagi learned directly from Perriand by listening and watching her before the war.

When I was working for Mrs. Perriand, it never happened that the manufacturer was given only a drawing for the design of a new chair for example. Mrs. Perriand would always visit the respective factory first, inspect the place's conditions and examine the machine tools carefully, and study the materials well before finally starting to draw rough sketches of her ideas, to be handed to the manufacturer. Upon confirming whether her plans were feasible in the first place, she would have a simple prototype or model made. That prototype she would refine by fixing difficult parts and improving what needs improvement, and then make the next prototype. She would repeat this procedure at least ten times, and only after making sure that there was not a single flaw left, she would start arranging the actual production.[16]

With the process of making prototypes, and the trial-and-error method at the manufactory, Perriand and Yanagi seem to be attempting to get closer to the consequential appearance and beauty that the straw raincoat in the Tôhoku region arrived at over a long period of time. Given that the straw raincoat's design emerged from a specific climate in combination with harsh living conditions, the product designer faces a set of other conditions related to the production, such as the capacities and use of industrial materials, whereas here it is possible to get away from personal acting and arbitrariness by eliminating superfluous elements. As mentioned earlier, straw raincoats made by nameless common people, and anonymous design both share the same universal qualities, and Yanagi became increasingly convinced that the way to accomplish beauty was just the same even where differences in the newness of materials, manual/mechanical production methods, and social environments come into play.

Genuine beauty is something that emerges, not something that one creates. Designing is a conscious act. However a conscious act that is contrary to nature only produces something ugly. It is about the awareness of obeying the providence of nature as much as possible. In the process of designing, that consciousness ultimately turns into unconsciousness.[17]

In terms of being "something that emerges" – a core idea in Yanagi's design philosophy – the beauty of straw raincoats and the beauty of anonymous design are identical. At the same time, the expressions "providence of nature" and "unconsciousness" that are employed here also sound a bit like borrowed from his father's theory of *Mingei*. With increasing age, Sôri Yanagi not only moved closer to the realm of *Mingei*, but he traveled several times to Africa and Bhutan.

In terms of soundness, things that emerged out of today's gesellschaft society as a congeries of individuals are by no means a match for things that came into being against the backdrop of a strong and perfectly collective gemeinschaft. So one may say that healthy beauty comes from a faraway place, far beyond aspects of use and beautiful appearance.[18]

While seeing the beauty of *Mingei* and the beauty of design as one and the same, it seems that Yanagi sensed in *Mingei* some kind of quality that cannot be achieved with design. Operating between his father, Sôetsu Yanagi, and his design teacher Charlotte Perriand, Yanagi has perhaps taken charge of mapping the area between modern design and *Mingei* quite unwittingly. Nonetheless, the belief that his own personal answer is only to be found within his own work as a designer has obviously never been in question.

(Art historian, Tezukayama University)

[Notes]

1 Sôri Yanagi, *Ginka*, vol. 54, June 1983, p. 53
2 Charlotte Perriand, *A Life of Creation*, New York, 2003. Original French edition published in 1998.
3 Sôri Yanagi, *Sôri Yanagi Essay*, Heibonsha, 2003, p. 54
4 cat.no.078
5 Sôetsu Yanagi, *Sôetsu Yanagi Zen-shû*, vol. 9, Chikuma Shobô, 1980, pp. 575-576
6 Charlotte Perriand (Jap. transl. Junzô Sakakura), *Gekkan Mingei*, vol. 25, April 1941, p. 28
7 Sôetsu Yanagi, *Sôetsu Yanagi Zen-shû*, vol. 11, Chikuma Shobô, 1981, pp. 500-501
8 *Sôetsu Yanagi Zen-shû*, vol. 9, pp. 574-575
9 Letter to Shinya Morimoto, dated November 3rd, 1940, in *Sôetsu Yanagi Zen-shû*, vol. 21, Chikuma Shobô, 1990
10 See above (2), p. 154
11 Seiichirô Shiratori, *Shizuokaken Hakubutsu Kyôkai Research Bulletin*, vol. 26, March 2003, pp. 22, 24
12 Conversation between Yanagi and Kunio Yanagita on "issues of folk craft and folklore" in the April 1940 issue of *Gekkan Mingei*
13 However Yanagi's remarks about the straw raincoat (see note 7 above) also include an elaborate discussion from an ethnological point of view.
14 Charlotte Perriand and Junzô Sakakura, *Contact avec l'art Japonais: Sélection, Tradition, Création*, Koyama Shoten, 1941, p. 12
15 Sôetsu Yanagi, *Sôetsu Yanagi Zen-shû*, vol. 8, Chikuma Shobô, 1980, pp. 50-51
16 Sôri Yanagi, *Sôri Yanagi Essay*, Heibonsha, 2003, pp. 61-62
17 Sôri Yanagi, "Design Philosophy" in *Sôri Yanagi Essay*, p. 45
18 Sôri Yanagi, "Matoi – pure and sharp 'forms'" in *Sôri Yanagi Essay*, p. 177. First published in *Mingei*, vol. 313, January 1979

The "Living Language" of Charlotte Perriand – Focusing on the year 1998

Yukiko Hata

1. The large hands of a pioneer

On October 2nd, 1998, at 18:00, the opening ceremony of the exhibition "Charlotte Perriand, Pioneer 20th Century" in Tôkyô was about to start.

The venue, Shinjuku Park Tower, was designed by Kenzô Tange (1913-2005), just like the nearby Tôkyô Metropolitan Government Building. The attention of the public is focused on a large screen at the front side, to witness a teleconference via satellite with Charlotte Perriand in Paris, realized at the strong request of Perriand herself.

She wears an apple-green shirt, spiced up with a yellow scarf around her neck, and green and yellow ribbons holding her hair as it was done up tightly on her head. From her simple yet classy appearance one can impossibly guess her age, 95.

Before the start of the ceremony, Perriand is honored for her outstanding contributions to the developments in Japanese modern architecture and design, and given two awards from the Japan Institute of Architects (JIA) – the first ever given to a foreigner – and the Japan Industrial Arts Foundation (Kitarô Kunii Industrial Design Award) respectively. Under Perriand's gaze, the award certificates are handed over to her daughter, Pernette Perriand-Barsac, on her behalf. Japan Industrial Arts Foundation president Itaru Kaneko, who was enrolled at the Ministry of Commerce and Industry's Industrial Arts Research Institute (*Kôgei Shidôsho*) when Perriand first came to Japan, and who also participated in the "*Sentaku, Dentô, Sôzô* (Selection, Tradition, Creation)" exhibition in 1941, gives her a piece of Wajima lacquerware as a present, which Perriand receives via the screen by holding out her left hand. It is an extraordinarily large hand.

For Perriand, born in 1903, the year 1998 must have been an important point on the journey of her life. Her autobiography *A Life of Creation* received a great response in the French mass media when it was published on May 15th, and in the same year, the last exhibition in Japan during her lifetime was held as part of the "Année de la France au Japon (France Year in Japan)" celebrating the long history of Franco-Japanese relations.

"The long chain of friendly relations between France and Japan is still continuing today." Following a formal acknowledgement of the organizers and sponsors, however, Perriand concludes her opening speech after just five minutes. That is because she expressly desired to have as much time as possible for dialogue with the audience, even if she had to cut down her own speaking time.

"I am with you in the same venue. Please feel free to ask a lot of questions. I will try to formulate my answers as easy to understand as possible."

In 1988, ten years prior to the exhibition in Tôkyô, Perriand had given her last lecture in Japan, and Gallery Saka (Junzô Sakakura memorial gallery opened in May 1988), run by Yuri Sakakura (1912-2007), hosted a "Charlotte Perriand" exhibition.

The previous year (1987) marked the 100th anniversary of Le Corbusier's birth, which was celebrated with an exhibition at the Centre Pompidou in Paris, and subsequent Le Corbusier exhibitions around the globe. Perriand's lecture in Japan on November 16th followed the "Le Corbusier's Architectural Models" exhibition (November 2-15).

More or less simultaneously, I was told in France that "it was in [my] country that Perriand held her very first exhibition." While two exhibitions were realized in Japan in 1941 and 1955 respectively, people in her native France had to wait until 1985 (*Charlotte Perriand: un art de vivre*).

At the time of her visit to Japan in 1988, a Japanese edition of the video "Charlotte Perriand" (by Jacques Barsac) was published. The impact of her encounter with Japanese culture is illustrated in a mixture of Perriand's own commentary, film footage from the 1940s, and the sound of a *koto*, complemented with an introductory text in which Yuri Sakakura vividly portrays Perriand's character while referring to her basic lifestyle. "Perriand's life itself may be considered as a piece of art"[1].

Japan around 1988 was experiencing the so-called economic bubble, and abnormally soaring land prizes. The Tôkyô Metropolitan Government Building in Marunouchi (designed by Kenzô Tange, 1957), including the governor's office fitted with Perriand's furniture, was going to be torn down, and the construction of a new one had begun in Shinjuku, the area where Perriand's exhibition eventually took place ten years later. That turning point kind of situation reinforced my desire to visit the spaces that Charlotte Perriand designed. Additionally encouraged by the fact that she had been focusing on prefab housing right before coming to Japan, I decided to interview someone familiar with the matter when involved in prefab housing studies in Osaka – only to learn that a surprising number of traces of Perriand's work could be found also here in the Kansai area.

First of all, "Air France" in Osaka (1961). Located on a corner of Yodoyabashi crossing, where the city tram coming from Osaka Station makes a left turn, the nightscape reflected in the building's lazuline glass façade had a striking impact as it caught the eyes of passengers coming from work. Designing that space that shone like a diamond among the chaotic mess of Osaka's business district was the last work that Perriand did in Japan. Then there was the overwhelming presence of Ken'ichi Kawakatsu (1892-1979), general manager of the Takashimaya department store. Perriand's exhibitions were held at Takashimaya twice, and after being part of the show in 1941[2], her bamboo *Chaise longue* was transferred to the private residence of Kawakatsu in Kashiwara City (Osaka), where it astonished visitors including Osamu Higuchi (1916-2001), head of Takashimaya's design department. A letter from Junzô Sakakura (1901-1969)[3] testifies about Ken'ichi Kawakatsu's great effort regarding the exhibition in 1955.

"I am most grateful for your special courtesy in regard to the recent exhibition of Madame Perriand's work. [...] As I learned from Jacques Martin, a representative of Air France in Japan, he is in contact with the French Ambassador to Japan, Maurice Dejean, and is going to provide general support." (1954.7.4) Martin was Perriand's husband, and resided in Japan as an associate executive for Air France in 1952-55 and 1968-72. These lines graphically document the family's concerted efforts.

In addition, I learned a lot about Perriand through conversations with people who met her directly.

"Perriand's way of life is absolutely admirable. I'm drawing my inspiration from her as a human much more than from her work, as that's what impresses me most. I have never met a person as wild and overly humane," comments Sôri Yanagi (1995.4.21). Suyako Kawai, the only daughter of Kanjirô Kawai (1890-1966), sums up her impression of Perriand around 1940 as follows. "When passing in front of her house on my way home from high school, and hearing a bright and lively voice reverberating through the house that was mixture of Japanese and French at once, I knew that Mrs. Perriand was there. Once you have reached that level I suppose words become unnecessary, and with Perriand it was in fact more like sparking fireworks." (1997.5.28) The *Kawai Kanjirô Kinenkan* in Kyôto has been treasuring a photograph that shows Perriand during her visit to Kawai's house alongside Junzô Sakakura and Sôri Yanagi (shot 1940.9.29).

It was a letter from Charlotte Perriand herself (1995.11.14) that finally made me realize that she wasn't at all the distant historical person, but she was in fact an active creator living in the same age as I do.

2. Dialogue is the source of creation

"Now, it's your turn." Perriand's eyes wander across the venue.

The first question comes from a journalist.

"In order to create something new, isn't it always necessary to destroy the old things first?"

The smile on Perriand's face instantly turns into a grim look as she replies with an energetic torrent of words.

"Destroy? Non. I do not destroy. I have been pushing forward without ever looking back, but I have never destroyed my own roots. It's like a long chain that must not be broken."

"To create – that means to discover the principles of what remains constant from tradition till kingdom come, and apply the techniques of the new age." The straightforward, easily comprehensible words convincingly draw from 70 years' worth of experience, and reflect Perriand's creed as an active creator. At the same time, however, they are charged with humor.

Asked by a furniture studio manager, "Assuming you work in Japan in the future, what kind of project would you like to be involved in?" Perriand replies with a smile. "I will soon be 95. That is not a valuable question." A student who seeks advice receives her gentle instruction, "The 21st century is your time. You have to fight for the maintenance of your own lifestyles."

Asked for a closing word, Perriand made it very short. "This is an opening, so let's have fun!" Ren Suzuki (1926-2009), chairman of the exhibition planning committee, stands up and raises both hands to applaud. The hearts and minds of guests from both France and Japan come together as one as Yuri Sakakura, Sôri Yanagi, Riki Watanabe, Hisao Dômoto, Noriaki Okabe, and guests Pernette Perriand-Barsac, Dominique Pallut from the Museum of Decorative Arts in Paris, and Marie-Laure Jousset from the Centre Pompidou, all seated in the second row, join the ovations.

The things that Perriand said in 1998 were unswerving and consistent with her remarks during a big international conference – a UNESCO-hosted event was themed on "the relations between Japanese and Western arts" – held in Japan 30 years earlier, in 1968.

"For me art is an expression of everyday life. It is a certain way of life. Therefore we have to live in tradition. As Mr. Tange has said, it is not necessary to destroy the tradition but preserve it in such a manner that we would be reoriented in our way of life, in our own environment, which is so important in our artistic life. The thought itself would otherwise be destroyed." (1968.9.28, Kyôto)[4]

The aim of the conference was to discuss issues in the fields of architecture, music, theatre and literature separately, and summarize each argumentation with all participants at the end. Participating in the architectural department were Kunio Mayekawa (1905-1986), Kenzô Tange, Ryûichi Hamaguchi and Teijirô Muramatsu from Japan, and four foreign representatives including Perriand and Alfred Roth (1903-1998). Roth, Mayekawa and Perriand were friends who had worked at Le Corbusier's atelier 1928[5], and reunited at this occasion for the first time in 40 years. Among the gentlemen in black suits gathered around the huge round table at the Kyôto International Conference Center, Perriand is immediately recognizable as the only female participant, dressed in white.

Perriand has been strongly encouraging an internationalization of Japanese architecture since soon after the war.[6]

Japan was admitted to the Paris-based *Union Internationale des Architects* (UIA) in 1955. Ten years later, in 1965, Kunio Mayekawa was elected vice-president of the UIA. Another 31 years later, in July 1996, Ren Suzuki, Mayekawa's disciple who had maintained a cooperative relationship with Perriand for 40 years since the "La Maison Japonaise (Japanese Housing)" exhibition in Paris in 1957, became the organization's vice-president. This was a giant step forward regarding the exhibition in 1998, following the two shows in 1941 and 1955.

3. Toward the realization of the 1998 exhibition in Tôkyô

"The Rediscovered Modernist".

The New York Times was the first newspaper to report on the public response to the London exhibition after its opening on Perriand's 93rd birthday on October 24th, 1996.[7] Sôri Yanagi and Ren Suzuki, who had started planning the exhibition in Japan even before the start of the London show, decided that it would be held from October 3rd – November 3rd, 1998, hosted by Living Design Center OZONE in Shinjuku, Tôkyô, together with the exhibition planning committee. The exhibition space would be designed by Perriand and Suzuki, generally supervised by Pernette Perriand-Barsac. Preparations could begin.

The briefings with Perriand all revolved around an architectural model of the exhibition space. Upon checking a model of the venue (Living Design Center OZONE) that Ren Suzuki brought with him to Paris, Perriand saw that the height of the hall's wall panels didn't correspond with her own idea, and ordered to change the dimensions by five centimeters. Let me trace below the model's further journey back and forth between Japan and France. Dates and other details are taken from the operation log of Norio Shigeta, the executing designer under Ren Suzuki's command.

—May 3rd, 1998: Suzuki returns with the 1:20 scale model that was checked by Perriand, and makes a new one with different height.

—May 20th: Pernette Perriand-Barsac arrives in Japan and confirms the exhibition contents. Housed in a specially made case, the model travels with Barsac back to Paris on May 25th.

—On June 12th, Ren Suzuki, who was in France to attend a UIA conference, comes back with the model rubberstamped by Perriand. The basic design of the exhibition venue is fixed.

While the exhibition fundamentally adheres to the pattern of the London show, a special display exclusively for the Tôkyô show is to be set up in the entrance foyer. It comprises the bamboo *Chaise longue* (1941) that returned home from the Museum of Decorative Arts in Paris, Perriand's latest design for her own residence, and a message from the creator. Perriand entrusts Ren Suzuki with the design of this part. Another four months until the exhibition.

—July 12th: Pernette Perriand-Barsac comes to Japan once again to check the placement of furniture and other exhibits on the model. She spends the time between July 15th and July 19th in Kyôto, together with her then twelve-year-old daughter Tessa.

—Briefings for the construction of the exhibition venue start in August. Perriand assigns Ren Suzuki to copy the (Japanese translation of the) title of her latest creation, her home entitled "Espace a vivre – sur les toits de Paris", with an ink brush.

—On August 26th, Perriand's message for the entrance area arrives.[8] It is put on display in a detailed elevational view, including next to written instructions also panel layouts, dimensions and human figures.

—In September, construction methods are examined on the model. The construction eventually starts on September 27th, the day Pernette Perriand-Barsac arrives from Paris. Displays arrive at the venue on September 29th. In order to install the bamboo *Chaise longue* that was brought over from Paris, the floor has to be laminated with black pebbles. As this operation takes two days, for three consecutive days up to October 1st, the team works around the clock. Norio Shigeta, who was in charge of the venue's execution design and supervision, comments, "As the spatial composition that Perriand had worked out was superb, the French-Japanese staff and craftsmen could work well together as a team. It wasn't before the connection with Perriand was established on October 2nd, just prior to the opening, that the last fine-tuning of the lighting system was completed." (1999.10.23)

In a letter of appreciation that arrived at the organizing Living Design Center OZONE during the exhibition period (1998.10.19), Perriand wrote, "I sincerely hope that many young people will come to see this exhibition, and benefit from it."

Returning from Paris for the Tôkyô exhibition, the bamboo *Chaise longue* introduced in 1941 traveled to Tôkyô and back in a cargo plane accompanied by Dominique Régnier and Constance Rubini respectively. More about this exhibtion can be read in an interview with Ren Suzuki[9]. At the same time, Gallery Saka hosted an exhibition with the title "The Friendship Between Le Corbusier, Perriand and Junzô Sakakura" (October 7-31th).

Throughout the 1990s, Perriand maintained an active relationship with Japan. On November 7th, 1995, she received a visit from four citizens of Shinjô City in Yamagata Prefecture (Takashi Yaguchi, Yôichirô Nagakura, Kazuaki Adachi and Keiji Mizukoshi). In January 1996, Mitsumasa Sugasawa of Tendô Mokkô in Yamagata met Perriand in order to obtain permission for the reproduction and sale of her creation, resulting in the relaunch of a chair that was initially introduced at the "Proposition for a synthesis of the arts, Paris, 1955 – Le Corbusier, Fernand Léger, Charlotte Perriand" exhibition in 1955 (1996-2005). Indeed, Yamagata (in the Tôhoku region) was a place that suited Perriand particularly well.

On November 27th, 1997, she sent a message for the opening of the "Yukinosato Information Center" in Shinjô City. Around the same time, on November 13th, she traveled to America for the first time, and joined a conversation at the Architectural League in New York.[10]

In May 1998, Perriand was interviewed by the *Chûnichi Shimbun* (newspaper) about Junzô Sakakura and the Grand Prize he had received for his design of the Japanese pavilion at the Paris World Exposition 1937.

"His proposition of a 'spiritual harmony with nature' opened the eyes of people in the West. That is certainly one thing that Japan should realize at the Aichi Expo in 2005." (*Chûnichi Shimbun* 1998.6.8) According to journalist Tôru Hata, who made the interviewed at her home in Paris, it was an "absolutely straight-to-the-point comment that sounds just as fresh today as it was thirteen years ago." In October 1998, the circle of Perriand's longstanding friendly relationship with Japan was closed with her third exhibition. After a final message to Japan in "Charlotte Perriand à Issey Miyake" (1999.1.11)[11], Perriand passes away on October 27th, 1999.

Below I would like to focus on Perriand's situation while living with the Nishimura family in Gotanda, Tôkyô, after Japan and France had become enemy countries in Word War II (1941-42). Yone Riber (1913-2010), the third daughter of Bunka Gakuin founder Isaku Nishimura (1884-1963), was Yuri Sakakura's sister, and met Perriand for the first time in Paris in 1937.

"Perriand was eating together with the [Nishimura] family. She was talking a lot and obviously enjoying herself. My father [Isaku] used to talk a lot as well, and as I was unable to catch up while translating what they said, I ended up being bombarded with words from both sides. But still, dinner was always a pleasant time. According to my father, 'Perriand has large hands, and people with large hands do all kinds of work." (1996.10.2)

Let me focus once again on Perriand's comment from October 2nd, 1998.

"Like the bird has its nest, home is just as important for us humans. In other words, we are working toward the well-being and expansion of human beings."

Acknowledgement:
I would like to express my heartfelt thanks to Fumio Tsukamoto of Living Design Center OZONE, and Norio Shigeta at Cabinet Ren Suzuki Architects, for their valuable advice regarding the exhibition "Pioneers of the 20th Century: Charlotte Perriand" (1998).

(Architect)

[Notes]

1 Yuri Sakakura, *Charlotte Perriand no koto*. Japanese introductory notes on the video "Charlotte Perriand: Creer l'habitat au XXe siècle" by Jacques Barsac (Antenne2, 1985)
2 Ken'ichi Kawakatsu, *Kawakatsu Korekushon Tokusenshu,* Heibonsha, 1971, p. 22
3 Ken'ichi Kawakatsu, *Gashinganshinshou* (includes a letter from Perrian to Ken'ichi Kawakatsu, dated March 6th, 1954, on pp. 154-155), Heibonsha, 1971, p. 297
4 Proceedings of the International Round Table on the Relations between Japanese and Western Arts, Sept. 1968, Tôkyô & Kyôto. (Japanese National Commission for UNESCO, 1969) p. 213
5 Alfred Roth, *Begegnung mit Pionieren,* Birkhäuser Verlag, 1973, p. 40
6 Jacques Barsac, *Charlotte Perriand et le Japon,* Norma Editions, 2008, p. 184
7 *The New York Times* (1996.12.15) pp. 52-57
8 Charlotte Perriand, *Living Design,* vol. 3, 1999
9 *SD*, September 1998, pp. 64-68
10 *Charlotte Perriand: Interior Equipment,* The Architectural League of New York, 1998, p. 12
11 Charlotte Perriand, "Charlotte Perriand à Issey Miyake", *approach*, No. 145, Takenaka Corporation, 1999, p. 10

手帳（ベージュ）

シャルロット・ペリアン

凡例
・これはペリアン初来日後、初めてつけた手帳の翻訳で、
1940年9月5日から10月21日までの動向が記されている。
・基本的に全訳であるが、スケッチにつけられたメモ等、一部を割愛した。
・訳注は［ ］内に付した。
・判読できない箇所は□□□□と表記した。

1940年9月5日（木）
朝9時半、三越百貨店を訪問。1934年にパリにいた家具デザイナーに出会う。ルネ・プル［René Prou（1889-1947）］がインテリア・デザインを担当したレストランを訪問。スブ［Raymond Subes（1891-1970）、20世紀を代表する鉄職人の一人］のデザインした日本製の鉄柵、ゴブラン織のタピスリーがある。
和家具売り場を見学。唯一よい家具は伝統的な箪笥だけ。カジエ（重ね箪笥）、木（防火）。これを写真に撮ろう。他の悪い家具は、たとえば鏡台、和紙や漆を使った家具（伝統家具のさまざまな傾向を勉強する必要がある）。
—洋風家具売り場を見学。椅子とテーブルが見るからにみっともない。—竹のバネを利用した竹製ベッド。金属の使用は禁じられている（病院の家具を除いて）。
—個人向けに制作された家具の見本帳を見た。かなり豪華な製品（洋風家具の需要はとくに、すでにかなりの富裕層が多い）どれも特注品。
—デザイナーの仕事は、ルネ・プルの記憶に基づいている（ルネ・プルは今日、この時代の様式を自分のものとは認めないだろう）。おそらくは『Art et Décoration（芸術と装飾）』誌を見ているのだろうが、いずれにせよ1934年から発展がない。
—こうした家具の様式は、日本の家屋ではまったくどうにもならない……。
—ヨーロッパではすでに、みなそれぞれに趣味の悪い家具を所有している。経済的にそれを変えるのは至難の業……。
—日本では全国的に、いまだ家具のない生活。こんなヨーロッパの商品を日本に贈るなんて、許されない。ここ日本では、住宅設備という課題がおそらく救われるだろう（というのも、日本家屋は裸同然で家具や飾りがないから）。それに日本家屋は精神的にはすでに、真の芸術に非常に近いから。百貨店やサン＝タントワーヌ街のヨーロッパの装飾芸術よりも進んでいる芸術だ。
—戦時経済の今こそ、廉価な家具の大量生産運動をよりいっそう推進する最も恵まれた時ではないだろうか（新しい販路が開ければ、こうした店のためにもなる）。この運動をきっかけにより健全なものに向かう努力がなされるだろう。必要なのは、「カジエ、椅子、机」（ル・コルビュジエの1925年以降の住宅設備の基本概念）。
—日本の衣服売り場を見る（バラエティに富んでいる）。洋服（まだ馴染んでいない）。
—街頭の風景を見るかぎり、百貨店であんなにたくさんの、しかもバラエティに富んだものが販売されているとは想像もつかない。
—経済統制のせいで、一般店舗のショーウィンドーでは品物の数がかなり減っている。
—大きなオフィスビルは、現代の兵舎の様式だが、室内は散乱している（依然として、設備の精神が欠如している）。
—大規模な資料館をつくればよいだろう。機能的なもの（資料はヨーロッパやアメリカで探す）。たとえば、照明器具、学校用の家具、事務家具、整理家具、換気機など。
—芸術にとって第一に重要なのは、国の過去を探究すること。次に（ヨーロッパではなく）インドや中国を探究するのが重要だ。信仰の本質的な違い。キリスト教……、神道、仏教……。つまり、異なる道徳的規範がある……、生活や芸術に異なる影響がある（それから気候の違いもある）（日本固有のフォルムを見つける）。
—はいばら和紙屋へ。家具や屏風、箱のための伝統的な和紙（すばらしい、非常に魅力的）。何も言うことはない。
—竹製品の店舗に行く。商品は主に提灯。どちらかというと、ひどい。竹製品の形は、もっと意外で、もっと思いがけないものであってほしい。竹製の花瓶（要写真。非常に健全）。竹製の花籠（写真を撮るべき）。
—日本家屋は、すべて自然の材料を使用している。木、紙、藁、竹など。だから着物は鮮やかな色でも大丈夫。生け花もそう（ただし絵画や版画はちがう）。
—和家具屋を訪ねる。和箪笥はとてもよい。他の家具はどうにもならない。でも家具の漆芸と木材工芸は優れている。この技術を活用して竹でスツールを作ってみよう。
—萬珠堂［中通りの東京支店、本店は京都］で磁器や家具を見る。白磁のきれいな器。色彩もよい。とくに形がよい。この中からいくつか選んで展覧会を開こう。ただしその前に、昔の陶器を見るべき。
—だが、昔のフォルムとともに、つねに現状を分析できるだろう。発展するために、良いものを選び、さらにその先へ行く。
—展覧会のために、資料や写真、目に留まった物を収集する。作業が終れば、資料を本にする。展覧会には磁器や和風家具、家具等々。それから織物（女性のドレス、昔のもの？　今のもの）。（全員がこの仕事に協力すべき）。
—私の前任者を務めていた室内装飾家［シュレーマンのことを指していると思われる］について、とくに仕事方法と仕事内容について、問題点もふくめ情報が必要だ。

9月6日（金）
柳宗理、三神、坂倉夫妻と一緒：
11時　日本民藝館を見学。
13時　柳宅で昼食。
17時　アキウチ氏。
19時　マツァと、中華料理店で夕食。
夜　民間防衛訓練。

柳宗悦の民藝館を初訪問。
柳邸で昼食。とてもいい環境。日本に来て初めての芸術界との出会い。また会いたい。
—柳はカイエ・ダール社からの出版に興味を示す。
—パリの人類博物館用のコレクション収集作業に協力したい、と柳が言った。F.ジュオン・デ・ロングレ氏［Frédéric Joüon des Longrais (1892-1975), 当時日仏会館の館長、法律史家］に要相談。グーラン［おそらくアンドレ・ルロワ＝グーランのこと。André Leroi-Gourhan（1911-1986）、パリ国立自然史博物館教授、コレージュ・ド・フランス先史学講座教授］が預けている日本の民俗品も要参考。
—彼は南の島に家を借りた。
—純粋な民俗を見るには、日本の南か北の方に行くのがよい。
—柳の自宅。美しい石製の屋根組、美しい木製の骨組み。
—美術館では、美しい石の床張りに、藁の筵が敷かれている。
—日本では一般的に、非常に美しい自然の素材を利用する。
下の美しい陶器の展示を見る。
—こうした物を生産した工房は、現役で活動しているところが多い。現在、約一万の職人が昔の伝統の技と図案をそのまま継承している。
—しかし技術と材料を変わらず維持している工房には、図案家が欠けていた。東京から一人呼びよせた……。
—朝鮮磁器が展示されている1階を見る。非常に美しいフォルム。かなり自由な空想力。
—隣には、柳の書斎がある。イギリス人芸術家のデザイン……。要注意。伝統と同じように美しいものを作る必要があるが、新しくしても劣ったものを産み出してはならない。伝統は前進を望んでいる。より良いもの、もしくは違うものを作る必要がある。よって、物真似より、民俗芸術の方から多くを学ぶことができる。たとえば米や菓子を保存するための大きな壷のように、民衆が作るものというのは、必要性に応じて自然に生まれてきた。
—畑に昼食を運ぶための□□□□（我々の工業国では、アルミの弁当箱が取って代わった）。
祭具
—南では、陶磁器製。
—北では、木製。
こうした物は実際の使用に応じ、原始の人間が生まれつき持っている装飾欲に呼応している。（芸術的）装飾には、櫛やキャベツなど、どんなものも用いられる。
—表現方法は最低限にまで切り詰められているが、この上ない表現意欲がある。こうして、美しく、嘘偽りのない物が生まれる。これが彼らの使用しているものだ。
—現実的なもの（台所など）

―精神的なもの（宗教……）
さて、ここで我々の意欲的な芸術家たち、イギリス人やフランス人、ドイツ人の芸術家、あるいは日本人芸術家でもいいが、彼らの前にこうした物を置き、次のように言ってみたらどうなるだろう。「どうぞ、同じものを作ってください。ただし、もちろん真似をしてはいけません」（私自身、かなり困ってしまうだろう）。私はすべてを見たわけではないが、こうした品そのものは非の打ちどころがない（嘘偽りがない）ので、変更の余地などなく、類似品を作る必要もないように思える。どうあがいたところで劣ったものしか作れないということは、はっきり分かっている。水の入っていたこの大きな壷、米の入っていた壷。私は水や米のことを考え、続いて生活を思う。米を手にとり、調理する。そんな倹約生活を想像してみると、私の魂は歓喜する。すべてが冴えわたる。
―そう。だが私は何かしなければならない。芸術的な息吹が吹かないかぎり、劣った猿真似は断固としてやりたくない。
―しかしおそらく、私は他のものを必要としている。材料がすばらしい。何に使うのか。どのようにこの材料を使えるだろうか。この見事な職人技をどうして用いることができるだろうか。そこで私は息をしてみる。それだけで既に想像力が働きだす。こうした材料、陶器、磁器、藁、木、金属で、何をするのか。そこから何を引出すのか。
―民藝館の北方の工芸展示。藁、たくさんの藁、木、木の皮など。藁でできた靴。赤ん坊用のものなど、ありとあらゆる形がある。藁にボロ切れを混ぜてきつく編むことで、強度が高まっている。繕い直された古着、ボロ切れだけでできた絨毯。こうした雑貨は申し分なく完璧に調和している。まず何らかの必要があり、愛情のこもった作業を通して一つの形が生まれる。これこそ芸術というものだ。古いものを直すのは、面倒なことでもなければ、金のためでもない。自然に生まれてきた必要性なのだ――それを満たす時間がたっぷりあった。
―こうした手作り雑貨を救出できるだろうか？
そうしなければならないだろうか？
―（同じく時間のかかる）タピスリーの工房があるではないか。
―こうした農民には、仕事や季節に応じて余暇が生まれるだろう。（フランスでは、たとえば山地の農民は、冬はシャツを縫い、爪楊枝を削り、玩具を作ることを受け入れている）。
―どうして日本では、自国の真の伝統を、現存する民俗を救出しないのだろうか？　ただしそれは、伝統を生んだ人たちにできるだけ任せるのがいいだろう。
―農民と真の職人たち。
―美の本質を意識させる。
―ただ、実際の必要の方に目を向けるだけでいい。
―現代人は、こうした手づくり雑貨からすでに遠く隔たっている。そこから得た教訓に導かれて、私たちは工業に向かい、完全に現代的な機械の作品をつくるしかない。
―こうした条件の下、装飾美術学校では何を教えればよいのか？
＝夜、アキウチ。イギリス様式のまともな家屋。庭に面したギャラリー付き。
＝マツァ［松平斉光］と夕食。ひどくまずい中華料理店で。

9月7日（土）
朝、休養。昼：マツァ、サカ。午後：Lucasの訪問。夕食、グリルで。21時、アキウチ氏が帰る。登山家の連絡先を教えてもらう。
これから満洲でホテルをつくる話が出た。

9月8日（日）
休養。15時：サカ。寺を訪問。

9月9日（月）
柳宗理と三神と一緒：
14時半
　鐘紡（婦人物、布）
　川島（織物の工房）
　服部（婦人物、時計、巨匠の工芸作品）
　安藤（七宝）
民俗学についてタナカトシオからインタビュー。
夕食にサカと和食。21時、マツァ。

＝川島織物。
商品見本帳には選ぶべきものがない。かなり生気のない色感。ステッチも面白くない。エレーヌ・アンリ［Hélène Henry（1891-1965）、織物デザイナー］の作品を参考にすべき。機械織り、手織り。素材のコントラストがない。
―工場と相談して輸出用の方針を指示しよう。
―銀のステッチの使い方がまずい。このステッチを使って、上質のモチーフを入れることができるだろう。無地の織物と、装飾のある織物を使うべき（カーテン、椅子の布の場合）。
―もし非常に高価な織物が私たちのコレクションと張り合わねばならないとすれば。
―もし非常に高価な絨毯が私たちの絨毯の紋紙と張り合わねばならないとすれば。
鐘紡を見た。絹の絨毯。ウールの絨毯。ウールと絹の絨毯。
―中国製の絨毯のデザインが凝っている。絹の絨毯、30平方センチメートルにつき約500フラン。
―よって、古い伝統のデザイン、もしくは巨匠の紋紙がよい。輸出用の製品（一点物）には、（現代の巨匠の紋紙）、子どもの絵、（文字や記号の印章を使う）。色彩は、国でとれる染料を使った最も特色のあるもの。（高度な時代のモチーフを探求する）
―服部。［時計用の貴金属、装飾工芸の専門店］
アールデコの巨匠の作品。こういう工芸品は非常にまずい。写真をもらう。こうした巨匠たちはみな展示会の審査員だ……。巨匠の趣味に合わなければ、弟子は捨てられてしまう。
―安藤。［七宝の専門店］
美しい技。美しい質感。飾りがないほど、制作が難しい。この金属を使ってみよう。焼成に高温を使うので、非常に難しい（銅、金……）。
夜、タナカトシオとのインタビュー（フランスにおける民俗学運動や、デュシャルトル［Pierre-Louis Duchartre（1894-1983）民俗博物館の活動に参加］、装飾家のアンドレ［André Arbus（1903-1968）建築家］、ジョルジュ＝アンリ・リヴィエール［Georges Henri Rivière（1897-1985）フランスの民族学者。民衆芸術・伝統博物館の創設者。ペリアンに日本の写真資料収集を依頼］などについて）。

9月10日（火）
日中、柳宗理と三神と一緒：
9時半　タカハシ氏の案内で帝室博物館を見学。
昼　シノハラ博士とグリルで。
15時　帝室博物館。
夕方　議論。
夕食　ヴケリッチュ氏（Branko Vukelić, 1904-1945）とグリルで。

―建物の素材はすばらしいが、構想がよくない。作品をまとめてショーケースに入れてはいけない。特に絵画にはよくない。一般的に、常設展の作品がかなり乏しい。多くの個人コレクション、寺院、収蔵品があるからだろう。寺院は訪れよう。
―日本の先史時代の展示室は、非常に美しく、興味深い。
―続いて、いきなり仏教美術（輸入品）。あまり感動的ではない。
―日本美術史を国の歴史と並行して勉強しよう。
―写真の資料を確認しよう。絵画はルカスに聞いてみようか。
夜、会議：質問を受ける：
真の民俗芸術を愛好し、賞賛する者として、つくり手の日常生活についてどう考えているか。
考え　日常生活　共同空間　晴れの場
共同空間は新しく生まれた現象。
外での仕事、工場。
―職人の生産――家庭生活は自給自足。有機的な生活。切り詰められた、無駄のない動作。
実際の必要の延長、より良い条件の探求、自然との闘い。幾世代も前からつづく同じ習慣、同じ動作、同じ生産方法。伝統。お金や名声に左右されない、誠実な生き方（『今日の建築』誌の記事をもう一度探してみる）。

—生産については、アルビュスとクーエル［Jacques Coüelle（1902-1996）建築家、有機的なフォルム、自然とのつながりを探求したモダニスト］の記事を見ること。
—『今日の建築』誌のサン＝ヴェラン村の民俗［folklore］を見ること。

9月11日（水）
11時、いつものルネ
12時半、加藤
15時、マツァ
17時、デ・ロングレ

9月12日（木）
9時半、丸善書店
サカの事務所訪問。柳、三神、サカ、鈴木
サカと昼食
午後3時、Hart医師。不調。
著作がおいていない。外貨の持出し禁止。
カイエ・ダール出版と相談しよう。

9月13日（金）
不調。午前：松平。
サカ、三神とともに医師がやって来る。
昼食：サカ、三神
不調。
17時：大使館にて。デ・ロングレ夫人、シャルル・アルセーヌ［Charles Arsène-Henry（1884-1943）1937年から1941年まで在日フランス大使を務めた。日本の絹織物の大コレクターで1941年に『Tapisseries et soieries japonaises（日本の絹織物とタピスリー）』を日仏会館から出版］、デ・ロングレ氏、団［伊能］男爵、ルカス氏と。

9月14日（土）
医師。
10時半：髙島屋、サカ、三神
昼食：サカ、三神、髙島屋で。
19時：夕食、デ・ロングレ夫妻宅。ノワイエ［Du Noyer］医師、ルカス氏、デ・ロングレ氏、松平、シノハラ。

9月15日（日）
海
マツァ、子どもたち
夕食はグリル。

9月16日（月）
10時、医師。
サカ、三神とグリルで昼食
14時半、美術学校図書館。ホテルの部屋でミーティング。民俗とUAM［現代芸術家連盟］について討論する。

サカと夕食。

9月17日（火）
午前、竹の椅子の製造について「竹興社」で打ち合わせ。
14時、昼食（三神＋柳＋スズキと一緒に）。
15時、川添との打ち合わせ（ラジオ放送についての相談のため）。
19時、アルセーヌ＝アンリと夕食。

—竹の椅子の製造にあたり、違う形のものを自分で研究する必要がある。竹の弾力性を最大限に活用すべき。鉄のリベットを使わず、木の留め具にする（水に強い接着剤を探す必要あり、椅子の下部のリベットを取り外してもらう）。しなやかさを試してみるためにモデルを頼んだ（竹の床板を見た。盆をつくるのに役立つ）。
—手作業の仕事が多すぎる。型を至急改善すべき。この点について、技師を一人特別に会社へ派遣しよう。
—高価すぎる。椅子一点につき、45円（しかも、竹の弾力性を完全に無視したひどい椅子）。
夜、アルセーヌ＝アンリ氏と夕食。
—日本の美しい織物とタピスリーも見せてもらう。アルセーヌ＝アンリ氏は卓越したコレクター……夫人は優れたピアニスト……
日本の生活について、アルセーヌ＝アンリの感想を聞いた。
—家屋の中がガランとしている。生活は非常に貧しい。家屋がすべて同じように見え、個性がない。人々も個性・特徴がない。日本人には精神生活がない、その必然性を感じていないのだ。
—昔、日本の真の芸術は商業的なものではなかった。大名に仕える御用絵師や職人たちが、何年もかけてゆっくり漆器や竹細工などを完成していたのだ。
—職人の工芸は、あくまでも真の芸術を代表するものではない。真の芸術家がつくる、真の構成をそなえた「芸術」が存在するからだ。
—しかし私自身の見るところ、芸術はどこにでも存在する。つまり、上手なセックスも芸術、上手な料理も芸術、上手に生きることもまた芸術だ。
次に、輸出に向いているものをいくつか紹介してもらった。

1）金属製の「剣山」（ブーケに使うと花が腐らない）。
2）紳士用の黒い着物用コート。
3）絹の綿入り半纏。
4）古風な織物（浴衣……）。

—今日の経済では、いま日本にある錦の高級な着物950万着は箪笥に仕舞われたままの状態となり、仕方なく新しい物を買わないといけなくなるだろう。

9月18日（水）
午前、ホテル
11時、坂倉の事務所でミーティング（坂倉＋柳＋三神＋スズキ）。
15時半、マツァと。
18時半、夕食（前川國男＋坂倉＋マツァ）。

9月19日（木）
8時半、水谷［技師］と、今後の活動スケジュールについて打ち合わせ（水野＋三神＋坂倉＋柳）。
10時半、Bureau des Arts et Industries［おそらく工芸指導所の東京出張所、以下同］で打ち合わせ。漆器と今後のスケジュールについて。
14時、日本民藝館（マツァと）。一人で夕食。

承諾内容：
・水谷［水谷良一。商工省貿易局施設課課長で、ペリアンを雇用した人物］と水野［技師］と企画。

1）技師向けの演習会。
2）面白い産業工芸と工場をいくつか発展させる。
3）新しい仕事方法を編成する（ずっと後まで残るような、面白い核となる機構）。

「Bureau des Arts et Industries」と企画。

1）紙またはキャラコに漆を。形自体は手作り、または型。
2）木ないしアルマイトに漆。
3）漆塗りシルクペーパー。型を使う。
4）漆で塊をつくって、内側を抉る。

—白は使わない。ライトベージュ、それに赤、黒、くすんだ緑。
漆に紐を入れると立体感のある模様ができる。または白い小石や、アルマイトの糸を入れる（それぞれ白色の効果が出る）。

材料を紹介できるようなショーケースの付いた事務所を頼んだ。そして技術をいっそう発展させるよう依頼した。説明すると、

1）「Bureau des Arts et Industries」部門は流通業者の相談窓口となり、そこでは品物の販売や輸出の許可、品物の価値（半ば政府に決められている）について相談できる。
2）スズキの事務所では、販売者そしてとくに製造者らが製品を見せて、技術的な指導を受けることができる（省の正式部門だ）。

両部門の活動が密接に連結することが必要不可欠。つまり、仮に販売者のだれかが、第二部門で指導された改善案を実現しないまま品物を流通させようとするなら、そのような品物に対しては絶対に許可を与えないことにする。
—柳［宗悦］を訪問。書物と東北の織物を購入しよう。
—5年前に髙島屋で地方の工芸展が行われたそうだ。残念ながら政府の人間はそこから何も教訓を

得ていない……。
—政府が各県に指示を出してくれるなら、かなり早く新しい展覧会を開くことができる。第1段階、県は各地方自治体宛に関係する品を集めるよう指示を出す。第2段階、私自身が現地に赴き、集められた品物を選別する。第3段階、私が自分ですぐに職人と連絡をとり、新しい形の品物をつくってもらう。さらに、私たち（西欧人）の習慣に合うような物を選ぶ。
アイデア：二つの部門
—髙島屋展
第1部門：教育用
民俗（民俗品や工芸品）：
さまざまなアイデアを与えてくれた農芸術品や工芸品、そしてそれらをもとにつくられた品。
ただ単に選別された品。
改良バージョン。
（日本地図、仕事をこなす職人の写真、職人と農民の写真を展示する）。
工業：
工業生産の作業の写真を展示する。
工業製品から選別。
これを機に新しくつくられた工業製品：
—工業椅子
—竹製品
—酸化アルミニウム製のもの？
—磁器製品
—木製品
—布製品
—プラスチック製品
美術工芸：
—タピスリー、ブロケード、絨毯、刺繍、レース、漆、その他……

第2部門：例
—「悪い形式」の洋風家具（日本製）をしつらえた部屋。
—純粋な和風の部屋に、テーブルと椅子、絨毯、窓の前に簾をかけている等。—本格的な洋風の部屋：リビング。寝室。
ベンチと竹製スツールの新しい形を研究すること。
朝鮮の櫃の形を見ること。
透明のプラスチック糸で編まれたもの。

9月20日（金）
9時半、指導所。
午後、17時までトランクを空けて、整理。
17時、マツァ。商工省のために、この日までの仕事について報告書を作成。
夕食にマツァと和食。

9時半、Bureau des Arts et Industries。輸出用の製品、とくに南アメリカに向けた製品の写真を見た。そして販売品の見本帳も見た。興味深い資料。

9月21日（土）
10時、サカ。
昼、髙島屋デパート。
デパートで昼食。
午後、デパート。
17時、翻訳のため川添［紫郎］と約束。
川添、マツァ、サカと一緒に夕食。

デパートが3月1日の展覧会の提案を了承。
—漆のさまざまな技法、新しい技法（成形された漆など）を見せてもらった。
—布、錦など……　見せてもらう

9月22日（日）
朝、サカと建設現場を訪れる。
サカと昼食、16時まで。
ベルン［Berne, スイスの町］へ電話することを考える。これからアルフレッド・ロート［Alfred Roth（1903-1998）スイス人建築家。モダニズムの先駆者で、ル・コルビュジエとペリアンの友人］に手紙を書こう。
18時、翻訳のため川添と。
川添、マツァ、井上、ハールと夕食。

予算案

ホテル	20日×9＝	￥180
朝食	20日×1＝	￥20
クリーニング		￥30
買物の出費（資料、映画のフィルム、電報）		￥100
タクシー		￥30
食費	5×30＝	￥150
		￥510

9月（1カ月目）／10月（2カ月目）／11月（3カ月目）／12月（4カ月目）／1月（5カ月目）／2月（6カ月目）／3月（7カ月目）

9月23日（月）祝日
9時、翻訳のために川添とマツァ。
12時、昼食、マツァ、川添、サカ。
午後、私の契約について話し合い。
サカの事務所。

9月24日（火）
清算してホテルを発つために、三神夫人と打ち合わせ。
婦人服仕立屋。
日本製の籠をひとつ購入。

9月25日（水）
朝、川添が校正のためにやって来る。
昼、サカと京都へ発つ。
20時半、京都着。

9月26日（木）
三神、柳と京都。
朝、河井［寛次郎］を訪ねる。
午後、布のために、三神の義兄［または義弟か？］と丸紅。
晩、和食の夕食、ナントカのダンス。

9月27日（金）
—朝、京都の竹。面白みなし。
京都陶磁器試験所。
夕食、都ホテル。

9月28日（土）
京都近郊。
籐の工場。滋賀県彦根市職人町 伊部商店。
京都のグリルで夕食。

9月29日（日）
サカと。
龍安寺の庭＝寺を訪ねる。
寺、町、夕食、20時、河井と庶民的和食レストランImoboh［芋棒屋のことか］、円山公園＝山。
竹製の家具の店を訪問。

9月30日（月）
柳、サカ、河井と。
町の近郊、大原野の農村を訪ねる。山中の善峯寺を訪問。竹林。
都ホテルにて夕食。ホテルの庭を散歩。
（京都に、庶民的な籠を売る竹の家、四条大宮通り、東、田中竹製店。庶民的な編み籠）

10月1日（火）
9時：御所を初訪問。
14時：桂離宮。
15時：竹善、竹製の椅子工場。
18時：大阪で龍村氏と。

追伸：建築の美しい例。
—ここでは現代人が容易に伝統を続けていくことが可能だ。なぜなら、ここには我々［ペリアンやル・コルビュジエたちを指すと考えられる］の原則をすべて見出すことができるから。
—目にみえる木の骨組み。
—床は、礎石の上にあり、普通より高くなっている。
—同一モジュールの原則（畳はモジュールの単位を部分的に決定する）。
—扉の高さは1.85メートルに標準化されている。

—すべての部屋がつながっている、つまり、続き部屋や中庭が一体になっている。
—熊手で掃かれた砂の中庭……、それに昔からずっと同じ種類の木が二本。ただそれだけ。
—続き扉、というよりむしろ、可動式の面。取り外し可能な戸、もしくは引き上げ式の戸でできている。
—玄関の門は、押し引きの扉、木製、漆枠、模様が彫られた鉄板で補強されている。
—正面の統一。
—引き上げ式の戸、黒い漆塗りの木で編まれている。背景は白。くすんだ赤の漆で金具が塗られている。
—艶出しされた黒い木の床。
—横に広がる窓。
天皇の寝室。
黒い板間。畳一枚。
—色絵付き、スライド式の戸、取り外し可能。
—巻き上げ式の御簾。きめの細かい洗練された竹の編み物で、透けてみえる。一般に、竹の黄土色という自然の暖色に合わせて、寒色の布で縁どりされている。
—太い飾り房、自然色、赤、黒。
つまり、全体的にみて、純粋に装飾的な要素は、色を塗った面だけに限られている。せいぜい、通路に続く絵画で飾られた扉や、畳の色縁どりだけに留まる。
なお、建築自体は基本的に自然木と白塗りで単調。床一面に広がる畳の縁どりが描く赤色の細い線が、白に映えている。
まとめ：
—目にみえる骨組み。
—取り外し可能の戸や、引き上げ式の戸、あるいは夏用の竹でできた簾により、「内」と「外」の平面が相互浸透。
—いたるところに見られるモジュール。
—扉の高さは1.85メートルに標準化されている。
—自然素材の統一。白い壁。
—装飾は漆塗り、あえて地味な調子で、使用範囲は非常に控えめ。
—室内外の眺めを区切って風景を構成する屏風。
近代建築の用語で言うと：
—風景を区切って構成する屏風の代わりに、収納棚を使える。ただし要注意：棚は正面を向けて設置する必要がある。背面でも。自然素材か装飾素材の御簾を表に吊るす。たとえば、タピスリー、布、木製でもいい。絵付きスライド式の扉。
—竹、あるいは白木の椅子。豪華なクッション。

10月2日（水）
朝：修学院離宮。
午後：町を散歩。寺を訪問。
棚はまるで雲のように自由に戯れる［ペリアンはこの「霞棚」に着想を得て、1955年展で発表する《ビブリオテック・ニュアージュ（書架［雲］）》をデザインする］。木製家具は空間を分割する。
立地がすばらしい。—桂離宮ほど純粋ではない。
—美しい庭。—海をあらわす湖の構図……　浜……　もしくは、海の岸辺と富士山。
限りなく連なる山々が借景になるような造園。
さまざまな植物からなる藪は、色鮮やかな自然の光景をつくり、ずっしりした石と自由に戯れながら、風景を変形していく。
—初めの寺
—名所の湖を表現する白い砂の一面。波の模様が熊手で描写されている。頭部の欠けた砂でできた円錐台、幾何学的形象。夜になると、月が円形の頂を照らす……（動的な遊び……）無限。想像……流動。
—畑（田んぼ）では。細網、布、紙など、さまざまな切れ端でできた紐が張られ……　風で動いている。鳥除け。
—店では、たくさんの物が紐で吊られている。風で動く仕組み。
—子どものおもちゃ、枝、鳥、紐、布……、風に動く。
—宗教における紐、紙……、モビール……
サカが私に言ったこと：
—日本建築の本質における第一の特徴は、空虚、非限定を表現するということだ（雲、雨、など）。
—それに対して、ギリシャ建築の美意識は、充溢、無限を表わしている。
日本は哲学的な国。
—言い換えれば、シュルレアリスムの精神の本質（真のシュール）、例えば雲の表象を言語。
雲が絵画の中に……
雲が家具の中に……

10月のメモ：
27日から11月6日まで：仙台。
11月11日から16日まで：東京の龍村。
11月16日から（空白）まで：京都。
龍村氏に、竹を扱う人の名前と住所を尋ねるのを忘れないようにしよう。織物用の新しい素材を龍村氏に送ることも。
布、籠は安物の粗悪品と一緒にあるが素材は健全。稲藁、竹、トウモロコシ藁など……そして絹、ウール……　端切れでできた織物。紐に。
アルマイト：16日、17日、18日（金曜）。19日（土曜）、富士山、Chisooka［静岡のことか、以下同］で祭り。

10月3日（木）
京都。
朝、休養。ブランション［Georges Blanchon, ペリアン・ブランション研究所（Bureau d'Études Pierre-Blanchon）のパートナー。ペリアンの日本滞在中もピエール・ジャンヌレとともに活動］と母に手紙を書いた。
昼、都ホテルで昼食。
午後、大阪。髙島屋の展覧会を訪問。
フランスの美しい大箱。
龍村のアトリエを訪問。調和。お茶のやすらぎ……
晩、東京へ出発。

10月4日（金）
朝、7時半：東京到着。
13時半：髙島屋でデッサンの展覧会。
その後、休養。

10月5日（土）
髙島屋を再び訪問。その後、自分の講演の準備。

10月6日（日）
朝、10時から12時：技師たちに講演。—昼食。
—午後、Nezu展を見にデパートを訪問。
—サカ夫人、前川を出迎える。—デパートにて。
—『La France au travail［働くフランス］』という本を二巻見た。80円。
マツァと夕食。

10月7日（月）
三神夫人、疲労、今週は仕事をしない予定。

10月8日（火）
昼、ノワイエ医師に展覧会会場で会う。
午後、国際文化展覧会。写真を選ぶ。
黒田［清、国際文化振興会専務理事］伯爵と団男爵と出会う、長島書記官のところで。
三神、疲労変わらず。

10月9日（水）
昼、龍村氏とサカと井上と昼食。
午後、髙島屋。竹製の椅子を見た。展覧会。
晩、サカとハール［Francis Haar（1908-1997）ハンガリア系の前衛写真家。1939～1956年、1959～1960年の期間に日本で活躍。ハール夫人は銀座の有名レストランIrene's Hungariaのオーナー］宅で夕食。

10月10日（木）
朝、サカ宅、今後の予定と三神のことで話し合う。
建築の展覧会を訪問。—桂離宮の写真。現代の建築の写真……かなりモダンで斬新的。
赤十字の展覧会を訪問。
数世紀に渡る日本における衛生についての展覧会。
衣服、住居、食物、水、照明など。
夜、16時半～21時半、マツァと観劇。

10月11日（金）
昼、ノワイエ医師と昼食。赤十字展を見る。

17時、フランス大使館でコンサート。
アルセーヌ＝アンリ夫人は北京へ出発、11月8日まで。

10月12日（土）
午後、サカと彼の事務所で待合せ。柳、スズキと会話。三神が通訳する。

10月13日（日）
9時、柳と多摩へ出発。22時半帰宅。
森のなか30km歩いた。晴天。

10月14日（月）
14時半：サカの事務所。
東京の商工省の技師、二人に会う。仙台の計画について話しあった。
仙台では映写機を使おう。
撮影はどのサイズ？
それから、三神に日本地図を頼もう。
サカの事務所の近くにある果物屋で使われている竹製の籠を見ること。

10月15日（火）
髙島屋での展覧会のための仕事。
晩、外務省でカツ［おそらく村松嘉津（1909-1989）のこと。フランス文学者。フランス人の東洋学者エミール・ガスパルドン（Emile Gaspardone）夫人］、その兄弟、マツァと夕食。
仙台：
［以下は、講演準備のためのメモと考えられる］
家具：今のところ、まだ大きすぎる。
—プラスチック、木型、木、竹。
—漆、展覧会で見た物
—アルミニウム、金属、花瓶、皿、箱、フォークやスプーン。
エンジニアたちに4日から8日までの間、9時から正午まで講演会。40人。

1. ヨーロッパにおける装飾芸術の現在の傾向
2. ヨーロッパ人として私が何を考えているか？　日本に何を期待しているか？
—どのような小物？
—どのような素材？
—どのような技術・技法？
—どのような図案？

————

4人の助手。

（1）木と竹
（2–3）金属
（4）木と金属
（5）漆

彼らが設計と改良をおこなう。

————

最初のミーティングのときに、各々の構成と組織を図式化してもらう。

————

横浜にある織物用素材の研究所を訪れるべき。

————

若者—それぞれが異なる県の研究所を代表する—詳細を訊いてみよう。

10月16日（水）と17日（木）
Chisookaで
—アルマイト：色付きフルーツ皿。
—紙製の布［不織布］を見た。サンプルを送ってもらう予定。多様。ハンドバッグ。
—漆、図案が悪い。いつものこと。
—アルマイト、色が美しい。髙島屋展覧会のために面白いフォルムを選んだ。
—アルミニウムは、ここでは、ボーキサイトからではなく、粘土からつくられる。粘土はかなり大量にある。使うべき。
—アルミニウムでタバコ入れ、コンパクト、花瓶、フルーツ鉢……などがつくられている。漆で装飾されている。日本の漆技法はアルミニウムにも使えるから。
—プリマックス（アルミニウム合板）もつくられている。
—研究所で見たもの。アルマイト装飾を貼った布（紙とアルマイトの板でできたベルトを構想しよう）、かばん等。
—研究所で見たもの。とても木目細い竹の箱、蝶々の模様がついている。この箱はきれいにみえるかもしれない。東京の展覧会に展示することを考えよう。
—竹籠を見た。とてもよい。
—蝶々のついた漆やガラス板でできた盆をつくらせる。
河井の展覧会、東京。
テーブルクロスを構想してつくらせる。
—竹製の椅子を見た。
不織布でクッションをつくる。
—Chisookaでタピスリーを見た。

10月17日（木）
どこかで祭り：
—野外で少年たちの闘い。
—太鼓。
—女性の手仕事の展示。
—片側に少女の集団、反対側に青年の集団。
—神々の手の展示。
夜：大宮に泊まる。
—1930年に建てられたホテル。豪華すぎる。よくない。小石でできた浴室、小さな橋。湯が蒸気になって小さな橋の方に出て、それから浴槽に流れる……
—親密で慎ましやかな寝室。

10月18日（金）
—富士山に出発。どこかで降りる。
温泉。船。楽しい昼食。根場（ねんば）の村まで山に沿って（森の中を）歩く。夜はどこかで宿泊。
旅館に泊まる。暖炉のたき火、トウモロコシの丸焼き、風呂、快適な室内履き、賑やかな遊びに歓喜する……

10月19日（土）
湖［河口湖］を渡った。
湖で泳いだ。坂倉も来ると言っていたが来なかった。
ホテル：
ここもまた変わった雰囲気の建物。天然素材（オックスフォードの建築様式と混淆）。洋風の寝室を見学（駄目）。和室はいい（より安い）。
富士ニューホテルでお茶。とても贅沢なところ。前のところほどよくない。庭が美しい。
素敵な和室。冬にはスケートができる。
晩、昨夜のホテルに泊まった。
柳［宗理］と日本の若者について話しあった。深刻な問題。
美術学校を卒業した若者には、武器工場に雇ってもらうか、兵役（5年！）に就くか、それ以外の選択肢がないなんて。

10月20日（日）
朝、美しい湖を渡った。東京に戻る。
午後：髙島屋を訪問。

10月21日（月）
朝、三神夫人。
昼、カツ。昼食。
15時半、三神。

住まいの芸術

シャルロット・ペリアン

［p.32］
［ページ下部に大判の写真、上にキャプション］
桂離宮、京都　1589年―1643年

［p.33］
住まいの芸術

住環境の調和は建築や都市計画と切り離してそれだけでは成り立たない。住宅設備だけで実現できると言い張っても意味がないだろう。なぜなら調和ある住環境は、立地、方角、光の按配といった外的な条件に等しく影響される建物の環境で決まるからである。また、住環境は物質的な材料を組み立てるだけでなく、人として均衡のとれた状態と精神が解放される条件をつくりださなければならない。

ここでは論点をはっきりさせよう。空間を満たすか、空(くう)にするか。この設問は愚かしく思えるが、それなりに重要である。空(くう)を、無だ、あるいは、貧しいと思う人がいるが、一方ではそこに、思惟し、活動する場が開かれると考える人もいる。

西洋の修道士は、瞑想し極度の精神集中に到達するために、何もない空間を選んで、個室にこもった。極東の宗教では、「空(くう)」への崇敬が称揚される。『茶の本』で岡倉天心はこう述べている。「物の真に肝要な所は只虚にのみ存すると彼［老子］は主張した。［……］虚は総てのものを含有するから万能である。虚に於てのみ運動が可能となる。［……］芸術に於ても同一原理の重要なことが暗示の価値によって分る。何物かを表はさずにおく所に、観る者はその考を完成する機会を与へられる」

日本庭園は、家屋の延長であって、しばしばとても抽象的な着想を表す要素と面の組み合わせとを作用させて瞑想を促すよう構想されている。

現代の住環境の話から話題がそれてしまったかもしれない。しかし、都市計画と建築の分野でのあらゆる試みは、人間が調和のうちに生活できる住環境をつくりだすことを目指しているはずである。できるだけ独りになれて、庭や空に向かって建物の壁面を大きく開いて自然を活用しながらの生活が、調和をもたらす。

私たちの時代のあわただしい生活には、家族構成員一人ひとりの安らぎがますます必要になっている。行き届いた都市計画と建築でつくられる外的環境。室内では、住宅設備がつくりだす空(くう)の空間。

論点は決まった。知的世界が私たちの生活を豊かに満たしてくれるのだから、精神生活や気晴らしの時間を奪ってしまうに過ぎない無駄なガラクタはもうこれ以上要らない。無駄なものの埃を（掃除機を使おうが使うまいが）払うより太陽のもとで一日を過ごすほうがいい。1年に365日繰り返される日々のささいな振る舞いを問題に入れる前に、もっとずっと広い領域について話をしておくべきだと考えた。実際には住環境は、ささいな振る舞いで成り立っている。そういう振る舞いは私たちの必要から生じていて、設備上の専門的な視点を応用するにはつねに、複雑になりすぎてしまった問題を単純化するよう心掛けなければならない。

もう一つの論点がある。家庭の設備で何がいちばん大事な要素なのか？　躊躇なく答えよう。整理である。よく考えられた整理整頓がなければ、住居に必要な空(くう)は生まれない。整理用の壁が要るということに話は落ち着く。次には、家事設備、台所、衛生設備となる。私たちの家はつねに空(くう)をもつ。私たちはそこで夢想し、東洋風に床でじかに休息し、西洋風に椅子で安らい、子どもたちは遊んでいる。

［p.47］
健康衛生

［上部の図、キャプション］
劇場
スタジアム
図書館
格闘技場　　格闘技場
冷浴室［フリギダーリウム］
ディオクレティアヌス浴場、紀元前302年

浴室については、ごく質素であるか、さもなければきわめて贅沢なものが喜ばれるようである。浴室は清潔さでは非の打ちどころのない材料でつくられた一室であることがほとんどで、そこに（シャワーの有無はともかく）浴槽、（使い勝手のいい化粧品棚、ビデ、最近では仕切り壁で浴室と分けられる傾向のあるW.C.といった）付属設備のついた洗面台、それに（タオル掛け、バス・ローブ掛け、バス・マットなどの）こまごました物が備わっている。しかし、こうして提案された設備に満足できるかどうか判断する前に、またそれが最良のものか考える前に、入浴は何のためにあるのか問うてみよう。ただ清潔であろうとするためか、それとも、とくに全身の再生のためだろうか。

S.ギーディオンの著作『機械化の文化史：ものいわぬものの歴史』に収録されたすぐれた考察には次のように述べられている。古代ギリシアの入浴は、体育館での身体鍛練と哲学談義の場「エクセドラ」をつなぐ鎖の環のようなものとなっていて、入浴についての考え方がこれほど文明の概念と緊密に結びついていた時代はなかった。身体についての文化と精神文化は分かち難いものだった。ソクラテス、プラトン、アリストテレスらギリシアの哲学者たちは、体育館で生まれたのである。入浴は、まず水に身体を浸し、シャワーを浴び、呼吸法と入念なマッサージを織り交ぜて仕上げられる肌の浴法といった基本的な手順に従って行われていた。

古代ローマでは、共同浴場は国家の建造物で、文字通り自由民の社会的なセンターをなしており、集会、余暇の楽しみ、くつろぎの場になっていた。あらゆる階級の人間が利用できる浴場での入浴は、一日の労働を終えて疲れた人々が日々の回復を図る手段であり、そのための共同浴場が、町、村、農場、軍の駐屯地などローマ帝国の全土に広まっていた。巨大な水泳プールを備え、ふんだんに水を使う、とても明るい共同浴場は、体操、格闘技、競走などもできるよう配慮された広大な緑の敷地の中心に位置しており、喧騒を離れた外側の部分には集会、読書、会議、コンサートなどに便宜を図った図書館がある。こうした全体のなかでは一部に過ぎない蒸気浴のほかに、冷水の部屋、ぬるま湯、熱い湯、発汗の部屋があり、風呂の温度に従って浴室の配置が決められた。そして大抵は、マッサージとオイルマッサージの仕上げがあった。

イスラム圏では、古代ローマ人たちが中東に広めた共同浴場のうち蒸し風呂だけを自分たちのものとし、それに手を加えてモスクの付属施設ハマムを創りあげていった。そこで身体が清められる。ハマムは、古代ローマの浴場と同じように、あらゆる町や村で見かけられ、市民はだれでも入浴できるようになっていた。いまから100年も経たない以前でも、ダマスカスにはまだ75ものハマムがあった[1)]。ハマムの特徴は、薄暗く静寂が満ちていることにある。そこではすべてが、外の世界から孤立できるように機能して、入浴者は受け身の態度を取ることになる。洗練された技術で関節をほぐしていく深く行き届いたマッサージが身体の運動にとって代わり、瞑想が議論に代わる。

回廊と休憩室では楽師が音楽を奏でる。建物は小さくなり、大仰さが抑えられ、さまざまな装置は簡潔になる。

イスラム文化の発生期（8世紀のウマイヤ朝時代）と中世キリスト教の時代では、水泳が普通のスポーツとなり、木の桶で入浴することがよく行われもしたが、蒸し風呂もすっかり社会制度と化して、町や田舎にあまねく広まり、イスラム圏も古代世界も同じように、そこは集会の場となっていた。数多くの浴場では理容師＝医師が控えて、散髪し、ひげを剃り、瀉血をし、あらゆる手当てを施していた。

身体の手入れや清潔さが洗練された生き方と切

り離されてしまったのには、間違いなく、ともに裸を罪とみなした宗教改革と反宗教改革双方の影響があって、いまだに私たちがその影響を蒙っている長い夜の時代が始まった。ルイ14世の治下は美しい精神の世紀とされるが、王自身は一生に一度しか入浴しなかった。

考え方と技術がゆっくり進み20世紀になると、一軒の家のどの階にも水が行き渡り冷水も温水も意のままになり、どの世帯でも風呂が使えるという信じられないような技術が私たちのものとなった。それなのにそうした風呂は、ただ清潔のため以外何の役にも立っていない。もはや心身の再生など問題にもならない。それどころか、単身用にしろ集団用にしろ、パリに、そして地方にどれだけ浴場があるというのか。労働を終えた夜、パリの人々のうち一体何人が湯浴みに浸っているだろうか[2)]。

緑に囲まれた建物の足元でスポーツに興じることを見越したル・コルビュジエのユニテ・ダビタシオンのような構想は、いまもってユートピアのように考えられている。古代ローマ時代のネロ、ティトゥス、トラヤヌス、カラカラの共同浴場は118,000㎡あり、ディオクレティアヌスの浴場に至っては140,000㎡もあって、しかもほとんど無料で一般に提供されていた。浴場に行くことは当時、レジャーだったのである[2)]。

ところで私たちの体育館でどれくらいの施設が、マッサージやオイル・マッサージを伴う適正な湯浴みの設備をもっているだろうか。学校の体育の授業は無料だが、シャワーは付いているだろうか。この退化は世界的なものだろうか。そんなことはない。

たとえば日本では、8,000万人の人々が毎晩都会でも田舎でも、個人風呂や共同風呂で入浴している。個人用の浴室は水の部屋である。浴槽の外で肌を洗い、完璧に汚れを落としてから非常に熱い湯の浴槽に入る。水の部屋の付属品である木製の小さな腰掛に坐って湯を浴び、浴槽の外で母親は子供たちに湯をかけ、一緒に入浴する。

農家に入ると、そこには伝統的な「お風呂」があるだろう。(中世の桶に似た)木製で蓋の付いた一種の容器で、水と部屋を暖めるために内部で石炭か木材を燃やす鋳物の炉が付いている。この炉は、私たちの家にもあり街角の市場で買えるありふれたストーヴのようなものである。そしてゴムホースの形をした、独立したパイプで水を引き、排水は浴室のなかにある溝に流す。実際のところとても原始的だが、多くは、水の部屋の材料の質と環境づくりできわめて洗練されたものになっている。引き戸を開けると広々と自然が見え、しばしば敷石の間をせせらぎが流れる。それに浴室の前に脱衣場がある。

[p.48]

多人数用の浴場は、古代ローマなどと同じく集会場となって、そこでとても重要な問題が論議される。日本は温泉の国であるから、非常に洗練された宿泊設備をもった余暇のセンターが国中にあって、海辺、湖畔、山や森の中といった、どれも素晴らしい立地に建ち、個人用浴室にはない部分を補っている。日本人にとってこうした余暇の施設は、瞑想と自然崇拝の中心的な場である。

それらの大浴場は性別で分けられていない。2人、4人、6人用の浴場から大きなプールのような浴槽まで揃っている。入浴者たちは皆、素朴で慎み深く、互いに協調的で自然な振る舞いを見せる。

日本がこの世界で時代遅れになっていると思わないでいただきたい。アールトが森と湖に恵まれた彼の祖国フィンランドについて語るのを聞くと、蒸し風呂の伝統を保っているその国のことをあれこれ考える。フィンランドでは小屋の中で、13世紀から16世紀にかけて私たちの祖先が使っていたのとほとんど同じ方式の素朴な風呂「サウナ」を使う。湿度の高い蒸気浴に必要なのは、積み上げて熱した石と手桶一杯の水だけで、皮膚と汗腺を蒸気で刺激し、それで垢だけでなく身体にたまった毒素も取り除く。フィンランド人は、その作用を促進させるために、春に伐採しておいた白樺の枝で身体を叩く。サウナ小屋は大抵、湖や川のほとりにあって、蒸気浴がすむと人は急いで水中に駆け込み、雪の中を転げまわったりもする。フィンランドの人々はだれもが、真冬でさえこうしてリラックスする。

「サウナ」風呂は、フィンランドの家屋の核をなし、人々の集う場となり、香りのいい木で建てられて、なおかつ自然を全身で嘆賞し感受する場である。

一方で、私たちの浴室となると、都会にあっても田舎にあっても、住居内でもレジャー施設でも、海辺であろうと山中であろうと、またどれほど技術的に完成されていても、私たち自身の文明を決定的に表わしている物と考えるには憚られる。

私たちは、昔の人や入浴について洗練された考えを保持している幸福な人々の経験から少しも良い所を引き出していない。私たちのあまりに狭いシャワー室、シャワーが付いていたりいなかったりする浴槽を改めて見ると、何とも悲しくなる。肌を洗った後の汚れた湯の中で身体を伸ばし、身動きもままならず、ちっぽけなバス・マットに乗る湯あがりも快適ではなく、床は滑りやすく、素足のままで入れる快い脱衣場もない。

取るべき道がほかにあるのは確かである。入浴とシャワーを合わせて住居に本格的な水治療の設備を備え、それを新しい考え方のもとにだれもが自由に使えるようにすることが、その道である。

1)ミシェル・エコシャール、クロード・ル・クール、「ダマスカスの浴場」。

2)MRU［再建・都市計画省］によると、産業都市トロワ［Troyes］にある520の欠陥住居グループを調べたところ、次のことが明らかになったという。

—83住居は、取水口から非常に離れたところに位置している。

—39住居においては、中庭まで水を汲みに行かなければならない。

—25家庭が、建物の中に1箇所しかない蛇口から水を使っている。このうち2階以上の階には、水のある住居はない。

—40住居には生活排水が供給されている。

—63住居にはトイレがまったくない。

—65住居にはトイレはあるが、建物の外にあり、水は出ない。

—55住居には水洗トイレがあるが、建物の外にある。

—建物内に水の出るトイレがあるのは、2住居だけである。

—きちんと水の流れるトイレがあるのは、2住居だけである。

［上段絵画のキャプション］
蒸気浴、A.デューラー、ニュルンベルク、1495年

［下段絵画のキャプション］
混浴の温泉、ハンス・バックの絵画、バーゼル、(資料：装飾美術館)

[p.49]
［上段のキャプション］
・フィンランドのサウナの断面図と平面図、アールネ・エルヴィ設計
・サウナの内部
・サウナの最小単位
・日本の温泉宿、1940年

［中段のキャプション］
・水の都市での生活、15世紀ドイツの素描、家庭図書
・女性に付き添われた男性の入浴、18世紀ドイツの細密画、ハイデルベルク図書館所蔵の詩歌集。

［下段のキャプション］
・日本の温泉浴場。右側に山の急流、左側に湯の源泉が見える。
・日本の伝統的な浴槽である「お風呂」。本来の浴槽と薪か炭で水を沸かす鋳鉄製の竈との、二つの部分に分かれている。

[p.50]
[1行目のキャプションを左から右へ]
・プラスチック便器のための上げ蓋
・縦断面図
・900度で焼成された琺瑯鉄板による洗面台、《アンプティ（型打ち鋳造成形）》。7キログラム、非常に軽量、はめこみ式。
・陶器製洗面台「プログレス」、壁取り付け式、スイス製。溢水管の清掃が容易。

[2行目のキャプションを左から右へ]
・A. フランスの1930年型。トイレのための「理性の座」（コントワール・サニテール社資料）。坐の部分がかなり低く、排便のためにそこに坐る人は、ほとんどしゃがみこんだような姿勢を取らざるを得ない。これがもっとも自然で衛生的な姿勢である。
B. イタリアの1950年型。エディション・ニトール（ミラノ）。
・合理的な形のビデ。この形の誕生により、角を落としたモデルがなくなった。
・[4マス目、上のキャプション] 病院用の洗面台「AKZ」、スイス。

[3行目右側のキャプション]
3）と4）鋳物琺瑯のユニットバスルーム。ホテルの客室設備のために、ル・コルビュジエ、ジャンヌレ、ペリアンのモデルによる1937年のジャコブ・ドラフォンの試作品。このような案は、独身者用の小さな住居に有効である。
この部屋の奥に、鋳物琺瑯の貯水タンクがあり、トイレがそこに一体化している。床は可動式の簀の子で、掃除しやすい。便器の上げ蓋があるおかげで、トイレはトルコ式としても使えるし、座って使うこともできる。ビデはトイレ側へ向きを変えることができる。
5）フロリダの家庭のバスルーム（アメリカ）。39ページの設計図参照。トウィッチェルとルドルフ設計。写真はエズラ・ストーラー。
左にシャワーがあり、右に洗面化粧台つきの脱衣所がある。洗面台は琺瑯鉄板製、はめこみ式。1900年ごろの初期の化粧台によく用いられた様式である。現在は、台所の調理台にシンクが組み込まれる、組み立て式の傾向にある。

[p.51]
[1列目のキャプションを上から下に]
・木と金属でできた18世紀の浴槽。
・組立て式のシャワー室と脱衣所、《アンプティ（型打ち鋳造成形）》。900度で焼成された琺瑯鉄板製。1メートル×0.92メートル、高さ2メートルのパーツからできている。空いている床に置かれる。

[2列目のキャプション]
・浴槽のさまざまな形とそれぞれの水の容量、入浴時の姿勢。

[3列目のキャプション]
・水を温める電気製の機械。蓄熱式で、容量も大きい。ルメルシエ兄弟により製造された。
・シャワーヘッド。水の噴射力が非常に強く、サーモスタット機能のついた混合栓をつけることもできる。ミンゴリ社製。

1. アメリカンスタイルの浴室。トイレ、浴槽、洗面台はセパレート式。シャワーは浴槽の上についている。
2. いくつかの試作品。
サロン・デ・ザール・メナジェのための習作。
シャルロット・ペリアンの提案。シャワーと900度で焼成された琺瑯鉄板の浴槽をもつ浴室。シャワー部分は、清潔さが配慮されている。浴槽では、入浴してしっかり休息をとることができる。シャワー部分の床は緩やかに曲がっていて、水がうまく周囲の排水溝へ流れる。また床は水玉状のでこぼこがあって、足が滑らず、水に浸かることもない。右側の浴槽の縁は座席になっており、快適に腰掛けて体の手入れをすることができる。シャワーと浴槽は、それぞれ別々に使用されるよう考えられ、柔軟に使用できるようになっている。

[p.52]
[左上のキャプション]
上図：マルセイユの実験住宅（42ページ参照）。
浴室洗面所：人工通風、蓄電による個別の湯沸かしシステム。子供たちの寝室ごとにひとつの洗面台があり、シャワーは共同。両親にはおよそ1.83メートル×2.69メートルの浴室があり、そこには浴槽、ビデ、洗面台、それと別にトイレがある。
洗濯設備：人口通風、およそ1.83メートル×2.69メートルの部屋。洗濯物は階ごとにある洗濯室で洗う。そこには洗濯機と乾燥機、アイロンが備えつけられている。各家庭が、1週間ごとに半日間自由に使える仕組みになっている。
収納：およそ14平方メートル、高さ2.26メートルの空間が、4部屋からなる住宅につき1つある。

下図：ヴィルヌーヴ・サン・ジョルジュ、計画1（42ページ参照）。
浴室洗面所：北におよそ2.8メートル×1.8メートルの部屋がある。個別の湯沸かしシステム。洗面台、シャワー、個別のビデとトイレをつけることも可能。
洗濯設備：人工通風、およそ2.1メートル×1.8メートルの部屋。洗濯物はバスルームで済ませることもできるし、地下にある共同の洗濯室で洗うこともできる。洗濯室には、各家庭用の洗濯機が完備されている。収納：3部屋からなる住宅ごとに、およそ10平方メートル、高さ2.5メートルの空間が設けられている。

[左下のキャプション]
ヴィルヌーヴ・サン・ジョルジュ、C.H.住宅。
浴室洗面所：人口通風、部屋の広さはおよそ2.6メートル×4.8メートル。維持管理：なし。洗濯物はバスルームでするか、近所のクリーニング屋に頼む。
収納：4部屋からなる住宅ごとに、13平方メートル、高さ2.4メートルの空間が設けられている。建物に作りつけのクローゼット収納がある（詳細は66ページを参照）。収納の内部は棚板と引き出しによって整えることができる(64ページを参照)。

[右上のキャプション]
ヴィルヌーヴ・サン・ジョルジュ、計画2、1等（42ページ参照）。
浴室洗面所：2メートル×2メートルの部屋。洗面所があり、個別のビデ、シャワー、トイレを備え付けることもできる。
洗濯設備：なし。洗濯はバスルームでできる。その場合、シャワー室部分が洗濯桶になる。あるいは、建物内の洗濯室ですることも可能である。
収納：4部屋からなる住宅ごとに、およそ9平方メートル、高さ2.5メートルの空間が設けられている。

[右下のキャプション]
ヴィルヌーヴ・サン・ジョルジュ、計画3、（43ページ参照）、C.V.住宅。
浴室洗面所：人口通風、個別の湯沸しシステムがあり、部屋の広さはおよそ1.4メートル×1.8メートル。洗面台、シャワー付きの小さな浴槽がある。床は、浴槽に向かって水が流れるようになっており、水玉の凹凸のある砂岩陶器がバス・マット状に敷かれている。トイレはセパレートで、広さは1.4メートル×1メートル。
洗濯設備：なし。洗濯物はバスルームでするか、近所のクリーニング屋に頼むことになる。
収納：8平方メートル、高さ2.4メートルの空間が、3部屋からなる住宅につき一つある。

・洗濯設備
・浴室洗面所
・収納　縮尺5000分の1

[p.57]
整理収納

誰にでもあるように貴方にも、家具の移動や新居へ家具を運び込む場に居合わせたことがあると思う。私はと言えば、そういうときいつも何やら悲しい思いを感じたものだ。パリの舗道は情け容赦がない。しまいには住居を転々とし落ち着かなかったころに使った櫃が懐かしくなる。

蔵書を箱に詰め運び出して書斎を空にする手間を掛けず、なぜ最初から並べて積み重ねられる箱の形をした書棚を考えないのだろう。引っ越しをするごとに、まずは、物置に入っていた物、手が届かないので仕舞っておいた物など、諸々合わせると相当な数の品物が処分できることが判るだろう。この一年使わなかったが多分（！）いつか使うかもしれない物を処分するために、一年に一度、収納場所の検査を受ける人などいはしない。

最近、バルコニーを美しく飾る競技が始まった。母の日、父の日もできたが、一日を掃除と整理にあてることは忘れられている。だから私は、地区ごとにいちばん大きな廃棄物の山に賞を出したいとさえ思う。私たちは、復活祭の時に大掃除をする習慣をある程度まで守ってきたが、いつも物が山積みになっている中で生活するのをやめて、空（くう）をつくるために、役に立たない物を処分するだけの思い切りがもてないでいる。

春が輝かしく甦るようにと、木々は秋に葉を落とす。

保管しておかなければいけない物は、日々使う物と（予備品、冬服、毛布、スポーツ用品、鞄などの）ときどき使う物、この二種類に分けられる。収納を上下方向で考えるとき、腕を挙げた高さに仕切り線を想定することが必要だろう。腕が届かないところ（大体1.83メートルより上）には、ときどきしか使わない物を取り外しのきく棚板の上か軽い箱に入れて保管するのがいい。1.83メートルより下は、日用品を丁寧にまとめて仕分けする日々の整理作業に向いているだろう。その下1.40メートル位までの高さに、中の見える棚状の引出しを置く。かがまないと物が取り出せない（約43センチメートルから下の）部分には、普段それほど使わない物を仕舞っておく。

これが、手で取れる所、目で見える所という風に、上下で定めた整理区画となる。この方法は建築に組み入れられる（整理棚の壁）こともあり、組み入れられない（カジエ家具）こともある。

次に仕分けについて考えてみる。まず品物のほうから始めよう。設備を専門に調査した様々な国の建築家たちが作成した測定表を有効に活用したい。

1925年にはもう、ル・コルビュジエとピエール・ジャンヌレはエスプリ・ヌーヴォー館でこう表明した。「実用品は、人間の尺度に適っており、しかもそれらには共通の寸法がある。」この事実についての彼らの考え方は、並べ置きと積み重ねができ規格化して工場生産ができるカジエを創案することで調度備品に適応された。次いで1929年のサロン・ドートンヌで彼らは「カジエ、椅子、テーブル」と繰り返し述べている。このカジエは、脚を付け、半仕切りをつけて重ね、あるいは完全に仕切って組み立てることで、背の低い家具にできる。取り外しのできる部品を装備して、台所、寝室、居間、浴室などの必要に応じて内側の手直しも可能になる。同じ原理に基づきこの可能性を応用して何人もの設備の専門家の手で、ほかにもいろいろな組み立てがつぎつぎに工夫された。この方式は、いまでは台所製品に応用されて産業として十分成功していて、台所以外の部屋にも少しずつ用いられている。

[p.58]

ここでもうひとつの問題が明らかになる。いわば外側と中身をもったカジエを併せて製品化するのか、まず中身、つまり内側の部分を先にするのか。

一定のモジュールで外側と中身を併せて既製品化されたカジエを使うとなると、（しばしば大きすぎる）寸法と（どれも同じだという）制約に縛られることになる。それを避けるには、内側の部分から始めて、整理をするとき誰もが使える部分を製品化しなくてはならない。こうした手順を取れば、物事が大いにスムーズに進む。整理する物にいちばん近い部分、つまり引き出し、ないし整理のための小分けの規格をつくることを考え、できるだけ小さなモジュールが定められた。

ギーディオンは『機械化の文化史：ものいわぬものの歴史』にこう書いている。

「西洋では15世紀に引出しが現れた。引出しはその後の家具の発展に深く関わっており、櫃内部の空間の機能を大いに高めた。この装置（引出し）は、たとえば教会の書類の仕分けや薬草用に向いていた可動式の小さな櫃の一種として現れたのである。

17世紀以降は、家具の重要な要素となった。

18世紀には、イギリスの家具職人のすぐれた技の見せどころであった」

さて20世紀となって、なぜ、引出しの規格がつくられず、新しい材料を使って新しい考え方を汲んだ製造方法で大量生産されないのだろうか。私は少し底をすぼめたアルミ板製の滑りやすい平底容器を提案した。これで家具のアジャスターは不要になり、容器相互のはめ込みが便利になり、それで収納が容易になる。この方式は、軽くて場所ふさぎにならないので、運ぶ手間も大いに省け、すでに工場で使われているような色分けをすれば、住居にも仕分け方法として使える。この引出し＝平底容器は、形が崩れないし、完全に閉じることもできる。また、（プラスティック製にすれば）透明にもなるし、色付けもできる。使い道にしたがって、イギリス風に手前を開けられるし、背板のある単なる引出し板にもなる。プラスティックでもアルミでも製造でき、加工合板の引出し板にすることもできる。研究を深めれば、場合に応じたもっとも経済的な材料と製造工程を決めていかれるだろう。あとは、中に収納する品物の形に応じた寸法を決めるだけである。

寸法を測った日用品の図表をもう一度取り出して、いくつかの品物に共通する奥行きと横幅に色で印をつけてみるといい。いちばん使用頻度の高い奥行きを決めるには三つか四つの品物があれば十分だろう。また、仕分けを考えるには、たとえば男物のシャツで、（イギリス風の衣装棚を使う場合に）最も都合のいい下着類用の容器の奥行きと幅の寸法が判るだろう。

以上に、整理収納に関する設備品を産業化する検討の糸口をざっと述べて、家具の内側から外側に向かう手順をたどり、肝心なところを示してみた。家具の外見にかかわらず、これで必要な整理は適うはずである。

建物と一体になった設備（整理棚の壁）については建築家が環境づくりを差配し、（建物の尺度とセットになった）建築と一体のモジュールに合わせた開き戸や引き戸で壁を視線から隠し、埃を遠ざけるよう、（大掛かりなセットごとに）設備の配置が決められる。そのあとで居住者が自分なりの整理を考え、必要に応じて仕上げていく。

建物と一体になっておらずに自由に処理できる設備になると、部屋の空間に、贅沢な材料のものでも粗末な材料のものでも、職人の手作りでも大量生産品でも、また、どんな種類の家具でもカジエでも備え付けられる。カジエや家具の外側は部屋に合わせてモジュール化され、そのうえその比率は、たとえば（ル・コルビュジエが調和的な新しい尺度として提唱した）「黄金比」に従って定めることも可能だろう。

一方で、整理するものが何であるか、整理のための高さと奥行きがどうであるかなど頓着しない、相変わらず歯車式で動く板が中にある、外見ばかりが今風の家具も私はよく承知している。

そんなものより、私は祖父の時代の家具のほうが好きだ。

ロースは1897年にこう書いている。「形の変化を創りだすのは、変革の手法ではなく、最良のものをさらに完全にしようとする願望である」

[左側のキャプションを上から下に]
・中世の櫃、12世紀
・左は15世紀の飾り戸棚。右の絵画には、奥のほうに式典用の食器のための飾り棚が見える（15世紀の絵画。ルノー・ド・モントーバン、「到着」）。（資料：装飾美術館）
・箪笥。シャラント＝マリティムのキャビネット、18世紀。（資料：歴史ある地方家具）

[p.59]
[左側のキャプションを上から下に]
・桂離宮、日本、16世紀末
・桂離宮、日本、16世紀末（資料：日本の住居）
・日本家屋　18世紀

[右側のキャプションを上から下に]
・西洋でも東洋でも、櫃が収納の出発点である。不安定な時代に所有物を移動させるとき、櫃さえあれば必要最低限を運び出すことができた。櫃は、収納に役立つのと同時に、椅子にもなる。現代のトランクの祖先のようなものである。
ヨーロッパでは、飾り戸棚はそれより後に現れる。飾り戸棚の主要な機能は、式典用の食器を飾ることにある。このような戸棚は、いまだにフォーブール・サンタントワーヌ街の家具製造に影響を与えている。16世紀まで、衣服は平らに仕舞われるのが普通であり、この時代の整理箪笥とは、屋内で家具として使うようになった櫃のことである。タピスリーの下に置かれた箪笥は、現在の私たちの住居に建てこまれた収納の先駆けといえる。極東における発展は、飾り戸棚という段階を経ることはなかった。そもそも表現そのものがまったく異なっている。たとえば、中国の大きな箪笥は、開戸のついた数段の重ね家具である。日本では、積み重ね可能な、脚のないカジエ（整理棚）や、大きな引き戸で覆われた作りつけの収納がある。

・中国の漆塗りの櫃、7世紀（資料：ギメ美術館）
・カジエ（整理棚）と棚板のさまざまな伝統的組み合わせ。「床脇棚」
・中国の漆塗りの木製箪笥。三段構造、17世紀。（資料：M.O.ロッシュ・コレクション）

[p.60]
[左側のキャプションを上から下に]
・1900年頃の、トランクカードル・エヴァンタイユ（扇形フレーム）「イノヴァシオン」の第一モデル。
・回転型の箪笥「イノヴァシオン」の最終モデル、1950年。（1900年頃のアメリカの特許）
収納容量：
1）12着のスーツ；2）靴8足；3）帽子；4）手袋；5）カラー；6）靴下；7）ハンカチ、スカーフ；9）肌着；10）ニット類；11）パジャマ；12）やわらかい生地のシャツ18枚；13）スポーツシャツ18枚；14）ネグリジェ12着；15）洗濯物；16）ドレス20着
・標準化されたフレーム。穴のあいた心棒で構成されているため、スライド式の引き出しや棚板を付け加えることができる。仕切りの鉄板も、好きなように付け加えることができる（資材の節約）。フレームがあるため、確実に戸が滑るようになっている。

[右側のキャプションを上から下に]
・1925年、パリ万国博覧会、積み重ねや並置の可能なカジエ。ル・コルビュジエ、ピエール・ジャンヌレ設計。
・1929年、部分的な仕切り、完全な間仕切りになるカジエ。ル・コルビュジエ、ピエール・ジャンヌレ、シャルロット・ペリアン。

[p.61]
[左側のキャプションを上から下に]
・標準化されたカジエ（整理棚）と引戸の閉じられた作りつけのカジエ（整理棚）の使用。日本。
・高島屋（日本の百貨店）のカタログの抜粋、収納のための伝統的なカジエ（整理棚）、1940年。

[右側のキャプションを上から下に]
・フランスでは1900年から既に、「イノヴァシオン」がトランク型の箪笥システム「カードル・エヴァンタイユ（扇形フレーム）」を発売している。これは収納家具本体の内部設備が初めて標準化された例である。1918年には、合理的設備の偉大なる先駆者ジュルダンが、この工房を指揮するようになった。
　1925年――ル・コルビュジエ、ピエール・ジャンヌレは、積重ねや並置が可能で、家具や間仕切りになる標準化されたカジエの原則を提示した。1929年――彼らはさらに、標準化されたフレームにより複数の内部設備を生みだしながら、習作を完成させていった。このようなスタイルを商業的に適用して普及する試みは、1931年頃ギャラリー・ラファイエットとプランタンにおいて、R.ガブリエルによってなされたが、こうした努力は、前衛的かつ例外的なスタイルと見なされていた。フォーブール・サンタントワーヌでは、「伝統的な家具」の生産が続けられていた。
　極東に目を移すと、日本の人々は、壮麗さというものが卑しいもの（つまり富の誇示、見せかけだけの富）と考えるため、壮麗さのために犠牲を払うことなく、むしろ合理的な収納に関心を向ける。これはわれわれアヴァンギャルドと共通する部分である。アヴァンギャルドの純粋主義はこのような伝統に通じているのだ。ただしその適用のされ方に、両者の本質的な違いがある。極東においては、合理的かつ伝統的な設備が、商業を通じて大多数の人に提供されているのに対して、フランスではこのようなスタイルを望むものはごく少数である。唯一、価格の問題については、私たちが優位にあるのかもしれない。しかし、私たちはなんという困難に立ち向かわねばならないことだろう。そして、乱雑な住まいのなんと多いことだろう。
・フォーブール・サンタントワーヌの家具カタログの抜粋、1950年。
・プランタンのカタログの抜粋、カジエ「マルチフォーム」、1950年。

[p.62]
[左側のキャプションを上から下に]
・可動式棚板を棚の柱に取付けたときの詳細図（資料：Etabl. Wessbecher、パリ）
・「ジャー」と呼ばれる部品。一区画ごとに滑り金具がついており、その特殊な形のおかげで引き出しをひっくり返すことができる。（資料：フランボ）
・「クラソフォン」。各パーツは、1本の軸をもとに組み立てられている。軸を中心にそれぞれ約45度回転するため、ラベルが読みやすく、レコードをすぐに取り出すことができる。
・（左）　まず上の鉤を差し込む。
　（右）　支柱は自然に留まる。
・まず前面を差し込む。
・棚板は自然に留まる。
・棚板「フランボ」。壁に取りつける鋼製の棚。
・「ビブ」と呼ばれるパーツ。本の分類用で、ガラス戸は引込み式。（資料：フランボ）

[右側のキャプションを上から下に]
・建物に作りつけの書架カジエ。アルミニウムの大きな引戸によって閉じられる。内部は、商品化された部品によって整備することができる。ル・コルビュジエ、ピエール・ジャンヌレ、シャルロット・ペリアン、1929年。
・ブリュッセル万国博覧会、1935年。商品化された部品で整えられたカジエ。ル・コルビュジエ、ピエール・ジャンヌレ、シャルロット・ペリアン、エルプスト、ソニョー、レジェにより一式が制作された。
・1936年のサロン・デ・ザール・メナジェ。住宅展覧会。

[p.63]
[左側のキャプションを上から下に]
・規格化された引き出し、奥行きはすべて0.45メートル。容量の見本：3－リボン；6－手芸用品；7－婦人用手袋；8－婦人用下着とブラウス；9A－婦人用ストッキング；11－ハンカチ；16－装飾下着；17－正面がガラス張りの引き出し；21－子供用靴下；22－ドレス；24－婦人用手袋；34－男性用靴下と手袋；35－男性用下着；36－柄入りシャツ
　ハリス＆シェルドン、バーミンガム。百貨店内の現代的設備。1911年のカタログから抜粋。
・カジエのさまざまな組み合わせの使用例。
・［左］引戸つき、鋼製の収納部品。（仕上げは白琺瑯）。（資料：サンキー・シェルドン、イギリス）
［右］片側のみ調整可能な鋼製の棚。
・特許を取得した5本アームのハンガー掛け。設計者S.エルド（オーストリア）。

[右側のキャプションを上から下に]
・商業の上ではなにより実用が優先されるため、使用に合わせて、規格化され工場生産される合理

的な収納部品が開発されて、それぞれの分類の仕方で倉庫やアーカイヴが整理される。しかし、商業にかかわる設備は住宅よりもはるかに豪華であるから、住まいに適用可能な業務用パーツを使用することは、原則的にはとても満足のいくものだろうが、経済的な問題が残る。
・引き出しのサイズに合わせて標準化されたカジエ。(資料：ハリス&シェルダン)
・金属製のラック。台つきのものと、床と天井で止めて固定するものがある。可動式の棚板によって片面でも両面でも使うこともできる。(資料：Etabl. Wessbecher、パリ)
・「フォルム・ユティール」の組み合わせ。(資料：ストラスブール製鉄所)

[p.64]
[左側のキャプションを上から下に]
・釣り具用の透明のケース。
食器ケース。
プラスチック素材、「スティロン」(ポリスチレン)、ダウ・ケミカル株式会社、アメリカ合衆国。
・冷蔵庫用の卵の保存ケース。
メモ帳ファイル。
冷蔵庫用の透明ケース。
プラスチック素材、「スティロン」。

[右側のキャプション]
・家具、あるいは作りつけの戸棚内部の整備。基本単位になっているのは、引き出しである。レール上をスライドするこの引出しは底面のほうが小さく、積み重ね可能で形が崩れない。前部は閉じているものもあれば開いているものもある。SCAN社[造船製造会社]製造によるアルミ製である。素材はプラスチックや加工合板でもよい。現在おこなっている経済的調査によって、適当な数と素材とが決まるだろう。
　シャルロット・ペリアンにより特許取得されたシステム。

[p.65]
[1段目のキャプション]
・[左] SNCF[フランス国鉄]の合格証がついた段ボール箱。段ボールによる包装。(資料：包装技術センター)
・[右] 新しい技術の適用例のなかには、私たちに考える材料を与えてくれるものがある。新しい技術はまた、数多くの設備の問題を解決してくれそうに思える。
　そのためには、家具について考える際に、形だけでなく、伝統的な技術もきっぱり捨て去らねばならない。

[2段目のキャプション]
・[左] 剥いた木でつくられた日本の箱、曲げわっぱ。
・[右] 花を入れるためのプラスチック製の透明なカバン型ケース。(資料：アンドレ・ボーマン)

[3段目のキャプション]
・[左] エール・フランスの航空貨物梱包コンクールの最優秀賞。クラフト・アリュ、フランス。(資料：オッソ・ペアルヌ)
・[右] デュファイリットの心板
アルミニウムの薄板
外側　内側
クラフト紙
強化クラフト紙

再利用可能な包装材。非常に軽い等温の素材(同じ容積の木製ケースの30%の重さしかない)の合理的使用により、実現できた。ケースを平らにできる可能性が生まれ、荷下ろし後の帰路の輸送費を非常に安く抑えられるようになった。この「コンテナ」は道具を一切使わずに組み立て、解体することができ、高い耐久性が保証され、操作にかかる費用も著しく軽減できる。同じような「コンテナ」が、船旅のトランク用に研究開発されており、外側の仕切りはさまざまな素材が貼られている。このような一式の利点は、解体すれば、限られた場所に保管できるということである。

[p.66]
[右上のキャプション]
広い収納スペースのための覆い
ピエール・ジャンヌレとシャルロット・ペリアンにより1938年以来考案されて、一般化されつつある非常に経済的なシステム例。
1. 簡素なベニヤ、プラスチック、あるいはアルミニウムの薄板(厚さ1〜5ミリ)が、2のような従来の引戸に取って代わっている。従来の引戸は費用がかかり、複雑で、やかましい音をたて、場所をとり、重いものである。一方、このしなやかな薄板は、垂直方向には3のグリップによって、また水平方向には4のレールによってしっかり支えられ、6の壁の全体または一部の広い覆いを、容易かつ経済的につくりだすことができる。1950年の時点では、こうしたレールは木製で、ベニヤ板やプラスチック板を受けるためのスライド溝がついている。あるいは、プラスチック加工された木製で、アルミニウムの引戸を受けている。垂直の縦フレーム7により、さまざまな高さでレールは固定される。この縦フレームは、スプリングやゴムを用いた8の仕組みによって、床と天井に固定される。スライド溝に設けられた柔軟な目張り9によって建築上必要な耐性が保証されている。下のスライド溝は、さまざまな高さのpintheと柔軟な目張り10によって部屋の高さに対応できる。
11. 日用品には床から1.8メートルの高さにある収納を、非日用品にはそれ以上の高さにある収納を確保する引戸の配置例。12. 中央に自由に使えるニッチ部を確保した引戸の配置例。こうした引戸は要するに簡単な覆いである。内側は空白のままであるため、工業化されたあらゆる仕組みの設備のなかから、それぞれの使用に適したものを考えることができる。

[p.67]
[上段のキャプション]
収納のための戸棚は、あらかじめ建築家によって計画されて建物に作りつけられている場合もあれば、標準化・工業化された部品で戸棚を自由に配置するだけの場合もある。こうした部品は、これからなされる収納の性質に的確に応えるものであり、使用者は変更を加えたり、補足したりできる。建築家にとって唯一の義務は、こうした収納器具のさまざまなモジュールを知っておくことである。

[中段のキャプション]
マルセル・ガスコワンは、工業化された伝統的技術により、この設備を製作した(素材は木である)。

[下段のキャプション]
収納の3つの性質と3つの様式に合わせた、3段階の高さ。

[p.68]
[ハーマンミラーの家具写真：イームズ、ネルソン]
[ページ左側の写真のキャプションを上から下に]
[写真2]・資料：A. オーエルバッハ協会
[写真3]・資料：ハーマンミラー社
[写真4]・資料：ハーマンミラー社

[右側のキャプション]
1−2−3. アメリカでは、イームズが、安価な家具や収納ユニットの大量生産の問題にとりかかった。そこでイームズは、組み立て用部品を標準化すること、高い能力が必要な労働の手間を減らすこと、そして家具産業に航空機製造やその他の製造の原理を導入することを試みた。費用のかかる継ぎ合わせをやめ、接着剤は一切使用しない。慣習的な製造方法を放棄したのだ。仕上げ作業は、組み立てられた家具の状態ではなく、パネルの状態で行われる。こうして低コストで上質の製造が実現される。他にもイームズは、対角線上の金属フレームを隠す必要のない構成としてむき出しにしている。また、カバノキ材やクルミ材のパネル、中間色の「ヴィノル」で覆われたパネルは、素材の色の対照によって互いに作用を及ぼし合い、青、赤、黄のような強い色のパネルで引き立てられる。チャールズ・イームズは、居間、食堂、寝室の3部屋からなるマンションのための家具を考案した。小売価格1000ドルで販売されている(81ページ

の表参照)。ハーマンミラー社、1949年。

4－5. ジョージ・ネルソンによる、部屋の間仕切りになる収納例。
1) これらのカジエ(整理棚)を構成している部品、たとえば棚板や引き出し、正面と側面のパネル、戸など、それぞれ別々に購入することができ、購入後に通常の仕上げ作業をする。こうした部品は、建具屋がその場で組み立ててくれるフレームに取り付けることができる。このハーマンミラー社のプランの第一段階は、建築家のあいだで次第に人気を集めている。
2) 使用者のきわめて一般的な要望を全面的に守って実現されたカジエ(整理棚)の型、数例。素材はクルミや他の樹種、漆塗りやエボナイト層の覆いなど、多様に選択できるため、外観もさまざまである。

[p.69]
[本棚の写真]
[左側のキャプションを上から下に]
・オスカー　本棚。組み立ての詳細。
・オスカー　本棚、パリ。素材が節約されており、非常に柔軟に伸張・使用できる。
・1949年の「フォルム・ユティール」展覧会、UAM。本棚(棚板と調節可能な高さの木材プレート)

[右側のキャプションを上から下に]
・今日では、住まいの面積がかなり厳密に限られているので、いくら質の良い家具であったとしても、それを部屋のあちこちの壁にばらばらに置いて収納を分散させるよりも、いくつかの壁を全面的に利用して収納を固定する方が有益である。もっと数が少なければ、こうした伝統的な調度は個々の必要を満たすことができるだろうが、衣服や、家庭用リネン類に肌着、食器といった規模の大きな収納には向いていない。
下の図で、左側のように完全にカジエ(整理棚)に覆われた壁は、右側のような調度をひとつ置いた壁にくらべて6倍もの収納量を提供できる。
・アルヴァー・アールトの本棚。ベニヤ板と積層木材による。フィンランド。
・写真：カルケル。

[p.70]
[キャビネットの写真]
[右側のキャプションを上から下に]
・左側は、組み合わせ可能なカジエ(整理棚)。R.ガブリエルによる製造、1931年。右側は、フランス人顧客の趣味に合わせて発展させた調度、1950年製造。
・左側は、ニューヨーク近代美術館の1949年のコンクールで1等を獲得した収納家具。設計はイギリスのクライヴ・ラティマーとロビン・デイによる。右側は、アメリカの使用者のために応用した調度。
・心棒により組み合わせの可能な家具、そしてジャン・プルーヴェのアトリエのコンソール。A.縦フレームの水平断面図。
・ジャック・オーヴィルによる伸張可能な本棚、パリ。

[p.71]
[左側のキャプションを上から下に]
・本のためのカジエ(整理棚)と棚。W & E.グール(スイス)。(資料：「ヴェルク［作品］」)
業務用の段ボール包装の折畳み方をもとに考案されたケースや、本を置くための棚板が、木のフレームによって支えられている。
・クライヴ・ラティマーによるヒール&サンズ社のための試作品。
アルミニウム製の框(かまち)によってつくられた家具。框のうえに木のコーティングをした金属パネルを貼り付け(レデュクスの糊)、パネルがしっかりと固定されるようにする。この家具は湿度に強く、耐火性である。
・標準化されたサイドボード。解体した状態で配達することができ、工具を使わずに組み立て可能。内部設備には、ピエール・ジャンヌレとシャルロット・ペリアンのものがいくつも存在する。
・解体可能なサイドボード。パネル、引き出し、強度を保証するために型取りされ折り曲げて加工されたベニヤの棚板でできている。ナカイによる(日本)。

[右側のキャプションを上から下に]
・資料：「ヴェルク［作品］」
・資料：「機械から生まれた家具」

[p.72]
・45世紀前からわれわれの時代にまで伝えられてきた鍼術。脳、気、身体のエネルギーに関係する主要な経絡。
(資料：ギメ美術館)

「シャルロット・ペリアンと日本」年譜

佐川夕子／編

1903（明治36）年／0歳
10月24日、シャルロット・ペリアン、パリに生まれる。

Note:
ペリアンと、後年ペリアンと様々に関わる主な人々との年齢関係は以下のとおり。
フェルナン・レジェ（1881-1955）、ヴァルター・グロピウス（1883-1969）、ル・コルビュジエ（1887-1965）、ピエール・ジャンヌレ（1896-1967）、ジャン・プルーヴェ（1901-1984）、ホセ・ルイ・セルト（1902-1089）
西村伊作（1884-1963）、柳宗悦（1889-1961）、河井寛次郎（1890-1966）、松平斉光（1897-1979）、勅使河原蒼風（1900-1979）、坂倉準三（1901-1969）、前川國男（1905-1986）、岡本太郎（1911-1996）、剣持勇（1912-1971）、西村百合（坂倉ユリ、1912-2007）、柳宗理（1915-2011）

1921（大正10）年／18歳
パリの装飾芸術中央連盟付属学校（UCAD）に入学。装飾美術と絵画を学ぶ。

1925（大正14）年／22歳
4月、現代装飾美術・産業美術国際博覧会（パリ万国博覧会、いわゆるアール・デコ展）にUCAD在学中の作品が展示される。この年、UCADを卒業。

1926（大正15）年／23歳
装飾芸術家サロンに数種の家具による「コワン・ド・サロン（*Coin de salon*）」を出展。
12月、イギリス人のパーシー・スコールフィールドと結婚。

1927（昭和2）年／24歳
この年からクロムメッキの鋼管による家具の製作を始める。
パリのサン・シュルピス広場に面した建物にアトリエを借り、その内装と家具をデザインする。このアトリエで、自立した創作を始め、個人宅などのために家具や内装を手がける。
装飾芸術家サロンの活動的なメンバーの一人となる。
秋、サロン・ドートンヌに出展した、自分のアトリエ用にデザインした「屋根裏のバー（*Bar sous le toit*）」が、ル・コルビュジエ、ピエール・ジャンヌレに認められ、かねて希望していた二人のアトリエに入ることを許され、内装設備を担当する（～1937年）。写真家として活動を始める。

1928（昭和3）年／25歳
装飾芸術家サロンで、前衛グループ「衝撃のユニット（L'unité de choc）」をルネ・エルブスト、ジョ・ブルジョワ、ジャン・フーケらと結成。前年に自分のアトリエのためにデザインした「食堂（*Salle à manger 1928*）」を出展。
この年、ル・コルビュジエ、ジャンヌレと共同で家具をデザイン・開発（1930年にトーネット社が製品化）。
ル・コルビュジエとジャンヌレ設計によるラ・ロッシュ邸（竣工1924年）のギャラリー、チャーチ邸（竣工1927年）の設備などを手がける。
前川國男がル・コルビュジエのアトリエに入所する（～1930年）。

1929（昭和4）年／26歳
4月、「Wood or Metal?（木か金属か？）」を雑誌『The Studio（ステュディオ）』（1929年4月号）に発表。
5月、装飾芸術家サロンに対抗してUAM（Union des Artistes Modernes, 現代芸術家連盟）を結成（1958年まで継続）。
秋、サロン・ドートンヌに、ル・コルビュジエ、ジャンヌレと共同で「カジエ（整理棚）、椅子、テーブル」をテーマに製作した「住宅のインテリア設備（*Equipement intérieur d'une habitation*）」を出展。
サヴォワ邸（ル・コルビュジエ、ジャンヌレ設計、竣工1931年）の設備を手がける。

1930（昭和5）年／27歳
ドイツ大使館で開かれたパーティーで、ヴァルター・グロピウスとバウハウスのメンバーたちと知り合う。また、この時知り合ったフェルナン・レジェはペリアンにとって最も重要な知人の一人となる。
ル・コルビュジエ、ジャンヌレとともに鋼管家具をUAM第1回展（於：パリ装飾美術館）に出展。
日本の雑誌『デザイン』（1930年11月号）にW.W.ウィルソンの「Madame Perriand」訳出。この頃から日本でもル・コルビュジエの協働者としてペリアンの名が知られるようになる。

1931（昭和6）年／28歳
ケルン市の招待で、ル・コルビュジエのアトリエは現代家具の大規模な前衛展に参加し、ル・コルビュジエとジャンヌレによる1925年のパリ改造計画「ヴォワザン計画（*Plan Voisin*）」のジオラマ、ル・コルビュジエ＝ジャンヌレ＝ペリアンの家具を展示。ドイツの前衛芸術家たちと知り合う。
ソ連へはじめての旅行。ロシアの前衛芸術グループと会う。
この頃から政治的な関心を高め、AEAR（Association des écrivains et artistes révolutionnaires, 革命的作家芸術家同盟）に加わる。
ル・コルビュジエとジャンヌレ設計による「スイス学生会館」（竣工1932年）、「救世軍避難施設」（竣工1933年）の設備に着手。
坂倉準三がル・コルビュジエのアトリエに入所（～1939年）。坂倉から岡倉覚三（天心）『茶の本』の仏訳本を贈られたことが、日本への強い関心のきっかけとなる。

この年の4月、剣持勇が商工省工芸指導所（1928年仙台に設置）に入所する。

1932（昭和7）年／29歳
この年のはじめ、パーシーと離婚。
サン・シュルピスのアトリエからモンパルナスのアトリエへ転居、フェルナン・レジェと隣り同士となる。1937年のパリ万国博覧会の計画準備に着手。

1933（昭和8）年／30歳
夏、ギリシャ・アテネでの第4回CIAM（近代建築国際会議）に参加。このCIAMでル・コルビュジエらが提案したアテネ憲章が採択される。ペリアンは、この会議で前衛的な建築家や都市計画の専門家と多く知り合い、CIAMのメンバーとなる。
この頃から1937年頃にかけて、「art brut（生の芸術）」と「objets trouvés（見出されたもの）」をテーマに実験的な写真を撮る。

この年の5月3日、ブルーノ・タウトが来日（～1936年10月）。11月からは工芸指導所の嘱託となる。
この年、山形県新庄に積雪地方農村経済調査所が設置される。

1934（昭和9）年／31歳
1月、モスクワへ二度目の旅行。
UAMでの活動に力を注ぎ、CIAMフランス支部の運営に関わる、グループ「青年37（Jeunes 1937）」を結成。
この年、ル・コルビュジエのアパートにキッチン、ベッドルーム、ダイニングルームを設置。休暇用の家（「週末の家（*Maison de week-end*）」「川の畔の小さな家（*Maison au bord de l'eau*）」）のプロジェクトの準備に着手。

凡例

- 展覧会「シャルロット・ペリアンと日本」で焦点をあてたペリアンと日本との関わりの中から、特に戦前の来日時（1940~1942年）の間は、招聘の経緯、滞日中の行動など、本展のための研究調査を反映させ、できうるかぎり詳細に記した。
- 人名、機関名称は基本的に日本語表記とし、ペリアンによる自筆文献題名、掲載誌・紙名、展覧会名およびペリアンの作品名等の一部には欧文表記を併記した。
- 本年譜は、下記の書籍所載の年譜をもとに作成した。

Jacques Barsac, *Charlotte Perriand et le Japon*, Norma, Paris, 2008
Jacques Barsac, *Charlotte Perriand: Photography: A Wide-angle Eye*, Five Continents Editions, Milan, 2011

1935（昭和10）年／32歳

1月、「L'habitation familiale, son développement économique et social（家族の住まい、その経済発展と社会）」を雑誌『L'Architecture d'aujourd'hui（今日の建築）』（1935年1月号）に発表。
ブリュッセル万国博覧会（4月27日～11月6日）に「青年の家（*Maison du jeune homme*）」をル・コルビュジエ、ジャンヌレ、レジェと出展。
『L'Architecture d'aujourd'hui（今日の建築）』誌が開催した余暇活動をテーマにしたコンペティションで、「川の畔の小さな家」が2位を獲得。
この頃からフォトモンタージュ（コラージュ写真）技法を使い始める。

1936（昭和11）年／33歳

4月、坂倉準三は日本へ帰国。その後、9月にパリ万国博覧会日本館建設のために再びフランスへやってくる。
6月、スペイン内戦が起こる（～1939年）。
翌年のパリ万国博覧会で共和制スペイン館を設計するホセ・ルイ・セルトと親しくなる。スペイン内戦下、共和主義者たちとの活動を通じて、ジョアン・ミロ、パブロ・ピカソらと出会い、ジャン・ニコラが主導したルイ・アラゴン、アンドレ・マルロー、アルチュール・オネゲルらの共産主義グループと親しくなる。CIAM、UAMなどの活動に力を注ぐ。
サロン・デ・ザール・メナジェ（家事芸術展）に「リビングルーム（*Salle de séjour*）」とフォトモンタージュ「パリの貧困（*La Grand Misère de Paris*）」を出展。
農業省待合室に人民戦線の農業プログラムについてのフォトモンタージュを製作。
山岳ホテル、山小屋などのスタディ、モジュール化された折りたたみ式の山小屋などをデザイン。
新聞『Vendredi（金曜日）』に、「La ménagère et son foyer, conseils pratiques（家事と家庭、実用的なアドバイス）」を寄稿（5月1日・22日）。

この年の10月、日本民藝館が開館する（館長：柳 宗悦）。

1937（昭和12）年／34歳

3月、ル・コルビュジエとピエール・ジャンヌレのアトリエを辞める。その後も1948年までジャンヌレとは仕事を続け、ル・コルビュジエとも時には共同で仕事をする。
5月、パリ万国博覧会（5月25日～11月25日）で、農業省館入口にレジェとともに人民戦線農業プログラムのパネルを展示。
ル・コルビュジエ、ジャンヌレ、セルトらとペリアンの主導するCIAMフランス支部により「新しい時代のパビリオン（*Le Pavillon des Temps Nouveaux*）」をデザイン。また、高山ホテル用のプレハブ・ユニットバス、移動式収納家具ほかをUAM館に出展。この万博の日本館に出品された工芸品に、ペリアンは厳しい批判を加える。
万博終了後、廃材となった樅の木を素材にテーブルのデザインに着手。どのような環境に置かれるのかを考慮して自由にデザインするところから、フォルム・リーブル・テーブルと呼ぶようになる。
この年から1939年にかけて、アルプス地方において冬期スポーツ施設ほかを提案し実施にあたる。
セルトとともに機能的都市をテーマとする本を上梓。ほかに教育省のリニューアルのコンペティションに、レジェ、ミロとともに参加。

この年のパリ万国博覧会では、坂倉準三の日本館が建築部門でグランプリを、工芸部門で河井寛次郎がグランプリを受賞。

1938（昭和13）年／35歳

オート・サヴォワ県サン・ニコラ・ド・ヴァロスに長く滞在してホテルの内装デザイン（松材のテーブルなど）を行う。アルミ製の山小屋を提案。
モンパルナスのアトリエ用に最初のフォルム・リーブルのテーブルを製作。
『Ce Soir（ス・ソワール）』紙編集長のためにブーメラン型書斎机とローチェストを製作。

1939（昭和14）年／36歳

8月の独ソ不可侵条約調印に失望して共産党を離れる。
9月1日、第二次世界大戦勃発。
ジョルジュ・ブランションとパリ7区にデザイン事務所を開設。ジャンヌレも必要に応じて協力する。アルミ扉のついたデスク・チェストをデザインし、山小屋や山岳ホテルを提案。航空学校の設備提案、戦時組立建築や仮設建築の研究を始めたほか、戦時経済に適応するさまざまなローコスト家具をデザインする。

この年の11月、ティリー・ブリル＝シュレーマンが工芸指導所の招聘デザイナーとして来日、指導にあたる。

1940（昭和15）年／37歳

6月15日、日本の輸出工芸のアドバイザーとして、商工省の招聘により、日本郵船「白山丸」でマルセイユを出帆、東京に向かう。戦況が厳しくなり、日本に引き上げる人が乗船する最後の船で、岡本太郎、荻須高徳、猪熊弦一郎ほか日本人画家たちも乗船していた。日本人乗客約40人と40日間ほどを過ごす。船上で、民俗学者の松平斉光と知り合い、友情を結ぶ。
8月18日、寄港した上海で前川國男に迎えられる。前川はペリアンを上海で建設中の住宅の現場に案内する。

Note:
ペリアンの日本への招致までの経緯は以下のとおり。
貿易による外貨獲得のために外国から有名なデザイナーを招き、貿易品を開発する計画を推し進めていた水谷良一（商工省貿易局施設課長）が招聘デザイナーの候補をめぐり、輸出工芸連合会（政府の外郭団体）に勤める柳宗理に相談。ル・コルビュジエを推す柳から相談を受けた坂倉準三が、商工省から委嘱を受けてペリアンとの交渉を開始。
2月8日、坂倉からペリアンに招聘の電報が届く。
2月12日、商工省貿易局より外務省通商局にペリアン招聘の通知（ペリアンの契約は1941年3月までの予定）。
3月13日、ペリアンは髙島屋と商工省を代表して棟方志功がしたためた長さ8.3メートルに及ぶ手紙を受け取る。
4月27日、貿易局より外務省通商局へ通知（報酬毎月800円、赴任旅費2000円以内、契約期間は本邦着任翌日より1941年3月31日まで）。
5月5日、ペリアン、日本大使宛に承諾書を送る。
一方、日本へ旅立つペリアンは、フランス政府からフランス文化大使という公式任務を託され、1937年のパリ万国博覧会を機に設立された人類博物館の日本民俗資料室開設に向けての調査や基盤づくりを任された。また、フランスの美術・建築雑誌の特派員として任命されたり、フランスの新しいスキー技術を伝える役目も託された。

8月
21日、神戸入港、坂倉準三に迎えられ、東京へ向かう（8月20日発行の滞邦許可証の期限は、1940年8月21日から41年8月20日まで）。
22日夜、特急「つばめ」で東京駅到着、帝国ホテルに滞在。
27日、三神知（通訳、貿易局嘱託）と『工藝ニュース』編集室を来訪、工芸品その他に関する批評。柳宗理が助手として働き始める。

9月
5日午前、柳宗理、三神知とともに三越を訪問。同日午後、柳、三神、坂倉準三とともに家具店。その後、萬珠堂（東京）で磁器と家具をみる。
6日、柳宗悦と日本民藝館をはじめて訪問。柳邸で昼食をとる。同日、竹製の家具製造所、竹興社を訪問。
9日、柳宗理、三神知とともに川島織物、鐘紡（服飾）、服部（時計）、安藤（七宝）を訪問。
10日、柳宗理、三神知とともに東京帝室博物館を見学。
21日、髙島屋が1941年3月の展覧会開催を承諾。
25日、坂倉準三と一緒に京都へ出発。
26日、河井寛次郎邸（五条坂）を訪問、丸紅訪問。
27日、森田屋（竹製品）、平安堂、商工省陶磁器試験所京都支所へ行く。
28日、伊部商店へ行く（籐製乳母車、滋賀県彦根市）。
29日、龍村工場、金閣寺・龍安寺、中林竹店訪問、夜、河井寛次郎邸を訪問。
30日、河井寛次郎の案内で坂倉準三、柳宗理とともに京都大原野の善峯寺ほかを歩く。田中竹製品販売店（四条大宮通）へ行く。

10月
1日、坂倉準三と御所、桂離宮を初めて見学。河井寛次郎の竹製家具を製作していた竹善社訪問。夕刻、龍村平蔵に会う。
2日、修学院離宮、東山付近の寺を見学。
3日、参考写真購入のため便利堂、芸艸堂、平安堂へ。同日午後、宝塚の龍村工場を訪れ、夜、帰京する（柳宗理は訪問した工場との連絡などのため京都に残る）。
10日、輸出工芸展（東京：商工省工芸指導所試作品展）を見学。
16日、河井寛次郎の展覧会を見る。

11月
1日、東北の視察へ出発。
4日午前、仙台に到着し、第1回工芸技術改善研究会に出席（於:工芸指導所、主催：商工省、講師：シャルロット・ペリアン。講演原稿はペリアン・アーカイヴに現存）。
5日午後、仙台より山形着。県係員の案内で吉田桐紙工場、山辺絨毯会社を視察。
6日、新庄の積雪地方農村経済調査所を視察。午後、酒田駅着、酒田ホテルに宿泊。
7日、酒田市物産陳列館を視察、曲物細工、竹細工など民芸品を激賞、曲物細工のワッパを化粧品箱、大ワッパを裁縫箱とする試作を依頼する。塗杓子、曲物細工のタバコセットなども注文。寺町桐沢長四郎商店で竹細工製作状況を視察、視察の途中で出会った農家の女性達の着物に感銘を受け、途中古着屋で紺絣の着物3着を購入。同日午後、鶴岡訪問、市立物産陳列所を視察。十日町森藤八方で藁工品視察、竹塗細工及び竹細工場を視察し、湯之浜温泉に宿泊。
8日、鶴岡より秋田へ。
12日、仙台の工芸指導所での座談会に出席（松平斉光、三神知［通訳］、西川友武ほか）。
18日、銀座・資生堂で沖縄紅房展を見る。「今まで見た漆器よりは遥かに良く多分に将来性がある。此の儘でよいとは思わぬが此の態度で推し進めていつたならばきつとよいものにならう」との評を残す。
19日、酒田からペリアンの注文品が発送される。

12月
19日、松平斉光、柳宗理らと工芸指導所を訪問、厚生省国民住宅案の検討、住宅設計原則の説明、指導所設計家具の批判、指導所より生活必需品展計画を説明。
23日、工芸指導所で座談会「フランスに於ける各種工芸事情を聴く」が開かれ、松平斉光、柳宗理も出席。
この月、山形県の新庄・積雪地方農村経済調査所で山口弘道に会う。また12月のうちに、髙島屋での展覧会に出品する家具と小物を構想し、職人に依頼。
年末、フランスから持参した自分のスキー板で坂倉準三、井上清一らとスキーを楽しむ。

この年、ル・コルビュジエはドイツ軍占領のパリを離れ、ヴィシー政権下の非占領地に向かう。ジャンヌレはレジスタンスに参加し、彼らの19年に及ぶ協働が終わる。
この年の12月2日、工芸指導所の本所が仙台より東京へ移転、仙台は東北支所となる。

1941（昭和16）年／38歳
1月
1日、蔵王高湯温泉の松金屋旅館に工芸指導所職員と滞在。
23日午前、京都で輸出工芸意匠図案講習会の講師を務める（於：陶磁器試験場）。同日午後、京都絵画専門学校を訪問し、図案科の学生に講演を行う。輸出工芸意匠図案講習会は23日から28日まで5回行われた（24日と25日は午後、工業試験場にて。27日と28日は午後に染色試験場にて）。初日の23日には、陶磁器作家、業者約30名の参加者があり、最終日の28日は、工芸家、図案家、輸出工芸家が約100名出席する中、ペリアンは参加者が持ち寄った個々の作品を講評したあと、講演会を行った。
29日、京都から柳宗理とともに金沢着。
30日、石川県庁で美術工芸品、宮市大丸の売場を見学、石川県工芸指導所で輸出工芸品約100点を見て指導する。
31日、赤倉へスキーのため出発。

2月
林二郎アトリエ（ジロー木工）で展示用の家具製作を指示。
アルプスについてのドキュメンタリー映画で知られるマルセル・イシャックの映画『スキー・フランセ（*Le ski français*）』（1938年、邦題『新らしいスキー』）を東京・日仏会館で上映。その後、2月18日に麹町の産業組合中央会で上映された。

3月
28日、「ペリアン女史 日本創作品展覧会　2601年住宅内部設備への一示唆 選擇 傳統 創造」展開催（3月28日～4月6日、東京・髙島屋、4月3日に公式レセプション開催）。同展は5月13日から18日まで大阪会場（大阪・髙島屋）に巡回。日本各地での経験を反映し、柳、坂倉らの助力を得て、木・竹による家具をデザイン。

6月
フランス極東学院のヴィクトール・ゴルビューの アンコール 写真展（6月9日～15日、東京・日仏会館）の展示設計をする。
10日、日本博覧会協会から紀元二千六百年記念展示賞を授与される。

9月
6日、「選擇 傳統 創造」展のカタログのために必要な写真リストを坂倉準三に渡し、詳細とフレーミングを指示。

10月
この頃、「Contribution à l'équipement intérieur de l'habitation au Japon（日本における家屋の室内設備に貢献するために）」を執筆。
おそらくこの頃、「選擇 傳統 創造」展のカタログのための原稿完成。
帰国を切望するペリアンは、はじめアメリカ経由での帰国を望むが断念。次に中国経由を考えるが、これは日本側から拒否され、代わりに仏領インドシナ行きを提案される。国際文化振興会からは12月にハノイで開催するインドシナ共進会見本市で日本の工芸美術を紹介する講演をするよう依頼される。

12月
初旬、東京から博多に向かう。その後、飛行機で台北着、さらに飛行機でハイフォンへ向かう。
8日、日本軍がハワイ真珠湾を攻撃、太平洋戦争勃発。戦争開始を知ったペリアンは日本へ戻れるよう芹沢謙吉日本大使に助力を求める。
23日、ハノイで輸出工芸連合会主催の工芸品展覧会「伝統芸術から現代芸術へ（De l'art traditionnel à l'art moderne）」が開催される（～1942年1月22日、於：レユニ百貨店）。ペリアンはこの展示設営を担当する。
25日、『選擇 傳統 創造――日本藝術との接觸』（坂倉準三、シャルロット・ペリアン共著）が小山書房より刊行（53枚の図版と解説の小冊子、坂倉準三による翻訳と後書き）。
また、この年には親しかった在日フランス大使館付の海軍士官エティエンヌ・シカールの東京での住居の改装を行う。

この年、坂倉準三は、海軍の依頼により「組立建築」を東京・月島で試作。大量生産に向けて、ジャン・プルーヴェとペリアンが1940年にフランス中部のイソワール市のために構想した「コンパス・フレーム式のプレハブ工法」のコンセプトを採用。

1942（昭和17）年／39歳

1月
8日、ハノイ大学の大講堂でスライドを使っての講演「Contact avec l'art japonais（日本芸術との接触）」を行う。インドシナ総督府のドゥクー提督、芳沢日本大使も出席。
月末、「シカゴ丸」で高雄へ向かう。シンガポール陥落と重なり、ペリアンの乗った船は8日間台湾に停泊。皇室（松平斉光の仲介）、軍部、外務省に坂倉をはじめとする友人たちが働きかけてくれたおかげで、ようやく日本への帰還がかなう。

2月
別の大型船で台湾を出航し下関に上陸、警察の監視のもと東京行きの電車に乗る。東京到着後は坂倉の妻百合の父である西村伊作宅に滞在。収入がないため、しばらく貯金で生活した後は友人頼みとなる。常時警察に見張られ引きこもりがちな生活となるが、日本をより深く知ろうとする努力は続ける。
サイゴンでは、4日から12日まで、ポモン工芸品店で日本工芸品展が巡回展示される。

10月頃
フランスへの帰国を前提とした日本出国に必要なインドシナ総督府の正式招待を受ける。船が見つかるまで数カ月間待機。

12月
15日、東京から京都を経由して福岡にいたる旅行許可がでる。福岡よりインドシナ（サイゴン）へ脱出。

1943（昭和18）年／40歳

サイゴンからハノイへ行く。この頃、地方工芸の発展と輸出促進に向けて日本のものに似た機関を創設するようフランス政府機関に働きかける。後に結婚することになる、インドシナ総督府経済局長ジャック・マルタンとの出会いにつながる。
その後、インドシナ総督府経済局の工芸監察官、工芸局長に任命される（更新可能な6カ月契約）、ポール＝ベール街に手工芸品の常設展示を開く計画を始める。
5月、ジャック・マルタンと結婚。
この頃、展示会のための工芸館建設を構想、設計はペリアン、現場を指揮する建築家にはポール・モンセで実現する。

この年の11月、商工省が廃止され、工芸指導所は農商省に移管。

1944（昭和19）年／41歳

3月、娘のペルネットが生まれる。
11月、ハノイの工芸館で応用芸術展を開催（13日～20日）。

1945（昭和20）年／42歳

3月、日本軍がインドシナのフランス軍を武装解除。フランス人は監視下におかれ、夫のマルタンも逮捕される。西欧人に対する群衆の暴行や略奪がおこるが、ペリアンはペルネットと避難する。
3月11日、フランスとの保護条約を廃棄してアンナム王国独立。13日、カンボジア王国独立。
8月15日、第二次世界大戦終結。8月末、マルタンが釈放される。
9月2日、ハノイでヴェトナム独立同盟がヴェトナム民主共和国成立を宣言。
23日、フランス軍がサイゴンを占拠、それに続き、フランス解放軍が到着する。マルタンは海軍の輸送船でフランスへ一足先に帰国。

この年の3月、東京大空襲で工芸指導所が焼失する。

1946（昭和21）年／43歳

2月、引き揚げ船でインドシナを出発し、ペルネットとフランスに帰還。収集した日本の品はほとんどインドシナで略奪されたが、写真と書類などの資料だけは持ち帰る。
4月、トゥーロンで夫のマルタンと再会。列車でパリへ向かう。5年10カ月ぶりに戻ったパリで、直ちに活動を開始する。
サヴォワの山岳地帯メリベルにある大規模なスキーリゾートの内装、ローコスト家具のデザインなどを手がける。

1947（昭和22）年／44歳

ポール・ネルソンの求めで、同年グラン・パレで開催されたユルバニスム（都市計画）と住環境の国際展覧会でミニマムファミリーホームのための家具をデザインする。同じくネルソンに協力して、サン・ローのフランス＝アメリカ合衆国記念病院の建設計画に参加。
この頃から、ル・コルビュジエのマルセイユの集合住宅ユニテ・ダビタシオン設計にも参画。

1948（昭和23）年／45歳

5月、インドシナでなくした東京の友人たちの住所をようやく手に入れ、1942年以来はじめて日本とコンタクトをとる。
この年から翌年にかけて、長年あたためてきた日本についての出版企画に取り組み、パリの国立美術学校の『Bulletin de la grande masse（大工房の会報）』や『L'Architecture d'aujourd'hui（今日の建築）』誌などに相次いで原稿を掲載。

この頃から、日本で深く感銘を受けた標準化と規格化、モジュールの奥深い文化の影響から、標準化されたユニット家具の可能性および標準化された取替可能の部品でできた組立式家具の探究を始める。それが後の「カンカイユリー」(あらゆる収納家具の体系の核となる、オリジナルな型の規格化)につながる。ペリアンの戦後の多くの家具はこの研究から生まれる。

1949(昭和24)年/46歳

12月、「Formes Utiles(フォルム・ユティール, 有用造型)」の会をルネ・エルブスト、アンドレ・エルマンらとともに結成(1977年まで継続)。第1回展示会「Formes Utiles, objets de notre temps(フォルム・ユティール、現代のモノ)」(於:パリ装飾美術館)で作品選定とデザインを行う。これは、1941年東京での展覧会で目指した「諸芸術の綜合」を実現したものとも言え、1941年当時のままの精神で構成されたペリアンの展示では、空間が御簾と白い砂で仕切られ、ペリアンの作品に並んでレジェやル・コルビュジエ、ピカソ、カルダー、ミロなどの作品が並べられた。

この年、前川國男、CIAMの日本部門設立の許可を取得。

1950(昭和25)年/47歳

ル・コルビュジエのユニテ・ダビタシオンのためにオープンキッチンのプロトタイプを製作。

8月、『Techniques et Architecture(技術と建築)』誌(9シリーズ、9-10号)に、「L'art d'habiter(住まいの芸術)」を掲載。口絵には桂離宮の写真が用いられ、日本から学んだ事柄が随所に浸透している。

この頃からジャン・プルーヴェとともに多く仕事をする。

1951(昭和26)年/48歳

様々な芸術の統合をめざしたグループ「エスパス(Espace)」のメンバーとなる。

第9回ミラノ・トリエンナーレのフランス部門を主導し、フランス館のカタログに「Formes utiles et équipement(実用的なフォルムと設備)」を執筆する。

この年から翌年にかけてパリの自分自身のアパルトマンの内装をデザインする。

ジャン・プルーヴェと共同でいくつかの家具を製作する。

この年の11月、坂倉準三が設計した神奈川県立近代美術館(鎌倉)が開館。日本初の公立近代美術館。

1952(昭和27)年/49歳

3月、アトリエ・ジャン・プルーヴェと、プルーヴェの家具の改良、工場生産のための新たな家具のデザインほかについての契約を結び、翌年にかけて多くの家具をデザインする。

サロン・デ・ザール・メナジェの「Formes Utiles(フォルム・ユティール, 有用造型)」部門で、日本の入浴方法から着想をえた革命的なユニットバスを展示。後に、自宅にもこのバス・ルームが設置された。

パリ大学都市のチュニジア館のプランに参加。

ジャン・ボロとサニタリー設備を研究する。

翌年にかけて、ジョワンヴィルの国立EPSセンターほか多くの学校、住宅、ホテルなどの内装・設備をデザインする。

戦後、エールフランス(Air France、当時は半国営)に勤務した夫のマルタンが極東地域取締役として東京に派遣され、パリ－東京間の航路開通の準備に取り組むこととなる。マルタンは、官舎として赤坂見附に借りた日本家屋の一軒家の改装とエールフランスの自分の執務室の内装をペリアンに依頼。ペルネットとともに三人で日本に滞在する準備を進める。

1953(昭和28)年/50歳

前年に引き続き、パリの学生会館の室内設備をはじめ、ジャン・プルーヴェとともに多くの仕事に関わる。前年にデザインした家具はアトリエ・ジャン・プルーヴェ名義で工場生産により製品化される。

5月13日、約11年ぶりに来日。坂倉準三と妻の百合、西村伊作家の人々と再会(この時の滞在は6月17日まで)。秋から日本長期滞在を予定していたペリアンは、「生活の美化(L'embellissement de la vie)」をテーマに「フォルム・ユティール、現代のモノ」展(1949年)と「第9回ミラノ・トリエンナーレ」(1951年)の集大成となるような展覧会を日本で開催する企画を練り、この滞在中から準備に着手する(展覧会は1955年に髙島屋で実現)。この時、エールフランス東京支社のための家具や東京の住居用の家具をデザインする。日本の生活様式を考え、低い視線を実現するため、低めのテーブルや椅子をデザイン。御膳や文机から着想した一人用の小テーブル《ターブル・エール・フランス(*Table Air France*)》もデザイン、一枚のアルミニウム板金の折り曲げ加工によるこのテーブルの製作はアトリエ・ジャン・プルーヴェが行った。

6月1日、産業工芸試験所を訪れ、座談会(剣持勇、坂倉準三ほか)に出席。

6月14日、夫のマルタンとともに岡本太郎、坂倉準三らに会う。

6月半ば頃、いったんパリに戻る。修学院離宮の違い棚に着想をえて、金属板で構成された棚《ニュアージュ(*Nuage*, 雲)》をデザイン。金属部品は アトリエ・ジャン・プルーヴェが製作。

10月20日、3度目の来日。約2年間の日本滞在となる。パリから仕事のアシスタントとしてマルタ・ウィリガーを呼び寄せ、東京での展覧会準備に奔走する。

この年、国際デザインコミッティーが設立される。創設時のメンバーは丹下健三、清家清、吉阪隆正、柳宗理、剣持勇、渡辺力、亀倉雄策、勝見勝、滝口修造、浜口隆一、岡本太郎。顧問は坂倉準三、前川國男、そしてペリアンも名を連ねる。

1954(昭和29)年/51歳

ステフ・シモンと、アトリエ・ジャン・プルーヴェのためにデザインした家具の製作販売の契約を結ぶ。

イサム・ノグチの照明をはじめて見る。

5月、東京で引き続き展覧会の準備を続け、スタッキング可能な黒い成形合板の椅子《オンブル(*Ombre*, 影)》やウールの大きな絨毯などをデザインし、予定される展覧会の「住居」部門(応接室・居間と食堂・書斎・寝室)の構成を完成させる。

6月、前月より来日していたヴァルター・グロピウスとその妻イゼとともに千葉県銚子へ旅行に出かける。

7月、展覧会に出品予定の作品のうち23点について髙島屋と製造販売の契約を結び、うち10点を日本国内限定品とする。

7月10日、クラブ関東(東京)でペリアンのカクテル・パーティーが催される。

夏から秋にかけて一時フランスに帰国する。

10月、東京に戻り、椅子《オンブル(影)》と成形合板の低い肘掛け椅子の最初の試作品をつくらせる。

展覧会の計画に没頭するが難題が積み重なる。認可をめぐる交渉、予算、作品運搬などをめぐり100通以上の手紙を書いて奮闘するが、展覧会の開催は何度も延期され、最終的にフランス大使館と通産省の間で、ペリアンがパリで日本に関する展覧会を開催することという交換取引が成立し、ようやく髙島屋で1955年3月末に開催されることが決まる。また、ペリアンは展覧会の計画段階で、テーマを「Art d'habiter(住まいの芸術)」とし、日本の美術品や工芸品とフランスの作品の混合展示を計画する。

1955(昭和30)年/52歳

引き続き、展覧会の準備に邁進するが、経済的な問題で縮小を余儀なくされ、

「建築」部門を断念せざるを得なくなる。
3月31日、展覧会のレセプションが催され、翌4月1日に「巴里一九五五年芸術の綜合への提案　ル・コルビュジエ、フェルナン・レジェ、シャルロット・ペリアン三人展」が東京の髙島屋で始まる（～4月10日、主催：産業経済新聞社・髙島屋、構成：ペリアン、協力：坂倉準三、マルタ・ウィリガー、協賛：エールフランス）。「芸術の綜合」は20世紀初頭から前衛芸術運動が目指したもので、ペリアンら三人にとっても重要なキーワードであった。
夫マルタンの転勤に伴い、帰国する。

1956（昭和31）年／53歳
パリのサン・ジェルマン通りに新たにオープンしたギャルリー・ステフ・シモンのアートディレクションを行う。ジャン・プルーヴェの支援を得たこのギャラリーの内装をデザインし、プルーヴェとともに主な出品作家ともなった。イサム・ノグチの 照明をフランスに紹介するなど、竹や生け花、和紙、折り紙、丸石などをアクセントにした斬新で日本的な雰囲気で現代家具を展示。また、1974年まで、ギャルリー・ステフ・シモンからは、棚、テーブル、椅子などペリアンの家具が多数販売された。
ORTF（フランス・ラジオ・テレビ放送局）が製作する日本についてのラジオ連続放送に、文化、政治、経済などの専門家らとともに参加。民藝と日本建築、建築と日本の生活との関係について話をする。
イタリアの雑誌『Casabella continuità（カザベラ・コンティヌイタ）』（第210号）に「La crise du geste au Japon（日本における身ぶりの危機）」を発表したほか、雑誌『L'Architecture d'aujourd'hui（今日の建築）』（第65号）には「Une tradition vivante（生きた伝統）」を日本から持ち帰った写真とともに発表。

1957（昭和32）年／54歳
2月、「Avec la maison japonaise（日本館について）」が新聞『Combat（闘争）』（2月23・24日号）に掲載される。
2月28日、サロン・デ・ザール・メナジェで「日本館（La Maison Japonaise）」を展示（～3月24日）。これは、1955年の東京での展覧会開催に伴い交わされたフランス大使館と通産省との取り決めに由来するもの。『ELLE（エル）』誌の後援を受け、グラン・パレの庭に建てられた進来廉設計による日本家屋に、柳宗理が選んだ作品などが展示された。これを機に、生け花や古典音楽などもフランスに紹介したペリアンは、この後、日本についての専門家の一人としてメディアに認知され、広くインタビューを受け、衣服をはじめ日本についての様々な認識を広めた。また、この展覧会をきっかけにパリのギャラリー・ラファイエットと髙島屋の二つの百貨店をはじめて接触させたのもペリアンだった。
エールフランスのロンドン営業所の内装・設備をデザインする。この頃、「L'art d'habiter（住まいの芸術）」に続いて、「L'art de la rue（街路の芸術）」というアイデアを抱く。つまり、現代芸術を歩道におろし、道行く人の視線をショーウィンドーに引き寄せた後、通行人がそばまで来たらその人の注意を店内に向けさせる魅力的なエントランスを持つデザイン、それをエールフランスロンドン営業所で試みる。

この年の2月、丹下健三設計の東京都庁第1庁舎が落成。知事室、特別応接室に丹下はペリアンの書棚やテーブルを採用。

1958（昭和33）年／55歳
サロン・デ・ザール・メナジェで、アルジェリアの砂漠での油田開発技術者向けにデザインした最小限の住宅「サハラの家（*Maison du Sahara*）」のプロトタイプを展示する。寝室用のキャビンと大きめのキャビンの二つのモジュールで構成された、規格化とテーラー・システムを生かしたプレハブ式住居で、トラックでの運搬も可能。大きめのキャビンはリビング・キッチンとなっており、その中央には日本の寿司屋のカウンターの形を採用したカウンターが備え付けられた。

1959（昭和34）年／56歳
ル・コルビュジエ＝ジャンヌレ＝ペリアンの家具がハイディ・ウェバー（Heidei Weber）によって復刻される。
パリ大学都市のブラジル館の内装・設備デザインを手がける。
エールフランスの東京新営業所の内装・設備デザインのために日本に呼ばれる。新営業所の開設計画は夫マルタンによるもの。ペリアンは現場の建築統括に坂倉準三を指名。穏やかで落ち着いた空間に、飛行機の両翼をかたどった斬新なカウンターを置き、チャールズ&レイ・イームズの椅子を採用した。

1960（昭和35）年／57歳
エールフランスの大阪営業所の内装設計を担当。
サヴォワのメリベルに自身の山荘を建設。

1962（昭和37）年／59歳
エールフランスの南米総局長としてブラジルのリオ・デ・ジャネイロに赴任となった夫マルタンの住居の内装などを手がけるが、ペリアンはパリに残る。
サヴォワのベルヴィル渓谷冬期リゾート施設のコンペティションにジャン・プルーヴェとともに参加。
この年から1968年にかけて、度々ブラジルほかラテンアメリカを訪れる。
オスカー・ニーマイヤーをはじめ多くの知己をブラジルで得る。

1963（昭和38）年／60歳
リオ・デ・ジャネイロのエールフランス営業所の内装・設備をデザインする。
娘のペルネットが1963年から67年にかけて国立工芸院でジャン・プルーヴェの講義を受ける。

1964（昭和39）年／61歳
ペリアン監修のもと、ル・コルビュジエ＝ジャンヌレ＝ペリアンによる家具復刻製造がカッシーナ社で始まる。

1965（昭和40）年／62歳
8月、ル・コルビュジエが死去（享年78歳）。

1966（昭和41）年／63歳
前年に計画が始まった在仏日本大使公邸の内装設備を手がける。既存建築のリニューアルのために日本大使公邸が設計と構想を保証する顧問に任命した坂倉準三の求めで、内部建築と屋内設備を担当。この時、前川國男事務所出身の早間玲子を研修生として受け入れる。ペリアンは、自由な平面で構成が変更可能な空間構成やファサードに設置された町家風の木の小幅板でできた目隠しを提案し、多様な置き方のできる、分割された丸い大きな革張り長椅子、5人掛けの木製ベンチほかの家具をデザインした。

1967（昭和42）年／64歳
サヴォワ地方のアルク山岳地帯にスキー場を建設するため、新たに設計事務所を設置。「アルク1600」「アルク1800」「アルク2000」の三期に分けて開発され、合計3万人を収容できる大規模なスキーリゾート計画の建築設計全体の統括に加え、個室の内装、家具までを手がけることとなる。
12月、ピエール・ジャンヌレが死去（享年70歳）。

1968（昭和42）年／65歳
ユネスコ主催、現代美術と日欧の美術に対する日本の貢献をテーマとする「京都国際会議」参加のため来日。

1969（昭和43）年／66歳
9月1日、坂倉準三が、1965年からペリアンらと手がけていた在仏日本大使公邸の完成（竣工1970年4月）をみることなく死去（享年68歳）。

1970（昭和44）年／67歳
アトリエから徒歩圏内の高層アパルトマンの最上階の部屋を手に入れ、内装設備をデザインする。

1972（昭和47）年／69歳
12月から翌年1月にかけて、家族とともに来日。坂倉ユリと一緒に高山、勝浦を旅行。

1975（昭和50）年／72歳
アトリエからほど近いラス・カーズ街にある四季ファブリック・ハウスの内装と設備設計を担当する。

1983（昭和58）年／80歳
レジオン・ドヌール勲章を受ける。
中国北部のスキーリゾートのプランに参画する。
オフィス家具国際コンクールの審査員を務める。

1985（昭和60）年／82歳
パリ装飾美術館で大規模な回顧展「Charlotte Perriand : Un art de vivre（シャルロット・ペリアン　生きる芸術）」が開催される。

1986（昭和61）年／83歳
6月、前川國男が死去（享年81歳）。

1988（昭和63）年／85歳
日本を訪問。ギャラリーサカ（東京）にて講演と写真による作品展を開催。
秋、友人のデザイナー・三宅一生の1988／89年秋冬コレクションのモデルを務める。

1992（平成6）年／89歳
パリにあるギャルリー・ルイーズ・レリスの内装・設備をペルネットとともにデザインする。

1993（平成5）年／90歳
5月、ユネスコのパリ本部ピアッザ広場で開催されたパリ日本文化祭に「茶室」を出展（5月3日～15日）。総合演出は勅使河原宏で、ペリアンのほか安藤忠雄、崔在銀（チェ・ジェウン）、エットレ・ソットサスがそれぞれ「茶室」を製作。

1994（平成6）年／91歳
パリのアパルトマンの向かいの部屋を手に入れ、内装設備をペルネットとともにデザインする。

1995（平成7）年／92歳
アメリカのロードアイランドデザイン美術大学より名誉博士号を贈られる。

1996（平成8）年／93歳
ロンドンの王立美術学校から名誉博士号を授与される。
パリのアパルトマンの改装完成。
この年から翌年にかけてロンドンのデザイン・ミュージアムで開催された回顧展「Charlotte Perriand Modernist Pioneer（シャルロット・ペリアン　モダニスト・パイオニア）」の展示をデザインする。

1998（平成10）年／95歳
5月、ペリアンの自伝『Une vie de création（創造の人生）』がパリのオディール・ジャコブ社から出版される。
10月、東京のリビングデザインセンターOZONEで「シャルロット・ペリアン　20世紀のパイオニア　Charlotte Perriand　Pioneer 20th Century」展開催（10月3日～11月3日）。この展示デザインをペルネットとともに行う。

1999（平成11）年／96歳
国立フェルナン・レジェ美術館で開催された展覧会「Charlotte Perrriand-Fernand Léger, Une connivence（シャルロット・ペリアンとフェルナン・レジェ）」をデザインする。
10月27日、シャルロット・ペリアン、パリで死去（享年96歳）。

2005（平成17）年
『Charlotte Perriand, Un art d'habiter 1903-1959（シャルロット・ペリアン、住まいの芸術　1903-1959）』（ジャック・バルサック著）がパリのノルマ社から出版される。
12月、パリのポンピドゥー・センターで展覧会「Charlotte Perriand」開催（12月7日～2006年4月1日）。

2008（平成20）年
8月、『Charlotte Perriand et le Japon（シャルロット・ペリアンと日本）』（ジャック・バルサック著）がパリのノルマ社から出版される。
9月、パリのケ・ブランリー博物館で展覧会「L'esprit Mingei : de l'artisanat au design（民藝の精神、クラフトからデザインへ）」（9月30日～2009年11月1日）が開催される。デザイン部門で、民藝運動の代表作とともにペリアン、柳宗理、イサム・ノグチの作品が中心的に取り扱われる。

2009（平成21）年
6月、ペリアンの自伝『Une vie de création（創造の人生）』の日本語翻訳版『シャルロット・ペリアン自伝』（北代美和子訳）が東京のみすず書房から出版される。

2010（平成22）年
6月、スイス・チューリヒのデザイン・ミュージアムで展覧会「Charlotte Perriand　Designer – Photographer – Activist（シャルロット・ペリアン　デザイナー・写真家・活動家）」展が開催される（6月16日～10月24日）。

2011（平成23）年
4月、パリのプチ・パレで展覧会「Charlotte Perriand 1903-1999. De la photographie au design（シャルロット・ペリアン　1903-1999　写真からデザインへ）」開催（4月7日～9月18日）。パリのデパート、ボン・マルシェでも展覧会「La maison de thé de Charlotte Perriand（シャルロット・ペリアンの茶室）」が開かれる（4月9日～6月11日）。
10月、神奈川県立近代美術館 鎌倉で展覧会「シャルロット・ペリアンと日本　Charlotte Perriand et le Japon」開催（10月22日～2012年1月9日）。広島市現代美術館（2012年1月21日～3月11日）と目黒区美術館（2012年4月14日～6月10日）に巡回。

「シャルロット・ペリアンと日本」に関する文献リスト

「シャルロット・ペリアンと日本」研究会／編

ペリアン自身による著述

［単行書、展覧会図録・パンフレット］

・シャルロット・ペリアン、「序」、「後記」、『選擇・傳統・創造——日本藝術との接觸』、小山書店、1941年、n.p., pp. 21-22
・シャルロット・ペリアン、坂倉準三、「選擇 傳統 創造」、「解釋の誤謬」、「選擇——傳統」、「創造」、『選擇・傳統・創造——日本藝術との接觸』、小山書店、1941年、pp. 1-2, pp. 3-4, pp. 5-8, pp. 9-20
・シャルロット・ペリアン、「展覧会を開くに当って」［和仏併記］、『芸術の綜合への提案——巴里1955年　ル・コルビュジエ、レジエ、ペリアン3人展』図録および出品目録、東京髙島屋、1955年、n.p.
・Charlotte Perriand, “La Maison japonaise”, *Salon des Arts Ménagers Catalogue officiel du Salon*, 1957
・シャルロット・ペリアン、「序 柳宗理に」、『デザイン　柳宗理の作品と考え』、用美社、1983年
・シャルロット・ペリアン、［タイトルなし、和仏併記］、『パリ日本文化祭 巴里大茶会』パンフレット、ユネスコ・パリ本部ピアッザ広場、1993年
・シャルロット・ペリアン、「ゆるぎない友情に」、『建築家　坂倉準三の仕事』展図録、神奈川県立近代美術館、1997年、pp. 6-7
・シャルロット・ペリアン（北代美和子訳）、『シャルロット・ペリアン自伝』［原著：*Une vie de création*, Odile Jacob, Paris, 1998］、みすず書房、2009年

［逐次刊行物］

・Charlotte Perriand, “Wood or Metal ?”, *Studio*, vol. 97 no. 433, London, Apr. 1929, pp. 278-279
・シャルロット・ペリアン、「第二回貿易局輸出工藝圖案展覽會講評」、『輸出工藝』、6号、1941年1月、pp. 2-3
・ペリアン女史（坂倉準三氏通譯）、「講評」、『輸出工藝』、6号、1941年1月、pp. 4-20
・（ママ）シヤーロット・ペリアン・坂倉準三譯、「日本工藝について——第二回貿易局輸出工藝圖案展の講評より」、『月刊民藝』、第3巻第3号、1941年4月、pp. 26-33
・Charlotte Perriand, “Exposition de l’artisanat japonais aux Grands Magasins Reunis”, *Hanoi soir*, 20 déc. 1941
・Charlotte Perriand, “Contact avec l’art japonais”, *Publication du Secrétariat des Relations intgerllectuelles avec les pays voisins de l’Indochine*, no. 1, jan. 1942, pp. 1-21
・Charlotte Perriand, “Une habitation au Japon”, *Techniques et Architecture*, 1946, pp. 370-372
・Charlotte Perriand, “Influences sur l’art industriel japonais”, *Bulletin de la grande masse de l’Ecole des Beaux-Arts, 1er trimestre*, 1949, pp. 29-30
・Charlotte Perriand, “Au Japon : Art ?”, *L’Architecture d’aujourd’hui*, no. 2, numéro special, jan. 1949, pp. 114-121
・Charlotte Perriand, “Les spectacles au Japon”, *L’Architecture d’aujourd’hui*, no. 23, mai 1949, pp. 80-88
・Charlotte Perriand, “L’art d’habiter”, *Techniques et Architecture*, 9me série no. 9-10, août 1950
・Charlotte Perriand, “Pour un intérieur moderne”, *France d’Outremer : le monde colonial*, no. 248, mai 1950
・シャルロット・ペリアン（坂倉準三訳）、「ル・コルビュジエ、レジェ、ペリアン　三人展を開くにあたって」、『リビングデザイン』、4号、1955年4月、pp. 49-53
・ペリアン、坂倉準三、「ル・コルビュジエ＝レジェ＝ペリアン3人展　芸術の綜合への提案——巴里1955年」、『国際建築』、第22巻第6号、1955年6月、pp. 12-16
・Charlotte Perriand, “Une tradition vivante”, *L’Architecture d’aujourd’hui*, no. 65, numéro spécial Japon, mai 1956, pp. 14-19
・Charlotte Perriand, “Crisi del gesto in Giappone”, *Casabella continuità*, no. 210, Milan, juin 1956, pp. 54-66
・Charlotte Perriand, “Salon des arts ménagers : la maison japonaise”, *Aujourd’hui : art et architecture*, no. 12, avril 1957, pp.90-93
・Charlotte Perriand, “Aufagaben der raumgestaltung”, *Werk 44*, no. 5, Zurich, mai 1957
・Charlotte Perriand, “Prendre conscience de nos responsabilites”, *Aménagement et nature*, no. 3, sept. 1966
・Charlotte Perriand, *International Round Table On The Relations Between Japanese And Western Arts sept 1968 Tokyo & Kyoto*, Unesco, n.d., pp.83-104, 105-107
・Charlotte Perriand, “Hommage à Sakakura”, *Architecture d’aujourd’hui*, 1969
・シャルロット・ペリアン、「柳宗理に」、『デザイン』、3号、1978年3月、pp.12-13
・シャルロット・ペリアン（岡部あおみ訳、インタビュアー：岡部憲明）、「日常の中のル・コルビュジエ——戦前の記憶の中から（ル・コルビュジエ特集）」、『ユリイカ』、第20巻第15号、1988年12月、pp.74-86
・シャルロット・ペリアン（インタビュアー：佐藤由巳子）、「信頼する友に捧ぐ——前川國男の思い出」、『SD』、331号、1992年4月、pp.6-11
・シャルロット・ペリアン（インタビュアー：横田克己）、「モダニズムのパイオニアがたどり着いた53平方メートルのアパルトマン」、『BRUTUS』、第19巻19号、1998年10月15日号、pp.42-48
・ペリアン・シャルロット、林正和、「特別企画・インタビュー　シャルロット・ペリアン（日本のミッドセンチューリー再発見）」、『エスクァイヤ日本』、第12巻第11号、1998年11月、pp.184-186
・「シャルロット・ペリアンからの答え（インタビュー）」、『Living Design』、第2号、1998年11月・12月、pp.8-9
・シャルロット・ペリアン（森田佳代子訳）、「シャルロット・ペリアンから三宅一生へ」、『approach』、1999年春号、1999年3月、p.10

ペリアンについて書かれた文献

［展覧会図録］

・坂倉準三、「後記」、『選擇・傳統・創造——日本藝術との接觸』、小山書店、1941年、pp.23-25
・ダニエル・レヴィ、「メッセージ」［和仏併記］、『芸術の綜合への提案——巴里1955年　ル・コルビュジエ、レジエ、ペリアン3人展』図録および出品目録、東京髙島屋、1955年、n.p.
・坂倉準三、「ル・コルビュジエ、レジェ、ペリアン三人展について」、『芸術の綜合への提案——巴里1955年　ル・コルビュジエ、レジエ、ペリアン3人展』図録および出品目録、東京髙島屋、1955年、n.p.
・Eugène Claudius-Petit, “Des simples mots”, *Charlotte Perriand. Un art de vivre*, catalogue, Musée des Arts Décoratifs, Paris, 1985, n.p.
・François Mathey, “On l’appelle Charlotte”, *Charlotte Perriand. Un art de vivre*, catalogue, Musée des Arts Décoratifs, Paris, 1985, n.p.
・Yvonne Brunhammer, “L’Art de vivre de Charlotte Perriand”, *Charlotte Perriand. Un art de vivre*, catalogue, Musée des Arts Décoratifs, Paris, 1985, pp.75-78
・松村勝男、「デザイナー巣立ち物語」、長大作監修『松村勝男の家具』図録、デザインギャラリー1953［松屋銀座］、1992年、pp.37-38
・小田るな、「ル・コルビュジエ／シャルロット・ペリアン／ピエール・ジャンヌレの「家具」」、『ル・コルビュジエ展』図録、セゾン美術館ほか、1996年、

凡例
・ここに収録した文献は、「シャルロット・ペリアンと日本」の関係に絞った。
・構成は以下のとおりである。
ペリアン自身による著述……[単行書、展覧会図録・パンフレット]［逐次刊行物／雑誌、新聞］
ペリアンについて書かれた文献……[単行書、展覧会図録・パンフレット]［逐次刊行物／雑誌、新聞］
その他

pp.175-178
・進来廉、「ル・コルビュジエ、シャルロット・ペリアン、ピエール・ジャンヌレの家具」、『ル・コルビュジエ展』図録、セゾン美術館ほか、1996年、pp.179-180
・Charlotte Benton, *Charlotte Perriand Modernist Pioneer*, catalogue, Design Museum, London, 1996
・太田泰人、「1940-41　シャルロット・ペリアン招聘」、『建築家 坂倉準三の仕事展』図録、神奈川県立近代美術館、1997年、pp.40-43
・柳宗理、「ペリアンに学ぶ」、『Charlotte Perriand Pioneer 20th Century』図録、リビングデザインセンター OZONE、1998年、p.3
・進来廉、「偉大なる創造者」、『Charlotte Perriand Pioneer 20th Century』図録、リビングデザインセンター OZONE、1998年、p.4
・シャルロット・ベントン、『Charlotte Perriand Pioneer 20th Century』図録、リビングデザインセンター OZONE、1998年、pp.5-26
・土田真紀、「見出された「伝統」とモダニズムの交錯」、『三重県立美術館30年展』図録、三重県立美術館、1999年、pp.115-120
・*Charlotte Perriand–Fernand Léger, une connivence*, catalogue, Musée National Fernand Léger biot, 1999
・Tim Benton, "Charlotte Perriand : les années Le Corbusier", *Charlotte Perriand*, catalogue, Centre Pompidou, Paris, 2005, pp.11-24
・Marie-Jeanne Dumont, "14m^2 de vie heureuse dans la Ville radieuse", *Charlotte Perriand*, catalogue, Centre Pompidou, Paris, 2005, pp.25-31
・Danilo Udovicki-Selb, "Les Engagements de Charlotte Perriand pour l'Exposition de 1937 à Paris : Le Corbusier, Les Jeunes 1937 et le Front populaire", *Charlotte Perriand*, catalogue, Centre Pompidou, Paris, 2005, pp.41-61
・Yvonne Brunhammer, "Charlotte Perrand–Fernand Léger : un parcours idéologique", *Charlotte Perriand*, catalogue, Centre Pompidou, Paris, 2005, pp.63-72
・Charlotte Benton, "Rencontre avec le Japon", *Charlotte Perriand*, catalogue, Centre Pompidou, Paris, 2005, pp.77-84
・Gladys Fabre, "Femme-architecte et modernité en mouvement", *Charlotte Perriand*, catalogue, Centre Pompidou, Paris, 2005, pp.93-107
・Roger Aujame, "Charlotte Perriand et la volumétrie de l'espac", *Charlotte Perriand*, catalogue, Centre Pompidou, Paris, 2005, pp.117-127
・Arthur Rüegg, « Les "Cellules vitales" : cuisson et sanitaire », *Charlotte Perriand*, catalogue, Centre Pompidou, Paris, 2005, pp.129-140
・Catherine Clarisse, "Charlotte Perriand et les loisirs. L'aventure des Arcs", *Charlotte Perriand*, catalogue, Centre Pompidou, Paris, 2005, pp.141-148
・柏木博、「身体を補足する装置——ル・コルビュジエの家具」、『ル・コルビュジエ　建築とアート、その創造の軌跡』図録、森美術館、2007年、pp.264-268
・Ryû Niimi, "Trois créateurs internationaux au Japon", *L'esprit Mingei au Japon*, catalogue, Musée de quai Branly, Paris, 2008, pp.99-101
・太田泰人、［シャルロット・ペリアンの招聘」、「ペリアンと坂倉　友情と協力」、『建築家坂倉準三　モダニズムを生きる｜人間、都市、空間』展図録、神奈川県立近代美術館、2009年、pp.50-51, p.101
・山名善之、「ペリアンと坂倉」、「戦争組立建築」、『建築家坂倉準三　モダニズムを生きる｜人間、都市、空間』展図録、神奈川県立近代美術館、2009年、p.52, p.53
・大村理恵子、「シャルロット・ペリアンの来日について」、「選択・伝統・創造展」「ペリアンと「雪調」の家具」、「シャルロット・ペリアンの2度目の来日について」、「ル・コルビュジエ、レジェ、ペリアン3人展」、『建築家坂倉準三　モダニズムに住む｜住宅、家具、デザイン』展図録、パナソニック電工　汐留ミュージアム、2009年、p.44, pp.45-46, p.49-50, pp.128-129, pp.130-131
・北村紀史、「「選択・伝統・創造」展カタログ」、『建築家坂倉準三　モダニズムに住む｜住宅、家具、デザイン』展図録、パナソニック電工　汐留ミュージアム、2009年、p.46

［単行書］
・「近代建築」、坂倉準三編『岩波写真文庫』233、岩波書店、1957年、n.p.
・「シャルロット・ペリアン女史創作品展」、「坂倉準三「ペリアン女史創作展後記」」ほか、『高島屋美術部50年史』、高島屋、1960年、p.273
・川勝堅一編『川勝コレクション　特選集』、平凡社、1971年、p.22
・柳宗理、「河井のおじさん」、『陶芸の世界　河井寛次郎』、世界文化社、1980年、pp.9-16
・「山口弘道、森本信也宛書簡」（1940年11月）、『柳宗悦全集』第21巻　中、筑摩書房、1989年、pp.202-203, 211
・「河井寛次郎宛書簡」（1940年9月、10月）、『柳宗悦全集』第22巻　下、筑摩書房、1992年、pp.118-120
・Volker Fischer, "The LC4 Chaise Longue by Le Corbusier", *Pierre Jeanneret and Charlotte Perriand*, Verlag Form, Frankfurt am Main, 1997
・太田泰人、「ル・コルビュジエ、ペリアン、坂倉準三」、高階秀爾ほか編『ル・コルビュジエと日本』、鹿島出版会、1999年、pp.101-120
・畑由起子、「シャルロット・ペリアンと日本」、デザイン・フォーラム編『国際デザイン史　日本の意匠と東西交流』、思文閣出版、2001年、pp.177-183
・山本喜美恵、「ル・コルビュジエとシャルロット・ペリアンの10年——生まれた数々の家具」、『ル・コルビュジエ　建築・家具・人間・旅の全記録』、エクスナレッジ、2002年、pp.214-219
・畑由起子、「シェーズ・ロングはいかにして生まれたか？　ル・コルビュジエとシャルロット・ペリアンが交わした名作椅子誕生の秘話」、『ル・コルビュジエ　建築・家具・人間・旅の全記録』、エクスナレッジ、2002年、pp.220-227
・Mary McLeod, *Charlotte Perriand an Art of Living*, Abrams Publ., New York, 2003
・Yasushi Zenno, "Fortuitous Encounters: Charlotte Perriand in Japan 1940-41", in McLeod (ed.) *Charlotte Perriand an Art of Living*, Abrams Publ., New York, 2003, pp.90-113
・長門佐季、「シャルロット・ペリアンと日本——選択・伝統・創造展1941年」、五十殿利治、河田明久編『クラシック　モダン——1930年代の日本の芸術』、せりか書房、2004年、pp.159-174
・Jacques Barsac, *Charlotte Perriand. Un art d'habiter 1903-1959*, Norma, Paris, 2005
・Élisabeth Védrenne, *Charlotte Perriand*, Editions Assouline, New York, 2005
・シャルロット・ベントン、「シャルロット・ペリアン」、ブルーノ・ライシュリン監修『ジャン・プルーヴェ』、TOTO出版、2005年、pp.330-333
・太田泰人、「坂倉準三」、ブルーノ・ライシュリン監修『ジャン・プルーヴェ』、TOTO出版、2005年、pp.354-355
・早間玲子、「前川國男先生とフランス」、『前川國男ライブラリー 17　前川國男・弟子たちは語る』、建築資料研究社、2006年、pp.91-95
・森仁史、「戦時における機能主義デザイン——工芸指導所の戦時期の実践とその位置」、長田謙一編『戦争と表象／美術20世紀以後』、美学出版、2007年、pp.245-260
・土田真紀、「「無名の工人」から「アノニマス・デザイン」へ——民藝とペリアンと柳宗理」、柳工業デザイン研究会編『柳宗理と柳工業用デザイン研究会のしごと』、平凡社、2008年、pp.124-129
・土田眞紀、「工藝の「伝統」をめぐって——一九三〇年代の工藝」、『さまよえる工藝・柳宗悦と近代』、草風館、2008年、pp.177-200

・Jacques Barsac, *Charlotte Perriand et le Japon*, Norma, Paris, 2008
・金子至、「「国井喜太郎産業工芸賞」特別賞　マダム・シャルロット・ペリアンへ」、『工芸からインダストリアルデザインへ』、桑沢学園、2008年、pp.195-199
・森仁史、「輸出工芸」、『日本〈工芸〉の近代』、吉川弘文館、2009年、pp.194-200
・Jacques Barsac, *Charlotte Perriand et la Photographie*, Cinq Continents éditions, Milan, sept. 2010
・Jacques Barsac, *Charlotte Perriand: Photography: A Wide-angle Eye*, Five Continents éditions, Milan, sept. 2010
・禪野靖司、「シャルロット・ペリアンと「近代日本の伝統」」、[発行年月日不詳]
・土田真紀、「「手仕事」の近代——地方の手工芸と一九三〇年代」、伊藤徹編『作ることの日本近代—— 一九一〇－四〇年代の精神史』、世界思想社、2010年、pp.221-250
・松隈洋、『坂倉準三とは誰か』、王国社、2011年
・竹原あき子、「シャルロット・ペリアンとメリベル山荘」ほか3編、『そうだ旅に出よう』、2011年、pp.111-114

[逐次刊行物]
雑誌
・[口絵]「1928年のペリアンアパート食堂写真」「「工芸の革命」と「日用品美化運動」について」、『住宅』、13巻9号、1928年9月、p.2
・ウヰリアム・ダブリュー・ウイルスソン、「Madame Perriand」、『デザイン』、第4年11号、1930年11月、pp.384-387
・「別刷　寫眞版　書斎　ペリアン」、『アトリヱ』、第7巻第12号、1930年12月、口絵
・「佛工芸家ペリアン女史の来朝」、『工藝ニュース』、第9巻第7号、1940年8月、p.323
・「ペリアンのアパルトマン」、『工藝ニュース』、第9巻第8号、1940年9月、p.330
・(鈴木生)、「マダム・ペリアン來朝す」、『工藝ニュース』、第9巻第8号、1940年9月、p.6
・市浦健、「ペリアン女史來朝」、『現代建築』、第9巻第2・3号、1940年9月
・「世界的工業家ペリアン女史來たる」、『輸出工藝』、5号、1940年9月、pp.16-19
・柳宗悦、「日本民藝協會の提案」ほか、『月刊民藝』、第2巻第10号、1940年10月特集、pp.8-27
・柳宗悦、「新體制と工藝美の問題」、『月刊民藝』、第2巻第10号、1940年10月特集、pp.29ff.
・「工藝指導所日誌・八月」、『工藝ニュース』、第9巻第10号、1940年10月、pp.404-408
・柳宗悦、「新體制と工藝美の問題」、『民族文化』、第7号、1940年11月、pp.29-44
・「ペリアン女史京都地方出張旅行より」、『輸出工藝』、6号、1941年1月、pp.40-51
・「工藝研究座談會・ペリアン女史に東北の工藝を聴く」、『工藝ニュース』、第10巻第1号、1941年1月、pp.16-21
・「ペリアン女史　京都地方視察報告」、『工藝ニュース』、第10巻第1号、1941年1月、p.27
・「工藝指導所日誌」、『工藝ニュース』、第10巻第1号、1941年1月、pp.36-42
・「工藝研究座談會記・ペリアン女史を圍み・歐州の工藝品需要・慣用事情を聽く」、『工藝ニュース』、第10巻第2号、1941年2月、pp.12-15
・長谷川三郎、「ダレ・ケデイングと語る（美術一般）」、『国際文化』、1941年3月号、pp.55-58
・柳宗悦、濱田庄司、「ペリアンの展覧會をみて」、『月刊民藝』、第3巻第3号 [『柳宗悦全集』第14巻、筑摩書房、1982年、pp. 542-546に再録]、1941年4月、pp. 2-6
・[表紙写真]、「竹編果物盛　ペリアン女史のアイデアによる試作品」、『工藝ニュース』、第10巻第4号、1941年4月
・「工藝指導所日誌・二月」、『工藝ニュース』、第10巻第4号、1941年4月、pp. 36-42
・「國內動靜雜報——ペリアン女史創作展」、『報道廣告』、1941年4月号、p. 96
・「ペリアン作品展」、『建築世界』、第35巻第5号、1941年5月、pp. 15-26
・「傳統 選擇 創造　商工省貿易局招聘ペリアン女史創作品展」、『新建築』、第17巻第5号、1941年5月、pp. 211-219
・「ペリアン女史創作品展」、『工藝ニュース』、第10巻第5号、1941年5月、pp. 177-180
・「工藝座談會記　ペリアン女史創作品展について聽く・1」、『工藝ニュース』、第10巻第5号、1941年5月、pp. 11-17
・「工藝指導所日誌・三月」、『工藝ニュース』、第10巻第5号、1941年5月、pp. 38-42
・水澤澄夫、「ペリアン女史作品展の示唆するもの　日本の傳統について」、『造形藝術』、第3巻第5号、1941年5月、pp. 32-33
・辻光典、「傳統」「選擇」「創造」、『造形藝術』、第3巻第5号、1941年5月、pp. 34-35
・"Selection, Tradition, Creation"、『Nippon』、26号、1941年、pp. 16-19
・柳宗悦、「編輯後記」、『工藝』、104号、1941年6月、pp. 78-84
・阿部治良、「シヤルロット　ペリアン女史に關して」、『広告界』、第18巻第6号、1941年6月、n.p.
・森本信也、「農民手工藝の一進路——手工藝講習會を中心として——」、『民藝』、1941年6月号、pp. 23-28
・(文責柳)、「ペリアン女史輸出工藝雜感」、『輸出工藝』、7号、1941年6月、pp. 2-3
・柳宗理、「世界工藝界の動向（一）」、「ペリアン女史創作展覽會」、『輸出工藝』、7号、1941年6月、pp. 4-7、pp. 23-29
・「工藝座談會記　ペリアン女史創作品展について聽く・2」、『工藝ニュース』、第10巻第6・7号、1941年7月、pp. 34-36
・淺沼喜實、上野訓治、「東北民藝品展覽會記」、『民藝』、1941年7月号、pp. 70-73
・「ペリアン展について」、『住宅』、第26巻第8号、1941年8月、pp. 58, 62-64
・[象彦商品]、『輸出工藝』、8号、1941年12月、口絵
・佛印日本工藝品陳列會出品口絵（ペリアン、大倉陶園、富本憲吉、陶磁器試驗處、宮永東山)、『輸出工藝』、8号、1941年12月
・「日本工藝品佛領印度支那に於ける國際見本市參加及び陳列會」、『輸出工藝』、8号、1941年12月、pp. 25-26
・「佛印に於ける日本工藝美術展覽會」、『国際文化』、第17号、1941年12月、p. 64
・"Relations extérieures : Japon", *Bulletin de l'Ecole Française d'Extrême-Orient'*, no. 42, 1942, pp.231-234
・"De L'art traditionnel à l'art moderne", *L'Indochine Hebdomadaire Illustrée*, no. 71, janv. 1942
・「佛印に於ける日本工藝 展覽會」、『工藝ニュース』、第11巻第3号、1942年3月、pp. 18-21
・「シャルロット・ペリアン　選擇・傳統・創造」(批評と紹介欄)、『工藝ニュース』、第11巻第4号、1942年4月、p. 38
・「日本工藝品佛印展覽會に關する芳澤大使報告文ほか」、『輸出工藝』、第9号、

1942年8月、pp. 6-30
・Jacques Viénot, "Le siège, l'expérience japonaise de Charlotte Perriand", *Art Présent*, no. 3, 1947, pp. 53-56
・「タウトとペリアン　Taut and Perriand … Bamboo Working …」、『工藝ニュース』、第16巻第7号、1948年7月、pp. 2-4
・Mobiliers et Ensembles de Vacances, *ART & DÉCORATION*, no.9, 1948, pp. 1-13
・柳宗理、「デザイナーとしての覚え書き　硬質陶器のデザインに際して」、『工藝ニュース』、第17巻第1号、1949年1月、pp. 1-7
・Jean Ferlicot, "Formation Artistique et Profession", *REVUE TECHNIQUE – ART – SCIENCE*, janv., fév. 1950
・柳宗理、「マダム・ペリアン設計のマルセーユ　アパートのキッチン」、『工藝ニュース』、第18巻第11号、1950年11月、pp. 10-11
・柳宗理、「タウト・ペリアン・ローイ——の我國工藝界に與えた影響——」、『廣告美術』、2号、1952年8月、pp. 43-44
・「タウト、ペリアンが日本で發見したるもの　桂より桂へ」、『廣告美術』、2号、1952年8月、pp. 46-47
・「ペリアン女史再び來朝」、『工藝ニュース』、第21巻第7号、1953年7月、p. 41
・「ペリアン女史本格的？来日」、『工藝ニュース』、第21巻第11号 、1953年11月、n.p.
・「ル・コルビュジエ、レジェ、ペリアン　3人展」、『婦人画報』、第607号、1955年3月、pp. 38-46
・猪熊文子（弦一郎夫人）、「ペリアンさんと語る」、『婦人画報』、第607号、1955年3月、pp. 47-49
・「ル・コルビュジエ・レジェ・ペリアン3人展」［展覧会広告］、『リビングデザイン』、4号、1955年4月、pp. 42-47
・坂倉準三、「シャルロット・ペリアン夫人」、『リビングデザイン』、4号、1955年4月、pp. 50-53
・滝口修造、「レジエとル・コルビュジエの近作」、『美術手帖』、92号、1955年3月、pp. 40-43
・「芸術を我が家に　ペリアンの作品とあそぶ長沢節と中島明子」、『サンケイグラフ』、1955年4月24日号、pp. 10-11
・蔵田周忠、「「3人展」を見て思う」、『建築文化』、102号、1955年5月、p. 2
・吉阪隆正、瀬木慎一、中井太一郎、「コルビュジエ, レジェ, ペリアン3人展」［吉阪隆正「三人展の教えるもの」、瀬木慎一「理想主義者の網の目」、中井太一郎「ペリアンの家具」］、『建築文化』、102号、1955年5月、pp. 14-17
・「ル・コルビュジエ　レジエ　ペリアン　三人展　フランス1955年・芸術の新しい綜合への提案」、『美術手帖』、94号、1955年5月、pp. 47-50
・丹下健三、石元泰博（写真）、「芸術の定着と統合について——三人展を機会に」「ル・コルビュジエ、レジエ、ペリアン三人展より」、『美術手帖』、94号、1955年5月、pp. 51-61
・「コルビュジエ・レジェー・ペリアン3人展」、『新建築』、第30巻5号、1955年5月、pp. 56-59
・（編集部）、「ペリアンの家具」、『リビングデザイン』、5号、1955年5月、pp. 44-51
・「藝術界　"時の人"」、『藝術新潮』、第6巻第5号、1955年5月号、p. 7
・「モダンアートの展開　芸術の綜合」（アート写真版）、『藝術新潮』、第6巻第5号、1955年5月号、pp. 47-48
・岡本太郎、「モダンアートの展開〈藝術の綜合〉対決と綜合」、『藝術新潮』、第6巻第5号、1955年5月号、pp. 65-67
・柳宗理、「モダンアートの展開〈藝術の綜合〉デザインの位置」、『藝術新潮』、第6巻第5号、1955年5月号、pp. 68-70
・今泉篤男、蘆原義信、建畠覚造、長谷川三郎、渡辺力、「座談会・造型芸術綜合の場　ル・コルビュジエ、レジェ、ペリアン　3人展を契機に」、『みづゑ』、598号、1955年5月、pp. 17-24, 60-61
・水之江忠臣、「ペリアンに学ぶもの（時評）　生活の創造を助けるデザイン」、『国際建築』、第22巻第6号、1955年6月、p. 10
・対談：豊口克平、劔持勇、「椅子の研究ノートから（1）」「ペリアンの作品——コルビュジエ・レジェ・ペリアン3人展より」、『工芸ニュース』、第23巻第6号、1955年6月、pp. 24-29
・古藤司郎、「家具にとりいれたモデュロール」、『国際建築』、第22巻第12号、1955年12月、p. 25
・Vellion Duverneuil, "Le Japon dont on parle et ses contradictions", *Combat*, 16-17 mars 1957
・「現代デザインの状況—1・海外との交流　ル・コルビュジエ、レジエ、ペリアン3人展」、『LIVING DESIGN』、季刊秋号 no. 1、1957年10月、pp. 86-89
・「東京都庁舎総合計画案」、『新建築』、第33巻第6号、1958年6月、pp. 16-17
・（長島）、「草月会館」、『新建築』、第33巻第10号、1958年10月、pp. 2-12
・丹下健三、「グッド・デザイン・コーナー・10　草月会館　草月會舘の設計」、『藝術新潮』、第9巻第10号、1958年10月、pp. 205-211
・浜口隆一、「超現実的サロン」、『藝術新潮』、第9巻第10号、1958年10月、pp. 209-211
・"Tôkyô Office of Air France", *Japan Interior Design and Decoration*, no. 4, 1960
・勝見勝、「宝石のような"美"　エール・フランスの新オフィス」、『朝日ジャーナル』、第2巻第46号、1960年、pp. 22-25
・「エールフランス——東京」、『新建築』、第35巻第12号、1960年12月、pp. 35-42
・「エール・フランス航空案内所　設計：シャルロット　ペリアン・坂倉準三」、『国際建築』、第27巻第12号、1960年12月、pp.43-49
・Pierre Gueguen, "Agence d'Air France à Tôkyô", *Aujourd'hui : art et architecture*, no.30, fév. 1961
・浜口隆一、「エール　フランス——東京オフィス　航空会社のデザイン・ポリシー」、『デザイン』、第17号、1961年2月、pp. 2-9
・小宮勝美、「エール・フランス——東京　ペリアンのインテリヤデザインについて」、『建築と社会』、第42集、1961年5月号、pp. 26-30
・"Agence Air France Tôkyô, décoratrice Charlotte Perriand", *Magasins d'Europe*, no.5, juin 1961
・浜口隆一、「航空会社のデザインポリシイ　エール・フランス：2」、『デザイン』、第35号、1962年8月、pp. 7-17
・柳宗理、「ペリアンのこと」、『デザイン』、第35号、［『柳宗理エッセイ』平凡社、2003年、pp.270-276に再録］、1962年8月、pp. 73-74
・進来廉、「アルプスのスキー場計画　フランス」、『国際建築』、第31巻5号、1964年5月、pp. 41-51
・進来廉、「のびのびした〈間〉の表現——マダム・ペリアンのインテリア」、『家庭画報』、第13巻第6号、1970年6月、pp. 132-135
・「シャルロット・ペリアン」、『室内』、265号、1977年1月、pp. 48-49
・林二郎、「ペリアンさん」、『室内』、267号、1977年3月、pp. 100-101
・「ショールーム〈四季〉 フランス　パリ」、『JAPAN INTERIOR DESIGN』、第218号、1977年5月、pp. 68-69
・藤木忠善、「ペリアン展」、『キーワード50 建築知識別冊』（ハンディ版）、第7号、1983年7月、pp. 96-97
・石田壽一、「ペリアンとコルビュジエ」、『建築知識』、1989年2月号
・畑由起子、「ペリアンの日本における業績に関する考察」、『日本インテリア学会』、1995年10月、pp. 90-107
・イヴォンヌ・ブリュナメル、「シャルロット・ペリアン　生活のための芸術」、『別冊太陽　骨董をたのしむ　15　アールヌーヴォー、アール・デコ　Ⅲ』、

1996年、pp. 149-153
・畑由起子、「日本におけるペリアンの足跡——1940年」、『別冊太陽　骨董をたのしむ　15　アールヌーヴォー、アール・デコ　III』、1996年、pp. 155-159
・「シャルロット・ペリアンさんの伝言」、『雪國』、第2号、1998年1月、p. 1
・「ペリアンさんとの会見記」、『雪國』、第2号、1998年1月、p. 7
・水越啓二、「シャルロット・ペリアンのノート」、『雪國』、第2号、1998年1月、pp. 20-38
・横田克己、「シャルロット・ペリアンを知っていますか？」、『BRUTUS』、第19巻19号、1998年10月、pp. 26-37
・坂倉ユリ、「私生活でも厳しくスタイルを貫き通す人。」、『BRUTUS』、第19巻19号、1998年10月、p. 31
・柳宗理、「ヒューマンで野性的な生き方に魅了された。」、『BRUTUS』、第19巻19号、1998年10月、p. 33
・進来廉、「普段は穏やかなのに、仕事になると、一変。」、『BRUTUS』、第19巻19号、1998年10月、p. 35
・長大作、「ペリアンが表現した日本に、心底感動した。」、『BRUTUS』、第19巻19号、1998年10月、p. 37
・藤崎圭一郎、「昭和15年のペリアンを求めて山形へ。」、『BRUTUS』、第19巻19号、1998年10月、p. 39
・二川幸夫、「シンプルでありながら密度の高い宝石箱のような家。」、『BRUTUS』、第19巻19号、1998年10月、p. 47
・安藤忠雄、「ペリアンの出現が建築の世界にもたらしたもの。」、『BRUTUS』、第19巻19号、1998年10月、p. 55
・「今すぐ買える「コルビュジエ&ペリアン」に座ってみた。」、『BRUTUS』、第19巻19号、1998年10月、pp. 56-57
・「C・ペリアンと日本のモダニストたちの邂逅。」、『BRUTUS』、第19巻19号、1998年10月、pp. 105-115
・湯村輝彦、「家具がオブジェとして成立する、アイデアを得るための空間づくり。」、『BRUTUS』、第19巻19号、1998年10月、p. 114
・大西公平、「多彩なスタイルを使いこなして、いい意味での味を出すということ。」、『BRUTUS』、第19巻19号、1998年10月、p. 114
・堀井和子、「窓から見える自然を生かしたシンプルモダンの部屋作り。」、『BRUTUS』、第19巻19号、1998年10月、p. 114
・進来廉、「シャルロット・ペリアン 創造者としての70年」、『新建築』、第73巻第10号、1998年10月、pp. 172-177
・高島直之、「インテリア・デザインの歴史そのもの。リビングデザインセンターOZONE「シャルロット・ペリアン展（展覧会の絵［11］）」」、『東京人』、第13巻第11号、1998年11月、p. 144
・立部紀夫、「私が歩んできたデザインの道——金子至氏へのインタビュー」、『デザイン学研究特集号』、第6巻第2号、1998年、pp. 2-6
・Charlotte Benton, "From Tubular Steel to Bamboo: Charlotte Perriand, the Migrating Chaise-Longue and Japan", *Journal of Design History*, vol.11 no.1, 1998, pp. 31-58
・「シャルロット・ペリアン「喜びの美」楽しく生きることに怯まぬ者へ　三宅一生特別インタビュー」、『LIVING DESIGN』、第2号、1998年11月・12月、pp. 3-5
・進来廉、「「ペリアン」という強烈な個性」、『LIVING DESIGN』、第2号、1998年11月・12月、p. 6
・岡部憲明、「住むことを大切にしたインテリアデザイン」、『LIVING DESIGN』、第2号、1998年11月・12月、p. 7
・「シャルロット・ペリアン——20世紀を生き抜くインテリア・デザイナーの思考のプロセス」、『SD』、411号、1998年12月、pp. 61-63
・進来廉（インタビュアー：松隈洋）、「シャルロット・ペリアン」展におけるデザイン・プロセス」、『SD』、411号、1998年12月、pp. 64-68
・松隈洋、「モダニズムの広がりとペリアンの日本——シャルロット・ペリアン展の向こうに見えるもの」、『SD』、411号、1998年12月、pp. 69-71
・柳宗理、「ペリアンが日本の伝統文化に見出したもの」（インタビュー）、『SD』、411号、1998年12月、p. 72
・「ニュース：シャルロット・ペリアン氏逝去」、『新建築』、第74巻13号、1999年12月、n.p.
・（編集部）、「追悼：シャルロット・ペリアン　柳宗理氏、進来廉氏に聞く」、『新建築』、第74巻13号、1999年12月、p. 49
・大友義助、「農林省積雪地方農村経済調査所について」、『最上地域史』、第21号、1999年、pp. 37-55
・進来廉、「Tribute：シャルロット・ペリアンの面影」、『GA JAPAN』、第42号、2000年1月、p. 4
・山本喜美恵、「シャルロット・ペリアンが見た日本」、『雪國』、3号、2000年9月、pp. 35-72
・暮沢剛巳、「シャルロット・ペリアン」、『建築文化』、651号、2001年2月、p. 129
・大友義助、『シャルロット・ペリアンと雪害調査所』、（雪国文庫3）、2001年3月
・「シャルロット・ペリアン　パリのステュディオ　Charlotte Perriand Renovation of Twin Studio Apartments」、『GA Houses Special 02 : Masterpieces 1971-2000』、2001年11月
・「シャルロット・ペリアン　「メリベルの家」（特集：巨匠達のセカンド・ハウス）」、『HOME』、2003年4月
・田島喜美恵、「現在蘇る，シャルロット・ペリアンのシステム」、『新建築』、第80巻第13号、2005年11月、p. 32
・森仁史、「貫戦工芸史——工芸学会の消長」、『一寸』、第26号、2006年5月、pp. 34-37
・［表紙写真］、「ペリアンチェア」、『博物館だより』、no. 58、2010年6月
・「シャルロット・ペリアンの小さなキッチン」、『Casa BRUTUS』、第12巻第3号、2011年3月、pp. 28-39

新聞

・「宛ら藝術船　無事只今と白山丸」、『東京朝日新聞』、1940年8月22日
・「美しい初印象　袴の女學生姿」、『東京朝日新聞』、1940年8月23日
・「ペリアン女史　入京　パリから招いた室内装飾の権威」、『大阪毎日新聞』、1940年8月23日
・「日本の工藝品はデツサンが貧弱　入洛したペリヤン女史の話」、『大阪毎日新聞』京都版、1940年10月1日
・「世界的設計家　ペリアン女史　近く日本絨毯視察」、『山形新聞』、1940年10月1日
・「日本の美を讃嘆　來仙した圖案家マダムペリアン」、『河北新報』、1940年11月5日
・「ペリアン女史　きのふ山形市へ」、『山形新聞』、1940年11月6日
・「シヤル女史來酒　市内の工藝品を視察」、『鶴岡日報』、1940年11月7日
・「ペリアン女史鶴岡へ」、『山形新聞』夕刊、1940年11月7日
・「酒田の木工品　研究の余地　ペリアン女史の視察」、『山形新聞』夕刊、1940年11月9日
・「漆器に細かい批評　來鶴のペリアン女史」、『鶴岡日報』、1940年11月9日
・「東北一酒田民藝品」、『河北新報』、1940年11月20日
・「酒田民藝品曲木ワッパ好評」、『山形新聞』、1940年11月20日
・「酒田工藝品パリ進出」、『山形新聞』、1940年11月24日
・「もっと日本的に　ペリアン女史の批判」、『大阪毎日新聞』京都版、1941年1月24日

・「傳統の特徴を生かせ　ペリアン女史の講演」、『大阪毎日新聞』京都版、1941年1月29日
・「傳統を近代化して輸出工藝を活かせ」、『北国毎日新聞』、1941年1月31日
・「苦心を織る絨毯　離散の工場に春かへる」、『東京朝日新聞』、1941年2月28日
・「春寒し"大臣凌ぐ"高禄者　ペリアン女史日本に左様なら」、『東京朝日新聞』、1941年3月27日
・「ペリアン女史　日本創作品展覧会」（髙島屋広告）、『読売新聞』夕刊、1941年3月28日
・「伝統を活かせ　ぺ女史が投げた一示唆」、『東京朝日新聞』、1941年3月31日
・「子供の落書にみる純日本的なもの　室内装飾に生かせ」、『読売新聞』、1941年3月31日
・「ペリアン女史の室内装飾作品展」、『大阪毎日新聞』、1941年5月13日
・「日本の生活と工藝　傳統を尊重せる新しき創造を…」、『大阪毎日新聞』、1941年5月17日
・「東北の新名物　海外へ新しい工藝品」、『東京朝日新聞』、1941年6月15日
・「外貨獲得へ　材料を活かす　工藝品輸出振興展から」、『東京朝日新聞』、1941年6月25日
・"Tradition, sélection, création: une artiste décoratrice francaise au Japon, Madame Charlotte Perriand", *L'Echo d'Extreme-Orient*, no.1, 30 nov. 1941
・*L'Indochine Hebdomadaire Illustrée: cahier central*, no.71, 1 jan. 1942
・松村勝男、「生活の合理化への新しい家具」、『毎日新聞』、1955年4月6日
・勝見勝、「造形芸術のチーム・ワーク　ル・コルビュジエ、レジェ、ペリアン三人展」、『朝日新聞』、1955年4月6日
・植村鷹千代、「芸術の生活化　前向きの雑種芸術を育てよ」、『読売新聞』、1955年4月13日
・Alfred Smoular, "Mme Martin And Japan", *Asahi Evening News*, 1955年10月26日
・「ペリアン女史の日本調盛った新作家具」、『読売新聞』、1955年11月15日
・剣持勇、「新しい機能的発想　ル・コルビジエ、レジエ、ペリアン三人展」、[掲載誌および年月日不詳]
・"Arts Ménagers 1957 : "Avec la maison japonaise"", *Combat*, 23-24 fév. 1957
・「トップ・サービス採訪⑦　エール・フランス東京営業所」、[掲載誌および年月日不詳]
・三輪田俊助、「（四季録）竹を考える」、『愛媛新聞』、1994年12月7日
・柳宗理、「仏女性の薫陶」、『日本経済新聞』、1998年5月4日
・柏木博、「シャルロット・ペリアン　デザインの古典に再評価」、『日本経済新聞』、1998年10月29日
・Michèle Champenois, "Charlotte Perriand, le design tracé au féminin", *Le Monde*, 30 oct. 1999
・「「雪国からの地域振興〜ペリアンと新庄の接点」展」、『山形新聞』、1999年2月10日
・岡部あおみ、「シャルロット・ペリアン「メリベルの別荘」」、『日本経済新聞』、2011年4月11日
・高橋直彦、「伝統の活用　70年前の「金言」」、『読売新聞』、2011年6月19日

その他

ビデオ

・Jacques Barsac, *Charlotte Perriand crée l'habitat au XXe siècle*, VHS 55min, 1985

001
シャルロット・ペリアンとプレートをもつル・コルビュジエの手、サン・シュルピスの「屋根裏のバー」にて　撮影：ピエール・ジャンヌレ／[写]

1章

002
パリのサン・シュルピス広場のシャルロット・ペリアンのアトリエ「屋根裏のバー」にて、1928年／（左から）ル・コルビュジエ、パーシー・スコールフィールド、シャルロット・ペリアン、デザイナーのジョ・ブルジョワ、宝石商のジャン・フーケ　撮影：ピエール・ジャンヌレ／[写]

003
サン・シュルピス広場のペリアンのアパートの食堂、パリ／[サロン・デ・ザルティスト・デコラトゥール（1928年）の再現] 家具：《ターブル・エクスタンシーブル（延長テーブル）》（金属、ゴム、1927年）、《フォトゥイユ・ピヴォタン（肘掛回転椅子）》（クロムメッキ鋼管、赤革、1927年）、《タブレ・ピヴォタン》（クロムメッキ鋼管、赤革、1927年）、《ゲリドン》（ニッケルメッキ鋼、ガラスタイル、1927年）　撮影：レップ／[写]

004
シャルロット・ペリアン、パリのサン・シュルピス広場のアトリエにて、1927年／[写]

005
パリのサロン・ドートンヌに出品したペリアンの「屋根裏のバー」、1927年／家具：十字脚の《折り畳みテーブル》（木、ニッケルメッキ鋼、1927年）、《バー・カウンター》（1927年）、《壁掛照明》（1927年）、《高座テーブル》（ニッケルメッキ鋼、赤革、1927年）、十字脚の《低座椅子》（クロムメッキ鋼、革、1927年）　撮影：レップ／[写]

006
ル・コルビュジエ、ピエール・ジャンヌレ、シャルロット・ペリアン共同製作《シェーズ・ロング》（鋼管とキャンバス地、1928年）に横たわるシャルロット・ペリアン、1930年頃／[写]

007
食堂から見たキッチン／《金属製カジエ》、円筒形の《シャワーブース》1929年　撮影：ジャン・コラス／[写]

008
浴室から見た寝室／タオル掛け付きスライド式ベッド　撮影：ジャン・コラス／[写]

009
シャルロット・ペリアン《ル・コルビュジエ、ピエール・ジャンヌレ、シャルロット・ペリアンの共同製作、サロン・ドートンヌの「住宅のインテリア設備」展示ブースプランためのコラージュ写真》1929年／[作]

010
金属製カジエ（整理棚）のあるリビングルーム、寝室、キッチン、浴室／《フォトゥイユ・グラン・コンフォール（安楽椅子・大）》（1928年）、《フォトゥイユ・グラン・コンフォール（安楽椅子・小）》（1928年）、《フォトゥイユ・ピヴォタン》（1928年）、《シェーズ・ドシエ・バスキュラン》（1928年）、《ガラス天板テーブル》（1928年）　撮影：ジャン・コラス／[写]

011
シャルロット・ペリアン「木か金属か？」『The Studio（ステュディオ）』誌　第97巻433号、1929年4月、ロンドン／京都大学工学研究科建築系図書室／[資]

012
ウキリアム・ダブリュー・ウィルスン「MADAME PERRIAND」雑誌『デザイン』第4年11月号、1930年11月／京都大学工学研究科建築系図書室／[資]

013
雑誌『アトリヱ』第7巻第12号、1930年12月／山鬼文庫／[資]

014
坂倉準三とピエール・ジャンヌレ　ル・コルビュジエとピエール・ジャンヌレのアトリエにて、セーヴル街、パリ、1933年頃／[写]

015
アルプスに仲間とスキーにいった際の坂倉準三とシャルロット・ペリアン（左後）、1935年頃／[写]

016
前川國男とシャルロット・ペリアン　ル・コルビュジエとピエール・ジャンヌレのアトリエにて、セーヴル街、パリ、1930年頃　撮影：ノーマン・ライス／[写]

017
坂倉準三の証明写真、1935年頃／[写]

018
坂倉準三設計の日本館のコラージュ写真 1936年頃／スロープの上右手：シャルロット・ペリアン、左端のスロープの途中：ホセ・ルイ・セルト（スペイン共和国館設計者）、スロープの手前：ピエール・ジャンヌレ、モチャ・セルトとル・コルビュジエの愛犬、右手の正面玄関前：ホセ・ガオス（スペイン共和国館総括委員長）／[資]

019
ホセ・ルイ・セルト、ルイス・ラカサ設計のスペイン共和国館、1937年／[写]

020
坂倉準三「日本の東北地方の農家」　雑誌『L'Architecture d'aujourd'hui』1935年1月、第1号／京都大学工学研究科建築系図書室／[資]

021
雑誌『國際建築』特輯・日本建築再検・第二輯・日本民家　第10巻第7号、1934年7月／山鬼文庫／[資]

022
《魚の脊椎》 1933年　撮影：シャルロット・ペリアン／[写]

023
《採石場の砂岩》 1935年頃　撮影：シャルロット・ペリアン／[写]

024
《槐の切り株》 1933年　撮影：シャルロット・ペリアン／[写]

025
《四本の手によって掲げられた氷の塊、フォンテーヌブローの森》 1935年頃　撮影：シャルロット・ペリアン／[写]

026
《圧縮された金属板Ⅲ》1935年頃　撮影：シャルロット・ペリアン、ピエール・ジャンヌレ／[写]

027
《鉄の橋桁》1933年　撮影：シャルロット・ペリアン／[写]

028
ピエール・ジャンヌレ《プレハブ建築のための「コンパス・フレーム」原理についてのスケッチ》（ジャン・プルーヴェ宛）、1939年11月7日-8日／[図]

029
ジャン・プルーヴェ《ピエール・ジャンヌレの「コンパス・フレーム」原理にコメントしたスケッチ》日付なし、1939年11月8日～22日の作成／[図]

凡例
［写］写真
［資］資料
［図］図面、ドローイング、スケッチ
［作］作品

030
イソワールのSCALアルミニウム工場のためのプレハブ建築／設計：アトリエ・ル・コルビュジエ、ピエール・ジャンヌレ、シャルロット・ペリアン、エンジニア：アトリエ・ジャン・プルーヴェ、内装設備：シャルロット・ペリアン、建設：アトリエ・ジャン・プルーヴェ、コーディネーター：ジョルジュ・ブランション、1940年／［写］

031
ピエール・ジャンヌレ、シャルロット・ペリアン《イソワールのためのプレハブ建築図面》1940年1月26日［1940年にペリアンが来日した際に持参したもの］／［図］

032
戦争組立建築　巡回展示モデル　設計：坂倉準三［ペリアンが来日した際に持参したジャンヌレとペリアン設計による「コンパス・フレーム」式プレハブハウスの図面を参考に製作された戦争組立建築のプロトタイプの組立過程］、1942年／坂倉建築研究所／［写］

033
坂倉準三からシャルロット・ペリアン宛の手紙［封書］　1940年2月10日付／［資］

034
シャルロット・ペリアンから坂倉準三宛の手紙［封書］1940年2月24日付／［資］

035
シャルロット・ペリアンから坂倉準三宛の手紙［封書］　1940年3月8日付／［資］

036
坂倉準三からシャルロット・ペリアン宛の手紙［封書］　1940年5月7日付／［資］

037
シャルロット・ペリアンから坂倉準三宛の手紙［封書］　1940年5月8日付／［資］

038
坂倉準三からシャルロット・ペリアン宛「商工省の装飾芸術顧問デザイナーとして招聘を要請する無線電報」1940年2月8日付／［資］

039
貿易局第一部長堀義臣から外務省通商局長山本熊一宛「外人「デザイナー」招聘ニ関スル件」1940年4月27日付／外務省外交史料館／［資］

040
在フランス日本大使からシャルロット・ペリアン宛「日本での契約条件承諾依頼文書」1940年5月3日付／外務省外交史料館／［資］

041
シャルロット・ペリアンから在フランス日本大使宛「日本での契約条件承諾書」1940年5月5日付／外務省外交史料館／［資］

042
棟方志功の書による、シャルロット・ペリアン招聘確認の手紙、坂倉準三の文章、東京高島屋の補遺付　1940年3月13日付（長さ8.3メートル）／［資］

043
白山丸船上の松平斉光とシャルロット・ペリアン、1940年6-8月／［写］

044
松平斉光とにわとり、白山丸の船上にて、1940年6-8月　撮影：シャルロット・ペリアン／［写］

045
白山丸の絵葉書／山鬼文庫／［資］

046
マルセイユから神戸へ向かう白山丸のデッキ、1940年6-8月　撮影：シャルロット・ペリアン／［写］

047
マルセイユから神戸へ向かう白山丸のデッキ、1940年6-8月　撮影：シャルロット・ペリアン／［写］

048
日本へ向かう途中の上海でのシャルロット・ペリアンと前川國男、後方の建物は華興商業銀行総合社宅、1940年8月／［写］

049
日本へ向かう途中の上海でのシャルロット・ペリアン、1940年8月　撮影：前川國男／［写］

050
日本へ向かう途中の上海でのシャルロット・ペリアン、1940年8月　撮影：前川國男／［写］

2章

051
坂倉準三とシャルロット・ペリアン、東京の路上にて、1940年／［写］

052
警視総監「滞邦許可証」「滞邦許可期間　自昭和15年8月21日至昭和16年8月20日 居住地：東京市麹町内幸町一ノ一帝国ホテル」1940年12月27日付／［資］

053
貿易局「シャルロット・ペリアン　本邦工藝品意匠図案ノ改善ニ関スル事務取扱ヲ嘱託シ手当トシテ一箇月金八百五拾円給与ス」1940年6月29日付／［資］

054
貿易局「証明書　シャルロット・ペリアン　右ハ仏蘭西人ニシテ本邦工藝品意匠図案ノ改善ニ関スル事務ヲ嘱託（嘱託期間自昭和十五年六月二十九日至昭和十六年三月末日）セル者ニ有之右証明ス」1940年9月4日付／［資］

055
シャルロット・ペリアン「日本到着時に書いたメモ「第一印象」、帝国ホテルの便箋、1940年8月22日付／［資］

056
《旅籠》1940年　撮影：シャルロット・ペリアン／［写］

057
《庭園から見た日本家屋》1940年　撮影：シャルロット・ペリアン／［写］

058
《伝統的日本家屋の室内》1940年　撮影：シャルロット・ペリアン／［写］

059
《注連縄の張られた大樹》1940年頃　撮影：シャルロット・ペリアン／［写］

060
《旅籠》1940年頃　撮影：シャルロット・ペリアン／［写］

061
シャルロット・ペリアン「手帳」(ベージュ)1940年9月-10月／［資］

062
シャルロット・ペリアン「手帳」(赤) 1940年／[資]

063
(左から) 柳宗理、三神知、ペリアン、坂倉準三 河井寬次郎邸にて、1940年9月29日 撮影：大阪毎日京都支局森田／河井寬次郎記念館／[写]

064
土塀のまえのシャルロット・ペリアン 京都近郊にて、1940年9月30日 撮影：坂倉準三（推定）／坂倉建築研究所／[写]

065
大原野の道標 京都近郊にて、1940年9月30日 撮影：坂倉準三（推定）／坂倉建築研究所／［写］

066
シャルロット・ペリアン 京都近郊にて、1940年9月30日 撮影：坂倉準三（推定）／坂倉建築研究所／[写]

067
シャルロット・ペリアンと河井寬次郎 京都近郊にて、1940年9月30日 撮影：坂倉準三（推定）／坂倉建築研究所／[写]

068
柳宗理、三神知と食事するシャルロット・ペリアン 料亭にて、1940年／[写]

069
河井寬次郎写真帖 「1940年大毎京都支店」より「竹家具展」会場／河井寬次郎記念館／[写]

070
岩井武俊著、河井寬次郎装丁『京郊民家譜』1931年、『続京郊民家譜』 1934年、発行：京都便利堂印刷／河井寬次郎記念館／[資]

071
河井寬次郎『竹材新生活具展觀』展目録（1940年7月1日-6日） 製作：大八木治一／河井寬次郎記念館／[資]

072
河井寬次郎『竹材新生活具展觀』展目録1940年／河井寬次郎記念館／[資]

073
河井寬次郎『竹材生活具展觀』展目録 1940年／河井寬次郎記念館／[資]

074
竹善「価格等制統令施行規則第三条（第二項ニ依ル額ノ指示ニ関スル申請書」1941年3月20日／河井寬次郎記念館／[資]

075
河井寬次郎《竹製家具スケッチ》1940年頃／河井寬次郎記念館／[図]

076
台湾の椅子をもとに河井寬次郎がつくった《竹製子ども用腰掛に座るトム・ハール》1941-42年頃 撮影：フランシス・ハール／[写]

077
台湾の竹製椅子をもとに河井寬次郎がつくった《竹製子ども用腰掛》 1940年頃／河井寬次郎記念館／[作]
39.5 × 36.5 × 33.5cm

078
柳宗悦から河井寬次郎宛書簡［書留速達封書］1940年9月10日付／河井寬次郎記念館／[資]

079
柳宗悦から河井寬次郎宛書簡［書留速達封書］1940年10月1日付／河井寬次郎記念館／[資]

080
河井寬次郎から柳宗悦宛書簡［葉書］ 1941年1月29日付／日本民藝館／[資]

081
山形県新庄の雪害調査所を訪問した時のシャルロット・ペリアン、1940年11月／雪の里情報館／[写]

082
積雪地方農村経済調査所 『参観人及視察人名簿』昭和11（1936）年6月以降／雪の里情報館／[資]

083
積雪地方農村経済調査所施設全景 1945年以前 撮影年不詳／雪の里情報館／[写]

084
積雪地方農村経済調査所、外観入口 1938年／雪の里情報館／[写]

085
民芸資料室外観 撮影年不詳／雪の里情報館／[写]

086
積雪地方農村経済調査所2階に置かれたペリアンの《三角脚低座卓》(1937年のモデル)／雪の里情報館／[写]

087
東北民芸品製作伝習会の記念写真、1938年／柳宗悦（中央右)、山口弘道（左）／雪の里情報館／[写]

088
東北民芸座談会 日本民藝館にて、1939年5月／柳宗悦（右)、棟方志功（中央）／雪の里情報館／[写]

089
シャルロット・ペリアン（中央)、松平斉光（右） 仙台の指導所座談会にて、1940年11月12日／独立行政法人産業技術総合研究所 東北センター／[写]

090
雑誌『工藝ニュース』 第10巻第1号 1941年1月／山鬼文庫／[資]

091
シャルロット・ペリアンと工芸指導所員たち／(左から）米谷、藤井庄内、剣持勇、不詳、西川友武、丸田正孝、寺島祥五郎、福岡和雄、東原卓馬、金子徳次郎、ペリアン、畑正夫、柳宗理 松金屋旅館にて、蔵王高湯温泉、山形 1941年1月1日 撮影：臼井正夫／特例財団法人工芸財団／[写]

092
(左から）東原卓馬、シャルロット・ペリアン、柳宗理、福岡正雄 蔵王高湯温泉の旅館にて、1941年1月 撮影：臼井正夫／特例財団法人工芸財団／[写]

093
志賀高原でスキーをするシャルロット・ペリアン、1941年頃／[写]

094
産業組合会館での映画『新らしいスキー』（マルセル・イシャック監督、1938年）上映会案内状（1941年2月18日午後6時から 主催：日仏会館）／[写]

095
志賀高原でスキーをするシャルロット・ペリアン、1941年頃／[写]

096
シャルロット・ペリアンとエティエンヌ・シカール、1941年頃／［写］

097
なまはげ／［写］

098
神輿巡行／［写］

099
京都 提灯屋　撮影：木村伊兵衛／［写］

100
芹澤銈介所蔵の鷹の絵馬（天保14年作）／［写］

101
岐阜、白川郷の家屋のいろり／［写］

102
正月飾り／［写］

103
機織り（首里）　撮影：坂本万七／［写］

104
農家の庭のむしろで干される収穫物／［写］

105
田園風景／［写］

106
藁束をかつぐ農民／［写］

107
畑と農家／［写］

108
沖縄の漁村／［写］

109
岐阜、白川郷の家屋の寝床／［写］

110
京都御所　御学問所／［写］

111
修学院離宮　上御茶屋窮邃亭／［写］

112
「京都御所清涼殿孫庇」　撮影：佐藤辰三（便利堂）／［写］

113
シャルロット・ペリアン《スケッチ Ⅳ　シェーズ・ロング、竹と木》 1940年［オリジナルモデル：パリ、1928年の鋼管製］／［図］

114
ル・コルビュジエ、ジャンヌレ、ペリアン《シェーズ・ロング》［オリジナルモデル：パリ、1928年の鋼管製］／［写］

115
シャルロット・ペリアン《竹製シェーズ・ロング》 1940年［木製「十字脚システム」を東京にて復興／［写］

116
木製《折りたたみ寝台》のプロトタイプを製作中のシャルロット・ペリアン　1940年／［写］

117
テーブルの修正を指示するシャルロット・ペリアン、坂倉準三（左奥）、林二郎（左手前）、1940年／［写］

118
テーブルを製作する林二郎とペリアン、1940年／個人蔵／［写］

119
シャルロット・ペリアン「竹興社への依頼作品メモ」 1940年12月6日付／［図］

120
シャルロット・ペリアン「林二郎への作品制作依頼メモ」 1940年12月6日付／［図］

121
シャルロット・ペリアン「林二郎への作品制作依頼メモ」 1940年12月6日付／［図］

122
シャルロット・ペリアン「横田製作への依頼メモ“非常に美しい竹仕事”」 1940年12月18日付／［図］

123
シャルロット・ペリアン「龍村織物美術研究所への依頼作品メモ　布について」 1940年12月26日付／［図］

124
「ペリアン女史　日本創作品展覧会　2601年住宅内部装備への一示唆　選擇 傳統 創造」展 東京会場　入口　撮影：フランシス・ハール／［写］

125
「ペリアン女史　日本創作品展覧会　2601年住宅内部装備への一示唆　選擇 傳統 創造」展 東京会場　ポスター／［資］

126
「ペリアン女史　日本創作品展覧会　2601年住宅内部装備への一示唆　選擇 傳統 創造」展 大阪会場　リーフレット（表紙 日本語／裏表紙 フランス語）／西宮市大谷記念美術館／［資］

127
「ペリアン女史　日本創作品展覧会　2601年住宅内部装備への一示唆　選擇 傳統 創造」展 東京会場　髙島屋　撮影：フランシス・ハール／［写］

128
「ペリアン女史　日本創作品展覧会　2601年住宅内部装備への一示唆　選擇 傳統 創造」展 大阪会場　待合室　《メアンドル》1940年、東京、竹にて復刻［オリジナルモデル：パリ、1937年］／［写］

129
『選擇 傳統 創造―日本藝術との接觸』（書籍）に使用した龍安寺石庭枯山水の写真／［写］

130
「ペリアン女史　日本創作品展覧会　2601年住宅内部装備への一示唆　選擇 傳統 創造」展 東京会場　長谷川三郎製作の《タピスリー》と《テーブル》　撮影：フランシス・ハール／［写］

131
シャルロット・ペリアンとシャルル・アルセーヌ＝アンリ駐日フランス大使／髙島屋東京会場での展覧会オープニング、1941年3月27日／［写］

132
シャルロット・ペリアン《刺繍入り巻き上げ窓掛け》［子どもが描いた絵をもとに製作、上部に赤と黒の刺繍、下部には、白地に黄色、赤、黒の着色とリボンで縁取り］ 1941年　製作：長谷川三郎、龍村織物美術研究所／龍村美術織物／［作］ 418.5 × 331.0cm

133
《綱引き》（子どもが描いたタピスリーの原画）／［図］

134
シャルロット・ペリアン《木製折りたたみ寝台》、1940年［（座椅子に可変、藁の詰まった三つのパーツのクッションと蓑を編む技法によってつくられたカバー付き。新庄の雪害調査所にて製作）オリジナルモデル：パリ、1939年］／山形県立博物館

／[作]
寝台46.5 × 153.0、クッション58.0 × 183.5cm

135
シャルロット・ペリアン［《折りたたみ寝台》と《クッション》の青焼き図面］ 1940年10月20日／[図]

136
シャルロット・ペリアン《折りたたみ寝台》を折りたたんだ状態／[写]

137
東北山形地方の蓑／[写]

138
山形地方の《背当》 1934年／日本民藝館／[作]
103.0 × 35.0cm

139
シャルロット・ペリアン《寝台敷》［《竹製シェーズ・ロング》の上に敷くためのもの］ 1940年／山形県立博物館／[作]
46.0/61.5 × 138.0cm

140
「ペリアン女史　日本創作品展覧会　2601年住宅内部装備への一示唆　選擇 傳統 創造」展 東京会場 《竹製シェーズ・ロング》と《寝台敷》 撮影：沼野謙／山鬼文庫／[写]

141
シャルロット・ペリアン《クッション付き椅子》／[写]

142
《クッション付き椅子》のための生地「春正芒」（濃緑地に金・銀糸）製作：龍村織物美術研究所／龍村美術織物／[資]

143
《クッション付き椅子》のための生地「春正芒」（蓬地に銀・白糸）製作：龍村織物美術研究所／龍村美術織物／[資]

144
シャルロット・ペリアン　ベンチと規格テーブルシリーズの組み合わせ《メアンドル》東京、1940年［オリジナルモデル：木製、パリ、1937年（脚：木、座：竹、テーブル：木、写真フィルムプリントを貼った天板付）］／[写]

145
シャルロット・ペリアン《ゲリドン》（小型円卓）［オリジナルモデル：パリ、1938年］／ SIGN ／[作]
H35, φ 75.0cm

146
シャルロット・ペリアン《三角脚低座卓用盆》 1940年／山形県立博物館／[作]
φ 64.0cm

147
シャルロット・ペリアン《三角脚低座卓台》 1940年に復刻［オリジナルモデル：パリ、1937年］／山形県立博物館／[作]
63.0 × 51.5cm

148
シャルロット・ペリアン《三角脚低座卓、照明と天板のスケッチ》 1940年［オリジナルモデル：パリ、1937年］／[図]

149
シャルロット・ペリアン《スケッチⅠ 木と竹の三角脚低座卓、アルミニウムの天板》 1940年／[図]

150
シャルロット・ペリアン《三角脚低座卓と竹編み角型天板》東北にて復刻　1940年［オリジナルモデル：パリ、1937年］／個人蔵／[作]
52.0 × 62.0 × 74.5cm

151
「ペリアン女史　日本創作品展覧会　2601年住宅内部装備への一示唆　選擇 傳統 創造」展 東京会場　簾越しのタピスリーとテーブル　撮影：フランシス・ハール／[写]

152
簾の写真／[写]

153
「簾」試作　製作：龍村織物美術研究所　1940年／龍村美術織物／[作]
41.5 × 145.5cm

154
シャルロット・ペリアン指示による「簾」試作　製作：龍村織物美術研究所　1940年／龍村美術織物／[作]
各48.0 × 48.8cm

155
「ペリアン女史　日本創作品展覧会　2601年住宅内部装備への一示唆　選擇 傳統 創造」展 大阪会場　シャルロット・ペリアン：居間／ベンチ《メアンドル》［竹製の復刻版、東京、1940年、オリジナルモデル：木とクッション、パリ、1937年］、絨毯［黒と白のウール、白山丸の船員のデッサンをもとに製作］／[写]

156
白山丸の甲板で船員がチョークで描いたデッサンの写真［展覧会の絨毯の原画に使用］／[写]

157
シャルロット・ペリアン《樹幹の断面を鉄製三脚にのせた低座卓》、《アルマイト製灰皿》1941年／[写]

158
「ペリアン女史　日本創作品展覧会　2601年住宅内部装備への一示唆　選擇 傳統 創造」展 大阪会場　寝室／[写]

159
シャルロット・ペリアン《スケッチ：「作ること」》［女性服とアクセサリー：ワンピース、スカート、ブラウス、インディゴ綿布のベスト、竹製または金属製バックルのベルト、藁のサンダル、白いくつ下、白い小花のえり］、東京、1940年／[図]

160
シャルロット・ペリアン「亀井透に依頼するための皿とアルマイト製灰皿のスケッチ」／[図]

161
シャルロット・ペリアン《スケッチⅤ 竹製寝台と背もたれ》／[図]

162
「ペリアン女史　日本創作品展覧会　2601年住宅内部装備への一示唆　選擇 傳統 創造」展 大阪会場 《赤松、ヒデ、黒柿を使った食卓》／[写]

163
シャルロット・ペリアン《赤松、ヒデ、黒柿を使った食卓》東京にて、1940年［オリジナルモデル：パリ、1938年］／光原社／[作]
69.8 × 108.5 × 240.0cm

164
シャルロット・ペリアン《スケッチⅪ　竹製肘掛椅子のスケッチ》東京、1940年／[図]

165
シャルロット・ペリアン《スケッチⅣ　木製食卓のスケッチ》1940年／[図]

166
「ペリアン女史　日本創作品展覧会　2601年住宅

内部装備への一示唆　選擇 傳統 創造」展　展示ケースと子どもの絵／［写］

167
子どもの絵、1941年以前／［写］
21.8 × 29.0cm

168
展示ケース［オリジナルモデル：東京、1941年］とペリアン撮影の《四本の手によって掲げられた氷の魂、フォンテーヌブローの森》のパネル　撮影：フランシス・ハール／［写］

169
「ペリアン女史　日本創作品展覧会　2601年住宅内部装備への一示唆　選擇 傳統 創造」展　東京会場　展示ケース（河井寛次郎ほか）　撮影：フランシス・ハール／［写］

170
河井寛次郎《草絵扁壺》　1939年頃／京都国立近代美術館／［作］
23.0 × 28.0 × 11.5cm

171
河井寛次郎《鉄釉抜絵花文丸小鉢》1936年／日本民藝館／［作］
各H7.8, φ 10.2cm

172
「ティーセットとサービストレイ」／［写］

173
琉球酎家《酒器　白　ちゅうかあ》／日本民藝館／［作］
H9.6, φ 13.6cm

174
「ペリアン女史　日本創作品展覧会　2601年住宅内部装備への一示唆　選擇 傳統 創造」展 大阪会場　1941年　展示ケース／［写］

175
《朱菊紋・黒丹朱　ひあげ》［陸中産菊模様肩口提子］／日本民藝館／［作］
H16.2, φ 24.2cm

176
《箔椀　菱四ツ目文》江戸後期／日本民藝館／［作］
H7.2, φ 10cm

177
柏崎栄助デザイン《足跡形朱漆盛器》　1934-41年／福岡県立美術館／［作］
5.7 × 51.2cm

178
柏崎栄助デザイン《足跡形色漆盛器》　1934-41年／福岡県立美術館／［作］
5.7 × 53.0cm

179
シャルロット・ペリアン《紅房（漆）と焼き物用皿のスケッチ》東京、1940年／［図］

180
「ペリアン女史　日本創作品展覧会　2601年住宅内部装備への一示唆　選擇 傳統 創造」展　東京会場での展覧会オープニング、1941年3月27日／［写］

181
1941年展でシャルロット・ペリアンがよくないものの例として挙げた作例：林二郎　鏡ほか／［写］

182
1941年展でシャルロット・ペリアンがよくないものの例として挙げた作例：岡部達男《アルミニウム飾皿》（第3回工芸品輸出振興展無審査）／［写］

183
1941年展でシャルロット・ペリアンがよくないものの例として挙げた作例：芳武茂介《洋犬置物》（第3回実在工芸展出品）／［写］

184
1941年展でシャルロット・ペリアンがよくないものの例として挙げた作例：石川県輸出振興会『組箱』（第2回工芸品輸出振興展二等賞）／［写］

185
1941年展でシャルロット・ペリアンがよくないものの例として挙げた作例：武部祐五郎《天主教大礼服》（第3回工芸品輸出振興展染色一等賞）／［写］

186
シャルロット・ペリアン、坂倉準三共著『選擇 傳統 創造——日本藝術との接觸』　1941年12月25日　小山書店発行／個人蔵、京都工芸繊維大学美術工芸資料館／［資］

187
雑誌『月刊民藝』　第3巻第3号　1941年4月／河井寛次郎記念館／［資］

188
雑誌『工藝ニュース』　第10巻第5号　1941年／山鬼文庫／［資］

189
雑誌『NIPPON』第26号　1941年［復刻版］／神奈川県立近代美術館、目黒区美術館／［資］

190
雑誌『造形藝術』　第3巻第5号　1941年5月／山鬼文庫／［資］

191
雑誌『輸出工藝』　第7号　1942年／独立行政法人産業技術総合研究所　中部センター／［資］

192
エティエンヌ・シカール邸　東京　1941年　食堂／シャルロット・ペリアン《溝付き木製テーブル》［オリジナルモデル：グートマン製：1935年の復刻：1941年］、《木と藁の椅子》［シカール邸のためのモデル、1941年］、裏に1942年10月のペリアン、シカール、ハールのサインあり　撮影：フランシス・ハール／坂倉建築研究所／［写］

193
エティエンヌ・シカール邸　東京　1941年　居間／シャルロット・ペリアン《クッション付木製ベンチ》［シカール邸のためのモデル］、ペリアンが選んだ《台湾の竹製椅子》　撮影：フランシス・ハール／［写］

194
エティエンヌ・シカール邸　東京　1941年／シャルロット・ペリアン　クッション付《カジエ（整理棚）》、《竹製小型テーブル》［シカール邸のためのモデル：1941年］　撮影：フラシンス・ハール／［写］

195
シャルロット・ペリアン　《木と藁の椅子》1956年［シカール邸のためのモデル：1941年］／個人蔵／［作］
67.0 × 42.5 × 44.0cm

196
シカール邸でハーモニカを吹くシャルロット・ペリアンとフランシス・ハール／手前はペリアンの《木製三角テーブル》［シカール邸のためのモデル：1941年、オリジナルモデル：1939年］／［写］

197
（左から）フランシス・ハール、ペリアン、一人おいて、坂倉百合、川添紫郎、（手前左から）鈴

木啓介、イレーヌ・ハール、原智恵子、坂倉準三、鈴木啓介邸でのすき焼きパーティーの席にて、1940年頃／[写]

198
（左から）フランシス・ハール、エティエンヌ・シカール、シャルロット・ペリアン、坂倉準三、ハール撮影の《能「猩々」舞台写真》の前で、1941年　撮影：フランシス・ハール／[写]

199
フランシス・ハールのフォトスタジオ（東京）、戦前／シャルロット・ペリアン《木製ベンチ》（クッション付）［オリジナルモデル：1942年10月（？）］、クッション付《木製椅子》［オリジナルモデル：1942年10月2日］、《天板可変式三角脚低座卓》［天板には「真」の文字と「自由」を意味する中国語（唐時代の銅製Kaisoに由来）、東京バージョン、1940年、オリジナルモデル：《テーブル・マニフェスト》、パリ、1937年］、壁の写真：フランシス・ハールがハンガリーで撮影　撮影：フランシス・ハール／[写]

200
フランシス・ハールのスタジオ（東京）、戦前／シャルロット・ペリアン《木製椅子》（クッション付）、東京、1942年10月2日［オリジナルモデル］と屏風　撮影：フランシス・ハール／[写]

201
フランシス・ハールのフォトスタジオ（東京）の廊下、戦後／坂倉準三《「ペリアン」タイプ低座椅子》（1948年、木、竹）［シャルロット・ペリアン《木製椅子》、東京、1942年の復刻］、壁の写真：フランシス・ハールが日本で撮影　撮影：フランシス・ハール／[写]

202
フランシス・ハールのフォトスタジオ（東京）、戦後／坂倉準三《はまぐり卓》（木製）［1941年、シカール邸のためにペリアンがデザインした《木製三角卓》の復刻］、《「ペリアン」タイプ低座椅子》1948年、［シャルロット・ペリアン《木製安楽椅子》（1942年10月）の復刻］　撮影：フランシス・ハール／[写]

203
相撲　横綱の土俵入り　撮影：フランシス・ハール／[写]

204
文楽人形と人形遣い　撮影：フランシス・ハール／[写]

205
能「猩々」舞台写真　1940年頃［ペリアンは、1941年、ハノイで開催された日本工芸展に写真パネルとして、また1949年の『L'Architecture d'aujourd'hui』誌に「Spectacle au Japon（日本の光景）」の挿図として使用している］　撮影：フランシス・ハール／[写]

206
東大寺　1949年　撮影：フランシス・ハール／[写]

207
新年の漁船　1953年　撮影：フランシス・ハール／[写]

208
貿易局「嘱託員シャルロット・ペリアン　本邦工芸品意匠図案ノ改善ニ関スル事務取扱ノ嘱託ヲ解ク」1941年3月31日付／[資]

209
貿易局「嘱託員シャルロット・ペリアン　手当トシテ金二千円給与ス）」1941年3月31日付／[資]

210
貿易局長官　石黒武重：ペリアン宛「1941年4月16日午後6時から　赤坂星ヶ丘茶寮にて開かれる宴への招待状」1941年4月12日付／[資]

211
財団法人國際文化振興會理事長　永井松三「1941年12月から1942年1月河内（ハノイ）で開催の商工博覧会に際し、日本工芸美術を紹介する講演に関する証明書」1941年10月20日付／[資]

212
在仏印（河内）日本特派大使府から帝国諸官憲御中「便宜供与依頼ノ件」1942年1月24日付［商工省貿易局嘱託トシテ勤務シ今回国際文化振興会ノ依嘱ヲ受ケ佛印ニ渡来日本工芸展覧会ノ為宣伝及日本工芸ニ関スル講演ヲナシタル者ナル處今回要務ヲ終ヘ日本ニ帰還スルモノナルニ付通路故障ナク旅行シ得ル様便宜供与方御取計相成度其筋ノ諸官憲ニ依頼ス］　1942年1月24日付／[資]

213
日本工芸品展会場風景［1941年12月-1942年1月、ハノイ］／（右）シャルロット・ペリアン《折りたたみ寝台》（木製）、東京、1940年［オリジナルモデル：パリ、1939年］、（左）フランシス・ハール：能「猩々」の舞台写真、1940年頃／[写]

214
シャルロット・ペリアン『日本芸術との接触』（1942年1月8日インドシナ大学での講演）を収録、ディレクション・ドゥ・ランストリュクション・ピュブリック刊、インドシナ隣国との文化交流事務局、ハノイ、1942年／[資]

215
仏領インドシナハノイ共進会見本市での日本展示会場　1941年12月　外観／山鬼文庫／[資]

216
「日本工芸品佛領印度支那陳列会」雑誌『輸出工藝』第9号　1942年8月／山鬼文庫／[資]

217
警視総監　「滞邦許可証」［滞邦許可期間　自昭和17年8月21日至昭和18年8月20日　居住地：東京都品川区五反田五丁目　西村伊作方」1942年8月20日付／[資]

218
警視総監　「旅行許可証」［旅行目的　仏印総督府招聘ニ依り　自昭和17年12月15日午後23時至昭和17年12月19日0時　行先地：居所ヲ出発東海道本線東京駅ニテ乗車途中京都ニ一泊ノ上山陽鹿児島各本線ニテ福岡ニ至ル*］1942年12月15日／[資]

219
内務大臣「立入（居住）許可証」［1942年12月15日-19日の間、建築技師シャルロット・ペリアン福岡通行を許可する証書、居住所：東京都品川区五反田五ノ一〇八西村伊作方］1942年12月15日／[資]

220
ハノイ工芸館　正面外観／設計：シャルロット・ペリアン、設計オペレーション：ポール・モンセ1943年／[写]

221
ハノイ工芸館　中庭／設計：シャルロット・ペリアン、設計オペレーション：ポール・モンセ1943年／[写]

222
「応用芸術展」、ハノイ、1944年11月13日-20日、ハノイ工芸館／設計：シャルロット・ペリアン／シャルロット・ペリアン《ブーメラン型書斎机》［ハノイ市大学学長のためにハノイにて復刻、オリジナルモデル：パリ、1938年］、《カジエ＝ビブリオテック（収納書棚）》（pemou製）［害虫から書籍を保護するためクスノキで被覆、オリジナルモデル：ハノイ、1943年］、《肘掛椅子》（sao製）［1943年、ハノイバージョン、オリジナルモデル：

《藁製肘掛椅子》、パリ、1935年〕、絨毯（子牛皮製）、《赤白タイル》［フェルナン・レジェの原画によるtuileau製タイル、オリジナルモデル：パリ、1937年］／［写］

223
仏印商工会議所　外観／山鬼文庫／［写］

224
「ペリアン女史　日本創作品展覧会　2601年住宅内部装備への一示唆　選擇 傳統 創造」展 東京会場　シャルロット・ペリアン：食堂、画面左はフェルナン・レジェ《2羽のオウムのコンポジション》、1935-39年　撮影：フランシス・ハール／［写］

3章

225
シャルロット・ペリアンから坂倉準三宛の手紙　1948年5月22日付［封書］／［資］

226
シャルロット・ペリアンから坂倉準三宛の手紙　1949年4月25日付［封書］／［資］

227
坂倉準三からシャルロット・ペリアン宛の手紙　1949年7月3日付［封書］／［資］

228
坂倉準三からシャルロット・ペリアン宛の手紙　1949年7月31日付［封書］／［資］

229
シャルロット・ペリアン「L'art d'habiter（住まいの芸術）」『Techniques et Architecture（技術と建築）』1950年　9シリーズ、9-10号／［資］

230
シャルロット・ペリアン《「ユニットバス」のためのドローイング》、「フォルム・ユティール（有用造型）」展、サロン・デ・ザール・メナジェ、パリ、1951年／［図］

231
リーフレット『瓦斯風呂』　東京瓦斯株式會社　株式會社瀬谷商會、1953-54年頃／［資］

232
日本の岩風呂［ペリアンの収集した写真］／［写］

233
シャルロット・ペリアン《ユニットバス》、「フォルム・ユティール（有用造型）」展に出品、サロン・デ・ザール・メナジェ、パリ、1952年／［写］

234
ジャック・マルタンとペリアン邸、東京（赤坂見附）、1953-54年頃／軒下右：坂倉準三《竹籐座椅子》、1948年、室内：シャルロット・ペリアン《三角形低座卓》（木製）、1953年［ジャック・マルタンとペリアン邸のためのモデル］、シャルロット・ペリアン《ショフーズ・トーキョー（安楽椅子「トーキョー」）》（木製）、1953年［ジャック・マルタンとペリアン邸のためのモデル］　撮影：シャルロット・ペリアン／［写］

235
ジャック・マルタンとペリアン邸の手描きの平面図、東京（赤坂見附）、1953-56年頃／［図］

236
ジャック・マルタンとペリアン邸、東京（赤坂見附）2階、1954年頃／シャルロット・ペリアン《ターブル・エール・フランス》（折り曲げ加工アルミニウム板金、黒塗装）［製作：アトリエ・ジャン・ブルーヴェ、1953年、東京のジャック・マルタンとペリアン邸のためのモデル］、《ショフーズ・トーキョー（安楽椅子「トーキョー」）》　撮影：シャルロット・ペリアン／［写］

237
ジャック・マルタンとペリアン邸の居間、東京（赤坂見附）、1953-54年頃　室内／シャルロット・ペリアン《三角形低座卓》（木製）、1953年、《ショフーズ・トーキョー（安楽椅子「トーキョー」）》（木製）、1954年《タブレ・ベルジェ》（木製）、1953年　撮影：シャルロット・ペリアン／［写］

238
ジャック・マルタンとペリアン邸の居間、東京（赤坂見附）、シャルロット・ペリアン《ショフーズ・トーキョー（安楽椅子「トーキョー」）》に座るペルネット・マルタン＝ペリアン、東京、1954年　撮影：シャルロット・ペリアン／［写］

239
シャルロット・ペリアン《ショフーズ・トーキョー（安楽椅子「トーキョー」）》青焼き図面、1954年［マルタンとペリアン邸のためのモデル］／個人蔵／［図］

240
シャルロット・ペリアン《ショフーズ・トーキョー（安楽椅子「トーキョー」）》原寸図面　1954年［マルタンとペリアン邸のためのモデル］／個人蔵／［図］

241
シャルロット・ペリアン《ショフーズ・トーキョー（安楽椅子「トーキョー」）》（ヒノキ）、東京、1954年／［作］

242
ヴァルター・グロピウス、銚子海岸にて、1954年　撮影：シャルロット・ペリアン／［写］

243
（左から）ヴァルター・グロピウス、イザ・グロピウス、マルタ・ウィリガー、ペルネット・マルタン＝ペリアン、シャルロット・ペリアン　銚子、暁鶏館にて、1954年　撮影：ジャック・マルタン／［写］

244
シャルロット・ペリアン、銚子海岸にて、1954年　撮影：ジャック・マルタン／［写］

245
「巴里一九五五年　芸術の綜合への提案　ル・コルビュジエ、レジェ、ペリアン三人展」、髙島屋、東京、1955年／応接室：シャルロット・ペリアン《ビブリオテック・ア・プロ（「プロ」タイプの組立書架）》（アルミニウム板、ラッカー塗装）［「プロ」製作：アトリエ・ジャン・プルーヴェ、棚板（スギ）製作：三好木工］、東京、1953年［1955年展のためのモデル］、《三角形低座卓》（木製）、東京、1953年［東京のジャック・マルタンとペリアン邸のためのモデル］、《フォトゥイユ・オンブル》（成型合板）、1953年［1955年展のためのモデル］、絨毯（赤と黒の羊毛）［1955年展のためのモデル］《タブレ・ベルジェ（三脚低座椅子）》、《ターブル・エール・フランス》／［写］

246
シャルロット・ペリアン《ムーブル・エクラン（間仕切り家具）》［オブジェや書籍用飾り棚］（アルミニウム板金製　製作：アトリエ・ジャン・プルーヴェ、棚板（クロベ／ヒノキ）製作：三好木工）、東京、1953年［1955年展のためのモデル］、《シェーズ・ロング・ダブル（二人掛長椅子）》（木製）、東京、1954年［1955年展のためのモデル］／［写］

247
シャルロット・ペリアン《立面展示プラン》図面番号85.44、1953-54年／［図］

248
シャルロット・ペリアン《会場立面青焼き図（鉛筆書入）》図面番号85.45、1953-54年／［図］

249
「巴里一九五五年　芸術の綜合への提案　ル・コルビュジエ、レジェ、ペリアン三人展」出品目録
1955年／坂倉建築研究所／[資]

250
シャルロット・ペリアン《会場平面図（色見本付）》
図面番号85.495、1954年5月／[図]

251
『巴里一九五五年　芸術の綜合への提案　ル・コルビュジエ、レジェ、ペリアン三人展』図録、1955年／坂倉建築研究所、山鬼文庫／[資]

252
プレスの取材に応えるシャルロット・ペリアン
「巴里一九五五年　芸術の綜合への提案　コルビュジエ、レジェ、ペリアン三人展」、高島屋、東京、1955年／[写]

253
高松宮を案内するシャルロット・ペリアンと坂倉準三「巴里一九五五年　芸術の綜合への提案　ル・コルビュジエ、レジェ、ペリアン三人展」、高島屋、東京、1955年／坂倉建築研究所／[写]

254
展覧会を見る志賀直哉「巴里一九五五年　芸術の綜合への提案　ル・コルビュジエ、レジェ、ペリアン三人展」、高島屋にて、1955年／[写]

255
《シェーズ・ロング・ダブル（二人掛長椅子）》に座るシャルロット・ペリアンと男性「巴里一九五五年　芸術の綜合への提案　ル・コルビュジエ、レジェ、ペリアン三人展」、高島屋、東京、1955年／[写]

256
フェルナン・レジェ《人体の構図》（綴織壁掛）［複製絵葉書］、1954年／[資]

257
ル・コルビュジエ《おおゆみ》（油彩・カンヴァス）［複製絵葉書］、1953年／[資]

258
フェルナン・レジェ《花と二人の女たち》（油彩・カンヴァス）［複製絵葉書］、1954年／[資]

259
フェルナン・レジェ《女と手》（彩色彫刻）［複製絵葉書］、1951年／[資]

260
ル・コルビュジエ《二本の瓶と附属品》（綴織壁掛）［複製絵葉書］、1951年／[資]

261
ル・コルビュジエ《戸外には倦怠が在った》（タピスリー）、［製作：タバール兄弟工房　オービュッソン、1955年］「巴里一九五五年　芸術の綜合への提案　ル・コルビュジエ、レジェ、ペリアン三人展」、高島屋、東京、1955年／高島屋史料館／[作]
200.0 × 258.0cm

262
「巴里一九五五年　芸術の綜合への提案　ル・コルビュジエ、レジェ、ペリアン三人展」、高島屋、東京、1955年／応接室／シャルロット・ペリアン《ビブリオテック・ア・プロ（「プロ」タイプの組立書架）》［壁つけ式］（アルミニウム板金、ラッカー塗装）［「プロ」製作：アトリエ・ジャン・プルーヴェ、棚板（スギ）製作：三好木工］、東京、1953年［1955年展のためのモデル］、《ターブル・エール・フランス》（折り曲げ加工アルミニウム板金、黒塗装）［製作：アトリエ・ジャン・プルーヴェ、1953年、ジャック・マルタンとペリアン邸のためのモデル］、《フォトゥイユ・オンブル》（成型合板、ゴム製クッション）［1955年展のためのモデル］、フェルナン・レジェ《向日葵》（彩色彫刻）、パリ、1953年／[写]

263
シャルロット・ペリアン《「竹または木製スタッキング式低座椅子」と「ターブル・エール・フランス」の最初のスケッチ》図面番号85.419
1953年10月16日／[図]

264
シャルロット・ペリアン《ターブル・エール・フランス》（折り曲げ加工アルミニウム板金、黒塗装）、東京、1953年［ジャック・マルタンとペリアン邸のためのモデル］と《タブレ・ベルジェ（三脚低座椅子）》（ブナ）、東京、1953年、［ジャック・マルタンとペリアン邸のためのモデル］の組み合わせ例／[写]

265
シャルロット・ペリアン《「ターブル・エール・フランス」のスケッチ》1953年／[図]

266
シャルロット・ペリアン《タブレ（三脚椅子・大）》（ブナ）、1953年［オリジナルモデル：メリベル、1947年］／雪の里情報館／[作]
H40.0, φ 32.3cm

267
シャルロット・ペリアン《藁製客用肘掛椅子》、1935-47年［オリジナルモデル：ブリュッセル、1935年］／雪の里情報館／[作]
60.5 × 45.5 × 78.0cm

268
「巴里一九五五年　芸術の綜合への提案　ル・コルビュジエ、レジェ、ペリアン三人展」、高島屋、東京、1955年／シャルロット・ペリアン《ダイニング・セット》、（後ろに）ル・コルビュジエ《8の字遊び》（タピスリー）／[写]

269
シャルロット・ペリアン《軽量低座卓》（ラッカー塗装の鋼管脚、黒メラミン加工の木製天板）、1953年［ジャック・マルタンとペリアン邸のためのモデル《軽量卓》（1952年）の変形］／[作]
33.5 × 69.0 × 69.0cm

270
シャルロット・ペリアン《「軽量低座卓」（ラッカー塗装の鋼管脚、白／黒メラミン加工の木製天板）の図面》1953年／[図]

271
シャルロット・ペリアン《バンケット・トーキョー》（ヒノキ）、［ジャック・マルタンとペリアン邸のためのモデル］／ SIGN ／[作]
28.0 × 227.0 × 78.0cm

272
「巴里一九五五年　芸術の綜合への提案　ル・コルビュジエ、レジェ、ペリアン三人展」、高島屋、東京、1955年／シャルロット・ペリアン《ターブル・ア・ゴルジュ》［12人掛け］（ヒノキ）、製作：三好木工［ジャック・マルタンとペリアン邸のためのモデル］、《バンケット・トーキョー》（ヒノキ）、東京、1953年［ジャック・マルタンとペリアン邸のためのモデル］、《ビブリオテック・ニュアージュ（書架「雲」）》「プロ」：板金、黒と白のラッカー塗装、［製作：アトリエ・ジャン・プルーヴェ］、棚板：ヒノキ［製作：三好木工］、東京、1953年［1955年展のためのモデル］／[写]

273
シャルロット・ペリアン《ビブリオテック・ア・プロ（「プロ」タイプの組立書架）》のための規格化パーツ（規格化カンカイユリー）図面、1954年6月、SPADEM登録モデル（登録番号：37 215）、1954年10月24日／[図]

274
シャルロット・ペリアン《ビブリオテック・ニュ

アージュ（書架「雲」）》（「プロ」タイプ《チュニジア》）、ギャルリー・ステフ・シモンでの展示、パリ、1956年　撮影：CFE ／［写］

275
シャルロット・ペリアン《プラスチック製規格化トレイ》（無色半透明または色つき不透明プラスチック）［「心棒」用、オリジナルモデル：パリ、1952年］　撮影：カルケル／［写］

276
シャルロット・ペリアン《整理棚システム：金属製規格化ラックとプラスチック製規格化トレイ》［製造販売：ステフ・シモン］、パリ、1956年以降／ SIGN ／［作］
34.0 × 30.0 × 40.0cm

277
シャルロット・ペリアン《「規格化カンカイユリー」の金属パーツ断面図：金属型枠、心棒、スライド式棚板、留め具》、1954年6月／［図］

278
シャルロット・ペリアン《ムーブル・エクラン（間仕切り家具）》［オブジェや書籍用飾り棚］「ジュ」：アルミニウム板金、黒と白のラッカー塗装［製作：アトリエ・ジャン・プルーヴェ］、棚板：ヒノキ［製作：三好木工］、東京、1953年［1955年展のためのモデル］／高島屋史料館／［作］
201.0 × 389.0 × 41.7cm

279
シャルロット・ペリアン《ビブリオテック・メキシック（書架「メキシコ」）》1952年、「ジュ」：ラッカー塗装板金、引き戸：アルミニウム板［製作：アトリエ・ジャン・プルーヴェ］、棚板：木［製作：アンドレ・シュタイユ、パリ、パリ大学都市、メキシコ館の学生の寝室のためのモデル］／ SIGN ／［作］
160.0 × 182.0 × 31.0cm

280
シャルロット・ペリアン《ビブリオテック・ア・プロ「プロ」タイプの組立書架のための規格化パーツ（規格化カンカイユリー）図面》／［図］

281
雑誌『リビングデザイン』第4号　1955年4月／個人蔵／［資］

282
坂倉準三「シャルロット・ペリアン夫人」直筆原稿［『リビングデザイン』第4号に掲載］／個人蔵／［資］

283
雑誌『美術手帖』第94号　1955年5月／個人蔵／［資］

284
揚屋「角屋」の木格子、京都　撮影：入江泰吉／［写］

285
在仏日本大使公邸、パリ、1966-69年／建築設計：坂倉準三、内装：シャルロット・ペリアン、シャルロット・ペリアン《ヴォワレット》（目隠しのための木格子）、2階室内　撮影：ペルネット・ペリアン＝バルサック／［写］

286
日本家屋の階段箪笥、1967-68年頃　撮影：入江泰吉／［写］

287
シャルロット・ペリアン《アルク1800の収納階段》、ブール＝サン＝モーリス、1985年　撮影：ペルネット・ペリアン＝バルサック、ジャック・バルサック／［写］

288
シャルロット・ペリアン《アルク1800の収納階段のスケッチ》、パリ、1985年／［図］

289
シャルロット・ペリアン《ビブリオテック・ニュアージュ（書架「雲」）》［ステフ・シモン版、パリ、1962年］（棚板：ネグロニ製、「プロ」：メタル・ムーブル製、1953年）　撮影：マリー・クレラン／ギャルリー・ダウンタウン・フランソワ・ラファヌール、パリ／［作］
72.0 × 280/180 × 33.5cm

290
『大匠雛形大全　違棚数品　小道具之部』五、1851（嘉永4）年／［資］

291
「霞棚」［違い棚様式］、修学院離宮、中御茶屋、客殿一ノ間、17世紀、京都　撮影：サエキ／［写］

292
シャルロット・ペリアン：スタッキングした状態《オンブル（影）》（成型合板）、東京、1954年／［写］

293
シャルロット・ペリアン《オンブル（影）》（成型合板、黒色ラッカー塗装）、東京、1954年［1955年展のためのモデル］／ SIGN ／［作］
63.0 × 44.0 × 51.0cm

294
重ねたお膳、日本、1953-55年頃　撮影：シャルロット・ペリアン／［写］

295
手桶、日本、1954年　撮影：シャルロット・ペリアン／［写］

296
シャルロット・ペリアン：スタッキングした状態の《ターブル・エール・フランス》パリ、1953年（多人数の接客用。スタッキングすることで収納に場所をとらないよう考えてある。）／［写］

297
シャルロット・ペリアン《ターブル・エール・フランス》（折り曲げ加工アルミニウム板金、黒塗装）［製作：アトリエ・ジャン・プルーヴェ］、パリ、1953年［マルタンとペリアン邸のためのモデル］「巴里一九五五年　芸術の綜合への提案　ル・コルビュジエ、レジェ、ペリアン三人展」に展示、1955年／個人蔵／［作］
50.4 × 55.5 × 37.7cm

298
シャルロット・ペリアン、丹下健三邸にて、東京、1954年／個人蔵／［写］

299
草月会館　2階広間　1958年／設計：丹下健三、家具：シャルロット・ペリアン《三角形低座卓》（木製）、東京［東京のジャック・マルタンとペリアン邸のためのモデル］、《絨毯》（赤と黒の羊毛）［1955年展のためのモデル］／［写］

300
旧東京都庁知事室　東京　1957年／設計：丹下健三、家具：シャルロット・ペリアン《仕事机》（木製と金属）、東京、1955年頃［知事室のための限定モデル］、《ムーブル・エクラン（間仕切り家具）》［オブジェや書籍用飾り棚］（土台と引き戸：アルミニウム板金、黒ラッカー塗装、木）、［1955年展のためのモデル］／［写］

301
旧東京都庁知事室　東京　1957年／設計：丹下健三、家具：シャルロット・ペリアン《三角形低座卓》（木製）、東京、1957年［東京のジャック・マルタンとペリアン邸のためのモデル］／［写］

302
柳宗理からシャルロット・ペリアン宛の手紙［国際デザインコミッティーのレターヘッド付用紙にて］　1956年12月7日／［資］

303
「国際デザインコミッティーについて」書類／［資］

304
（左から）剣持勇、ペリアン、坂倉準三、工芸指導所にて、1954年　撮影：臼井正夫／特例財団法人工芸財団／［写］

305
（左から）一人おいて前川國男、シャルロット・ペリアン、坂倉準三、手前右から、清家清、柳宗理　クラブ関東にて、1954年頃／個人蔵／［写］

306
坂倉準三とシャルロット・ペリアン、クラブ関東にて、1954年頃／個人蔵／［写］

307
国際デザインコミッティーのメンバー（左から）一人おいて渡辺力、岡本太郎、吉阪隆正、ペリアン、坂倉準三、柳宗理、クラブ関東にて、1954年頃／［写］

308
（左から）岡本太郎、（一人おいて）亀倉雄策、吉阪隆正、渡辺力、クラブ関東にて、1954年頃／個人蔵／［写］

309
ペリアンと坂倉準三、ジャック・マルタンとペリアン邸にて、1954年／坂倉建築研究所／［写］

310
ペリアンと坂倉準三、坂倉建築研究所にて、東京、1954年／坂倉建築研究所／［写］

311
西村光恵とシャルロット・ペリアン、東京、1955年頃／個人蔵／［写］

312
エールフランス東京営業所、1959-60年、内装設計：シャルロット・ペリアン、建築オペレーション：坂倉準三／1階平面図／［図］

313
作業中のシャルロット・ペリアン、エールフランス東京営業所にて、1959年／［写］

314
エールフランス東京営業所　1階、1960年 、内装設計：シャルロット・ペリアン、建築オペレーション：坂倉準三／シャルロット・ペリアンの家具：接客カウンター［エールフランス東京営業所のためのモデル］、アジア地区のエールフランス航空網を示した地図　撮影：二川幸夫／GAフォトグラファーズ／［写］

315
エールフランス東京営業所の壁面装飾に使用した北極の氷原の写真［撮影：測地学研究所、ノルウェー］、引き延ばすための1メートル幅目盛り13個付き／［写］

316
エールフランス大阪営業所、1959-61年、設計：シャルロット・ペリアン、建築オペレーション：坂倉準三／応接室　撮影：多比良敏雄／坂倉建築研究所／［写］

317
エールフランス大阪営業所、1959-61年、設計：シャルロット・ペリアン、建築オペレーション：坂倉準三／1階平面図、展開図　1/50　1961年4月22日／坂倉建築研究所／［図］

318
エールフランス大阪営業所、1959-61年　設計：シャルロット・ペリアン、建築オペレーション：坂倉準三／受付カウンター　撮影：多比良敏雄／坂倉建築研究所／［写］

319
（左から）坂倉準三、シャルロット・ペリアン、柳宗理、清家清、クラブ関東にて、1954年頃／個人蔵／［写］

4章

320
ギャルリー・ステフ・シモンの入口、サン・ジェルマン通り145番地、パリ、1956年　撮影：ビオジョー／［写］

321
シャルロット・ペリアン《木と藁の椅子》1956年［1941年作シカール邸のためのモデル復刻版］／雪の里情報館／［作］
75.5 × 42.0 × 42.0cm

322
ギャルリー・ステフ・シモン、ディスプレイ：シャルロット・ペリアン、1956年、シャルロット・ペリアン《ターブル・ア・ゴルジュ（溝付テーブル）》、ステフ・シモン版、1956年以降［東京のジャック・マルタンとペリアン邸のためのモデル、1953年］、《エタジェール・ニュアージュ（棚「雲」）》「プロ」：板金、ラッカー塗装、木、ステフ・シモン版、1956年以降　撮影：カルケル／［写］

323
ギャルリー・ステフ・シモン、大晦日用のディスプレイ：シャルロット・ペリアン、1958年頃、イサム・ノグチ《あかり》、ジョルジュ・ジューヴ：花器《シランドル》（陶）、シャルロット・ペリアン《タブレ・ベルジェ（三脚低座椅子）》（木製）、ステフ・シモン版、1956年以降［東京のジャック・マルタンとペリアン邸のためのモデル、1953年］撮影：ビオジョー／［写］

324
ギャルリー・ステフ・シモン、大晦日用のディスプレイ：シャルロット・ペリアン、1958年頃、イサム・ノグチ《あかり》、シャルロット・ペリアン《ショフーズ・トーキョー》（木製）、ステフ・シモン版、1954年以降［オリジナルモデル：パリ、1953年、東京のジャック・マルタンとペリアン邸のためのデザイン］、和紙製鯉のぼり　撮影：ビオジョー／［写］

325
シャルロット・ペリアン「日本における身ぶりの危機」『Casabella Continuità（カザベラ・コンティヌイタ）』誌　210号、1956年、ミラノ／京都工芸繊維大学美術工芸資料館、AChP.／［資］

326
「サロン・デ・ザール・メナジェ」日本館、パリ、1957年／建築設計：進来廉、芸術・内装監督：シャルロット・ペリアン　展示室内：シャルロット・ペリアン《ターブル・アン・フォルム・リーブル（不定形のテーブル）》（木製）［ステフ・シモン版、1956年以降］、《バンケット・トーキョー》［東京のジャック・マルタンとペリアン邸のためのモデル、1953年、ステフ・シモン版、1956年以降］撮影：カルケル／［写］

327
展示物：柳宗理《バタフライ・スツール》（成型合板）、東京、1954年、シャルロット・ペリアン《ターブル・アン・フォルム・リーブル》（木製）［オリジナルモデル、ステフ・シモン版、1956年以降］、《バンケット》［日本館のためのモデル、1957年］撮影：カルケル／［写］

328
「サロン・デ・ザール・メナジェ」招待状、グラン・パレ、パリ　1957年／［資］

329
シャルロット・ペリアン《柳宗理が選んだ展示作品指示のためのスケッチ》「サロン・デ・ザール・

メナジェ」日本館、パリ、1957年以前／[写]

330
シャルロット・ペリアンの指示で柳宗理が選んだ展示作品：漆器、陶器　撮影：カルケル／[写]

331
シャルロット・ペリアンの指示で柳宗理が選んだ展示作品：飯碗、磁器／[写]

332
シャルロット・ペリアンが選んだ展示作品：柳宗理《白磁湯呑》（磁器）／[写]

333
シャルロット・ペリアンが選んだ展示作品：柳宗理《バタフライ・スツール》（成型合板）、東京、1956年／[写]

334
シャルロット・ペリアンが選んだ展示作品：柳宗理《四脚サービス盆》（木、漆）、東京／[写]

335
シャルロット・ペリアンが選んだ展示作品：柳宗理《ティーポット》（磁器）、東京、1948-52年／[写]

336
シャルロット・ペリアンが選んだ展示作品：柳宗理《クリーマー》（陶）、東京、1948-52年／[写]

337
「日本館について」『Combat（闘争）』紙　1957年2月23・24日号、7頁／[資]

338
シャルロット・ペリアン「サロン・デ・ザール・メナジェ：日本館」『Aujourd'hui. Art et Architecture（今日、芸術と建築）』誌、12号、1957年12月／山鬼文庫／[資]

339
シャルロット・ペリアン《在仏日本大使館公邸、パリの2階と3階のスケッチ》、1966年11月17日／[図]

340
在仏日本大使公邸、パリ、1966-69年　建築設計：坂倉準三、設計オペレーション：J・H・リードベルジェ、内装設備：シャルロット・ペリアン／ガラス張りのファサードのある公邸入口、シャルロット・ペリアン《ヴォワレット》（目隠しのための木柵）、1966-69年　撮影：ジャン＝ルイ・ロティロン／[写]

341
1階のラウンジ、シャルロット・ペリアン《喫煙室の長椅子》（セコイア、籐）、製作：ドゥ・ケーヌ、ベルギー、1969年［公邸のためのモデル］、《籐製低座卓》（木、籐）、製作：アンドレ・シュタイユ、1966-69年［リオのジャック・マルタン邸のためのモデル、1962年］、照明「ブロシェット」（エナメル陶板、黒のラッカー塗装アルミニウム）、1966-69年［公邸のためのモデル］　建築設計：坂倉準三、設計オペレーション：J・H・リードベルジェ　撮影：ペルネット・ペリアン＝バルサック／[写]

342
1階のラウンジ、シャルロット・ペリアン：円形に配された《客用肘掛椅子》（エナメル陶板製のフレーム、皮製クッション）製作：ボッシュ・エ・ハーン、ドイツ、1966-69年［公邸のためのモデル］、《ゲリドン・シランドリック》（折り曲げ加工の木）製作：ドゥ・ケーヌ、1966-69年［公邸のためのモデル］、勅使河原蒼風：書《和》　建築設計：坂倉準三、設計オペレーション：J・H・リードベルジェ　撮影：ペルネット・ペリアン＝バルサック／[写]

343
シャルロット・ペリアン《1階の家具配置計画図》、パリ、1967年3月23日／[図]

344
シャルロット・ペリアン《住居階設備計画図》、パリ、1966年12月1日／[図]

345
シャルロット・ペリアン《執務室のためのスケッチ》、パリ、1966年12月1日／[図]

346
入口ホール、勅使河原蒼風：彫刻（木、石）、東京、1966-69年頃、シャルロット・ペリアン：照明「ブロシェット」（エナメル陶板、黒のラッカー塗装アルミニウム）、1966-69年［公邸のためのモデル］建築設計：坂倉準三、設計オペレーション：J・H・リードベルジェ　撮影：ペルネット・ペリアン＝バルサック／[写]

347
四季ファブリック・ハウス　ショールーム、ラス・カーズ街10番地、パリ、1975年　内装設備：シャルロット・ペリアン／マツイタダオ《布ディスプレイ用家具》（黒のラッカー塗装板金）　撮影：ペルネット・ペリアン＝バルサック／[写]

348
シャルロット・ペリアン《「布箱」平面・立面図》、1976年7月16日／[図]

349
1階：マツイタダオ《布ディスプレイのカウンター》（木製）、ル・コルビュジエ、ジャンヌレ、ペリアン《シェーズ・ドシエ・バスキュラン》、カッシーナ版［オリジナルモデル：パリ、1928年］　撮影：ローラン／[写]

350
シャルロット・ペリアン／1階：磁石を使った《布吊り下げディスプレイ》のための光の格間とステンレス板の装置　撮影：ローラン／[写]

351
設計：シャルロット・ペリアン／ユネスコ庭園内《茶室》、マイラーの帆を支えるための竹製竿の覆い、1993年　撮影：ペルネット・ペリアン＝バルサック、ジャック・バルサック／[写]

352
シャルロット・ペリアン《敷石と竹のための壺の位置指示図面》1992年4月、日本文化祭、パリ、1993年／[図]

353
シャルロット・ペリアン《水屋のためのスケッチ》、1993年／[図]

354
シャルロット・ペリアン《茶室》内の水屋　撮影：ペルネット・ペリアン＝バルサック／[写]

355
シャルロット・ペリアン《竹のための壺と地面の籐の部分の詳細スケッチ》、1993年／[図]

356
シャルロット・ペリアン：《茶室》内の路地（茶室の庭）、水で満たされた輪切りの竹と玉石　撮影：ペルネット・ペリアン＝バルサック、ジャック・バルサック／[写]

357
シャルロット・ペリアン：ユネスコ庭園内《茶室》入口、日本文化祭、パリ、1993年　撮影：ペルネット・ペリアン＝バルサック、ジャック・バルサック／[写]

358
シャルロット・ペリアン《茶室のスケッチ》、日本文化祭、パリ、1993年／[図]

359
設計：シャルロット・ペリアン／エッフェル塔を背景に見たユネスコ庭園内《茶室》 撮影：ペルネット・ペリアン＝バルサック／[写]

360
シャルロット・ペリアン：進来廉宛の新年を祝うカード、1997年12月20日付／京都工芸繊維大学美術工芸資料館 AN-5436-82／[資]

5章

361
「シャルロット・ペリアン　20世紀のパイオニア展」、リビングデザインセンター OZONE、1998年／家具レイアウト図面、1998. 1. 21［日付印入り］会場ディスプレイ：ペルネット・ペリアン＝バルサック協力によるシャルロット・ペリアン、建築オペレーション：進来廉／京都工芸繊維大学美術工芸資料館 AN-5436-14／[図]

362
家具レイアウト図面（色見本付）、1998. 2. 07［日付印入り］／京都工芸繊維大学美術工芸資料館 AN-5436-26／[図]

363
シャルロット・ペリアン《家具レイアウト図面》、1997年／京都工芸繊維大学美術工芸資料館 AN-5436-6／[図]

364
『シャルロット・ペリアン　20世紀のパイオニア展』図録、1998年／個人蔵／[資]

365
新庄の人々が持参した「選擇 傳統 創造」展図録の扉コピーにペリアンが書いたサイン／雪の里情報館／[資]

366
シャルロット・ペリアンから新庄の雪の里情報館に贈られた石：1995年頃／雪の里情報館／[資]

367
シャルロット・ペリアンから新庄の雪の里情報館矢口孝宛の手紙　1997年12月15日付［封書］／雪の里情報館／[資]

368
ペリアンと坂倉ユリ、ペリアンのアパルトマンにて、パリ、1966-68年頃／[写]

369
勅使河原宏の茶室へ導く竹の通路のシャルロット・ペリアン、日本文化祭、ユネスコ庭園、パリ、1993年　撮影：ペルネット・ペリアン＝バルサック／[写]

2010年3月25日付判決で、パリの大審裁判所は当該の家具はシャルロット・ペリアンのみによる制作物と判断し、プルーヴェ側はこの判決に対し控訴しています。

Par jugement en date du 25 mars 2010, le Tribunal de Grande Instance de Paris a dit que Charlotte Perriand était l'auteur unique de ce meuble, les héritiers Prouvé ont interjeté appel de cette décision.

Photo Credits

Biaugeaud 320, 323, 324
CFE 274
Charlotte Perriand 022-025, 027, 044, 046, 047, 056-060, 234, 236-238, 242, 294, 295
Charlotte Perriand, Pierre Jeanneret 026
Francis Haar 076, 124, 127, 130, 151, 168, 169, 192-194, 198-207, 224
Goedaestik Institut, Norvège 315
Ihei Kimura（木村伊兵衛） 099
J.L. Lotiron 340
Jacques Martin 243, 244
Jean Collas 007, 008, 010
Junzô Sakakura（坂倉準三） 064- 067
Karquel 275, 322, 326, 327, 330
Ken Numano（沼野謙） 140
Kunio Mayekawa（前川國男） 049, 050
Manshichi Sakamoto（坂本万七） 103
Marie Clérin 289
Masao Usui（臼井正夫） 091, 092, 304
Mitsuho Yamada（山田満穂） 177, 178
Morita（大阪毎日京都支局森田） 063
Norman Rice 016
Osamu Iwasa（岩佐治） 261, 278
Pernette Perriand-Barsac, Jacques Barsac 287, 351, 356, 357
Pernette Perriand-Barsac 285, 341, 342, 346, 347, 354, 359, 369
Pierre Jeanneret 001, 002
Rep 003, 005
Roland 349, 350
Saeki（サエキ） 291
Shizuka Suzuki（鈴木静華） 071-074, 077-079, 082, 132, 142, 143, 150, 153, 154, 186, 187, 189, 195, 239, 240, 249, 251, 266, 267, 269, 271, 276, 279, 282, 293, 297, 321, 366, cover
SIGN 145, 163
Takanori Sugino（杉野孝典） 080, 138, 171, 173, 175, 176
Tatsuzô Sato（佐藤辰三） 112
Toshio Taira（多比良敏雄） 316, 318
Yasukichi Irie（入江泰吉） 284, 286
Yukio Futagawa, GA Photographers（二川幸夫） 314

展覧会

監修：
長門佐季／神奈川県立近代美術館主任学芸員
アンヌ・ゴッソ／ボルドー第三大学准教授、
CRCAO常任研究員（UMR 8155）
森 仁史／金沢美術工芸大学教授

展覧会担当：
長門佐季
角 奈緒子／広島市現代美術館学芸員
佐川夕子／目黒区美術館学芸員

企画協力：
土田眞紀／美術史家、帝塚山大学非常勤講師
畑 由起子／建築家
松隈 洋／京都工芸繊維大学教授

展覧会コーディネーション：
今津京子

学術協力：
ジャック・バルサック／ペリアン研究美術史家
ペルネット・ペリアン＝バルサック／
シャルロット・ペリアン・アーカイヴ代表

エールフランス東京営業所模型制作
中冨奈智、小坂 藍、藤戸暖子、秦 彩奈／京都工芸繊維大学松隈研究室

カタログ

編者：「シャルロット・ペリアンと日本」研究会
長門佐季
アンヌ・ゴッソ
佐川夕子
角 奈緒子
土田眞紀
畑 由起子
松隈 洋
森 仁史

執筆：
ペルネット・ペリアン＝バルサック
ジャック・バルサック
加藤晴康／横浜市立大学名誉教授
森 仁史
松隈 洋
豊川斎赫／国立小山工業高等専門学校建築学科准教授
アンヌ・ゴッソ
土田眞紀
畑 由起子
和田菜穂子／東北芸術工科大学准教授
長門佐季
角 奈緒子
白山眞理／日本カメラ博物館運営委員
佐川夕子

和訳：
井上由里子
アンヌ・ゴッソ
角 奈緒子

英訳：
イザベル・オリヴィエ
アンドレアス・シュトゥールマン

デザイン：
山口信博＋大野あかり＋宮巻 麗／山口デザイン事務所

制作：
川嶋 勝＋渡辺奈美＋土屋沙希／鹿島出版会

Exhibition

Commissioners:
Saki Nagato / Curator, The Museum of Modern Art, Kamakura & Hayama
Anne Gossot / Associate professor, Université Michel de Montaigne Bordeaux 3
Hitoshi Mori / Professor, Kanazawa College of Art

Curators:
Saki Nagato
Naoko Sumi / Curator, Hiroshima City Museum of Contemporary Art
Yûko Sagawa / Curator, Meguro Museum of Art, Tokyo

Co-curated by:
Maki Tsuchida / Art historian, Tezukayama University
Yukiko Hata / Architect
Hiroshi Matsukuma / Professor, Kyoto Institute of Technology

Exhibition Cordinator:
Kyoko Imazu-Nanjo

Scientific Advisors:
Jacques Barsac / Art historian on Charlotte Perriand
Pernette Perriand-Barsac / Representative director, Archives Charlotte Perriand

Model of Air France Office, Tôkyô:
Nachi Nakatomi, Ai Osaka, Atsuko Fujito, Ayana Hata / Matsukuma Lab.
Kyoto Institute of Technology

Catalogue

Edited by:
"Chalotte Perriand et le Japon" Study Group
Saki Nagato
Anne Gossot
Yûko Sagawa
Naoko Sumi
Maki Tsuchida
Yukiko Hata
Hiroshi Matsukuma
Hitoshi Mori

Texts by:
Pernette Perriand-Barsac
Jacques Barsac
Anne Gossot
Nahoko Wada / Associate professor, Tohoku University of Art and Design
Hitoshi Mori
Naoko Sumi
Yukiko Hata
Haruyasu Katô / Professor emeritus, Yokohama City University
Hiroshi Matsukuma
Maki Tsuchida
Mari Shirayama / Steering committee, JCII Camera Museum
Yûko Sagawa
Saki Nagato
Saikaku Toyokawa / Associate professor, Department of Architecture,
Oyama National College of Technology

Translated into Japanese by:
Yuriko Inoue
Anne Gossot
Naoko Sumi

Translated into English by:
Isabel Olivier
Andreas Christian Stuhlmann

Designed by:
Nobuhiro Yamaguchi, Akari Ohno, Rei Miyamaki /
Yamaguchi Design Office

Produced by:
Masaru Kawashima, Nami Watanabe, Saki Tsuchiya /
Kajima Institute Publishing Co., Ltd.

シャルロット・ペリアンと日本

発行／2011年11月15日　第1刷
　　　2023年6月30日　第3刷
編者／「シャルロット・ペリアンと日本」研究会
発行者／新妻　充
発行所／鹿島出版会
〒104-0061　東京都中央区銀座6-17-1　銀座6丁目-SQUARE 7階
電話03-6264-2301　振替00160-2-180883
印刷・製本／三美印刷

ISBN 978-4-306-04564-4 C0070

本書の内容に関するご意見・ご感想は下記までお寄せください。

URL: https://www.kajima-publishing.co.jp
e-mail: info@kajima-publishing.co.jp